中国文联晚霞文库

刘锡诚序跋书话集

刘锡诚 著

中国文联出版社

图书在版编目（CIP）数据

刘锡诚序跋书话集 / 刘锡诚著. -- 北京：中国文联出版社, 2021.12
　ISBN 978-7-5190-4700-9

　Ⅰ.①刘… Ⅱ.①刘… Ⅲ.①序跋－作品集－中国－当代②书评－中国－现代－选集 Ⅳ.①I267②G236

中国版本图书馆CIP数据核字(2021)第235595号

著　　者	刘锡诚	
责任编辑	王素珍	
责任校对	王　维	
装帧设计	王　堃	

出版发行　中国文联出版社有限公司
社　　址　北京市朝阳区农展馆南里10号　　邮编　100125
电　　话　010-85923025（发行部）　　010-85923091（总编室）
经　　销　全国新华书店等
印　　刷　北京虎彩文化传播有限公司

开　　本　710毫米×1000毫米　　1/16
印　　张　42.5
字　　数　609千字
版　　次　2021年12月第1版第1次印刷
定　　价　138.00元

版权所有·侵权必究
如有印装质量问题，请与本社发行部联系调换

自　序

　　这本文集收集了改革开放新时期和继之而来的新时代六十多年来我为自己的著作和应朋友之约为其著作写的序跋和书话164篇。根据内容，大体分为五辑：文学方面的34篇，文化艺术人类学方面的20篇，民间文学方面的60篇，民俗方面的18篇，书话类的32篇。这些在发表时间上几乎跨越我整个个人文艺生涯的序跋，固然主要着眼于所谈著述的内容和旨趣，以及成功与不足之处，但综合来看，也就某些相关的社会问题（如民俗与农耕文明社会及家族文化体系）、思想理论问题（如文艺为人民、革命现实主义等）和诗学问题（如文学与民间文学的研究范式）发表了一己之见。因此，我宁愿把这些序跋文看作是在不同文艺和学术领域的不同时期的个人理论批评著作。就其所涉领域的广泛性而言，也暗合了有的文学批评家所说的我在文艺批评领域里多次"转身"的特点。

　　序跋文之外，还选编了一组"边缘书话"。中国传统文化中，有"诗话""词话""曲话"之谓，"书话"这个名称，大概是从此演化而来的。20世纪二三十年代，社会矛盾交错，各种思潮纷杂，笔墨格斗激烈；名家大家众多，鲁迅、胡适，各有千秋；可圈可点的作品多，文人的趣闻逸事多。报刊上发表的"书话"，大致不离书人书事，注重关于书的掌故、事略。如今所谓"边缘书话"，是指自20世纪90年代起，我成为"边缘人"，所写书评书话，少了些现实性和应景性，多了些边缘性和心得性，恰如唐弢先生所说的"一点事实""一点掌故""一点观点""一点抒情"四个书话的固有特点。

　　作为文艺批评家、民间文艺学家和文化学者，我自1957年9月4日进入中国文联及协会工作以来，已经六十多年了，作为一个从文联理论研究室退休下来的研究员，据悉如今已经成为中国文联成立七十年来最老的一员和最后一个见证者了。拙著《民间文学：理论与方法》于 2007 年 5 月在文联主席周巍峙主持工作时被列入中国文联出版社出版的第一批《中国文联晚霞文库》。这本《刘锡诚序跋书话集》再次得到中国文联领导批准和中国文联出版社审查同意列入《中国文联晚霞文库》，进入暮年的我感到无比的高兴。让文学史家和广大读者批评指正吧。

2020 年 11 月 14 日

目 录

第一辑 文学编

建国 30 年文学的回顾
　　——《文学：回忆与思考》前言 ………………………… 003
在生活的激流中
　　——《小说创作漫评》后记 ……………………………… 005
女作家蜂起的时代
　　——《当代女作家作品选 3》后记 ……………………… 007
从崛起到繁荣
　　——《小说与现实》自序 ………………………………… 010
把握当代文学的脉搏
　　——《浪潮之外的孤魂》序 ……………………………… 012
民族心理的探索者
　　——《荒火》序 …………………………………………… 015
社会批评与审美批评的统一
　　——《作家的爱与知》后记 ……………………………… 018
积极开展俗文学的研究
　　——《中国俗文学研究》前言 …………………………… 020
不是忘忧的年华
　　——《月亮雨》序 ………………………………………… 023

独到的批评个性
　　——《女作家笔下的女性世界》序 026
外面的世界是多彩的
　　——《走出四合院》自序 030
现实主义随想录
　　——《河边文谭》后记 032
文学是生活的一面镜子
　　——《昌乐文学五十年》序言 034
浩然的第二故乡
　　——《浩然与昌乐》序 038
彰显泰山的精神品格
　　——《泰山名人文化》序 042
塔里木石油会战的赞歌
　　——《太阳河上的星座》序言 044
有感而发　知人论世
　　——《收回评论权》序 047
文坛名家遭遇新时期
　　——《文坛旧事》后记 050
农村题材小说新收获
　　——《桥》序 052
见证者的文坛纪事
　　——《在文坛边缘上》后记 054
重要的是作家的艺术自觉
　　——《笼中人》序 059
建构俗文学史的一大贡献
　　——《二十世纪〈俗文学〉周刊总目》序 062
诗人的气质和外交官的视野
　　——《旅人蕉》序 067
爱情是永恒的主题
　　——《情爱婚恋集》序 070

京城名编之外的名编
　　——《陈年旧事》序 ·· 073
草原上的网络诗人
　　——《雅虎记忆》序 ·· 076
不待扬鞭自奋蹄
　　——《骆蹄梦痕》序 ·· 079
瓜棚架下　齐东野语
　　——《丹川拾异》序 ·· 082
继承聊斋志异的创作传统
　　——《新聊斋故事》序 ·· 085
客家人社会现实的艺术再现
　　——《望穿秋水》序 ·· 088
文人荟萃儒雅崇善之地
　　——《文人与张家口》序 ······································ 093
我的这个甲子
　　——《刘锡诚散文集·芳草萋萋》代序 ·························· 097
故乡之忆：齐文化发祥地
　　——《昌乐古今·朱刘辑》序 ·································· 099
艰辛与奋斗的人生
　　——《求学之路》序 ·· 102

第二辑　文化艺术人类学编

象征：中国人的特殊思维方式
　　——《中国象征辞典》序言 ···································· 107
仁者乐山
　　——《山岳与象征》序言 ······································ 111
建构新史学框架的探索
　　——《汉族风俗文化史纲》（增订本）序 ························ 115

民间艺术是民族精神的载体
　　——《民族民间艺术瑰宝》丛书总序 ………………… 120
姓氏源流与文化传统
　　——《偃师姓氏源流》序 ……………………………… 123
形著于此而义表于彼
　　——"中华象征文化丛书"序 ………………………… 126
警惕文化多样性的衰减趋势
　　——《湘西民间工艺美术精粹》序 …………………… 131
蓝夹缬：从田野中来
　　——《蓝花布上的昆曲》序 …………………………… 135
始终把非遗保护置于唯物史观指导下
　　——《非物质文化遗产：理论与实践》序 …………… 139
保护古傩的功臣
　　——《甘肃古傩》序 …………………………………… 142
北京话歇后语与手工技艺
　　——《俏皮话里的手工艺》序 ………………………… 145
保护和传承中华民族的文化基因
　　——"中国非物质文化遗产图文典藏"丛书总序 …… 148
萨满文化的艺术世界
　　——《萨满艺术论》序 ………………………………… 154
陇文化的代表性成果
　　——《平凉民间文化瑰宝》序言 ……………………… 158
刻刀下的历史
　　——《蔚县剪纸的创新与发展》序 …………………… 161
文明存历史　化及古与今
　　——《会稽山历史文化》序 …………………………… 166
文化的交融与发展
　　——"文化房陵丛书"序 ……………………………… 169
提升理论在非遗保护领域的先导地位
　　——《非物质文化遗产保护的中国道路》代序 ……… 173

大运河的一份珍贵文化价值
　　——《运河记忆：嘉兴船民生活口述实录》序言 …………… 175
非遗保护与研究的心路历程
　　——《中国非遗保护与研究20年》序 ………………………… 177

第三辑　民间文学编

民间文学调查保管第一次国际合作
　　——《中芬民间文学搜集保管学术研讨会文集》后记 ……… 183
语末之词，隐而不言
　　——《歇后语大辞典》序 ………………………………………… 185
印第安神话与中国人发现美洲问题
　　——《印第安人的神奇故事》序 ………………………………… 187
布麦阿钮的诗论
　　——《论彝诗体例》序 …………………………………………… 198
开中原神话调查研究之先河
　　——《中原古典神话流变论考》序 ……………………………… 201
中国新文艺发展中的民间文学
　　——《中国新文艺大系（1937—1949）·民间文学集》导言 …… 205
故事的叙事技巧研究
　　——《故事写作浅谈》序 ………………………………………… 226
民间故事：人类最早的启蒙教材
　　——《世界民间故事精品》序言 ………………………………… 231
民间信仰与人类社会
　　——"中国民间信仰传说丛书"总序 …………………………… 242
编选一套中国民间故事代表作
　　——"中国民间故事精品文库"总序 …………………………… 245
比较视野下傣族叙事传统研究第一人
　　——《傣族叙事诗研究》序 ……………………………………… 249

赫哲族的文学奇葩
　　——《伊玛堪》序 ································· 252
妇女传唱的情歌
　　——《姐儿牛》序 ································· 259
东巴神话研究的前沿性
　　——《东巴神话象征之比较研究》序 ··············· 263
农业文明和宗法制度的产物
　　——《野玫瑰——中国民间私情歌选评》序 ········· 268
神话学的新视野
　　——《岭云关雪——民族神话学论集》跋 ··········· 272
礼失，求诸野
　　——《武当山吕家河村民歌集》序言 ··············· 276
为中华谜家立传
　　——《中国当代灯谜艺术家大辞典》序 ············· 281
开"以图叙事"的传统
　　——《全像山海经图比较》序言 ··················· 286
梁祝传说发祥地的探讨
　　——《梁祝文化新论》序 ························· 290
历史的失落之处
　　——《柯尔克孜族部落史故事》序 ················· 293
史论之花
　　——《中国现代民间文学史论》序 ················· 298
激越悲怆晋北歌
　　——《小曲儿一唱解心宽——晋北民歌精华》序 ····· 301
现代民间文艺学史上的功臣
　　——《口头文学论集》序 ························· 305
从孝道价值观到文化圈层论
　　——《董永新论》序 ····························· 309
百年中国民间文学学术史的建构
　　——《20世纪中国民间文学学术史》跋 ············· 315

向国家学位委员会进一言
　　——《民间文学：理论与方法》代序 ························· 320
白蛇传传说：我们应该回答什么问题
　　——"白蛇传传说精粹"丛书总序 ····························· 324
太昊伏羲神话出淮阳
　　——《淮阳神话传说故事》序 ································· 335
牛郎织女传说的时代命运
　　——"中国牛郎织女传说"丛书总序 ························· 338
一个符合百姓心愿的军事谋略家刘伯温
　　——《刘伯温传说》序 ··· 344
秦越之风　江汉之化
　　——《武当山南神道民间叙事诗集》序 ······················ 350
靡曼缠绵的水乡田歌
　　——《中国·嘉善田歌》序 ····································· 356
前门何为？
　　——《前门的传说》序言 ······································· 359
民间故事作为语言艺术创作
　　——《民间故事的艺术世界》序 ······························· 363
中国式的智慧和幽默
　　——《八达岭长城传说》序 ···································· 368
20世纪中国神话学概观
　　——《中国神话学百年文论选》序 ···························· 374
秦风遗珠足珍贵
　　——《西和乞巧歌》序 ··· 385
在民间文学的园地里——我的学术自述
　　——《民间文学：理论与方法》新版代序 ··················· 389
端午：礼俗、传说和我们的节日
　　——《嘉兴端午习俗民间故事》序 ···························· 398
土家歌谣中的生命原点意识
　　——《言情于歌——清江流域土家族歌谣研究》序 ········ 404

刘德方——第一批国家级非遗传承人
　　——《诸家评说刘德方》序 ………………………… 407
圣与俗的统一
　　——《天坛的传说》序 ……………………………… 411
从永定河传说看独具特色的京西文化
　　——《永定河传说》序 ……………………………… 417
民间文学研究的一股清风
　　——《泰山民间故事大观》（修订本）序 ………… 423
唯物史观的坚守者
　　——《民间文学论集》序言 ………………………… 428
余未人：从作家到学者
　　——《民间笔记》序 ………………………………… 431
"求好运"：中国民间故事走向世界
　　——《一个蕴含史诗魅力的中国民间故事》序 …… 436
作为说唱文学之一脉的宝卷
　　——《中国常熟宝卷》序 …………………………… 439
京西文化的典型代表
　　——《京西民谣》序 ………………………………… 443
记得住乡愁
　　——《京西民谣》序 ………………………………… 445
杨七郎的传说：一段故事　一种敬仰
　　——《杨家将传说：杨七郎墓传说故事集》序 …… 448
《二十世纪中国民间文学学术史》后记 ………………… 452
双重的文学观
　　——《双重的文学：民间文学＋作家文学》序 …… 454
苗族英雄史诗《亚鲁王》有了完整版本
　　——《亚鲁王》序言 ………………………………… 456
多彩贵州　民族记忆
　　——"贵州非遗暨民族古歌史诗·故事本"丛书总序 … 460

诗学范式与学科建设
　　——《民间文艺学的诗学传统》自序和后记 ………… 463
建设中国特色的民间文艺学
　　——《民间文艺学学科建设讲演录选》自序 ………… 469
东南之美　海内之秀
　　——《会稽山民间传说》序 ………………………… 477
越地民众的智慧结晶
　　——《绍兴童谣采风集成》序言 …………………… 479

第四辑　民俗编

百里不同风　千里不同俗
　　——"世界奇俗丛览"丛书总序 …………………… 485
民俗给旅游业注入活力
　　——《民俗与旅游》序 ……………………………… 488
多元一体的中华民俗文化
　　——"中华民俗文丛"总序 ………………………… 491
中国民俗论坛与妙峰山庙会恢复
　　——《妙峰山·世纪之交的中国民俗流变》序言 …… 494
江尾海端民俗志
　　——《江海风情》序 ………………………………… 496
整合：岁首纪感
　　——"三足乌文丛"总序 …………………………… 499
民族精神的诉说
　　——"三足乌文库·民间图像"序 ………………… 503
民间文化的研究和保护
　　——"三足乌文库·学术研究"总序 ……………… 505
明王朝遗民纪事
　　——《六百年屯堡》序 ……………………………… 508

文化对抗与文化整合中的民俗研究
　　——"中国民俗学前沿理论丛书"总序 ················· 512
在田野基础上的民俗志书写
　　——《中国民俗大系·河南民俗》序 ················· 535
民俗的独特性
　　——"中华奇俗文库"总序 ························· 538
重要的是建立学科的理论支柱
　　——"中国民俗学者文库"序 ······················· 541
民俗影视学的诞生
　　——《中国民俗影视》序 ··························· 543
西藏灵山圣水讴歌者
　　——《灵山圣境》序 ······························· 545
一个被隐没的民俗学家
　　——《端午礼俗史》序 ····························· 547
城市民俗研究的开山之作
　　——《城市语境中的民俗保护》序 ··················· 554
民俗与国情
　　——《民俗与艺术》自序 ··························· 559

第五辑　边缘书话编

新的学科生长点
　　——读"贵州民间文化研究丛书" ··················· 563
神鬼人的话题
　　——读马书田《中国神祇文化全书》 ················· 566
跨学科研究的尝试
　　——读孙新周《中国原始艺术符号的文化破译》 ······· 568
地域文化的再认识再建构
　　——读《山东省志·民俗志》 ······················· 571

"大母神"的启示
　　——读埃利希·诺伊曼所著《大母神——原型分析》··········574
妇女小群体的解体
　　——读张晓《西江苗族妇女口述史研究》··········579
对母本文化的回望
　　——读焦波《俺爹俺娘》··········580
信而有征的民俗调查
　　——读《彝族原始宗教调查报告》··········583
微显阐幽之作
　　——读余悦主编"中华茶文化丛书"··········586
拓荒性的耕作
　　——读刘守华《中国民间故事史》··········590
以无厚入有间
　　——读杨利慧《女娲溯源》··········593
淘金者的甘苦
　　——读康新民《大地的吻》··········596
从神圣到世俗
　　——读顾希佳《祭坛古歌与中国文化》··········599
品尝寂寞
　　——读李亦园《田野图像——我的人类学研究生涯》··········602
宝卷研究的重要成果
　　——读车锡伦《中国宝卷总目》《中国宝卷研究论集》··········607
人在白山黑水间
　　——读曹保明《乌拉手记》··········612
发人所未发
　　——读萧放《〈荆楚岁时记〉研究》··········615
民族文化的绝响
　　——读宋兆麟《最后的捕猎者》··········619
藏身神农架的汉族史诗
　　——读《黑暗传》··········623

解读"井"的学问
　　——读吴裕成《中国的井文化》……………………………625
研究服饰流变的视角
　　——读《中国服饰通史》………………………………………628
生命考验的旅程
　　——读李路阳《追寻生命的灯》………………………………631
可贵的治学精神
　　——评王文宝《中国民俗研究史》……………………………634
多彩世界的读本
　　——读廖东凡"世界屋脊上的神话和传说"…………………637
学苑一丰碑
　　——读《飞鸿遗影——钟敬文传》……………………………640
象征：进入民俗的内部
　　——读《中国象征文化》………………………………………643
时代特色与文化精神
　　——读陶立璠主编《中国民俗大系》…………………………646
图文互动　阐释传统
　　——读李露露《中国节》………………………………………649
归来，蓝夹缬
　　——读张琴《中国蓝夹缬》……………………………………652
基于实践的学理探索
　　——读王文章主编《非物质文化遗产概论》…………………654
名人与文化
　　——读陆景川《伟人名家与黔东南》…………………………658
一部图像中国节日文化史
　　——读宋兆麟、李露露《图说中国传统节日》………………661

第一辑

文学编

建国 30 年文学的回顾

——《文学：回忆与思考》前言[①]

我们的社会主义文学，随着共和国的成长经历了 30 个不平凡的年头。它走过的路是曲折的、崎岖的、艰难的！30 年来，文学发展的经验教训是极其丰富、极其深刻的，亟待从理论上加以概括和总结。但这样的总结似乎一时还难于做得出来。在建国 30 周年这个值得纪念的日子到来之前，我们向各民族、各地区和在各行各业工作的一百余位作家约稿，请他们把 30 年来自己的创作经验、心得、体会、意见写出来，大家共同来总结我们的成就和不足、经验和教训，题目自定，文体和篇幅不拘。截至年底为止，我们共收到了 60 多位作家寄来的文章，现汇集成册，作为对建国 30 周年的一个小小的纪念。遗憾的是，由于种种原因，有几十位作家未能将自己的文章寄来；还有许多成绩卓著的作家含冤而死，他们的丰富的创作经验，没有来得及写出来。同时，限于篇幅，作家们在这里所谈的也只是他们丰富的经验和体会的某个方面。因此，这本文集只能反映出当代文学历程的一个侧影——然而是重要的侧影。

我们的国家已经进入了一个新的历史时期，我们的文学也已经开始了一个新的、更加繁荣的时期。一批数量很大的青年作家进入了文学队伍的行列，他们正以深刻的思考、洋溢的才华和坚韧的探求精神，向

[①]《文艺报》编辑部编：《文学：回忆与思考》，北京：人民文学出版社，1980 年。

着文学创作的高峰攀登。可以预期，到建国40、50年大庆的时候，文学肯定不必再为自己身上的创伤而喟然叹息，将会自豪地宣布：我们向人民提供了优秀的精神食粮，我们称得上是人类灵魂的工程师。那时，我们的经验将绝不是这样一本薄薄的文集所能容纳得下的。

1979年12月30日

在生活的激流中

——《小说创作漫评》后记[①]

这里结集的关于当代小说创作的文章，都是我近两年以来利用仅有的一点业余时间写作的。作为一个文学评论期刊的编辑，我的职责是及时阅读新发表的或新出版的文学作品，像淘金者一样对大量的新作进行淘汰、筛选，在此基础上组织对作家和作品的评论，并探讨带有倾向性的创作问题。由于工作的需要，有时也是应同行们的约请，写了这些类似文学批评的习作。不言而喻，其中大多数篇章是在非常紧迫、准备不足的情况下写出来的，既没有充裕的时间深化文章的思想，又来不及仔细推敲叙述这些思想的文字。唯一可取的地方在于及时地或较早地对某些作家的某些作品或文学现象加以评论，在读者和作者之间架设起一座粗糙而简易的桥梁，沟通了二者的关系。

还要说明的是，这里选入了几篇概评性的文字。对一个时期的文学现象加以概评，这本是一项艰巨的任务，不仅要求作者阅读较多的作品，有上下左右、古往今来类比、概括的能力，而且要求对文学艺术的全局有较为准确的估量，而我自然是缺乏这样的素质和修养的。我的这些文章，不过是提供了一些概况性的资料，作为希望了解小说创作概貌的读者深入研究新时期小说创作的导游罢了。

[①] 刘锡诚：《小说创作漫评》，长沙：湖南人民出版社，1981年。

这本集子所以能够与读者见面，应当衷心感谢和我朝夕相处的《文艺报》编辑部的同志们、湖南人民出版社的同志们对我的帮助。

1981 年 6 月 20 日于北京

女作家蜂起的时代

——《当代女作家作品选 3》后记①

《当代女作家作品选》1、2 集出版发行之后，许多文艺界的朋友和素昧平生的读者对我们所做的尝试，给予了热情的肯定与鼓励。回想当初起意要编选一部当代女作家作品选集的时候，我们也并不曾抱过高的希望，只不过有感于女作家的成长在我们这块土地上实在不易。作为文学编辑和文学批评工作者，有责任向读者提供一部经过精选的、有女性特色的文学读物，在女作家与读者之间架设一座桥梁，从而为呼吁重视对女作家的培养做一些切实的工作。这个虽然在一定程度上展现了我国当代女作家的阵容及其代表作，然而又是远非完善的选本却在读者中间引起了强烈的反响，这远远超出了我们的预想，的确是始料所不及的。同时，也有一些遗憾，常常引起我们内心的不安，那就是由于篇幅的关系，也由于我们当时编选时掌握的标准过严，眼界也不够宽阔，以致把许多近年来朝华初露而又确属在作品中表现出某种独特个性的中青年女作者拒于门外，未能入选。

今年春天，当花城出版社编辑部通知我们前两集将要再版的时候，我们决定趁这个机会再编一本续篇。在各位女作家的支持下，经过几个月的努力，这部包括 35 位女作者的续篇终于编完了。这样，前后三集合在一起，我们一共选编了 72 位当代女作家的作品。

---

① 刘锡诚、高洪波、雷达、李炳银编：《当代女作家作品选 3》，广州：花城出版社，1982 年。

面对着这厚厚的一摞稿子,有许多话要向读者说。首先我们要说的,是续篇中收入的作者成分发生了很大的变化。前两集中大多数是从事文学创作几十年的老作家,如果用数字来表示的话,出生于20年代末即1929年以前的29人,占78.3%;出生于30年代的6人,占16.2%;出生于40年代和新中国成立以后的各1人,各占2.7%。续集中所收入的作者,则大多数是近几年在文坛上初露锋芒的中青年女作家,其中新中国成立以后出生的12人,占34%;40年代出生的11人,占30%;30年代出生的10人,占29%;20年代末以前出生的2人,占6%。这个数字反映了作家队伍的历史性的变化。在这些中青年作家中,有些固然是很成熟的作者了(评判作家造诣的高下,一般地讲是不能根据年龄的长幼和辈分的高低的),有些则不然,无论在对社会生活的研究,还是在艺术造诣方面,还显得嫩弱,甚至还只能算作初学者。

凡是研究和关心当代文学发展的人,都惊异于一个确定无疑的事实:经历过十年"文革"之后,女作家蜂起,比现代文学史上任何一个时期都显得人才济济,成就夺目。这是一个非常值得注意的现象。何以能出现这种女作家群星灿烂的局面呢?这要从社会方面寻找原因。君不见,本选集中所收入的12位新中国成立以后出生的女作者,除了一位以外,都曾被巨大的社会风浪推到了农村、兵团、军垦农场,有的人在那儿"滚"了九年。那样动荡的社会生活,复杂的人生,是躲在闺阁里的女子和在学校里过着"三点一线"生活的学生们无法体验的。生活是一本最大、最权威的教科书。是生活教导她们走上了文学之路,迫使她们用语言的艺术倾诉挤压在心胸中的情绪,叙写历史的风云。出生于30、40年代而成长于50年代的一些作者,其中有相当数量的人,也经历过漫长而又坎坷的人生道路才走到今天的。从幼年就参加了革命战争、经历了炮火硝烟的洗礼者有之,在"文化大革命"中家破人亡、流落异乡,甚至遭到劳教、劳改者也有之……是生活把她们从一个妇女造就成为作家。常言道:愤怒出诗人。如果把这愤怒理解为生活的坎坷、命运的多舛,我想是合乎情理的。风平浪静的海面上,怎能练得出叱咤风云的弄潮儿来呢?没有如此亲历的复杂的人生，也许她们达不到今天的成就，或者压根儿就成不了作家。我们这样讲，只是想从实际情况出发来考察生活怎样造就出了一大批有才气的女作家，而丝毫没有希望历史重演的意思。

让我们回到本选集所选的作品上来。续篇与前两集有着内在的连续性，这就是贯穿在作品中的革命的现实主义精神。革命的、战斗的现实主义是以鲁迅为代表的我国现代文学的一个好传统。这也是我们编选这本选集所遵循的一条主要原则。我们并不因为强调女性作家在艺术风格上的柔婉、细腻等特点，而降低这个要求。本选集中的作品，大部分都是在对社会生活的叙写中散发着浓烈的时代气息，在正视现实、直面人生的艺术画面中渗透着鲜明的时代精神。我们反对粉饰社会矛盾，我们同样也反对把文艺倒退到专门描写"落花有意流水无情"式的性爱故事，构想"自己坐在象牙塔里所希望有的然而永远不会到来的美梦"之类的小资产阶级自我欣赏中去。"自我"不是不能写，"自我"只有体现着大众的呼声才变得有意义。

题材和风格的多样化是我们在编选中所遵循的又一重要原则。我们注意把女作家反映生活中的重要矛盾斗争的作品优先入选，同时也不排斥选入少量的着力表现爱情生活中的种种矛盾、纠葛、苦闷的作品，甚至少量的爱情诗。因此，作为主调，本选集中的作品比较集中地反映了曾经给予作者们极为深刻印象的"文革"和近几年为医治精神上和肉体上的创伤、为建设四个现代化的社会主义强国所作的种种斗争。但作品的题材是通过各个作家从不同的角度、用不同的风格来表现的。作为总的倾向来看，似乎心理分析的方法已为更多的女作者所接受，压抑、阴郁的格调也值得引起注意。尽管我们主观上希望尽可能地把反映不同生活内容和不同风格的作品选进来，并且作了一些努力，但在这方面我们仍然感到不是很满足。比起前两集来，作家们所反映的生活面，似乎略微狭窄了些，这不能不是一个缺憾。

编者（刘锡诚执笔）
1981年9月于北京

从崛起到繁荣

——《小说与现实》自序[1]

对于文学事业来说，批评和创作是两个不可分割的方面。这二者的关系，好比是雄鹰的两只强健的翅膀。有时候创作跑在前面带动理论批评，有时候理论批评又跑在前面带动创作。只有创作的发展而无批评的活跃，这创作终究会在一定的水平上停滞下来；只有批评的勃兴而无创作的繁荣，这批评也会在某个时候消沉下来。一个民族可能长于理论思维，另一个民族可能长于形象思维，但从一个时代来讲，批评与创作大抵是相扶相济、相得益彰，而不大可能处于长期脱节状态的。粉碎"四人帮"以来，特别是党的十一届三中全会以来，如果不怀有偏见，大概都会承认，文学批评在新时期文学发展中起了不可抹杀的作用。但随着时代的转换，生活和创作又向文学批评提出了许多需要回答的新课题。文学批评如若不从现在的水平上有所前进、有所突破，创作也将不得不受到一定的限制，较难有大幅度的突进。我想这里丝毫没有夸大文学批评的意思，只是想从历史中找到一点规律而已。

今年七月，中共中央宣传部在河北涿县召开了文艺评论工作座谈会，讨论研究了加强文艺批评工作的意义、步骤、措施，无疑将会大大地推进我们的文学批评的开展与提高。党的十二大提出开创社会主义现代化建设新局面的总任务后，文艺界正在为开创一个社会主义文学艺术的新局面而展开一场深入的讨论。文学批评也必将会在十二大精神的指

---

[1] 刘锡诚：《小说与现实》，广州：花城出版社，1983年。

导下出现新的面貌。作为文学批评战线上的一员，我愿意在推进文学艺术新局面的事业中贡献出自己涓滴的力量。

编入这本集子中的大都是近两年写作的小说评论。我把它题名为《小说与现实》，实际上不过是一鳞半爪，名不副实，并不能展示出这两年小说创作的风貌。在编选和出版这本书的时候，得到花城出版社的同志们的支持与帮助，在此深表谢意。

1982 年 11 月 7 日于北京

把握当代文学的脉搏

——《浪潮之外的孤魂》序[①]

谢望新同志来信要我为他的评论集写序,这使我为难,因为这副担子不该由我这样的人来挑;但我又没有推托,因为我同他是要好的朋友,在他出版集子的时候,没有理由不写几句话。

我和望新相识已经整整十年了。记得1977年冬季,我作为《人民文学》杂志的编辑人员出差到广州组稿,有一天在萧殷同志家里遇见了他。那时,他在《南方日报》文艺部当编辑,业余时间兼写文学评论。从那以后,我和望新除了常常通信外,几乎每年都能见面倾谈。开始几年是我常到广州文艺界组稿,后来我出去得少了,他却常到北京来参加各种学术会议、读书班,或者到京为他供职的《花城》编辑部组稿。望新在繁重的编辑工作之余,勤于写作,几年间就写下了数量可观的文学评论,有些文章由于见地的深刻而在文坛上为人重视,他从一个文学青年,迅速成长为一个成熟的文学评论家。

他的文学评论文章,在发表时我就从报刊上读到过大部分。有几篇在写作过程中,他曾征求过我的意见。我钦佩望新思想的敏锐和笔头的快捷。他阅读作家的作品,综览文坛现状,能迅速捕捉到作品中蕴含的内在的东西,把握住创作思潮中的动向,很快能拿出一篇评论的稿子。1981年《文艺报》编辑部组织第一届(1977—1980)全国优秀中篇小说评奖的预选时,我是组织者之一,曾与望新朝夕相处了一个多

[①] 谢望新:《浪潮之外的孤魂》,长沙:湖南文艺出版社,1990年。

月。读书班临结束时,要求到会者每人写一篇论文。他把他的构思和角度同我谈了。我发现他很善于从纷乱的现象中进行概括、抽象。星期日我们在北京工作的同志都回家休息,等到星期一再到招待所时,他已经把写好的稿子摆到了我的面前。这篇题为《在对生活思考中的探求》的文稿,稍稍经过修改,发表在《文艺报》1981年第7期上。他在这篇文章里,用宏观的观察较为准确地把握和评价了那一时期中篇小说的思想艺术价值和作家创作的探索趋向。这是他写作途程中的一次飞跃,也是他从广东走向全国的第一步。但他的潜能还没有得到充分的展示,因为在他所处的生活圈子里还缺少志同道合的伙伴同他胼手胝足地探讨文学问题、社会问题、人生问题和艺术技巧问题,在这种极有益处的探讨中刺激他的批评的思维。这种环境在限制着他的视野和意识。作家的产生不是像桂林的山峰那样,可以拔地而起,往往呈棉絮状一群群地出现;评论家的出现,也常常不是孤立的一个人,而是一群人。只要熟悉文学史和中国当代文坛的人,这个道理是很容易明白的。与望新相别两年之后,1983年他又参加了第二届(1981—1982)全国优秀中篇小说评奖的预选工作。这次他撰写的论文《文学的三重奏》,立意新奇、思想深邃、论点精当、文笔流畅,真是用得上"士别三日当刮目相看"这句古话了。他的写作水平提高很快,潜能开始得到发挥,对于文学批评的内在规律驾驭得纯熟。他也在思考中探索,在探索中思考。我再次确信,望新的宏观观察和概括能力,超过他的微观评价的能力。可以看得出,他后来写作的文学评论,则着意追求宏观考察与微观分析相统一的境界。

望新从1979年在新时期文学的高潮中显露头角以来,于文学评论的写作上,成绩值得称道。他的评论涉猎的面很广,有文学运动的概观,有作家论、作品论,有创作问题的探讨……就创作思想而言,他的评论触及了新时期文学的许多方面,比较重要的是:(一)对现实主义原则的倡导与保卫,这是他评论思想的核心。(二)对作家创作个性的呼吁和剖析。一个评论家应当具有自己的锋芒与品格,正像一个作家应当具有自己的锋芒与品格一样。人云亦云,逢场作戏,吹吹拍拍,是成不了评论家的。我还记得他对张一弓的现实主义的阐发，是那样执着，力排众议，固执己见，锋芒毕露地显示了作为评论家的气质。他在一次座谈会上，提出作家的艺术个性的重要性，也是一针见血的议论。他主张作家应该在自己的创作中顽强地表现自己的个性、自己的风格特点，从艺术构思、选择视角、创造形象、结构情节等方面表现出与众不同的独特性。

望新在文学评论的道路上付出了艰苦的劳动，取得了可喜的成绩，作为朋友，感到很高兴。他已从青年步入了中年，但愿这些成绩是他中年时期的起跑线。做一个优秀的评论家并不容易，在他的面前，山还很高，还有泰山的十八盘。但他的步伐还很轻捷。

1986 年 3 月 13 日于北京

民族心理的探索者

——《荒火》序①

1985年春天，我应邀到云南楚雄彝族自治州参加彝族同胞在县华山举行的一年一度的插花节。在昆明顺道搭乘送云南作家去楚雄参加创作笔会的旅行车。这使我有机会结识了来自昆明和楚雄等地的几十位青年作者，并同他们一起探讨了小说创作中的许多迫切问题。来自昆明的青年朋友们和我混熟了，与我相约，待我的滇西和滇南之旅结束之后，在昆明再聚一次，就云南青年作家的创作如何突破、如何走向全国等问题深入地交换看法。

经过两个多月的长途颠簸，五一前夕回到了春城昆明。这次滇西、滇南六个地区（州）、九个民族之行，收获很大，使我有机会了解那里的独特的文化形态、民间文艺，结识了许多青年作家。回到昆明后，脑海里涌动着的仍然是那一幕幕、一桩桩的新鲜的感受，没有可能同青年朋友们座谈创作问题。那几天，晓雪同志嘱我关注一下云南青年作家们的作品，并特别问及我是否读过黄尧发表在《十月》杂志上的中篇小说《荒火》。要我读一读、评一评云南青年作家们的作品，就云南青年作家的创作发表一些意见。

也许是为了弥补我对昆明青年朋友们的失信和歉疚吧！回到北京我就集中阅读了《滇池》编辑部提供的一批即将编发的小说稿和手头能找到的云南青年作家的作品，其中包括《江心岛》和晓雪同志向我推荐

---

① 黄尧：《荒火》（"文学新星丛书"），北京：作家出版社，1987年。

的《荒火》，为《滇池》撰写了一篇《论边地小说新潮及其前景》。这篇文章并不是一篇无懈可击的文章，它仅仅是我在阅读了一些小说作品之后对边地文学的一得之见，也许会对云南青年作家们有点用处。

说老实话，我喜欢《荒火》。《荒火》表现了黄尧驾驭这个题材的艺术家的才能，所以我评论了《荒火》。关于《荒火》的评论，是以我所提出的边地小说的艺术原则和全国小说创作的总格局为前提的。我实际上只提出了两个问题：

1. 边地小说的概念、艺术原则及创作的发展；
2. 边地小说作者如何适应变化着的小说概念（意识）。

关于《荒火》，我写下了这样一段话：有些作品在塑造人物，特别是在探索人物的民族性和心理素质方面所进行的努力，是值得称道的。中篇小说《荒火》是一篇边地小说的力作，内容博大，思想深邃，人物性格（特别是雷英山和木槿）的民族心理素质把握得比较准确，提供了一些值得重视的艺术经验。尽管这部小说在语言上有些造作之处，但整个作品像一座容纳着景颇族的历史和现状的博物馆，充满了浓郁的民族特色和令人不忍释卷的独创性。作品告诉我们，作者对生活的艺术感受能力很强，对景颇族的社会风貌、民俗风情、民族性格、社会发展状况相当谙熟，一个小小的生活细节都往往能被感应出来变换成艺术的"音符"。……这些作品中人物塑造所以比较成功，对人物的民族心理的较深层次的感受与把握所以达到一定高度，与作者对整个民族的历史、文化、风情、民俗的洞悉有着密切的关系。没有勐龙寨和雷弄寨两方的一触即燃的对峙与械斗的描写，就不可能写出面对刀枪咆哮的雷英山的粗犷剽悍的性格。

刻画人物的民族文化心理素质，剖析人物的民族文化心理结构，是当今我国文学创作界和批评界关注的问题之一。缺乏民族文化心理素质的人物，就难于从较高的层次上把握和概括一个时代的风貌和特征，这一点似乎被大家公认了。但对于人物的民族文化心理素质内涵的认识，人物的民族文化心理素质与人物的社会本质的关系，民族文化心理素质与作家的现代意识的关系等等这类至关重要的创作实践和创作理论问题，都存在着不少分歧的看法。虽然不能认为黄尧在小说《荒火》里的探索已经尽善尽美地回答了这些问题，但他毕竟在这些方面做了认真的、有益的探索。

黄尧的短篇小说我未能全读。就我读过的一些来看，他的创作是有自己的特色的。每个作家都应该有自己独特的创作领域，有自己独特的创作道路，有自己独特的创作个性。但这些东西的获得需要经过奋斗。从处女作《蛮牛的新寨》问世以来，黄尧就从他所熟悉的云南边疆少数民族中觅取主题、题材和人物，在历史和现实的剧烈撞击中写人、自然和社会，对民族、人民的命运进行执着而深沉的思考。从总体上来看，他的为数不多的小说从不同的角度、从不同的生活层面和心理层面上向着一个核心的思想掘进，即展示古老的生产方式和生活方式必然让位给生机勃勃的、新的生产方式和生活方式。在这个大的方向下，他写了好些振聋发聩的场景和人物。蛮牛的新寨与老寨之间的冲突，就是这种深刻变革的一个缩影。

这个集子是黄尧同志的创作生涯中留下的第一个坚实的脚印。由于上面所说的那段因缘，黄尧同志给我来信要我给他的第一本小说集写序，我实在有点惶恐不安。我担心我不能正确理解他的创作。现在我写了上面一篇文字，也还不敢肯定我已经正确地理解了他。但我相信，这个"曾想作强盗"的倔强的、果敢的、肯于思考的青年作家，会沿着选定的艺术道路一步一个脚印地走下去，向着灿烂的远方。

1986年

社会批评与审美批评的统一

——《作家的爱与知》后记 [①]

编完这本集子,有很多的感慨,不由得想借这个机会向读者朋友们说说。正当壮年的我,本来应该多写些类似这本集子里的评论文章,为沟通作家与读者之间的联系,为建设中国的文艺批评做些工作。然而,事情往往如愿的少。从1983年9月起,行政领导工作的担子,占去了我的全部的时间。文艺界许多了解我的朋友都替我惋惜;不了解内情的同志以为我喜欢做官。还在今年春夏之交,李屏锦同志来到我新的工作单位倾谈,约我编这本集子的时候,我就同他谈到自己的工作与写作的矛盾所带来的苦恼,谈到"时间就是金钱,效率就是生命"的格言。我深感时间的宝贵,却又不得不在许许多多撕扯不清的、马拉松式的会议上蹉跎。我深感时间的不够,却又不得不在许许多多难解难分的人事关系中挣扎。这一年中间的实践,我才对自己有了较为符合实际的认识:我毕竟是一个文化人的素质,而最不善于担任什么行政领导工作。我期待着卸去我肩上的力不胜任的重担,从繁难的工作和复杂的人事关系中得到解脱,稍微安静地做点工作,读点书,也希望在文学评论上有所长进。所幸的是,今天,在我写这篇后记的时候,我已经向这个"希望"靠近了一大步。这使我从心里感到高兴,我想朋友们也会为我感到高兴的。

二十多年前,有一位外国批评家说过:"文学批评是对文学本身所进行的批评。除此之外,我们知道还有对文学进行的政治、道德、哲

[①] 刘锡诚:《作家的爱与知》,石家庄:花山文艺出版社,1991年。

学、思想和宗教的批评。这些对文学的批评，都有自己的特殊兴趣，并从自己的观点，不把文学当作艺术，而把它当作自己兴趣的对象来批评它。这种兴趣当然往往与艺术的本质相矛盾，并且也和我们怎样以一般的广泛的感情来接受艺术相矛盾的。除了上述批评之外，也有对文学内容与题材进行的各种批评，例如历史的和社会学的文学批评等。"他的意思是想指出，批评文学的不一定是文学批评。政治批评不过是以自己的政治意图和评价来看文学作品；也就是说，这种批评家所看到的，往往只是文学作品的政治价值。我以为这些意见，在今天看来仍然是值得重视。我们的文学批评，虽然在最近几年取得了很大的成绩，但似乎仍然没有完全摆脱政治批评的框架，仍然把批评区分为两个部分：一是寻找作品的思想和社会意义，二是对作品进行美学评价。我自己一向侧重于从文学与社会的关系的角度研究文学作品，从宏观的角度研究文学的发展，力求把社会历史批评与美学批评统一起来。当然，要完全摆脱政治批评的影响，说来谈何容易！我自己也没有能做到。

我们的任务是要建设有中国特色的马克思主义的文学批评。为此，我们迫切需要知识更新，抛弃许多陈腐的和庸俗社会学的观念。

1984 年 12 月 2 日于京郊

又记

相隔 8 年之后，这部集子终于要付印了。当我重读这些文稿的时候，真是感慨系之，酸甜苦辣一起涌上心头。生活是难以捉摸的。1983 年 9 月我奉调离开中国作家协会到中国民间文艺研究会主持会务，一去就是 8 年！8 年时间绕了一个大圈子，回到原地，头发已经白了，从这里起跑已经有些力不从心了。但我生性不是一个偷闲的人，我还要奋起去追赶一程。谢谢花山文艺出版社对我个人以及对文艺评论的支持，没有这种支持这些文稿不过是纸篓里的废弃物。

1991 年 3 月 24 日于中国文联理论研究室

积极开展俗文学的研究

——《中国俗文学研究》前言[①]

真奇怪,中国的俗文学研究至今还是一个丑小鸭,涉足的人寥寥可数,像样的论文可期而不可遇,然而俗文学创作却在几乎没有着力提倡的情况下保持长久不衰,读者的兴味依然不减。一方面是流行畅销的通俗小说(无论言情的,还是武侠的;无论是传统的,还是新派的),依然以以往那样的势头在各阶层人士的手里传来传去;一方面是单纯而隽永的新故事,依然在农村的场院或炕头上、在工厂的集会上被说故事的人们眉飞色舞地讲述着。可见,人们喜欢坐在电视机前看电视连续剧《编辑部的故事》,何尝又不喜欢读引人入胜的小说或听扣人心弦的故事呢?可惜,那些文学评论家们、文学史家们却不愿意将自己的精力分出一点给俗文学!每想到这里,就不期然而然地想起"五四"时期以及三十年代那些大文学批评家和文学史家,如鲁迅、郑振铎。鲁迅大声疾呼民间创作里会产生托尔斯泰和福楼拜的。这是根据世界文学史的发展做出一个高屋建瓴的论断。中国在六十年代就发现了一位伟大的史诗讲述家(当然也是创作家)、一位当代的荷马——居素普·玛玛依,他用了几年的时间口述(亦即创作了)22万行的柯尔克孜族英雄史诗《玛纳斯》。可是我们的文学史家们却至今对此保持缄默,没有任何一部中国文学史哪怕稍微粗略地勾画一笔。要么是他们压根儿没有读过,要么

[①] 中国俗文学学会编:《中国俗文学研究》,1992年。

是他们不愿意承认。"那是少数民族的文学！"——他们说。蒲松龄如今不是也考证出了少数民族身份了吗？老舍不也是少数民族作家吗？"中国没有叙事诗"这个从三十年代就开始讨论的问题，看来今天仍然有再讨论的必要。事实是不仅少数民族地区有叙事诗的传统，汉族地区也发现了不止一部民间叙事诗。这是在中国的典籍里无法寻找得到的。因此，囿于旧日的狭隘眼光固然不行，在知识面上画地为牢也不行。

治俗文学史的后学无不称颂郑振铎的功绩。在他之前，哪一位文学史家曾研究过特别是肯定过说唱文学（如弹词、子弟书、宝卷之类）在文学史上的地位呢？经过他的搜集研究和条分缕析，写成了一部《中国俗文学史》之后，如今俗文学中的这些门类已经堂堂正正地进入了中国文学史的篇章。然而郑著不是、也不应是中国俗文学研究的终结，还有许多课题有待做进一步深入的研究。

归结起来，摆在我们面前的课题无非是两个方面：（1）历史上的俗文学及作家、作品的研究和史的研究；（2）当代俗文学及作家、作品的研究与评论。尽管两个方面都需要往深处开拓，但相比之下，近年来对前一课题的研究要比后一课题的研究活跃得多、也深入得多。

中国俗文学学会自成立以来就倡导俗文学的研究，除召开了几次学术研讨会外，还于1987年编辑出版了一本《俗文学论》。1989年4月召开了第二次代表大会，选举产生了新的领导机构。同时，着手抓学术活动和学术研究，筹备编辑第二本论集，希望通过编辑论集的方式促进研究的进展。这项工作得到了本会会员和广大俗文学研究者的热情支持，很快就收到了一批稿件。在这个过程中，学会在苏州召开了中国俗文学学术研讨会。于是，我们又在大会收到的论文中选了几篇。为了名副其实，决定取名为《中国俗文学研究》，今后一旦有条件就陆续编辑出版。积以时日，必将洋洋大观！

在编辑这辑《中国俗文学研究》时，我们遵循四项基本原则和百家争鸣的精神，凡是言之有理、持之有故的文章，都在入选之列。为了提倡探索，鼓励创新，一般情况下尊重作者的观点不做大的改动，文责自负。我们希望俗文学研究者和爱好者能喜欢这一辑的内容，也希望能引起对某些问题的讨论，使我们的认识更深入一步。

1992 年 4 月 10 日

不是忘忧的年华

——《月亮雨》序[1]

跃虎来京,兴冲冲地带来了他的散文集《月亮雨》的原稿,嘱我读一读,并作一篇序。我们相交差不多有十年的光景了,虽然他在广州,我在北京,一两年、两三年才能见一次面,平时信件来往也并不多,但彼此的情况和心绪却都是了解的。记得四年前他将要离开《天南》杂志另谋新职时,曾打长途电话征询我的意见,我曾对他说,人挪活,树挪死,希望他把多年来的业余创作坚持下去,他富有想象力的天性和思维方式适合于文学创作,而文学创作的最大特点是标新立异,不是跟在别人后头人云亦云。1991年春天,我应邀到深圳参加锦绣中华所属的中国民俗文化村的学术活动,途经广州时,他和新婚不久的夫人请我吃饭,我们在餐桌上谈的也是他的创作。两年未见了,现在他终于挟着一叠文稿来了,我有什么理由拒绝呢?所以我便很爽快地答应下来了。

他是五指山的儿子。他从那葱郁的橡胶林莽的深处走出来,从那起伏蜿蜒的大青山的山坳里走出来,带着浑身的土腥气和野花的幽香,带着农民的执着和倔强,曲曲折折,坎坎坷坷,用脚步丈量了脚下的土地,走过了海南的首府海口,最终走进了华南的大都会广州。他生在贫

---

[1] 张跃虎:《月亮雨》,广州:广东旅游出版社,1995年。此序曾以题为《不是忘忧的年华——张跃虎〈月亮雨〉序》,发表于《海南日报》1994年11月16日。

穷的农家，母亲早逝，父亲卧病，还有三个未成年的弟弟妹妹。在他的家庭遭遇困境的时候，他的胞叔毅然地承担起了养育他们兄妹的重担。他长在那个疯狂的年代，在"监督劳动"中度过了本应忘忧的年华。他肩上背负着过分沉重的包袱，走完了青年时代的人生之旅。热带的雨林和孤悬于大海中的自然环境，赋予他既长于幻想而又浪漫的品性。多年漂泊无定的生活，铸造了他既早熟而又孤僻的性格。他如痴如呆如醉如狂地爱上了文学，写诗，写散文，写小说，收集和翻译黎族的口碑文学，在文学的神圣领地里辛勤耕耘，一心想把生他养他的海南岛的一山一石一草一木都融进他的诗文之中。

散文是一种最容不得虚情假意的文体，因而在某种意义上讲，也是一种最难驾驭的文体。如果说，文学家的全部追求不外乎"求真、求新、求深"这六个字，那么散文以它短小的篇幅都占全了。只有当作者把自己的生命、感情、感受、体验，毫不掩饰地、艺术地融入自己的作品中的时候，他才有可能写出感动读者的好作品来。仅仅满足于吟风弄月、搔首弄姿是无济于事的。用虚于应酬的假情和矫态来代替震撼着自己的心灵同时也能震撼别人心灵的真情，同样也是徒劳无益的。跃虎的天性与散文是相通的。他把自己的散文看作是生命的一部分，字里行间浸透着他浓厚的乡情和乡恋。丝丝缕缕、难以割舍的怀乡的情绪，对分离既久而又无时无刻不在思念着的故人的想念和追思，几乎占据了他的全部心胸和思维。可以看出，在他的散文里，有时这种情思达到了噬咬他、折磨他的程度。这是没有他那样的生活经历无法理解的。一束坡地上采摘的金钱草所显示出来的亲子之情和为人之道，从深层次上揭示了中国人传统的民族心理和文化心理。短短的一篇《篱的挽歌》，从儿时家家门前那种竹木和藤条扎起的篱笆，到如今回乡所见到的水泥高墙（而且那墙头上还安装了尖尖的玻璃片、铁丁）这进程中所捕捉到的，是纯朴的人际关系和淳厚的乡情的逐渐沦丧。一种浓重的惆怅的思绪，似乎是怎样也无法挥去的。这，也许就是跃虎散文的特点和魅力之所在吧。

跃虎的散文写作的时间跨度相当长，题材多样，艺术成就自然也大异其趣，有些早期写的作品虽然写得真但情嫌不足，因而算不上是精品。但有许多作品却以其情真意切而给我留下深刻的印象。姑且不说那些写故人之间相濡以沫感人至深，被他自己名之曰"世路飘蓬"的散文，就说被他归在"天涯走马"中的那篇《月亮雨》吧，不就是一篇写尽了胶林景色、翠屏玉带、人生柔情、生机盎然，充满着爱国主义和爱乡主义的佳作吗？他不仅工于文字的讲究、意境的不凡，更值得称道的是，他常常有出其不意的哲理藏在行云流水之间。

他的工作是为人作嫁的编辑，几乎整天忙于别人的事，而自己的创作，则都得放到夜间去做。他置身于灯红酒绿、市声鼎沸的广州，却能躲在书斋里精心地"爬格子"、啃面包，实在是难得的。文学本来不是总能轰轰烈烈的事业，要的就是这份安静，这份专注，这份执着，这份追求。

他的散文集就要出版了，谨以此为序。

1994年3月8日晚于北京安定门外寓所

独到的批评个性

——《女作家笔下的女性世界》序[①]

吴宗蕙是80年代中国文坛上几个活跃的、有个性的女评论家之一。她的研究和评论的方向,侧重于作家笔下的女性形象,稍后又集中于女作家的创作个性和女作家笔下的女性世界。多年来辛勤著述,矢志不移,成绩斐然。1985年就出版了她的第一部研究中国新时期女性形象的文集《小说中的女性形象》。她在多年的研究著述中,对当代中国女性文学的发展和取得的成绩,对不同类型的女作家及其塑造的人物形象,作了鞭辟入里切中肯綮的分析,发表了许多重要的富有创意的见解,形成了独到的文学理论批评的个性。

女权主义文学是近代以来出现的世界性的文学现象。在我国,女性文学(也有的女作家和女批评家采用"女权主义文学"这一名称)成为80年代文坛上崛起的一个重要文学现象。一批以女性为主人公、体现了"妇女意识"的女作家和以"妇女意识"为准则来分析和阐发女性形象及其社会含义的文学批评家的联袂出现,使女性文学成为一股不可忽视的艺术思潮。由于当代中国的妇女问题,除了仍然带有浓厚的反对夫权、族权、神权的特点之外,还带有浓厚的政治印痕,所以女性文艺思潮,特别是女性作家评论家的"妇女意识"的出现,明显是与当时思想界对长时期"左"的社会思潮及"左"的文学思潮的

[①] 吴宗蕙:《女作家笔下的女性世界》,北京:首都师范大学出版社,1995年。此序文发表于《作家报》1995年1月28日。

清理和批判分不开的。作家们摆脱了五六十年代的性别趋同，而着力于张扬女人与男人的性别差异，从而塑造的一系列女性形象，以及这些女性形象所体现着的作家的"妇女意识"，不仅在当时曾经震撼了广大读者的心灵，而且也必然会在文学史上留下自己的印迹。不管吴宗蕙是否承认自己是女性文学这一文学现象和文学思潮中的一员，实际上她不仅无法摆脱干系，甚至她还是一个强烈的女性文学批评家，她在自己的文学评论中提出并论述了这些大家都关注的问题。从她的系列文章中，可以明显地感受到，她对当代女作家描写的妇女命运的悲剧所倾注的深切同情与历史反思，这几乎成为她十多年来写作的理论批评文章中贯彻始终的一个思想。她对我国当代女性文学的繁荣和女性文学批评的建设做出了自己的一份贡献。

　　从女性的立场和角度看女性，是吴宗蕙的女性文学研究的显著特色之一。尽管她所研究和评论的对象，是相当广泛的，并没有门户之见，其中既有老作家杨沫、韦君宜，有中年作家宗璞、谌容、张洁，也有青年作家王安忆、铁凝、胡辛等等，然而可以看出，并不是这些作家所有的作品和她们笔下所有的女性形象，都能引起她研究和评论的兴趣。只有那些从作家的"妇女意识"上和人物性格上、情调上，甚至情趣上与女性评论家主体及其艺术观相通的作品和角色，才能引起她的兴趣和重视。她在研究女性形象时，注重从外部世界到内部世界的触幽探微，善于发掘不同女人内心世界的差异，善于从女人的情感领域的分析延展到家庭领域和社会领域，从对这些作品和角色的评论中生发开去，提出和谈论更为广泛更为深刻的问题。

　　吴宗蕙的女性文学批评的另一显著特色是，始终如一地贯穿着社会历史—美学的批评方法。她在分析任何女性形象的个性特征和人物之间的关系时，总是把所论的女性形象放在一定的社会历史环境和一定的人际关系中去作评说。在她的论述中，韦君宜笔下的在苦难中觉醒的女性，与宗璞笔下的知识女性及其爱情悲剧，张洁笔下的女性的坎坷人生与铁凝笔下的农村少女，个个都有着迥然不同的个性和命运，是谁也不能代替谁的。她长于对人物的微观分析与艺术评价，往往能用细密的心理分析，把人物丰富而复杂的内心世界揭示出来。她对老作家杨沫的旧作《青春之歌》的重新探讨，对新创作的"青春三部曲"的第二部《英华之歌》和第三部《芳菲之歌》中的主人公的论述，就是把人物的生活史与心理分析、把人物的个性与社会环境有机结合的成功之作。相反，她较少对整个文学的态势作综合的与宏观的概括。但《新时期文学中的女性悲剧》等文章中对女性角色的社会悲剧和性格悲剧的论述和开拓，却是一个例外。她对女性悲剧的分类与成因，特别是对爱情悲剧个例的分析评论，闪烁着理论的光彩，在她的文论中，占有重要的地位，是不可多得的好文章。没有在文学理论方面的研究和造诣，是无法写出这样的文章来的。

我们这一辈人曾经为之献身、为之动容的新时期文学，亦即80年代文学，看来已经画了一个圆满的句号。十年，在历史上来说，是极短暂的。但是，十年的文学包括女性文学所取得的成就和影响，却绝不是以十年为期的。宗蕙的文章比较充分地揭示了十年女性文学的开创意义和历史功绩，功不可没。对90年代文学，现在谈论得虽然很多、很热闹，但要作出准确预测则还为时尚早；90年代的文学肯定是一种更为开放、更为多样的文学，但也可能是更难捉摸的文学。从目前的情况看来，至少理想的失落、市侩主义的膨胀、吟风弄月的泛滥，已经使许多有责任感的批评家感到困惑。尽管文学是最不能用进化论的学说来评说的一种对象，我们还是对未来的文学充满信心。女性文学也一样。除了跨越80—90年代的一些女作家外，一茬一茬更年轻的女性作家以各自新的眼光看社会、看宗族、看女性、看爱情、看家庭，写出了许多令人耳目一新的作品和姿态迥异的女性。唯感遗憾的是，宗蕙却没有一如既往地对新起的女性作家和女性文学给予足够的关注，做出慧眼独具的评说，至少在这部专著中未能包括这方面的文章，看来这个命题只有等待下一部著作来回答了。

敏锐的艺术感觉对于任何一个作家和评论家来说，都是至关重要的。吴宗蕙的艺术感觉，始终是令我钦佩的。她常能从作品和角色中体味出旁人体味不到的东西。《女作家笔下的女性世界》虽然是女性作家论，但可以认为是她的艺术观和艺术感受的结晶。这部书，无论对于文学青年，还是对于学习和研究当代文学以及妇女问题的朋友们来说，无疑都是一部十分有益的著作。

1994 年 3 月 14 日

外面的世界是多彩的

——《走出四合院》自序[①]

生活给了我机会，不必在人欲横流的市场上再去挣扎，纠缠于错综复杂的人际关系，可以安闲自在地身处一隅观察一些过去不大留意的事情，冷静地想一想过去不大去想的事理，从容不迫地写一些自己愿意写的小文章。外面的世界是多彩的，多彩得令人眼花缭乱。过眼的种种事态和世相，难免在头脑中引起某种思索和感想。于是，这些思想的小小浪花便不断地涌到笔底。

现代文学史上通常名为"小品文"的那类散文作品，如今趋向于定名为"随笔"了。"随笔"么，其特点就在于"随"，包括了各种有感而发、随手写来而又不拘一格的小文章。"随笔"并不因为"随""小"就没有内容，相反地，它的内容是浓缩的。近年"随笔"所以出现"热"的局面，有多种原因，归根结底是社会生活为它提供了发达的条件。有人批评一些老作家和老批评家写的散文随笔，是"帮闲文学"。这倒是一种带有"帮"的怪论。

我一向是从事文学批评和民俗学研究的，习惯了逻辑推理的思维方式。散文随笔的写作，只是偶尔为之。随笔的写作能够锻炼作者的敏锐的观察、丰富的知识和流畅的文笔。希望以后能多写一些，写得满意一些。

[①] 刘锡诚:《走出四合院》(谢永旺、何振邦主编"当代名家随笔丛书")，北京：群众出版社，1996年。

在这本集子里所收的文章,包括下列三类:一类是关于社会现象和社会问题的浮想;一类是关于文化人和文艺问题的随感;一类是属于小品范畴的民俗文化杂俎。

1995年6月于北京安定门寓所

现实主义随想录

——《河边文谭》后记[①]

在中国当代文学研究会里长期共事的张炯、杨匡汉、白烨同志要主编一套"学者评论家近作文丛",并嘱我也编一本。河北教育出版社的领导在这一创意的实施方面,表现了高瞻远瞩的气魄,愿意为学者评论家们出这套并无经济效益可言的著作。在20世纪即将结束的这个特殊时机,编辑出版这套丛书,无疑是一件有意义的事,通过不同评论家的眼睛对文坛的观察,不仅会对中国当代文学,特别是80—90年代文学的研究进行一番别有意味的总结和回顾,而且还会对今后当代文学研究起着推动的作用。在此对他们表示敬意和谢意。

收入这本选集里的研究和评论文章,大致分三方面的内容:第一辑是对作家的研究和作品的评论;第二辑是对文学创作问题的探讨;第三辑是对文学评论的评论。最后一篇附录,是《批评家》杂志主编董大中兄1986年为该刊《评论家列传》栏约我写的一篇传记性的文章。在这篇文章中,既叙述了我的文学道路,也简要地表达了我的文学观点。

写作文学评论只是我业余的爱好。20年来我所写作的文学评论文章,已经结集出版的有《小说创作漫评》(湖南人民出版社1981年)、《小说与现实》(花城出版社1983年)和《作家的爱与知》(花山文艺出版社1991年)。如果说在70—80年代中期,我曾经是一个在文学研究

[①] 刘锡诚:《河边文谭》("学者评论家近作文丛"),石家庄:河北教育出版社,1998年。

和评论的湍急的河道中央弄潮的船夫，现在则不过是一个站在河边观潮、偶尔呐喊几声的看客罢了。所以我把这本选集题为《河边文谭》。

1996 年 6 月 25 日于北京东河沿

又记

在编辑和校改过程中，责任编辑尹世民、张辉同志的负责精神令我感动。本集中所收文章，除个别篇章外，都在报刊上发表过，而报刊编辑一般是不要求字字有来历、句句有出处地作注的；作为作者，时间长了，也就马虎了。严格地说，养成了一种非科学的态度。在校改过程中，责编一定要求作者作注，这就不得不翻箱倒柜地查阅资料，也因此使这本书增加了科学性。在这里要特别地表示感谢。

1997 年 9 月 20 日

文学是生活的一面镜子

——《昌乐文学五十年》序言[①]

1998年清明节，我回故乡探亲，有机会与家乡的文学界同行会面，交谈中，大家动议在喜迎建国五十周年大庆时，编辑一部五十年文学作品集作为纪念。这个动议，得到了县里领导的热情支持，我也极表赞成并愿鼎力相助。编选这样一部选集，一则可检阅五十年来古营陵之地文学新军的成就，二则能够从一个侧面展现半个世纪以来的社会变迁。经过一年的筹备，这个动议终于就要变为现实了。负责编选工作的朋友要我为这部文学作品选集写序，我想，尽管我不一定是作序的最佳人选，但当我想到作为一个在首都从事文学批评工作多年的游子，我就没有理由拒绝家乡父老和同行们对我的信任和嘱托了。

文学是生活的镜子。它通过作家的眼睛观察社会、通过作家的头脑思考和反映生活。文学又是时代的镜子。它通过不同的作家这个特殊的三棱镜，折射着不同时代的人物风貌和风云变幻。作家创作的作品，一旦出版，进入社会和流通领域，便具有了社会性，便对读者产生着这样那样的影响。因此，作为精神产品的文学，是其他东西不能替代的；正如鲁迅先生所说的，文学不是别的，而是引导国民前进的灯火。我一贯崇尚这个观点，也遵循这个创作原则。中华人民共和国成立之后，新中国的文学也大抵就是在这样的文学观下发展的。从全国来说，文学在

[①] 王兴民、郭建华主编：《昌乐文学五十年·散文诗歌精选》《昌乐文学五十年·小说精选》，北京：中国文联出版社，1999年。

建国后的 17 年间取得了巨大的成就，作家们创作了许多经历过时代考验至今仍然发射着艺术光辉的作品。文学与最广大的人民群众的生活息息相关。党的十一届三中全会制定了实事求是的新路线，开启了改革开放的历史发展新纪元，文学也迎来了历史的新时期。近 20 年来，我国文学进入了历史上最好的发展时期，作家们解放思想，冲破了形形色色的思想禁锢，摆脱了长期的封闭僵化状态，面对现实，面对人生，写出了大量优秀作品。尽管还有许多不能令人满意的事情，但写什么（选取什么样的题材）、怎样写（运用什么样的创作方法），作家拥有充分的自由，我们梦寐以求的真正意义上的"百花齐放、百家争鸣"的局面，应该说已经出现。

据我粗浅的了解，我们昌乐县建国五十年来的文学创作，也是在这样的大格局中曲曲折折发展过来的。50—60 年代出现的第一批业余作者，如李欣田、萧文贞、赵延丰、亓长禄、赵守诚等，他们以自己昂扬明快的笔触，描摹变革了的新社会现实，讴歌"新的世界，新的人物"，曾给我们这个小小文坛带来过无限的喜悦和生机。他们的作品，体现着革命现实主义的精神，重视社会教育作用。但他们也像十七年时期活跃于文坛的大部分作家一样，受到时代的局限。进入改革开放的历史新时期以来，青年作者脱颖而出，他们在小说、散文、诗歌领域里大显身手，连续推出了不少脍炙人口的作品，受到读者和评论界的好评。

如果把昌乐小说作者在新时期的作品放到全国文学的大格局中来品评，窃以为，无论在题材上，还是作者切入的视角上，他们的作品，都与风靡全国的"知青文学"有显著的不同。他们更多地继承了我国乡土文学的传统，但又比传统的乡土文学更多地显示出在挣脱了长期的压抑之后释放出来的农民的愤懑与正气。他们较少"知青文学"中常见的对知青命运的不公发出的感喟与抗争，而更多写出了社会转型期农民获得"第二次解放"的精神状态。以 80 年代较早拿起笔来写小说的萧云龙来说，尽管他的作品中是非、善恶、对错、正反两极的对立过于分明，过于理性化，但他笔下所写的老支书萧敬德（《穿"小鞋"的人》）这个人物，在农民式的狡黠与幽默下闪耀着农民式的善良和忠诚，成为那个特定的时代中的一个成功的处于最底层、与农民血肉相连的农村干部形象,尽管"四人帮"垮台三四年了,他的所有抗争却仍然没有能够给农民父老和正义平等争得令人鼓舞的胜利(结果);这没有结果的结果,也许更能给读者以思考的空间。曾经作为回乡知青的郭建华的小说创作,跨越 80 年代和 90 年代这两个在中国当代文学史上既有联系又有区别的时代,他取材于变化转换中的鲁中乡村生活场景,着眼于从平凡的乡间生活中挖掘农民角色觉醒意识,注重从人际关系和民俗生活多重文化背景上塑造平平凡凡的小人物的形象。"蒲团"(《尤庄的蒲团》)也好,姜守本(《姜守本进城》《桥》)也好,莫不都是此类人物。从他们的身上,折射出时代的和社会的嬗变。追踪时代的脚步,捕捉当代的足音,对作家来讲,固然是可贵而重要的,但文学创作毕竟是一种奇特的精神劳动,有时与所写的题材和人物拉开一定距离,也许能使认识在沉淀状态下更趋于真实。王庆荣的小说就给了我这样一种启示。在他的笔下,凡是经过较长时间的酝酿和沉淀的革命战争题材的作品,诸如《混沌岁月》《散漫黄尘》,都写得从容而富有韵致,凝重而不失俊逸;凡是近距离投注生活的作品,则显得相对浅淡。凭他显示出的苍劲的笔力和厚实的积累,可以预期,他还会有好作品出来。张劲松的《票房子》,使我涌现出一种莫名的兴奋,大有相见恨晚之感。仅凭这篇篇幅不算很长的短篇小说,我也可以大胆地说,作者懂得什么是艺术!作者通过一个叫于六的小学徒、一个流浪的女人和小站上的铁路工人老朱在小票房子里的纠葛,演绎了 1948 年解放潍县战役的故事。故事是奇特的,结构是独具匠心的。但重要的还不是奇特的故事和匠心独具的结构,而是作者叙事的艺术和对人物个性的把握。据说作者是一位青年,可惜他好几年不写了。文学是不以年齿论高下的,张劲松虽然初出茅庐,但一出场就显得非同一般,现在不写了,也许将来他还会再拿起笔来,我们等待着一个更成熟的张劲松。与我们所说的作为主流的乡土小说传统不同,北晨(吴汉宾)的《顽症》是一篇心理分析小说,作者通过主人公朱而立的心理障碍而触及政治生活中的不正之风问题,其视角独到,手法别致。诗歌和散文是最富个性也最富灵性的写作领域。一般说来,诗歌和散文往往是数量虽多，而佳作难寻。在散文领域里，也有值得令人瞩目的成绩。如以韩国强的《小城》为代表的作品，就不失是以凝练的笔墨抒写富有人生哲理的佳作。"心灵的感动在瞬间生成又刹那失去，没有人能够用火花编织一个花环；心灵的磁针在指向美时，美却突然消失了。"这是散文家发自内心心灵深处的对"寂福"的呼唤。五十年来的优秀之作还很多，绝非我在前面所提到的这几篇。恕我不能一一提及了。

现在我们已经站在了通往21世纪的门槛上。人们都在思考即将过去的百年史。20世纪是一个经历过好几次大战争的世纪，也是经历过打开世纪之门的辛亥革命和社会主义革命两次不同性质的革命的世纪。在这一百年中，中国人民饱尝了刀兵之祸、内忧外患之苦，经历了"文化大革命"的浩劫，我们付出了几千万乃至上亿的生命，但我们没有改变贫穷落后的面貌，远远落在发达国家的后面。值得高兴的是，在中共十一届三中全会之后，我们终于过上了和平安定的生活，我们开始全力以赴地着手建设自己的家园。知识经济的时代，正在取代我们高喊着、追求着的工业时代。但不论人类社会进入什么发展阶段，文学总是永恒的，文学将会伴随着人类走向永恒。作家也一定会奋起，以自己的笔服务于未来的伟大时代。江山代有人才出。未来的百年，昌乐应有、也一定会有更多的文学人才和文学作品脱颖而出。

昌乐是我的出生之地，是我开蒙的摇篮，我祝福她繁荣昌盛。是为序。

1999年3月10日于北京

浩然的第二故乡

——《浩然与昌乐》序[1]

在建国50周年、也是人民政协成立50周年即将到来之际，我的故乡昌乐县的政协编了一本《浩然与昌乐》的文集，收录了作家浩然同志与昌乐有关的一些作品、文章、讲话和史料。浩然来电话，嘱我为其写一篇短序。无论是看在家乡父老的份儿上，还是看在多年来与浩然的文学交往的份儿上，我都是义不容辞的。只好勉力而为了。

大凡稍稍研究过浩然的作品和经历的人，都会知道，他之所以能写出享誉一时的长篇小说《艳阳天》及一批以农村生活为题材的短篇小说，之所以能塑造出一大批各色各样的60年代的农民形象，与三年困难时期他在昌乐县的生活积累和情感体验有着莫大的关系。没有1960年在前东村劳动锻炼、当支部书记的那段经历，没有与东村农民兄弟的那种情深似海的交往和生死与共的生活，就不会有取得后来那样的文学成就的浩然。我从文集中看到的是一个有责任感、有良知的作家。浩然把昌乐当成他的创作的"第二故乡"。他不忘昌乐这块贫瘠而富饶的土地所给予他的恩惠。他不忘那些在饥饿的夜晚把一碗地瓜面粥省给他的农民兄弟。正如他说的，一口饭就能救一个生命。没有这种情感体验和生命体验的人，就难说他了解了农民。当然，除了昌乐外，浩然还有其他距京更近的生活基地，如河北的三河县。我相信，

---

[1] 政协山东省昌乐县委员会编：《浩然与昌乐》，北京：长征出版社，1999年。

在作家队伍里，浩然是为数不多的知根知底地了解农民的作家之一。我从这里悟出了，为什么昌乐人总是记着浩然，惦着浩然，想着浩然，敬着浩然。

浩然是个有成就的作家，也是个容易被人误解的作家。正如世界上没有完人一样，浩然也是从坎坷中走过来的。他有个时候甚至遍体鳞伤。是改革开放及其成就，使他"那么快地挣扎起来"了。这也许成了他的人生财富。我在《文艺报》工作的时候，曾于1980年3月15日召开过一次农村题材创作座谈会，邀请他与会参加讨论。我也是农民的儿子，我对农民和农村怀着很深的感情。那次座谈会是我策划的，并为那次会想出了一个"文学，要关心九亿农民"的口号。那次会由已故的老主编冯牧主持。刘绍棠、管桦、林斤澜来了，浩然也来了，并在会上发了言。他的发言很动情，很有新意。我愿意借这个机会把他当时的发言引在下面：

> 这30年来，农村变化很大。历史上哪一次农民运动也不像这30年的农民运动——如果把农业合作化当作一次农民运动的话——翻天覆地，触动每一个人，广泛、激烈而深刻，生活既丰富多彩又十分复杂。对30年的各个阶段要做具体分析。作家要站在高高的山巅上，要重感情，但不能感情用事。这30年的农民运动，从整体上讲，从根本上讲，给中国9亿农民带来了好处：他们不受剥削了，不受兵荒马乱的严重骚扰了。这是过去任何朝代、任何政党所不能给予他们的。这是主流。逃荒要饭，只是暂时和局部的现象。如果我们的政策不是这样反复，会给他们带来更大更多的益处，不会有那些灾难和痛苦。这是我近两三年来经过痛苦的反省过程之后，准备再写东西时考虑出的基调。
>
> 我过去一直是紧跟政策的。但由于长期生活在农民中间，还没有去写那种浮夸的、胡说八道的东西，作品也有点生活气息。虽然我生活在农民中间，由于受着一种思想的束

缚，我看农民的欢乐多了，看他们的痛苦少了，是睁一只眼、闭一只眼看生活的，所以我没能像有的同志那样写出好的作品来。今后怎么办？要重新认识生活，首先要重新认识自己。

农民受到的精神上和经济上的灾害是不小的。文学可以起到影响农民的灵魂、医治农民精神创伤的作用，从而指导他们的生活。文学特别需要替农民说说话，起点舆论作用；应该狠狠揭露和鞭挞那些不心痛农民的人！这种人很不少，官僚主义、霸道作风，相当严重。

《文艺报》召开这个会，要推动一下农村题材的创作，很符合我的心愿。我是受了内伤的。我再不想去图解任何概念了，我要到生活中去，用我的信仰——只有马列主义、社会主义能够救中国，用我的良心——忠实于养育我的农民，去了解农民，替农民说话。好的，我歌颂；坏的，就揭露。身体条件差了，我不能"大面积垦荒"了，只能勤恳地去经营我的"两亩地"。

我听了浩然的发言，感到了他心灵深处的激荡，了解了"内伤"带来的痛楚。也对他在农民问题上的责任感和同情感抱有认同感。我希望他甩掉包袱，再为农民兄弟写出优秀作品来。90年代，他终于又写出了《苍生》。他实现了自己的诺言，值得祝贺。

不同的作家评论家，在农民和农村问题上持有不同的见解是必然的，过去如此，现在仍然如此。现在要分析农村的社会人际关系，也许比以往更为复杂。但没有对今日农村的社会人际关系的正确分析和把握，就很难进入创作，即使进入了创作过程，也很难写出能够概括一个时代的优秀作品来。这是常识。现在，农民和农村问题仍然是作家们应该关注的大问题，毕竟我们还是个农业大国，还是个农业人口大国！可是，关注农民和农村问题的作家太少了！抱着热情和同情来关心农民和农村的作家就更少得可怜了！因此，在这里我还要再次捡起20年前我说过的那句话:"文学,要关心九亿农民!"当然现在农民已不再是九亿这个数字了。

愿作家浩然的"昌乐情结"永驻。愿昌乐有新的作家崛起。

是为序。

1999 年 7 月 5 日于北京寓所

彰显泰山的精神品格

——《泰山名人文化》序[①]

作为五岳之尊的泰山,是一座有着极其深厚的文化积淀的历史名山。如果说黄河是中华民族的母亲河,那么泰山就是中华民族的神山——祖山。从远古时代起,泰山便被原始先民们赋予了神秘而浓厚的人文内涵。这种以原始信仰为其基本特点的人文内涵,又进而成为自周秦以来有文字记载的最高统治者——皇帝不断封禅的动因和基础。在此种影响下,两千多年来,有着不同政治、文化背景的名人摩肩接踵,以不同的方式驻足泰山及其周围地区,感受泰山、膜拜泰山、咏唱泰山、阐释泰山,在泰山的原始文化—民间文化之外,共同铸造了泰山的名人文化。虽然泰山名人文化在其形成和承续的漫长过程中吸收了原始文化—民间文化的若干内容,但相对于原始文化—民间文化来说,泰山名人文化又有其独具的精神品格和特点,在中华民族的历史发展中发挥着重要的作用。

泰山名人文化与泰山民间文化一样,值得进行深入的研究和阐发。青年学者袁爱国先生在出版了《泰山神文化》(山东大学出版社1991年)之后,又把研究的视角投向了泰山的名人文化,经多年研究,完成了这部《泰山名人文化》的专著。作者以孔子以下历朝历代39位文化名人与泰山的关系为题,叙述和阐释了他们与泰山交游的故事、留下的题铭或诗文作品,以及他们的政治思想和社会抱负,从而展现出泰山

[①] 袁爱国:《泰山名人文化》,济南:山东友谊出版社,1999年。

的文化品格。什么是泰山的文化精神品格？是"元气浑厚"的民族肇始元气和文化的源远流长，是"正气苍茫"的崇高溥博和凛然正气，是"万物都包容""万物都归纳"的雄阔博大胸怀和包容性格，是"登泰山而小天下""会当凌绝顶，一览众山小"的不畏艰险攀登前进的英雄气概！而泰山的这种文化精神品格，正是中华民族的民族精神之所在！

正如作者指出的，泰山以其特殊的文化地位，养育了孔门弟子及其儒学、曹操父子及建安七子、泰山书院诸生等不同时代不同流派的文化巨擘，并以泰山为基点向四周辐射，产生过不同程度的积极影响。但不同的政治遭遇和文化背景的历史人物，面对着泰山而抒发的情结、留下的题铭、吟诵的诗文、演绎的故事，毕竟流露出不同的政治抱负、不同的人生命途和不同的文化倾向，从某些侧面反映出时代的政治风云和民族命运，同时也造就了泰山名人文化的多样性、多义性、丰富性、复杂性和包容性。

时光易逝，江山易改，而泰山作为永恒的象征，虽经历万千年，仍巍然屹立于中华大地上，以冷峻的目光俯视着人世间所经历的历史风雨和所演出的龙争虎斗。无怪乎李白晨登泰山俯视嵩里回想历史不禁发出如此感喟："已矣哉，桂华满兮明月辉，扶桑晓兮白日飞。玉颜灭兮蝼蚁聚，碧台空兮歌舞稀。与天道兮共尽，莫不委骨而同归。"任何朝代都是短暂的，任何人都不过是历史的匆匆过客，而只有被人类创造的文化，包括原始—民间文化和名人—精英文化在内，才是一股不舍昼夜、永不枯竭的溪流。

泰山名人文化作为泰山文化的一支，经过袁爱国先生的搜寻、钩沉、梳理、阐发，把散见于庞杂史书经典中的珍珠串在一起，从而放射出奇光异彩，使读者能够便捷地深入领略泰山名人文化的本质和特点，无疑是做了一件大好事；而对我国地域文化学的建设来说，则不能不说是一个贡献。也许在袁著之后，还会出现另具特色的第二部第三部泰山名人文化之作，但袁著无疑具有首创之功。

袁先生索序于我，写上寥寥数语，是为序。

1999 年 9 月 27 日于北京寓所

塔里木石油会战的赞歌

——《太阳河上的星座》序言[1]

老友廖东凡兄打电话来,要我为青年作者廖志敏的一部题名《太阳河上的星座》的报告文学集写序。他在电话里说,作者是文学新人,这是他所写的第一部描写石油战线的生活和人物的报告文学,希望能够给予扶掖和指点。

大约是十年前吧,有一次几个朋友在东凡兄家里小聚,见到一位青年学生,他正在西南石油学院读书,是廖兄的侄子,名字叫廖志敏。他是暑假期间来京度假的。他给我的印象是,身上带着一股浓浓的乡土气息,有一种尚未踏入社会的青年人常有的激情和进取心。在闲谈时,他告诉我他读的是石油专业,但他喜欢写作,崇尚作家这个行业。我对他说,学石油与写作并不矛盾,过去文学系的老师总是告诫新入学的学生,中文系不是培养作家的地方。这个说法有它的道理,因为学文的人,往往并不一定对实际的生活和各种各样的人物有超乎常人的深刻了解,要想当作家,还要到生活中去磨炼和获取。也许最有希望的作家,可能就出现于某种行业的专业人员之中。他并没有反驳我的意见。几年之后,在一次中国石油总公司会议室召开的一次石油题材长篇报告文学研讨会上,又见到了他,这时,他已经是中国石油报的一名编辑兼记者了。他不仅参与编辑报纸的副刊,还自己动手采访和写作新闻报道、通讯特写和报告文学。有关大庆油田的报告文学《黑土地的女儿》和中国

---

[1] 廖志敏:《太阳河上的星座》,北京:民族出版社,2000年。

石油人参加科威特油井灭火的报告文学，大约就是这个时期的作品。

可能是受到他的伯父影响（廖东凡北大毕业后在西藏高原整整生活战斗了24个春秋）的缘故，廖志敏也培育了一种"西藏情结"。他不满足于在编辑室里的工作，也不满足于在北京周围地区，甚至祖国东部地区的油田采访，他把目光投向了被称为"地球第三极"的西藏高原。他希望到那里去采访那些长年累月战斗在"世界屋脊"之巅的石油勘探者，正是他们以罕见的献身精神和钢铁意志，用自己的双脚丈量了从唐古拉山到喀喇昆仑山之间的苍茫浩瀚的荒原和雪谷，发现了藏族民间传说中所说的"能燃烧的神水"——石油。中国石油报社的领导批准了他的请求。他只身来到了他向往已久的神秘之地，跟随勘探队员们从那曲进入长江之源格拉丹东地区，再深入双湖无人区，在海拔5000米左右、被称为人类生活禁区的广袤地带，对西藏石油勘探者的劳动、生活、精神境界、先进事迹，以及油气的蕴藏和开采前景，进行了为期两个月的采访，除向报社发回一些报道外，还写作了若干篇报告文学和人物特写。西藏的报告文学已结集为另一本文集。

从西藏回京未久，他那颗年轻躁动的灵魂，又为祖国西部石油的开采和成就所吸引。他向往着那里的雪山蓝天和矗立的井架。他告别了新婚燕尔的妻子，抛掷下舒适的生活环境，西出阳关，来到塔克拉玛干大沙漠边缘的塔里木石油报社工作，成为西部石油大会战队伍中的一员。在那里，他三进天山，和物探队员们一起攀悬崖，进荒谷，摸爬滚打，风餐露宿，度过了无数个日日夜夜。他七进塔克拉玛干大沙漠，和采油工人一起生活，经受了铺天盖地的大沙暴的洗礼。正是这两年西北油田会战的艰苦磨炼，同石油人苦乐与共、情感交融的生活，使他获取了丰富的写作题材，进入了石油人的精神境界。他为中国石油人的无私奉献精神所鼓舞，为中国石油人的无畏毅力所激励，为中国石油人的辉煌成就所震撼。是生活的激流促使他以报告文学的形式，把塔里木石油人的业绩记录下来，把塔里木石油人的灵魂勾画出来。这本书里收入的《征战天山雪》，就是他在塔里木写作的报告文学作品之一。作者以热情的笔触描写了塔里木油田的决策者和工人们，怎样以不可阻遏的气势与恶劣的气候和自然环境进行的抗争，终于发现了克依构造带等大型天然气田，为塔里木石油勘探寻找油气的大场面打开了希望之门。石油勘探者们的艰苦卓绝的斗争画面和不畏艰难险阻的感人事迹，洋溢于作者的笔端；驰骋于西部辽阔荒原上的中国石油人的崇高精神面貌和高大形象，活跃于字里行间。

《太阳河上的星座》是中国石油人的颂歌。作为处女作，值得我们高兴和祝贺。

谨为序。

1999 年 12 月 1 日于北京

有感而发 知人论世

——《收回评论权》序①

时常在《文艺报》头版的《擒贼先擒王》这个专栏里，读到一个署名罗戎平的既陌生又熟悉的名字。他的篇幅短小的评论，给我的印象是：他在追踪着文学的脚步，尽其可能地捕捉文坛上出现的每一个新的成就；对所读过的优秀文学作品，总能激发起一些属于自己的独特的艺术感受，说明他的气质和学养中不乏艺术感悟能力；相对平实的文风和语言逻辑的功力背后隐藏着概括的能力。我猜想，这准是一位文学编辑，否则有谁会肯花时间如此大量地阅读，做这种大海里捞针的工作？我做过几十年的编辑，业余时间也写些评论，就是这样走过来的，有乐趣，有甘苦。当回顾"所来径"时，想到自己确也曾发现和扶植过一些蹒跚学步的青年作家和评论家，但像前辈批评家冯牧说的"无愧无悔"，却也有些于心不甘。在我几十年文坛生涯的记忆档案中，却无法搜索出这位评论家的文本以外的任何资料。

2000年9月，我应邀到南京出席一个学术会议，并在会上发表了一篇演讲②。散会后，一位年轻人来到我的身边，与我握手寒暄，并递上一张名片。却原来，此人就是在《文艺报》上读到的那个罗戎平！后

---

① 罗戎平：《收回评论权》，北京：作家出版社，2004年。
② 指的是江苏省第五届民间文艺理论研讨会，我在会上发表的演讲题为《对"后集成时代"民间文学的思考》，见拙著《民间文艺学学科建设讲演录选》，上海：上海文艺出版社，2019年，第132—141页。

来，他给我写信，送来他的文章给我看。不久前，又接到他的电话，说他就要出一本文学评论集，要我为他写一篇序言。我说，如今我是文坛"边缘人"了，实在不敢当。他把一包文稿给我寄来，读后我才发现，他的文学评论不仅涉及面广，反应灵敏迅速，诗歌、短篇小说、长篇小说，省内省外，认识的不认识的，只要进入眼帘之内，又有话可说的作品，他都执笔为文，且秉笔直书，有好说好，有坏说坏，哪怕是全国知名的作家，也敢于碰硬，敢于说真话，坚持"按质论价"，与某些职业评论家们的"按价论质""看人下菜碟"形成对照。于是，鼓起了我提笔为他的评论集的出版写点什么的勇气。

文学史上出现过形形色色的批评观和批评文章。批评文章也有各种不同的模式。这是不言而喻的。把文学批评归齐为一，当然是愚蠢的。但，这不是说我们不能探索、不能选择了。前些时候，我曾在一篇文章里说到一种新起的批评观。这种批评观的核心是："我哪里有时间去读别人那些厚厚的作品？我从事评论的宗旨，是要阐发自己内心的精神图像。"当我在报刊上读着这种新批评观的时候，真有点"丑小鸭"的自惭形秽的感觉，搞了多半辈子的文学编辑和文学评论，愣是傻了多半辈子，怎么就那么认傻理、认死理，硬着头皮读他人的作品，从大量阅读中去发现优秀之作、发现和扶植可塑之才，做那些披沙拣金的笨活儿，从来没有想到把自己的职责定位在"阐发自己内心的精神图像"上呢？那有多轻松！那有多快活！

文艺理论界有人喜欢从古希腊文里追溯"批评"二字的本源或本意，固然有点"掉书袋"之嫌，但也无不可。"批评"的本意就是分析评断。分析评断什么？当然是指已有的、进入自己视野的文学艺术作品，用一句现成的话来说，就是"有感而发"，并非脱离开已有的作品而枯坐在斗室里空发自己的"精神图像"——理论构架。那你去搞哲学去吧，何必把自己的身份扎到文学批评家的堆里！批评家有"自己的精神图像"不是坏事，换句话说，每一个批评家都应有自己的"精神图像"，不能也不应停留在就事论事上，但这种"精神图像"及其阐发模式，必须是在读过，并且要评论的作品，和某一种或多种文学现象的基础上生发出来的，而不是作没有具体作品和具体文学现象作基础的空穴来风之论。刚刚过去不算很久的历史上，我们曾看到过一些写了一辈子小说到头来并不懂得小说该怎样写的作家，同样，我们也看到过些写了一辈子批评文章到头来缺乏艺术感觉仅凭某些艺术的或政治的教条写作的批评家。风水轮流转，这真是一种悲哀！可是，时下信奉新批评观和以新批评观自居的批评家，并不在少数。也许这也被视为很时髦，很"酷"。但我们在硬着头皮读这种以"阐发自己的精神图像"为宗旨的文学评论时，其感受，只能用"如坠云里雾中"或"不知所云"来形容。我只能说，这是市场经济环境下文坛患的一种时代流行病。

  读罗戎平的数量还不算是很多的文学批评，可以看出，他显然不属于上述这种路数。他坚持认真读文学作品，"有感而发"而为文，并追求一种"知人论世"、有好说好、有坏说坏的批评境界。在他的批评中，也不是压根儿就没有自己的"精神图像"，如果把这个"精神图像"理解为"有感而发"的"感"字的同义词的话，那么，他的这个"感"字，在一定程度上做到了发前人所未发，每有新意，但深度还显得不够，即文章做得还未能达到高度的理论升华和文意的酣畅淋漓。当然，要达到这样的境界，还需要积累和磨炼。但他的批评文章，虽系一得之见，却蕴涵着许多切中要害的独到见解和智慧，于被评论的作家，于推动创作，都是有益的；他的批评方向，应该得到充分的肯定。

  在他的评论集付梓之前，写上这些意见，以求共勉。

2002年11月2日于北京东河沿寓所

文坛名家遭遇新时期

——《文坛旧事》后记[①]

和平安宁的生活过得久了，竟浑然不觉地把沉痛的历史都给遗忘到脑后了。"文革"结束，我们突然感觉好像进入了一个新的世纪。文坛开始萌发出生机，一个新的时期开始了。

真正意义上的"文学新时期"或曰"新时期文学"，我以为大致是从1977年底开始，其间大约经历了八年或九年的时间，到1985年就落潮了。这个被批评家和史家称为"新时期文学"的文学时期，在以现实主义的创作原则和旗帜下，以对现实生活和苦难人生的积极态度，而赢得了亿万读者的关切和热爱，出现了中国文学史上鲜见的辉煌。

作为一个文学编辑和文学评论者，我有幸先后在《人民文学》和《文艺报》两个杂志编辑部编辑的岗位上，亲历了和见证了这段具有历史意义的难忘岁月。在这本书里所写的，就是这些岁月里的一些"文学写照"（借用高尔基语），他们都是些在新时期文坛上以不同的方式、在不同的疆域上驰骋过，并对新时期文学发展做出过某些贡献的前辈作家和领军人物。他们是我的益师良友。他们曾给我以教诲和帮助。对他们的文学业绩和历史遗产，我感到，有责任写出来，让后来的文学爱好者和研究者们了解。

这部书稿是我因工作调动离开《文艺报》之后陆续写成的，前后写了好多年。离开搭建在北京沙滩北街2号红楼后面院子里的那间编辑

---

① 刘锡诚：《文坛旧事》，武汉：武汉出版社，2005年。此次收录有改动。

部——"抗震棚"时,实属仓促,没有来得及清理柜子里和写字台上那些乱七八糟的稿笺和文件。无意中倒是为我写这些文章留下了一宗宝贵而翔实的史料,使我笔下的这些文字,在仅靠记忆而外又多少增加了一些根据。2003年11月,我到武汉参加一个学术会议,应邀到武汉出版社做客,得到彭小华社长和总编室邹德清主任的热情招待和允诺,要我把这部书稿交给他们出版。能得到他们的支持,我自是十分高兴,当然也很感谢。

我写的这些作家、批评家,都曾是活生生的身边人物,如今转眼间都变成历史人物了。历史真是无情。但他们的音容笑貌,还时常出现在我的眼前。我也发现,要公允地再现一段历史和历史人物,的确是一件很不容易的事情。我的书里肯定也会有许多不当和不尽之处,欢迎文学界同行和读者朋友批评指教,以便有机会改正谬误。

2004年7月26日于东河沿寓所

笺注:评论家白烨在《博览群书》2005年第9期发表《不能忘却的"旧事"——读刘锡诚的〈文坛旧事〉》评论道:"刘锡诚的忆往怀人文集《文坛旧事》(武汉出版社2005年5月版),信而有征地记述了他所接触和了解到的周扬、张光年、荒煤、冯牧等当代文坛名家,著者的印象与名家的行状,主要集中于新时期文学阶段。那虽然已经过去了不少年,但许多情形仍然让人记忆犹新,仿佛就是昨日。从这个意义上说,如许的'旧事',都还不算太旧。"

农村题材小说新收获

——《桥》序[①]

大概是 20 世纪 80 年代初，在我的故乡潍坊市举办的一次座谈会上认识了郭建华。那时候，他还很年轻，已以其短篇小说而活跃于文坛了。文学是很苦、很寂寞的事业。一个基层文化干部，何以舍弃其他仕途，而毅然步入文坛，我没有机会问过他，但据我的理解和推测，大概与曾经在家乡下放而后来成为著名作家的浩然的影响不无关系。他把文学看得很神圣很圣洁。那时，伤痕文学比较容易得到评论界的关注，而写农村题材的作品，则较难找到切入点，也难得有好作品问世。写农村题材的作品，虽然早已有了贾大山的《取经》，但真正在文坛上取得成绩并为评论家关注，还是自高晓声的《陈奂生上城》始。郭建华生在农村长在农村，他长于短篇创作，他在山东的文学刊物上发表的《姜守本进城》，一下子得到了评论界的好评，我想，又显然是与学习和承袭了高晓声开创的农村题材小说的传统有关。后来他把自己的作品编辑而成为《尤庄的蒲团》。

这部名为《桥》的小说集子，是作者继《尤庄的蒲团》之后的第二部短篇小说集，收入了作者自 1991 年至 2000 年发表的作品。这些作品仍然以农村题材为主体，体现了作者一向遵循的关注人、特别是农民命运的创作理念，较之以前的作品，这些作品对新时代农民的命运与处境的思考，则显得更为深沉、深入了，其艺术表现也更凝重了。以小说

---

① 郭建华：《桥》（短篇小说集），呼和浩特：远方出版社，2004 年。

《桥》为例，这篇可视为《姜守本进城》续篇的小说中，主人公姜守本，作为艺术形象，在新的演绎中，不仅更耐咀嚼、耐玩味，而且也显得更丰满、更成熟。

对于任何身处于农村和中小城市的小说作者来说，题材的选取与提炼固然重要，但在我看来，更重要的也许是思想的提升和艺术的追求，后者往往是走出环境的封闭和故步自封的最必要和最重要的条件。读着郭建华这些作品，不仅看出他时刻注意在题材的多样化上超越自我，而且也在不断地进行着艺术创作方法上的探索和借鉴。《山东无死槐》就是这种努力的一个范例。小说以近乎荒诞的手法写古槐的命运，写古槐与人的关系，从而表现社会的变迁，呼唤人与自然的和谐。这是很可喜的。

在他的这部小说集就要出版的时候，他来信索序于我。过去二十多年的不懈努力，使他在小说创作上不断有所创新，也希望他在今后能以更老辣的笔触、更广阔的视野，写出反映新农村新农民的好作品来。

是为序。

2004年8月21日于北京

见证者的文坛纪事

——《在文坛边缘上》后记[①]

这本文坛回忆录，写的是 1977 年 7 月至 1981 年 12 月，我在《人民文学》和《文艺报》工作时的文坛情况。作为一名文学编辑，对文坛的了解十分有限，仅能从自己的角度和自己的亲历来记述当年文坛上发生的事和人，故而题名《在文坛边缘上》。还需要说明的是，本书结尾的 1981 年 12 月，并不是文学史上一个阶段的结束，而只是我写到这里时，稿纸已经摞得很厚了，暂且打住。至于续篇是否还写下去，那要看身体健康和思维状况了。

我之所以要写这本书，是有感于已有的当代文学史，大多没有脱出西方文学史的"作家加作品"的模式，对于一部文学作品或一种文学潮流是怎样出现的、怎样发展的、又怎样逐渐衰落的，则往往有意无意地被忽略或放逐了。被文学史家称为"新时期文学"的这段时间，对于中国文坛来说，是一个除旧布新的转折时期，作家批评家在阵痛和反思中逐步摆脱束缚着自己的旧思维、旧框框，思想得到了空前解放。现实生活的急剧变革，催生出一批一批新的作家，激发着创作者的创新情怀，新的优秀作品迭出。我有幸参与和亲历了这个过程。我觉得我有义务以自己的回忆和记述，来向文学史家们提供一点文坛史料，向文科的学生和有兴趣的读者提供一些文坛的真实情况，尽管这

[①] 刘锡诚:《在文坛边缘上——编辑手记》，开封：河南大学出版社，2004 年。增订本（上、下册）于 2016 年出版。

些史料是从一己的工作角度的经历，不是、也不可能是文坛的全面扫描和研究结论。

由于是一本回忆录，笔者对文学发展史上的人物和思潮必然有自己的立场和褒贬，但书中记述的人物和事件却敢保证完全是忠于历史真实的。写作过程中，笔者主要的凭依，是三方面的材料：一是笔者的记忆；二是笔者的日记和笔记；三是当时编辑工作中接触到和保留下来的文书原件。记忆是并不可靠的，特别是到了老年，但有了日记和文书的参照，就使对历史的记述变得更为可靠和可信。当年的文书是最可靠、也最可贵的，是写刊物史和文学史的珍贵史料。所幸的是，我离开编辑岗位时非常仓促，没有时间清理，就把桌子上、抽屉里、柜子里的乱七八糟的一切，都一股脑儿装到车子里拉回家来，也因此得以把这些并不起眼的文书保存下来，有些怕是连编辑部的档案里也找不到了。唯其珍贵，所以我才尽量地把这些珍贵史料吸纳到我的这本书里来。

最近这十多年间，许多我所熟识和尊敬的前辈文学家先后辞别了人世，我在回忆文坛的前尘往事时，不免伤感，甚至有一种人生如梦的悲哀。我愿意把这本小书献在他们的亡灵之前。

在写作过程中得到了许多老友的鼓励和帮助。他们是：《文艺报》前主编、评论家谢永旺，《中国文化报》前常务副总编、评论家、散文家阎纲，文艺理论家、巴金研究专家陈丹晨，《人民文学》杂志前副主编、中国现代文学馆前副馆长、散文家周明，他们都是我在《人民文学》和《文艺报》工作时的同事和好友，他们分别向我提供了珍贵的材料和照片。两年前，河南大学文学院高友鹏教授来我家里，得知我在写这本书，就帮我牵线搭桥，把我的书稿推荐给河南大学出版社王刘纯社长并得到他的接受；袁喜生先生作为本书的责编，在编辑书稿过程中，提出了不少很好的意见和建议，倾注了大量的心血和辛劳。而且在他们的鼓励下，增补了全书的照片和文书影印件。对他们的帮助和鼓励，在此一并致谢。

预计这本书出版之日，正值我的七十岁生日之时。就拿它做我的七秩寿诞的一个纪念吧。此后，不管还有多少岁月可享，也都是"余生"了。但愿还能做些事情——写作和研究，但不可奢求了。

2004年10月4日

增订本《后记》

《在文坛边缘上——编辑手记》（增订本）是笔者根据在文坛的亲身经历撰写的一部自1977年至1982年底中国文坛和中国文学的回忆录。"文化大革命"结束之后，笔者参与了和经历了劫后余生的文艺界的拨乱反正，为大批受迫害的文艺工作者平反昭雪，全国文联及各文艺家协会陆续恢复活动，文艺报刊陆续复刊，第四次全国文代会的召开，中短篇小说评奖，文艺评论座谈会召开，为文艺和政治的关系松绑，人性和人道主义问题的讨论，对毛泽东《在延安文艺座谈会上的讲话》"一要坚持、二要发展"的提出，围绕"十六年"的大争论，文艺界反"自由化""现代派"风波，茅盾文学奖的启动……这六年的时间里，特别是党的十一届三中全会以后，伤痕文学、反思文学、改革文学的兴起与繁荣，以及一大批新起的作家破土而出崭露头角，不同文艺思潮此消彼长，中国文学界冲破来自"左"和右两方面的干扰……笔者尽可能真实地记述下当代文学在新的历史时期这一时段的发展繁荣的图景，期望多少能弥补现有的当代文学史的不足。

本书的前五章，曾由河南大学出版社纳入"文艺风云书系"中于2004年出过第一版（2006年3月第2次印刷），受到了文学界、高校当代文学师生和文学评论界的首肯。第一版出版15年后，作者对原著作了较大的增订，增补的部分是：（1）重写了原书第五章的最后一节《破冰之旅：两岸三地作家的第一次聚会（香港）》；（2）增写了第六章《为文艺与政治的关系松绑》（约30万字）。增补的这一章，全面记述了中国当代文学史上有转折意义的一年——1982年的中国文坛。在这一年里，中央书记处书记胡乔木同志借中国文联四届二次全委会的舞台发表长篇讲话，公开地抛弃"文艺为政治服务"这个延续久矣的方针，为文艺与政治的关系松绑。其中的几个重要篇章，如《尺素史影》《给文艺与政治的关系松绑》《文学评论关键词——文艺评论座谈会》《"现代派"风波》《围绕"十六年"的一场大辩论》，曾先后在报刊上发表过。

笔者已年届耄耋，这本编辑手记增订本得以出版，由衷感谢河大出版社社长张云鹏同志的大力支持，感谢老友袁喜生先生和责编韩琳同志的帮助。

2016年2月于北京

笺注：《在文坛边缘上——编辑手记》及其增订本的出版，在文坛上引起了广泛的关注。第一个发表评论的是江苏省的评论家陈辽，他在《小题目　大著作——读评〈在文坛边缘上——编辑手记〉》（江苏省作家协会编《评论》，2005年卷第1期第247—257页，江苏文艺出版社2005年7月）中写道："《边缘上》写了五年间的一系列重大事件，叙述和评论了五年间的代表作家、代表作品，报道了重要评论家、编辑家的主张和意见。在这五年间有影响的作家、作品，有影响的评论家、编辑家的意见和主张，在该书中都有一席之地。与此同时，《边缘上》提供了人们一向不知道的珍贵史料。"　第二个发表评论的是评论家胡德培，他在2005年8月11日的《文艺报》上发表《别具一格的文学史——喜读刘锡诚的回忆录》中写道："刘锡诚有幸在'文革'后最初几年，即《人民文学》和《文艺报》复刊起始那段时间，也就是文学界在扫除阴霾、批判极左，克服种种思想和精神障碍，正艰难地开始迈步，正曲折地奋力前行那些岁月，他先后在两个编辑部工作，也即是在'文坛第一线'矛盾最集中、最敏感、最尖锐、最突出的'前哨阵地'上亲身体验和耳闻目睹了当时文学界的现实状况，特别重要的是他亲自面临或参与当时发生的各种重要事件以及经历前前后后的过程。他是新时期文学发展的重要见证人之一。他还是个有心人。他平时工作认真、积极，耳聪目明，密切注意和观察文学领域里上下左右、形形色色，积累了许多本工作笔记、个人日记及大量文字档案、文件之类，还有他与不少作家、评论家及有关文学工作人员的来往信件，皆属于文学发展状况的第一手材料，是外界人难以获得的。……书中材料真实可靠，具体翔实。我觉得，本书对于人们研究那段文学史、研究那些作家作品及其有关文学事件，了解当时的社会思潮、社会状况及文学界错综复杂的种种关系等等，都是弥足珍贵的。更为可贵的是，这本回忆录不仅仅是作者从事编辑工作时的一些个人感触、个人思索、个人理解、个人见识，而且它切切实实地代表了一批人，一批他同龄的以至上一辈的许多作家、评论家的共同感受、共同见解、共同看法、共同认识。他直接地、间接地将可以搜集到的众多文字记录和朋友同事们提供的各种资料，即当时文坛上一切的一切，尽可能详尽、具体地记录在案，许多地方干脆直接引用原件，从而忠实地再现了新时期文学的发展轨迹。"

重要的是作家的艺术自觉

——《笼中人》序[①]

20世纪90年代初,我曾写过一篇题为《边缘人》的随笔,说的是我当时的一种生存状态和心理状态,多少有点典型意义,故而受到读书界的重视,被《读者》和《新华文摘》转载过。自那以来,我一直以"边缘人"自况。去年又出版了一部文学回忆录《在文坛边缘上——编辑手记》,读到的朋友们打电话或写信来说,你哪里是在"边缘上"?你是在急流中、漩涡中!其实,"边缘化"无非表达了我与文学之间的一种本不该出现而又确实在日渐强烈的自我疏离感。这是因为,一方面,文学因自身的原因而越来越"边缘化",另一方面,我自己在进入古稀之年之后,无论精力和体力都衰退了,不得不把有限的精力转移到了学术研究上,读文学作品的兴趣减退了,艺术感悟能力也随之减退了,思想也不再像从前那样敏锐,所以下决心不再写文学评论,也不再为他人作序。但是,对于我的故乡山东昌乐的青年作家北晨为他的小说集向我索序,我却不能推托。我离开故乡至今已经五十多年了,随着年龄的增长,对家乡的思念越来越浓烈。儿时记忆中的一草一木、一砖一石,常常萦绕在我梦中挥之不去,强烈的思乡之情令我难以排解。对于来自故乡的人,来自故乡的声音,都令我倍感亲切。北晨是一位我故乡土生土长,而且有才华的青年作家,他来索序,我能推托吗?

大约是在20世纪末的时候,我在一篇文章里谈到北晨的小说时曾

[①] 北晨:《笼中人》(短篇小说集),北京:中国文联出版社,2005年。

指出，他的小说创作，"与我们所说的作为主流的乡土小说传统不同"。那时，我就看出了他在创作上有一种有别于他人的独特性。在我的故乡及周边县市，活跃着一群土生土长但却有着远大理想抱负的中青年作家。在这群以文学为理想和追求的"土著"作家中，北晨是最具有个性和探索精神的一个。他虽然年轻，却已有 20 年的文学生涯了。20 世纪末出版的《北晨短篇小说选》，就是他那些年小说创作的"总结"。而 21 世纪以来，北晨写过长篇小说，也写过影视剧本，但写得最多、也最有成绩的，我以为，可能还是中短篇小说。收在这本选集里的中短篇小说，就是他这些年来在文学创作的道路上不断跋涉和艰苦攀登留在身后的一行行脚印。

多年前，我在济南曾对一位老作家说过，有的人写了一辈子的小说，到头来却不知道小说是什么。我的意思是说，是否具有艺术自觉，是一个想当作家的人是否具有作家的品格的一个标志，而北晨，他虽然处在一个相对封闭人文环境中，缺乏更多艺术的对话和更鲜活的交流切磋，但从他写的小说中，我看到，他表现出了一种艺术的自觉。评论家谭好哲教授曾评论说："北晨的小说总体叙事和语言特点的历时性变化，以及在叙事视角和方法上的灵活多样，使北晨的小说避免了简单的自我重复，也使读者获得了多样的解读快感。这也正是北晨不断超越自我、追求艺术创新的表现。"他指出的这一点，无疑是一个作家最难能可贵的。

北晨的小说创作具有相当深邃的思想内涵。文学进入新时期之后，虽然卸下了过去较长一个时期强加给它的政治的重负，甚至越来越趋向边缘化。但是一些有责任心的作家，还是不愿意或者说不忍心让文学就这么"堕落"下去，坠向"边缘化""私人化"和"消遣化"的。他们不追风，不赶潮，而是甘于寂寞，脚踏实地，一步一个脚印地苦苦求索，用手中的一支纤细的笔去"拯救"文学，"拯救"文学精神。我认为，北晨就是这些有责任心的作家中的一位。这可从《笼中人》《梦醒梦酣》《死不改悔》《何老师的夏天》等作品中看出。这些作品所表现出来的深刻的社会批判意识、人性剖析意识和人生警示意义，使之与那些专注于生命中不能承受之轻的私语性写作显出了截然不同的质地。这些具有重量和力度的小说是为那些同样富于社会责任感和人生使命感的读者而作的。读这些作品，我们不能不反思，是谁，用什么样的力量把一个好端端的人装进了笼子里，像关鸟儿一样关起来？是谁，用什么样的力量使死了的人活过来再死过去，如此反反复复犹如噩梦？是谁，用什么样的力量使人对旧和"左"的东西念念不忘，且从不检讨和反悔？是谁，用什么样的力量使死人会走，甚至使腐败发臭的尸体一步一步向前迈进？一个好的小说家，首先应该是一个思想家，至少，应该是一个有思想的人。北晨的小说写死亡、写噩梦、写尸臭、写变态，旨在揭示当今社会和人性的某些弊病，并努力寻求疗救的方子，发出对社会良知和人生正气的强烈呼唤，促使人们冲破思想牢笼，砸碎精神枷锁。

  对于当下的文坛来说，现实性和批判性的稀薄乃至缺失，正是导致文学日益边缘化、理想缺失的主因之一。北晨的小说则不同，具有强烈的现实性和批判性。现实主义的艺术本身就具有强烈的批判性，这是文学史证明了的。北晨把笔作解剖刀，无情地针砭时弊，剖析人生，鞭打人性的弱点，将其极端化，用近乎荒诞的手法向读者展示、放大。可以说，荒诞的真实与真实的荒诞，是这个时期北晨小说创作常用的手法。《笼中人》如此，《梦醒梦酣》和《别烧我》也如此。试问，一个"伟大的领导"死了又活，活了又死，到底是荒诞的梦境还是严肃的现实？一个领导者向牧羊人讨教领导和管理的方法与艺术，到底是把人当成羊还是把羊当成人？作者把真实的荒诞与荒诞的真实有机地融为一体，使小说创作的艺术表现力大大增强，也使得他的艺术个性更加突显、更加鲜明。

  北晨的这些难能可贵的艺术追求和锲而不舍的探索精神，使我们有理由期待，在今后的文学创作中，他一定会写出更多更优秀的作品来。

  谨为序。

2005年5月3日于北京

建构俗文学史的一大贡献

——《二十世纪〈俗文学〉周刊总目》序[①]

在敦煌遗书中的"俗文学"材料被发现、特别是被纳入中国文学史的殿堂之前,传统文学理念中的中国文学只是由诗歌和散文构成的,戏曲、俗曲、小说、弹词等文学门类和体裁,一向是被排斥在外或没有地位的。换言之,俗文学之进入中国文学史,不仅扩大了文学的畛域,更重要的是,从根本上改变了中国文学和中国文学史的体系架构。而且,由于俗文学与民间文学的难解难分的亲缘关系,俗文学的研究又成为20世纪中国民间文艺学史上的一个重要流派。应当说,历史上的俗文学的发掘与进入文学史、俗文学研究的兴起与俗文学流派的形成,是20世纪中国文学史和民间文艺学史上的一桩大事情。它的意义在于推动了中国文学史的一次巨变。

俗文学的被发现、被认识,以及进而成为文学史的一部分,最重要的起因,是法国人伯希和和英国人斯坦因攫往西方国家的敦煌藏经洞的写本的公之于世。消息传来,我国商务印书馆的董事会主席张元济于1911年春赴巴黎和伦敦寻访,因受阻而未能取得相关材料。继而,伯希和将数十种达千张敦煌遗书的照片寄给北京的端方,由端方转交给罗振玉。同年11月,日本汉学家狩野直喜以调查伦敦、巴黎、彼得堡所藏敦煌遗书为由,做了一次欧洲之旅。在伦敦他抄录了秋胡故事、孝

[①] 关家铮编:《二十世纪〈俗文学〉周刊总目》,济南:齐鲁书社,2007年。

子董永故事,在巴黎他抄录了伍子胥故事。《艺文》杂志连续以《中国俗文学史研究的材料》为题,发表了他从欧洲发回的研究报告。他在报告中写道:"治中国俗文学而仅言元明清三代戏曲小说者甚多,然从敦煌文书的这些残本察看,可以断言,中国俗文学之萌芽,已显于唐末五代,至宋而渐推广,至元更获一大发展。"① 狩野的这段话被史家认定为首倡俗文学之论。狩野之后,胡适在《白话文学史·自序》里说:"敦煌石室的唐五代写本的俗文学,经罗振玉先生,王国维先生,伯希和先生,羽田亨先生,董康先生的整理,已有许多篇可以供我们采用了。我前年(1926年)在巴黎、伦敦也收了一点俗文学的史料。""日本方面也添了不少的中国俗文学的史料。"他还提到了《京本通俗小说》的出现,董康翻刻的杂剧与小说,元人曲子总集《太平乐府》与《阳春白雪》,郑振铎的《白雪遗音》以及鲁迅的《中国小说史略》对于俗文学史料发掘的贡献。

考察百年的学术史,俗文学在真正意义上进入中国文学史和俗文学研究形成体系、进而成为一个重要研究流派,首功在郑振铎。1927年"四·一二"政变后,他由于参与抗议国民党屠杀革命而被追捕,不得不去欧洲避难。他在巴黎国家图书馆阅读了许多国内没有见到的中国古代小说、戏曲、唱本等俗文学材料,写了《巴黎国家图书馆中之中国小说与戏曲》,并感叹说:"他们(指法国人——引者)是很早便注意到我们的小说与戏曲乃至弹词唱本了。我们自己呢,却至今还有人在怀疑我们的小说与戏曲的价值,至于弹词唱本则更无人提起了!我们是如何的轻视自己的宝物呢!"② 他于1929年3月出版的《小说月报》第20卷第3期上发表了《敦煌的俗文学》一文,正式打出俗文学研究的旗

---

① 见中国国家图书馆汉学家库《狩野直喜·中国文学、戏曲研究》;严绍璗:《狩野直喜和中国俗文学》,《学林漫录》第七集,北京:中华书局,1983年,第142—152页。

② 郑振铎:《巴黎国家图书馆中之中国小说与戏曲》,见《郑振铎文集》第六卷,北京:人民文学出版社,1988年,第434页。

号,这是中国学者发表的第一篇完整地介绍敦煌俗文学的发现成果和论述俗文学的性质价值的文章。①接着,郑振铎于1932年由北平的朴社出版了三卷本的《插图本中国文学史》,此著除了以所引"孤本秘笈"之丰富为他人望尘莫及外,尝试建立了新的中国文学史的框架;1938年又由长沙的商务印书馆出版了《中国俗文学史》,完整地表述了他的俗文学观,从而在文学研究界掀起了一个长达20年之久的辑集俗文学史料、研究俗文学的浪潮。笔者在《20世纪中国民间文学学术史》里曾写下这样一段话:"《插图本中国文学史》和《中国俗文学史》这两部大著的出版,加上过去出版的《文学大纲》中的一些篇章,完整地体现出了他的文学观,奠定了他的民间文学—俗文学理论体系,也为民间文艺学阵容中的'俗文学派'奠定了基础。""《中国俗文学史》的出版,从20年代那一帮进步文化战士们所信奉的进化论的世界观,进到以唯物史观的治学理念和研究方法,梳理中国文学史的进程与演变,论述了民间口传文学在中国文学史上的地位和作用。其在民众中的影响和流传存在的价值,不仅在资料占有上无与伦比,而且在观点上自成一说,发人所未发,成为他在中国文学史研究上的又一颗璀璨的明珠,也是他的民间文学—俗文学思想达到成熟的标志。"②

中国文学研究以及中国民间文学研究的俗文学学派形成于20世纪30年代末,从萌生到成熟,其间经过了十多年的酝酿与积累。说它是一个流派,不是说这是一个有组织的研究社团或文艺社团,而是说这些

---

① 吴晓铃先生在《朱自清先生与俗文学》一文中说:"'俗文学'这个名词的提出,郑振铎先生是第一人,好像是在《敦煌的俗文学》那篇文章里。"载《华北日报·俗文学周刊》第60期,1948年8月20日。其说不确。如上文所说,就已知的材料,最先提出"俗文学"一词的不是郑振铎先生,而是日本汉学家狩野直喜先生。但可以说,郑振铎的《敦煌的俗文学》一文是中国学者发表的第一篇完整地介绍敦煌俗文学的发现成果和论述俗文学的性质价值的文章,是尔后形成的"俗文学派"的代表人物和领军人物。

② 刘锡诚:《20世纪中国民间文学学术史》第四章第二节《上海、香港、北平:俗文学派的崛起》,开封:河南大学出版社,2006年。

学者是以相同的或相近的文艺学术思想和理念走到一起来了。所谓相同或相近的学术思想和理念，就是郑振铎的《中国俗文学史》第一章《何谓俗文学》中对"俗文学"的范围、特质、内容、价值等所做的阐述。他写道："中国文学史上代表时代的作品，除了许多大诗人和散文家所写的以外，在民间文学里也有不少。它们，特别是民歌、短剧、小说和戏曲，能够把当代的人民生活、思想感情，生动地具体地表现出来，成为最为宝贵的史料。它们和出于大诗人、散文家笔下的作品同样，乃是和它们的那个时代呼吸相同，血脉相通的。在它们当中的有三五篇作品，往往是比之千百部的诗集、文集更足以看出时代的精神和社会的生活来的。他们是比之无量数的诗集、文集更有生命。……它们产生于大众之中，为大众而写作，表现着中国过去最大多数的人民的痛苦和呼吁，欢愉和烦闷，恋爱的享受和别离的愁叹，生活压迫的反响，以及对于政治黑暗的抗争；他们表现着另一个社会，另一种人生，另一方面的中国，和正统文学，贵族文学，为帝王所养活着的许多文人学士们所写作的东西里所表现的不同。只有在这里，才能看出真正的中国人民的发展、生活和情绪。"郑振铎对俗文学的价值所做的评价，经历了历史的风尘，至今仍然不失其思想光辉。正是他的这一番论述，使一大批热心于研究俗文学的学者和文艺家相继聚拢到他的旗帜下，并将其视为他们共同的文学纲领。

历史告诉我们，整个20世纪30—40年代，特别是抗战胜利前后的几年，是中国俗文学学派的活动和成就最为辉煌的时代，在中国现代文学史上写下了重要的一章。阿英率先于1936年在上海创办了《大晚报·火炬通俗文学》周刊；戴望舒于1941年在香港创办了《星岛日报·俗文学》周刊；赵景深于1946—1949年在上海先后创办了《神州日报·俗文学》《大晚报·俗文学》《中央日报·俗文学》三种周刊；傅芸子和傅惜华于1947年在北平创办了《华北日报·俗文学》周刊。这些俗文学周刊在搜辑、阐释、研究俗文学方面，做出了前所未有的成绩，使史料得以拓展，理论得以深化，提升了俗文学学派的学术品格。在这些俗文学周刊的周围，团结了许多知名的学者和文艺家，也培养了许多热爱俗文学的青年学者。成为抗战胜利后以香港、上海、北平三大文化中心为代表的国统区文艺界和学术界的一时之盛。

遗憾的是，一方面由于学术偏见的原因，一方面也因为资料搜求的不易，中华人民共和国成立以来出版的一些文学史，对这一时期的俗文学史料的搜辑与研究的成绩没有给以足够的重视，更没有给以恰当的评价。近几年来，改革开放的政治形势，带来了思想的解放与学术的繁荣，关家铮先生倾几年的精力，搜集散见于报纸上的这些《俗文学》周刊上的文章和史料，进行资料的爬梳和深度的研究，同时，编纂了这部《二十世纪〈俗文学〉周刊总目》，为中国文学史与中国民间文学史及其学术史的研究，打下了坚实的基础，使我们有理由相信，中国文学史将由于这部书的出版而获得大量未知的新史料，中国文学史学史的写作，也会因这部书的出版而在构架上、理论上获得新的启示。同样，中国俗文学史和中国民间文学史以及中国民间文学学术史的研究与写作，也会因此受益而有新的拓展。

几年来，关家铮在编纂俗文学论文目录的同时，还撰写了多篇有关俗文学研究的文章，有的以港字号、沪字号、平字号《俗文学》周刊为题，有的以某个学者的俗文学思想和业绩为题（如郑振铎、赵景深、冯沅君、朱自清、王重民等），在大陆和台湾的学术刊物上发表，对俗文学的研究多有推动，也得到了俗文学研究界同行的首肯和赞佩。前年他借来京参加中国俗文学学会的学术会议之机，到舍下晤谈时，我曾建议他拟订计划写成一部中国俗文学的史学史，以填补我们在这个领域的空白。他的写作进展很是顺利，不料，他的父亲关德栋先生不幸仙逝，打断了他的写作计划。我也为亦师亦友的关先生的逝世十分悲痛。经过这一次家庭的不幸变故后，他的这部《二十世纪〈俗文学〉周刊总目》先行脱稿，并得到了齐鲁书社的支持，现在就要付梓了，笔者应编者之嘱，写了上面这些文字，作为祝贺。

2006 年 10 月 27 日于北京东河沿寓所

诗人的气质和外交官的视野

——《旅人蕉》序[①]

世界是政治的，也是诗意的。吕国增先生是共和国的一位外交官，出使过或出访过亚非两大洲的许多国家、地区、名城和名地，多年来驰骋在复杂多变的外交舞台上，外交生涯使他眼界开阔，阅历丰富，使他拥有难得的人生体验、生活经历和世界视野。作为外交官，他负有国家赋予的使命，站在国家的立场上观察和处理外交事务；作为诗人，他是一位善于从诗的视角观察世界、感悟人生的歌者。他从政治的、地理的、历史的、人文的世界中发现了、捕捉到了诗意。从他写的诗里可以看出，他是一个极具诗人气质的人，每到世界各地，都以诗的眼光读世界，都以诗的方式感知世界，都以诗人的心灵亲近世界，世界也以诗意的方式呈现给他的读者。当然，对于他的职业——外交官而言，写诗只不过是他的一种爱好，如他自己说的，"只是一种爱好""只是当作人生的一种体验"。

吕先生的诗作虽然也包括一组从国内生活和个人经历中取材的作品，但多数属于"国际题材"。国际题材是生活所赋予他的一个"特权"。在当今这个全球一体化日益成为世界现实的时代里，国际题材的文学创作，理应成为中国当代文学中不可或缺的一个领域和品种。作者的这类诗作所展现在我们面前的，是一幅幅异国他乡陌生文化和斑斓世界的图画，是一篇篇对亚非大陆古老的历史文化的沉思，是对现实世界

[①] 吕国增:《旅人蕉》，北京：中国文联出版社，2008年。

的严峻的叩问,是对英雄豪杰的绝代业绩的讴歌,是对屈辱而骄傲的非洲大陆的眷念……埋藏着"参不透的哲理"的一座座金字塔,莽莽沙原中生机盎然的旅人蕉,纳库鲁湖的"梦幻般"的火烈鸟,马塞马拉的野生动物园,克里奥尔的旅游胜地,由先驱们"打磨"过的圣洁的乞力马扎罗雪山,流经非洲腹地和埃及的尼罗河——"古文明瑰宝",尽染沧桑的佩特拉古城,因美丽的海伦而发生过旷世战争的特洛伊城,以"残缺的旖旎"而引起无限遐思的帕特农神庙,以贩卖黑奴而载入史册的格雷岛,囚禁过曼德拉达26年的罗宾岛采石场,……从大自然的慷慨赐予,到邪恶与正义的较量,一草一木,一山一石,一桩桩一件件,无不给作者以灵感的震撼和激发,都顺理成章地成为作者笔底的题材。对于诗来说,题材固然是重要的,但也许并非总是成败的决定因素。诗是灵感的和感悟的结晶。作者的这些诗篇,素描也好,抒情也好,叙事也好,纪感也好,哲理也好,不论什么内容,不论何种诗体(新体诗和旧体诗都有),何种表达方式,我们看到,贯穿始终的,是作者的爱国情愫和明快诗风。

对历史的沉思,是作者内心的一种挥之不去的情思。看似大千世界的一城一池,偌大庙宇的一础一石,匆匆人世的一鳞一爪,却往往给作者以灵性的萌动和理性的激发,如果再注入作者的对历史的沉思和艺术的联想,便生发出一些带有哲理性的、寓意非凡诗意和诗句来。如:"是帝国庇护了宗教,还是宗教哺育了帝国。琐罗亚斯德,阿契美尼德,古波斯的辉煌中,平行轧出的两条车辙。"(《宗教和帝国》)"那些震古烁今的文明,不过是锁在战车上的精灵。"(《文明的血腥》)"生死只是圆的运动,没有始,也就没有终。"(《克里奥尔》)这些深邃的诗意和哲理性的警句,不是兀立的,偶然的,而是与诗的整个意境融为一体的。

"五四"以来新诗的发展历程,其实就是学习外国诗歌并将其本土化的历程。后来,我们才逐渐认识到,中国的新诗,既要继承古典诗歌和民间诗歌的传统,同时也要吸收外国诗歌的表现方法,尽管多少年来在这个问题上多有争论,但这似乎已成为诗界多数人的共识。追溯我国近百年的文化史和外交史,从事外交工作的人员中,不乏诗人和诗歌爱好者。而诗的思维也许与外交工作并不矛盾，甚至还是难解难分的。对外国文化、特别是当世文化的稔熟，有助于吸收外国诗歌的精华而成为自己的血肉。我想，在吸收外国诗歌的优长和精华，提升自己的创作，推动我国新诗的发展上，作者也许还能做更多的事情。

作者在繁忙的工作之余，对诗歌艺术的不懈追求，是十分可贵的。尤其是在文坛上充斥着浮华之风、所谓"文学边缘化"的今天，作者能坚定地守望着诗歌这一片圣洁的田野，躬耕不辍，令我敬佩。他的诗作显示了一个诗人的特有气质和艺术才能，有些诗篇给我们以艺术的享受和思想的感染，尽管在诗艺的开拓和锤炼上还可更多地下些功夫。我期待着作者写出更多更好的佳作来，与读者分享。

我在文坛上"客串"了几十年，如今老了，对诗歌却仍然是个门外汉。诗集《旅人蕉》就要付梓了，作者要我为其写序，我冒昧答应下来，却没有真知灼见可陈，只能算是对作者的祝贺吧！

2007年12月6日于北京寓所

爱情是永恒的主题

——《情爱婚恋集》序[①]

老友白槐兄把他几十年来所写的情爱诗辑选为《情爱婚恋集》，嘱我为其写序，真是为我出了一道难题。我虽然在文学圈子里混了几十年，涉猎过多种文学体裁，却唯独对情爱婚恋诗没有真知。年轻时代，像所有少男少女一样，也很喜欢读情诗。在大学里读的是俄罗斯文学，大诗人普希金笔下的那些情诗，也曾激动过我们每个学子的心扉。尤其是他年轻时写的那些情诗，《给娜塔丽娅》《给娜塔莎》《咏科洛索娃》等等，哪一首不洋溢着对爱情的真挚的渴求，对女友的热烈的激情？步入文坛后，有一天在苏联的《新世界》杂志上读到马克思恩格斯收集的、包括马克思送给燕妮的情歌，如德国民歌《给爱人》《冬天的花》，古莱茵民歌《爱情的考验》，爱沙尼亚民歌《我要告诉我的爱人》，拉普兰德民歌《寻找爱人的道路》等，那些情感深切、表达率真而又经过千锤百炼的情歌撞击着我的心扉，非常喜欢，于是就动手翻译出来，投寄到报刊上发表，后被收入人民文学出版社出版的"文学小丛书"《马克思恩格斯收集的民歌》中。只是到了老年，经历的事情多了，激情让位给了冷静，浪漫被现实所代替，无法再退回到年轻时代去了。

与白槐兄的相识，是20世纪80年代中期的事情。那时他在《中国旅游报》副刊部主任的任上，而我刚离开中国作家协会《文艺报》未久，受命接手中国民间文艺研究会的领导管理工作。白槐和几位从事

[①] 白槐：《情爱婚恋集》，香港：开益出版社，2012年。

文学写作和报纸副刊编辑的朋友动议要成立中国旅游文学学会，找到我，希望挂靠在我所任职的协会下面。他虽身在旅游系统，骨子里却无一日不想献身于文学，常写些小说和小诗，而旅游行业又归口在外交系统，未免与正宗的文学单位中国作家协会有点儿"隔"，所以想促成旅游文学学会，从而密切与文坛的关系，当然也可多少能在文坛上发出一点自己的声音。没有想到的是，当时旅游局的主政者并不买这些文人们的账。那时，我国的旅游业基本上是"招待旅游"模式，是外交，是政治，在当政者眼里，文学与旅游沾不上边，所以未予批准。这些执着于文学的朋友们又想出了一个变通办法，把中国旅游文学学会改名为中国旅游文化学会，名称从文学改成了文化，不仅内容扩大了，人员也增加了许多文化界的名流和旅游业界的专家。除了中国日报的前总编辑江牧岳出任会长外，文化部副部长、诗人高占祥，文化部前外联局局长游琪，北京市旅游局前副局长、长城饭店的董事长侯锡九，中国大饭店的董事长兼总经理孙琐昌，以及我和白槐都成为这个学会的副会长。于是，我们之间的交往也就多了起来。他的诗集《旅程情思》（1989）、长篇小说《风雨苍山》（1990）陆续出版，我也不时在他所主编的副刊上发表点散文，我们一起参加一些与旅游有关的活动。在20世纪90年代的十年中，文学的话题成为我和白槐之间交往的主要内容，也成为他在文学旅程上每一个脚印的见证者。

他的这部《情爱婚恋集》收集了自20世纪50年代起到如今，前后五十年间写的有关爱情和婚恋题材的抒情诗80余首。生活中的白槐给我的印象，是个恭谦而内向的人，难得有多余的、压抑不住的激情流露或喷发在外，而读着他的这些在不同时期写下的诗句，却使我看到了一个与平日生活中"别样"的白槐。深藏在诗人内心的情爱这种情愫，有时是朦胧的、羞涩的，有时又是炽烈的、涌动的。尽管爱情是人的全部情感中的一部分，然而透过作者对爱情的企望与顾盼，对温柔的声音的倾倒，对矜持的魅力身影的感应与崇尚，对意中人一颦一笑的心灵呼应，不仅可以洞悉诗人丰富的内心世界，也让我们触摸到了他或温火或躁动的灵魂。

当然，诗人的这些爱情诗和婚恋诗，并非写于一个年龄段，而成稿于漫长的几十年间，而对任何人来说，对于爱情的体验和情诗的写作，在不同年龄段上，是颇不相同的。白槐的爱情诗和婚恋诗，也大体可作如是观。也就是说，其题材的选取和情感的体验，前后的差异是显而易见的。作者把全书分为"情缘""爱恋""婚笃""追思"四个专辑，自是与笔者的这一观点暗合。如果说，写情缘和爱恋的诗篇，其主调是热烈而无我的爱的投入，那么，写婚笃和追思的诗篇，则大体可以说，更突出的特点是在爱的纯情与专注中注入了理性和世俗的因素。不久前，有人问席慕蓉能不能写情诗到 50 岁？她回答说："现在我已经 60 多岁了，所以不需要回答了。""当然，60 多岁时，心情和以往是不一样的。""十几岁是一种憧憬，到了 30 岁可能是一种追悔，到了现在则是一种缅怀，或者整理，或者是后悔。"席慕蓉的这番话，我想可以移来帮助我们理解白槐笔下的"情缘"诗、"爱恋"诗、"婚笃"诗和"追思"诗。

爱情是文学的永恒主题。情诗的写作，除了个人情感层面、心灵层面上的意义外，还有更为广泛的社会价值、文化价值和艺术价值。这是不言而喻的。在此我就不多饶舌了。

《情爱婚恋集》就要付梓了，写上这些话，作为老朋友对白槐兄这本诗集出版的衷心的祝贺。

2011 年 11 月 26 日

京城名编之外的名编

——《陈年旧事》序[1]

老友李屏锦把他的散文随笔集《陈年旧事》的电子稿发给我,要我写一篇序言。尽管其中的文章,有的或在刊物上读过,有的或由他寄来的复印件读过,而这次按顺序从头一路读下来,让我有幸进入了作者的规定情境中,也因而有了许多新的不同的感受。

20世纪90年代末吧,京城圈子里盛传着"四大名编"的流行话题,说的是京城文学编辑界的崔道怡、章仲鄂、张守仁、龙世辉四个著名编辑。如同任何事情一样,朋友们私下里难免有些非议。石湾先生在2007年10月的《文汇报》上发表了一篇《也说京城名编》的文章,毫不避讳地说:"与章、崔、张同时代的名编尚大有人在呢!"于是动手补充写了萧也牧、江晓天、李清泉、王朝垠。又是四位。读着《陈年旧事》,脑子里产生出种种联想,到底是京城码头大,住在京城的人总是占便宜,而大半生坚守在文学编辑岗位上并曾获得过文化部优秀编辑称号、组编过中国出版史上第一套"中国现代作家评传丛书"(1981年起),责编和审阅过《俞平伯全集》等好几种名家全集的李屏锦,却因为大半生居住和工作在石家庄这样的"外省",所谓偏居一隅吧,却很难进入那些并非"自恋"者,而是真正的史家们的视野。其实在我的眼里,屏锦作为一位文学"名编",是当之无愧的。当我重温他的散文

---

[1] 李屏锦:《陈年旧事》,石家庄:花山文艺出版社,2014年。此序发表于《中华读书报》2013年10月9日。

《想起了巴金》《想起了丁玲》《怀念孙犁老人》《哀兰谷》……以及那些名家的书信时，就更加确认我的判断是无误的。记得多年前新华社主编的《瞭望》杂志上发表过一篇《为他人作嫁衣裳——记优秀编辑李屏锦》，那篇文章至少可以当作一个有力旁证的。

自新时期文学肇始之时期，迄今我们交往有年了。过去只知道屏锦出身于书香门第，却少闻他少时受业私塾的经历和故事。读他的《我的家园》和几篇"旧事"，才恍然意识到他的多才多艺，诗书画医等"六艺"的造诣，盖来源于那段人生的恩赐，而这是我辈农民子弟望尘莫及的。这些回忆录式散文作品，虽然有点儿像出自老学究的手笔，却真实地写出了一个从旧世界向新世界走来的知识分子的前尘今世、人生岁月、娘胎里留下的胎记，以及与生俱来的孤傲而寂寞的个性，如他自己所说，是个"不得于世、不得于时、不得于人而痛感孤独与寂寞"的知识分子。这样的自我解剖，需要有自审精神才能做得到。屏锦在自己身上动手术刀，做到了。

1983年9月，是我人生道路上的一次重要的转折。我奉调离开文学工作岗位，转到了中国民间文艺研究会，开始了前后长达六年的行政工作之旅。次年的春夏之交，屏锦来到我的新的工作单位，约我编辑一本文学评论集子。此前我已经出版过《小说创作漫评》和《小说与现实》两本文学评论选集。屏锦的约稿，显然意在给我这个挚友一个机会，对自己的文学生涯做一个小结。我理解了他的好意，并遵照他的意思编成了《作家的爱与知》。可是一去八年，杳无音信，个中因由就不必深究了。在屏锦的一再努力下，到1991年的阳春三月，终于可以付印了。我在《后记·又记》里写下了几句话："当我重读这些文稿的时候，真是感慨系之，酸甜苦辣一起涌上心头。生活是难以捉摸的。"屏锦的为人和情谊，令我这个对于文坛而言已经"边缘化"了的人终生难忘。1998年，我在著名文教记者张安惠女士主编的《中华英才·京都夜话》副刊上发表一篇几百字的小随笔，题曰《边缘人》，随即被《新华文摘》和《读者》转载。多少年来，我一直以"闲门掩薜萝，边缘垒书城"自况，为自画像。李屏锦同情我的处境，赞同我的选择。可能也是心有灵犀一点通，甚或惺惺相惜吧。2006年3月，给我寄来一幅墨宝，题写的就是我一直标榜的"边缘人"这三个草书大字。他在信里说，他的"忆旧之作"，意在"假人言事"。这句话成为多年来我关注和阅读他的忆旧散文的一把钥匙。我历来不赞赏那种以"假大空"的装腔作势抒发豪情壮志的空灵的散文，而主张散文写作固然要建立在个人的情感和感受之上，却必须言之有物，或给人以感染，或给人以知识。屏锦的散文，除了忆旧叙事（他对"事"的选取，大多是既给人以知识又使人震撼和受益的）之外，总是遵循"假人"而"言事"的理念，生发开来，引出自己的感怀或评论，把自己对人生或世态的感受和议论传达给读者。写丁玲、孙犁如是，写公兰谷、谷峪亦如是。我想，这才是散文作家写作的正道。

如果还要说几句，那么，我要说的是，屏锦的这些散文随笔，我更看重的是它们的文学史料价值。作者用第一手材料，即他亲历的事件和人物的记述，没有任何哗众取宠的添油加醋，一切照实写来，告诉读者文学史上一些事情和人物的真相，弥补了或纠正了一些根据文学评论写作的文学史的不足或谬误。在这一点上，堪称难能可贵。

《陈年旧事》就要出版了。作者所写的，固然是作者经历的陈年旧事，却也是能让今天的读者倍感兴趣和引发思考的事理。我祝贺它的出版。

2012年2月25日于北京

草原上的网络诗人

——《雅虎记忆》序[1]

我与诗人梦蝶的相识,是在互联网"雅虎中国"上。时在2008年还是2009年,已经记不清了。其时,我在"民间中国"网上经营了几年的博客,突然因网站的悄然消失而不得不转场到"雅虎中国",开始着力打造一个新的虚拟书斋"民间芳草"。有一天,不经意间浪游到了一个署名梦蝶的博客里,读了作者的一些浪漫、唯美、激情而又不乏哲理的抒情诗,不禁眼睛一亮:端的好诗!出自她之手的这些诗作,主要是些爱情诗。清新的文笔,深沉的意境,奇诡的想象,浪漫的柔情,纤细的情感,悲悯的情怀,火热的语言,尤其是强烈的生命意识和执着的情感追求,吸引了成千上万的网友追逐评论,一时间应答之作呈云涌之势。梦蝶这个诗意的名字,她的网络诗作,以及网友之间酬答应和景象,也吸引了我这个"曾经沧海"的老年文学工作者,有些诗作甚至使我冷静到了冷漠的头脑也热血沸腾起来。

梦蝶的诗在网络上一路走红。不仅被"雅虎中国"评为"知名写手",其诗作被"紫荆轩"文学社区"置顶",写"家国之苦难,最是诗人之苦难"(主办者的评语),献给四川大地震的《五月,滴血的日子》获"玫瑰园"迎新年大奖赛特别奖。一个草原上的年轻女诗人的网络诗作,在海内外享有了广泛的读者和声誉。由于对她的才情和诗作的

---

[1] 梦蝶:《雅虎记忆》,桂林:漓江出版社,2013年。此序发表于《中国艺术报》2013年12月20日。

欣赏，几年来，我们常有电子邮件的过往。作为一个文学编辑出身的老人，对有才气有前途的青年文学写作者总是抱有殷切的期待，并总想设法给予力所能及的帮助，这几乎是我等这类人的职业病。我多么希望这位相识却并未相见的女性网络诗人，能尽快走出制约她的藩篱，得到主流诗界的承认。然，我们的文坛积习很深，门户之见难破，而我又离开文坛多年，无法助她一臂之力。今年春夏之际，文坛老友要在西单头发胡同一处名人故居聚会，赴会途中刚从长椿街地铁站出来，突然接到梦蝶的电话，说她要编一本诗选出版，征求我的意见。听到这个消息，我喜出望外。没有想到的是，到了七月，她的散发着油墨香的诗选《梦里天方》就寄到了我的手中！我着实为这本诗选的出版高兴，向她祝贺。

　　著名文学评论家孟繁华在为梦蝶诗选写的序言里，把梦蝶称为"多情的草原多情的诗人"，一点也不为过，倒是恰如其分。的确，梦蝶是个多情的诗人。她不停地咏唱纯洁而执着的爱，大胆，热烈，淳朴，执着，如同她在诗中对那个"像儿时邻居家的少年"的依恋。她相信"真诚的情义可以让人感到生命的温暖和明媚"。她赞美"你是我的丛林，是我的天空∥让我飞翔为芳香的风∥栖息为温馨的梦，永远遥想在你深邃的眸中"式的有点儿柏拉图式的爱情。但她的诗中又隐隐地透露出内心的"脆弱"和凄美的无奈。有时也为情伤而哀怨、而伤怀："情伤在垂柳上锈蚀为缕缕墨香，所有渴望都幻化成哭泣的诗行"（《青鸟，我生命中的神话》）。她是大草原的女儿，她的诗篇里，字字句句里都弥漫着大草原的氛围和雄鹰击空的气质。她常常会"沿着思想者的足迹，把诗的彩虹寻觅"。人说梦是美丽的。长期以来为"梦"所迷、也为"梦"所困的梦蝶，终于通过《梦里天方》翩然跃入了主流诗坛。

　　《雅虎记忆》是《梦里天方》之后的另一部构思奇异的选集。作者"实录"了当年她在"雅虎博客"上的胜景，把她的诗篇和朋友们的即兴评论与酬答应和之作辑录在一起，以原汁原味的面貌，作为诗神的"记忆"呈现给读者。粗粗浏览了这些鲜活的文稿后，至少让我产生了如下两个感想。一，梦蝶的诗是她一己的心灵的果实，但它得到了许多读者心灵的呼应，引起了许多读者的共鸣。而这里所说的读者，不分社会地位的尊卑，不分年齿的长幼，不分境内外国内外。这种"共鸣"就是 20 世纪 60 年代诗人毛泽东对诗人何其芳讲的人间存在的"共同美"。二，诗人与读者、评者、和者之间的酬答应和，为诗之为诗创造了最适宜的环境和条件。君不见，古人留下来的大量酬答应和之作，大都脍炙人口，人情味十足。但古人的酬答应和，一般都出现在气味相投的友人之间。而今，网络上的诗的酬答应和者，则并非熟悉的友人，而是可能在脾性上、职业上、性别上、审美情趣上都大相径庭，甚至是大异其趣的人，但在虚拟的空间里，一旦进入到酬答应和的情景中的角色时，他们就如同舞台上的演员那样，暂且隐没了自己的身份、地位、年龄、性别，而让人的本性得到充分的张扬和发挥，他们的唱和也就摆脱了任何的世俗羁绊。我们看到的这些唱和诗作，尽管多数未及字斟句酌，但其发自心灵深处的真情真意，也正是诗之为诗的精髓之所在。

《雅虎记忆》通过众多人物的出场，生动地勾勒出一幅现代人演绎的"诗生活"。作为一部网络写真作品，《雅虎记忆》不仅表达着梦蝶对诗歌的执着追求，也呈现了不同地域人们对诗歌的偏好；这里不仅记录了女诗人对生命、对爱情、对理想、对真理和自由的思考，也从一个侧面再现了这个时代人们的思想状况和精神状态。

《雅虎记忆》就要付梓了，梦蝶要我为之写序。我不揣浅薄，写了上述一篇文字，就算作序言吧。

2013 年元月 4 日于北京

不待扬鞭自奋蹄

——《骆蹄梦痕》序[①]

郝苏民兄发来一封邮件,是他刚刚编好的随笔集《骆蹄集》的文稿。附言说是为自己即将到来的生日准备的一份礼物,要我为之写序。细细琢磨他所拟定的书名,不期然地就想到了"不待扬鞭自奋蹄"的诗句,也就从中多少读出了他的苦心:他把自己比作一匹终年在漫漫沙洲里负重跋涉不辞劳苦的老骆驼。以骆驼自况,对他而言,真是再贴切不过了。

苏民的这一束随笔,乃是这个朔方回民之子、如今堪称是民族传统文化、人文学术净土守护者的"夵老汉",从1986年起主持《西北民族研究》学刊以来至今30年期间未曾间断、以每期一篇"卷头语"的形式和文体留下来的一串串脚印。碰巧的是,文章凡77篇,而其人正逢77岁!意味何其深长!

随笔,是社会和历史所需要与养成的一种散文形式。作者对世事、人事、文事、学事有感而发,题材随时捡拾,一鳞一爪,尽收笔下,抒情、叙事、评论,兼有而不拘一格,篇幅短小却不避锋芒,语言灵动而不乏犀利。我做过多年的刊物编辑,在我漫长的编辑生涯和阅读历史中,曾经形成一种不足为人道的私人看法,即:好的随笔并非一定出自作家之手,倒是一些从事学术研究的人,不论是从事人文社会科学研究的人,还是从事自然科学研究的人,他们所写的一些随笔,往往更有一

[①] 郝苏民:《骆蹄梦痕》,北京:中国社会科学出版社,2014年。

般人难以企及的思想深度，文章也就自然更有嚼头。郝苏民的"卷头语"随笔，也许就属于这一类吧。

我的一生中的大多数时间也是吃编辑这碗饭过来的，在这一行里，见的、看的、接触的、经历的，可说是无计其数，但像苏民兄这样能连续在一家学术期刊的主编位子上一干就是三十年的人，却着实并不多见。无疑他是一个例外，也算得上是个幸运儿。君不见，他主持这本学术期刊的岁月，跨越两个世纪，其时正遇上中国经历着改革开放，西部大开发、大发展蓬勃推进，信息化、城镇化闹得沸沸扬扬，热气腾腾，也就是说是中国社会发生巨变的三十年。随着社会的转型，从计划经济到市场经济，价值观念或明或暗地被颠覆与改易，理想精神被消解甚至沦丧，社会问题层出不穷，分配悬殊导致的民生问题不期而至，拜金主义侵蚀日烈，学风不正、道德失范日见凸显，而以改造和推动社会进步、坚守学术道德和治学正气、发扬人文精神和抵制物质主义为己任的苏民，他的那支笔，从一开始就没有仅仅限定在纯学术问题和圈子里的学风问题上，而是时不时地把自己的视野和目光扩展到了全社会，抓住一点，生发开来，直抒胸臆，抨击现实，发扬正气，指斥邪恶。于是，如我们看到的，这样的人文精神和思想追求，几乎渗透在每一篇篇幅短小、文风轻松、甚至不大像刊物"卷头语"的随笔里。他的这些文字，也许并非篇篇都是精致之作，但最大的特点是与学院式的、书生气的玄论无缘，既非锈迹斑斑的旧八股，也不是花里胡哨的洋腔调，而是以治学者的视角、思想者的理性、随笔家的穿透力、"尕老汉"的幽默感，给社会和读者"存下了那一段世象、那一片儿生活、那霎时一角世相、一瞬间的心态或半缕思绪的残影"。对于一个随笔作者来说，我想，做到了这一点，也就足够了。

苏民兄半生坎坷，是改革开放给他的命运带来了转机。跌宕艰苦的人生境遇把他塑造成了一个出色的蒙古学家。他的学术贡献，主要在人类学、民族学、民俗学等领域；近十年来，在西北诸民族的传统文化（非物质文化遗产）保护方面，贡献良多。而《骆蹄梦痕》不过是他人生著述的"另类"。苦难是智慧的摇篮。这部"另类"之作，也许比那些冷冰冰的学术著作，更多更深地显示出他的人生底色——人格。作为同庚老友，我写下上面这些文字，以表示我对这本书出版的祝贺。

2013 年 6 月 23 日于北京

瓜棚架下 齐东野语

——《丹川拾异》序

族人刘其安，论辈分是我的晚辈，本职工作是乡村教师，在备课教学之余，喜欢舞文弄墨，探究常被人文学界忽视的地域文化、民间文化，也从生活中攫取现实题材写散文随笔。勤奋之外，有灵气，有追求。我曾经在一篇回忆性的散文中引用过他的一篇《黄村旧迹何处寻》，他对我们刘姓迁徙到山东省昌乐县黄村的来龙去脉所做的梳理和还原，不仅为刘姓后裔提供了历史记忆，特别是弥补了我这个早年就远离家乡的游子的知识空缺。今年早些时候，他与县里几位同好来京，就姜太公的传说申报非物质文化遗产名录的事征求我的意见，我们头一次相见。尽管时间很短，我建议把以姜太公为中心的传说故事群做一次广泛的调查搜集，并采取措施加以保护。他对太公初封之地古营陵和左潍县右青州之间这一大片土地上的传统地域文化的博识和热心，给我留下了很深的印象。最近他来信，说他编了一本题为《丹川拾异》的书稿，嘱我写序。我断断续续地读了书稿，把我的所思所想写在下面，作为老夫对他的这部以笔记体撰写的民间传说、神怪故事、异文异事书稿的出版的祝贺吧。

他在自序里说："有暇辄考订问询于老妪野叟，采写笔记故事三百余篇，内容涉及地方风物、民间传说、才鬼灵狐、花妖木魅，虽属自娱，而敢称源于生活。"书名《丹川拾异》，顾名思义，就是流传于我们家乡丹河流域或更大范围的海岱地区民间的"异文异事"。其所采用的文体或笔法，不是当今的口语或语体文，而是承袭或仿效我国文学史上自魏晋以来至明清之季不绝如缕的志怪小说、笔记小说的文言古体。细细琢磨起来，既然古体诗词于当今之日还在知识分子圈里存在着甚至盛行着，与异人异事相适应的表现形式的文言志怪小说、笔记小说，又何尝不可以给它以继续存在的权利？白菜萝卜各有所爱，让读者去选择吧。

我国各地区的神话传说，能够穿越时代的阻隔而流传下来，固然靠的是民众的口口相传、代代相袭，然哲学家、历史家、文学家三种知识分子也起了莫大的作用。文学家中的志怪小说家、笔记小说家的贡献尤大。如曹丕《列异传》，段成式《酉阳杂俎》，干宝《搜神记》，王嘉《拾遗记》，陶渊明《搜神后记》，刘义庆《幽明录》，刘敬叔《异苑》，任昉《述异记》，吴均《续齐谐记》，李冗《独异志》，张读《宣室志》，郑还古《博异志》，薛用弱《集异记》，牛僧孺《玄怪录》，李复言《续悬挂艾路》，周密《齐东野语》《武林旧事》《癸辛杂识》，叶梦得《石林燕语》，以至明季冯梦龙《古今小说》和清季蒲松龄《聊斋志异》等，一路下来，不论什么政治倾向和思想观点的作家，都把神话传说、神怪故事、历史逸闻、风土人情、民间知识等揽入自己的书写视野，弥补了正史官书所不载、所排斥的文化缺位。神话传说富于想象力的幻想性、怪异性，而在想象或怪异中又寓有现实的人生意味，曲折地显示了不同时代民众的世界观、价值观、道德观、伦理观，给一代代的民众以知识的教育和做人的滋养，提供了族群和社会的道德规范，构架了中华民族精神和民族凝聚力。我们今天正在建构的核心价值观，从总体来说，正是来源于传统的优秀文化及其所蕴含的价值观。当然，无可讳言，民间的异文异事中，也不可避免地掺杂了一些迷信因素。作者承袭了中国文学史上的志怪小说、笔记小说这一传统而对21世纪民众中还在流传的民间传说、异文异事等民间文化所做的采集写定工作，并不是纯客观的实录，而是有所取舍，在实录的前提下融入了自己的观念，故而自有其文化史的和社会现实的积极意义。

读罢全书，我的脑际涌现出了一个有意思的问题：当年生活在淄川一带的蒲松龄在瓜棚豆架下听来的那些鬼狐成仙的神怪故事、异文异事，几百年之后，社会大变了，何以在太公初封之地、左潍县右青州之间的丹川流域、甚至范围更大的海岱地区的老百姓中流传着呢？要回答这个问题，也许并不是一件很容易的事。在这里，我们看到的不是儒家思想，甚至没有齐文化的影子，也许是此地更早的居民（如被西周灭国灭族的东夷部族隐匿下来的遗民）的文化的遗迹。作者所提供的这批民间文化随笔所提供的特殊文化个案，所涉及的文化源流、文化性质等，可供学者们研究。

一个学科的学术理念，是必然要随着社会要求和认知能力的提高而变化和提升的，变化和提升才具有生命活力。自"五四"新文化运动以来，特别是北京大学歌谣运动百年以来，一方面继承本土文化的优良传统并以其为基础，一方面又引进西方民俗学的理念作为补充，改变了历史上志怪小说家、笔记小说家们的自我本位的观念所带来的历史局限，而趋向于强调从民众的口述中记录当代民间作品。理念和方法的改变，固然激发了学科的活力，但并不意味着我赞成脱离了或排除了意识形态视野的绝对的田野调查和实证，因为民间传说、神怪故事也好，异文异事也好，都带有意识形态的意味和特点，而我们是历史唯物主义者，在传统民间文化的评价和发扬上，是主张有选择的。

《丹川拾异》就要付梓了，祝贺它的问世！

2014 年 12 月 6 日于北京寓所

继承聊斋志异的创作传统

——《新聊斋故事》序[①]

《齐都文苑》主编郭建华先生给我发来邮件,向我推荐家乡的小说作者郗杰堂先生写作的以神话故事为题材的短篇小说,并嘱我为其即将出版的短篇小说集写一篇序言。我一时犹豫未决。因为我离开文坛已经多年了,很少读新发表的文学作品,也很少读文学评论,一般不再写文学评论,对郗杰堂的小说创作,怕是说不出什么新的意见来。及至拜读了作者提供的作品后,倒是觉得还有话可说。

我们的家乡,原本是古代东夷部族的家园。后来又是齐国和齐文化的发源地。族群文化、区域文化就像是人身上的胎记一样,永远去不掉,永远是标识。可是,战争的频仍,政治的强化,越来越使文化和文学趋同化了。其实这并不是个好的选择和趋向。作者提供给我的这一组小说,无一例外,都是以家乡民间口头流传的神话故事为题材的,而且小说的情节都交织着或脱胎自我们家乡这一带特有的花妖狐魅、鬼狐成仙、异人异行一类的神话传说和民间故事。这在当前的小说创作中,可谓自成一格或被看作异类;在当前作家队伍中,也称得上特立独行。仅就作者的取材领域和价值取向而言,不由得不让我联想起生活和创作于明清之际的齐地作家蒲松龄的著名文言短篇小说集《聊斋志异》及其叙事传统来。我不了解作者的具体的生活环境,近现代以来发生了巨变的

[①] 郗杰堂:《新聊斋故事》(短篇小说集),济南:山东画报出版社,2015年。此序文发表于《中国艺术报·书缘》2016年1月4日。

农村聚落,是否还残留着蒲松龄当年那种"老屋三间,旷无四壁,小树丛丛,蓬蒿满之"(《述刘氏行实》)的蛮荒氛围(我小的时候,即60年前,我所生活的村庄里,这种境况萧然的去处或残垣断壁、蒿草满园的宅院还所在多有),但我能够想到的,是他还不时地在豆棚瓜侧从老一辈的"野老村妇"口中听到这类奇特诡谲引人入胜的故事,并深受其熏染,记忆犹深。在我看来,在我国悠远而多元的文脉中,蒲松龄所开创的这一支,尽管前有晋之志怪、唐之传奇等铺路,但生活在齐地的这位孤愤落魄而满怀忧愤的作家,毕竟通过笔下的诡谲多姿的故事,给后人留下了古代齐地的社会风貌和古代齐人的价值观道德观。20世纪20年代,鲁迅先生写了《故事新编》,又写了《朝花夕拾》,也是从被旧时代的史官们污为"琐语支言,史官末学,神鬼精物,术数波流"(《古小说钩沉》序)之类的神话故事里攫取题材,"铺排"成篇,如《补天》《奔月》《铸剑》《理水》等,在我看来,他的"拾取古代的传说之类""来做小说"(《故事新编》序)的意向,客观上延续了、发扬了蒲松龄开创的文学范式与文学风格。而出生于20世纪60年代的郄杰堂,在我国文坛走过一段漫长的"为政治服务"的曲折道路之后,大胆地重拾起三百多年前蒲氏所开创的艺术理念和艺术传统,即使作为试作吧,也是应该予以肯定的。

"五四"前后兴起的歌谣运动,一百年来,包括许多著名的作家在内的众多民间文学家们打破旧的文统,一代代前赴后继,到民间搜集、研究、出版、传播长期被封建统治阶级及其文人所贬斥和轻视的下层老百姓创作与传承的民间口头文学,为老百姓立言,使之"登堂入室",为中华传统文化的构建立下了大功,成为中华文化史和中华文学史上划时代的重要事件。郄杰堂取材于神话故事创作的小说,如来自"义犬救主"故事的《犬吠》,脱胎于"狐仙媳妇"故事的《五女闹山》,脱胎于"狐狸报恩"故事的《猎狐》……与民间文学搜集工作的"忠实记录"、为民众立言不同,是作家为自己立言,在改写或重写的这些神话故事题材小说中,不仅在对现代生活环境下人物纠葛的书写中,保留了家乡的古代齐文化、甚至更早的东夷文化的遗影,更重要的,是或隐或显地熔铸了或凸显了自己的历史观、价值观、审美观。

2003年10月17日联合国通过的《保护非物质文化遗产公约》，标志着世界各国的政治家和文化界对人类和口头非物质文化遗产的价值的重新评价，以及对保护文化多元化的重视。神话故事类的非物质文化遗产，历来被文化界称为中华文化的"本根"。神话故事不仅是文学创作的资源，而且在文体上、叙事语言上、风格个性化上，都是创作者的无尽的宝藏。郯杰堂从神话故事中攫取题材进行创作，以自己的理念和方式，在创作道路上迈出了扎实的第一步，要使创作更上一层楼，我们期待着，他在生活上的开拓、构思上的提炼、语言上更加生活化和个性化。

谨为序。

2014年9月1日

客家人社会现实的艺术再现

——《望穿秋水》序[①]

老友缪俊杰打来电话说,他的新长篇《望穿秋水》已经脱稿,嘱我为之写序。比我小一岁的缪老弟也已年近耄耋却仍然孜孜矻矻于著述,且新作迭出,成果惊人,不能不令我敬佩。我因经年累月坐在电脑桌前敲击键盘,导致腰椎出了毛病,近来腰疼得无法坐起来工作,故而一时间未敢答应他。进入4月,他把书稿的电子版发到了我的信箱里,我便把字号放大到200%,开始在屏幕上细细拜读。毕竟年岁不饶人,不像年轻时读作品可以一口气把一本书读完,然半个月下来也终于读完了。现在就把我的读后感写在下面,作为对老友新作的祝贺吧。

回想40年前,"文化大革命"结束未久,文艺界开始复苏,1977年我便被调去参与停刊多年的《文艺报》复刊筹备工作,并在该刊连续工作了六年。我和俊杰就是在这样的历史关节相识,并在文学编辑工作和文学评论上建立了友谊,并肩战斗一路走过来。1982年我和冯牧、阎纲主编我国第一套文学评论丛书"中国当代文学评论丛书",约他编一本《缪俊杰文学评论选》时,他已经是一个出版了《鉴赏集》《文学艺术与新人塑造》《美的探索》三个评论集子的成熟的文学评论家了。退休后,有着深厚生活根底、敏感深邃的社会洞察力、马克思主义唯物

[①] 缪俊杰:《望穿秋水》,北京:作家出版社,2016年。此序以《客家人的现实主义展现——读缪俊杰〈望穿秋水〉》为题,先后发表于《人民日报》2016年9月9日、《创作评谭》2016年第6期。

史观和现实主义文学理论造诣的俊杰，毅然从得心应手的文学评论转入了散文和小说的创作，并取得了耀眼的成就。

他的第一本游记类的散文集《西游漫记》出版于2011年。这一年的8月26日，文学界老朋友们为他这本散文集的问世，在责编罗静文女士的主持下假三里屯老镇玫瑰西餐厅聚会座谈，我曾经写过一篇《我们有个玫瑰之约》记其盛况，为其助兴。关于他的散文，我写过这样几句话："老缪既是文学评论家、散文作家，又是对现实世界敏感有加、修养有素的新闻记者，这部散文集在他75岁寿辰这个人生的重要时刻与读者和朋友们见面，是有特殊意义的。书中汇聚了他在职时以记者身份和退职后以作家身份所写的19篇游记性的散文，记述和描绘了欧美亚非许多国家的人文历史、风光典故、人物风采、世界风云，融记游、知识、风情、议论于一体。正像作者自己所说的，他的'旅游散文不是纯文艺的'，他'有自己的追求和自己的色调'。"这"追求"和"色调"，便是镌刻着缪俊杰名字的抹不掉的标志。第二年，即2012年，他又推出了一部以客家人社会为背景和主题的长篇小说《烟雨东江》。又过了两年，如今他再次推出堪称《烟雨东江》姊妹篇的长篇新作《望穿秋水》！我想，他这样以当下年轻人的"比拼"精神倾注于写作上，除了兴之所至外，自是一个作家兼客家人的责任感使然吧。

《望穿秋水》取材于闽粤赣三省接合部的客家人的社会和生活，而客家人的社会、生活、历史及其独特的文化传统，在"五四"新文化运动之前的文献中，我们只知道在《诗经·周南》《粤风》等书里的只言片语。如朱希祖所说："客家是汝南的遗民，就是《周南》的嫡裔。《周南》的诗，共有十一篇，开首第一篇的《关雎》，就是情歌，他思念所求的淑女，甚至'寤寐思服，辗转反侧'。其他若《葛覃》、若《卷耳》、若《樛木》、若《螽斯》、若《桃夭》、若《芣苢》、若《汉广》、若《汝坟》、若《麟之趾》，无非是恋爱怀人，无非是结婚生子，十一篇倒有十篇，多是这种事情；尤其是"遵彼汝坟"这一章诗，所谓'未见君子，惄于调饥；既见君子，不我遐弃'，这种热烈的感情，和客家情歌中《见心肝》等篇，不相上下，多是赤裸裸直喊了出来。……《周南》

这几篇情歌,产生在礼教没有兴起以前,现在已被人讲得穿上了礼教的衣服,不是赤裸裸的了;他们嫡裔客家的情歌,也只能在山椒海澨的地方,让那些樵女耕夫们高声直唱。"① 而"五四"新文化运动之后,曾经引起"眼睛向下"的民间文学家和民族学家们的关注和采集,陆续有罗香林的《粤东之风》、钟敬文的《客音情歌》、李金发的《岭东恋歌》等问世,客家人的生活情景、悲壮历史、社会习俗以及他们的文化传统,得以在更大的范围里得到传扬,而在现当代文学作家的笔下,除了活跃于 20 世纪 50—80 年代的程贤章等少数作家外,则很少在文学作品中见到艺术的展现。《望穿秋水》通过以"风吹伞"为核心,链接赣南、闽西、粤北的古老"盐米古道"上被称为"挑脚佬"(脚夫)们的悲欢离合、生活际遇、社会转换的艺术揭示,全面展现了客家人从抗日战争起到改革开放这一漫长、动荡、曲折、艰难的历史途程和多样环境中求生存、求发展的悲壮历史和独特的文化传统。在现实主义作品中,活生生的社会现实塑造出人的种种不同的性格,而不同的人的性格又翻转来折射出复杂的社会现实。在作者笔下,作为小说核心情节的姚玉珍与刘求福的多难、凄婉、执着的爱情故事,折射出客家人近六十年来所经历的严酷的社会历史现实。从广东逃难流落到百家村的少女姚玉珍,小小年纪上被卖给百家村首富陈百万当奴婢,而在陈百万病入膏肓时,又被迫填房"冲喜"成了"二房",在继之而来的"土改"中被划为女地主,在屈辱中艰难度日,不仅受尽政治上、精神上的折磨和打击,还被没收了所有财产,遣送到破庙里栖身。与姚玉珍青梅竹马、曾经有过"一夜情"的刘求福,被抓了壮丁,跟随国民党流落到台湾,当伙夫,打零工,居无定所,朝不保夕,40 年颠沛流离孤苦无望的生活,并没有摧毁他对故乡的思念和对姚玉珍的爱慕。改革开放后,最终他们和儿子陈贵生得以团聚。围绕着百家村这个狭小的、充分政治化了的"乡土社会"舞台上刘、陈两个家族的纠葛和天南县这个虽然远离政治中心却仍然时时刻刻上演着大环境中的人间悲喜剧,特别值得称道的是小说真实

---

① 罗香林:《粤东之风·序》,上海:北新书局,1936 年。

地反映了客家人以"围屋"为代表性符号聚族而居的"乡土社会"的"差序格局"(费孝通《乡土中国》),反映了客家人在动荡不安的社会现实下的勤劳而艰难的生存状况和相对坚固稳定的社会结构、伦理道德和文化传统。

在阶级斗争年代,我国的现实主义文学理论和实践,对于农村题材作品的要求,是正确而深刻地认识和反映中国乡村社会的阶级关系和阶级斗争,而不承认中国"乡土社会"及其长期形成和延续的"差序格局"的分析模式,忽视地域文化传统的特点和差异,对于族群和村寨有着强大凝聚力、坚固稳定、具有普适性的民俗文化对社会和人心的影响忽略不计。曾有前贤指出,客家人的社会习俗(亦即民间文化传统)大体有四个方面:(1)女子种田和采茶的习俗;(2)男人重商的习俗;(3)资产阶级压迫农人的景况;(4)迷信风水和神权的俗尚。这些习俗和文化,都是从古中原民族传袭而来、在相对孤立的边缘地带和山峦地区发生了变异的文化传统。客家人就是在这样的文化传统影响下塑造自己的民族性格的。诚然,时代的、政党的、政权的、集团的主流意识形态对每一个人的性格形成的影响是不容忽视的,但忽略了以"差序格局"为其特点的乡土社会结构和地域文化传统对生活于其中的人的影响,这样的现实主义应该说是不完全的现实主义。在这方面,《望穿秋水》有很大的超越或突破,例子所在多有,不必多举,最值得一提的,莫过于第一一九节《风俗淳和谐度春节》里所描写的在刘家祠堂举行的不分男女、不分支系,当然也不分阶级,被刘求禄诬之为"辛辛苦苦二十年,一夜回到解放前"的全宗族"排梁"(酒宴聚餐),作者在客观描写之外,不惜跳出来现身说法地评论说:这种打破宗族界限、全村人聚在一起"排梁",意味着"人与人关系和谐的回归,人性的回归,人情味的回归"。作者在这方面的关照与描写,显示出以往的某些作者所缺乏的"文化自觉"。

一般地说,通过塑造人物形象和描述人物之间的关系,形象地、历史地、真实地反映现实,是文学作品的根本任务。凡是历史地、真实地反映了现实的作品,都无可置疑地具有批判性。用这一观点来衡量俊杰的《望穿秋水》,我认为他做到了,他的作品显示了历史的穿透力和批判性。作者笔下的各种人物形象，不是被静止地描写出来的玩偶，而是把他们放到生活的激流中去写，对他们以及他们所处身的20世纪各个历史阶段上的中国社会及其变迁、抗日和内战、政治生活、土地改革、公社化等等，都以自己的视角和认识做出历史的判决和评价，这种批判性既是历史赋予作家的使命，也是历史发展的必然要求，表现了艺术家的勇气，这是难能可贵的。

《望穿秋水》所以取得成功，还有赖于作者生活底子的深厚。他不仅在小小年纪时生活在那个环境中，作为客家人中的一员，对客家人的生活和客家族群本身而言，他不是"他者"，而是自己人，对他们的脾性和所处的生活了如指掌；在离开家乡之后的几十年来，他又非常注意利用种种可能的机会，回到和深入到客家社会中去了解那里发生的一些，包括那里的地方文化和民俗民风。为了写好国民党老兵流落在台湾的处境和心态以及台湾的"眷村"的情况等，他还以游客的身份专程去旅游访问。他曾在一篇文章里写道："我为细读（生活）这部大书，在禾水河边、高洲街头，聆听人们讲述古老的传说；去三湾场院、龙源桥边，瞻仰当年的铁马金戈；到石桥古镇、高士山中，拾掇永新古老文化的碎片……每到一处，每看一景，似有一股雄风扑面而来，文化氤氲浸入心肺，强烈感受到，一种熔铸在永新人骨子里的忠义、勇敢、诚信的'浩然之气'，在永新大地上涌动。"这段话是他的心声的流露，说明他如何看重生活的积累。是的，丰厚的生活积累，是一个作家永远立于不败之地的最重要的财富和保证。

《望穿秋水》就要付梓了，写上如上一些话，表达我的衷心的祝贺，权作序言吧。

2015年4月19日

文人荟萃儒雅崇善之地

——《文人与张家口》序[①]

人文生物学家把生物遗传、地理环境、文化兴衰这三大要素称为生命的三角，遗传越优越，环境越良好，文化便越发达；反过来讲，文化的繁荣，也促使环境的优雅和生物遗传工程的进步。这些，就好像现代人解释森林对地球的作用，在地球上，森林蓄水养气，防风固沙，保持水土不流失，保护着陆地的生态环境，同时也吸收毒物和有害气体，净化空气，消噪降尘，维持大气圈的碳氧平衡。地方文人的生长与兴衰何尝不是如此呢？他们的存在直接影响着文化的造血与大众的精神氧吧，关乎着地方文化的延续，区域文化的繁荣，对未来的社会发展有极大影响。苏东坡因为贬谪海南而俊彦辈出；白居易因外放杭州而西湖景观享誉天下，成为世界文化遗产绵延至今；书圣王右军的书学风流雅集，陶冶着一代又一代方块字的继承者。在河北，古文运动倡导者韩昌黎与贾岛的"推敲"故事家喻户晓，诫谕和激励着无以数计精益求精的后来者。一株大树可以荫佑一片水土，一位文人能够点燃几代文化薪火。这种文人效应，切切不可低估哟！精神有了依存，风貌才有出彩。不管是古今中外，还是各省各地，凡是文人荟萃的地方肯定民风儒雅崇善，学子品格提升，社会激浊扬清，一派正气磅礴，因为人们的思想境界高尚，多了份充实，多了份引领。

张家口是个特殊的地区，位于晋、京、冀、蒙四省区市交界，地

[①] 顾建中：《文人与张家口》，北京：中国言实出版社，2016年。

理位置重要；张家口盘亘于华北平原与内蒙古高原之间，一条大马群山支脉把它分割成坝下、坝上两个迥然不同的风光世界；张家口距离北京的直线距离只有200公里，扼守"京畿锁钥"，是北方少数民族南下攻掠中原的必经之地，也是重要的军事折冲地带，境内分布着高山、峡谷、河流、湖泊，造就了丘陵、盆地、山地、草原的多变地形；悠远的历史长河中形成"泥河湾文化"的厚重，留下司马迁笔下"黄帝蚩尤之战"的神秘，也传唱着与"丝绸之路"相媲美的"张库茶马古道"的幽幽奶茶故事。复杂的地形地貌造就了丰富多彩的非遗文化，特殊的环境保留下晋、京、冀杂糅的人文风景。张家口在历史上的建置更是几易其帜，汉时分属乌桓、匈奴、鲜卑；唐代有"妫州""新州""蔚州"；宋辽有"武州""蔚州""奉圣州""归化州""儒州"，元置宣德府，明分"延庆州""保安州""云州""蔚州"和万全都指挥十二卫，清分属口北三厅和宣化府；民国二年（1913）属直隶省察哈尔特别区口北道，1928年设察哈尔省，张家口为省会，史称"张垣"；1939年初设立张家口特别市。新中国成立后，1952年12月察哈尔省建制撤销，察南、察北两专区合并后称张家口专区，划归河北省，为省属直辖，并为专区治所；1958年5月张家口市改属张家口专区；1959年5月撤销张家口专区，所辖各县划归张家口市；1961年5月复置张家口专区，张家口市及所属各县隶属之；1967年12月，张家口专区改称张家口地区，辖张家口市；1983年11月，张家口市改为河北省省辖市；1993年7月1日，张家口地、市合并，称张家口市至今。

　　近代史上，张家口更因其华北历史文化重镇名声显赫。曾因察哈尔民众抗日同盟军气壮山河的收复失地义举举世瞩目，曾因苏蒙联军与日寇激战狼窝沟闻名遐迩，也曾因"新保安战役"彪炳史册。特殊的地理位置，造就杰出的时势人物，1945年，进城锣鼓在这里敲响，中共晋察冀中央局、晋察冀边区政府、晋察冀军区司令部均迁至张家口，是年底，延安的大部分文化研究单位、大专院校以及数以千百计的文化名人纷至沓来这里，张家口迅即成为全国闻名的文化城，被美、苏、英、法等国的记者誉为"东方模范城市""文化城""第二延安"，成为华北的政治、军事、文化中心而闻名世界。这里曾留下100多位解放区著名作家、文艺家的印迹：周扬、艾青、丁玲、丁一岚、萧三、邓拓、沙可夫、杨献珍、阿英、王昆、田华、曹禺、陈强、沙飞、石少华、贺敬之等云集张垣；留下诸多的名人逸事，朱德、陈云、聂荣臻、萧克等老一辈无产阶级革命家胜迹留痕，激励着后来者的不懈进取；20世纪60年代，郭沫若、叶圣陶、阳翰笙、田汉、萧三、冰心、吴作人、叶浅予、田间、王昆、侯宝林、江櫓等众多的中国文化名流到怀来县体验生活（有些人是被下放劳动）。榜样的力量是无穷的，文人们的行为浸润了这块土地上的绿色种子，耳濡目染中起到了明星效应，很快便云蒸霞蔚了张家口，一大批文化人脱颖而出，许多人的作品，在全省乃至全国流布广远，深入人心。它像一幅画卷：山谷青青，白水盈盈，苍松参天，灌木臻臻，鸟声婉转，百花吐艳，让人爱不释手。

《文人与张家口》是本难得的历史文献，是一通张垣文化人成长发展脉络的碑记。人类文明史的考量离不开民族的文化史，地方文化的考量离不开文人群体的运行轨迹。了解张家口文化不能仅仅停留在表象，我们还要明了它的内涵，它的文人群体。文以载道，道就是人生。张家口的文人大体分为三类：一是察哈尔省建制撤销后的班底遗留，二是从北京来的中国文联文化干部，三是受解放区文人影响直接成长起来的本地作家群体。"文革"中，张家口的绝大部分文人被迫搁笔；粉碎"四人帮"，拨乱反正后，他们得以新生，焕发了青春，为新时期的文化繁荣笔耕不辍，并全力培植、提携、指导新秀。可是，进入21世纪以来，这些老文人由于年事已高，体弱多病，有些相继离世，有些随儿女远迁外埠，使张家口文人大有廉颇老矣的严峻形势，面临青黄不接的局面。薪火需要传承，文化需要衔接，老文人的表率要彰显。歌德说过，我们全都要从前辈和同辈学习到一些东西。就连非凡的天才，如果想单凭他所特有的内在自我去对付一切，他也决不会有多大成就。这是一项艰巨而繁冗的工作，需要恒心和细致，需要执着和付出。恰逢此时，顾建中同志挺身而出，主动担当起这项义务，决心做好这项公益性事业。

顾建中原是《宣钢报》编辑，后来到北京媒体做编辑，退休后被重庆高校聘为兼课教授,他有感于自己的成功得益于这些老文人的言传身教,不忘感恩,不忘回报,在老作家杨畅、桑原、刘戎声先生的支持下,他自垫斧资,放弃休息,往返京渝,奔走于张家口各区县,深入社区,走家入户;冬冒严寒,夏顶烈日,查资料,找文友,做家访,历时一年之久,完成这项工作。我们为他的精神拊掌,为这本新书的问世喝彩!

孙中山先生说:"人既尽其才,则百事俱举;百事举矣,则富强不足谋也。"当前,北京—张家口冬奥会的城市申办权响锤落定,一场全民冬运活动的热身赛在全国兴起,张家口已成为世人瞩目的城市,又即将焕发青春,续写它不凡的历史。我们期待着《文人与张家口》也能乘上冬奥会的东风,声名远播,希望此书能在张家口的文化事业上起到"光前裕后"的作用。

是为序。

2015 年 9 月

我的这个甲子

——《刘锡诚散文集·芳草萋萋》代序①

我出生于一个农民家庭。父母一生靠在黄土地里刨食吃过日子。我也学会了一年四季的全套农活。连年的灾荒和战乱,在我的身上留下了几多疤痕,在我的头脑中留下了难忘的记忆。苦难让阅历变得丰富。在1953年我18岁上考入北京大学读书之前,据信我们那个几十万人口的县里还没有一个人上过这所大学。几十年来我一直为没有"发小"而感伤不已,所有的同伴都在小小年纪上就回家种地了,只有我是个幸运者,成为一个文化人。小时候上学,被一种自卑心理压抑着,抱着一种拒人千里的心态,不跟城市学生交往。走上社会之后,内心深处也常常为一种莫名的孤独感所缠绕,想念那些少年时代的伙伴,回忆他们的相貌和脾性,这些成了我浓浓的乡愁。

对土地的依恋和乡愁的记忆在我的身上显示出浓浓的乡土情怀和传统文化基因。于是,在我面临很多选择时,我放弃了俄罗斯文学和新闻工作,中断了已经小有成绩的文学批评,最终选择了备受冷落的民间文学研究,偶尔写点散文随笔。我常以在田地里耕耘的农民自况,不管天气多么热,不管日头多么毒,在没有干到地头之前,总是弯着腰挥汗如雨地劳作,一直到了地头,才肯直起腰来,这时孤独的心绪一扫而

---

① 刘锡诚:《刘锡诚散文集·芳草萋萋》,北京:高等教育出版社,2016年。此文系2014年3月8日在中国艺术研究院艺术人类学研究所、中国艺术人类学学会联合主办,外研社协办的"刘锡诚从事民间文艺研究60年研讨会"上的答谢词。

光，顿时从心底里迸发出来的是一种胜利者的豪情。我的一生就像是一个永远在劳作中的农民，靠毅力、靠勤奋支持着我的理想，靠汗水浇灌着我的土地。土地里收获的果实，就是从笔端流淌出来的那大小千余篇文章，二十几本专著、文集、散文和翻译，100多本主编和编选的丛书。其中用力最勤的，莫过于那些意在为民众立言的原始艺术和民间文学方面的著述！一般说来，农民是务实的，却又是保守的，而我却因所受教育和从事过多种专业的关系，其思维和心态逐渐趋于开放和宽容，学术渊源、知识结构和研究方法也相对多元，并贯穿在我的整个文艺和学术研究之中。

诚然，我对民间文学研究是情有独钟，但我又曾涉猎多种学科，在研究方法上跨学科、多学科色彩也颇为明显，故而被评论家陈辽描绘成"三十五年四'转身'"的学人。正是由于我在20世纪90年代所承担的中国原始艺术研究（国家社科基金项目），写了一本《中国原始艺术》的专著，接近或属于艺术人类学的研究取向，所以被艺术人类学研究所聘为客座研究员。在所里，我多少参与了一点点力所能及的工作，诸如主持了方李莉领衔的"西部文化资源"课题的结项评议；参与了几个博士论文的开题和答辩等，也为所里做过一次题为《及戏及怪　无侵于儒——走进巴渝文化》的讲座。走出书斋，面对种种新的艺术现象和研究成果，从而作或深或浅的思考，对我而言，实在是获益匪浅。

年轻时我经历了风云激荡的岁月，目睹了或体验了文艺界漫长而曲折的历程，为新时期文学的诞生和发展投入了热情和力量。岁月匆匆，白驹过隙，往者已矣。从55岁起，才得以在"边缘"上安心读书、调查、研究和写作。在70多岁上终于完成了98万字的《20世纪中国民间文学学术史》。我之所以能在民间文艺研究上取得点滴成绩，要感谢那些引我上路、在困境中给我支持的师长和朋友。谢谢各位在座的同行老友！

2014年3月8日

故乡之忆：齐文化发祥地

——《昌乐古今·朱刘辑》序[①]

《昌乐古今·朱刘辑》出版发行，这是一件可喜可贺的事。朱刘是我的故乡，我对家乡有着难以割舍的深厚感情。家乡人前来索序，我自然却之不恭，欣然应诺。

昌乐是东夷文化的聚集区，是齐文化的发祥地，历史积淀深厚，自然人文荟萃。就拿我的家乡朱刘来说，也是人杰地灵、文化灿烂。首阳山的传说世代相传，一代又一代朱刘人受到伯夷叔齐高风的感染。仅两汉时期，就出过丞相公孙弘、隐士逢萌、学者徐干等一大批出类拔萃的人物。历史进入近代，朱刘又是昌乐领风气之先的重镇。胶济铁路贯通之后，朱刘最早受到近代文明的冲击和洗礼。以经济发展为例，工矿业迅速兴起，成为昌乐早期工业的源头。此后，朱刘工业一直领先，至今仍是昌乐制造业的一大重镇。影响不仅表现在经济发展上，对人的思想观念的冲击也是巨大的。一些最早受到近代文明影响的朱刘人开始"睁眼看世界"，一些有志之士纷纷到外边的世界，探索救国救民的真理，"四五"烈士李华亭，奉天特委书记张适就是其中的杰出代表。朱刘的风土人情，民间文化也都有鲜明的地方特色。比如朱刘的石刻艺术，从菑川王墓、东圈汉墓出土的汉代石刻来看，汉代的朱刘石刻艺术已经达到相当高的成就。新中国成立后，朱刘石刻艺人还参加了人民大

[①] 昌乐县历史文化研究会、昌乐县文学艺术界联合会、昌乐县朱刘街道办事处编：《昌乐古今·朱刘辑》，北京：中国文史出版社，2016年。

会堂、人民英雄纪念碑的建设。这足以说明，朱刘石刻源远流长，工艺精湛，堪称中国民间艺术宝库中的瑰宝。

近年来，昌乐组织各方面的文化力量，着手对县域内的历史文化、自然人文进行系统的挖掘整理，不断推出有分量、有价值的文化成果。对此，我由衷地感到高兴，也钦佩昌乐决策者的远见卓识。文化的地位和作用越来越引起人们的关注和重视。有学者指出，文化是一个地方与其他地方相区别的最根本的标识，是最能唤起人的自豪感和凝聚力的东西，是最终起决定作用的核心竞争力。正是看到文化对经济社会发展的独特作用，目前各地都在立足各自的优势，打文化牌，唱文化戏，做经济文化相结合的文章，这是一个值得关注的趋势。昌乐在这方面也作了积极的探索，并取得了明显的成效。比如，通过打蓝宝石这张牌，越来越多的人认识了昌乐的宝石文化；通过打姜太公这张牌，越来越多的人认识了昌乐的姜太公文化；通过打首阳山这张牌，越来越多的人认识了昌乐的首阳山文化。所有这些成绩，单从经济发展的角度来衡量是远远不够的，随着时间的推移，它们的长久作用还将不断地显现。

对地方文化资源进行系统地发掘整理和价值评估，是合理开发利用的前提和基础，需要一种严肃认真的科学态度和肯于吃苦的奉献精神，说到底是一件"种树"而"乘凉"的事情。通读了《昌乐古今·朱刘辑》初稿，感到此书的编撰总体来说还是严肃认真的，许多观点基本做到了持中公允，能够成一家之言；许多论述基本做到了有理有据，能够自圆其说；许多资料整理基本做到了全面翔实，能够以资借鉴。首阳山资料是我特别感兴趣的，因为我自小听过父亲辈讲述伯夷叔齐"义不食周粟"的故事，后来看书才知道不光昌乐有，全国各地有六七处，"义不食周粟"的故事其实并不单单发生在我的老家昌乐。但通过这次认真阅读昌乐整理的资料，觉得资料既不回避全国有多处首阳山的事实，又能立足当考古、方志和口碑资料，提出首阳山在昌乐的理由和依据，这种实事求是、严谨治学的态度是可取的。而且，首阳山问题不单纯是一个史学问题，更是一个民俗学、文化学问题，从这个意义上说，昌乐的首阳山自有其不可替代的价值。通读全书初稿，感觉本书下了很大的功夫，付出了不少的心血，达到一定的品质和境界，是一本具有百科全书特点的大型地方文化史料类书，是一个了解朱刘自然人文风貌不错的窗口。

"十年树木，百年树人。"文化建设是一项功在当今、惠及后世的千秋伟业。昌乐有独到的文化资源优势，已经取得了不俗的文化成果，我们有理由相信今后还会不断地取得更加引人注目的成果，来匹配它在历史上曾有的荣耀和辉煌！

是为序。

2016 年 11 月

艰辛与奋斗的人生

——《求学之路》序[1]

家乡文学爱好者向我推荐王文凯的《求学之路》，邀为作序。为文友作序的事，干过不少，甚至都能专门编辑成一本厚厚的序跋集了；特别是业余作者，将作品结集出版，本身就很不容易，奖掖后学，义不容辞，每每都是勉力为之。但因年至耄耋，眼力、精力明显不济，近两年便拱手推却一切作序之邀。但家乡人对我反复称赞王文凯的为人为文，又因我和王文凯都有过在昌乐一中求学的经历，虽然相距40年，但说来还是校友，忍不住将书稿翻了起来。

王文凯出身于困苦的农村家庭，求学经历曲折，刻苦读书、勤勉工作、本分做人，始终保持着一种农家孩子的纯朴、耿直，因而文风朴实自然，不事雕琢，像田野里飘来的清新麦香、山涧中流淌的清澈溪水；王文凯是名法官，审过千百案件，见过世间几多假恶丑、真善美，加之率直向善的品性，因而文中浩荡着一股正气，弘扬着强大的正能量。文以载道、崇德扬善，在被戏说为"形势一片大好、人心一片大坏"的当下，尤为可贵。

王文凯的散文以朴实笔墨记录世间真情，所叙之事大多是困苦艰难的，所抒之情却都是真挚向善的。《求学之路》共收录了王文凯70余篇散文，用他自己的话讲，记录的是"一个青涩的农村娃求学追梦成长的过程"。书中的文章都是以第一人称写的，一篇篇尽管不长，但

---

[1] 王文凯:《求学之路》，成都：四川民族出版社，2019年。

连缀起来，浑然一体，真实地反映了作者从一个农村孩子艰难求学到成长为一名法官所经历的曲曲折折，其中的每一步，每个脚印，都充满着奋斗和艰辛，都饱含着汗水和泪水，特别值得称道的是，不论逆境还是顺境，不论贫困落魄还是春风得意，他始终以向上的心态去面对，理性地去思考；始终以坚定的信念走自己的路，怀着一颗感恩的心去看待人和事。如果说《求学之路》是在传递正能量，我觉得这就是最大的正能量。

王文凯的散文取自日常生活，又是对真实生活的提炼，洋溢着极强的生活感，散发着浓厚的趣味性。每篇文章都有一个故事，每个故事都有一段真情。尤其是他笔下的一些人物，着墨不多，却给我留下了深刻的印象，如《父亲在村口等我》《去柳山大集卖粽子》中的父亲，《老娘背着发烧的儿子》《一只狗和六只兔子》中的母亲，《四喜临门》中的妻子，《四妹骑自行车给我送干粮》中的四妹，《我喜欢数学，因为老师喜欢我》《夫妻鞋垫》中的老师，《没事，你能行》中的医生，《勤工助学"三哥们"》《怪味胡豆的味道》中的同学，《一张烙饼》中的同事，《上金山摘苹果》中的护园人"瘸子"……一个个为人质朴，为事实诚，不花哨，不做作，很容易让人联想到自己的父母、妻子、姐妹、老师、同学、同事、朋友，能让人在不经意间体味到一股浓浓的亲情、爱情、友情，又撩拨起每位读者对自己过往情感经历的回念心弦。

本色平实，是王文凯散文的特点。但就散文创作而言，仅靠本色平实是很不够的，还需要有文采，有内涵，有思想，有境界。仔细品味书稿中的文章，有的结构简单缺少变化，有的表达直白说教味太重，还需要提升意境美和审美性，还需要把一般化地表现对象，变为有个性地表现对象。这是王文凯的第一部作品集，难免有缺陷，希望他在今后写作中，能在作品的艺术性上有所突破，写出更为精彩的篇章。

是为序。

2017 年 6 月 15 日

第二辑

文化艺术人类学编

象征：中国人的特殊思维方式

——《中国象征辞典》序言①

1987年9月，《民间文学论坛》杂志编辑部举行了一次"民间文化与现代生活"五人谈，北京大学乐黛云教授的发言传达了一个信息，法国东方文化研究所的所长找北京大学比较文学研究所商谈一个协作项目，编一部世界象征辞典。因为我方没有这方面的现成资料，也没有人对中国的文化象征做过专门的研究，所以没有承担下来。她建议从事中国民间文化研究的人士着手这一课题的准备工作。当时，中国民间文艺家协会民间文艺研究所刚刚成立，便承担了这一课题，立即着手编制《中国象征辞典》的编辑计划、撰写和讨论样稿、确定选题范围，并向全国各地60多位专家学者约稿。经过三年多的时间，这部辞书的书稿总算编完了。作为主编，虽然并不因为我们贡献给读者的这部还嫌粗糙的《中国象征辞典》而感到轻松和满足，但是一想到它在中国毕竟是开启山林之作，心头不免漾出一种聊以自慰之情。我们愿意将这部书稿作为这一领域里研究工作的铺路之石。

与世界其他国家和民族比较起来，中华民族是一个有着特殊思维方式的民族，象征主义就是这种特殊的思维方式的重要特点和标志。在一个人的全部历程中，几乎每个关键时刻，你都会看到人们用象征主义的思维方式来对待或处理问题。当你呱呱落地进入人类社会、成为其中的一个成员时，你的父母会用染了红色的熟鸡蛋去送给朋友、邻居、甚

---

① 刘锡诚、王文宝主编：《中国象征辞典》，天津：天津教育出版社，1991年。

至在走路时碰到的第一个人,也许会给你起一个叫作"栓住"或"狗剩"一类的乳名,间或还要去某宗庙、某山坳、某土地庙烧香还愿,以谢山神、石祖、桥墩……对于你的母亲求子的恩赐。当你"百日"来临之际,亲朋好友送来一把悬挂在胸前的锁,名为"长命锁"或"百岁锁",祝你"长命百岁"或"长命富贵"。在你同一个女子结婚拜堂的仪式上,要向着一对燃烧着火苗的红蜡烛神情严肃地跪拜再三,这对红蜡烛的象征含义在你们的心理上所造成的压力是那样沉重:如果两只蜡烛同时熄灭,你们就会白头偕老,如果其中的一支先熄而另一支后熄,你们当中就有一人先亡故、一人后亡故。从你和你妻子的头上各取一根头发打成结,在烛火上燃烧成灰,如果发结不散,你们也就永远是相濡以沫的结发夫妻。你的五秩、六秩、七秩寿诞到来之际,朋友们闻讯给你送来画有桃子或远山和青松的图画,你就能明白他们的意思是祝福你长寿,寿比南山、青松不老。

　　用这样的一种思维和表达方式来处理人际关系、人生礼仪、社会生活,大概只有中国人才能心领神会其中的真正含义。假若换了一个外国人,也许很难明白其中的三昧的。但是,正因为我们是中国人,才对这种十分惯熟的思维方式和表达方式熟视无睹,以奇为不奇,不加留意,不加深究,说不出个所以然来。倒是一些关心和研究中国的外国学者,往往一下子就能捕捉到中国人这种特殊的思维方式和表达方式的规律和特点。

　　象征的思维方式和表达方式表现在语言、风俗、宗教信仰、婚丧嫁娶、家庭、艺术与文学(包括口头文学)、神话、建筑、动植物以及日月星辰、云雨雷电等自然现象和伦理、感觉等社会和心理现象中。汉语的象征功能特别发达,或由于字形的相近,或由于谐音,或由于四声的读法不同,在人际信息交往中,往往能表达出一种语句或单词的直接意义之外的第二意义即喻义。在人际交往中,强调语言的喻意即象征的趋向,深为人们所喜爱,其所以如此,不能说与中国人的生存观念和生殖观念没有关系。我以为,我国的语言、民俗、信仰、民间艺术、建筑、动植物、天文等方面的文化象征,大致不外两大系统,即祈福纳吉的生存观念系统和子孙繁息的生殖观念系统。

所谓祈福纳吉，目的在祈求和希冀有一个有利于人类本身和生产发展的生存环境。比如门楣上画一个蝙蝠，利用谐音暗喻全家有福气，画五个蝙蝠，暗喻五福临门；门扇上画一只栩栩如生的老虎，意思是老虎能吃掉可能侵袭家庭和人丁的邪气、恶鬼，求得吉祥；牖（窗）上画两只大公鸡，或者告诉你吉（鸡）祥如意，或者告诉你开市大吉（鸡），或者告诉你新春大吉（鸡），大概《玄中记》所记桃都山上的桃木和天鸡能驱鬼的故事，还依稀遗留在老百姓的记忆里。从历代统治者的宫殿到普通老百姓的民居，其建筑构思、设计、装饰，从原始岩画、地下发掘的汉画像，到迄今依然十分流行的民间年画、剪纸、图案，从既有酬神功能又有娱人功能的祭仪、萨满舞蹈、傩舞，到今日依然为寻常百姓喜闻乐见的各种民间舞蹈、杂耍、娱乐，广泛而大量地运用象征思维方式、表现方式和象征形象，表达着根深蒂固、源远流长的祈福纳吉观念和子孙繁息观念。民间婚礼中，将枣、栗子散发给来贺喜的宾客或藏匿于枕中、被褥中（现代衍化为散糖果一类食物、喜物）预祝新婚夫妇早生贵子；墙上贴着"麒麟送子""石榴百子""瓜瓞绵绵"的年画，让新婚夫妇在洞房里喝连杯酒（现在衍化为对啃一个苹果），用暗示的手法对他们进行性生活和生育知识的教育。从冬至送刑德、出土气起，一年之中那么多的节日，除了它们本身所标志的天象、气候的变化以及与农事的关系外，其中积淀着多少象征的含义呵！迎春为何要到东门外？为何要鞭春牛？为何要燃放鞭炮？清明为何要放风筝？端午为何要戴艾、吃粽子？等等，等等，只有研究象征才能得出答案。

中国是一个多民族的文明古国，有着悠久而灿烂的民族文化。上层文化与民间文化作为中国文化的两大干流交相辉映，又相互渗透、交融。当上层文化在历史发展中走向僵化时，每每从民间文化中汲取滋养而得以恢复生机。《中国象征辞典》的编纂，其目的就是要梳理上层文化和民间文化（主要是民间文化）中的象征思维，为发扬中华民族的优秀文化传统，发展社会主义时代的新文化贡献绵薄。

由于没有先例可援,可资借鉴的资料的匮乏,学术界研究的不足,本辞典在选材、写作、观点方面的不当之处在所难免,希望得到批评、指正,以便有机会修订时予以弥补。

1991年1月于北京

仁者乐山

——《山岳与象征》序言[1]

山岳本属于自然物质世界，然在传统文化中，山岳却被赋予自然物质意义以外的诸多含义，于是，山岳在人们的观念中便常常显示为人文的符号。[清]张英、王士祯、王掞、张榕端纂修的《渊鉴类函·地部·山》汇集了许多论及山岳的文献："《春秋说题辞》曰：山之为言，宣也，含泽布气，调五神也。《礼记》曰：夫山，一拳石之多，及其广大，草木生之，禽兽居之，宝藏兴焉。《论语》曰：仁者乐山。"《韩诗外传》解释说："夫仁者何以乐山？曰：夫山者，万民之所瞻也，草木生焉，万物植焉，飞鸟集焉，走兽伏焉。生万物而不私，育群物而不倦，出云导风，天地以成，国家以宁，有似夫仁人志士，此仁者所以乐山也。"这"仁者乐山"一语，确乎概括了中国人对山岳的基本态度。

只要掰着指头数一数，在神话传说中，有哪一座稍微有一点儿名气的山，没有与仁者联系起来呢？没有！我们不妨列举几个例子。

如衡山。《吴越春秋》曰："禹伤父功不成，登衡山血白马而祭之，梦赤绣文衣男子，称玄夷苍水使者，谓禹曰：'欲得我山书者，斋于黄帝之岳。'禹乃退，斋三日，登宛委，发石，得金简玉字之书，言治水之要。"

如太行、王屋。《列子》曰："太行、王屋二山，方七百里，高万

---

[1] 游琪、刘锡诚主编：《山岳与象征》（"东方文萃丛书"），北京：商务印书馆，2004年。

仞……北山愚公者,年且九十,面山而居。惩山北之塞,出入之迂也,聚室而谋,曰:'吾与汝毕力平险……可乎?'杂然相许。其妻献疑曰:'以君之力,曾不能损魁父之丘。如太行、王屋何?且焉置土石?'杂曰:'投诸渤海之尾,隐土之北。'遂率子孙荷担者三夫,叩石垦壤,箕畚运于渤海之尾。邻人京城氏之孀妻有遗男,始龀,跳往助之。寒暑易节,始一反焉。河曲智叟笑而止之,曰:'甚矣,汝之不慧!以残年余力,曾不能毁山之一毛,其如土石何?'北山愚公长息曰:'汝心之固,固不可彻,曾不若孀妻弱子,虽我之死,有子存焉。子又生孙,孙又生子……子子孙孙,无穷匮也。而山不加增,何苦而不可平?'河曲智叟无以应。操蛇之神闻之,惧其不已也,告之于帝。帝感其诚,命夸娥氏二子负二山,一厝朔东,一厝雍南。"

如灵山。《晏子春秋》曰:"(齐)景公召群臣问曰:天不雨久矣,民且有饥色,吾使人卜,云祟在高山广泽,寡人欲少赋敛以祠灵山可乎?晏子曰:夫灵山,固以石为身,以草木为毛发,天久不雨,发将焦,身将热,独不欲雨,祠之何益!"又,《郡国志》曰:"灵山,昔有神女于此捣衣,因号捣衣山。山南绝岩有方石明莹,谓之玉女捣练碪。"

如君山。《博物志》曰:"君山,洞庭之山是也。帝之二女居之,曰湘夫人。帝女遣精卫至王母取西山之玉印,印东海北山。"又,《湘州记》曰:"昔秦皇欲入湘观衡山而遇风浪,溺败至此山而免,因号为君山。"

这些文献记载所说的,都是在老百姓中流传的有关山岳的神话和故事,都是把山岳视为与"仁者乐山"有关联的人文象征符号。

当然,只说"仁者乐山"似乎还有欠全面。崇山观念一直就是中华文化的人文精神基因。我们的祖先——原始先民最初就是从山林中走出来的。他们面对的是巍峨壮观的山岳和发源于峻山险谷里的河流,当他们对其高入云霄的磅礴气势、兴云布雨和孕育万物的神秘力量感到困惑莫解时,便产生了对山岳的崇拜。正是这种崇山的心理和对自然的崇拜,导致了原始神话和原始宗教的出现,而神话与宗教又反过来赋予山岳以神圣性。不仅中国文化中原始性的昆仑神话与后起的蓬莱仙话这两大精神文化体系，无不与山岳有着不可分割的关系，而且崇山观念和山岳信仰，又一直伴随着自"帝尧命舜摄位望于山川"、西周敕封"五岳""五镇"起，到清末、甚至到民国止的漫长的中国农耕社会，给中华文化的发展以巨大的影响。所以，我们有理由把山岳文化看作是原始文明和农耕文明的产物。

在原始宗教基础上发展起来的人为宗教道教和从印度传入的外来佛教，也都纷纷占领名山大川，并吸收中华山岳文化的精髓为自己的血肉。历代王朝也接受原始的山岳文化及民间文化中的崇山理念，建立起适合自己利益和为其服务的上层文化。历代王朝关于"五岳""五镇"（最初是四镇）的诏令，不绝于缕而又大张旗鼓地进行的立祠、封禅、祭祀（包括望祭、遥祭）等活动，把"五岳""五镇"看作是五方、九州的镇州之物，当作接天通地、国土完整、江山永固、国运绵长的象征，作为东西南北中五方和五行观念的体现，赋予这些圣山以深厚的人文意义，也因而建立了历代王朝都恪守不渝的国家常祀之礼。《博物志·山水总论》说得好："五岳视三公，四渎视诸侯，诸侯赏封内名山大川者，通灵助化，位相亚也。故地动臣叛，名山崩，王道讫，川竭神去，国随已亡。"这段话不正是"五岳"和"五镇"作为国家和政治象征符号的一个注脚吗？

山岳一旦作为国家和政治的象征符号进入体制和文化，推动着民人和群体中本来就涌动着的崇山观念的扩散，从而顺理成章地在上层文化中占据了重要地位。在漫长的中国农耕社会发展史中，几乎每座山都被一个人造的神祇主宰着，而这个人造的神祇，也就成为这座山的精神代表。

由于自然崇拜势力的强大，我国始终没有形成一种国家宗教。山岳崇拜始终以原始宗教观念的形式出现于民间，或被纳入国家行政礼法之中。但只要剥掉其神秘虚幻的宗教形式，我们还可以看出，在这种民间信仰背后的朴素的唯物的思想基础。如历代在解释何以要崇拜和祭祀山川时，都是说："能兴云雨、施润泽，一方之民，礼望秩于山川。"（明·沈纯中《游南镇记》）正是以"五岳""五镇"为代表的高山"兴云雨、施润泽"于一方百姓的功德，使包括老百姓和士人阶层生出许多联想，将其比之为，或称之为能够绵延后代的"子男"（汉·刘向语）。这种观念既吸收了原始的生殖观念，又体现出男权中心的社会背景。

以"五岳""五镇"为代表的山岳文化容纳着和整合着上层文化与下层文化。改革开放以来，排除了"左"的思潮的干扰，思想解放，处处生机盎然。作为文化遗产的"五岳"和"五镇"，在新的时代里焕发了生机，有的被列为历史文化名城或重点保护文物，有的成为文化旅游的资源，其所在地区经济有了不同程度的飞跃发展。随着社会的进步，思想观念的巨变，"五岳""五镇"的功能也发生了重大的嬗变。"五岳""五镇"文化的魅力没有减退，理应在新的历史条件下得到继承与发扬。如今，一方面，作为旅游文化资源，"五岳""五镇"已在不同程度上，甚至是急功近利地被开发着和利用着；而另一方面，作为中华文化组成之一的地域文化，特别是长期农耕社会养育形成的农耕文明的特色和内涵，却又研究得远远不够。在一个急功近利的时代里，这不能不使人徒增一份焦虑和隐忧。

21世纪之初，中国东方文化研究会在地处北岳恒山脚下的大同市召开"中国山岳文化国际研讨会"，现又出版《山岳与象征》这部有关山岳文化研究的文集，就源远流长的中国山岳文化进行深入探讨，发掘智慧的中国人赋予山岳的人文内涵和遮蔽着的文化象征，无疑为中华文化研究拓展一片新的天地。

2002年11月18日于北京

建构新史学框架的探索

——《汉族风俗文化史纲》(增订本)序[①]

中国风俗史的研究,在我国学界一向是十分薄弱的。张采亮的《中国风俗史》出版于1902年的清末,这本中国风俗史的开山之作,几乎雄踞了20世纪的一百年而未见来者。晚清末年,那是一个进步思潮汹涌、变革风云激荡的伟大时代,作者虽然受到时代和史料的局限,却已经显示出其进化论的世界观、朴素的唯物史观和现代学术的思维和理念,而这些都是难能可贵的。但这本书毕竟只写到明代就戛然而止,并非一部通史。后虽有邓子琴的《中国风俗史》遗稿问世,但其出版的时间却到了20世纪末的1988年,且第一编已佚,给学界留下了很大的遗憾。到20世纪90年代初,严昌洪出版了一本《中国近代社会风俗史》,作者下了很大功夫梳理研究中国近代的风俗,也在一定程度上弥补了张采亮留下的不足,惜也非通史。其间,虽然还有各种专题的著作陆续问世,但属于风俗通史一类的著作则一直阙如。

风俗史研究所以长期处于沉寂的状况,我想不外有两个原因:一,写文化史的人在学理上没有认识到风俗的发生和嬗变是如何影响着一个民族的文化的发展和进程,故而忽视对风俗及其变迁的研究;二,写文化史的人因眼界狭窄,缺乏风俗学和风俗史的学养,只好避而远之。这

[①] 徐杰舜、周耀明:《汉族风俗文化史纲》(增订本),南宁:广西人民出版社,2001年。此序以《风俗史研究和写作的新路》为题,发表于《光明日报》2004年5月25日。

是历史所使然的。

刚刚跨入 21 世纪的门槛，徐杰舜和周耀明二位学者，就在新世纪钟声的伴奏下向读者贡献出了一部合著的《汉族风俗文化史纲》。我看此著，虽名为汉族风俗史，我宁愿将其看成是一部中国风俗通史或带有中国风俗通史性质的汉族风俗史。因为其史的论述，是从秦汉之际汉民族的形成期起始而至于现代，而对汉民族风俗的形成、流布、特点及嬗变史的论述，也是在充分叙写汉民族在其不同的历史发展阶段上如何与周边民族的风俗发生交融和吸收的历史。这一突出特点既符合风俗发展变迁的特点，也体现出了作者的独特立意。与风俗史研究的开山人物张采亮相比，这本书的出版固然晚了整整一百年，但事情却如俄罗斯谚语所说的："迟做总比不做好。"中国学坛上毕竟有了一部写于新的启蒙时代、显示着新的思想观点的汉族风俗文化史著作。

《汉族风俗文化史纲》给我们带来了些什么新东西呢？

近 20 年来，我国的政治氛围逐渐宽松，民俗学渐被人文学界瞩目，而风俗学基本理论和风俗史研究，相比之下却一直处在并不景气的状态，甚至渐而被挤压到边缘的边缘，似乎民俗学就是风俗学，有了民俗学就不必再有风俗学了，因此，厘定风俗学和风俗史的对象就显得十分必要了，否则干吗还要在民俗史之外另写风俗史呢？在这个问题上，自"北大歌谣研究会"时代的短命的"风俗调查会"起，论者就大体是仁者见仁、智者见智，各弹各的弦、各唱各的调，缺乏必要的讨论与交流，风俗学和民俗学这两个学术名词，也就互不相干地并行地出现于学者们的著述中。近年来，学者们开始在新的学理背景上谈论风俗学的研究对象和写作有关风俗学的专著，并发表了许多颇有新意的见解。但我们也不无遗憾地发现，许多民俗学研究者在使用风俗学和民俗学这两个名词时，并没有加以区别，而是含混其词，这种学理探究上的有失精密，不能不使我们感到困惑莫名。20 世纪 80 年代，史学家严昌洪提出了"社会风俗史是一门边缘学科"的见解，他说："社会风俗史是在历史学和民俗学的接合处建立起来的，兼有历史学和民俗学的特点。民俗学要研究民俗的历史，社会风俗史要研究历史上的民俗，这是二者相通之处。在这种意义上说,社会风俗即是'历史民俗学'。但是二者又有区别。民俗学研究的范围宽些,它所研究的歌谣、神话、传说、造型艺术等等,在社会风俗史中只作为保存风俗史料的仓库,而把对这些东西的具体研究让给了文学史、艺术史或文化史。民俗学属于社会学的范畴,它的研究目的、研究方法等,往往受到社会学的制约。社会风俗史则属于历史学的范畴,它的研究目的、研究方法等,往往受历史学的制约。例如,民俗学以社会调查为其常用的研究方法,虽然它并不排斥历史的比较综合;而社会风俗史的研究却是以发掘文献资料,进行回顾和追溯为主要手段,当然它也不排斥调查研究。由于社会风俗史兼有历史学和民俗学的性质和特点,可以说,社会风俗史是历史学和民俗学相结合的一门边缘学科。"[1] 他的这番论述,也许还有可讨论、可商榷的地方,但这种对风俗学和风俗史的学科定位的追问,却无疑是有益于学术研究的深入发展的,因而也应该给予积极评价的。

徐、周二位的大著,在前人研究的基础上,参考了和吸收了前辈和同辈学者的合理见解,提出了这样的一系列概念和原则:"风俗是在一定社会中,被普遍公认、积久成习的生活方式","被模式化了的生活方式";而且把作为"社会人群所约定俗成的、模式化了的生活方式"的风俗,区分为(亦即限定于)生产、生活、礼仪、岁时、信仰、社会六大部类;特别是提出了"风俗文化是每一个族群或民族、国家社会文化的重要组成部分,也是区分民族、族群的主要标识之一","风俗史是国家、民族或族群形成、发展和变迁历史的重要组成部分"。他们在这些问题上的立论,在学理上的阐述,使风俗学和风俗史的研究又有了新的进展:不仅厘定了风俗史叙述和论列的对象,而且确立了风俗在民族、族群和国家识别上的地位,以及风俗史在历史学、特别是在文化史中的地位,是非常重要的。

正如作者所说,风俗是文化,属于社会意识形态的领域,但风俗

---

[1] 严昌洪:《关于社会风俗史的研究》,见《江汉论坛》1984年第2期;又见《中国近代社会风俗史》,杭州:浙江人民出版社,1992年,第3—4页。

又是特殊形态的文化。风俗的生成、发展、嬗变，甚至消亡，有其本身的特点和规律。风俗史研究的任务不是风俗史料的罗列和堆积，而是要在史料的发掘、钩沉、排列、比较中，探索和发现其发生、发展、嬗变、消亡的规律。一般说来，风俗的形成与消亡，是渐变的，而不是突变的，即被全社会或全地区所崇尚而兴盛、或被全社会或全地区所厌弃而消亡；所谓约定俗成是也。这一类的为全社会或全地区的社会成员所约定俗成的风俗，不会因为政权的更迭而骤然间发生变革。但，作为意识形态的一种，风俗也还有另一面的即突变的特点。一个朝代确立，由于统治者的强令推行和提倡，即古人所说的"上行下效谓之风"（李果《〈风俗通义〉题辞》），会有一种新的风俗兴盛起来；反之，一个朝代覆亡，也会有一批前朝推行的风俗骤然消亡，而一批被新的统治者强令推行和提倡的新风俗代之而起。我们从徐、周的著作中看到，风俗的生成、发展、嬗变和消亡的这两种情况，在汉族的漫长历史发展中都曾发生过，作者正是根据这些不同时代、不同情势下的风俗的嬗变，总结和概括出了风俗发生发展和消亡的规律。

风俗毕竟不像政治制度的更迭那样断然，其约定俗成性、其稳定性所造成的延续性（或曰弥漫性）特点，给风俗史研究和写作中的断代问题带来了一些困难。作者要解决断代问题，除了可以轻易援引的那些属于自上而下强令推行的风俗事象的兴起与消亡这类事例而外，就得在属于大量存在的、渐变式的风俗事象中寻找那些能显示时代特征的蛛丝马迹，从而形成作者在书里所概括的那些断语，如"由野而文"（先秦）、"趋向奢华"（魏晋南北朝）、"汉胡整合"（隋唐）、"市俗日盛"（五代宋元）等，应该说，这对任何一个风俗史研究者来说，都是一个相当大的难题。但本书作者较好地解决了这些难题，巧妙而又准确，且为风俗史的写作"蹚"出了一条路子，用时兴的语言来说，建构了一个新的史学构架。

一部两千年的汉族风俗史描绘了、也证实了一条道理："移风易俗"是任何一个朝代和任何一个执政者集团的政治理想和治国方略。当然，不同政治立场和政治理想的执政者有不同的移风易俗观，这是不必饶舌的。移风易俗的普适性，又从另一面说明了一个社会的风俗是个庞杂的复合体，而不是某一个阶级或阶层的意识形态，除了原始文明的遗绪外，主要滋生于农耕文明土壤上的汉族风俗，既传承了养育过子子孙孙的社会良俗，也杂糅着不良的、甚至很不好的恶俗。至于这些恶俗的产生与流传，原因固多，不是一两句话就能说清楚的，需要专门的文章来探讨；但最重要的原因，莫过于小生产方式带来的历史局限性。笔者以为，作者在这部汉族风俗史的书写中，为我国风俗学和风俗史研究概括出或总结出的这样一条规律，恰恰证明了他们为这部前后撰著了18个春秋的著作所付出的劳动是值得的，也再一次说明了风俗学和风俗史的研究，是一门有现代意义和现实意义的人文学科。

《汉族风俗文化史纲》第一版发行一年多来，颇受读者的欢迎和学界的好评，出版社决定再版，作者嘱我写一篇序言。笔者不揣学识的浅陋，写出上面的这些思考，以表达我对《史纲》再版的祝贺。

2003年12月3日于北京

民间艺术是民族精神的载体

——《民族民间艺术瑰宝》丛书总序[①]

中国各民族的灿烂多样的民间艺术,其渊源可以追溯到中华民族的古代文明。远在七八千年前,我们的先民创造了黄河流域仰韶文化的彩陶和长江流域河姆渡文化的玉器等原始艺术。而能够穿越历史时空保留至今的原始艺术,又几乎都是以有形物质为依托的,或可用现在的名词"工艺美术"来指称,而无形的艺术和依托于速朽物质的艺术,如织锦、绘画一类的艺术,则无法传至今世。农耕文明是我们现今所说的民间艺术产生和发展的温床和土壤。民间艺术继承了原始艺术的思维模式和艺术模式,并不断地加以创新和发展,在漫长的农耕文明时代达到了很高的水平。民间艺术,以及一般的民间文化,孕育、养成和体现着中华民族民间文化的精神。

正如中华民族的文化是多元的,中华民族的民间艺术也是多元构成的。每个民族或群体,由于其生活环境和文化传统的不同,都有自己的民间艺术的小传统。而各民族之间,特别是那些在地理上毗邻而居或文化上交流频繁的民族之间,或因战争、天灾等原因而造成迁徙或聚合的民族之间,其民间艺术常常会发生互相间的影响与交融。由于农耕文明的区域性十分突出,在我国广袤的幅员中各民族民间艺术的发展,显示出区域性和不平衡性的特点。而这种区域性和不平衡性的存在,使各

[①] 宛志贤主编:《民族民间艺术瑰宝》丛书,贵阳:贵州民族出版社,2004年。此序为丛书总序。

民族民间艺术的交流和交融成为可能。汉民族形成之后，成为中华民族的主体民族，生产力发展较其他民族为快为高，在民族经济和文化交流中，汉民族的民间艺术，或多或少地对一些少数民族的民间艺术发生着影响，反过来，少数民族的民间艺术，也不断地传入汉民族民众之中，对汉民族的民间艺术发生着影响。

从发生学上来看，民间艺术虽然是农耕文明时代的艺术，但从其基因上来说，却带有原始艺术的血脉，不仅以创造主体的心理需要和心灵律动为动力，而且其功利目的也是十分明显的。任何一件民间艺术品的背后所蕴藏着的意涵，即我们今天所说的象征意义，都与该民族的生存、发展和思维方式休戚相关，在民族和群体中是约定俗成、口授心传的。就每一件民间艺术品而言，作者固然注入了自己的思想、想象、才能和意蕴，但总体来看，个性又融入或消弭在群体性之中，因为在那样的社会情景下，任何个人的思想和意蕴，仍然无非是群体思想和意蕴的一个细胞或延伸。这就是为什么说，民间艺术的基本特点是群体性和类型化，而非个性化的缘故。

一般说来，民间艺术是老百姓的艺术。为老百姓所创作和拥有，为老百姓所喜闻乐见。笔者在一篇文章里说过，彩陶是女性的艺术。其实，追根溯源，一切民间艺术都是女性的艺术，剪纸、织锦、体饰、服饰……大多出自女性之手，无不埋藏着或表达着女性的心理积淀和人生诉求，装点着她们的惨淡而快乐的生命之舟。男性参与民间艺术的创造，是较晚的事。

在有些社会分层现象比较剧烈的民族中，文化也出现了分层现象，那里的民间艺术，就只为下层平民百姓所创作和所拥有，上层社会有自己的艺术。尽管上层社会的艺术，或曰高雅艺术，也只有从民间艺术中吸取血肉和灵魂，才能得以发展和提高，这是艺术发展的一般规律。

在世界范围内的经济全球化，在国内加速的城市化和现代化，这两大趋势和进程，使赖农耕文明以生存的传统民间艺术，面临着前所未有的加快消失的命运。值此21世纪之初，抢救民族民间文化遗产——民族之根，业已为社会各阶层、各行业的有识之士所认同。在此全球化大趋势下，贵州民族出版社编辑出版了一套《民族民间艺术瑰宝》丛书，第一辑已出版了三种，以亦文亦图的方式和精美的装帧印刷，将最精彩、最有价值的民族民间艺术品种，有选择地保存下来，贡献给当代读者和研究者，填补了民族文化的空白。我希望这套丛书继续编辑出版下去，无疑将是对中华民族文化事业的一大贡献。

2003 年 4 月 5 日

姓氏源流与文化传统

——《偃师姓氏源流》序①

建国50年来,因政治原因而沉寂了多年的姓氏谱牒研究,近年来在国内学界掀起了一个小小的热潮。这种学术态势的形成,固然是出于人类和群体希望认识自己何处所来、又何处而去的关切,但更深远的意义是,不仅说明了国家政治逐渐走向昌明和民主,而且也说明延续了三千多年(有文字记载)的华夏传统文化和文化传统不会轻易地被切断和被废弃。但姓氏的研究毕竟又是一个十分艰难的课题。王西明、高献中、康先舟先生的这个选择——偃师姓氏源流,对文化史研究来说,无疑是一个很有理论意义和现实意义的课题。

在华夏文化中,姓氏的起源与发展变异,是与古代社会的礼俗制度和分封制度相关联的一种文化现象。故而研究姓氏的起源与流变,离不开对礼俗制度和政治制度的考察;反过来,对一个地区、特别是像偃师这样的一个古帝都之地的诸姓氏的源流的梳理与研究,对于认识包括礼俗制度、政治制度、社会变迁在内的地域文化及其传统,自是一个很重要的、却又往往不被关注的切入点。

在古姓氏的起源和变异上,先秦"姓氏有别"、秦汉以来"姓氏合一",大致已成学界共识。前辈学者杨希枚先生指出:先秦文献上的"姓",其含义之一,系指"族属人民",《左传》里所谓"赐姓、胙土、

---

① 王西明、高献中、康先舟主编:《偃师姓氏源流》,香港:中国文化出版社,2004年。

命氏",即"天子邦君分赐族属人民及土地而封建其国"。"赐姓、胙土、命氏"为先秦封建制度的三个要素,而与汉以来的赐姓氏制度有别。他又指出:"氏"则"大抵指分封制度下形成的政治性社会集团,或可称'氏族'。氏族系由不同姓的亲属集团,即'姓'或'姓族'及各姓族的若干小型氏族或宗氏分族所组成,族属分子间无必然的血缘世系关系"。而"姓氏合一"或族名混言趋势的出现和形成,则"与战争及族类的兼并和迁徙有密切关系"。(《〈左传〉"因生以赐姓"解与"无骇卒"故事的分析》)这一研究结论,向我们描绘了在古都变迁与姓氏源流之间存在着一条相互连接的链条——"战争及族类的兼并和迁徙",于是,古都变迁与姓氏源流这二者就不是没有关联的两件事情了。

  姓氏源流不仅与古都变迁不无关系,而且如前所说,姓氏的起源与变异还是一种与古代社会的礼俗制度有着相互关联的文化现象。故而在研究姓氏起源和变易时,其与古代社会的礼俗制度的关系,也就属于题中应有之义。从人类学的观点来看,中国古代的姓族,都应是一个同出一祖的血族集团。而在这同一个血族集团中是禁止通婚的,即人类学和民族学上所称的族外婚制。郑樵《氏族略序》云:"古之诸侯,诅辞多曰坠命亡氏,蹹其国家,以明亡氏则与夺爵失国同。……氏不可呼为姓,姓所以别婚姻……氏同姓不同者,婚姻可通;姓同氏不同者,婚姻不可通。"这段话,除了说明古代姓族属血族集团、氏族属于政治组织、故而"氏不可呼为姓"这一区别外,还特别指明了"氏同姓不同者,婚姻可通;姓同氏不同者,婚姻不可通"这一隐藏在"姓族"背后的礼俗制度。人类学兴起后,出现了先母系后父系的社会发展模型理论。在我国,也早就有"但知其母不知其父"的记载和论说。夏后以前,因生赐姓、子从母姓,而夏后既兴,则逐渐实行子从父姓,而不再从母姓。这种"氏同姓不同者,婚姻可通;姓同氏不同者,婚姻不可通"的礼俗制度,最初可能以母方世系为推算标准(周代还盛行着"厚于母族而薄于父族"的风俗),而最终演化为以父方世系为推算的标准。这种礼俗制度,流行的时间相当漫长,即使在现代社会里也还在某种范围内延续着和保持着。

在现代社会科学和人文科学的推动下，传统的姓氏谱牒研究，发生了很大的变化。例如人类学和新史学的兴起，把"图腾"(Totem)理论引进了姓氏起源和变异的研究就是一例。但在是否有"图腾姓族"和"图腾姓"的问题上，大半个世纪以来学界一直存在着分歧的意见。有学者说，"古人所谓'赐姓'原是送人以图腾"。另有学者则指出，所谓"赐姓等于送人以图腾"云云，固属误说。还有学者认为，"图腾"是一种超自然的崇拜物，是一些物类，从逻辑上说，"图腾"既不是姓族的"族名"或今人所谓"姓"，故而不能说"图腾是姓"。有人甚至说，所谓"图腾姓"不过是一种"猜想"而已。引进新兴的人文学科的理论和方法，使姓氏研究开阔了视野，多了几种"枪法"，有助于研究的深化，但在没有确凿的证据来确认某些姓族是图腾姓族之前，断言图腾族姓应该是很慎重的。

偃师历史上是夏商周以降许多朝代的都城，姓氏繁复而多变异。据作者研究，源于偃师的姓氏达13个：王、刘、姬、袁、侯、杜、程、滑、苏、谢、裴、范、唐。二支源于偃师的姓氏多达31个。偃师姓氏文化所能提供的文化信息和文化内涵异常丰富，解剖偃师姓氏的源流与变易，探索与姓氏文化相关的礼俗制度与社会政治制度的变迁，对于研究和传承中华传统文化，加强民族凝聚力，无疑都有着极其积极的意义。

作者索序于我，我不揣浅陋，写了上面这些话，以表达我对这部百万字的大著出版的祝贺，谬误之处，欢迎专家批评指正。

2004年5月30日于北京

形著于此而义表于彼

——"中华象征文化丛书"序[1]

象征是一种群体性的、约定俗成的、传习的思维方式和交流方式。在人际交流中，人们常常是把真正的意思隐蔽起来，只说出或只显示出能代表或暗寓某种意义的表象，这就是象征。三国魏哲学家王弼在《周易略例·明象》里所说的"触类可为其象，合意可为其征"，就是这个意思，他所说的"象"，就是世间万物的表象、形态。因此，象征一般是由两个互为依存的、对等的部分构成的，这两个部分，借用西方现代结构主义符号学的术语名之，一个叫"能指"（signifiant），一个叫"所指"（signifié）。瑞士语言学家费尔迪南·德·索绪尔（Ferdinand de Saussure）写道："象征的特点是：它永远不是完全任意的；它不是空洞的；它在能指和所指之间有一点自然联系的根基。象征法律的天平就不能随便用什么东西，例如一辆车，来代替。"[2]

南宋乾道间的罗愿在《尔雅翼》一书里曾给象征下过一个界说："形著于此，而义表于彼。"他写道："古者有雌彝，画雌于彝，谓之宗彝。又施之象服，夫服器必取象，此等者非特以其智而已，盖皆有所表焉。夫八卦六子之中，日月星辰可以象指者也，云雷风雨难以象指者

---

[1] 瞿明安、居阅时主编："中国象征文化丛书"，成都：四川人民出版社，2005年。此系"中国象征文化丛书"总序，发表于《成都晚报》2005年8月21日。

[2] [瑞士]费尔迪南·德·索绪尔著，高名凯译：《普通语言学教程》，北京：商务印书馆，1980年，第104页。

也。故画龙以表云，画雉以表雷，画虎以表风，画蜼以表雨。凡此皆形著于此，而义表于彼，非为是物也。"在罗愿之前是否有人系统研究和谈论过"象征"的问题，我没有研究，但我以为，罗愿的这个界说，是相当贴切的、严谨的，自然也是科学的。在器物上绘画、雕刻，是我们中国人传之既久的一种习惯和风尚，陶瓶瓷罐，建筑装饰，多有绘画和雕刻，这些绘画和雕刻，多数是具有象征意义的或象征主义的。画龙以表云，画雉以表雷，画虎以表风，画蜼以表雨，画家笔下的龙、雉、虎、蜼所表达的并非这些动物或灵物本身，而是云、雷、风、雨这些象征含义，外国人看不懂，中国人一看却能心领神会，这就是约定俗成。

象征思维，是中国传统文化的一大特点。象征的领域涉及语言、风俗、宗教信仰、婚丧嫁娶、服装衣饰、文学艺术（包括口头文学）、神话传说、数字颜色、礼俗仪式、山岳、江河、园林、建筑、桥梁、节日，以及日月星辰、云雨雷电等自然现象和伦理、感觉（梦幻）等社会心理领域，无处不在。

生活在社会上和群体中的人，不仅要思考，还要交流，而交流的手段有多种，如手势、语言等。语言是思维的产物，是最主要的一种交流工具。而语言又分两种：一种是世俗生活的语言，即自喻性的（self-explanatory），即直接可以了解的语言；另一种是神秘性的，即非自喻性的语言，也称隐喻性或象征性的（metaphorical or symbolistical）语言[①]。基于农耕文明的隐喻性或象征性的语言，在汉语表达中异常活跃，营造了丰富的象征意象。到了当代，随着商业的发达，文化的通俗化浪潮的汹涌而起，语言的隐喻性象征日渐衰微，而利用语言的谐音而造成象征含义（如用数字"888"喻"发发发［财］"之类）的趋向，则日渐抬头。

考察象征的起源，可能追溯到原始先民对控制自然和掌握自身命运的强烈愿望。原始文化中的巫文化，就包含着丰富的象征的含义。有

[①] 见杨希枚《中国古代的神秘数字论稿》，台湾《"中央研究院"民族学研究所集刊》第33卷，1972年。

了成文历史后,在农耕文化环境下象征文化得到了充分的发展。譬如有些"神秘数字"的被约定俗成的认可和传播。这些流行于一定的社会群体中的数字,其所以"神秘",是因为远离古代的我们难于破解,而在当时的人看来,这些数字可能并不神秘,其"谜底"应是人皆知之的。《史记·高祖本纪》云:"高祖为人,隆准而龙颜,美须髯,左股七十二黑子。""七十二"这个数字就是中华文化中的神秘数字,亦称象征数字,传承了几千年之久,直至今日仍未衰微。《正义》注:"《河图》云:'帝刘季口角戴胜,斗胸,龟背,龙股,长七尺七寸。'《合诚图》云:'赤帝体为朱鸟,其表龙颜,多黑子。'按:左,阳也。七十二黑子者,赤帝七十二日之数也。木火土金水各居一方,一岁三百六十日,四方分之,各得九十日,土居中央,并索四季,各十八日,俱成七十二日,故高祖七十二黑子者,应火德七十二日之征也。"除了上面引的高祖左股上的"七十二"黑子外,与"七十二"有关的人和事还很多,如泰山封禅之王七十二家,孔子七十二弟子,蚩尤七十二兄弟……有感于"七十二"这个数字的神秘莫解,20世纪40年代流亡在昆明的西南联合大学教授闻一多、季镇淮、何善周写过一篇《"七十二"》的文章试作阐释:"'七十二'是一年三百六十日的五等分数,而这个数字乃是由五行思想衍化出来的一种术语。"五行思想是后来人附会到这个数字上去的。①

过了30年后,当时还在台湾、于70年代末回大陆的文化史家杨希枚先生对闻一多他们的阐释不以为然,写了一篇文章进行商榷,他说:"七十二"这个神秘数字,与五行思想甚至阴阳观念没有关系,这类数字原是象征天地及天地感生之道的符号,是一系列参天两地神秘数字中的一个数字,除了参天两地的象征意义以外,具有至大至极之数和

---

① 闻一多等:《"七十二"》,西南联合大学师范学院《国文月刊》第22期,1943年7月。

至善至美的象征意义。①

类似"七十二"的神秘数字，在社会上流行的还有不少，如"九"，其所以流行，与人们的心理想象不无关系，至今还是象征研究的一个重要课题。

在日常生活中，举手投足间总会遇到或发现许多显然是隐藏着某种文化象征意涵的事物。再如服装衣饰，就是一个文化象征含义颇为丰富的领域，大而服制样式、左衽右衽，小而装饰图案、纹样搭配，无不蕴涵着在一定的群体内约定俗成的象征意蕴，无不受到文化传统和时代风尚的影响。从古代的官服到现代的民族服饰，莫不如是。如明代皇帝所穿的礼服冕服上的"十二章"纹样——日、月、晨、龙、山、华虫、宗彝、藻、火、粉米、黼、黻，都有其特定的象征含义。无怪乎当朝的理学家吕柟写道："古人制物，无不寓一个道理。如制冠，则有冠的道理；制衣服，则有衣服的道理；制鞋履，则有鞋履的道理。人服此而思其理，则邪僻之心无自而入。故曰：'衣有深衣，其意深衣；履有约綦，以为行戒。'"②

在城垣、民居、宫观、园林、陵园、坟墓等的建筑上，从总体格局的设计（如南京明城的城墙是个大葫芦形③），到一门一窗一砖一瓦上的花纹图案，尽管形态各异，却异口同声地体现着中国人特有的象征主义的意向。概括地说，在这些象征的造型、布局、装饰、绘画等的背后，全都诉说着中国人无所不在的希冀生生不息、吉祥如意、福寿平安的情结。

与服装衣饰、民居建筑等的直观形态的文化象征不同，诞生礼、

---

① 杨希枚：《论神秘数字七十二》，台湾大学《考古人类学集刊》卷35—36合刊，1974年；后收入作者《先秦文化史论集》中，北京：中国社会科学出版社，1995年8月。

② （明）吕柟：《泾野子内篇》卷一三《鹫峰东所语》第一八，北京：中华书局，1992年。

③ 王少华：《南京明代"大葫芦形"都城的建造》（东方文粹），游琪、刘锡诚主编《葫芦与象征》345—363页，北京：商务印书馆，2001年。

成年礼、婚丧嫁娶、生老病死等人生礼仪，祭祀天地、祖先、神灵、山岳、祈雨、减灾等仪式，则属于行为象征。在其过程中，几乎每一个环节，都隐藏着象征的意蕴。

文化象征和象征文化，是一个既古老而又现代的话题。一般人由于习以为常，熟视无睹，不以为奇，不以为怪，不以为然。而外国人在与中国人交往时，或研究中国文化时，因为他们是在研究"异文化"，所以很容易就会发现或感觉到中国文化的这个特点，进而会深究下去，并从中探讨和追寻中国文化的精神和民族性格。而我们的被称为或自称为"国学家"的学者们却很少有人注意于此，更少有人花功夫去研究我国传统文化的这一特点和思维模式。所以我们在这一领域里的研究起步很迟。而象征研究正是从表层深入到中国文化内部规律的通道之一。"中华象征文化丛书"的编辑出版，正是希望通过对中华文化中的象征思维方式的整理与阐释，为中华文化的整合和发扬中华文化精神贡献一份力量。

当"中华象征文化丛书"就要出版之际，责任编辑谢雪先生邀我为其写序，故写了上面这些意见权当序言，希望以此抛砖引玉，谬误之处，希望得到学界指正。

2004 年 7 月 28 日于北京东河沿寓所

警惕文化多样性的衰减趋势

——《湘西民间工艺美术精粹》序①

生物多样性对于人类生存和可持续发展的意义和重要性，在世界范围早已是人所共知、人所共忧的问题了。但关于文化多样性对于人类生存发展的意义和重要性的认识，却是最近十多年才逐渐开始的。而作为这一认识的标志，应该是联合国教科文组织一系列关于保护民间创作或非物质文化遗产相关文件的诞生，如 2001 年 11 月 2 日通过的《世界文化多样性宣言》、2003 年 10 月 17 日通过的《保护非物质文化遗产公约》和 2005 年 10 月 20 日通过的《保护和促进文化表现形式多样性公约》。关注文化的多样性和可持续发展，是这些国际文件的核心。中国全国人大于 2004 年 8 月批准了《保护非物质文化遗产公约》，中国成为这一国际公约的第六个缔约国，我国政府接受了联合国教科文组织这些文件中提出的理念，特别是接受了"保护文化多样性和可持续发展"这样的文化理念与发展战略，承担起在我国广大幅员内保护非物质文化遗产的历史使命，并先后制定了一些与保护遗产有关的文件，推动了全国范围内的保护计划的实施，全国各地开始陆续做出了可喜的成绩。

在我国，长期以来，一方面由于中华文化传统的博大精深和相对封闭，另一方面由于强调"中华民族文化"的"一体"观念和"文化例外"的理念，故而导致我们的许多人，对于中华文化"多样性"的问题

---

① 湘西土家族苗族自治州民族工艺美术研究所、湘西土家族苗族自治州民族文化遗产保护中心编：《湘西民间工艺美术精粹》，北京：学苑出版社，2007 年。

缺乏深入的思考和关注；对于本土文化多样性的急剧萎缩和外来文化的入侵所带来的严重后果缺乏必要的认识和足够的重视，更缺乏应有的紧迫感和忧患意识。对文化多样性急剧萎缩趋势认识的不足和忧患意识的麻木，对于保持多元一体格局下的中华民族传统文化的优良传统和可持续发展是十分不利的。

文化是指那些相对于自然物的人的创造物，包括物质的和非物质的两部分。文化是由民众集体创造、世代相传的，是在传承、延续中得到发展、进化的，而不单是那些所谓英雄豪杰和贵族圣贤（圣君），也不是那些自命为革命家的人所创造的。一个民族创造和传承的物质的和非物质的文化，是后世一切民族文化和民族精神的渊薮和"基因库"，是民族的"文脉"，是民族之根。文化虽然是精神的产物，但它随时依附和适应于民众生产生活的要求、改造自然的要求以及认识世界和协调社会的需要，故在其发展的长河中，既有吸收也有扬弃，发生变异是必然的。但历史的变迁（如各种类型的战争、重大自然灾害等），既可能给文化带来进步性的嬗变，也可能给文化带来衰减性甚至破坏性的变异。生产方式和社会制度的变迁，也会给文化（特别是非物质文化）带来重大变化。譬如，主要产生于（原始）农耕文明条件下的非物质文化遗产，一旦（原始）农耕文明的社会条件动摇了或消失了，它们也就失去了继续生存和发展的前提。当前，我国社会正处在全球化、现代化、城镇化、信息化的社会转型时期，巨大的社会变革给非物质文化遗产带来的冲击是历史性的。只要稍加注意就会发现，许多讴歌民族历史的悲壮诗篇和熔铸民族智慧的故事歌谣；许多古老的艺术表演形式和手工技艺；许多被民众创造出来又滋养了一代代民众的民间知识，等等，等等，在历史的烟尘中悄无声息地被遗忘了或部分遗忘了。这种文化衰减现象，在汉族聚居地区和一些少数民族地区，多有所见。特别是在一些少数民族地区，近50年来的社会巨变，带来的是民族文化的加速汉化和现代化的倾向，很多青少年不再愿意穿自己民族的服装，不再愿意学习自己民族的语言，不再愿意传承自己民族的民间艺术和手工技艺，从而使这些传承了几千年几百年的民族文化表现形式和技艺出现了断档或部分断档，以至后继乏人的危机。前几年，我曾到昆明郊区的一个纳西族村寨考察，到场子里来跳舞的人，全都是村寨里的老年人（男女），居然没有一个年轻人。当我带着疑问深入到一个家庭里去探访时，看见年轻人都在屋子里看电视。据告知，他们开始热衷跳外来的迪斯科。这与20世纪80年代我在民族地区考察时看到的情况已发生了巨大反差。2007年6月14日，文化部中国艺术研究院提供的数据显示，中国传统戏曲剧种20世纪50年代有368个，到80年代初减少到317个，到2005年减少到215个，其中减少最甚的是农村的小剧种。戏曲剧种的这种萎缩锐减的趋势，只不过是非物质文化遗产的冰山一角，其他的表演艺术和工艺美术领域，也莫不如此，只是目前我们的各级政府和学术研究机构还缺乏这方面的调查统计材料而已。

面对社会巨变给非物质文化遗产带来的巨大冲击，政府开始采取一些保护措施，非政府组织也参与进来，而且已初见成效。但也显现出了一些堪可忧虑的问题和倾向。在此社会巨变的历史时刻，有历史责任感的文化工作者和人文学者，应该以自己的智慧、专能和力量，为保护文化遗产（在当前，因遗忘而面临传承危机的主要是非物质文化遗产）做点有益的事情，使我们祖先传递给我们这一代人的文化遗产能够传给我们的下一代，能够使我们的多样性的中华文化不因某些现存的形态和样式的消亡而变得逊色。

湘西文化界朋友们编著的《湘西民间工艺美术精粹》，是他们在新形势和新理念下为保护湘西土家族苗族自治州的非物质文化遗产做出的新成果。

湘西土家族苗族自治州是一个令人神往的地方。她以其奇特的地理环境、悠久的历史、独特的人文和神秘的民间文化，成为960万平方公里的祖国大地的一块独具风采的宝地。汉、苗、土家等民族和谐相处，不仅各自有各自的民族特性和文化传统，而且各种文化之间既有吸收，又有交融，共同创造和培育了一个独特的文化生态区域。2006年我到湘西，不仅走访了凤凰这样名播海内外的古城镇，还在德夯参加了正在那里举行的鼓舞文化竞赛活动。由此我亲自见证了一个文化多样性的和古今文化并存的湘西。收录在本书中的湘西各民族的民居、服饰、土家织锦、银饰、苗族花带、苗族刺绣、挑花、锉花（剪纸）、纸扎、蓝印染、雕刻、陶器、竹艺、画艺等，在湘西考察走访期间，也都曾近距离观览、欣赏过。这些民间美术和手工技艺或曰工艺美术，向我们讲述了湘西的传统文化和文化传统及其文化内涵和文化特色。这部选集的编辑出版，不仅是作为国家第一批民族民间文化综合试点单位之一的湘西自治州交出的一份调查成果，而且也向所有期望了解湘西及其文化的读者提供了一个饶有兴味的视角，这无疑是一本合乎时宜和适应时代需要的好书。编著者和责编者向我索序，写出这些意见，既是向读者推荐，也权当为序言。

2007 年 8 月 10 日于北京安外寓所

蓝夹缬：从田野中来

——《蓝花布上的昆曲》序①

我对夹缬和蓝夹缬的了解，始于青年学者张琴女士的著作。2006年5月间，我的朋友、学苑出版社的资深编辑刘涟同志带着他们的作者张琴到我家里来，给我送来了刚刚出版的张琴新著《中国蓝夹缬》一书。这是一本以田野调查为基础的蓝夹缬研究专著，作者花费了五年时间，奔走在浙江南部温州市、台州市及丽水市的农村和山区，对可能找到的制作过蓝夹缬的刻版、种植过蓝靛染料、操作过印染工序的老人，一个一个走访、做口述记录。把古老的蓝夹缬在现代社会的极度濒危状态，全方位地公之于世，对提醒、呼吁、抢救和保护这种重要的传统印染技艺，起到重要的作用。我被她对蓝夹缬所做的执着而漫长的田野调查所感动，也对她对蓝夹缬的历史沿革和发展现状所做的思考和探究由衷钦佩。于是，我鼓励她、并向主办单位推荐此书去参加"中国民间文艺山花奖·学术著作奖"的评奖，所幸的是，该奖项的评委们对这本著作的评价，竟与我不谋而合，最终给予一等奖的荣誉。此后，我断断续续地听她讲述了她的田野调查的艰难曲折和种种故事，知道了她的近乎痴迷的治学道路，特别是观摩了她从各地搜求来的那些难得而又十分珍贵的蓝夹缬收藏，深信她已以扎实的调查和深度的研究，跻身于蓝夹缬研究的学术前沿了。

---

① 张琴：《蓝花布上的昆曲》，北京：生活·读书·新知三联书店，2008年。

她没有止步。在一次偶然的交谈中，得知她又在撰写一本关于蓝夹缬与昆曲的书，这是她在蓝夹缬研究道路上的一次新的开拓。如今这部新作《蓝花布上的昆曲》已经脱稿，就要付梓了，作者嘱我写序，尽管我对此并无什么研究，却不能推辞。即使是对她的新著的祝贺，也应该写上几句。

夹缬原是盛行于唐代的一种彩色丝绸印染工艺，到了元明两朝，由于棉织品逐渐取代丝织品，成为最普遍使用的纺织品，以彩色印染技艺为表征的夹缬，也随之渐渐过渡到了以单色（蓝靛）印染为表征的蓝夹缬。在蓝夹缬的刻版与印染中，图案设计者和刻工们广泛地从当时在昆山、海盐、余姚、杭州等地兴起和流传的南曲（南戏、后来的昆曲）中吸取题材和人物，以传统的装饰画的构图方法，在蓝布上印染出一幅幅戏曲故事画面，从而使蓝夹缬在单纯的印染技艺之外，又平添了版画的艺术元素，而成为当时工艺文化的一枝奇葩。

蓝夹缬的印染技艺与刻版绘画相结合的特点，不仅反证了我国古代版画在有明一代发展至"登峰造极"，从而"光芒万丈"影响深远的这一论断（见郑振铎《中国古木刻画史略》、马昌仪《全像山海经图比较》）之不谬，而且也显示了手工艺与戏曲这两种不同的艺术表现手段之间的相互渗透与相互借鉴所诞生的新的艺术样式和造型。张琴在其调查和研究中，敏锐地发现了和捕捉到了这一文化互渗现象，并多方搜集了清朝以降的以戏曲为主要题材的蓝夹缬图像实物，如本书叙及的《白兔记》《杀狗记》《蜃中楼》《西厢记》《义侠记》等，据以展开分析论述。她的视角是独到的，视域是广阔的，发人所未发，言人所未言，填补了传统戏曲研究和纺织品工艺美术研究领域里的一个空白。

滥觞于民间的南戏—昆曲，经过文人的参与之后，变得高雅清丽、超凡脱俗，逐渐成为"富贵家不可无"的"山珍海错"，而不再是"家家皆有"的"布帛菽粟"（明·徐渭《南词叙录》）。应该说，戏文蓝夹缬通过被广泛应用于婚嫁习俗而产生的特有的社会功能、民俗功能、知识传播功能和审美导向，把已经在民间社会呈现出衰落之势的南戏—昆曲，再次从上层社会牵引回流到民间社会，使其得以继续在民间社会广泛流播，使那些栩栩如生的戏曲人物和委婉动情的戏曲故事，在民间的肥沃土壤上焕发出蓬勃的生机。我看，通过张琴的笔墨，在这样的一个文化意向上，给出了令人满意的答案，至少是展现。

再者，以往学界对历史、文学、艺术、民俗等领域的研究，所关注的大半只是文字的记载，从石器上的文字符号，到甲骨文、金文、简帛，到历代著述等，总之，文献和史料研究，几乎构成了人文研究的全部。近年来，图像研究开始被注意，且渐成为人文学术的一个热点。张琴的蓝夹缬图像研究，给工艺和戏曲研究开辟了一个新的领域，提供了一种新的方法。

蓝夹缬所滥觞、生存和兴盛的时代，是自给自足的农耕文明的时代。而自给自足的农耕文明时代的平民，除农民外，当然也包括一部分手工业工人、城市的市井居民，他们所生活与活动的社会环境和人文空间是极其狭窄的、有限的，他们的利益诉求和审美追求显然也受到这种狭窄的环境和空间的制约。如今，我们所处的时代，是一个社会转型的时代，亦即一个信息全球化、经济一体化的现代化时代。这样一个全新的时代，文化的多样性受到了严峻的威胁。传统文化中的许多重要遗产，正面临着因失去传播的土壤而逐渐衰微的趋势或局面。蓝夹缬的命运正是如此。蓝夹缬兴盛的那种社会环境和人文条件，已经渐去渐远了。这是无可奈何的。正是这种情势，引起了世界各国政府和文化界有识之士的严重关切，联合国教科文组织于2003年10月通过了《保护非物质文化遗产公约》。中国全国人民代表大会常务委员会于2004年8月通过决议批准这个国际公约，并成为该公约的缔约国，承诺履行对非物质文化遗产的保护义务。从此，我国非物质文化遗产保护工作从过去的民间组织的行为，过渡到了政府行为的新阶段，开展得有声有色。张琴笔下所描绘的浙江南部地区至今还残存着的蓝夹缬传统制作技艺，以及已成为蓝夹缬之不可分割的组成部分的南戏—昆曲图像艺术，理所当然地成为浙江地方政府和中央政府主管部门保护的对象。张琴的著作中的大量珍贵的信息和理念，不仅为广大读者提供了新鲜的知识和艺术欣赏的门径，而且也为蓝夹缬遗存的保护工作提供了十分有益的参考。因此，在这个意义上，我要说，这本书是非常适时的，也乐于向广大读者推荐。

2008 年 5 月 15 日写于北京安定门寓所

始终把非遗保护置于唯物史观指导下

——《非物质文化遗产：理论与实践》序①

自从 1973 年玻利维亚政府向联合国教科文组织提出寻求解决保护民间创作的建议，得到了联合国教科文组织和各会员国的响应并持续给予高度重视以来，保护民间创作日益成为一个国际性的文化潮流和各国政府的责任。在 1989 年 10 月联合国教科文组织第二十五届大会上制定的《保护民间创作建议案草案》的基础上，2003 年 10 月 17 日联合国教科文组织第三十二届大会通过了《保护非物质文化遗产公约》。从此，作为缔约国之一，中国的民间文化保护工作，汇入了国际组织的非物质文化遗产保护的洪流中去。随着政府保护工作的稳步有序地开展和社会认同程度的提高，保护民间文化运动，业已成为中国文化复兴运动的一个重要标志。如同联合国教科文组织的文件中把"民间创作"易名为"非物质文化遗产"一样，为便于国际交流和对话，我国政府文件中也不再使用"民间文化"这个妇孺皆知、耳熟能详的本土习惯用语，而接受了国际文件中使用的"非物质文化遗产"这个新的术语及其所包含的理念。理念的变迁其影响是深远的，意义是重大的。

我国民间文化/非物质文化遗产抢救和保护运动的兴起，把我这个"躲进小楼成一统"的文化人也卷了进来。尽管我是个退休多年的老者，在保护民间文化的思潮的推动和激发下，自 2002 年起，我也暂时中断了文学批评与散文随笔的写作和专门课题的研究，重新拣拾起多年

---

① 刘锡诚：《非物质文化遗产：理论与实践》，北京：学苑出版社，2009 年。

前所从事过的民间文化（主要是民间文学）的行当，参与到非物质文化遗产保护的队伍中来，把大部分精力投入到了非物质文化遗产的保护、考察、咨询和理论探索上。有时是参与讨论制定某个文件、评审申报项目及名录、评审认定传承人、论证某个项目，有时是应邀向一些省市的非物质文化遗产保护中心举办的培训班或中国艺术研究院、中央文化管理干部学院等专业机构的学员班授课，有时是为地方的非物质文化遗产项目的申报与保护提供咨询帮助、考察督导。更多的，则是根据自己的知识积累、亲身感受和专业经验，从事非物质文化遗产的理论研究、撰写文章，借以宣传非物质文化遗产的在民族和文化上的价值以及开展保护工作的意义，希望能为提高公众的"文化自觉"、改进"非遗"理论的滞后局面尽自己的一份微薄的力量。

在我国，非物质文化遗产保护工作者的队伍，是由两部分人员组成的：一部分（主力军）是各级文化官员和干部；一部分是民间社团、高校、社科、文艺、中医药等研究机构里的民俗文艺和学术研究者。这两部分人员各有长短，理应取长补短，逐渐整合起来。我很希望我们这些处身于体制外的民间文艺理论家们，带头冲破多年来形成的把文化等同于政治的意识形态的坚冰。这个坚冰不破，非物质文化遗产的保护工作，就难于在真正科学的意义和真正文化的意义上扎扎实实地向前推进，做好这项关乎中华传统文化千秋万代地传承下去并发扬光大的民族伟业。（当然，现代社会条件下，路障不仅是意识形态上的这一端，工业化和商业化思潮和行为的无孔不入，也许对非物质文化遗产是更大的威胁。）于是，从2003年起，我就在一些能够参加的会议上斗胆提出、后来还在公开发表的文章（如《非物质文化遗产与民族文化精神》《非物质文化遗产的文化性质问题》等）中一再重复这样一个观点：我国的文化研究和"非遗"保护是在理论准备严重不足的情况下上马的，质疑长期以来把文化等同于政治的倾向，建议把我们的"非遗"保护工作置于马克思主义唯物史观的文化论的指导之下。新华网2006年1月24日就拙文《文化发展和研究需要成熟的理论体系》发表社评说："中共中央党校主办的《学习时报》第321期刊登文章《文化发展和研究需要成熟的理论体系》。文章指出，在全民族民间文化的保护方面，理论准备严重不足，长期以来存在着把文化等同于政治、非好即坏的二元对立理念，如何正确认识文化的发展和嬗变规律十分必要，最基本的一条是在继承中发展，文化研究要迎头赶上，要在开展实地调查的基础上发展和深化文化研究，建立有中国特色的文化理论体系。"《学习时报》的编辑以及新华网的社评，给我的理论探索的肯定和支持，激发了我这个过着闲云野鹤生活的"边缘人"继续参与现实、进行理论探索的勇气。

几年下来，我陆续写作了几十篇有关非物质文化遗产的文章和讲演稿。这些文章或讲演稿，都在各类报刊上发表过，有些还被文化界和学术界关注过。这些文章的特点，是应"非遗"保护工作的需要而撰，在一定程度上摆脱了"坐而论道"的学院式的风格，具有较强的针对性和现实性。这部《非物质文化遗产：理论与实践》里的文稿，就是从我的这类文章中遴选出来的。这本书的出版，也许会对各地正在如火如荼地开展的非物质文化遗产保护、普查、建档、数据库建设、传承人认定、干部培训，以及似乎还未被提上议事日程的非物质文化遗产的学科建设，多少有些参考作用。

学苑出版社的领导和编辑，是我多年的老朋友，我们曾经合作编辑出版了"中华民俗文丛"和"三足乌文丛"两套丛书。建社以来，该社一向为非物质文化遗产保护工作和学科建设推波助澜，为我国民俗学事业的发展，做出了巨大贡献，为世所瞩目。感谢学苑出版社的领导和刘涟同志，把我这个选题列入了出版计划，并为之付出了大量的辛劳。

于2009年2月4日立春之日

保护古傩的功臣

——《甘肃古傩》序

己丑春节前夕，接到王光普先生从兰州的来信，要我为他所编著的《甘肃古傩》一书写序，并随信寄来了几份有关他与民间艺术结缘的剪报和手写的资料。展读来信，他那副病态而消瘦却依然透着刚毅和顽强的面庞，立刻浮现在了我的脑际。

记得我们的最近一次见面，是 2005 年 7 月 20 日在兰州西北民族大学的学术报告厅里举行"实施西北民族民间非物质文化遗产保护学术研讨会"的会场上。那天南来北往莅临盛会的人很多，除了会议的主办单位文化部、非物质文化遗产国家中心、西北民大的领导和专家外，还有北京、武汉、沈阳、兰州的一些老朋友、老专家，西北五省区文化界的人士，既有文化厅的干部、大学的教授和学生，也有被戏称为"草根学者"的民间文化的专家和爱好者，以及从西北民大民俗学与社会人类学学院院长郝苏民教授门下、如今分散在全国各地大学里的门生。他们都是为了研讨如何在西北五省实施非物质文化遗产保护工作和交流经验而来的。那天大会安排有我的发言，故而坐在主席台上，我的发言结束，当我走下台来时，四十年如一日痴迷地收集、研究和保存甘肃民间艺术的大功臣、被报界称为"甘肃民间艺术的代言人"的王光普走了过来，与我握手寒暄，告诉我他自 1994 年患了癌症以来的十年间，并没有因病魔的打击而放弃对民间艺术的收集和研究。回想 1988 年 8 月，杨先让教授在中央美术学院创办民间美术系，开办建系民间艺术展，我去祝贺并观摩，在那里看到他们从甘肃庆阳搜集来的民间艺术品，他向我提到有个热爱民间艺术收集工作的王光普，至于庆阳的那些展品是否有王光普所提供的，因年代久远，我已记不得了。关于他们的庆阳之行，杨先让在《黄河十四走》之"第十走"里有记载和描述，但现在看来属于语焉不详。我这次来兰州前，刚读过马啸在2003年第12期《飞天》文学月刊上发表的纪实文学《王光普：留存乡土》，写的就是这位在病中以顽强的毅力编著出版了《民间砖雕与石刻》《陇东民俗剪纸》《庆阳皮影集锦》等十多种著作，设计和雕刻了以《三国演义》和《红楼梦》故事为题材的皮影100幅，以《封神演义》《西游记》《水浒传》《包公案》《中国神话传说》为题材的皮影300幅的王光普。他不仅是收集、收藏、研究民间艺术，还先后向中国美术馆捐献了剪纸500多幅、傩面15件、戏剧皮影100多件；向南京博物院捐献了民间艺术品4000件（套）；向西安美术学院民间美术研究室捐献了400多件面具、1000多幅剪纸、几十件砖雕和石雕。文章也写到他向中央美术学院民间美术系捐献了一批民间艺术品。作者笔下的这位甘肃省庆阳的民间艺术收集与研究的带头人，其实不过是一个普通的中学老师，他以微薄的工资收入到处走访收求和收购民间艺术品，宛然拒绝了那些出高价收购他的藏品的人士，却慷慨地把自己的收藏捐献给了国家的美术馆和研究机构。他身患绝症，每天要吃四五顿饭，拖着病弱的身子，仍然不弃不离，不改初衷，他的这种对民间艺术的热爱，到了痴迷的程度，这种中国文人的执着精神，令我难忘，令我感动不已。——如今，他就站在了我的面前。

  他现在要编著的是一部有关甘肃古傩的大书。傩是流传于中国广袤的大地上的一种相当普遍的文化形态，古人以"逐疫驱鬼"描述其功能，反映了人们希望抑制异己力量的侵袭与危害，祈求平安的心理。傩滥觞于原始社会的祭仪，到商周时代，已发展为完善的体系，融傩仪、傩舞、傩面等于一体，并有了国傩、乡傩、军傩之分，在不同的人群中分流传袭，一直传承至今。以小生产为特点的耕稼文明和以宗法制度为特点的封建社会，养育了民间的乡傩，并促使其向着仪式戏剧的方向过渡，也杂糅到了风靡各地的节日"社火"之中。自20世纪80年代末以来，从沿海到西藏，从衡山到雁门，全国大部分省区的文化界人士陆续搜集和出版了一大批以当地迄今尚存的古傩为主题的调查报告和研究著作（仅台湾施合郑民俗文化基金会就出版了80册），使我们对傩文化的形态和内容有了更多的了解，也使我们对我们中国的艺术传统的来龙去脉多了几分知识，不会再头脑简单地跟着外国文化学者屁股后头鹦鹉学舌，把西方学者的理论当作圭臬了。但甘肃的古傩，或者更扩大些说，宁夏、陕西、甘肃、青海、新疆西北五省区的古傩，却一向无闻于全国，如今经王先生几十年的艰苦搜寻和悉心编纂而终于使甘肃的古傩见了天日，和全国、全世界的读者见面了。我怎么能不为他高兴呢？

甘肃是华夏古文明的摇篮，是伏羲女娲神话的诞生地，是彩陶文化的家园，也是古傩的发祥地之一。包括傩仪、傩舞、傩面这三大元素在内的傩文化，发展到21世纪，通古而达今，成为源远流长、生生不息、未曾中断的中华传统文化的一个代表性符号。而甘肃的古傩，既包括陇东的汉族，又包括陇南的白马人，既包括洮南、河州的乡傩，又包括兰州的军傩，以其多元的形态流传到当今之世，可谓弥足珍贵。傩仪、傩舞、傩面是三位一体的，是不可拆解的，如若按照现代观念把三者拆解开来，各自就事论事，固然可以把它们做"艺术化"的理解，但肢解的结果，傩作为一种独特的文化表现形式的精神内涵的完整性也就可能随之荡然无存了。我寄希望于王光普先生这部《甘肃古傩》，希望它不受人为割裂方案的影响，而把世所罕见的甘肃古傩的完整形态、多元形态体现出来。

是为序。

2009年2月9日于北京

北京话歇后语与手工技艺

——《俏皮话里的手工艺》序①

与李苍彦先生认识，是在20世纪80年代的后期，具体在什么时间和什么场合下，已经记不清楚了。那时，他是我所供职的中国民间文艺家协会所属刊物《民间文学》、《民俗》（画刊）和中国民间文艺出版社的作者，不仅给我们的刊物撰稿，而且在出版社也出过书。他主要的研究方向是民艺，我主要的研究方向是民间文学，间或也研究点民俗学，由于传统的民间美术和传统的手工技艺的研究，不能脱离开民众的民俗生活和思维方式，故我们所从事的专业有共通的或交叉的地方。但民间文学和民俗与民间美术和民间手工毕竟是两个不同的领域，而我的专业又不是工艺美术，所以我们之间并无私人交往。20世纪90年代我有六年的时间徜徉在中国原始艺术的世界中，原始时代和农耕时代的工艺美术，自然也就进入我的视野，对一些有影响的考古学、原始美术学和传统工艺学著作，也多所涉猎。苍彦的文章和著述也在其中，凡是能找到的，我都找来翻阅参考，譬如他和铉绪秦共同主编的《中国工艺美术商品学》一书，就是我的案头书之一。

近些年来，国家文化部先后启动了民族民间文化保护工程和非物质文化遗产保护工程，中国官方的文化理念开始发生变化，逐渐走出狭隘的以表演艺术为主的"瓶颈"，承认传统手工艺的"技艺"部分也属于非物质文化遗产。我们这些领域里被称为专家的学人，受到了政府部

---

① 李苍彦：《俏皮话里的手工艺》，北京：中国文史出版社，2009年。

门空前的重视，常常应北京市非物质文化遗产保护中心和各有关区县文化部门的邀请，去参加一些项目申报和项目传承人认定的评审会以及一些民俗活动，因而我和苍彦见面交流和切磋研讨的机会逐渐多起来。如果说，以前还只限于文字之交，如今倒是多了一份相知和友情。论年龄，他比我小几岁，但我们之间，却称得上是旧友新知了。

两个多月前，与苍彦一道赴北京市西城区文化大楼参加一个非物质文化遗产的项目评审会，散会后又一道乘公交车回家。在车上，我们谈论的话题很广泛。我对他谈到，在非物质文化遗产领域，或稍微狭窄一点，民俗学界，专家学者很少，大体有两类人或曰两种类型的人：一曰社会型的学者；一曰学院派的学者。所谓社会型的学者，就是在社会上从事文化或其他工作的学人，他们有丰富的民俗知识，有国情观念，但知识缺乏系统性；所谓学院派，指的是现在在学校里教书或从事研究的人，特别是一些民俗学的博士硕士们，他们的知识有系统性，喜欢搬用外国的新理论（特别是外国理论的框架），但他们的搬用还缺乏本土化，缺乏实际生活中的民俗知识，缺乏国情观念。两部分人各有所长，又各有所短，要取长补短，不要文人相轻。我说你既做过手艺人，掌握了某一方面的技艺，有精巧的手工制作能力，又做过学术研究，眼光开阔而不局限于一种手工技艺。你对事物的观察比学院派学者要精细深刻，每每能捕捉到被学院派学者忽略的东西，结论也不局限于大理论而偏于精微，当然你的知识也许不如学院派系统和全面，理应属于社会型的学者。我出此论，并非无的放矢。因为我从现实中看到，民俗学、民艺学领域里的专家学者，其数量原本就非常之少，更缺乏大家，而且还受到门派限制，谁也不服气谁，知识结构贫乏，致使学科建设裹步不前，缺乏与其他相邻学科对话的能力，摆在我们面前的，应该是在互相尊重、互相学习、取长补短的前提下，加强团结和整合，共同推进学术事业。而非物质文化遗产保护运动给我们带来了机遇，我们应该不失时机地抓住它，提升我们的学科。他赞成我的这个观点，不仅是对我提出的两类学人要互相取长补短、不要互相轻薄表示赞同，而且对我把他划到社会型学者中而不把他看成是学院派学者，并没有表示不满或异议。

他只是笑笑对我说，以你这样的年纪和学术，有资格说这样的话。我们相谈甚欢。就是在这次谈话中，我得知他正在写一本题为《俏皮话里的手工艺》的书，他要我为他写序。我当时爽快地就答应了。

现在看了出版社发来的全书书稿的电子版，我才知道，苍彦写的是一本从歇后语研究和解析手工艺的著作，并且悟到了苍彦此著的新意之所在。歇后语是民间口头文学的一个独立类别，即古人所谓"隐语""缩脚语"者。古人说歇后语的特点是："语末之词，隐而不言，谓之歇后。"唯其歇后语能增强语言的幽默感和生动活泼的风格，能显示说话者在交流中的思想和智慧，并作为汉语口语表达的一种形象化手段，广为普通老百姓、特别是为那些作为语言大师的作家们所青睐。汉语普通话中的歇后语多得不可胜数，使北京话极富状述事物和表达思想的活力。"五四"以来，辑录歇后语、研究歇后语的人很多，全国性和地方性的歇后语专集也屡见不鲜。但像苍彦辑录的这本北京话中的歇后语，而且把从歇后语解析北京的手工艺技艺及其故事、传说、典故、遗闻逸事作为要义者，实在是前无古人。辑录的是流传在老北京人口头上的歇后语，从歇后语的字里行间梳理、破译、解析，进而阐释手工艺，仅就这两点而言，此作就功莫大焉。作者是老北京人，平时他就留意老北京的语言、民俗、民艺、物件。他有一种学术上的钻劲，喜欢打破砂锅问到底，几乎对每一句歇后语所涉及的物件、事件、人物和故事，他都要去亲自观察和查阅有关资料，力求探求歇后语所包含的或背后遮蔽的意义和意蕴，也因此，他的这部著作能给读者以新的知识和阅读的快感。因此，我祝贺它的出版，也很乐于向读者推荐。

2009 年 2 月 11 日

保护和传承中华民族的文化基因

——"中国非物质文化遗产图文典藏"丛书总序①

进入 21 世纪以来,保护人类非物质文化遗产,保持文化的多样性和可持续发展,与保护环境、保护生物多样性一样,逐渐成为国际社会,同时也成为中国社会普遍关注的热点。

文化是由物质文化和非物质文化两部分构成的。由历史上的文物古迹和现代物质文化创新而构成的物质文化,是读者大众所熟悉的。而非物质文化遗产是指哪些文化形态呢? 2005 年 12 月 22 日国务院下达的《关于加强文化遗产保护工作的通知》做了如下阐明:"非物质文化遗产是指各种以非物质形态存在的与群众生活密切相关、世代相承的传统文化表现形式,包括口头传统、传统表演艺术、民俗活动和礼仪与节庆、有关自然界和宇宙的民间传统知识和实践、传统手工艺技能等,以及与上述传统文化表现形式相关的文化空间。"联合国教科文组织于 2003 年 10 月 17 日举行的第 32 届会议通过的《保护非物质文化遗产公约》中胪列了五项内容:"1. 口头传统和表现形式,包括作为非物质文化遗产媒介的语言;2. 表演艺术;3. 社会实践、礼仪、节庆活动;4. 有关自然界和宇宙的知识和实践;5. 传统手工艺。"归纳起来,简单地说,非物质文化遗产是指那些以民众口传心授的方式而代代相传、绵延不绝

---

① "中国非物质文化遗产图文典藏"丛书,十种,陈雪春策划,苏州:古吴轩出版社,2009—2010 年。包括:《中国传奇》《中国歌乐》《中国民舞》《中国戏剧》《中国说唱》《中国功夫》《中国女红》《中国百工》《中国医道》《中国风俗》。

的文化。在民众（一定群体）中流传、口传心授、代代相传、绵延不绝是非物质文化遗产的特点。非物质文化遗产是与以文字为载体的"精英文化"（或曰"主流文化"，或旧称"上层文化"，或西方文化人类学称的"大传统"）相对举的广大下层老百姓所传承和流传的文化。

"非物质文化遗产"（the Intangible Cultural Heritage），无论对国际还是对我国来说，都是一个新的术语。最早出现在上面提到的联合国教科文组织的《保护非物质文化遗产公约》这一国际文件中，引进我国的历史只有区区几年的时间。2004年8月28日全国人民代表大会常务委员会批准联合国教科文组织的《保护非物质文化遗产公约》之前，我国学界和官方一直沿用"民间文化"（或"民族民间文化"）这一本土的术语。其实，"非物质文化遗产"也好，"民间文化"也好，在范围和内涵上大体是一样的，我国所以要改用"非物质文化遗产"来代替"民间文化"，只是为了与国际对话的需要和方便，即通常所说的"与国际接轨"。顺便要说的是，译名的确定是一件非常严肃、非常重要的事情，因为一个译名一旦确定之后可能影响到实际工作的开展。有学者对"遗产"二字的翻译存有异议，他们指出，英文里的Heritage，可以译为"遗产"，也可以译为"传承"和"传递"，而译为"传承"也许可能更接近原义，因为非物质文化或民间文化是活态的、流动的、变化的，而不是僵死的。

非物质文化遗产，是民族文化传统的"基因库"，是民族认同、维系、凝聚、绵延的基本因素。不论出于何种原因，暴力的或和平的，一个民族的非物质文化遗产断流了、湮没了、消失了，那就意味着这个民族的文化，甚至这个民族本身，或被同化了，或被灭亡了，或被打散了，最终变成了人类的记忆。这样的事情，在中外历史上不乏先例。以我国而论，我们至今还不大清楚大凌河流域的红山文化先民所传承的非物质文化遗产、长江流域良渚文化先民所传承的非物质文化遗产、岷江流域三星堆先民所传承的非物质文化遗产，以及比这些文化晚得多的一些消逝了的民族、族群或邦国的非物质文化遗产是什么样子。诸如，显赫一时的齐国文化、越国文化的文物遗存多有发现，而他们的非物质文化遗产是什么样子，却湮没无闻了。又如，被明王朝军队剿灭、驱赶而隐匿和融入于边远地区和族群中的僰人，除了在川南的珙县留下的数量有限的岩壁画和悬棺葬外，这个民族（或族群）的非物质文化遗产，连同这个民族或族群本身一起，消失得无影无踪了……

我们当今所处的时代，是一个经济全球化、信息化的时代。在我国，现代化、信息化、城镇化、市场化的急速步伐，无时无刻不在影响着和改变着人们的生活方式和思维方式，摧毁着代代相传的非物质文化遗产，即使那些地处边远的、封闭的地区和民族，也不例外。非物质文化遗产的传承和延续，处在急剧衰微的趋势之中。世界各国处于弱势地位的民族的代表人物，率先呼吁保护自己民族的非物质文化遗产。自1973年玻利维亚政府向联合国教科文组织提出建议制定保护民间创作法案以来，许多国家的政府和学者日益认识到对本民族的非物质文化遗产进行有效保护的重要性和迫切性。经过30多年来的酝酿、宣传、研讨、磋商，世界各国政界和学界对世界"文化多样性"、可持续发展理念和民族文化自觉的认识大为提高，特别是世界进入文化引领的时代，美国学者提出的文化是国家"软实力"的概念被广泛接受，非物质文化遗产的抢救和保护，已经成为21世纪一个世界性的文化潮流。而非物质文化遗产的保护，在我国，不仅是国家"软实力"的重要构成因素，也是中华文化复兴、东方文化复兴不可或缺的方面。

在我国，自"五四"以降，民间文化的保护和调查记录工作，一向是由学术界、文化界的一些人士在做，但由于时局、思潮、人事等方面的原因，时断时续，时起时伏，其调查所得的资料，除了"中央研究院"的资料保存在台湾、解放区的一些资料保存在中央音乐学院外，其他大量调查资料尽皆流散无存了。中华人民共和国成立以来的50年间，由于体制、分工等原因，民间文化的调查与保护，主要是由社会团体、研究机构和高等院校相关系科做的，虽然做了大量艰苦的调查采录工作，但由于各自为战，政治运动频仍，前后缺乏一以贯之的学科理念以及科学管理等原因，所得资料流散严重。真正由政府出面保护民间文化，主要有两次：第一次，是1955—1956年为了民族识别由国家民委组织专家进行的民族调查；第二次，是文化部、国家民委和中国文联有关协会进行的"十大文艺集成志书"的调查编纂工作。这些工作为21世纪在"政府主导"下开展的非物质文化遗产保护工作奠定了坚实的基础。2003年中国民间文艺家协会在中共中央宣传部和全国哲学社会科学规划办公室的支持下，启动了国家社会科学基金特别委托项目"中国民间文化遗产抢救工程"。2004年文化部、财政部颁发《关于实施中国民族民间文化保护工程的通知》（2004年4月8日）以及配套文件《中国民族民间文化保护工程实施方案》，启动了"中国民族民间文化保护工程"；同年全国人大常委会批准《保护非物质文化遗产公约》，我国成为缔约国之后，国务院办公厅发布《关于加强我国非物质文化遗产保护工作的意见》（2005年3月26日），从此改称"中国非物质文化遗产保护工作"。

非物质文化遗产是民众口传心授、世代相传的文化，对其进行保护，可能采取多种方式，但不论采取何种方式，其最终目的，是使其在创造和享受这种文化的老百姓中间得到继续传承和发展延续，至于有些因时代变迁、生存条件改变等原因而不能继续传承和发展的项目，则应收集记录起来编辑成书籍，制成光碟、录像片、录音带等，或以收藏与陈列于博物馆的方式，使其以"第二生命"继续传播。对于至今仍葆有传承生命活力，或虽然呈现程度不一的衰微趋势而仍能通过保护措施被激活的项目，建立国家级非物质文化遗产名录，将其保护工作纳入国家体制、在国家干预和管理下进行有效保护，无疑是一项重要措施。

在短短的几年间，我国已陆续公布了两批国家级非物质文化遗产名录，初步建立起了国家级、省市级、区县级三级（有的地方是四级）非物质文化遗产名录；认定了国家级和地方的非物质文化遗产项目代表性传承人名单，取得了令人瞩目的成绩。国务院国发〔2006〕18号《通知》公布的第一批"国家级非物质文化遗产名录"计有518项；国发〔2008〕19号《通知》公布的第二批"国家级非物质文化遗产名录"计有510项，第一批"国家级非物质文化遗产扩展项目名录"计有147项。两批三个名录加起来，共计1175项。《国家级非物质文化遗产名录》将我国非物质文化遗产划分为十个大类：（一）民间文学类，共计89项；（二）传统音乐类，共计156项；（三）传统舞蹈（民间舞蹈）类，共计119项；（四）传统戏剧类，共计171项；（五）曲艺类，共计111项；（六）传统体育、游艺与杂技（杂技与竞技）类，共计59项；（七）民间美术类，共计112项；（八）传统手工技艺（传统技艺）类，共计210项；（九）传统医药类，共计22项；（十）民俗类，共计146项。"非遗"名录的申报和评审工作，还会继续做下去，以期建立起一套完备的非物质文化遗产名录体系，作为"非遗"保护工作的基础。传承人的认定和保护，是"非遗"保护的核心，也得到了相应的重视。2007年、2008年分两批公布的"国家级非物质文化遗产项目代表性传承人"，共计有777名入选名录。这项工作也会继续下去。

温家宝总理用"文象"和"文脉"来指称我们非物质文化遗产的物质性和非物质性。我们正在进行的非物质文化遗产保护工作，正是在保护和传承我们中华民族的"文脉"——我们民族的根脉，保护和传承我们中华民族的民族精神，保护我们中华民族的"文化基因"。这件事的重要意义，已在上起各级领导和官员、下至普通百姓中有了初步的认识，而这种初步的认识，是提高官员和百姓全民"文化自觉"的起点。谁都晓得，一个没有或缺乏"文化自觉"的民族是多么的可悲！

通过各种方式对以往"不登大雅之堂"的非物质文化遗产进行宣传、阐释、解读、弘扬，是落在各级政府、社会团体、文化界、出版界、媒体人、学术界肩上的时代重任。以编纂出版适合于各种不同文化背景的读者的"非遗"书籍，不惟是对其进行保护的有效方式之一，而且也是对中华文化进行积累的有效工作。古吴轩出版社副总编辑陈雪春同志策划的"中国非物质文化遗产图文典藏"丛书，其宗旨就是以第一批国家级名录和分类为依据，"选取最具代表性和表现力的项目作图文展开，全景式地反映中国非物质文化遗产古往今来之概貌"。希望这套丛书尽可能做到熔知识性、学术性、可读性、欣赏性于一炉，既满足当代读者了解"非遗"的阅读需求，又经得起时间的检验，把21世纪之初流传于中国老百姓中间的"非遗"的概貌传达给后世。——这就是我们编纂这套丛书的初衷。要向读者说明的是，本丛书的写作，是以第一批国家名录所载项目为依据的，而申报评审非物质文化遗产名录是一个递进的、积累的过程，而不是一蹴而就、一次完成的。第一批国家名录中所载项目，是在各地各单位申报的基础上评审认定的，而不是由专家在全面权衡的基础上提名而认定的，故而与相关学科的构架相较，则显然留下了若干空白（第二批名录的公布，已在一定程度上得到了一些补充和完善），这些项目的空白在本丛书中也就只好暂付阙如，或稍作提及而不作展开。

经过一年多的组稿、撰著、选图、编辑，这套由十部书稿组成的图文典藏丛书，就要付梓了，在此，笔者向各位作者朋友表示谢意，希望专家和读者热诚的指教和批评。

2009 年 3 月 1 日于北京

萨满文化的艺术世界

——《萨满艺术论》序[①]

我国学界对萨满教和萨满文化的研究，是在改革开放的初期随着思想解放的思潮兴起的。富育光先生虽然不是研究萨满教和萨满文化的第一人，我敢说他是第一批研究萨满教和萨满文化的学者中的一个卓有成绩者。因此，说他的著作在萨满神话以及原始巫文化研究领域里具有开拓的意义，我想并非过誉。在我的印象中，他的萨满教文化研究，最重要的特点，是从实地调查中获取新鲜而翔实的资料、再参照他人的间接资料，以田野调查和比较研究的方法，对所掌握的第一手材料进行"掘进式"研究，如对若干萨满文化事象所做的象征学研究。因此，读他的书，无论在资料上、还是论说上，都会被书里的新意所激发从而有意外的收获。

中国是一个多民族的国家，中华文化是一种多样性的文化。由于以原逻辑思维为特点的原始文化经历了历史化的过程，民族聚合分裂，历史的种种巨变，导致中国的原始艺术多数只留存在早已物化了的物质文化之中，而口头形态的原始艺术则颇为鲜见。在1949年10月中华人民共和国成立之日、亦即中国社会转型之日，大多数民族经历着漫长的封建社会或半封建社会，只有少数几个民族尚处在氏族社会的末期，多少还保留着若干原始形态的艺术。一般说，原始艺术是指人猿揖别之后，人的自我意识得到较为充分的发展、工具制造趋于成熟的原始社会

[①] 富育光:《萨满艺术论》，北京：学苑出版社，2010年。

中发生和发展起来的原始人的艺术。在现代世界中，在生产方式上仍然主要依靠狩猎而维持简单生活的狩猎部族、或在社会形态上处在氏族社会末期的某些族群中流传着的或保留下来的艺术，也常被学界看作是原始艺术。从这样的观点来看，我国北方若干民族（主要是游牧民族）所传承和存留下来的浸润着萨满世界观和原始信仰的萨满艺术，即以原始巫为其思维方式和内容构成的艺术，显然带有原始艺术的特点。正如富育光所指认和研究的，造型艺术是原始艺术的一类比较常见的、典型的艺术形态，萨满艺术也不例外。造型艺术之外，以族群记忆为主旨的口传神话和受到心理激发的原始舞蹈，尽管较易受到文明社会诸因素的影响而变化较快、较多，但也应该说，较多地积淀着或保留着萨满文化思维的因素。因此，以唯物史观的立场，并借助一些业已公认的、成熟的方法系统梳理我国北方民族中的萨满艺术遗产、研究萨满艺术的规律、解读萨满艺术的内涵和特点，不仅对于认识和研究人类思维和文化进化的规律及其历史、破解人类文化难题、阐释神秘文化的密码，是必不可少的，而且也是书写和建立我国自己的艺术学或文艺理论的重要课题，而富育光所做的，恰恰是我国近60年来文艺理论界做得较少的一个薄弱环节。

20世纪80年代，哈佛大学张光直教授在《连续与破裂：一个文明起源新说的草稿》①、《考古学专题六讲》②、《中国青铜时代》（二）③等系列著作中，提出了中国的古代文明是一种连续性的萨满式文明的著名理论，并且反复论述了"萨满式世界观""萨满式文化""萨满式宇宙""萨满世界"等内容，在学术界引起了巨大的反响，从者甚众。近读李零的文章《绝地天通——研究中国早期宗教的三个视角》，他不赞同用萨满主义来解释中国古代的许多文化现象。究竟"萨满"是否等同于中国古代的"巫"这个问题，研究者都会有自己的看法，这里姑且不

---

① 《九州学刊》1986年第1期。

② 北京：文物出版社，1986年。

③ 北京：生活·读书·新知三联书店，1990年。

谈；我相信，无论是赞同或是不赞同张光直理论的读者，在读过富育光《萨满艺术论》以后，对萨满、萨满文化、萨满世界、萨满世界观、萨满式宇宙等，一定会有更全面、更深切的认识。富育光《萨满艺术论》是一部有丰富内容的值得仔细阅读的书。

富著最值得称道的一个特点，是作者的亲历性。富育光是满族学者，毕生致力于萨满文化研究，写过好几部有影响的萨满教文化研究专著。他虽然不是萨满，但祖辈、亲属中有萨满，从小生活在有萨满活动的环境中。成年以后，数十年来长期在东北满、蒙古、达斡尔、赫哲、鄂伦春、鄂温克等各民族的萨满流传地，年复一年地遍访众多新老萨满，搜求并征集各萨满家族珍藏的先辈遗留下来的家乘笔记、谱牒、遗文纪要等文字资料，把萨满口传的神话和氏族史传记录下来。本书的研究对象，那些珍贵的萨满艺术品，无论是作为萨满艺术载体的神偶、神服、神鼓、面具，还是神像、神图，等等，有许多是作者亲自搜集，亲耳聆听到萨满本人对萨满艺术品上图像的神圣功能和象征意义的解释。1980年在吉林，萨满老人罗汝明亲手把他跳神转"迷溜"时，眼前出现的幻象，画成一幅宇宙魂气旋动图，送给富育光，并且告诉他，人进入昏迷状态的时候，眼前突然出现数不尽的各色小花，跳动得格外耀眼好看。作者的亲历参与使萨满艺术的传承带有活态的性质。

富著通过物质形态的萨满艺术，给读者呈现的是一个丰富多彩的非物质形态的萨满艺术世界。在我们的面前，萨满艺术世界受萨满世界观主宰，充满了神圣性、神秘性，常与宗教与祭祀相伴，具有地域性和家族传承特色。萨满艺术世界中的动物和植物，常常充当萨满的助手和工具，扮演人神沟通的角色。在作者笔下，萨满艺术常以符号、刻镂、幻图、色示、肢语、声动来表现。

《萨满艺术论》对图像学的贡献也值得称道。在某种意义上说，21世纪进入了一个读图时代，图像的意义越来越受到重视。一般研究图像，图就是一切，很难有更多的语境资料，因此，对图像的阐释容易出现随意性。而《萨满艺术论》一书，由于作者的亲历参与，给研究者提供了图像产生的背景、环境、造型、神圣功能、象征意义等难得的语境资料，对图像的发生、形态、色彩、叙事、构成、功能，萨满与图像的关系、图像与宗教信仰的关系等图像学的重要问题，提供了借鉴和启示。

富育光先生沉潜在萨满教及其文化艺术的研究之中，前后凡 30 年而不倦不悔，著作骄人，进入古稀之年，又贡献出这部研究萨满艺术的著作，不禁令我感佩。我祝贺这部新著的出版。

谨为序。

2009 年 5 月 23 日

陇文化的代表性成果

——《平凉民间文化瑰宝》序言[1]

博大精深、浩如烟海的非物质文化遗产是中华文化的根基和重要组成部分，是中华民族精神与情感的重要载体，是民族和国家凝聚力的重要所在。它是民族的瑰宝，精神的家园，蕴含着中华民族特有的精神价值、思维方式和文化意识，体现着中华民族的生命力和创造力。保护非物质文化遗产是传承民族文化、维护文化多样性和可持续发展的时代要求，对继承和发扬中华民族优秀传统文化，建设社会主义先进文化，实现经济社会和谐发展具有重大的历史意义和现实意义，在丰富人们精神生活、培育民众道德素养、寄托民族情感、鼓舞民族精神等方面，具有不可估量的巨大作用。正如全国政协副主席、原文化部部长孙家正呼吁："保护中华传统文化，弘扬民族精神，保持民族个性，守护精神家园，让我们能够找到回家的路。"作为龙的传人，对中华传统文化，应多一些尊重，多一些呵护，"天下之宝，当为天下护之也"……

平凉历史悠久，文化灿烂，是中华文明的发祥地之一，是西部黄土高原和黄河流域农耕文化的缩影。早在20万年前，平凉就有人类繁衍生息，"人文始祖"伏羲降生于静宁成纪，轩辕黄帝问道广成子于崆峒山，西王母降生于泾川"回山"，周文王伐密祭天筑"灵台"……在悠久的历史文化和独特的民风民俗的熏陶哺育下，平凉相继形成了富有

---

[1] 甘成福等编：《平凉民间文化瑰宝》（上、下册），兰州：甘肃文化出版社，2010年。

地域特色的成纪文化、崆峒文化、西王母文化、皇甫谧文化四大文化名片，尤以崆峒文化、西王母文化、皇甫谧文化为平凉所独有。这块曾经投射出畜牧养殖和农耕文明曙光的地方，在长期的农耕文明发展进程中，养育了坚忍不拔的民族性格和朴实鲜明的黄土风情，创造了各族人民世代相承的、与群众生活密切相关的各种传统文化表现形式和文化空间。从古老的神话到历代的风谣，从窑洞民居到特色饮食，从民间风俗到手工艺品，从庙会节庆活动到日常生活习俗，这些积淀深厚、特色鲜明、异彩纷呈的民族民间文化，以奇特的方式伴随着中华民族历史的脚步，成为华夏文明"百花园"里一朵绚丽的奇葩。

2005年以来，通过全面普查，初步形成了比较完善的市、县（区）两级保护体系，建立了平凉市级非物质文化遗产名录和数据库。全市共有民间文学、音乐、舞蹈、传统戏剧、曲艺、杂技与竞技、美术、传统手工技艺、传统医药、民俗10大类，共计1531项。经市政府批准公布的具有重要历史、文化和科学价值的非物质文化遗产名录包括10大类92项。这是平凉各族人民在长期的农业生产生活实践中积累、创造并与人民群众的日常生活息息相关的宝贵的精神财富。

2005—2010年，全市成功申报国家级"非遗"保护项目3个，其中有华亭曲子戏、泾川西王母信俗、庄浪"高抬"；成功申报省级保护项目21个，即平凉"春官说诗"、平凉剪纸、平凉纸织画、崆峒派武术、春官歌演唱、"崆峒笑谈"、"李天套中医骨伤治疗技艺"、灵台"灯盏头"戏、皇甫谧针灸术、"灵台木偶戏"、"灵台唢呐"、崇信陇东民歌、"山梁走唱"、"顶灯说唱"、"华亭打乐架"、安口陶瓷制作技艺、庄浪"马尾编荷包"、"南湖曲子戏"、"静宁阿阳民歌"、"打花鞭"、"静宁烧鸡制作技艺"。康和等35人被公布为国家级、省级"非遗"保护项目代表性传承人。编辑出版了《平凉市非物质文化遗产普查资料汇编》、《平凉小曲子戏》剧种志、《华亭曲子戏》剧种志、《庄浪南湖眉户》、《灵台灯盏头》、《崆峒笑谈戏本》、《崇信民歌》、《平凉民间文化瑰宝》等"非遗"史料14部，共15000余册。这些工作为全市"非遗"保护奠定了坚实的基础。

非物质文化遗产是民族文化的积淀和华夏文明演进的记录，也是向世界展示自己的名片。作为21世纪第一个十年非物质文化遗产的生存现状的记录和保护成果的全面展示，《平凉民间文化瑰宝》的出版，不仅是西北高原民族融合中形成的陇文化的一大成果，也必将对继续传承、弘扬、复兴和宣传平凉优秀传统文化产生深刻的社会影响，为全市经济社会发展提供强大的精神动力和智力支持。

让这些口传心授世代相传传承至今的民族文化瑰宝，永远伴随着平凉美丽的身影，传之子孙万代；让这些宝贵的精神财富，激励我们为中华民族的伟大复兴而不懈奋斗！

2010年10月25日于北京

刻刀下的历史

——《蔚县剪纸的创新与发展》序[①]

剪纸艺术是一种老少咸宜、雅俗共赏、世代相传、极具广泛性和普遍性的民间艺术形式。据可考的历史，滥觞于新疆吐鲁番阿斯塔那古墓出土的北朝时期的"对马""对猴"图案剪纸实物，在漫长的农耕社会条件下得到发展并臻于成熟。剪纸扎根于民间，地域特色鲜明，多出自妇女之手，女性意识强烈，故在艺术学中常以"母亲的艺术"名之。

在现代社会条件下，虽然到处都传来人亡艺绝、传承中断的消息，但以已故剪纸艺人王老赏为代表人物的河北蔚县剪纸（窗花、刻纸）却焕发出旺盛的生命力。在此三晋文化、燕赵文化、草原文化交界之地的塞上地区，目下我们看到的情况是：在创作方式上，在传承的基础上个人创新迭出，出现了从个人技艺向产业化发展的趋势；在题材上，在"镂金作胜"和"剪彩为人"（李商隐语）的传统基础上更贴近汹涌巨变的现实生活，出现了题材多样化和现代性的趋势；在功能上，出现了从适应和融入本乡本土民俗生活到逐渐疏离本乡本土民俗生活、更多地向纯审美方向流变的趋势，而这种发展趋势，在一定程度上显示了非物质遗产现代嬗变过程的规律性。

在此，笔者谨以蔚县剪纸艺人高佃亮、高佃新兄弟的剪纸为例，来探讨一下作为非物质文化遗产之一种的传统剪纸（刻纸）艺术，如何

[①] 高佃亮编：《蔚县剪纸的创新与发展》，北京：北京工艺美术出版社，2010年。本序文发表于《中国文化报》2011年3月15日。

在现代生活环境下增强自身的适存性问题。

地处塞上的蔚县，借用胡适早年在《白话文学史》里的话说，无疑是一块"天然的供给远没有南方民族的丰厚，他们须要时时对天然奋斗，不能像热带民族那样懒洋洋地睡在棕榈树下白日见鬼，白昼做梦"的地方，换言之，也就是一块重实际而轻玄想的地域。事实所显现给人们的却是另一番情景：一大批本土农民弃农从艺，以刻刀和宣纸为伴，使传统的剪纸艺术在这里形成了一个茂密的"文化丛"。据2004年的一个统计材料，如今全县剪纸专业村有20多个，从事剪纸生产的厂家多达200多家，从业人员2000多人。高佃亮就是这块土地上从传统中成长起来的一代新的知名剪纸艺人。

出生于1966年的高佃亮，是单堠村的一个农家的孩子，是个有知识的农民知识分子。就是这样一个农村知识青年，一方面在粗通或偶事剪纸的父母的熏陶下，另一方面向专事剪纸艺术的亲戚学习，从七八岁起就从爱好而步入了剪纸艺苑，学会了当地的剪纸（刻纸）和点染技术。作为民俗艺术，剪纸属于传承艺术，一般都有传承的谱系和脉络，高佃亮的剪纸技术也是如此。但从根本上说，剪纸又是一种即兴艺术，以口传心授为基本传承方式，每一个剪纸艺人的每一幅作品，虽有承袭的影子，却无不注入了作者自己的灵性和心血；这就是创新。传统就是由无数次的传承、再创作、再创新积累而成的一根长长的链条。高佃亮是在单堠村这个狭隘的文化传统中自发生长起来的一棵民俗艺术幼芽。他的剪纸生涯，脱胎于前辈的现成作品和艺术窠臼，但他的个性却使他成为一个既继承前人，踏着前人脚印，而又不泥古、不守旧的创新者和包容者。他虽然是个男子汉，但他的剪纸作品里却透着一种一般为女性才有的纤细和灵气，这就是作为一个剪纸艺人的艺术个性。

当改革开放大潮到来的1984年，他与同胞哥哥高佃新在村子里创办了"河北蔚县单堠剪纸厂"，把本属于个人即兴创作的剪纸推向了文化产业，把原本供给本土乡民们过年过节时添加喜庆气氛、抚慰心灵的剪纸窗花，推广到了国内外广阔的市场和异域的千家万户。剪纸因此从只有人文意义价值的时代，而进入了一个兼具商品资源价值的时代。为了适应时代的步伐和变迁，高佃亮个人的技艺、作品和理念，以及他在剪纸厂里所培养出来的年轻的剪纸艺人（工人）所出品的剪纸作品，不仅是其经营方式变了，连制作工艺也随之出现了深刻的变化。如剪纸（刻纸）艺人，除了少数造诣较高的艺人外，不再是自己根据自己心中的构思，而是根据他本人和其他设计人员的设计图案而下刀刻制，不同的艺人（工人）因造诣的高下、手艺的文野，而在技法上显出差异。而在某些大型的或繁难的剪纸作品的刻制过程中，个人的才能和技艺，是无可回避的。"刻纸"变成了一道工序，带上了工业化的色彩。如1997年，在北京紫竹院公园举办的"大型剪纸展览"，根据宋代大画家张择端的名画《清明上河图》制作的长54米、高1.8米的剪纸长卷，为便于在户外展览，先以宣纸刻制，再以聚氯乙烯板为材料，是为开中国剪纸的首创之功。这件作品虽然浸染着传统剪纸的技法和风格，但已不再是高佃亮个人的作品，而是集体之作。最近，高佃亮又制作了一幅长2008毫米、高1700毫米的大型剪纸《奥运颂》。把中国地图、奥运会标、56个民族及天安门构思熔铸于同一画面上，既保持了蔚县剪纸的构图绵密紧凑和色彩艳丽欢快的传统特色，又显示出作者对剪纸艺术适应现实生活飞速变迁的愿望和理想。

高佃亮的作品，在构图上，继承和发展了前辈剪纸艺人代代传袭积累而养成的"近取诸身、远取诸物"的写实传统（如民俗题材的生肖、花鸟鱼虫、吉祥图案、佛像等）以及表意和象征相结合、单纯简洁和色彩点染相结合的风格。

在与高佃亮的近20年的交往中，他先后向笔者赠送了一些20世纪50—70年代间单堠村和附近乡间一些无名剪纸艺术家们所创作的剪纸作品，如60年代无名氏创作的《小二黑结婚》《白毛女》全套各8幅，70年代"文革"中无名氏创作的《红灯记》《沙家浜》《智取威虎山》全套各8幅，使笔者有可能"阅读"那些年代里蔚县剪纸的题材与风格的样相，了解他们的思想和艺术，也有可能把这些作品同80年代以来新一代剪纸艺术家高佃亮以及他的剪纸厂出品的剪纸艺术聊作比较，从而看出作为非物质文化遗产的民间剪纸艺术是如何在与生活一体中求发展的,以及民间剪纸艺术如何从"不自觉的艺术"向着自觉的艺术进化的;也可以看到蔚县剪纸如何由以写意和象征为理念下技法的相对呆板、线条的相对单调,特别是点染着色的缺乏个性化,向着技法的相对活泼、线条的相对多样、点染着色的个性化进化的。

民间艺术永远是符合以农民为主体的公民群体的生活艺术,永远不会脱离或抛弃有着久远的传承历史的艺术传统另辟新径。但也无可否认的是,随着社会和日常生活的变化,现代化进程的推进,剪纸这类本来仅仅属于农村居民,特别是妇女自娱、自乐、自励的艺术,会在继续传承过程中逐渐突破传统的然而是狭隘的题材、未免粗糙呆板的技法、传统色彩的点染,以适应变化了的现实生活和提高了的审美视觉。已经传承了1500年有余的剪纸,是一种深藏于民间、有着深厚土壤的民间艺术,战乱没有使它消亡,"文革"没有使它消亡,现代化、多样化也不会轻易使它消亡。它像原野上的野草一样,不会轻易枯萎,不会自动退出生活舞台。但"变"是永恒的,"变"是"常数"。这一假设,只要我们把半个世纪以来单堠的剪纸作品做一个简单的比较,就可以证明的。

20世纪60年代无名氏的作品:《小二黑结婚》《白毛女》,70年代无名氏的作品:《红灯记》《沙家浜》,80年代高佃亮的作品:《童子拜观音》《钟馗引福图》《十二生肖变形图》,90年代高佃亮的作品:《清明上河图》。21世纪高佃亮作品:《奥运颂》。高佃亮的作品和蔚县其他艺人的作品一样,没有出现消亡的迹象。他在传承前辈剪纸艺术传统(如戏曲人物、脸谱、吉祥画等)的前提下,像一个追逐猎物的草原猎人那样纵身于生活之中,不断地从奔流不息的现实生活中、从群众喜闻乐见的戏曲、绘画、宗教文化中吸取和提炼新的题材,拓宽视野,勇于创新。这使他的剪纸作品多少冲破了传统的题材、传统的构图模式和传统的平涂点染的老规矩,经多位名师专家的指导,几十年的刀耕不辍,他对蔚县传统剪纸进行技艺创新,吸收全国各地不同剪纸的优点及诸多民间艺术领域里的精华,灌注在自己的剪纸艺术中,形成了独特的艺术风格,创作出了2000多个内容广泛、题材多样、形式多变的剪纸艺术作品，并形成系列化、成套化。如《福禄寿喜图》《吉祥图》《戏曲百脸图》《百龙图》《百鸟图》《十二生肖图》《中国古典小说四大名著人物图》《中国古代仕女图》《古今名人图》《风景名胜图》《儒道释人物图》《民间神话故事图》等作品，大到长54米、高1.8米的巨幅剪纸《清明上河图》，小到众多首日封，可谓是与时俱进。

时代在冲击着，甚至扫荡着一切传统。剪纸的现代遭遇也无可避免，这是不争的现实。如何保护和留住祖先传给我们的这份珍贵遗产，的确需要从政府到民间给予最大的关注。把传统的个人创作模式转换为文化产业模式，只是可供选择的一种保护非物质文化遗产的模式，并不是唯一模式。

2009年2月5日

文明存历史 化及古与今

——《会稽山历史文化》序①

　　文化是历史、地理、风土人情、生活方式及价值观念等集成者，也是社会进步、文明发展的推动力。会稽山历史文化是绍兴文化的重要组成部分，她积淀了舜禹文化、越国文化、宗教文化和山水审美文化等。这条文化脉络，呈现了绍兴博大精深的文化发展和开拓进取的人文精神，代代相传，生生不息。先辈们改造自然的毅力和"胆剑精神"早已融入了古越儿女的血脉，化成代代越人生存与发展的生命力、创造力和凝聚力。文化传承推动着文化发展，文化大发展又推动了文化传承，《会稽山历史文化》由此应运而生。

　　会稽山濒杭州湾，自然形成山、原、海的阶梯格局，地理优势得天独厚，历史文化依次而延伸。会稽山脉自东而西，分为真如山脉、化山山脉、西干山脉，依次有曹娥江、若耶溪、浦阳江向北奔流，自然造就了特定的区位优势。乡人理解会稽山，有三个层面：一是会稽山脉，主峰为太白山，嵊州称西白山，诸暨称东白山，东阳称北白山，横跨绍兴、嵊州、新昌、上虞、诸暨、东阳、义乌等县市，向北延伸成诸多孤丘，诸如卧龙山、蕺山、飞来山、柯山、骆峰山、羊石山等；二是会稽群山，以秦望山为主峰，包括刻石山、陶山、诸葛山等，连绵起伏，无穷无尽；三是会稽山（小范围），主峰香炉峰，连及宛委山、石帆山、射的山等，古籍中之"南山"，或指秦望山，或指会稽山（小范围）。乡

---

① 杨志强主编：《会稽山历史文化》，杭州：西泠印社出版社，2012年。

人所说会稽山,往往指会稽山北部,即北麓山脊线以南,亦即古代进出之长塘、富盛、平水、娄宫、型塘、夏履等埠头以南,会稽山历史文化重点,便在这里。

放怀古越内,得气水山间。会稽山历史因会稽山水而生发。《周礼·职方氏》:"东南曰扬州,其山镇曰会稽。"《周礼·大司乐》郑玄注:"四镇,山之重大者,谓扬州之会稽……"《吕氏春秋》《淮南子》等古籍亦列会稽为九山之首,会稽山历史地位,由此而定。这里是传说大禹治水之地,《国语·鲁语下》有载:"昔禹致群神于会稽之山。"这里是历史上于越部族人发祥地,《竹书纪年》有"于越来宾"记载,时在周成王二十四年。这里是越王无余、允常等建都之地和勾践率五千甲兵退保之地,嶕岘、埠中、平阳等地均是证明。这里是秦始皇嬴政登临之地、项羽隐居之地、司马迁探禹穴之地、郑宏发迹之地,秦望山、刻石山、项里山、宛委山、樵风泾均可证明。这里是北方汉族三次南迁后民族融合之地,自隋唐以后,经济十分繁荣,本书不少章节有详细阐述。这就是本书所揭示之会稽山历史。质言之,会稽山历史与中国历史、浙江历史同步而异趋,自具品格,自有特色。

文明存历史,化及古与今。文化是历史的忠实纪录,即是说,会稽山文化是在漫长的历史发展过程中创造和积累的精神财富。本书以"舜禹文化""越国文化""宗教文化""山水文化""物产文化""名士文化""聚落文化""民俗风情""文物古迹""历代艺文"为篇章,涉及面广泛而周全,引经据典,取精用宏,一一作了具体而详细的阐述。文化即人化,文化的核心含义是人。《周易·贲卦·彖辞》曰:"刚柔交错,天文也;文明以止,人文也。观乎天文,以察时变;观乎人文,以化成天下。"这就是人们常说的人文精神、人文价值。诚如是,编撰者时时处处没有离开人这一中心,并有意识地从新石器时代的舜禹文化起笔,强调了越国文化中卧薪尝胆、发愤图强的精神;锁定了各种宗教及其流派在会稽山的流布传扬;突出了山水风光中历代先贤的审美意识;揭示了质高量丰、品类繁多的物产中的人为因素;推崇和赞美了业绩荟萃、歆动中外的历代名流;罗列了繁荣昌盛、赖以生存的城址、集镇和村落；同时，汇集了厚重朴实而又绚丽多姿的民情风俗；昭示了丰富多彩、底蕴深厚的文物古迹；揭橥了资源丰富、价值无限的历代艺文。真可谓钟灵毓秀、地灵人杰。

会稽山为什么有如此丰厚的历史文化呢？简言之，这里有胜山丽水相结合的优越的自然环境，建造鉴湖和海塘以后，这一优势得到了充分的发挥；这里有中华民族的文化交融、汉族三次南迁，这一特点更加明显；这里有优厚的经济基础，早在六朝，就有"昔之关中，今之会稽"之称，宋代经济南移以后，经济得到长足的发展；这里有稳定的政治环境，虽有几次农民起义，但规模较小，相对安定，故南来隐居的北方大族特别多；这里有浓厚的文化积淀，在文化承传中，越文化与汉文化、楚文化相比，有特定的内涵和开放的品格；这里有道、儒、释文化的高度融合，儒学特别发达，道家三十六小洞天和七十二福地所占比例大，佛学产生多家流派；这里不但亲山而且亲水，"仁者乐山，智者乐水"的理念得到充分体现，乡民特别善良、聪明；这里对外交流早，旅游开发早，春秋时代即初露端倪，线路明确，景点丰富，便于物质文明、精神文明和生态文明的提升。

本书构思新颖，自具特色。一者执笔者十人，分章编写，观点一致，目的明确，谋篇布局，各有讲究，甚至每章文字，大体均衡；二者有实事求是之心，无哗众取宠之意，大都重史实，少发挥，有理有据，可信度高；三者全书脉络分明，文从字顺，可读性强，图文并茂，更见形象。

近年来，市场经济的快速发展给历史文化带来的冲击力，属于全球性问题。准确而深刻地把握、发掘、整理、综合地方历史文化，科学而毫无牵强地为地方经济发展做出贡献，实属不易之事。感谢本书编者给我先睹为快的机会，让我熟悉会稽山历史文化，爱上会稽山历史文化。我坚信，本书的出版，对于绍兴市本土历史文化知识的普及、文明建设的推动、文化遗产的弘扬，肯定能发挥应有的积极作用。

2012 年 12 月

文化的交融与发展

——"文化房陵丛书"序①

地处长江和汉水之间、通常被称为鄂西北的这片广袤地区，由于其独特的自然生态和历史发展，隐藏着许许多多未知的历史文化密码，吸引着国内外的文化研究者和探索者。这里的独特的文化形态，也是笔者非常感兴趣的。20世纪80年代在神农架一带发现并采录下来的汉族长篇创世叙事诗《黑暗传》，初步揭开了鄂西北这个独特的文化区的神秘面纱，使我们部分地窥见了这里由本地的土著文化和外来的中原文化长期碰撞、交融而形成的文化风貌。由于其相对的封闭性，虽然经过了不同时代许多重大的历史事件的冲击和洗礼，其主导的部分或特性，仍然显示着以荆楚文化和秦巴文化为主体的本土文化的特色。

跨入21世纪的十多年来，以十堰市诗经尹吉甫文化研究会和十堰市民俗学会为代表的房县文化学者们，陆续发现并采录了在当地以口头形式流传在民间的"诗经"文化、"流放地"文化、薅草锣鼓歌等多种民间文化形态，又为我们揭开了与神农架毗邻而居的鄂西北地域的另一个被称为"房陵文化圈"的地域文化的面纱。

房县，古称房陵。东临荆襄，西通川陕，南依神农架，北抵武当山，山林四塞，纵横千里，山清水秀，人杰地灵。据考古发掘，房县兔子凹为四五十万年前人类旧石器时代文化遗址。七里河新石器时代聚落遗址，碳十四测定年代为距今4600—4100年之间。古为房子国，

---

① 袁正洪主编："文化房陵丛书"，北京：中国文史出版社，2017年。

彭部落方国、罗国；西周为《诗》采风之地，春秋为庸麇之地，战国属楚为房陵，秦置房陵县，三国为新城郡，唐为房州，明洪武十年降州为县。在这块土地上，吉甫尽忠，黄香至孝，民俗文化，内涵丰富，博大精深。神农炎帝的农耕文化、汉民族创世史诗《黑暗传》、西周诗经文化、宫廷帝王流放文化、宗教文化、移民文化、忠孝文化等，构成了当地丰富多样的民俗民间文化宝藏。

《诗经》是中国第一部诗歌总集，是中华文化的元典之一，国学的重要组成部分。它不单是文学作品，而且是古周朝社会的百科全书。《诗经》中盛赞"文武吉甫，万邦为宪""吉甫作诵，穆如清风"。人们一直追问《诗经》的采风者、编纂者尹吉甫究竟在哪里？十堰市诗经尹吉甫文化研究会和十堰市民俗学会的有关专家学者，深入考察，采风民间，查阅大量的诗书史料，得出结论认为，尹吉甫是房陵人，仕于周，征战于山西平遥，食邑房，卒葬于房。《诗经》中的《烝民》《崧高》《江汉》《韩奕》《都人士》《六月》，乃尹吉甫之作。这个结论，得到了一些专家的首肯。而与《诗经》相关的民歌，至今还在房县的深山里被传唱着。房县因而被称为"尹吉甫故里""诗经之乡"。《尹吉甫传说》于 2007 年 6 月已被列入湖北省首批非物质文化遗产代表性名录。

从 20 世纪 50 年代中期《双合莲》和《钟九闹漕》在黄冈地区被发现以来，多部民间叙事长诗在鄂西北地区以及在长江三角洲吴语地区的先后被发现，改写了中国文学史上没有叙事长诗的结论。而最先在神农架被发现、在房县民间也有广泛流传的创世史诗《黑暗传》，被认为是汉族叙事诗的代表作。因此我们有理由期待房县版的《黑暗传》记录文本的问世，从而我们就可以把以《黑暗传》为代表的地方民间叙事传统的文化版图扩大到房陵文化圈。如此，也就增加了把鄂西北文化、房陵文化的长篇叙事传统与上海、江苏、浙江三省一市构成的长三角吴语地区所拥有的长篇叙事传统联系起来进行比较研究的可能性。

在长篇叙事传统之外，薅草锣鼓歌这类在鄂西北地区以及一些耕稼民族中普遍流行的民歌形式，构成了房陵文化的主要文化形态之一。其音域广阔、浑厚高亢、气势磅礴的特点，适应了农耕劳动者的精神需要。同时以阳锣鼓、阴锣鼓、喜庆锣鼓和庙会锣鼓四大功能，融入老百姓的婚葬嫁娶、生老病死的日常生活中。这些古老民歌、民间故事的流传，孕育了一批山村里的"民歌王"、"歌布袋"、民间歌师，而他们理所当然地是民间文学的传承者。这些歌谣带着泥土的芳香，质朴纯真，显示了楚调、巴音、秦韵的地域特色，为百姓多喜闻乐见。充分展现了山民以歌为乐，以歌传情，以歌育人，养生健身，传承文明，歌颂农村幸福生活，憧憬更加美好未来的心愿。

房县地处世界自然遗产神农架北坡地域和世界文化遗产武当山两地域之间，不仅属八百里武当地域，县内还有西武当、小武当和赛武当；而且占千里房县半壁河山的西南部山区，系神农架北坡地域，万山叠嶂，林海茫茫，飞云荡雾，素有天然药港、药材宝库之称。中医药文化博大精深，是构成中国传统医药学和中医药文化的重要组成部分，尤其是神农武当医药歌谣、医药验方等，是中华医药的瑰宝、珍贵的非物质文化遗产。

房陵的非物质文化遗产是在荆楚秦巴文化基础上发育和滋长起来的地域文化。但它又是被专家称之为"中国中西结合部古文化沉积带"。追溯其源流，不能忽略作为历史上的"流放地"以及那些被流放者所带来的异地（他者）文化的影响和交融。房县相传是我国古代六大流放地之一，而且年代最早、规模最大、历史最长、品级最高，被称为"特放地"——"宫廷陪都"和"后花园"。历史上曾有49位帝王将相皇亲国戚特放房陵。这些有着多样文化背景的被流放者所带来的异地文化，给房陵的土著文化带来了巨大的冲击力和参照系，在其历史发展的长途中，使其自觉不自觉地发生了或发生着或隐或显的交融与变迁。这种异地文化与土著文化的交融和变迁，在房陵地区并不是孤例。笔者在考察研究贵州安顺地区流落在那里的中原遗民所形成的屯堡文化时，在考察明代修建武当山宫观时流落在后山皱褶里的20万中原民工的文化变迁时，曾提出过一个"文化飞地"的理念。我想，房陵的流放者们即使没有像屯堡人那样恪守住自己的本源文化，他们的文化也以曾经的强势文化姿态而给予当地的土著文化以强有力的影响。这是一个大问题，不是一两句话所能说清楚的，"文化房陵丛书"的出版，也许会对这类问题的破解，提供有力的促动和支持。

十堰市民俗协会的会长、房县的乡贤袁正洪先生为这套"文化房陵丛书"的出版向我索序，尽管我对房陵文化缺乏深入的研究，盛情难却之下，写了上面这些文字，是为序。

2013年7月9日于北京

提升理论在非遗保护领域的先导地位

——《非物质文化遗产保护的中国道路》代序①

继 2013 年 1 月 16 日第一批四个"国家级非遗保护研究基地"命名并颁牌之后,第二批"国家级非遗保护研究基地"今天在这里举行命名暨颁牌仪式,在此我向各国家级非遗保护研究基地的代表们,表示衷心的祝贺。

非物质文化遗产保护作为"政府主导、社会参与"的一项跨世纪文化保护工程,起步于 2003 年,迄今已经走过了十个年头。回首往事,"十年辛苦不寻常"!在征途上留下的每个脚印里,都浸染着非遗保护工作者的心血和智慧。我们不仅在各个层面上一步一步地开拓和推进着保护工作,并取得了举世瞩目的、历史性的成绩,而且理论探讨和研究工作也受到了各个人文社会科学界的重视和参与。正如联合国教科文组织总干事伊琳娜·博科娃今年 6 月在成都答记者问时所说的:"中国有很多的专家和专业机构介入非遗保护,能够传达这些遗产所固有的文化表征。中国的非遗保护走在世界前列。"我们的保护工作成绩可以如数家珍般地数算,但归结到一点,莫过于使"非物质文化遗产保护"这一宏伟事业重新回归了民间,为亿万普通百姓所耳熟能详,普遍认知,他们在非遗保护上的文化自觉空前提高了。

---

① 本文系作者于 2013 年 12 月 18 日在第二批国家级非遗保护研究基地命名颁牌仪式上的发言。见刘锡诚《非物质文化遗产保护的中国道路》,北京:文化艺术出版社,2015 年。

马克思主义告诉我们,理论是行动(实践)的先导。没有理论的行动(实践),常常会陷入盲目性。试想,如果没有马克思的"剩余价值"学说,就不会有后来的共产主义运动。我国的非遗保护工作,也不例外,同样是在理论的先导下开展起来的。当政府文化主管部门和部分知识分子认识到或预感到中国社会的现代化转型即将给以口头形式世代相传的民间文化带来衰微甚至泯灭命运的时候,保护工作开始进入了政府的视野,形成了"政府主导"的自觉文化工程。稍后,我们接受了联合国教科文组织《保护非物质文化遗产公约》的学术理念,并在我国的国情下不断地本土化。2011年颁布的《非物质文化遗产保护法》,吸取了、集中了、反映了全国非遗保护工作者,包括法律界人士在内的各界人士的实践经验和学术成果。一直以来,我们始终遵循着理论与实践作为非遗保护工作两翼的理念前行。毋庸讳言的是,在一定阶段上,保护实践走在了前面,理论工作落在了后面,或者说,理论大体上停留在保护工作研究的层面上,而对非遗本体及其相关领域的学理性研究探讨,显得裹足不前,不能适应非遗保护工作的要求了。现在,继第一批国家级非物质文化遗产保护研究基地之后,又一批保护研究基地被命名和投入工作,这些包括项目代表性传承人所在的非遗保护研究基地与其他人文社会科学领域里的非遗研究基地、研究中心一道,将会大大提升我国非遗及其保护的理论研究的力度,我们期待着更多更好的理论与实践相结合的研究成果问世,从而充实和提升非遗理论在非遗科学保护领域里的先导地位,为构建和完善我国新兴的非遗学科、为中华文化的大复兴大繁荣尽一份力量。

2013 年 12 月 18 日

大运河的一份珍贵文化价值

——《运河记忆：嘉兴船民生活口述实录》序言①

中国大运河有着2500多年的悠久历史，同时它又是迄今依旧存活着的，被人们还在频繁地使用着的这样一份独特的遗产。这是中国的骄傲，也是人类的骄傲。如今它已入选为《世界遗产名录》，在保护中国大运河的种种措施和行动中，我们又读到了这一本题为《运河记忆嘉兴船民生活口述实录》的书，从另一个角度向公众揭示运河的珍贵价值，这样一种做法是很值得赞赏的。

大家都知道，中国大运河首先是一种物质文化，它是一条贯通中国南北的大运河，人们历来十分关注它的开挖、浚治、管理、交通、运输、灾异、沿河各种设施的建造与维修，以及环保等内容，这当然是中国大运河的题中应有之义。但是，作为一种活着的文化遗产，我们自然还应该关心大运河流域里的那些弥足珍贵的非物质文化遗产。

几年前，顾希佳就在《中国文化报》上发表了题为《大运河：流动的文化遗产》一文（2013年7月22日第七版），详细阐述了他对这个课题的一些看法。几年后，又读到由他担任执行主编的这本书，觉得他和他的朋友们正在孜孜不倦地践行着这样一个主张，很是高兴。

这本书的一大特点就是忠实记录了这一带老百姓的日常生活和他们的心声。在嘉兴市文化广电新闻出版局的主持下，发动了一大批志愿

---

① 嘉兴市文化广电新闻出版局、嘉兴市文学艺术界联合会编：《运河记忆：嘉兴船民生活口述实录》（上、下册），上海：上海书店出版社，2016年。

者，花费了好几年的时间，直接从当地运河水系船民的口中获得许多口述史料，记录成文。书后还附有珍贵的视频资料，让读者能够真切感受运河水系里船民的心声。这样一种做法是很值得赞许的。要做成这样一本书，需要发动很多人来一起努力，群策群力，克服种种困难，持之以恒，方能成功。在某种意义上说，这也是一个文化工程，会遇到许多困难。在书中担任采访工作的朋友们，大多是基层文化工作者和业余作者，也有高校的青年教师和研究生，他们此前大多没有做过口述历史的访谈和记录，对于这样一种体裁的写作比较陌生。不过通过一番努力，他们大多较好地完成了这次采访任务。收入这本书里的这些口述历史，大多数还是十分珍贵的，应该向采访者们表示敬意。

我们更应该感谢书中的那些口述人。他们为我们打开了另一个世界的大门。对于在历史上曾经以船为家，长年累月在江南运河水系里讨生活的船民群体，过去我们知之甚少。他们的社会地位是比较低下的，甚至是孤立无助的。但是他们与江南运河休戚与共的这样一份情感却十分真切，又极其珍贵。借着这本书的出版，我们终于有机会可以倾听他们的心声，了解他们的生活状况，并且通过这样的口述历史更加深刻地了解江南运河。这实在是一件很有意义的事。对于读者来说，也可以说是一次别开生面的阅读。

本书的写作又是一次高校师生与地方文化工作者通力合作、协同作战的尝试。双方互相学习，取长补短，应该说都是颇有收获的。我很高兴看到这样的合作，希望这样的合作还能够继续下去，有更多更好的成果涌现出来。

正因为这样一些感想，我很愿意向大家推荐这本书。

2016 年 12 月

非遗保护与研究的心路历程

——《中国非遗保护与研究 20 年》序

我与刘勍相识于 2007 年。当时她在中国民协主办的《民间文学论坛》当编辑。有一天，她以"第九届中国民间文艺山花奖"工作人员的身份来我家里送文件，我们便相识了。由于我曾经在《民间文学论坛》工作过，是前后同事，于是我借机向她询问了《论坛》的情况，更多地询问了她的个人情况，鼓励这个刚入职未久的小同行小朋友在学术刊物编辑工作上大显身手。我对她说：你作为一个学术刊物的编辑，既要在编辑方面成为专家，也要在学术方面有所专长，也就是说，既要做好民间文学理论编辑，又要使自己成为这一领域的学者。

我在《民间文学论坛》上发表了不少文稿，如在 2008 年复刊号（12 月复刊，刊名改为《民间文化论坛》）上发表的《试论非物质文化遗产的价值判断问题》。这篇文章，是 2008 年 8 月 4 日在华中师范大学与湖北省文化厅主办的"20 年来中国非物质文化遗产保护的理论与实践学术研讨会"（长阳）和 9 月 2—4 日在中国民间文艺家协会与浙江省民间文艺家协会主办的"中日非物质文化遗产保护论坛"（宁波）的论文。我在这篇文章里提出和论述了好几个非物质文化遗产保护方面的重要的观点，如：价值判断是评审和认定各级非物质文化遗产保护项目的根据和基础。判断非物质文化遗产的价值，采取什么样的价值观是至关重要的，而采取什么样的价值观，又最终取决于用什么样的历史观做指导。不讲文化遗产在当时历史条件下的意义和作用，只讲以当今的"主体价值观"来做标准，是一种貌似革命、实则超革命的、"左"的思想观点，过去它割伤了我们的肌体和灵魂，今天它仍然是一种危险的、严重危害非物质文化遗产保护和传承的观点。我还提出并阐述了关于"精华与糟粕"论是处理意识形态问题的政治概念或政策，受时政因素的影响甚大，而非文化概念或文化理念，也不是研究传统文化的方法论。在发展和创新当代文化时，吸收和发扬传统文化的精神或元素，固然要有所选择，不能无选择地兼收并蓄，但文化发展和创新的理念，不能等同于对待文化遗产的原则和理念。在非物质文化遗产保护上出现的许多怪现象，盖出于把非物质文化遗产想象为"纯"而又纯的文化或文艺这样一种乌托邦式的理念，唯物史观从来是我们唯一的选择。

罗杨同志2011年出任中国民协的党组书记兼驻会副主席后，曾当面聘我担任《民间文学论坛》的特邀主编。从此，我和刘勍同志增加了更多互相学习的机会。我陆续发表了多篇关于非物质文化遗产保护的文章，如《21世纪：民间文学研究的当代使命——关于中国特色的民间文艺学》《非遗时代的民间文学及其保护问题》等。

作为国家非物质文化遗产保护专家委员会委员，我对北京市的非物文化遗产比较关心，应该说也有较多的了解，2012年曾经建议刘勍去调查了解北京绢人手工艺制作和手艺人的事迹。她在同年的《文化遗产》第4期上发表的《手工艺"非遗"的生产性保护探究》一文就是她那一次实地调查的成果。北京绢人是具有浓郁京味儿特色的非物质文化遗产，源自宫廷，是以丝、绸、绉、绢等为原料，手工扎制而成的一种立体绢塑艺术品。作为历史悠久的传统手工艺，中华民族丝绸文化的一脉，既体现了中华文化的文化价值，又融汇了北京地方文化的传统和智慧。刘勍调查了北京绢人的生产性保护现状，总结了北京绢人生产性保护的历史，提出了生产性保护的可行性建议，希望北京绢人能够得到更好地保护和传承、振兴和发展。她在文章末尾提到我对她的指导和帮助。这篇文章成为她2017年4月28日以中国民间文艺家协会的名义申报、由她担任负责人的"非物质文化遗产学术研究——亲历者口述史"并得到中国文学艺术基金会资助的文化项目的先导。她选取在非遗保护、研究领域里的三位学者刘魁立、刘锡诚、乌丙安为采访对象，通过对这些学者的走访，记录他们的学术观点，折射相关学科的发展历程，总结非遗保护和研究的方法和经验。这一项目的组织实施，既是对前辈学人学术精神的继承，也是对中国在世界非遗保护领域独特实践——非遗保护的中国道路——的展示。她的这一项目的成功，成为嗣后她倾心于非物质文化遗产保护研究的起跑点。

她的这本书，记录和展示了作者在非遗保护和研究上的心路历程和实践，现在要正式出版了，作为同一战壕里的朋友、战友，我热切地祝贺它的问世。

2020 年 5 月 4 日

第三辑
民间文学编

民间文学调查保管第一次国际合作

——《中芬民间文学搜集保管学术研讨会文集》后记[①]

中国—芬兰民间文学联合考察暨中芬民间文学搜集保管学术研讨会是一次成功的双边学术交流合作，它的学术成果和组织经验对我国民间文学学科走向世界具有开拓意义。在三江侗族自治县首府古宜镇与芬兰民间文学代表团团长、著名学者劳里·航柯进行的会谈中，曾就这次联合考察和学术会议的成果的处理办法达成一项协议。协议规定：（1）中芬民间文学搜集保管学术研讨会的论文，由中国方面负责编辑出版中文本，由芬兰方面以中国民间文艺研究会提供的中文英译稿作基础，编辑出版英文本，并在出版后互相交流；（2）中芬双方交换各自新摄制的录像资料，芬兰方面有义务向三江县人民政府赠送一部经过剪辑的录像；（3）各自拍摄的照片资料互相提供目录和保存地点。本书就是根据协议整理的论文集。除了会议上宣读的论文，有几篇是从大会提交的论文中选的。在三江县三个考察点所进行的民间文学学术考察，其所得的大量文字材料和照片资料，将另行编辑《三江民间文学考察成果汇编》出版。

航柯先生回国后，曾向联合国教科文组织有关部门及负责人员报告了这次考察的情况，在北欧民俗研究所的刊物 News Letter《通讯》1986年第2—3期合刊上亲自撰文介绍，同时在该刊上发表了贾芝的论

---

①《中芬民间文学搜集保管学术研讨会文集》，中国民间文艺出版社，1987年。

文《关于中国民间文学的搜集和整理》和刘锡诚的论文《民间文学普查中几个问题的探讨》及部分照片。这次联合考察暨学术会议通过这条渠道已初步为国际民间文学界所了解。

这次中芬民间文学搜集保管学术研讨会是由中国民间文艺研究会、广西民间文学研究会和芬兰文学协会（会同北欧民俗研究所和土尔库大学文化研究系民俗学和比较宗教学部）联合主办的，具体工作是由中芬民间文学联合考察暨学术交流秘书处主持进行的。广西民间文学研究会秘书长农冠品、中国民间文艺研究会研究部副主任魏庆征、广西文联外事负责人梁顺珍等，在会议的组织工作方面付出了劳动，中国民间文艺研究会研究部的黄凤兰担任了责任编辑工作，中国民间文艺出版社许多同志做了大量工作，在此一并记下他们的功劳。

1987 年 11 月 24 日于北京西郊

语末之词，隐而不言

——《歇后语大辞典》序①

王陶宇同志是中国民间文艺家协会会员，多年来利用业余时间从事中国语言和歇后语的收集与研究，卓有建树。1981年以来，他先后出版了《新编一字歌三字经》《谚语哲理诗》《一字谣》《谚语之花》《健康谚语选》等书，如今他又完成了《歇后语大辞典》的编纂工作。其精神实在令人敬佩。

歇后语既是祖国语言中的一种形象化的语言表现手段，又是口头文学中的一种独立体裁。说它是一种形象化的语言表现手段，是因为它那表达思想的独特方式和犀利泼辣的幽默效果，常常给文章或文学作品的写作带来生动活泼的风格和气质。说它是民间文学的一种独立的体裁，是因为它虽然篇幅极短（往往就只有一句话），但却能通过一个形象（或画面）表达一种意义，而且能在广泛的社会成员中口头传承。歇后语的形象或形象画面是多样的，有的是来自社会现实生活中的习见事象，有的是来自文艺作品（如戏曲）中的典故；这些形象或形象画面并不直接给予读者以意义，其功能只限于起兴、比喻，从而引出意义。有的甚至连起兴和比喻都谈不上，而仅仅是语言上的谐音，由谐音而产生意义。

歇后语在我国语言和民间口头文学中，源远流长。古代文献中通常说："语末之词，隐而不言，谓之歇后。"歇后语在古代有时又称"缩

---

① 王陶宇编：《歇后语大辞典》，成都：四川辞书出版社，1988年。

脚语"。"缩脚"就是省略所要指说的词语，而保留代用词语。比如陶渊明"再喜见友于"句，杜甫"友于皆挺拔"句，其中的"友于"是"兄弟"的代用词语。《尚书·君陈》中出现的"友于兄弟"到了后世，把"兄弟"省略了，只留下了"友于"，"友于"变成了"兄弟"的代语。"缩脚"是歇后语的一种古代结构形式。发展到今天，歇后语虽然还保留了"缩脚"型结构，但毕竟发生了很大的变异，表现方式也大为多样化了。

中国究竟有多少歇后语，谁也无法作出统计，至少现在尚无定论。王陶宇同志编纂的《歇后语大辞典》收集了16000条歇后语，大概可以称得上是一部大型辞书。这样一部辞书，对于研究和爱好民间口头文学的人，对于研究语言学的人，特别是对于从事文学创作的人，无疑是一部难得的书。它的难得之处，与其说在于内容的丰富，毋宁说编者在编纂原则方面的创新。编者在编排上采用了一种新的、独特的组合排列方式：即将歇后语的意义部分作为词条排在前面，而把形象部分排在后面；一种意义而多种形象表达方式的，在同一条目下加以分列；内容、意义大致相当的歇后语并于一类之中。这是一种从实用出发的新的尝试，我想这种尝试是会受到读者欢迎的。

是为序。

1987年12月1日于北京

印第安神话与中国人发现美洲问题

——《印第安人的神奇故事》序①

一

印第安人是居住在北美洲、中美洲、南美洲广大幅员上的土著民族的总称。由于语种以及习俗、居住条件等原因，他们被区分为人数不等的若干氏族或部落。这些美洲印第安人居民，在人类学、民族学家们的著作里，通常被称为现代原始民族。这是因为，在西班牙人占领和欧洲人进入美洲的时候（十六世纪），这里的土著居民一般地说尚处在原始社会阶段，换言之，当世界大部分地区已经进入了文明时期的时候，而在世界上某些被隔离的地区，却遗留下了一些尚处在野蛮的、未开化的阶段的民族。其实，这种说法并不是很确切的。印第安人虽然是由于生活在与旧大陆隔绝的美洲，从总体上说来尚未开化的一部分人类，但他们的社会历史发展是不平衡的。摩尔根说："当他们被发现的时候，他们正体现着人类文化的三个不同的阶段，并较当时地球上任何其他地方所体现的更为完备。""极北的印第安人和北美南美一些沿海部落，处于蒙昧时的高级阶段；密西西比河以东的半村居印第安人，处于野蛮时期的低级阶段。"② 当然，对于印第安人社会发展的不平衡，不同的民

---

① 《印第安人的神奇故事》，易言、易方译，北京：中国民间文艺出版社，1988年。易言（刘锡诚）；易方（马昌仪）。

② 转自马克思《摩尔根〈古代社会〉一书的摘要》。

族学家有不同的说法；但不平衡确是客观实际的情况，在这一点上，看法是大体一致的。

在发现新大陆之前，只靠打猎和捕鱼为生，尚未定居，因而未能超越原始社会组织和技术知识阶段的民族有：火地岛上的印第安人——奥纳人、雅干人、阿拉卡卢菲人，巴塔哥尼亚的特惠尔切人，帕拉瓜的瓜拉尼人，阿根廷北部和巴西南部的印第安人，巴西东部的图皮部落和惹部落，亚马逊盆地热带处女林中的加勒比人，南美大陆北部的奥里诺科大草原上的诸部落，如乔科人、库纳人、伦卡人等，以及墨西哥某些地区的原始部落。

另一些印第安人，虽然也主要从事打猎和捕鱼，但已有固定的文化和较有创造性而且趋于完美的艺术，如美国西北部的印第安人和英属哥伦比亚的印第安人。

还有一些属于已经定居的农耕民族的，如阿兹特克人、玛雅人、荣卡人和奇布恰人。这是一些创造过高度文明的民族。阿兹特克人居住在墨西哥的中部高原，玛雅人居住在墨西哥南部和危地马拉，奇布恰人居住在哥伦比亚西北部，荣卡人的国家散居于哥伦比亚从南到北的广大地区，一直延伸到智利中部。这些地区的印第安人种植土豆、玉米、四季豆、番瓜、向日葵、西红柿、可可、烟草等作物。

二

北美印第安人的神话形成于氏族制及其解体时期，反映了民族迁徙的复杂过程、各种自然条件的尖锐冲突，反映了定居部落与游牧部落、农业部落与狩猎部落之间相互影响的过程。北美印第安人神话的特点，是很少把超自然物人格化，对神祇和精灵缺乏明确的等级观念；宇宙四方、四元素（土、火、风、水）的观念广泛流传；一切自然现象均被赋予一种看不见的巫术力量，这种巫术力量不仅为神祇和精灵所具有，而且遍布整个宇宙以及一切超自然力量（这种巫力，苏人叫"瓦坎"，黑足人叫"涅萨鲁"，阿尔衮琴人叫"玛尼图"，易洛魁人叫"奥伦达"）；许多氏族的至上神，兼有创世者与造物者的形态。北美是"图腾"一词的起源地，这里的图腾神话可以再现出"图腾"的本意，从而廓清许多不正确的理解和阐释：（1）图腾（动物、植物）被印第安人视为亲属、先祖、姐妹，与信仰它的人们保持着一种不可疏离的关系；（2）图腾不是灵物，不具备神的品格和特性，人与图腾不是崇拜关系，而是亲属关系。已故的岑家梧曾综合各家之言，将图腾制的特征列为四端，恰与北美印第安人的神话中所显示的情形相合。岑氏说：

（一）原始民族的社会集团，采取某种动植物为名称，又相信其为集团之祖先，或与之有血缘关系。

（二）作为图腾祖先的动植物，集团中的成员都加以崇敬，不敢损害毁伤或生杀，犯者接受一定的处罚。

（三）同一图腾集团的成员，概可视为一完整的群体，他们以图腾为共同信仰。身体装饰，日常用具，住所墓地之装饰，也采取同一的样式，表现同一的图腾信仰。

（四）童女达到规定的年龄，举行图腾入社式。又同一图腾集团内的男女，禁止结婚，绝对的行外婚制(Exogamy)。①

据已经记录的材料来看，几乎所有的北美印第安部族，都有创世神话。慕斯科格人的神话说，两只鸽子飞过水面，看见一株草茎露出水面，很快地，土地就露出来了。易洛魁神话说，麝鼠潜入水中，从水底下衔出一撮泥土，放在乌龟背上，这泥土变成了陆地。在易洛魁和阿尔衮琴神话中，乌龟都是土地的象征。在北美印第安人的神话中，宇宙及万物不是谁创造的，而是从哪里来的。在他们的观念中，天、地、日、月、火、淡水，乃至人世间万物是早已有之的，只是掌握在老妖婆、月亮美洲豹、松树手中，或存在于另一世界之中，由某一个角色（这个角色被学术界称之为"文化英雄"）变着法儿从上述执掌者手中偷来、夺

---

① 岑家梧：《图腾艺术史》，上海：学林出版社，1987年，第1页。

来，或把人类从山洞里、水源中、峡谷里、天上、地下、葫芦中、软体动物的贝壳里引出来的。显然，他们的创世观与所谓混沌创世、天神创世的观念，有着很大的差异。他们的神还相当模糊，常常以"文化英雄"的面貌出现。北美印第安人神话中的文化英雄，最有代表性的人物是凯欧蒂，他是一个人兽兼形的角色。他既是一个创世者，创立了许多文化业绩，给人类偷来了火，导水打坝，整顿秩序，平魔镇妖，教人类耕种，与人类是朋友；他又是一个恶作剧制造者，善捉弄人，好色贪食，使河水倒流，使庄稼毁坏，喜怒无常。在他身上集中了人类善良与丑恶这两种截然对立的品格①。在印第安人的精神世界里，神与文化英雄是经常混淆不清的。

　　部族诞生、部族迁徙以及护身精灵的神话，在北美印第安神话中是颇有特色的。阿尔衮琴人的迁徙神话，叙述了他们传说中的始祖母如何从美洲西北部往东南部迁徙的过程。卡约韦人的神话说，他们的部族是钻过一个空心的树干到这个世界上来的。奥赛吉人的神话说，印第安人是从星空下到人间来的（有不少部落的神话都描绘了大地和天空之间用一根箭绳相连接着，可以上天，也可以入地）。许多民族大多由于地球物理的变化而有过民族大迁徙的悲壮历史，为了确保民族的生存与安全，在迁徙过程中，以及从此而承袭下来，都有各自的保护神——护身精灵。护身精灵通常有驼鹿、坚果等等，多数是动物。人的灵魂寄存于别处，以另一动物或植物为形体；伤害了护身精灵，才能伤害被护身精灵所保护的人。《死灵魂湖里的驼鹿精》里描绘的青年武士费吉尔，因为忘了驼鹿的话，多打了野兽，误伤了自己的护身精灵，而死于湖中。神通广大的文化英雄凯欧蒂及其护佑者——三姐妹的许多传说中，都体现着这种观念。

---

　　① 关于文化英雄，可参阅马昌仪《文化英雄论析》，《民间文学论坛》1987年第1期，北京。

三

　　有学者认为，南美印第安人几乎没有创世神话，这是因为，在他们的观念里，世界是早已有之的，无所谓创造；而世界大劫难的神话，倒是相当普遍。常见的是世界毁于大火或洪水。洪水神话中，世界再生与鸟兽有密切的关系。荣卡人和乔科人的神话说，世界遭难时，人类从藏身的地方派兽类探听消息，最后派去的那只兽汇报说，地面上可以住人了。有的神话说，鸟或兽从水底衔起一撮泥土，使世界重现。加勒比人、博托库人的神话说，人爬到树上躲避大洪水，他们想知道水是否退了，往下撒了些种子、果实。圭亚那人是往下扔了一撮泥土，这泥土重新形成了陆地。奥纳人的神话说，洪水之所以发生，是因为巫师们没有察觉；洪水来了，人类变成了海豹和飞鸟。有的神话说，洪水是从树的根部流出来的。有的神话说，洪水所以出现，是因为违反了神的戒律，而遭到的惩罚。

　　与世界毁灭有联系的，是"兽人"的存在。"兽人"作为世界毁灭之前世间的生灵，是南美印第安人神话中最值得注意并加以探讨的问题之一。南美神话中的文化英雄，其形态与北美神话中有明显的差异。其差异表现在：一是未形成固定的人物；二是多数具有"兽人"的特点。这又与南美印第安人的至上神观念的不发达有关。即使像莫多克人的酋长古希穆，查科人神话中的阿辛，这些类似原始神教的人物，也不过是区别于动物神的人形神，他们并不拥有至上的、全能全知的权力，也没有一个神系供他调遣。

　　解释动物习性、生活方式以及事物来历的推原神话，是南美印第安人神话的重要组成部分。这类神话与动物神话的关系极为密切。狩猎经济使印第安人形成了"动物即人"的世界观。狐狸、原驼、乌龟、鹿、负鼠、猴子、美洲豹、鹦鹉、鹞、鹰、蜥蜴……都具有同人一样的脾性和思想，与人类朝夕相处。水獭的爪子为什么那么短？飞禽走兽为什么有各种各样的颜色？乌龟壳为什么打碎成片片？……回答这类问题的神话故事，显示了人类对动物的习性、躯体各部分的观察是多么仔细，了解是多么深刻，想象是多么奇特和瑰丽（对自然现象的观察亦然，尤其令人感兴趣的，是对火山及火山湖的观察描写）。动物和人是同类，动物可以变人，人也可以变动物，"动物即人"。动物不仅有人的特点，而且执行人的使命。兔子从美洲豹那里偷来了火。啄木鸟清理田地种植庄稼。蛇可以让女人怀孕。这是原始先民的世界观。

天体起源神话，大部分是以太阳和月亮为主角的。日月要么是兄弟，要么是夫妻。有的印第安人说，日月是一对孪生兄弟，在经历了一番奇遇之后，变成了太阳和月亮。解释月亮上的斑点的由来的神话，在南美印第安各部族中相当流行。瓜拉尼人的神话说，古时候男女分开住，晚上男人摸黑去找姑娘，有个小伙子出于好奇，很想知道跟他相好的姑娘是谁，就偷偷地给姑娘抹了一脸灰。太阳尼安杰鲁和月亮扎西是一对兄妹，都在天上运行，可是当妹妹带着被涂黑的脸孔从天空的另一端露出来的时候，尼安杰鲁总是匆匆忙忙地躲起来。尤拉卡雷人的神话说，月亮上的斑点，是一种生灵的影子。（中国也有这种观念，如"蟾蜍说"即是。）希瓦洛人说，狐狸攀着藤条登上天，放火把月亮身上的毛燎着了。天上的星星也激发了印第安人的想象，编织了许多美丽的神话。许多民族都有星姑娘或姑娘与星星结亲的故事。

值得一提的是孪生子神话。这是一个非常普遍的题材，世界上许多国家、许多地区、许多民族都有孪生子神话。世界上也有不少学者力图通过自己的研究，揭开孪生子神话的秘密。巴凯里人的凯里与卡梅、博罗罗人的巴柯罗罗与伊波杜里、奇楚人的维加兄妹，都是引起学者们注意的著名神话。在孪生子神话里，往往是收养人将杀死他们妈妈的人告诉他们，而凶手多是美洲豹。在南美，美洲豹在许多情况下，都扮演着一个不光彩的角色。孪生子向凶手复仇，其结局往往是变成日月。孪生兄弟一般是一强一弱，也有两人反目成仇的。

四

中美洲印第安人（阿兹特克人、米希特客人、塔拉斯科人、玛雅人等）在公元前就已经建立了早期阶段的国家，而居住在中美洲北部和南部的一些部族，则处在社会经济发展的较低阶段。他们之间的文化差异是显而易见的。

旧石器晚期，中美洲的第一批居民就已经有了关于取火、人与动物的起源、熊与女人同居等的神话。后来，随着采集经济的发展，出现了关于美洲鳄（食物与水源的保护者）、关于创世的神话。在驯养阶段和玉米普遍栽培阶段，出现了至上女神。在比较晚期的神话体系中，这一至上女神分裂为主管水、月亮、生殖、死亡、玉米、可可、龙舌兰等的若干个女神。

奥尔梅克人的新神话体系的主神，是一位具有美洲豹外形的大神。美洲豹在林中追逐食草动物，吓唬它们，把它们驱赶出田地，不自觉地阻遏了它们对农作物的祸害，成为田地与农业的保护者。在奥尔梅克神话中，至上女神的地位受到了挑战，逐渐失去了往昔的意义。奥尔梅克神话中出现了寻找和保护玉米的玉米神。这大概是与他们所处的农耕经济不无联系的。

中美洲神话中有明确的宇宙、天体观念。纳瓦人最初的神殿里，除了祖先神以外，最重要的，莫过于猎神。纳瓦人认为，宇宙是由十三层天界与九层地界构成的。天界分为：第一层——月亮天；第二层——星星天；第三层——太阳天；第四层——维涅拉行星天；第五层——彗星天；第六层——黑天或绿天（即夜天）；第七层——蓝天（白天）；第八层——风暴天；第九层——白天；第十层——黄天；第十一层——红天；第十二、十三层——名为奥梅奥干，是男女合体之神奥梅杰奥特尔的居所。玛雅人的神话说，宇宙同样是由十三层天界和九层地界所组成的。他们认为，宇宙的中心是世界之树，它穿过十三层天，其四隅，就是宇宙四方之国。

玛雅人的神系非常丰富而复杂。起初他们只是地方神祇,随着氏族和国家联盟的发展,这些神祇聚合而成为一个庞大的系统。其中有生殖神、水神、猎神、火神、星神、死神、战神等。阿兹特克人的神系也是由几类神祇联合而成的:第一类,起源十分古老的生殖神与自然神;第二类,三名地位显赫的大神(惠齐洛波契特利、特兹卡特里波卡、凯查尔夸特尔);第三类,诸星神;第四类,死神与地狱之神;第五类,创世神。

中美洲各印第安民族也拥有与其他印第安民族共同的或相似的神话,如大洪水神话、创世传说一类,如事物起源的传说,部落迁徙的传说。惠乔尔人神话说,女先知娜卡维事先告诉乌伊乔里,五天后要发大洪水,要他钉好一只木箱,带上五颗玉米种子,五颗豆种,带上火种和五根树枝,一条黑狗。水退后,黑狗变成了女人,与乌伊乔里生了许多孩子。米却肯人的神话说,特斯皮和他的妻子带着许多动物、粮食和种子登上了一只箱子似的小船。雨停了,水未退,他放出几只水鸟均未回来,只有一只瓜伊比鸟回来报信。在梵蒂冈博物馆收藏的一本阿兹特克手抄本中,有一幅象形图画,表现一场洪水,水中有一间房子,从里面伸出一个妇女的头和胳膊,这表示所有的建筑和房屋都被淹没了。据阿兹特克人的传说,图中的两条游鱼,除了表示幸免于难的意思外,还表示所有的人都变成了鱼人。水中漂着一只小木船,上面有一男一女,他们是唯一未遇难的一对。这幅图画与传说相印证,自然是十分令人感兴趣的。

五

中国与美洲印第安人的文化联系问题,历史上曾有过几次争论,近年来又成了国际学术界的一个热门话题。当我们在著文讨论印第安人的民间文学时,理所当然地使我们想起来必须说几句哪怕是略显肤浅的话。

学者们围绕着中国文化与美洲文化的相似这一问题，一方面从考古学、文献学上进行考证、参证，一方面从民俗学、文化学上进行比较。最令人感兴趣的问题，莫过于是谁先发现了美洲，以及美洲人与亚洲人在人种上的关系。自 1752 年法国汉学家歧尼（De Guignes）提出中国僧人慧深最先到达美洲的观点以来，中外学者从各方面进行了论证。1945 年中国学者朱谦之根据考古材料证明了歧尼的看法。七十年代，中、美学者又根据考古发掘证明在 3000 年前，即殷商末年，殷人东渡至墨西哥，并可能在拉文塔建立过自己的都城。这不仅比哥伦布早了千年，而且比慧深也早了一千年。

1961 年 9 月 17 日、21 日、24 日，邓拓曾在《北京晚报》连续撰文《谁最先发现美洲》《"扶桑"小考》《由慧深的国籍谈起》，就《梁书》卷五十四《东夷列传》中所说"扶桑国者，齐永元元年（公元 499 年），其国有沙门慧深，来至荆州，说云：扶桑在大汉东二万余里，地在中国之东。其土多扶桑木，故以为名。扶桑叶似桐，而初生如笋。国人食之，实如梨而赤。绩其皮为布，以为衣，众以为锦。"论证了慧深所到的扶桑国，就是美洲的墨西哥。

1970 年台湾历史学家卫聚贤在香港大会堂作《中国人发现美洲》学术演讲，演讲稿发表于香港《华侨日报》同年 2 月 2 日。1981 年卫先生将一部 1061 页的皇皇巨著《中国人发现美洲》（第一册）交付香港说文书店出版。

1983 年李成林在 8 月 18 日、20 日、23 日、25 日、27 日《北京晚报》上连续发表《美洲与中国》的文章，从"扶桑木之谜""美洲的中国遗风""王莽时期的探险家""田横的壮丁到哪里去了""徐福东渡至何方"五个角度论证了中国与美洲的文化关系，证实中国人徐福等人于公元前 219 年（秦始皇 28 年）和公元前 210 年（秦始皇 37 年）先后两次到达美洲（亶洲，即墨西哥境内的文明古国托尔提克）。李成林指出，美洲印第安人中间的中国遗风由来已久，至少有八个方面：(1) 美洲古代文字类似中国汉字；玛雅语言中，至今仍保留着若干汉语古音和中国沿海地区的地方音。例如，墨西哥东南部尤卡坦石刻上的玛雅文字，结构竖行、方体，字有部首，与中国相类，甚至有些音也相近。（2）美洲印第安人的医药与中国相近。（3）印第安人银匠能制作极细的银丝，其制作工具和银制品，与中国民间制银用具和银制品相似。（4）印第安人制造弓箭之法，与中国古时弓箭制法完全相同。在北美加利福尼亚州，还有刻着中国字的古代弓箭出土。（5）南美洲出土的捻线锭、纺线锭和古代织物，都与中国类似。印第安人的上衣（两边开衩）、长裙和小孩的裤子（下端留衩），甚至女子的发髻，都是中国古时的式样。（6）印第安人崇拜祖先，并在住宅中间的临后壁处安放神龛，前面设有香案，并置两个烛台，香案旁边置两椅，这与中国旧时民间风俗一模一样。（7）印第安人的某些食物，如薄饼、豆粥、炖羊肉等，其制作方法和味道，也与中国无异。（8）印第安人的面貌骨骼与中国人相同。

李成林文章发表后，《北京晚报》连续发表了好几篇应和的文章，补充了若干中国与美洲在文化上的相似的例证。其中有王雪的《美洲音乐与中国音乐》（1983年10月22日）、张小华的《中国与美洲交往的两个物证》（1983年11月5日）、孙家堃的《印第安医学与中国医学》（1983年11月12日）、宋宝忠的《印第安历法与中国历法》（1983年12月13日）、王大有的《商殷人与印第安人习俗》（1983年12月22日）和王雪的《古墨西哥与中国的龙》（1984年1月10日）。

从上述材料中我们可以得出启示，中国和美洲印第安人的民间文学、民俗事象的相似，对其进行比较研究，是大有可为的。我们知道，南美的一些印第安部落是信奉萨满教的，美洲的萨满文化与我国北方、尤其是沿海诸民族的萨满文化之间的关系，有充足的理由证明台湾学者凌纯声提出的环太平洋文化这一命题的成立。美洲印第安民族神话中的渡鸦（大乌鸦），与中国东北和俄国西伯利亚一些民族的神话中的乌鸦，已经成为国际民间文艺学家、神话学家们关注的课题，也似可构成环太平洋文化的一个小小的因子。至于中国民间故事（或神话）与印第安人的民间故事（或神话）的相似，民间文化中的观念的相似，更是值得研究探讨的领域。比如中国人信奉的龙，在印第安人中间也能找到踪迹，既有神话传说一类的口碑资料[①]，也有早期的绘画遗存[②]。

六

美洲印第安人的民间口头文学，几个世纪前就由欧洲人记录下来了（少数是由本族人记录的）。这些材料既是殖民主义政策的产物，又在客观上保存了印第安人的早期的民间文化。随着印第安人民间口头文学的记录成文字并得到研究，文化人类学、民间文艺学、神话学等学科迅速发展起来。

我国翻译印第安人的民间口头文学不多。近几年，随着开放政策的实施，翻译出版了一些印第安人民间口头文学的小册子，使我们对印第安人的精神文化、民族特性、风俗习惯有了进一步的了解。仅凭这些翻译介绍，对于一般读者也许就够用了，但对于建设民间文艺学和神话学方面的理论，则嫌太少。

本书译者根据苏联进步出版社 1964 年出版的《北美印第安人的传说故事》和苏联国家文学艺术出版社 1962 年出版的《拉丁美洲印第安人的传说故事》两书的俄译本译出，现将其合为一册出版，所容纳的资料是较为丰富的，全面的。我想，无论是作为文学读物也好，还是作为研究印第安民族的资料也好，都是无愧的。

1988 年 2 月 20 日于羊坊店

[①] 见卫聚贤《中国人发现美洲》第 121 页："美洲的降雨神，两手各执筒（桶）洒水，背后有一条龙……和中国的'龙王'形象相同。……《太平广记》载李靖夜宿龙宫，天庭降旨下雨，适龙子不在，龙母命李靖骑龙代龙子降雨。这和玛雅人的神话故事同。"

[②] 墨西哥古代《台奥梯华干宗教舞蹈》图，见《北京晚报》1984 年 1 月 10 日第 3 版。

布麦阿钮的诗论

——《论彝诗体例》序[①]

彝族由于有自己民族的文字，所以拥有丰富的彝文经典。除了早已发现的一些明代金石铭刻而外，中华人民共和国成立前，丁文江先生曾编译出版了一部包括《千岁衢碑记》《说文（宇宙源流）》《帝王世纪》《献酒经》《解冤经上卷》《解冤经下卷》《天路指明》《权神经》《夷人做道场用经》《玄通大书》《武定罗婺夷占凶古书》共十一种经典在内的《爨文丛刻》，解放后，又编译出版了一部比较全面地记载西南彝族及其各部族古代社会政治、经济、文化源流的历史书《西南彝志》。近几年来，彝族文化遗产的收集有了很大进展，特别令人高兴的是在收集到若干重要学术著作（如《宇宙人文论》这样的哲学著作）的同时，收集到了多部文艺理论批评著作。两年前，贵州省社会科学院的康健、何积全同志，贵州省文联的王冶新同志与彝族同志王子尧合作翻译出版了彝族古代诗人举奢哲的《彝族诗文论》、阿买妮的《诗律论》、布独布举的《纸笔与写作》、布塔厄筹的《论诗的写作》、举娄布佗的《诗歌写作谈》，向读者和学术界展示了彝文古文献的一个新的领域。现在他们又向读者和学术界提供出布麦阿钮的《论彝诗体例》和布阿洪的《彝诗例话》两部诗论的汉文译本。这些文论、诗论的翻译出版，不仅填补了彝族文学批评史上的空白，也为我国多民族的文学批评史增添了灿烂的一章。

[①] 布麦阿钮等：《论彝诗体例》，康健、王冶新、何积全整理，贵阳：贵州人民出版社，1990年。

据翻译整理者推算，彝文手抄本《论彝诗体例》的作者布麦阿钮和《彝诗例话》的作者布阿洪大约是两宋时代的人物，比彝族大诗人、大毕摩举奢哲和彝族大女诗人、"恒也"（天神、天女）阿买妮生活和著述的时代要晚五六百年。我们没有得到有关抄本时代的鉴定，如果对作者时代的推算大致可靠的话，那么，这两部论著出现于我国以汉族为主体的文艺理论批评相当成熟的时期。它们在文艺发生学上、文艺与社会的关系上、文体学上的基本思想和基本原则，与中原地区以汉族为主体的古代文艺理论批评有何关系、有何影响，也许还来不及更深入地进行比较研究，不像学术界对《宇宙人文论》《西南彝志》《创世志》里关于天地人的形成问题上与老子学说的联系似已有了定论。

彝族是一个用诗思维的民族。现在已见到的许多著作（包括学术著作）都是用五言诗句写成的。这两部诗论自然也不例外。这两部诗论的特点，不是论述文艺创作的一般问题，而是探讨彝族诗歌的内部规律：诗歌的结构与形态、诗歌的内容与形式、诗歌的技巧与欣赏。诗歌，作为意识形态之一，无疑是人们社会生活的一种曲折的反映，与社会生活（社会政治、经济、文化以及人的心态情欲、人的繁衍）的密切关系是自不待言的；然而除了与社会生活的关系之外，诗歌又有自身发生与发展的特殊的内部规律，忽视或抹杀了这些规律，诗歌也就不存在了。彝族诗歌是在民间诗歌的基础上发展的，从取材到章法，从格调到韵味，都洋溢着独到的、浓郁的民族特点。这两部诗论正是从这源远流长的民族民间诗歌的丰富材料中，梳理、分析、提炼、概括诗歌的规律的。尽管这两位作者所用的一套概念、术语，与我们今天约定俗成的概念、术语并不尽然一致，甚至相去甚远，但他们的著作确实为我们提供了一把了解和研究彝族诗歌的钥匙。

由于许多学者的努力，彝族文化所达到的高度以及彝族对中华文化的贡献，已经成为学术界所瞩目的新课题。在这方面，彝族的古典哲学、天文学、虎宇宙观与虎文化、原始宗教、神话学，阐发论述较多，而文艺理论批评则刚刚起步，相信随着古籍文献的发掘和口头传承材料的积累，这一领域的研究工作会很快跟上来。

几年来，康健等同志为搜求、整理、翻译彝族古典文学遗产孜孜不倦、不畏艰难，他们所做的努力和所付出的辛劳，令人感佩。在《论彝诗体例》一书即将付梓之际，奉上寥寥数语，以示祝贺。

是为序。

1988 年 7 月 7 日于北京

开中原神话调查研究之先河

——《中原古典神话流变论考》序①

张振犁同志多年苦心经营的学术著作《中原古典神话流变论考》就要出版了,他到北京来,要我为他的书写一篇序。这件事实在叫我为难。我虽然在许多场合下(包括一些会议上和我的文章里)支持过他的这项研究课题,但真要作一篇序,则深感缺乏真知灼见,因此不敢答应。我毕竟拗不过他。不久前他又借来京的机会同我商谈,我只好从命。

记得我同振犁初次见面,是在北京西山召开的中国民间文艺研究会第二次学术年会上。那时,我在《文艺报》工作,组织上有意调我到民研会来工作,因而有幸出席了那次会议。开会之前,我曾给胡乔木和周扬同志写了一封信,把3月20日是钟敬文先生80寿辰的事报告给他们。周扬同志接到信后,很快就给钟先生写了一封祝贺生日的信。信里说:"您从事民间文学和民俗学研究,勤勤恳恳,数十年如一日,成绩卓著,众所共仰。"参加学术会议和工作会议的同志们决定为钟先生开一个会,庆祝他从事民间文学事业60周年。我自告奋勇去请周扬、林默涵、林林、赵寻等文艺界的领导同志和钟先生的老朋友。张振犁是钟先生的高足,我就是在这个会上认识了他,他那儒雅的风度引起了我的注意;钟先生向我谈到他时,也流露出老师对得意门生的那种满意的神情。后来,我读了他带领学生与河南民研会合作搜集的中原神话以及他

---

① 张振犁:《中原古典神话流变论考》,上海:上海文艺出版社,1991年。

写的几篇调查报告，才对他有了较深的了解。

为了推进我国民间文学事业的发展，我的设想是把理论建设抓上去，培养一支理论队伍，从而建设我国自己的以马克思主义为指导的民间文艺学理论体系。这个设想得到了当时担任中国文联主席兼中国民间文艺研究会主席的周扬同志的首肯和支持。于是，才有1984年5月22—28日峨眉山全国民间文学理论著作选题座谈会的召开。会上大家确定理论工作的方针是"全面规划，重点突破"，而神话研究就属于"重点突破"的项目。《中原古典神话流变论考》这个选题，就是在那个会上确定下来的。同时还确定了不少选题。近几年来，神话学方面的选题大都陆陆续续完成并出版了，中国神话学也由于这样一大批学术著作的簇拥而出而傲然挺立于学坛上了。事实证明，当时的规划和选题重点的确定，是符合实际情况的，是起了作用的。

振犁同志的中原神话研究，是以实地考察为基础的一项极富意义的研究工作。这项规模宏大的研究在神话理论上所提出的问题，在我看来，则更为意义深远。比如1987年他的这部论著的打印稿送到一些研究者手里的时候，恰逢中国神话学会在河南郑州召开第一届神话学术讨论会，其间学者们讨论了"中原神话现象"和张振犁的著作，那时我就触及这样一个问题："一个民间作品能有多长的生命力？"这个问题是苏联汉学家李福清在研究中国的孟姜女传说时提出的。孟姜女的传说在中国本土上流传已有两千多年的历史，尽管情节略有变化和删减，但其基本情节却是保留下来的。而中原神话中的人物和情节，无论是创世造人、治理洪水、三皇五帝，在民间存活的历史，比起孟姜女来则更悠久邈远。居住在比较边远的崇山峻岭中的一些少数民族中，至今还保留着比较原始的神话传说，这一点是不会引起学术界惊异的，但对于居住在并非边远山区、又非远离文明的中原地区，至今还保留着有原始思维形式特点的神话传说，则是一件非常值得研究探讨的事情。因此，我认为对中原神话的研究探讨，是有全国意义的一项课题。我在中国神话学会首届学术研讨会的这次发言，后来收在1988年出版的文集《原始艺术与民间文化》中。我所论述的这个问题，不料引起了远在大洋彼岸的德籍哥伦比亚学者李复华先生的注意，他给我来信，从这个问题入手同我探讨人类思维的发展与神话演变的关系，其立论的根据和理论的深奥，倒是能给我们东方人的思想方法以启示。

话扯远了，再回过头来谈神话作品的历史究竟有多长？中外学者们公认的一点是，神话之为神话，就在于它的神圣性，即西方学者所说的"神圣的叙述"，讲述者、演颂者将他们所讲述或演颂的神话信以为真，崇信不疑，如若失掉了这一基本特征，神话就变质了，就不成其为神话了。但是，不能不看到，神话是在历史演变中成为神话的，因此，也不可能不在历史演变中发生着历史化、现实化、科学化、宗教化的变革。一个原始神话的内核，经历过朝朝代代、千年百年的传承，就像滚雪球一样粘连上层层的外延物，当然也免不了在某个时候，因某种因素而失落了些什么。我以为中原神话大体就是这种情况。原始的内核、历代的不同积层、历史的失落以及与这些现象有关的社会与自然，都应该加以探讨，这种探讨有助于人类对自身的认识。振犁在这方面的劳动是很有价值的贡献。

河南、湖北、陕西一带中原地区，是中华民族的发祥地之一[①]，产生并发展于此地的中国远古文化，在中华民族文化传统中占有重要地位。当然，研究中华文化的源流和发展，最直接的材料是古来留下来的史籍与地下埋藏的文物，这是毋庸置疑的。但蕴藏于民间、靠口传方式承继下来的文化（包括巫、民俗、礼仪、神话、传说等等）也不容轻视或忽略。君不见那些有关造人的英雄女娲、伏羲的神话是那样地古朴稚拙而栩栩如生，那些出自山野老夫老妇之手的泥泥狗泥塑，还叠印着

---

① 20世纪60年代以前，我国考古界有一种强有力的观点，认为我国远古文化的中心在黄河流域，更具体地指为黄河中游的陕西、河南及山西、河北局部地区。在当时发掘与研究条件下，认为古史传说中的三皇五帝乃至古史文献中的夏、商、周的主要活动地区——黄河流域即代表了华夏即中国传统文化的主体，是合理的；但很快，随着考古发掘的扩大、深入，中国远古文化的多中心说越来越占了上风。

《山海经》时代的那些怪异形象和荒诞思维吗！这些材料使我们生出许许多多的遐想，也许这些遐想借助于深入的考察和思索能把我们带到学术研究的彼岸。比如，中原神话与民俗的研究已经取得了成绩，中原神话与巫文化的关系，不是更值得钻探的一个相当广阔的"掌子面"吗？从安阳的甲骨发掘起至今，越来越多的中原巫文化遗迹或遗韵被人们所认识、所掌握，中国远古文化（包括中原神话）与那普遍存在于各阶段社会成员中间的巫文化是什么关系呢？至少中原神话是无法与中原巫文化脱尽干系的。这种研究对于中原文化（包括中原神话）的定性分析，对于中国社会成员主体的世界观的定性分析，将是一把钥匙。

这些年来，振犁甘于寂寞，徜徉于古老而又新鲜的神话材料中，奔走于山野古道上做着执着而有趣的探索，很值得我敬佩。这种默默无闻、埋头钻研的品格，在当今是十分难得的。不禁使我想起《红楼梦》里林黛玉的《问菊诗》来："欲讯秋情众莫知，喃喃负手叩东篱；孤标傲世偕谁隐？一样开花为底迟？圃露庭霜何寂寞？雁归蛩病可相思？莫言举世无谈者，解语何妨话片时。"振犁在"圃露庭霜"之中培育出了一棵丰硕的成果，我真为他高兴。谨作此文为序。

1990 年 5 月 23 日于北京

中国新文艺发展中的民间文学

——《中国新文艺大系（1937—1949）·民间文学集》导言[①]

发轫于 1918 年的中国歌谣运动，由于一大批开拓者的披荆斩棘，奔走呼号，到 1937 年抗日战争全面爆发，走走停停、停停走走度过了 20 个春秋，终于在布满顽石和荆棘的荒原上，开出了一条依稀可见的小径，结束了它的步履艰难的草创时期。

战争改变了一切，一切为了战争。"七七事变"之后，由于国民党实行不抵抗主义，使形势急转直下，先是平津失守，华北沦陷，继而把战火烧到了南京、武汉、长沙，接着粤西告急，全中国被投入了战争的深渊。

在这民族危亡的严重关头，中国的知识界，包括从事民间文学的人士，发生了大分化。有的卖身求荣，当了汉奸；有的不甘做亡国奴，逃亡到了大后方；有的投笔从戎，上了打击侵略者的前线；有的毅然奔赴延安。尽管战乱不已，生活颠沛流离，仍然有一大批热爱中华本土文化、中国民族传统的民间文学家、作家、文化工作者，在极困难的条件下坚持着五四新文化运动开拓的道路，进行民间文学的搜集、出版、调查、研究以及推广事业，并且做出了足以彪炳青史的可喜成就。当我们认真地研究了这段时期的材料后，可以毫不夸张地说，1937—1949 年，无论是调查搜集还是学术研究，都堪称是中国现代民间文艺学史上一个辉煌的时代。

[①] 刘锡诚主编：《中国新文艺大系（1937—1949）·民间文学集》，北京：中国文联出版公司，1996 年。该《导言》首发于《新文学史料》1992 年第 3 期。

抗战时期搜集工作概貌

大革命失败后,在白色恐怖的笼罩之下,散布于各地的民间文学报刊就陆续停刊了。抗战爆发后,复刊一年零三个月的北大歌谣研究会主办的《歌谣》周刊,也在出版三卷十三期之后于1937年6月底停刊了,沦陷区的许多学者、文化人纷纷逃亡到南方,平津成了文化空白。也有游学多年从事民间文学搜集研究的人士,上了前线,无暇再顾旧日的行当。传统民间文学的搜集工作,不大可能再像前一时期那样活跃,相对处于消歇阶段。但是,不少爱国文化人士(包括民间文学专门家)为了对付日本帝国主义对中国人民的奴化教育,利用其他书刊不易出版的环境,纷纷将手头上已经掌握的民间文学作品编辑出版,以此向中国广大读者、特别是青少年读者进行民族精神、民族传统和中国民族文化的教育。这些琳琅满目的民间文学出版物以乡土教材的面目流传于世,不仅能在读者中唤起爱国家、爱家乡的强烈感情,起了思想教化的特殊作用,而且为民间文艺学这门年轻的学科积累了资料。

沦陷后的北平和孤岛时期的上海,出版了不少民间文学的普及读物。如北平的民间社、曲园出版社,上海的正气书局、国光书局、儿童书局、大方书局,等等,出版了不少这类图书,它们的功绩是不能抹杀的。这些朴素而又充满机智和趣味的民间作品,给处于水深火热中的人民群众以正义、乡情的启迪与生活的鼓舞。

从民间文艺学的角度来考察,特别值得提出来加以注意的是方明整理、上海元新书局出版的《民间故事集》和作家王统照编、上海儿童书局出版的《山东民间故事》这两本书。这两本书分别出版于1937年的3月和8月。其中所收录的民间故事,都是由搜集者直接从民间搜集记录而来,首次公开发表的,而不是像有些集子那样从现成的选集中转载过来的。《民间故事集》中的27篇民间故事的搜集者是曾宪敏、林秀容等多人,可能是某地中小学的教员。根据受义所撰序言来看,方明所以选编这部民间故事集子，是为了向儿童提供一部上好的读物。"根据我们的思想，情感，想象能力和兴趣"选辑出来的"好食品"，能够"领导我们从幻想到真实，从迷信到真理，从个人的享乐主义到大众的集团里去；让我们往创造、革命的路上走"[①]。在这本故事集中，收录的大部分是社会生活故事，如两兄弟型故事《小狗耕地》《继母》《呆女婿》《可恨的嫂嫂》等，这类故事具有明显的道德指向和训诫意义。也有相当比例的幻想故事，如《牛郎和织女》《凝翠晓钟》《聚宝盆》《姑姑鸟》等，以其瑰丽诡谲的幻想和曲折迷离的情节折射着俗凡的人生。在这些故事中，有些是其他毗邻地区或省份也有的故事，起码其骨干情节（母题）是相同或大同小异的，也有充满浓郁地方特色的（如《皮狐子娘》）。

《山东民间故事》的编者王统照先生是文学研究会的发起者之一，又是当代著名的文学家。他的长篇小说《山雨》问世以后，遭到国民党书报审查机构的查禁，人身安全也面临危险，遂于1935年出游欧洲。1936年回国后由上海回山东诸城老家住了半个月，他的在当地当小学校长的侄子王志坚呈给他一部民间故事集给他过目，后他带回上海，挑选其中28篇编为一册，由陈伯吹主持的儿童书局出版。如果说方明在编选时只是重视了作为儿童精神食品的价值的一面，作为作家兼学者的王统照在他编的集子里，则不仅第一次向读者展现了胶东几个县的民间故事，而且触及了民间故事学的一些普遍问题，具有一定的学术性和科学性。这28篇故事是由小学生们从他们父母兄弟中间记录下来的，没有知识分子的那种加工和曲意文饰。因此，从这些作品中透露着普通老百姓的朴素的民风和对世事的见解，乍看起来，也许会觉得那不过是些幼稚糊涂的观念，只要稍加深究，就会发现其中所包含的真理。

广州中山大学历史语言研究所民俗学会顾颉刚、钟敬文、容肇祖等民俗学家创办《民俗》杂志和民俗传习班，在南方接过北京大学风俗调查会与歌谣研究会的传统。但到1933年6月13日出版第123期之后

[①] 方明：《民间故事集·序》，上海：上海元新书局，1937年。

就休刊了。事隔3年，由杨成志先生主持复刊，1936年9月15日出版了复刊号（1卷期）。复刊后的《民俗》一改前期《民俗》的风格，一般不再发表民间作品，偏重发表学术研究成果和调查报告。抗战爆发后，中山大学迁至粤北坪石，研究所组织了广东北江瑶人考察和乳源瑶人考察，其调查报告发表在《民俗》第1卷第3期（1938年）和第2卷第1—2期合刊（1943年5月）上。这两个考察是民族考察，对瑶人的民俗文艺较少注意，因而没有民间作品发表出来，实在是一桩憾事。复刊后的《民俗》第1卷第4期（1942年3月）发表了梁瓯第的《西康的民歌》，第2卷第3—4期合刊（1943年12月）发表了张嵌坡的《岭南的客家民歌》。仅此而已。曾经在中大和杭州主办民俗期刊的钟敬文，抗战爆发后不久，就到前线去做宣传工作，撰写报告文学，后来又转到学校执教，没有机会再重新捡起他曾执着迷恋过的民间文化了。他自己在一篇文章里说："抗日战争时期，前期因为主要在广东前方从事救亡工作，写了许多报告文学、抒情诗及带火药味的文艺短论，关于民间文学艺术的论文，记得只写过《民间艺术探究的新开展》。后期在粤北中山大学教书，也年年讲授民间文学课，但是，很少写作关于民间文学的论文。"[①]

抗战期间，民间文学搜集与研究的中心，转移到了西南——大后方。平津陷落后，北京大学、清华大学和南开大学迁到了长沙，组成了临时大学。不久，长沙又面临敌机轰炸，复又迁到昆明成立西南联合大学。上海的大夏大学迁到了贵阳。中央研究院迁到了昆明，后又到了四川南溪的李庄。由于时局的变化，西南四省——云、贵、川、湘集中了一大批文人学者，加上当地的文化界人士，形成了雄厚的学术力量。他们从文艺学、民俗学、语言学、社会学等不同角度，对当地的若干民族的民间文学进行了有组织、有计划的调查与搜集。西南地区的民间文学调查与搜集，较之20年代和30年代初期所进行的个人的搜集，不仅范

[①] 钟敬文：《民间文艺谈薮·编后小记》，见《钟敬文生平·思想及著作》，石家庄：河北教育出版社，1991年，第234页。

围有了较大的开拓，而且学术水平有了较大的提高，这种在调查的基础上的搜集，以其卓著的成就，揭开了中国现代民间文学运动史上崭新的一页。

较早进行这类民俗文学调查的是中央研究院历史语言研究所的民族学家凌纯声和芮逸夫。1938年出版的史语所的期刊《人类学集刊》第1卷第1期公布了他们1933年5—8月在湘西的凤凰、乾城、永绥三县边境地区对苗人进行民族调查时所得的几个洪水神话[①]。1947年又出版了《湘西苗族调查报告》一书。该书上册为调查报告，下册为民间文学作品。凌、芮二人在澳门把详细调查采录的故事分为四类，即：第一类神话；第二类传说；第三类寓言；第四类趣事。其实这第三、四类就是一般所说的民间故事。这些故事，其中一部分是他们在详细亲听苗人讲述随时记下来的；一部分是他们的苗族助手，乾城的石启贵、凤凰的吴文祥和吴良佐从当地苗族讲故事人记录下来的。他们说，在记录这些故事时，严格地遵循着民俗学和语言学的科学要求，为了读者读得顺，他们只在文字上略加修正，绝未改动原来的意义。

在长沙立足未久的临时大学，一方面由于敌机的威胁，一方面为了更大的计划和使命，于1938年春天决定迁址昆明。一路乘火车赴广州，转香港，经海防由滇越铁路去昆明。一路则由二百人组成"湘黔滇旅行团"，徒步向昆明进发。大家不虚此一行，加入步行团的教授和学生，分别成立了各种沿途考察的组织，民间歌谣组就是其中之一。闻一多先生是参加步行团的四位教授之一，他担任民间歌谣组的指导，而且沿途对少数民族的习俗、语言、服装、山歌、民谣、民间传说做调查。当时跟随闻一多采风的北京大学中文系学生马学良回忆说："每到一处山寨，他顾不得安排住处，也顾不得旅途的疲劳，一到宿营地就带着我们几个年轻人走家串户，采风问俗。他在破旧的村舍里和老乡们促膝长谈，谁也看不出他是中外著名的教授和学者。他兴味十足地观看少数民

---

① 见芮逸夫《苗族的洪水故事与伏羲女娲的传说》，《人类学集刊》1938年第1卷第1期。

族青年男女的舞蹈，并从中考证《楚辞》与当地民俗的关系。他喜欢去茶馆酒楼闲坐，听素不相识的老乡论古道今，了解当地的风土人情。他亲自指导同行的原南开大学学生刘兆吉沿途搜集民歌民谣，到昆明后整理成《西南采风录》，并亲自为之作序。"①

　　从长沙至昆明三千余里，路经大小城池三十余座，村镇不计其数，步行团走了68天。刘兆吉在闻先生指导下沿途采风，采得各地区、各民族民间歌谣二千多首。他每到一地，在田畔、牧场、茶馆、街头，向遇到的农夫、儿童们搜集，沿途访问中小学、民众教育馆、教育局和其他文化机关，并请他们代为搜集，从街头、墙垣、庙宇墙壁上的涂写中搜集，并且搜集当地印行的各种歌谣印本和抄本。这本《西南采风录》中所录的歌谣，不仅有在三千多里广袤地区都有流行的情歌（七言四句式），而且也有即席编唱的"抗战歌谣"和"民怨"歌谣，强烈地反映出民心的背向，虽然没有什么技巧，却可以作为民众敌忾的见证。朱自清也为此书作了序，他高度评价了刘兆吉的采风成果："他以一个人的力量来作采风的工作，可以说是前无古人。"② 朱自清指出了他采风的特点是：与五四以后新文化运动初期北大歌谣研究会的前辈们不同，那时一方面行文到各省教育厅，请求帮助，另一方面提倡私人采集，这些人的采集，大概是请各自乡里的老人和孩子，由于是同乡，不存在语言和习惯的隔膜。而刘兆吉的采风，却是在外乡、外民族，遇到的问题和困难更多。但他同时搜集了湘、黔、滇一部分地区的民歌，不仅对认识民歌的源流与变迁，而且对认识社会风尚提供了弥足珍贵的资料。

　　由上海迁至贵阳的大夏大学的社会学家们，对民间文学的搜集与研究做出了令人瞩目的成绩。该校于1938年春设立了"社会经济调查室"，旨在调查与研究西南少数民族的社会与经济，一年以后又改名为"社会研究部"，把重点转向了社会状况和民俗材料的调查与研究上。由社会学家吴泽霖主持的这一机构，曾先后到安顺、定番、炉山、下

---

① 马学良：《记闻一多先生在湘西采风二三事》，见《楚风》1982年第2期。
②《西南采风录·序》，北京：商务印书馆，1947年。

江、都匀、八寨、三合、荔波、都江、榕江、永从、黎平以及广西的三江、融县等调查社会状况和民俗资料，并主编《社会研究》（以《贵州日报》副刊形式发行）期刊，出版"贵州苗夷研究丛刊"：《贵州苗夷歌谣》《贵州苗夷社会研究》《贵州苗夷影荟》等著作。吴泽霖调查记录了贵州花苗的兄妹婚神话、大花苗的古歌《洪水滔天歌》、八寨黑苗的洪水遗民神话以及炉山等地的短裙黑苗的洪水神话。① 陈国钧到下江一带深山中的生苗（少与外界交往的一支苗族）进行社会与民俗调查，用国际音标记录了三则生苗的人祖神话，其中有一则是诗体的，长达488行，是演唱时记录的。据作者说，这三则生苗的人祖神话，是最为普遍的三则，"散布于生苗区的每个角落"，内容结构虽然有些出入，但却都是从同一个"母胎"衍化出来的。这个"母胎"就是："古时候曾经有一次洪水泛滥，世上人类全被淹死，只有两个兄妹躲免过。后来洪水退却，这对兄妹不得已结成夫妻，他们生了一个瓜形儿子，气极把这瓜儿用刀切成碎块，撒在四处，这些碎块即变成各种人了。"② 大夏大学社会研究部对贵州各民族各地区歌谣的搜集成绩尤为突出，仅陈国钧一人就搜集到几千首歌谣，涵盖黑苗、花苗、红苗、白苗、生苗、花衣苗、水西苗、仲家、水家、侗族等，他从中选择出一千首编成《贵州苗夷歌谣》厚厚的一册。③ 其他人员，如吴泽霖、杨汉先、张少微、李植人在搜集歌谣方面也各自有所贡献。④

对西南少数民族民间文学进行调查，搜集了大量材料，对我国民间文学事业贡献殊多的，还有当时也迁到昆明、1940年后又迁到川南南溪县李庄的中央研究院的一批学者。原为杭州艺专的学生，后成为中

---

① 吴泽霖：《苗族中祖先来历的传说》，见《贵州苗夷社会研究》，贵阳：文通书局，1942年。

② 陈国钧：《生苗人的人祖神话》，见《贵州苗夷社会研究》。

③ 陈国钧：《贵州苗夷歌谣》，贵阳：文通书局，1942年。

④ 参阅李德芳《三四十年代我国社会学者对西南民族民间文学的研究》，见《民族文学研究》1989年第3期。

央博物馆研究人员的李霖灿，1939年也在抗战促成的大迁徙中来到了昆明，抱着绘画的目的去了丽江的玉龙山，被纳西族（当时译名通用么些族）东巴经里的民间故事所吸引，改变了终身的事业。他在纳西人和才的帮助下，搜集了几十个东巴故事，其中包括几个创世神话。《敦和庶的故事》是关于人类始祖某莉敦孜的神话，曲折地反映着人类早期的氏族斗争的情景。中华人民共和国成立后搜集翻译的《董述战争》（或称《黑白之战》），与此是同一神话的异译。《洪水故事》是人类在洪水之后再传的神话。这些纳西族（么些族）的传说故事的搜集与翻译，大大推动了对纳西族文学艺术、宗教、哲学和社会的认识与研究。可惜的是，这些材料在二十年之后才在台湾发表。①

与李霖灿搜集纳西族传说故事的时间相近，1940年冬，中央研究院历史语言研究所的芮逸夫与傅斯年的研究生胡庆钧从临时所址李庄出发赴川南之叙永县鸦雀苗居住地进行婚丧礼俗田野调查，搜集到仪式歌多首，对于研究鸦雀苗的礼俗和口头文学有相当价值。可惜的也是拖了二十年才与读者见面。② 当时也在李庄的，还有原是北京大学文科研究所助理研究员的马学良，由于中央研究院史语所与北大文科研究所合并，他也是中央研究院的研究人员了。他长期在云南彝族地区进行彝语学习和彝族民族调查，与彝胞朝夕相处，搜集了大量彝族的民俗、信仰以及神话、传说和故事。他所搜集的神话、传说和故事，如《洪水》《八卦》《山神》等都发表在方国瑜等人创办的《西南边疆》和《中央研究院历史语言研究所集刊》《边政公论》等期刊上。由于他是语言学家，又在西南联大大迁徙中跟随闻一多采过风，他所搜集的彝族口头文学，都是从讲述者口中原原本本地记录下来的。他崇尚马林诺夫斯基的学说，反对平面地搜集，主张立体地搜集研究，所以他搜集口头文学又同

---

① 李霖灿：《麽些族的故事》，见台北《"中央研究院"民族学研究所集刊》1968年第26期，其中第二部分为《麽些族的故事八篇举例》。

② 芮逸夫、管东贵：《川南鸦雀苗的婚丧礼俗》（资料之部），台北："中央研究院"历史语言研究所单刊甲种之23，1962年。

搜集研究彝族的宗教、信仰、民俗结合起来。

上海之江大学史学教授徐松石从1927年起到1940年间数次到广西桂北、左右江流域、黔西、黔中、黔南、广东粤江流域旅行调查风土人情，研究粤江流域人民史和泰族、僮族、粤族源流，其中也注意搜集少数民族的神话传说。他搜集到的桂北苍梧一带流行的《竹王的故事》以及手抄歌本《盘皇书》（忻城县瑶人）和苗民谱本，具有相当高的民俗学和历史学价值。①

西南地区当时还有一些对民间文学感兴趣的外地来的文化人和当地的文化人，对民间文学事业的发展做出了各自的贡献。首先应提及的是诗人光未然。1939年1月他率抗敌演剧第三队由晋西抗日游击区赴延安；3月间写了著名组诗《黄河大合唱》，经冼星海谱曲后广为流传，成为抗日军民的一支号角。皖南事变后，被迫从重庆流亡缅甸；1942年回到云南，在路南县一所中学里教书。他根据彝族青年学生毕荣亮提供的讲述，记录、写定了彝族支系阿细人的民间长篇叙事诗《阿细的先鸡》，于1944年2月由李公朴主持的昆明北门出版社出版（"先鸡"是阿细语，即"歌"的意思。中华人民共和国成立后，中国民间文艺研究会将其收入"民间文学丛书"由作家出版社出版时，改为《阿细人的歌》）。光未然是诗人，为了把这部民间叙事长诗翻译、写定，曾经研究彝语语法，在"发音人"（讲唱者）的帮助下，搜集神话传说和社会生活方面的其他口传材料。他说，他在写定时，是忠实于原作的，只是在某些不连贯的地方，才做某些修补。这一点，他在解放后为新版本所写作的序言中作了交代。

当时也在西南过着流亡生活的北京大学文科研究所语音乐律实验室的语言学家袁家骅，参加路南县政府编修县志的工作，在路南读到光未然整理的《阿细的先鸡》北门版后，就想找到"先鸡"的原文。他找到了光未然记录整理《阿细的先鸡》的"发音人"毕荣亮，用国际音标

---

① 徐松石：《粤江流域人民史》，北京：中华书局，1939年；《泰族僮族粤族考》，北京：中华书局，1946年。

再次记录了这部叙事诗,这就是1951年由中国科学院印行的《阿细民歌及其语言》。袁家骅在他的国际音标记音、阿细语—汉语对译、汉语意译本的第一章里写道:"光未然先生写定的汉译,给我们介绍了这部长诗的内容,但是他凭歌者的解释,对于'原文'难以兼顾,所以译文在润饰上有卓越的功绩,而于原文的真相和细节也许不能完全传达。歌词并不大固定,歌者所凭的是记忆和兴会,所以光译和我的记录并不能完全符合,更不可能句句符合。"① 这种情况在民间口头作品说来是极其正常的,由于歌词是不固定的,有些地方甚至由歌者即兴编唱,多有增删。况且光未然搜集记录于1942年,写定于1943年,袁家骅记录于1945年下半年,他们的共同的"发音人"(讲唱者)毕荣亮已经由一个中学生变为一个24岁的成熟青年,他接触了汉人的新思潮,有着较为广泛的社交,尽管同是出自他一人之口,自然会有所变异的。1958年,中国作家协会昆明分会和昆明师范学院1955级的部分学生,组织了云南省民族民间文学红河调查队,在弥勒县又搜集记录了一种《阿细的先鸡》的新的异文,主要的"发音人"(讲唱者)是盲歌手潘正兴。② 新异文当然与光未然的写定本是不同的两种文本。光未然在1952年底为《阿细人的歌》新版所撰序言中说:"《阿细人的歌》是一部活的口头文学,在实际演唱的场合,往往要随着演唱的环境和对象发生若干变化,添加若干灵巧的诗句,并在一唱一和的互相酬答中发挥若干新的创造。毕荣亮君告诉我,如果让他回到自己的山村,找到适当的对唱的对象,他可以连唱四天四夜也唱不完。"③ 这是行家的话,自有真理在。《阿细人的歌》今后也还可能有新异文被记录写定。光未然和袁家骅的工作为我国少数民族民间文学作品的科学记录和写定打下了基础,做出了

---

① 袁家骅:《阿细民歌及其语言》,北京:中国科学院出版,1953年,第4页。
② 云南省民族民间文学红河调查队搜集翻译整理:《阿细的先基》(中国民间文艺研究会主编"中国民间叙事诗丛书"),北京:人民文学出版社,1960年。
③ 光未然整理:《阿细人的歌》(中国民间文艺研究会主编"民间文学丛书"),北京:人民文学出版社,1953年。

贡献。

从大西北的兰州，辗转来到重庆的张亚雄，是一名新闻记者。他把他十年来在做新闻工作的同时，从牧童、脚伕、小工、车夫、雇农、学生、排字工友以及各阶层的文化人和朋友中间搜集起来，珍藏在贴身之处的一部《花儿选》的原稿，带到重庆，于1940年由青年书店出版。花儿是西北广大地区流行的民间文艺形式，但此前并没有人去搜集记录过，《花儿选》的出版使我国出版史上有了"第一部"（花儿）。该书是搜集者由手头积累的两千首花儿中挑选出来，共计六百首，实属洋洋大观！这部民歌集的特点是，在每首花儿的后面附有注释，对于读者对花儿及其社会民俗背景的理解，是极为有益的。

抗战期间，西南地区有一些期刊，如昆明出版的《西南边疆》，成都出版的《康导月刊》和《风土什志》等，都比较注重发表民间文学作品和理论研究，对于西南地区形成我国民间文学运动的中心地位，起过一定的作用。《西南边疆》是方国瑜等人于1938年10月创办的，以云南大学西南文化研究室的那些人类学家和历史学家为后盾，陆续发表了一些云贵川的民俗、神话论文和民间作品，除了上文提到的马学良外，楚图南的《中国西南民族神话之研究》长文，白寿彝的《关于咸同滇乱之弹词及小说》，都是在这家期刊上发表的。《康导月刊》是西康省的刊物，1938年9月25日创刊，几乎每期都刊有西康和西藏两省藏族的民俗、民间故事和民歌。王铭琛用五言译的《康藏情歌》就是在该刊分期连载的。陈宗祥译的藏族史诗《格萨王传》序幕之一、序幕之二，发表在该刊第6卷第9—10期合刊上（1947年1月出版）。[①]《风土什志》创刊于1943年9月30日，发行人樊凤林，编辑有谢扬清、雷肇唐、萧远煜、裴君牧、杨正苾，其宗旨在于弘扬西南地区的乡土民俗文化，团结了四川的一批作者，其中包括作家李劼人。该刊是一本32开的杂志，文章篇幅不能太长，因此常常发表一些各地的民俗随笔、民间故事和民

---

① 据传该刊在出版这一期后，就停刊了，所以《格萨王传》后面的章节未能读到。确否，因北京资料不全，不做定论。

歌，趣味性较强，是一份大众读物。但也发表过像《格萨王传》这样价值很高、篇幅不算很短的作品片断。

抗战时期各地的文艺刊物，一般很少发表民间文学作品，间或也能看到一些，主要是抗战歌谣，能够配合抗日，鼓动人民抗战的。如1938年5月在武汉创刊的《抗战文艺》，1940年在成都出版的《战时文艺》等，大致都是这种情况。

抗战时期民间文学运动的特点

抗战时期的民间文学运动，作为中国现代民间文学运动史上一个重要的阶段——发展时期，无论从文化思潮的角度，还是从理论成就或工作实绩的角度来看，都呈现着若干显著的特点。

（一）民间文学被当作民族精神、民族传统的体现和民族间血缘关系的纽带，而得到阐发和强调，成为抗战时期民间文学理论研究乃至整个民间文学运动的主旋律和重要特点。抗战爆发，在民族和国家处于危亡之际，民族的不屈精神在民众中空前高扬，民族的凝聚力空前加强，在这种情势下，平日被掩盖着的、不被人们注意的民间文化，上升为民族精神和民族传统的体现者，民族间血缘文化关系的纽带。这种情况的出现，不只是在我们的国家。在世界上，凡是处于民族危亡关头的民族，其发自普通老百姓的肺腑的民间文学，往往成为体现该民族不屈精神和牢固民族传统的表现，尽管不一定是唯一的表现。爱尔兰民族曾长期被英国所统治，但爱尔兰人从不屈服，从不放弃自己民族的传统，他们的民歌、民间叙事诗、传说，就成为该民族传统的最宝贵的遗产。芬兰民族在十二世纪前后曾经沦为瑞典和俄国的统治，生活于水深火热之中，但他们的鲁诺（民歌）就成为他们斗争的力量和慰藉，后经隆洛德（Elias Lönnrot）连缀整理为芬兰民族史诗《卡勒瓦拉》，成为芬兰民族精神和民族传统的集中代表。可以断言，民间文学是与一个民族的命运联系在一起而不灭的。抗战时期的中国，情形正是如此。

民俗学家、神话学家们在我国南方民族中间发掘和记录的一些神话，证明与较早的中原地区的古代神话有若干相似或相通之处，后者在历史的变迁中已经变得残断不全、形迹模糊了，而前者却依然活生生地存在乡民的记忆里和口头上。民俗学家和神话学家们以南方民族现存的社会组织、礼俗、信仰等民族志材料，揭示了神话中隐匿着的先民的图腾制度，如龙蛇图腾、鸟图腾、槃瓠图腾等等，从而反映了居住在中国领土上的各个民族，包括古代居住在东部沿海一带的东夷部族，同西南的越濮民族，有着文化血缘关系。当时，图腾制度的研究形成学术界的一个热点，发表了很多文章。其时正在贵州大学、贵阳大夏大学社会学系任教又曾到黔东南荔波水族进行过实地调查的岑家梧，对于图腾制度所做的研究最有代表性。他撰于1940年的《槃瓠传说与瑶畲的图腾制度》，把古籍的考稽与民俗学的调查材料结合起来，论证了苗、瑶、畲、黎等民族的血缘文化关系，说："我们从槃瓠传说及瑶畲的图腾习俗加以考察，决定瑶畲确为《后汉书·南蛮传》所述的槃瓠子孙。"[①] 这些问题虽属学术问题，在当时提出并为许多学者所重视和关注，并不是没有现实意义的。即使撇开现实意义，从民俗学和神话学的学科建设来说，这类研究，特别是相当可观的新材料的发掘记录，大大推动了中国神话学的研究水平。

（二）如果说，"五四"以后至抗战前中国的民间文学搜集工作还只限于一些热心者个人的活动的话，那么，抗战时期由于许多民族学者、社会学者、作家和文化人的介入，已经转入有计划的调查为主的阶段。这种有计划的调查的作用表现在，一方面向广大读者层和学术研究界提供了我国一些少数民族的民间文学作品，而在此之前，少数民族的民间文学作品可谓寥寥可数；另一方面填补了我国民间文学、民俗学这门既古老又年轻的学科若干方面的空白，这就为进一步开展深入的比较研究打下了初步的基础，而这种比较研究，对于我们这个多民族的国家的民间文学、对于我们这个多民族国家的民间文化来说，是绝对需要的。有计划的调查的特点是，主持和参与调查采录的人员有一定的设

---

① 《西南民族文化论丛》，岭南大学西南社会经济研究所印行，1949年。

想，具备民俗学考察的素养，包括民俗调查常识和用国际音标记录少数民族语言的能力，具有多学科的知识，把民间文学调查和民俗、信仰，甚至社会调查紧密地结合起来，从而起到互相参照、相得益彰的效果。因此，也可以说，如果北京大学歌谣研究会时代周作人、沈兼士、顾颉刚等前辈学人提出和赞同的"文艺的，学术的"两个学术意向，还只偏重于"文艺的"一个方面的话，抗战时期的有计划的调查则达到了二者兼顾的要求，或者说在重视文艺性的同时，偏重于要求其学术性。应当看到，受时局和条件的限制，抗战时期的有计划的调查，还仅仅在西南地区实行，还只涉足了云南、贵州、湖南的部分地区、部分民族。从全国来看，情况是极不平衡的，当然也不可能平衡。对于其他广大地区来说，大部分还是个人爱好者在环境许可的条件下做个人的搜集，而且有些也很有成绩。

（三）多学科、多学派、多角度的研究，克服了以往某些学者中单一研究的弊端，综合的、纵深的、专题的研究取得了长足的进展。中国民间文学运动的发生阶段，几乎仅仅是文艺的采集与研究。到了20年代末以及整个30年代，逐渐与民族学、人类学、社会学等学科建立了亲密的联系，在方法论上吸取了这些学科的方法。几年前，民间文学界曾经讨论过英国文化人类学中的人类学派对中国二三十年代民间文学界的影响。如果说二三十年代人类学派在中国民间文学界的影响占上风的话，30年代后半期和40年代，欧洲的社会学派和功能学派、美国的博厄斯学派的影响越来越大了。这与当时的社会情况和知识界的情况有密切的关系。受抗战时期的特殊历史条件的影响，迁移到西南的各大学和科研机构中的大批学者，以民族学、人类学和社会学者为主体，对当地少数民族的民间文学、风俗习惯、宗教信仰、社会制度等民俗事象进行实地调查，并将所获得的材料放到整个中国文化的大背景上进行综合比较。民间文学是这整个民间文化锁链中的一环，是在与其他诸种民间文化现象的联系与影响中而存在、而发展的，它不是孤立的、也不是书斋里只供赏玩的文学作品。在许多研究少数民族神话、传说的学者中，大多数人一般不再恪守人类学派那种把过去的作品仅仅看作"遗留物",以及不顾及部落内口传神话所表现的历史价值、在部落中的作用、不讲求神话的艺术价值的比较方法,而是充分重视口传神话所由产生的社会历史背景,与原始先民的信仰的关系,神话中所透视出来的社会的、人伦的古代信息与价值观,作为原始思维的产物的神话的艺术价值,等等。

社会学家们不仅在搜集少数民族的神话、传说、歌谣方面作出了成绩,在考察神话、传说的社会文化背景方面迈出了扎实的一步,而且对神话、传说的母题的考察和社会文化功能进行了极为有益的探讨。继民族学家芮逸夫在《苗族的洪水故事与伏羲女娲的传说》(1938年)中提出"兄妹配偶型"、洪水故事的地理分布大约北自中国北部,南至南洋群岛,西起印度中部,东迄台湾岛,并且进一步论证了所谓东南亚文化区,从地理上察看,其中心当在中国本部的西南,从而推论兄妹配偶型洪水故事或即起源于中国的西南,由此而传播到四方,① 吴泽霖和陈国钧进而就兄妹配偶型供水故事提出了若干有价值的探讨性见解。如关于神话中透视出的苗民(生苗、花苗、黑苗、鸦雀苗等他们曾亲自调查过的地区)对于血亲婚的观念,说明禁止血亲婚,优生的事实在他们的神话时代已被重视。吴泽霖说:"苗族神话中的兄妹结婚,妹都不愿意,一再提出条件后,始勉强答应,这很可以证明在这些神话形成的时候,兄弟姊妹间的婚姻已不流行或已在严厉禁止之列,否则何必提出几种几乎无法履行的条件呢?"又如陈国钧根据生苗的两则神话中一对夫妇生下的六个子女恩、雷、虎、龙、蛇、媚,论证了苗族与图腾的关系。吴泽霖曾经从师博厄斯,他遵从博厄斯的下列论点:"在一个民族的故事中,那些日常生活的重大意外事件,是附带插入故事中,或者用以当作故事中的主要情节。大部分关于民族生活模式的陈述,都很正确地反映他们的风俗。再者,故事中情节之发展,也很明显地表白了他们所认识的是非观念。……部落的神话材料,并不代表该民族关于人种学方面有系统的叙述,但是它也能指示该民族兴趣之所在。这些材料,可以代

---

① 《人类学集刊》1938年第1卷第1期。

表该部落的'生活传'。"他十分重视神话传说的社会文化功能的考察，不仅根据他在八寨各苗民中记录的神话、传说确认其中所述都不是开天辟地之后的第一代（第一个）始祖的故事，而是"人类遇灾后民族复兴的神话"，而且从神话中所提到的金属制品（铁器）判定神话产生于春秋以后，根据神话中关于火的起源，提出了苗族关于撞击生火的说法，从而打破了美国人类学家关于摩擦生火的单一见解。① 尽管在今天看来，他们的观点也许还有可讨论、修正、补充之处，但他们的开拓意义仍然是不能抹煞的。

闻一多是对抗战时期的中国现代神话学有很大贡献的一位学者。我很赞成这样的评价："闻一多结合了各相关学科的理论方法，在一个深远广阔的文化背景上，在各民族文化相互联系的整体中探求神话传说的内在本质和民族文化的基本形态，获得了一些有价值的结论和构想。他的研究与抗战时期神话学的发展趋势相一致。他与各方面从事神话研究的学者们一起，以现代科学方法开拓新的领域，有力地推动了中国现代神话学的进展。"② 我要补充的是，闻一多把口传的民族志神话传说材料与古典的神话传说材料加以综合、对比，以民族学、考古学、训诂学、文艺学的多种方法去考证、破译、研究、评说中国神话传说，在中国现代神话学史上开拓了新局面。他的《从人首蛇身像谈到龙与图腾》等论文，就是根据他在湘西见到的原始宗教神像结合民间流传的神话写成的。通过论证洪水的传说，考证汉、苗两族远古时代的关系，把研究领域开拓到兄弟民族的历史方面。朱自清先生热情地赞扬闻先生关于少数民族的神话研究是"给我们学术界开辟了一条新的大路"，而闻先生正是沿着这条大路，坚定而坦然地力排众议，写出许多独辟蹊径的著名

---

① 见吴泽霖《苗族中祖先来历的传说》和陈国钧《生苗的人祖神话》。前文发表于《贵阳革命日报·社会旬刊》第4—5期，1938年5月19日；后文发表于《社会研究》1941年第20期。后均收入《贵州苗夷社会研究》一书中。

② 郭于华：《论闻一多的神话传说研究》，《民间文学论坛》1988年第1期。

论文。①实际上，至今我们还在沿着这条道路继续探索前进。

复刊一年半又在卢沟桥事变后停刊的《歌谣》周刊，较之前期《歌谣》周刊来说，固然积累了一些歌谣（俗曲方面有所扩展）资料，在方法、研究水平方面说不上有什么大的进展。连他们的成员，也意识到了自己的落伍。②恰恰是西南、西北地区的歌谣研究，在《歌谣》所开启的传统下，达到了一个崭新的高度。如果要用简约的语言概括一下那个时期的研究特点的话，那就是他们把歌谣当作社会文化史的一个组成部分进行综合研究，力求发掘其民族性、地方性以及深厚的社会历史价值。民间故事的研究，比起抗战前民间文学领域里那一大群骁将（如钟敬文、赵景深、娄子匡等）所达到的成就来说，显然是黯淡的。卢沟桥事变前夕发表的几篇论文，如钟敬文《地域决定的传说》、叶德均《猴娃娘故事略论》、欧阳云飞《牛郎织女故事之演变》、娄子匡《孟姜女故事与人体牺牲习俗》、曹聚仁《白娘娘传说中的悲剧成因》、黄芝岗《粤风与刘三妹传说》都是值得注意的，可以看出当时民间故事研究思潮的趋向。当时在西南流亡的民族学者陈志良除了搜集研究西南地区的民间传说故事外，还曾撰写《沉城的故事》发表在《风土什志》上，把民俗资料与考证古籍相结合，用比较的方法剖析了内地的陆沉故事（即石狮子眼里出血的故事）与西南地区的洪水故事的联系。这可以看作是吸收西南地区神话传说研究的新方法而撰写的一篇有代表性的故事论文。

在回顾抗战时期民间文学研究的成就时，我们不能忘记顾颉刚、杨宽、吕思勉等历史学家，卫聚贤、杨堃、常任侠等考古学家、民族学家和美术史家对中国神话传说研究所作的贡献。限于本文的任务主要是叙述搜集工作的成绩，所以这方面的活动将另文研究。

---

①马学良：《记闻一多先生在湘西采风二三事》，《楚风》1982年第2期。
②参见魏建功《歌谣采辑十五年的回顾》，《歌谣》1937年第3卷第1期。

延安文艺座谈会的划时代意义

1942年5月在延安召开的文艺座谈会上，毛泽东发表了关于文艺问题的重要讲话，对于我国民间文学事业具有划时代的意义。

下面我想分四个方面加以分析。

（一）毛泽东在《讲话》中阐发"文艺为什么人"的问题时，批评、纠正了革命文艺工作者中间有些人瞧不起民间文学的倾向："他们在某些方面也爱工农兵，也爱工农兵出身的干部，但有些时候不爱，有些地方不爱，不爱他们的感情，不爱他们的姿态，不爱他们萌芽状态的文艺（墙报、壁画、民歌、民间故事等）。他们有时也爱这些东西，那是为着猎奇，为着装饰自己的作品，甚至为着追求其中落后的东西而爱的。"[①] 他是从文艺工作的角度讲作家们轻视民间文学的倾向的，他没有讲到民间文学的学术研究工作。他的讲话击中了我国文艺界的要害。回想五四新文学运动以来，有不少作家、评论家十分重视民间文学及其对作家文学的影响。鲁迅先生在《破恶声论》《汉文学史纲要》等著作中曾系统地阐述了他对民间文学的卓越见解。茅盾有一段时间曾专门研究过神话学，并且写过专著。文学研究会的成员郑振铎终生倡导民间文学和俗文学的搜集与研究，自己还写了著名的《中国俗文学史》。文学研究会的另一位成员王统照编辑了《山东民间故事》（上文已有提及），他所撰序言中，不仅论及民间故事的教化作用，还提纲挈领地谈到了民间故事类型学的研究和民俗学的研究的必要性。但是，遗憾的是"左翼"作家们却对民间文学极为忽视，瞧不起，甚至夸大其中的封建迷信和糟粕。毛泽东批评的不爱老百姓的萌芽状态的文艺的现象，是一针见血的。毛泽东的讲话，目的在解决革命文艺队伍的认识问题，以革命家的眼光，指出了民歌、民间故事等民间文艺的社会价值与文艺上的价

[①]《毛泽东选集》，北京：人民出版社，1966年，第858—859页。

值，号召革命文艺工作者在向人民群众学习的同时，也要重视向民间文艺学习；当然，讲话也指出了民间文艺中也存在着落后的东西，这些落后的东西，是历史的局限性，是应该予以扬弃的。毛泽东的这一论述，大大提高了边区和国统区许多文艺家对民间文艺本质的认识，其作用是历史性的。

（二）在《讲话》的感召下，边区的文艺家们纷纷下乡，一方面去加强思想感情方面的锻炼改造，了解群众的火热的斗争生活，另一方面，去收集蕴藏在老百姓之中的民歌和民间故事。延安的鲁迅文艺学院文学系、音乐系和中国民间音乐研究会的同志，在陕北各地进行了大规模的采风，最后由何其芳负责，张松如、程钧昌、毛星、雷汀、韩书田参加，将其编选为《陕北民歌选》，1945年由晋察冀新华书店出版。《陕北民歌选》的编定，是一项非常严肃而科学的工作，无论就积累民间文艺的材料和提供优秀民间文艺读物来讲，还是就我国民间文学的学科建设来讲，它都是一部难能可贵的选集。主持其事的何其芳没有看到书的出版，即受派遣去了重庆，在重庆他曾写作过《谈民间文学》和《从搜集到写定》两篇文章，阐发他对民间文学的基本观点和从陕北采风中得到的经验。[①] 中华人民共和国成立后，当《陕北民歌选》再版时，他曾将他写的《论民歌》这篇包括了许多精辟见解的学术论文作为"代序"，我们有理由将其看作陕北采风的一篇总结和重要文献。还有一些作家，在农村、前线深入生活的过程中，和老百姓、战士打成一片，搜集了一些各个时代的民间故事。如李季、康濯、李束为、董均伦、贺敬之、闻捷，等等。1946年10月由太岳新华书店出版的《水推长城》（张友编），1947年5月、8月、10月由冀南书店、华北新华书店、晋绥边区吕梁文化教育出版社分别出版的《地主与长工》（马烽编），1946年3月、7月、8月由吕梁文化教育出版社、华北新华书店、晋冀鲁豫军区政治部分别出版的《毛泽东的故事》，1947年9月由山东新华书店出版的《红军长征故事》，1947年5月由华北新华书店出版的《揭石板集》（马石安辑），1948

[①] 何其芳：《关于现实主义》，上海：新文艺出版社，1953年。

年9月由大连和哈尔滨东北书店出版的《半湾镰刀》，1949年1月由东北书店出版、合江鲁艺文工团编的《民间故事》，1949年由苏北新华书店盐城分店编辑出版的《民间故事》（第1册，大众读物）等民间故事集中，收入了这些作家们收集的民间故事，展示了解放区民间文学事业的实绩。解放区的作家们努力实践毛泽东提出的文艺的工农兵方向，向民间文艺学习，做出了成绩。李季汲取民间文艺的营养，主要是陕北信天游的营养，创作了在文学史上熠熠发光的叙事诗《王贵与李香香》；贺敬之和丁毅在吸收秧歌剧、民间传说和民歌的基础上创作了脍炙人口、耳目一新的歌剧《白毛女》；林山帮助韩起祥整理了长篇说书《刘巧团圆》。中国民间音乐研究会所搜集的《陕甘宁老根据地民歌选》，包括了许多革命音乐家的劳动，但由于战争环境的残酷与不安定，辗转至全国解放后才由中央音乐学院民族音乐研究所整理出版。

（三）各解放区都把民间文学工作纳入革命文艺工作的轨道，继承了老苏区的传统，把民间文艺当作教育自己、打击敌人的武器。在这个总的指导思想下，各地在印刷极为困难的情况下，编印了许多民间文学的小册子。据粗略调查，有吕梁文化教育出版社印行的《小歌集》（1946年4月），田间选录《民歌杂抄》（48首，冀晋区星火出版社1946年7月），太岳新华书店编印的《血泪歌声》（蒋管区民谣集，1946年12月），华北新华书店出版的《蒋管区民谣集》（1947年1月），李春兰编、冀鲁豫书店出版的《蒋管区民谣集》（1947年8月），《胜利报》社老百姓编辑部编、东北书店出版的钱毅编《庄稼话》（1947年8月），李石涵辑《现代民歌民谣选》（东北书店1947年11月），晋察冀军区政治部编《诉苦复仇》（1947年12月），山东新华书店出版的林冬白编《蒋管区民谣集》（1948年1月）等。由于战争还在进行，出版物保存下来的极为有限，以上举例恐怕只是当时民间文学出版物的一小部分吧。但仅仅这些小册子，已足可见出民间文学工作在当时革命战争中所占的重要地位了。

（四）毛泽东的《在延安文艺座谈会上的讲话》发表以后，也在蒋管区的文化工作者中产生了很大影响，他们在不同层次上接受了《讲话》的观点。在大城市上海出版了许多形形色色的民间文学作品，向文化饥渴中的儿童提供了精神食粮。黄华在他所编辑的四册《民间故事》（正气书局1947年至1948年）的《绪言》中说："民间故事，由口头传说而广其流布；讲的人为讲故事而讲，听的人为听故事而听，无所谓其他作用。讲而动人听闻，听而发生兴趣，那就建立了这故事的存在价值；否则，就自谋淘汰。无待圣贤提倡，无需官家推行，更不怕'读死书''死读书'那些学究们的鄙薄与歧视。它虽然不一定是文学上的结晶品，而不能不承认它是真正来自民间文学的一种。"国光书店、广益书局、经纬书局、中华书局等出版社都出版了民间故事集，但大都是为儿童读者新编的，而不全是新搜集的。民歌民谣的选集，比较重要的有薛汕的《金沙江上情歌》（1947年6月春草社）和《岭南谣》（1948年11月南国书店）、刘家驹编译的《康藏滇边歌谣集》（1948年4月知止山房）、刘兆吉编《西南采风录》（1946年12月商务印书馆）、李凌编《绥远民歌选》（1945年6月桂林立体出版社）、沈为芳选辑《民歌四十首》（1947年10月商务印书馆）、朱雨尊编《民间歌谣全集》（1943年普益书局）、张镜秋译注的《僰民唱词集》（1946年云南大学西南文化研究室）、汪继章编《抗战歌谣》（1945年10月重庆国民图书出版社），等等。四十年代末，由于形势所迫，一批文艺工作者到了香港。钟敬文到共产党和民主党派合办的达德学院教书，他作为方言文学研究会会长、中华文艺家协会香港分会常委，曾写了一些关于方言文学的文章以及《谈〈王贵与李香香〉——从民谣的角度考察》《民间讽刺诗》等民间文学的论文。薛汕在香港出版了《愤怒的谣》（中华文艺家协会香港分会1948年4月）。

当中国人民解放军解放了北京、上海等大城市，解放了全中国（除西藏）之后，解放区和国统区的民间文学工作者会师在北京，在毛泽东文艺思想的旗帜下团结在一起了。1950年3月29日中国民间文艺研究会在北京诞生。一个新的时代开始了，民间文学工作者们在新的时代谱写着新的篇章。

1991年8月30日写完

故事的叙事技巧研究

——《故事写作浅谈》序[①]

好像是 1988 年春夏天的时候,我接到当时在《闽南日报》副刊部供职的沈顺添先生的来信,谈他对我发表在《故事报》上的一篇文章的看法,并决定在他所主持的版面上转载。从此我们就有了交往,一段时间里不断有书信来往。次年,他将一本他搜集整理、东方出版社出版的《闽台风情录》寄赠给我。收到这本颇有地域特色、内容丰富的民间故事集后,对这位本职工作很忙的青年民间文学研究家的成果倍感高兴,于是立即给他回了信。后来,得知他由于在民间文学研究方面作出的成绩而获得当地优秀民间文艺工作者的称号。他作为民间文学领域里脱颖而出的后起之秀,成为中国民间文艺家协会的会员。现在,他的另一部新著——《故事写作浅谈》即将付梓,要我为它写一篇序言。作为一个在文学和民间文学领域从事研究和评论多年的老兵,对他所取得的这一新的成就,自然喜不自胜,理应给以支持,于是爽快地答应了。

20 世纪初,特别是二三十年代以来,由于蔡元培、顾颉刚、沈兼士、刘复、周作人、钟敬文等一批学者的披荆斩棘,在"五四"民主与科学的声浪和反对圣贤文化的口号下,初步建立起了中国民间文艺学的基础。在后来的七八十年的发展历程中,中国民间文艺学得到了

[①] 沈顺添:《故事写作浅谈》序,北京:东方出版社,1992 年。

长足的进步。从 1985 年起全国开展的在普查的基础上编辑《中国民间文学集成》（包括《中国民间故事集成》《中国歌谣集成》《中国谚语集成》）的壮举，已经取得了令人瞩目的成绩。回想 1984 年 7 月在威海举行的全国第一次民间文学集成工作会议上部署这件关乎全国各省（区市）的计划，以及稍后在云南召开的试点会议，我曾斗胆预言这是一项关系到子孙万代的宏伟文化工程的论断，并没有落空。三套集成的成功和所取得的经验，标志着我们的搜集工作达到了新的阶段和水准。同样，从 1984 年 5 月在峨眉山举行的全国民间文学理论选题座谈会以来，民间文学观念的更新，民间文学理论水平的提高，民间文学方法论的确立，特别是一大批青年民间文学理论家的涌现，导致了许多有分量的理论著作的问世，使中国民间文学界登上了国际民间文艺学的讲坛。

中国有极其丰富的民间文学蕴藏。中国民间文学的良好的传统应该得到继承和发扬，而要继承和发扬民间文学的优良传统，就必须首先正确认识和阐发它的本质和特点。这方面我们已经做了大量的努力，但摆在我们面前的课题还十分繁重，还需一代代学者付出自己的心血。我认为，民间文学是特殊的文学，与作家文学有共同之处，但其相异之处则更值得研究。我们可以而且应该从文艺学、美学的角度研究民间文学，我们也可以而且应该运用其他学科（如民俗学、民族学等）的方法研究民间文学，目的不是别的，而是为了更深刻、更正确地揭示它的本质和特点。我曾在一篇文章里叙述过民间文学研究界在观念上的变革，至今看来没有什么大错，愿意再次引在下面。

民间文学观念的变革，主要表现在下列三个方面。

（一）过去把民间文学理解为人民口头创作，只重视民间文学本文的文学价值，只看到民间文学所具有的表层的意义，甚至把民间文学当作艺术的一种门类与作家文学等同视之，而把民间文学与民间文化深层的有机联系割裂开来。近几年来，越来越多的民间文学家们认识到这是一种狭窄的民间文学观念，主张把民间文学看作是民族文化这个系统中的一个子系统，是一种民族无意识的精神文化产品，是一种把民族心理素质、民族思维方式、民族习俗与信仰、价值观念融汇为一体的综合性艺术。

（二）过去强调民间文学作者的阶级地位和民间文学作品的题材、主题、主旨以及思想教育作用和道德教化作用。这种民间文学的价值观念往往对一些原始社会产生的或思想倾向不很明显而大半是某种知识的记载的民间文学判以意义不大而弃置不顾，或者根据现世的价值观念、道德标准、是非观念、法律典章、政治功利，而对一些所谓思想倾向不明显，不能满足今天政治需要、情节不完整不曲折不生动的作品加以"拔高"、加以删节、加以增补。近几年来人们逐步看到了这种民间文学价值观念的片面性、反历史主义性，而主张把民间文学作为一种民间的、传承的知识，一种精神文化的知识，一种为广大社会成员喜闻乐见的知识来看待；既然是知识，就不仅仅只有思想教育作用和道德教化作用，而且还有（甚至更重要些）认识历史、认识生活、认识人本身的作用，即知识作用。

（三）过去往往把民间文学看成是古代文化的"遗留物"和历史的"回声"，既然是遗留物、化石、回声，那么就是停止的、僵死的。现在越来越多的研究者们趋向于把民间文学看成是不同时代的文化积淀物，不仅在具体的民间文学材料中积淀着不同时代的文化因素、人民的世界观、习俗与宗教的痕迹，而且这些作品从来没有停止过变异与传承，流动与变化。这些至今仍然在民间流传着的民间文学，尽管其中所蕴含的思想是复杂的，但应当将其看作是社会主义文化的组成部分，而不是将其仅仅看作文化遗产。

有人读了我上述的文字，对我大张挞伐，说"无意识"三个字是从弗洛伊德那儿来的，因而是"全盘西化"论者云云。且不说"无意识"三字并非弗洛伊德的专利，即使是他的专利，也不是这位先生用"全盘西化"四个字所能打倒的。我无意于完全肯定他的学说的所有内容，但他的学术贡献难道是几笔就能骂倒的吗？我所说的"民间文学是一种民族无意识的精神文化产品……"那一串话，不过是说民间文学是不自觉的创作、是文化积淀，不是像作家文学那样有意识地、非常自觉地、一次性地（当然也有修改）创作成功的文化产品。这个论点，其实并非我的发明创造，而是早有人说过的，在某种程度上已经带有了原理性。学术巨擘梁启超先生早在其《中国历史研究法》（补编）之"文化专史及其做法"一章中就指出了："语言文字之后，发表思想的工具，最重要的是神话。由民间无意识中渐渐发生某神话，到某时代断绝了，到某时代，新的神话又发生。"（见《饮冰室专集》第23册第135页）神话，以及后来的相当一部分传说和故事（不是全部）的确是从民间无意识中渐渐发生的，是世代传承的，是不断积淀的，你很难找出它的确定的作者和确定的完稿时间。

尽管我论述了民间文学与民间文化的不可割断的联系（尤其是信仰），但我决不反对从一般文学的角度和运用一般文艺学的研究方法对民间文学进行专门的研究。我也写过这方面的文章。我所反对的是那种简单地把分析文学作品的那些套式、那些套语搬过来的泛泛的、教条式的研究和评论，这种研究文章不能触及和解决民间文学现象和作品的本质和特点。鲁迅先生在谈论文学批评时曾说到要知人论世。那是指的要顾及作家其人其文，要顾及到当时当地的社会的文化的背景和条件。文学批评尚且如此，民间文学亦然。在研究民间文学时，更不能脱离社会民俗文化的联系和背景，这当然是题中应有之义，毋庸赘言。

沈顺添先生的这部专著是专门研究故事的叙事技巧的。西方学者们对民间故事的类型和情节结构研究得很多、很细，尽管其中不乏形式主义的东西，有些也并不适用于中国的民间文学情况，但还不失是一种有一定价值的研究方法，值得我们研究借鉴。随着研究的深入，民间故事（不限于民间故事，包括一切叙事文体）的叙事结构（包括叙事技巧）问题，又成为吸引研究人员的一个论题。对民间故事叙事结构和叙事技巧的认识和阐明，不仅有助于对民间文学的本质和特点的理解，而且对当前正风靡于民间的新故事创作如何更好地继承传统故事的结构与技巧，也是十分有意义的。新故事创作从五十年代末兴起于中国南方以来，现在已经遍及全国各地各行业，成为新时代的一种很有发展前途、很受群众欢迎的俗文学样式,我们今天不仅有条件去研究它,而且有条件采用自觉的方式去加以引导。沈顺添先生写这本书大概也就是出于这样的意图吧。

谨为序。

1992年4月3日于北京

民间故事：人类最早的启蒙教材

——《世界民间故事精品》序言①

一

任何一个人，不论他的民族、肤色、性别和年龄如何，一旦他来到这个世界上，他就会自觉或不自觉地接触到神话、传说和民间故事，并从中得到认识世界和处世生存的知识，受到道德、理想、艺术和审美的熏染。神话、传说和民间故事既是人类生产和生活经验的总结，又是人类最早的启蒙教材。

民间故事是一种世界性的、最为普遍的、历史极为悠久的人类文化现象。各国的民间文艺学家、文化人类学家、民俗学家们业已证明了，世界上没有哪一个国家、哪一个民族的老百姓中间没有民间故事的传播。

在原始社会，神话和宗教是精神领域的一对孪生兄弟。人类最初是通过神话感知世界的。法国社会学派人类学家埃米尔·杜尔克姆（Emile Durkheim, 1858—1917）说："如果我们从物理的世界，从对自然现象的直观中寻找神话的源泉，那就绝不可能对神话作出充分的说明。不是自然，而是社会才是神话的原型。神话的所有主旨都是人的社会生活的投影。靠着这种投影，自然成了社会化世界的映象：自然反映

---

① 冯亦代、李文俊主编：《世界民间故事精品》（"中学生课外读丛"），上、下册，刘锡诚编选，西安：陕西人民出版社，1994年。

了社会的全部基本特征，反映了社会的组织和结构、区域的划分和再划分。"[①] 另一个法国社会学家路先·列维-布留尔（Lucien Levy—Bruhl，1857—1939）说，神话是人类原逻辑思维（prelogical thought）的产物。随着生产力的发展，人的大脑的进化，人对自然的认识的提高，人际关系的复杂化，人的思维也相应地大大进步了，作为人类的口头文学、历史、哲学等统一体的神话，渐而分化。人们在日常生活中的所见所感所思所想，需要有新的艺术形式来补充和代替神话，于是，以口头讲述为存在方式的传说和民间故事，便成为在文字没有产生以前的，以及后世不识字没有文化的老百姓以及全体社会成员最恰当和最具有群众性的表达思想的形式。因此，如果说神话是人类处于原始蒙昧状态阶段上的精神产物，那么民间故事就应该是人类进入文明社会的精神产物。从发生学的意义上来说，像动物故事这样的民间故事是大约与神话同一时间出现的，但一般说来，传说和民间故事应该是在神话之后出现的重要文学形式，在漫长的时间里与神话同时存在、分流发展的。关于这个问题，在学术界是有分歧意见的。

尽管民间故事是与传说同时存在的一种口头文学形式，而且与传说在题材和叙述方式上有许多接近的地方，有时甚至很难加以区分，但民间故事毕竟以其独具的特点而在老百姓中间存在着，传播着，按照与传说不同的方向发展着。民间故事的特点是什么呢？

第一，传说往往以某一件事、某一个人物、某一段历史、某一座城池、某一种特殊的自然物（如山峰、河流、湖泊、火山）或文化物（如金字塔、长城、秦始皇的赶山鞭、雷峰塔）为依托，为中心，而民间故事中则没有这些依托，其中的人物（国王、王子、公主、龙王、仙人、鬼怪、神父、老汉、穷小子、灰姑娘）、事件（完成国王的考验、龙宫得宝、凯欧蒂和阿凡提或毛拉戏弄有权势的人物、公主智斗阎罗王）、时间（"从前""很久以前""古时候"）、地点（"有那么一个王

[①]〔法〕埃米尔·杜尔克姆著，甘阳译：《宗教生活的基本形式》（1912年），转自恩斯·卡希尔《人伦》，上海：上海译文出版社，1985年，第101页。

国"），则都是虚构的，因此，虚构就成为民间故事的第一个重要的特点。虚构不是胡思乱想，不是任意瞎编。虚构是建立在生活基础上的一种艺术上的合理想象，经过千百次讲述者加工过的虚构，能有效地帮助更集中、更真实地表现所要表现的题材。中国人说讲故事是"说瞎话"，意思是说了就算，不当真的，不可信的。外国也有类似的说法。然而听众们听过这些故事以后，往往还要缠着讲故事的人再讲一个，往往把故事中的人物和事件信以为真，有的幼稚的少年甚至还加以仿效，身体力行故事的道德—教化作用，常常是由于艺术虚构的巧妙和讲述的匠心，而在不知不觉中显现出来的。

第二，形式化（或模式化、类型化）是民间故事的第二个重要特点。民间故事在长期的流传中逐渐形成了若干个较为稳定的情节形式，无以数计的民间故事可以分属于这些情节形式之下。

情节形式就如同人体的骨骼一样，是从民间故事中提取出来的一些不同类型的框架，只有用鲜活而丰满的血肉把它填充起来的时候，才有可能出现一个生动的、有艺术感染力的民间故事。民间故事的这一特点，从19世纪下半叶起，不少欧洲民俗学者就注意到了，他们对这一特点进行了广泛的研究，并且根据民间故事的这一特点编制出了若干种欧洲民间故事的类型索引，其中以芬兰学者安蒂·阿尔马图斯·阿尔奈（Antti Amatus Aarne, 1867—1925）的《故事类型索引》（1901年）最为完善，影响也最大。他从对芬兰和北欧的民间故事中归纳和抽提出了540个类型。他的这一开创性的、浩繁的研究，固然是为了对民间故事进行分类和检索，但客观上却揭示出了民间故事固有的形式化的特点。从此，民间故事的形式化特点就为世界学术界所公认了。20世纪20年代末，美国民俗学家斯蒂斯·汤普逊（Stith Thompson, 1885—1974）出版了他的《民间故事类型索引》，使阿尔奈所开创的这项研究更臻完善。情节形式的存在，从艺术的特性来说，似乎是民间故事的艺术性的一个天敌，因为它妨碍了作者想象力的发挥，但正是形式化的特点，才使民间故事具有一种相对固定的、适用于口头讲述的艺术形式，不像传说那样无拘无束，不像小说那样可以随意创造；任何讲述者，只要是离开了这些已有的故事情节的形式或准形式的约束，如同驰骋的野马任意发挥其想象，增加细致的心理描写，都难以为故事的听众所接受和认可，它也就不再是民间故事了。

第三，民间故事是在广大社会成员中经过千百年的反复流传、琢磨、补充、锤炼，成为为广大群众喜闻乐见的民间口头作品的。由于它不是一次而是多次创作而成的，所以每一篇故事都像一座古代文化遗址一样，在其中积淀着不同时代的思想的、道德的、民俗的、文化的因素。这就决定了民间故事在形象的叙述中包括浓重而驳杂的民俗文化特性，所谓驳杂，就是因为它们不是一个时代的，不是一个阶级的，不是一个社区或集团的；而是不同时代、不同阶级、不同社区或集团的，这种情况也就同时决定了它与以个人创作和一次完成为特点的作家文学的分野。由于民间故事的驳杂的民俗文化特性，各国民俗学家们都毫无例外地把它作为各该国和民族的民俗事项之一而加以研究，从中探究人类历史上不同时代的思想、道德、民俗和文化风尚。

民间故事继承了神话的叙事表述方式，后来也还长期保留着神话里面常见的某些原始思想和原始信仰的残余，如万物有灵观几乎随处可见，但比较起神话来，它显然更切近现实生活的原样，更多地抛弃了"神"气而更多地体现着"人"气，活生生的人代替了捉摸不定居高临下的神而成为民间故事的主角。相应地民间故事不再像神话那样必然地与某些祭祀仪式相联系，作为祭祀仪式不可分割的部分——"祭词"出现，而是截取人类社会中经常发生的某些事情或某个事情，加以编演。我们可以发现，民间故事的叙事逻辑与现实生活本身具有的逻辑大体上是一致的。讲述人在讲故事的时候，为了增加可信性和为了在场的各种不同的听众都能接受，常常是从事情的开始讲起，"从前，……""有一次，……""有一个人，……"娓娓而谈，人物之间的关系分明，矛盾纠葛一波未平一波又起，情节发展层层叠进，事情来龙去脉讲得有根有底，有头有尾，听起来真实可信。从这个意义上说，民间故事对社会生活的描摹更多的是现实主义的，不妨说民间故事是文学的现实主义传统的滥觞。

民间故事是在讲述者讲述的过程中实现其价值的。如果讲述者是一个老奶奶，她在炕头上面对着孤灯下一群天真无邪的孩子，讲述那个在许多欧洲国家都很著名的狼外婆（狐外婆、虎外婆）或那些鬼狐成仙的故事，讲到要紧处，无论是讲述者还是那些小听众，都似乎亲身参与到故事里去了。如果是一个见多识广的、甚或有游历生活史的讲述者，面对着各色各等的男性成年听众，讲述具有更多社会生活内容的故事，他会增加进去许多他自己的见闻，也会夹杂进去能够逗人发笑或性诱惑的小插曲（俗称"荤故事"）。任何民间故事都有一个基本的核心（如上所述，西方学者把这个核心称之为"情节形式"），由于讲述者的修养和技巧的高下，同一个故事却往往出现若干具有不同艺术水准的故事。一旦离开了讲述的环境，变成书面的记录，民间故事所固有的价值就在一定的程度上受到了损害。这不是说书面的故事就不能传达它所表达的思想、观念、人物和生活了。不是这样。而是说一个本来呈现为流动状态的故事，一个蕴含着极丰富的多重内容的故事，由于书面化而陡然变成了流动中的某一瞬间的凝固状态，许多本来可以由讲故事的人临场即兴发挥的东西（这些又往往是极其生动而自然的），本来可以由讲故事人一个眼神、一个动作、一个暗示、一种语气，就能给听众更多的可以理解的东西，却悄悄地消失掉了，隐没了，使故事变成了类似电影上的所谓"定格"状态。

二

大体说来，如前所述，民间故事是在广大社会成员主要是下层社会成员中流传的关于人类社会生活的口头作品。细细说来，它至少包括了三类互有联系而又互有区别的作品：动物故事、生活故事和童话故事（也称神奇故事）。这三类作品从不同的角度和运用不同的方法反映了绚丽多姿的、漫长的人类生活，在所描写的人物（有的是异类）和人际关系中，充分展示出普通人的智慧和风采，伦理和道德。动物故事是起源于原始社会，与神话同时存在、甚至比神话还要古老的一种原始艺术类别。在人类社会的初期，原始先民曾程度不同地经历过狩猎或渔猎阶段，为了更准确地猎获野兽，原始猎人不仅进行巫卜和施行巫术一类活动，还对他们的猎获物进行过细致入微的观察，对动物的生活习性十分熟悉。于是，模仿动物的动作而成为原始的舞蹈（我们在现在佤族、苦聪人的舞蹈中，从彝族的傩舞中，还依稀看到那种原始的动作），编制动物故事，便成为原始人的一种自我娱乐和发泄过剩精力的必要手段，他们甚至还通过动物故事的巫术魔力来企望达到猎获更多的野兽的目的。在以某种动物作为部落或民族图腾的民族中，图腾动物则被塑造成一种具有神圣品格的角色。这种情况下，动物的行为和结局中，自然就寄托了原始人的某种憧憬和愿望。非洲阿散蒂人动物故事中的主角蜘蛛阿南绥正是这样的角色。原人在他们狭窄的精神生活视野中，把在狩猎活动中得到的有关动物的知识都倾注到了动物故事中。在进入阶级社会后，动物故事的创作仍然方兴未艾，故事里的那些来源十分古老的原始意识，逐渐被对人类社会的行为的道德评价所取代。在很多场合下，动物实际上在扮演着人的角色。动物故事所以与儿童的心理相通，与原人的思维和儿童的思维之间相似，不是没有关系的。

比起神奇故事来，生活故事是社会生活的直接写照。我们发现，在世界各大洲许多国家的民间故事中，都流传着两兄弟或三兄弟、两姐妹或三姐妹一类的生活故事，都流传国王或富商选女婿的故事，都流传着受歧视和受虐待的"灰姑娘"的故事，都流传着如同阿拉伯世界的阿凡提（毛拉）、印第安世界的凯欧蒂、中国的徐文长阿一旦这一类的既充满着机智又常常有恶作剧行为的人物的故事。历来故事编选家们大都以欧洲故事为主忽略亚洲的故事，而恰恰在亚洲故事中，这类生活故事及其中的人物却常常放出奇光异彩。朝鲜故事《屏风上的老虎》、越南故事《壁虎出庭作证》、缅甸故事《四个吹牛皮大王》，不都是这类对普通人的智慧和能力充满着同情的故事吗？两兄弟故事所以传播得如此广泛，不是因为这类故事在文本结构和叙事艺术上有什么惊人之举，而是因为在许多国家的历史上都存在过或现在还存在着长子继承权，而长子继承权给小儿子以至家族带来的不平和社会的分化是显而易见的，所以世界各地的两兄弟故事总是寄同情于小弟弟，使他在经历过千难万险之后，终于得到一件宝贝或得到仙人的帮助，而成为富人，过上称心如意的好生活，而品质恶劣的哥哥尽管学着弟弟的样子去做，希望也能得到宝贝或仙人的帮助，最后却受到了应得的惩罚，落得一贫如洗。这种结局，对于广大的劳动者来说，自然是大快人心的事情；而在心理上或在美学上，无疑是受压抑的人们的一种心理的宣泄。生活故事里也间或夹杂着少量的魔幻的情节，比如国王挑女婿的时候，总要让主人公去完成几次考验，而这些考验中多半是非人力所能及，而只能借助于非现实的因素，即神魔的力量才能完成的；但这并不妨碍其主要部分是写实的。生活故事中，还有一类是歌颂英雄人物的，如爱尔兰民间故事中的芬·麦肯哈侬。爱尔兰民族是一个长期受着外族蹂躏和践踏的民族，但它又是一个不屈的民族。芬就是这样一位受人尊敬、在故事和歌谣中传唱不衰的英雄。

民间故事中，就内容来讲，最为复杂也最难解释的，莫过于神奇故事，也有的把它叫作神怪故事或魔法故事。这类故事的特点，用最简单的语言说，是用非人间的形式叙写人间的纠葛。要理解这类故事的那些非人间的形式——如妖怪、仙人等异类，魔杖、宝器等异物，咒语、法术等异己力量，就要用比较民俗学的、比较宗教学的、比较人类学的方法去小心谨慎地破译。当然破译一项是十分困难的任务，不是很容易就能做得到的，即使能够破译它所隐藏着的密码，也未必就是它的真义。这里出现了一个有趣的问题，即为什么民间会产生这么多充满着奇妙的幻想的故事呢？我想，最重要的一个原因是，普通人、正直的人、善良的人、弱者希望能战胜压迫他的人、邪恶的人、心术不正的人和强者，现实生活未能、也不可能向他们提供充分的条件，而他们只有在幻想中，在非人间、非现实的条件下，才能战胜这些比自己强大得多的敌人。其次，由于文化的传统（特别是原始宗教、万物有灵信仰）的惰性和对人们的强烈而深刻的影响，使诸如人的灵魂可以寄住在某一种东西上、某一株树上；在危急的时候，人可以变换自己的形体，成为鸟、成为兽、成为山、成为树；宝器可以使公主头上长出角来，可以命令山洞开合，可以命令河流涨水，突然间出现一座大山挡住妖魔鬼怪的去路，可以给善良的主人公希望得到的任何东西，从一顿可口的饭菜直到一座雄伟的宫殿，等等。这类看似离奇的情节，就不是一般文艺学上的所谓"幻想"所能解释得了的了，而显然是由于原始信仰和原始观念的遗留所造成的特殊的艺术形象和特殊的故事环境。

三

一旦要着手系统地研究和编选流传于世界各地的民间故事，将会碰到一个棘手的问题，这也是读者常常发问的一个问题：为何在相距遥远的异国他乡，却有那么多如此相似的民间故事出现呢？我们在前面谈论民间故事的型式化时，已经简略地接触到这个问题了。据有的研究者估计，在世界各国流行的情节大同小异的民间故事，大约占三分之一[①]。情节型式大致相同的民间故事在各国中是否占有这样的比重，我想做出结论是很困难的，因为那只是根据已知的故事的推算而已，是不科学的统计，况且像中国这样人口众多的国家，在此前还没有较为全面的搜集工作，因此任何类似伪估计都是缺乏根据的。即使现在我们从1985年起在全国各地先后展开了"中国民间文学三套集成"的大规模搜集工作，到现在也还没有可靠的数字供研究者和编选者们放心地使用。但是，不管怎样，在不同的国家和地区，流传着类似的情节型式的民间故事这种现象，却是一个为各国学者们公认的事实。

对于同一型式的民间故事在不同国家和地区出现的这种文化现象，一百多年来，有许多学者试图加以解释，甚至在这个问题上还形成了流派。例如文化移动论就是在许多国家的学术界发生过一定影响的一个学派。这个学派最初出现于19世纪中叶的德国，它的代表人物是当时哥廷根大学的教授乔·宾菲（Th. Benfey, 1809—1881）。他的学说，史称

[①] 参阅刘魁立《世界各国民间故事类型索引述评》，《民间文学论坛》1982年第2期。

"外借学说"。这种理论认为,世界上的神话故事都发源于一个中心,这个中心就是印度,然后从这个中心向四面八方辐射传播。这个学派在19世纪的俄国和20世纪初的日本仍然有一定的势力。谁也难以否认有些民间故事是由于文化移动而得以传播的事实,但如果把世界民间故事的相似现象都归之于文化的移动和传播所致,显然是一种缺乏说服力的假说。实际上,学术界已经抛弃了这种理论,它的影响已经大为减弱了。

我比较倾向于这样的观点:生活在相似的社会生活条件下和处于相同或相似的思维方式下的人群,会产生相似的民间故事的。正如在旧石器时代,在世界各地同样地出现了打制石器作为原始人的生产工具和狩猎或自卫的武器,当世界各地进到新石器时代之后,生产工具也相应地进化为细石器一样。很难否定原始人在异常艰难的生存条件下曾发生过这类远距离的文化传播,但也很难确证当时人类曾经发生过这种传播,两者大概都是靠合理地推想而得以支持的吧。在相信这一立论的前提下,再来细致地考虑文化传播的可能性和现实性,那就可能得出比较实际而可靠的结论了。

传播(无论是口头的或者书面的)作为民间故事得以历时的传承和共时的移动的一种重要手段,的确是不能忽略的。从历时性的角度和从共时性的角度去考察一个著名故事的流传情况,就可以发现,民间故事是在口头传播(少数情况下是靠书面传播)中出现地理的移动和历史的传承的。无论是地理的移动抑或是历史的传承,都会导致民间故事在传播中发生一定的变异。细细分析起来就会发现,这种变异所带来的恰恰是地方的特色、民族的特色、讲述者个人的特色。因为任何民间故事都包含着集体的因素和个人的因素,集体因素是由全社会在流传中所形成的文化积淀,有相当的稳定性;而个人因素则是由讲述者在讲述时即席的发挥和创造,这种个人的艺术创造给所讲述的故事带来的,往往就是文艺学上所说的"新东西"。著名的、有才华的故事讲述家之所以区别于一般的故事讲述家,其道理正在于此。前者讲述的同一情节型式的故事,往往要比那些一般的讲述家生动些、引人入胜些,语言清新,血肉丰满。听众从他们那儿所听到的,既是当地的民俗材料——民俗学者们所需要的民俗事象,又是能够打动听众的心弦、具有艺术感染力的民间文学作品。

民间故事的传播像风一样,漂泊无定,无影无踪,任何高明的学者要想找到一个故事的确切的传播路线,几乎是白费心机。但有心的研究者却可以而且能够绘制出一个著名的民间故事的分布图,尽管这是要花费很大的气力才能做到的事。听说我国各省的民间故事集成编辑部正在尝试着在一个省的范围内做这样的事,无疑是值得称道的。像风一样的口头传播方式,把民间作品同作家写作的文学作品区别开来。作家的作品主要是靠书面的方式为读者提供阅读的,也有的作品在老百姓中间口头流传,如三国故事、水浒传、西游记、聊斋故事等,这样的作品大多是作家吸收民间作品作为素材而融入自己的创作,而后又因为这些作品所固有的民间作品的特点而返回到了民间。此种情况在世界许多国家中都有,具有相当的普遍性,因而也可以说是一种规律吧。

四

为了便于读者阅读,前面就有关民间故事的一些基本问题,谈了一些意见,下面再来谈谈编选的问题。

编选一部世界范围的民间故事选集,是一桩十分艰巨困难的任务。其所以艰巨困难,是因为世界各国都有自己比较完善的民间故事选本,从不同的角度把优秀的故事集中起来了。我国文学翻译界在这方面做了一些工作,有了几种译本,但公允地说,我们在民间故事方面的翻译工作,远远地落在文学翻译的后面。不仅许多国家至今还是空白,即使已经有译本的国家或民族,也多是从给儿童阅读的角度所做的选译,有的甚至连"选译"的"选"字也未能达到,只能算碰到就译而已。即使如此,材料集拢起来也是十分可观的,一开卷就阅读了几个月的时间,真可谓一发而不可收拾。其次,本人虽多年从事民间文学研究,也多少染指过外国民间故事的翻译与研究,但应当说属于局部的,或单项的研究，要承担这项涉及全世界全方位的编选任务，未免感到捉襟见肘，力不从心，生怕做不好这件事情。

在编选过程中，我曾参考借鉴了国内外一些有影响的选本，如美国民俗学家斯·汤普逊的《世界童话精选百篇》、美国儿童文学作家珍·约伦的《世界著名民间故事大观》、西班牙作家卡洛斯·纳达尔·加亚的《世界各国神话与传说》和我国民间故事研究家祁连休的《外国民间故事选》，力求选出一本既有代表性又有可读性、适合中国读者的选本来，但我不敢相信这个选本已经达到了这个目标。同一类型的故事可能在几个国家的故事中都有，但只能选一个我认为优秀的。动物故事数量特别大，是一个专门的类别，限于篇幅，本书没有选录。有些国家的故事，由于材料和篇幅所限，未能选入，只好有待来日了。编选中的缺点和不足肯定不少，殷切期望读者和专家批评指正。

1993年2月9日于北京

民间信仰与人类社会

——"中国民间信仰传说丛书"总序[①]

不论在人们的社会生活中，还是经济生活中，我们都可以随处发现大量属于民间信仰的民俗事象。表现在行为上，你可以看到人们对某些自然事物或神灵的崇拜及其仪式；表现在语言形态上，你可以听到各种各样围绕着某个山川、木石、器物、神祇的传说故事；表现在心理上，你处处可以感到某种神秘的力量在影响着或支配着人们的精神和思想，意识和行为。这种庞杂多样的民间信仰，其主要部分是在原始思维中延续、积淀而来的观念，同时，在其发展中，又逐渐与复杂的社会生活相结合，形成了种种对神灵的信仰和既不属于社会又不属于经济的俗信。

民间信仰产生的基础是史前时代神秘莫解的"玛那"（Mana）以及灵魂不灭和万物有灵观念，史前的人类对自然界种种不解的现象发生一定程度上的崇敬心理和膜拜仪式，同时形成相对固定的信仰和观念，这些相对固定的信仰与观念又以积淀的方式传承下去。这种以多神信仰为特点的史前信仰，不仅直接影响着人们的经济生活和社会生活，而且也成了神话和传说的重要内容和思想，这种神话传说一旦形成并广泛流传，便深切地影响着人们的精神生活，甚至反过来加深信仰的传播。进

[①] 刘锡诚主编："中国民间信仰传说丛书"（共六种），石家庄：花山文艺出版社，1995年。包括：《八仙人物的传说》《灶王爷的传说》《门神人物的传说》《关公的民间传说》《观音的传说》《玉皇大帝的传说》。

入阶级社会，人为宗教出现之后，人们为了摆脱贫困的生活和艰难的处境，创造了种种适合人们心愿的神，同时也把历史上真实的人物或英雄赋予神的品格，使其成为人们广泛膜拜的神，围绕着这些宗教的神，和宗教人物或准宗教的神，在民间也产生了数量很大的口头传说。在这类传说中，人们把许多非人类所能做到的神奇的事迹和神秘的色彩附会到这些角色身上，寄托他们在现实生活中无法实现的理想，从而得到暂时的精神上的解脱；同时，这些传说中也杂入、甚至融汇了各种各样、甚至相悖的民间信仰事象，成为民间信仰的大杂烩，从而也成为民间信仰所以代代相传的重要手段之一。以自然崇拜和神崇拜为主要内容的这两种民间信仰传说，便构成了中国民间信仰传说的几乎全部内容。

民间信仰传说是中华民族民间文化的一宗遗产。作为口头文学作品，它不仅表达了人们早期阶段上对无法索解的神秘力量的认识和征服这些神秘力量的愿望，而且也曲折地反映了中国不同时代里种种社会的和人群的样相，倾注了下层人民对某些人物和神（尽管有些是高高在上的神，实质上却也是被人们擢升到天上的人）的爱与憎、褒与贬、期望与捉弄，表达了他们社会的、道德的和审美的评价，同时也在某种程度上塑造出了一些令人难忘的形象，因而成为研究千百年来中国下层社会成员的世界观的重要材料。

作为文化现象，民间信仰传说往往会在互相隔绝的地区传播和流传，而且在流传的过程中，被历代不计其数的不识字的传播者所丰富和修改，情节日益类型化，语言日渐精炼。它们曾经给一代一代的老百姓以知识的（包括宗教意识的）启蒙和人生的启迪，曾经带给物质生活上十分窘困、政治上受着种种压迫（如阶级的、宗族的、神权的，对妇女来说还有夫权的）的人们暂时的心理上的慰藉和精神上的鼓舞。在世界上，没有没有民间信仰的民族，同样，没有接受过民间信仰的熏陶和教育的人大概也是没有的。民间信仰在今天的社会里依然无处不在，民间信仰传说也依然在民间广泛流传着。这类作品，全国解放以后，有一段时间里，由于涉及对民间信仰的评价问题，所以搜集研究得很不够。近年来，全国各地在编辑民间文学集成和撰写地方志的同时，搜集得日渐多了，对于搜集整理中华民族的传统文化是一大贡献。这类作品在今天也依然还会给读者以教益，特别是能够增广人们认识社会和人生的有益知识，帮助我们认识历史。

民间信仰传说与其他民间文学作品一样，是作为民族的精神遗产而永存的；但它毕竟是不同时代积淀起来的精神遗产，因而也必然地夹带着许多宿命的思想，甚至有不少的迷信思想，如因果报应、巫蛊咒符、命相迷信等。这些迷信思想对于人们的精神往往起着麻痹作用，对于这类思想糟粕，是应该在阅读时注意鉴别、分析和批判的。但我们不能因此而对这笔传统的文化遗产全盘否定，回到以前曾经严重影响和禁锢过我们思想的"左"的泥淖中去，重犯否定一切的"左"的错误。

民间信仰传说仍然会随着社会的发展而长期流传下去，而不会很快消亡的，正如民间信仰在人类社会的不同时代，都无例外地作为某种社会生活的整合因素一样，民间信仰传说作为人民群众创造的精神财产，作为民间信仰的一种口承形式的载体，它的存在和发展，也是自有其合理性的。

尽管每一个人都曾得到过民间作品的哺乳和滋养，可是民间作品以及由民间作品和行为构成的民间文化，至今还难以为学界注意。主编这套丛书的目的，旨在以去粗取精的原则从浩如烟海、汗牛充栋的民间传说中，选出一批有关民间信仰的优秀传说，供读者阅读和欣赏。编选民间故事的工作是困难的，我相信编者的努力是不会白费的。

1994年6月3日于北京

编选一套中国民间故事代表作

——"中国民间故事精品文库"总序①

中国是一个多民族的、人口众多的国家,流传在人民口头上的民间故事浩如烟海,无计其数。民间故事是一个民族宝贵的口头文学遗产和巨大的精神财富。它以口承的方式,世代相传,吸收和融合了不同时代讲述者传播者们的思想和经验。作为启蒙教材,它向每一个民族成员诉说着往昔的生活是怎么一回事,告诉每一个民族成员应该怎样地生活。古往今来,莫不如是。不懂得自己民族的民间故事的人是可悲的,忘记自己民族的民间故事的民族同样也是可悲的。

十多年前我曾参与主持制订由文化部、国家民委和中国民间文艺研究会1984年5月28日转发的《关于编辑出版民间文学三套集成的意见》,接着在全国培训队伍,进行试点,开展民间文学的普查和收集工作。80年代末到90年代初,全国大部分地(市)、县出版了自己的民间文学资料集,成为全国文化事业的一大壮举。各省卷本的出版,正在进行中。由于工作量很大,短期内要出齐这套大书,看来不是一件容易的事。因此,朋友们聚在一起,难免不为至今还没有一部能够反映出中国各民族故事概貌的多卷本中型民间故事选集,供国内外读者阅读,而感到焦急。恰在这时,从事民间文学集成收集编辑工作多年的梁山樊兆阳君来京,并携来一个计划,同我商谈,我虽曾反复修改过两次,但终

---

① 刘锡诚、马昌仪、高聚成主编:"中国民间故事精品文库"(共10种),北京:中国广播电视出版社,1996年。

因计划规模过大，未能付诸实施。1992年夏天，供职于法国科学研究中心的陈庆浩君来寒舍做客，同我商谈编辑中国民间故事类型索引和建立中国民间故事电脑资料库的计划。他的设想，使我萌动了一个愿望：下决心动手来编辑一个民间故事选本！可是，只要一想到这项工程的浩大繁难，就不得不望而却步，把这个常常涌动着的念头压抑起来。去年春，高聚成兄来到我的住处，邀我和马昌仪共同主编一套十卷本的中国民间故事选本。开始，由于此前几项计划夭折的打击，使我对此议颇有些迟疑，后来终于在他们两位的推动下下了决心，并一起商议把选题计划和编选者的人选定了下来。我们怀着充足的信心，期待着这一计划的完成，能对我国20世纪初至90年代以前已经收集起来的民间故事作一次大致的巡礼和检阅，从中选出有代表性的故事来，成为中华民族民间故事的代表作之一。

我们所设计的十卷本"中国民间故事精品文库"，目的在编选一套文学性和科学性兼备而又适合于一般读者阅读的神话、传说、民间故事的读本。它的特点是：

第一，本丛书所选的民间故事作品，是从老百姓口头上记录下来稍加规顺整理的民间故事，而不是作者根据民间故事情节驰骋想象创作出来的作品，但它必须具有文学的可读性，即不仅具备社会历史认识价值和人生价值，而且还要能够引起读者的美感和共鸣。民间故事是一种有别于文人创作的创作，原则上说，它是一种不自觉的艺术创作，它可能按照生活的样子反映生活，如通常被称为"生活故事""讽刺故事"和"人物传说""风物传说"的那些作品，也可能是魔幻地或以非现实的手段反映生活，如通常被称为"魔幻故事"的那些作品；即使在"生活故事"和"人物传说"中，也不乏艺术的幻想或在我们今天看来是荒诞不经，而在原始先民看来却是很容易了解的叙事。只要结合民族学的材料和知识，民间故事中的那些奇丽诡谲的幻想和荒诞不经的情节，就变得十分自然、十分合理了。从这个意义上来说，民间故事成为现代人了解自己的祖先的重要资料。

第二，本丛书既为"精萃"，题中应有之义就是去粗取精，从大量的作品中挑选出最优秀的或最有代表性的作品来，交给读者。我们知道，由于口耳相传是民间故事存在的特点，在长期的流传中，便出现变异，也便出现雷同。由于种种原因，包括文化传播和共同的心理因素等，在相隔遥远的地区，常常会发现有情节大致相同的故事流传。编者的责任是从这许多相同或相似的故事中，选取最优秀者或最有代表性者来。在民间故事领域里说，最优秀者可能就是最有代表性者，但有的未必就是最有代表性者。这两者对一个选家来说，都是不可忽视的。

第三，本丛书尽可能全面地考虑到民族和地方特色。严格说来，民间故事是一种民族文化和地域文化。浓郁的民族特色和地方色彩，是民间故事的最大特点。故事的讲述者从来使用他所最喜欢的或最习惯的语言和形象，来向他的观众叙述那些烂熟于心的民族历史、事件、人物、风俗和习惯，那些人们触手可及的山峰、河流、洞穴和庙宇，叫你听了后，心动神摇，宛若身临其境。它能够霎时间就把你带到了广袤无垠的大草原上，无边无际的大森林里，或深不可探的海底龙宫里，去参与那里发生的神奇事件。有时候，一个念头就会矗立起一座可供居住和享受的宫殿，一个口诀就能够使锁住金银财宝的沉重的石门豁然洞开。民间故事可以使你尽情地领略民族文化和地方文化的神秘性。

第四，本丛书包括《中国神话故事》《中国英雄传奇故事》《中国智谋故事》《中国名人传说》《中国爱情故事》《中国神怪故事》《中国地方风物传说》《中国民俗传说》《中国幽默故事》《中国动物故事》十卷。可以看出，这里所说的民间故事是广义的民间故事，既包括神话、传说，又包括狭义的故事。这种着眼于内容的分卷法，不仅适合于中国读者的欣赏习惯，而且大致上也包括了民间故事的所有类型，不致有较大的遗漏。

第五，本丛书的选材，从"五四"新文化运动前后到90年代这段漫长的历史途程中收集的材料，都在我们的视野之中，但着重于当代收集的作品，特别是民间文学集成工作开展以来收集的作品。民间文学是流动的而不是僵死的，任何当代的讲述者所讲述的民间作品，都会很自然地带有当代的色彩和赋予了当代的意识。因此，重视选入当代讲述者所讲述的作品，无疑给我们的选集注入了与其他选本有别的当代色彩和当代意识。

第六，本丛书注重作品的健康有益的思想价值。民间故事是一宗思想十分庞杂的精神遗产，其主流是健康的、向上的，但也有些作品宣扬了厌世的、宿命的甚至迷信的思想，这些消极的思想是有害的，我们应加以批判和扬弃。民间故事能使生活沉重的弱小者，暂时战胜强者而置身于胜利的欢乐之中。读者会强烈地感受到，在民间故事中，生活处处闪烁着阳光和希望。高尔基曾经说过，民间文学是与悲观主义绝缘的。这显然是一个准确而贴切的断语。

编选民间故事选集给选家们提供了自由而广阔的天地。尽管判断民间故事的价值是仁者见仁智者见智的事情，这个选家认为是优秀的作品，换了另一个选家则很可能认为并非如此。但还是应该承认，评价民间故事是有章可循、有共同的标准的。各家公认的优秀民间故事是存在的。这个可循之"章"就是人类的文化和民间故事本身的规律，而不是一般所说的文章作法和文学技巧。希望我们所约请的各位选家的成果是能够经得起读者和学界的挑剔的，是能够经得起时间老人的考验的。

1995 年 7 月 18 日于北京

比较视野下傣族叙事传统研究第一人

——《傣族叙事诗研究》序[①]

记得那是1987年的暑假，鹿忆鹿为了写博士论文，随她的指导老师王孝廉教授到云南边陲西双版纳和德宏地区的傣族居住地进行田野调查，回台北的途中，经过北京，到我家来，我们便认识了。我知道她选择了傣族叙事诗研究作为她的研究课题，既感到惊讶，又感到高兴。惊讶的是，一个台湾的学者要做大陆少数民族的叙事诗的题目，难免会遇到不少困难（诸如语言的障碍和资料的难得），她干吗要舍近求远？高兴的是，傣族拥有五百多部长篇叙事诗，已经翻译成汉文出版和发表的也有百多部，即使在大陆学者中也还研究得很不够，台湾学者参与进来，并肩携手研究，在眼界和方法上，有比大陆学者优长的地方，大有用武之地。此后，她每年来一趟大陆，多数情况下是去云南做学术考察，云南似乎成了她的第二个故乡，她在那里结识了许多朋友，得到许多朋友的热情帮助，使她这项研究计划进行得相当顺利。同时，这也就给了我们机会，对一些共同感兴趣的问题交换意见。

鹿忆鹿原来研究中国文学，又能写一手漂亮的散文。可是这次她却严格遵循文化人类学的方法，从亲手作田野调查做起，一点一滴积累原始资料，经过五年的辛勤耕作，克服了种种意想不到的困难，她终于完成了这部长达27万字的《傣族叙事诗研究》的写作。现在这部书就

[①] 鹿忆鹿:《傣族叙事诗研究》，台北：学生书局，1996年；本序文首发于《民族文化报》（昆明）1996年9月第39期。

要出版了，我由衷地为她感到高兴，祝贺她的成功。她为遥远的云南边疆的傣族同胞和中华民族文化作了一件富有开拓意义的工作。

傣族是一个受佛教影响极深，又保留着较完整的古老百越文化传统的民族。就所拥有的民间叙事诗数量之多，民间叙事诗对人们思维方式和生活方式的影响而言，傣族无疑是一个十分典型的民族。作者选择这样一个民族的叙事诗作为自己的研究课题，对于中国文学史的重新认识是有积极意义的。自胡适先生在《故事诗的起来》里说"古代的中国民族是一种朴实而不富于想象力的民族"，只有风谣与祀神歌而"没有长篇的故事诗"以来，不同意见的文章不绝于缕。70年来在全国各地、特别是一些少数民族地区发现了大量的长篇叙事诗，使我国有没有叙事诗的讨论，出现了很多有意思的话题。现在，鹿忆鹿全面地把作为中华民族的一分子的傣族的丰富多彩的叙事诗加以分析和评价，是不是对我们的文学史研究有所助益呢？我想答案应该是肯定的。

李亦园先生说过，台湾的文化人类学有两种不成文的规矩。其一是先选择一个"异文化"的民族作为实地田野研究的对象，企图从异文化的体会中了解文化的基本法则，然后再回来研究自己的文化，或从事更广泛的文化比较研究。鹿忆鹿的实践，结果恰恰暗合了李先生所总结的这个学术潮流。她在自己的研究中，没有局限于纯文学的研究，而是把文化人类学的研究纳入到了文学研究的范畴中去，把傣族的叙事诗放在中华文化（特别是中原文化）的大背景上，放在与其他相关的异质文化（包括印度乃至古希腊罗马、古埃及等世界不同地域的文化）交叉影响的大背景上，在广泛的文化比较中，论述它的文化传统和异质因素。她在论述傣族的叙事诗时，并没有局限于叙事诗这一样式，而是着眼于广泛的叙事传统，主要对象是傣族的神话体系，也涉及阿銮（英雄）故事。鹿忆鹿的主要功劳在于把傣族的叙事传统纳入到了文化比较研究的普遍格局中去，分析和论定了它所处的地位，并且时时显示出某些新颖独到的见解。特别值得重视的是她经过条分缕析，发掘傣族叙事传统中哪些属于自己的文化传统，描绘出这种传统的发展演变的线索，哪些属于在发展中吸收融合的异质文化。

20世纪80年代中期,傣族文化的搜集与研究曾出现过一个小小的高潮,取得了可观的成就。进入90年代,似乎不再像80年代那样显示着此起彼伏的热闹景象,学者们更深沉了。鹿忆鹿的著作广泛吸收和采用了80年代各种相关著作的成就,以其深度使傣族文化的研究上了一个台阶。这部著作,在目前相对寂静的学术态势下问世,无疑将会以它的独有风采推动中华传统文化的研究。

谨为序。

1995年9月13日于北京

赫哲族的文学奇葩

——《伊玛堪》序[①]

闻名已久的赫哲族最重要的民族文学遗产——《伊玛堪》就要正式出版了。它的问世,不仅对赫哲族的文化建设来说是一件大事,而且在中华民族文化史上,也有着重要的意义。

伊玛堪是赫哲族独有的一种口耳相授、世代传承的古老口头文学样式。伊玛堪的篇幅一般较长(就现在已经采录下来的来看,汉译文最长者不少于15万汉字),容量较大,运用民族史诗惯用的"夹叙夹唱"的叙事方式,以部落之间的征战和部落联盟的形成等史事为题材,赞颂了部落英雄的功业。学术界一般认为伊玛堪是赫哲族的民族英雄史诗或尚未发展成熟的英雄史诗的英雄叙事诗。近年来,有学者对"史诗说"提出了疑义,认为伊玛堪的内容虽然具有强烈的英雄性,"但却十分缺乏历史性,更缺乏行动的民族规模",其中的英雄更多地带有浓厚的神话色彩,缺乏社会人的个性,因而不能认为是英雄史诗,只能是说唱文学。这种讨论是十分有益的。与已经定性的一些世界著名民族史诗相比较,赫哲族的伊玛堪确也有着与其不同的独特性,最明显的就是神话色

[①] 黑龙江省民间文艺家协会选编:《伊玛堪》(上、下卷),哈尔滨:黑龙江人民出版社,1997年。此序发表于《文艺报》1996年9月6日,题为《赫哲族的文学奇葩——〈伊玛堪〉序》;后收入拙著《民间文艺学的诗学传统》(郝苏民主编"西部民间文化与口头传统精选系列"丛书),上海:上海文化出版社,2018年,第541—546页。

彩和巫术色彩的浓重。但伊玛堪毕竟具备了英雄史诗的某些重要特征，似乎也是无可辩驳的事实。

作为一种流传了几百年、上千年的古老口头文学形式，伊玛堪并不是在某一个时代形成的，而是长期历史发展的产物。赫哲族历史上所经历过的不同时代的社会历史文化风貌，无不在伊玛堪中留下了自己或深或浅的印记。伊玛堪可以称得上是赫哲民族的历史、宗教、文化、科学、传统、知识的总汇。

伊玛堪的篇幅较长，内容丰富，结构复杂，人物繁多，风格独特，能够完整地讲唱伊玛堪的，一般都是些能强记博闻、阅历广泛、知识丰富而又具有诗人的创作才能的讲唱人。赫哲族把这些专门讲唱的人叫做"伊玛卡乞玛发"。他们很像是古希腊罗马史诗的"行吟诗人"。所不同的是，赫哲族的社会分工还没有使他们成为独立的"行吟"者，他们只是劳动之余，在村屯、猎场、网滩、船上等公众场合里向本民族的成员讲唱。一代一代的讲唱人，不仅把结构宏阔、内容复杂的伊玛堪传承下来，而且不断有所推陈出新，有所创造。特别是对不同的英雄人物的刻画，和那些动人心弦的抒情唱段的创作，都渗透着讲唱者独具的心灵体验和智慧。因此，他们既是传承者，又是创作者——诗人。

可以想象，古往今来的赫哲人在一定的场合下聚精会神地聆听"伊玛卡乞玛发"讲唱伊玛堪的故事时，他们是把其中展开的一桩桩波澜壮阔的事件，当成自己民族或部落的一段历史来看待，把其中所描写的英雄人物当作民族或部落的英雄，把渗透在作品中的萨满信仰当作神圣的信仰，把人物之间的道德（知恩必报、忠义等）当作做人的道德规范，而不是随便听听的"闲篇"。我们今天的读者大可不必把伊玛堪所述的实践当成赫哲族的信史来读，但这些从历史的深处产生的文学作品，毕竟有着无法挥去的历史的影子。历史学家们尽可以根据作品中所提供的历史画面，去探讨赫哲族的历史上是否出现过原始的军事民主制等重大问题，但作为读者却分明可以从作品的浓重的宗教氛围中，欣赏到通过部落之间的战争、掠夺、仇杀、和亲等手段而达到建立部落联盟的历史画面。

血亲复仇和争夺俘虏，在原始社会往往成为氏族部落之间发生战争和仇杀的重要契机。在伊玛堪有关战争情节的描写中，一幅幅活生生的画面告诉我们，血缘是怎样成为部落得以形成和巩固的有力纽带的，而血亲复仇又怎样把两个相距遥远的部落推进厮杀的深渊。在战争中被打败的部落（霍通），被强令合并到胜利者的部落中去，失败者的"霍通"被付之一炬，整个部落举家迁移，长途跋涉往征服者的驻地，组成一个新的强盛的大部落（部落联盟）。于是，在一个最高的头领（所向无敌的英雄）领导之下，由几个"额真"分别管理几个分散的"霍通"——小部落的新格局，终于形成了。在伊玛堪中，远征的莫日根——英雄，往往就是部落的首领，当他征服一个部落或与一个部落和亲之后，便从这个"外"部落中找一位"德都"来做自己的妻子。这些外部落的"德都"一般都是外部落"额真"的妹妹，有一定的社会地位，又有萨满的神力，她的到来，使得两个部落建立起一种联盟的关系。这些来自异部落的女子，成为征服者莫日根的妻子后，虽然与拥有巨大权力的母权时代的妇女已经有所不同，但母权制的参与在她们身上也还时有表现，她们仍然操有相当大的权力，特别明显的是，她们还保留着萨满的身份和神力，在丈夫与敌方搏斗的关键时刻，能够变成神通广大的"阔力"（神鹰），来给他助战。

对赫哲族原始社会状况的反映，还表现在对战争背景的描写上。作为背景，原始氏族公社制度虽然含在某一等级上保留着平均分配生活必需品的参与，我们也可以看到，在造船、渔猎、缝制皮衣、制造和使用弓箭等方面的原始物质文明的模糊画面；但十分清晰的是，在几乎每个写到的部落中，都出现了贫富分化和奴隶与奴隶主的对立，原始氏族公社显然正在呈现出无可挽回的解体的历史趋势。

伊玛堪是一种特殊的传统文学体裁，其特殊性就在于，所有的内容和情节结构都是围绕着为在远征中建功立业的部落（民族）英雄莫日根立传。因而，英雄性和传记性就成为伊玛堪一个突出的特点。主人公莫日根是伊玛堪作者竭尽全副笔墨，用叠垒的方法歌颂的英雄。这种英雄，或有神奇的出生，或童年时代有一段苦难的遭遇，在这种非凡的遭遇中得到锻炼，同时受到神灵的帮助或点化，最终成为征服一个个强敌、统一各部落为一个部落联盟、叱咤风云的英雄或王者。一般说来，伊玛堪作品情节的演进，只沿着唯一的一条线索发展，这就是莫日根为拯救被异族部落虏获的父母而远征西方部落的进军步骤。为拯救父母而战，在伊玛堪中是作为血族战争的象征而出现的相对固定的情节模式。通过与进军途上所遇到的一个个部落的额真（既是部落首领、又是军事首领）的搏斗的最终取胜，来展现莫日根的膂力过人、英勇无敌的英雄本色和性格特征。由于异部落的额真也都是些号称无敌天下的英雄莫日根，也都有超人的本领，所以战胜他们就愈加显得远征者的卓尔不凡。大多数远征的莫日根，都是些懂得韬略、讲究义气的英雄好汉。他们不仅善于在途中与异部落的友善的额真讲和休战、结拜兄弟，建立起远征的同盟军，而且在与敌手搏斗时也都能够借助神力呼风唤雨，或呼唤自己的护身符"萨日卡"使自己增加力量，或变换形体，与真正的仇敌厮杀。在作者笔下，英雄也有失利、甚至被对方置于死地的时候，这大半发生在他们不听自己的妻子"德都"规劝的时候。但最终的胜利者，总是那出征的英雄。征服者莫日根完成远征之日，就是吞并战败的部落、掳走战败部落的人口和财产、建立起一个更大的部落联盟之时。部落联盟，这个新的体制，在血的厮杀中宣告诞生了。

伊玛堪中的妇女形象，主要是那些作为英雄莫日根妻子的德都们的形象，特别引人注目。她们不仅有着美丽的外貌，而且有着善良的内心。她们对敌疾恶如仇，唯其疾恶如仇，才更加显出自身的美和善。在每一部作品中，莫日根英雄的妻子德都，差不多都是美丽、善良和正义的化身。她们一会儿是光彩照人、秀色可餐的美女，一会儿变幻成空中的"乌赫莎力""阔力"（萨满教中被崇拜的图腾神鹰），上天入地，来无影去无踪，为远征的丈夫侦察敌情，劝说丈夫与遇到的敌手讲和，需要时便来助战，用坚硬的长喙猛冲下来致敌于死命。她们原本是现实中的人，这时她们更多地带有了图腾神的神秘色彩。她们个个是神通广大的女萨满，她们有自己的"斯翁"保护，具有呼风唤雨、甚至"过阴"救生的高强本领。这些英雄的妻子们，总是在丈夫最需要的时候突然出现在眼前，帮助远征的丈夫打败强敌，完成超人的使命。值得注意的是，这些半人半神的女人身上，都笼罩着一层浓重的萨满信仰文化的迷雾，只要剥掉这一层迷雾，就能把她们还原为一个普通的现实的有血有肉的女人和妻子。

赫哲族过去是一个信仰萨满教的民族。萨满信仰是一种原始的多神信仰，并形成了自己的一套观念和行为。在其发展中，也掺杂进了汉民族后起宗教信仰的一些因素。萨满教的观念和行为，渗透在赫哲人的日常生活的每一个角落，伊玛堪也不例外。萨满信仰的观念，弥漫在伊玛堪的每一个情节和人物身上。因此，萨满信仰问题自然也就成了解开赫哲族伊玛堪的神秘性的一把钥匙。在伊玛堪中，我们可以看到，萨满是一种说不清道不明的虚幻的神力，它无往而不在，附着于人的身体和自然物之中，特别是附着于女人身上，使她们具有了非人和超人的能力。每当远征的莫日根依靠自己的力量无法决胜时，便给萨满神力发挥能量提供了广大的空间。不是自己的妻子某个德都变成的"阔力"从天而降，就是本领高强的大萨满某某老玛玛暗中使出神力，扭转局势，转危为安。不难发现，在伊玛堪的篇章中，作为神灵的萨满常常是为了制服敌人和惩治邪恶势力时才登场的，是为一定的伦理道德观念服务的。

据调查，赫哲族的伊玛堪蕴藏量总数为40部左右。[①] 20世纪30年代，凌纯声在赫哲族进行民族调查时搜集到了第一批伊玛堪文本，开了赫哲族伊玛堪搜集工作的先河。50年代以来，在党和政府以及有关专业机构的领导下，由本民族和汉族专家参加，先后有组织地进行了多次调查采录，至今完整地采录、翻译出来的业有10部之多。[②] 由于赫哲族生活方式和生产方式的转换，社会变迁很快很大，多数老伊玛卡乞玛发自然死亡，年轻一辈后继乏人，讲唱伊玛堪的传统正面临着中断的危险。因此，已经搜集起来的这些优秀伊玛堪作品，就成为赫哲族传统

[①] 据马名超执笔《赫哲族伊玛堪调查报告》，中国民间文艺研究会黑龙江分会编印：《黑龙江民间文学》1981年第2期。

[②] 徐昌翰、黄任远：《赫哲族文学》，哈尔滨：北方文艺出版社，1991年。

文化的绝唱，愈加显得弥足珍贵了。

　　黑龙江省民间文艺家协会的几代同仁，过去在组织搜集、采录、整理和翻译赫哲族的文学遗产伊玛堪的工作中，脚踏实地而默默无闻地作出了很大的贡献。现在他们又从已经翻译成汉语的伊玛堪中，遴选出10余部优秀的作品，汇编成集出版。摆在读者面前的将是一部脍炙人口的文学读物。中国多民族的文学史上，也将因此而又添上新的篇章。他们为赫哲族的文化事业所作的奉献，学界和广大读者都是不会忘记的，他们的辛劳将永载史册！

1996年4月14日于北京

补　记

　　1996年3月底，黑龙江省民间文艺家协会的秘书长李路来北京，从北京火车站下车就直奔我家里来。他手中提着一大包伊玛堪的校样，告诉我，他向省里申请了出版补贴，决心要出版被搁置了多年的赫哲族的叙事诗"伊玛堪"，要我为之写一篇序言。我答应了他的提议，写成了这篇序言，并交付《文艺报》的编者，于1996年9月6日发表了。由他编辑、载有拙序的《伊玛堪》（上下两册），也分别于1997年3月和1998年12月，由黑龙江人民出版社出版了。李路有一个宏愿，要陆续编纂出版黑龙江流域各少数民族的长篇叙事诗，而《伊玛堪》不过是这个庞大计划的第一部，没有想到的是，正值壮年的李路却因心脏病突发于2002年逝世了。我听到这个噩耗，不胜悲痛和惋惜！我最初认识李路是1992年6月在镜泊湖召开的北方民俗文化研讨会上。李路原是《文艺评论》杂志编辑部的文学评论编辑，刚调到省民协来不久，因此，我们一见如故。散会后，他陪同我到牡丹江市的书店里去逛，陪我坐在小饭馆里聊天。从他的谈话里，我知道了他的身世，他的父母原来都是老文艺工作者，还是大名鼎鼎的北京人艺的演员，20世纪60年代"阶级斗争天天讲"的时代，被发配到了黑龙江，于是落根于那里。后来，我们不断地有书信来往，他每次来北京办事，总是到我家里来见面、叙谈，谈他的妻子下海经商的艰难，谈他女儿的病情和治疗的经过，我们成了莫逆之交。现在重新翻阅这篇旧作，睹物思人，就以此作为我对李路的永久的纪念吧。

2003 年 8 月 23 日

妇女传唱的情歌

——《姐儿牛》序①

王强同志给我送来一部题为《姐儿牛》的手稿，要我读一读。他向我介绍说，"姐儿牛"是前几年他在苏北鲁南一带为《中国民间文学集成·江苏卷》收集民间文学资料时，搜集到的一种民歌，在体裁和风格上与其他地方的民歌有显著的区别。更为难能可贵的是，还在苏北的邳县乡下搜集到一首长篇叙事诗《胡打算》。这首叙事诗也与前些年在吴语地区收集到的长篇吴歌有所不同，自有其特点。他决定将这些民间作品介绍出来，让读者了解，并要我写一篇序言。过去，我没有留意过、更没有研究过"姐儿牛"这种形式的民歌，就把他的记录整理稿留下来拜读和学习。

这些被统称为"姐儿牛"的民歌，就其内容来看，大多是旧社会妇女传唱的作品。正像当地老乡们所说的："姐儿牛，六六三百六，沟边河头村傍地埝，有女人的地方都有。河水流不到头，姐儿牛就唱不到头。"在妇女传唱的民间作品中，其题材是复杂多样的，但情歌（甚至是私情民歌）和家庭生活的歌占着重要成分。这类民歌，或表达男女之间正当爱情的欢愉，或叙述生离死别、牵肠挂肚的情怀，或描写被社会不容的男女偷情幽会，或坦言对背信弃义的丈夫的谴责……不论是何种内容的民歌，其共同的特点，都是从女子的立场和以女子的口吻写作

---

① 王强，时任中国文联出版公司编辑。他编的这本《姐儿牛》妇女民歌集，未见出版。

的，也无不突现出各种不同身份和不同遭遇的女子的心态和身影。也毋庸讳言，"性欲"是情歌的共同"母题"，或表现得隐晦、象征，或表现得坦率、赤裸。情歌"性欲母题"的生成，是由于存在着爱情压抑和性欲压抑的现实。如果这个判断没有大错的话，那么，我们就可以大胆地说，"姐儿牛"主要是女子的文学。

"姐儿牛"是否是苏北鲁南接壤地带民歌的主要形式，在没有更深入和更广泛的调查之前，不能轻率地妄下断言。但王强同志和其他搜集者搜集的这类作品告诉我们，"姐儿牛"的确是苏北鲁南接壤地带民歌的一种重要形式。与毗邻的吴语地区大体固定的"四句头"吴歌不同，"姐儿牛"虽然也是按照固定的调子吟唱，却大体是三句一段（首），为其他地区所不见。本集中所收的《扣花针》，就是一个典型的模式。查阅与苏北接壤的山东省枣庄市的民间文学集成《山亭歌谣谚语集》[①]中收了这首民歌的曲谱，也记录了歌词，与王强的记录出入不大，显系在流传中发生的变异。歌词的开头这样说：

> 姐儿那个房中扣上一花针，忽听门外有人来叫门；叫门是何人啦哎嗨哟。/ 双扇那个大门单扇子开，留着那一扇子遮着奴的怀；情郎快进来啦哎嗨哟。情郎那个哥哥你在头来走，奴在后边关上这两扇门；别叫丢了咱二人啦哎嗨哟。/ 昨天我来到你欢天又喜地，今天我来到你哭哭啼啼；莫非有话对郎提啦哎嗨哟。/ 二老爹娘大街去玩耍，走到大街提了一门子亲；拆散咱二人啦哎嗨哟……

三句一段的结构形式颇是规整。

在作者搜集的这类民歌中，有艺术上十分精彩的作品，它们往往只是一两个语汇或一两句话，就造成一个文人无法想象的艺术形象和诗的意境，很值得我们的诗人和作家学习和借鉴。特别是对那些不熟悉或轻视民族文化传统的年轻的诗人，读一读优秀的民间作品，吸取民间诗歌的长处，就显得更为迫切。六十年前，胡适先生在北京大学《歌谣周

[①] 山亭民间文学集成办公室编，内部资料，1989年，第60页、265页。

刊》的复刊号上写的《复刊词》中说过一段很精彩的话，我愿意引在这里："我以为歌谣的收集与保存，最大的目的是要替中国文学扩大范围，增添范本。我当然不看轻歌谣在民俗学和方言研究上的重要，但我总觉得这个文学的用途是最大的，最根本的。诗三百篇的结果，最伟大最永久的影响当然是他们在中国文学上的影响，虽然我们至今还可以用他们作古代社会史料。我们的韵文史上，一切新的花样都是从民间来的。三百篇中的国风二南和小雅中的一部分，是从民间来的歌唱。楚辞中的九歌也是从民间来的。汉魏六朝的乐府歌辞都是从民间来的。这些都是文学史上划分时代的文学范本。我们今日的新文学，特别是新诗，也需要一些新的范本。中国新诗的范本，有两个来源：一个是外国的文学，一个就是我们自己的民间歌唱。二十年来的新诗运动，似乎是太偏重了前者而太忽略了后者。……我们综观这二十年来的新诗，不能不感觉他们的技术上，音节上，甚至于在语言上，都显出很大的缺陷。我们深信，民间歌唱的最优美的作品往往有很灵巧的技术，很美丽的音节，很流利漂亮的语言，可以供今日新诗人的学习师法。"① 他的这一番话，现在仍然是适用的。

这本集子里所收的《胡打算》是一首长篇叙事诗。这首诗是否有曲调可吟，不得而知。其内容是讽刺一个想入非非的农妇胡氏女，平日偷生挖熟，好吃懒做，行为不轨，梦中幻想发财致富，享受荣华富贵，儿子女婿做官入朝，威风震天。到头来，不过是黄粱一梦，饥寒依旧，成为后人笑谈。全诗共约八百余行，每行七字，一贯到底。从文学欣赏方面来看，这首长诗并无多大审美价值可言，既缺乏跌宕起伏、层层递进的情节和结构，也没有生活化、个性化的叙事语言，比起前面几辑篇幅较短的"姐儿牛"来，显得艺术上较低，但从民俗学、社会学的角度来看，则是一篇难得的认识社会和人生的资料。读者从中可以看到，中国的宗法农民是怎样一个目光短浅的阶级，也可以看出不同阶层的人们的民俗生活。乍看起来，文学的评价和民俗学的评价是这样的矛盾，其

---

① 胡适《复刊词》，《歌谣周刊》第 2 卷第 1 期，1935 年 4 月 4 日。

实，这是很可以理解的现象。民间流传的歌谣和故事，并不是全都具有很高的文学价值，都能够成为中国文学的范本。但不可否认的是，其中肯定有一些作品在艺术上是上乘的，而大量的则是艺术上较为粗糙的作品，有些作品不很完美，但一旦经过文人的加工，就会焕发出艺术的光彩，成为作家们创作的范本。

《胡打算》的搜集发表有另外的意义在。这意义表现在作为民间长篇叙事诗在苏北鲁南一带的被发现。尽管这个发现还只是一部两部，数量很少，文学性也还不是很高，但却是弥足珍贵的。邳州是大墩子新石器文化遗址的所在地，其文化至今已有6000年的历史。商周时代，居住在这里的土著民族徐夷族，与西周华夏族对峙，势力相当强大，其首领徐偃王一时间成为东方霸主。春秋末年，徐被楚所灭，后分散南迁融入华夏族。尽管有几千年的分分合合，在中华民族多元一体的文化传统中，东夷族群的文化特点不会消失殆尽。这种文化传统的特点，也许就隐藏在相对闭塞的生存环境和绵长不衰的民间文学中。"五四"新文化运动后，文化界和学术界有些知名人士，包括上面提到的胡适先生，曾发表文章，异口同声地认为中国是个没有叙事诗的民族。建国五十年来，民间文学工作者们陆续在许多相互隔绝的地区，先是在湖北省黄冈汉民族居住区发现和出版了长篇叙事诗《钟九闹漕》和《双合莲》，继而在云南少数民族地区搜集和出版了傣族等许多民族的几百部长篇叙事诗，后来又在江、浙、沪吴语地区搜集、发现和出版了《五姑娘》《赵圣关》等十多部长篇叙事诗，从而推翻了中国没有叙事诗的论断。这些长篇叙事诗的发现，使中国文学史出现了重写的必要。

如若想对一种文化作出判断，仅靠有限的材料显然是不够的，还需要做更大范围和更深入的搜集和研究工作。如果民间文化专家们有朝一日能够就包括"姐儿牛"在内的苏北鲁南地区的民间文化，进行一些多学科的研讨，无疑会大大推进对这种文化遗产的认识。

以上是我在读了王强的《姐儿牛》之后的一些感想，权且作为该书的序言。

1997年4月6日于北京

东巴神话研究的前沿性

——《东巴神话象征之比较研究》序[①]

在我的印象中，白庚胜（纳西族）同志在中国社会科学院少数民族文学研究所成立之初就到所从事纳西文化的研究，至今已有十多年了。他在这个高等专业研究机构里，从青年步入了中年，在学术上也进入了成熟时期。他发表和出版过多种著作，包括《东巴神话研究》等专著，可惜我只读过其中的一部分。近年来他又同时从师于我国资深学者马学良教授和日本著名学者伊藤清司教授，并以长达27万字的《东巴神话象征之比较研究》论文取得了博士学位。他还不以此为满足，又在北京师范大学受教于钟敬文教授门下，继续攻读博士后。在他的博士论文即将正式出版之际，他在马学良先生的建议下携稿来到我的住处，要我给他的著作写一篇序言。我虽然多年来在注意研究中国文化象征问题，但对纳西族文化却知之甚少，因此对写序之事颇感惶恐。在读了他的论文之后，才下决心写点意见，权当是对他的著作出版的祝贺。

中华民族是一个极富象征思维的民族。文化传统源远流长的中国人，不仅在原始文化（无论是新石器时代的玉器或陶器的形制及图案，还是通过各种方式保留下来的原始诗歌）中，而且至今在不同地区不同民族的乡村生活中，人们也还相当普遍地习惯于以象征来表达思想和意图。在中国人的语言、神话、文学、艺术、民俗、礼仪、信仰、巫术等领域中，到处都会遇到深藏着代表某种特定含义的象征。常被称为"神

[①] 白庚胜：《东巴神话象征之比较研究》，昆明：云南教育出版社，1998年。

秘文化"的中国传统文化，其"神秘"之处，实在说来，有许多就是指的那些不被今人所理解的原始象征和意义。令人遗憾的是，包括纳西族在内的中国各民族的如此丰富多样的文化象征，直到20世纪80年代之前，却没有哪一位中国学者下功夫专门研究过这种文化现象；换句话说，象征研究在我国人文科学中一直是个空白。1987年9月我着手筹划编辑《中国象征词典》时，同时拟定了另一部专著《中国象征论》的选题，为其姊妹篇，并请一位青年学者主持撰写，前者于1991年由天津教育出版社出版，后者却由于种种原因流产了。关于中国各民族的文化象征，我们所能看到的，只有20世纪以来国外出版的寥寥几本由外国文化人类学家、民俗学家和汉学家们撰写的以汇集和阐释中国文化象征为主要内容的专著，如20世纪50年代在莫斯科出版的俄国汉学家阿列克赛耶夫的《中国民间年画》和80年代在科隆出版的德国汉学家爱伯哈德的《中国文化象征词典》以及日本学者所写的有关文章（如伊藤清司的《眼睛的象征——中国西南少数民族创世神话的研究》）等。尽管这些著作给我们的研究提供了一种新的视角和立场，可作我们开展民族文化研究的很好的借鉴，但他们毕竟是长期生活于不同文化背景中的外国人，他们在研究和阐释中国文化象征时，有的（不是全部）难免流于表面，读来常给人以隔靴搔痒之感，有的甚至难免失之谬误。白庚胜这部有关神话象征的研究著作，正是在这样一个大的文化学术背景下问世的，在中国神话研究和象征研究领域里无疑具有重要的意义。

　　作者选择纳西族神话象征的比较研究这一课题，无论在我国象征人类学的学科建设方面，还是在深入研究和阐发古老的纳西文化方面，都有着不可等闲的意义。他为了做好这一课题，做出新意，前后三年深入他的家乡丽江县纳西族聚居地区，拜老东巴为师，敬听他们讲经释义，学习并掌握了古老的象形文字。他广泛运用当代文化人类学的比较研究方法和所取得的积极成果，从纳西族对神龟、神山、神树、眼睛、神海、色彩和桥的信仰这六个涉及纳西族文化的重要方面入手，力求梳理来源各异、纷繁复杂的象征表象，考辨其隐蔽的真实意义，使其系统化、序列化。作者在梳理、考辨和论证时，广泛运用了文化人类学行之有效的比较研究法，从那些在族源上与之有渊源关系的藏族文化、在地缘上与之毗邻而居而又传统悠久的汉族文化，以及在东方文化中发生过重大影响的古印度文化等的多层面比较中，剥离出哪些属于外来文化影响的因素，哪些属于本民族原生的象征核心，哪些属于文化历史发展的产物，从而在一定程度和一定范围内揭开了纳西族神话象征符号的扑朔迷离的面纱，开掘出在纳西族特有的语音、语义、语音语义组合形式下的神话象征的神秘内涵，探寻在象征表象掩盖下的以东巴神话为其主要组成部分的纳西族神话的基本特点，即作者所概括的：在自然崇拜和图腾崇拜的原始、创造天地和争夺日月的超越以及社会冲突和氏族战争的悲歌这种种荒诞诡谲的表象下，隐藏着的人类对宇宙与生命的沉重思考。在许多问题的探讨和考辨上，作者的眼界是开阔的，见解是独到的，跳出了人云亦云的窠臼。从这样的意义上来讲，作者的研究成果，至少在神话学和象征人类学研究领域中应是具有前沿性的。因此也就值得向从事中华传统文化研究、从事纳西族传统文化研究、有志于从事神话研究和文化象征研究的同好和读者推荐。

  从象征人类学的整体进展来衡量，作者对纳西神话象征的研究，既有静态的研究，也有动态的研究。静态的研究，易于把不同来源、不同形态而又处于同一层面的材料聚拢来加以归纳和比较。静态的研究能够深入到常人容易忽略的领域，如作者在非物质化的"眼睛"和"颜色"课题下所作的探讨，挖掘出在东巴神话和纳西族民俗中仅见、而在其他民族（如汉族）中所没有的象征表象，并从民族心理的层次上加以深化，因而其见解就称得上是独到而有益的。但静态的研究也存在着天然的缺憾，不像动态的研究那样易于揭示出某种象征所以形成及其与一定生存环境的关系。而以动态的研究，特别是以与神话紧相粘连、互为表里的仪式的动态考察相配合，则更能深入到神话象征表象的内部，窥见其原始观念的神秘性怎样衍化为象征的特定表象，认识此一象征何以不是彼一象征的必然性，等等。把静态研究与动态研究结合起来，也就能够实现以实证研究为主导的学术理想。这一特点，在关于"神山象征"与"神树象征"的研究中表现得较为突出。神山（石）、神树在纳西族的民间信仰中占有重要地位,如若要用今人的观念和语言来破译被原始神秘外衣包裹着的"神山"与"神树"这两个象征符号,仅靠静态研究的方法,恐难以完全奏效,而一旦将至今残存于纳西族日常生活中的有关祭祀仪式引入,配合以动态的研究,那么展现在人们眼前的,将是"不觉碧山暮,秋云暗几重",一种完全不同的气象了。白庚胜所做的,正是这样。

上面我粗略地列举了白著中的几个显著的特点和优点,但绝非该书的全部。还要啰唆几句的是,在象征研究方面,我们未知的东西还很多很多,前面的路还很长很长。象征是人类的一种重要思维方式,特别是原始先民的一种重要思维方式。尽管象征是非时间的存在,是随着社会和时间的变异而不断发生变化的,但从远古时代就产生和积淀起来的象征,毕竟是今人难以理解或完全理解的。而不研究、不了解象征,几乎就无法了解原始文化,也就无法了解一个民族的神话、巫术、艺术、仪式、梦幻、观念,甚至语言等人类的诸种文化现象。对象征开始加以注意和研究,是相当晚近的事,大约肇始于18世纪的西欧浪漫主义运动。到19世纪的民族志研究者们,才把象征作为一种知识的系统加以注意,如诺瓦利斯(Novalis, Von Hardenburg)对巫术语言的研究,利希腾伯克(Lichtenberg, Georg Christoph)对梦幻的象征性的研究,以及古典学家们对希腊神话的重新解释等。现代人类学家把象征纳入了人类学的研究领域,泰勒、弗雷泽、博厄斯、埃利亚德、迪尔凯姆、马林诺夫斯基、弗洛伊德及其后继者荣格,都从不同的角度和立场研究过象征。20世纪文化人类学在象征的研究上,时起时伏。有一个时期因注重现存事象的田野考察与记述,而对象征的研究有所削弱;而在晚近新的理论构架的调整中,从侧重社会研究转到侧重文化研究,象征的研究再次受到了人类学家们的重视。这种对象征和意义的重视,超越了民族志的记述和田野工作的简单分析,因而促进了对方法论的反省和批判。现有的理论成就和方法探索,都是我们应该借鉴和参考的,我们不能对世界闭目塞听,自以为是;但在我们掌握了一定的武器之后,摆在我们面前的更重要的事情,是全面搜集我们自己民族的象征资料,包括几千年来积累起来的古籍文献资料,用科学的方法加以梳理,使其系统化,并进行科学的合理的阐释,从而深化我们的传统文化研究,为我们未来的文化发展做出应有的贡献。

是为序。

1998年3月22日于北京

农业文明和宗法制度的产物

——《野玫瑰——中国民间私情歌选评》序①

认识山民同志已有十多个年头了。这些年来，他一直在两条战线上拼搏：一方面主持《抱犊》文学双月刊的编辑工作，业余时间进行文学创作，所著中篇小说《古河》曾获台湾联合文学奖一等奖；另一方面又主持着枣庄市民间文艺家协会的工作，从事民间文学的搜集研究，主编了《枣庄市民间文学集成》多卷，著有《狐狸信仰之谜》，取得了令人敬佩的成绩。去年7月，接到他的来信，说他正在编选一部题为《野玫瑰》的中国历代私情民歌选集，并附以评析。随信还寄来了他已经撰写完成的评析部分的稿子，要我为这部选集写一篇序言。我感到在如今欧风美雨十分猛烈的社会背景下，他所做的不失是件很有意义的事，于是便很高兴地答应了他，然而却一直没有得空写出来。现在，这部书稿就要付梓了，不得不坐下来还这个文债。

私情民歌，顾名思义，通常是指反映旧社会婚姻不自由的情况下男女之间不被社会承认的爱情的那一类情歌，有时也泛指一般的情歌。私情民歌是那些精神生活颇为贫乏的乡民们（主要是女子）表达情感、倾诉心曲、宣泄情欲的一个重要渠道和一种重要形式。因此，私情民歌并不是在任何情况下、任何环境中，都可以演唱的。这类情歌，多数是妇女们私下里偷偷吟唱的。有情有意的青年男女，也时常在田头山岗上

---

① 此序发表于《枣庄日报》1998年9月6日。山民编:《野玫瑰——中国民间私情歌选评》，北京：大众文艺出版社，1998年。

引吭高歌，或在群众性的歌会上对唱，以歌传情。

最为常见的是第一种情况，即青年女子心有所爱，却由于礼教的戒律或道德的规范而不敢或不便于公开表达其心曲，或是由于男子的背信弃义而失恋，无由倾诉，于是就在独处时，低吟浅唱，抒发其内心蕴蓄既久的情感和愤懑。这种演唱方式和演唱环境，是由私情民歌的内容和指向所决定的。无论就其内容而言，还是就其心迹而言，都属于歌者（或作者）埋藏得很深的私人秘密，不需要别人知道，却又压抑不住，强烈地要求倾诉和表达。

第二种情况，也是常见的。一般说来，情歌是不能在家里唱，而只能在野外唱的，所以江南一般把情歌叫作山歌，大概就是这个道理。1960年我在鄂尔多斯草原上下放劳动的时候，常常听到有音调悠扬而内容属于私情的"爬山调"从远处飘到耳朵里来。"爬山调"里有大量属于表达"私情"的民歌，几乎都是在野外和峁梁上唱的。有一次，我与一个被放逐到农牧区来劳动了已经三年的"右派分子"一起，赶着一辆牛车在草原的土道上缓缓而行，草滩辽远而宁静，他坐在车辕上执着鞭子于长时间的沉默后，便放开嗓子，旁若无人地唱起了情歌。那情歌大胆热烈而带有失望，音调悠扬中透露着悲怆，给我的印象很深，直到四十年后的今天，他唱歌的样子我还记忆犹新。我知道，这些民歌的内容和音调，是与他在政治上感到没有出路、生活中没有妻子的抚慰所产生的痛苦寂寞的心境相一致的。他所唱的是一些私情民歌，但他并不求有所呼应，只求抒发自己内心的情感和苦闷而已。

至于群众性的歌会，那是青年男女们谈情说爱和寻求情侣的大好时机，也是对唱私情民歌的最好场所。在古代，祭祀天地诸神或高禖的仪式，往往要在一片神圣的树林里举行群众性的节庆活动，此时人们摆脱了既成的社会陈规，把自己视同一个"自然人"，男女之间可以自由交往，唱歌跳舞，谈情说爱，甚至实行幽会或野合。1985年我曾经应邀参加过云南楚雄地区大姚县华山的插花节，白天所进行的是一系列祭祀仪式，夜幕降临之后，来自不同地方的人们，都陆续汇聚到昙华山顶的树林中，点燃起熊熊篝火，忘情地又唱又跳，用歌声传情，不少相互爱慕的青年男女,在夜色的掩盖下隐入丛林深处……80年代曾经看到过一份材料说,甘肃省康乐的莲花山"花儿会"也是这类性质的歌会,遗憾的是未能亲临考察,因而未得其详。1994年夏天,中国旅游文化学会民俗专业委员会邀请一些学者去青海省大通县参加老爷山"花儿会",我有幸参加并考察了这次传统的群众性节日活动。老爷山的丛林间和县城体育场里同时举行对歌赛歌的活动,不过山林中的对歌赛歌是自发的,体育场上则是有组织的。对唱歌手们所唱的大多是些情歌,也有些是私情歌,诙谐的歌词中甚至夹杂着不少大胆的男女挑逗、性欲象征的隐喻。由于我们只参加了白天的活动,没有参加夜间的活动,因而男女青年由于对唱情歌、进而幽会甚至野合的民俗事象就未能见到。这些仅存的古代歌会"化石",已从以娱神为指归的原初状态,逐渐过渡到以娱人为目的了。

从私情民歌的创作者、演唱者及其流传地域和演唱情况来看,私情民歌是中国农业文明和宗法社会的产物。私情民歌的滥觞、兴盛、变迁及衰弱,都离不开农业文明与宗法制度这两个根本性的因素。因此,无论从文艺学、社会学的角度来看,还是从民俗学、心理学的角度来看,私情民歌都是一个极有意思而尚未得到深入探讨的领域。

然而研究私情民歌,又不应在社会学的层面上止步不前,还应向着更深的精神层面掘进。男女之间的爱情毕竟是人类精神领域中的高级活动,其动力和内在本质,则是男子和女子的性欲,是延续种属的本能。因此,研究私情民歌,也就不能撇开对人的性欲领域的研究。同时,男女之间的爱情在阶级社会里又受着阶级、门第、道德等诸种因素的制约。在我国,爱情还受着长期封建社会中形成的礼教规范的制约。这样一来,男女之间的正常而纯真的爱情,只要触犯了某一禁区,便会受到有形无形的压抑甚至暴力摧残,酿成人生悲剧。但爱情既然是基于男女性欲的一种内在要求和人类的一种高级精神活动,私情民歌也就永远不会被扼杀。

山民熟悉农民的文化传统,又长期深入下层老百姓中间搜集过他们的民间文学,也曾经对民间文学与性的关系作过专题研究。他站在审美的高度，从大量的古今情歌中遴选出优秀之作，给读者提供了一部脍炙人口的文艺读物，并把长期研究中的所得，倾注于其评析之中，使这部选集显示出独具的特色。因此，我在这里高兴地向读者推荐这部选集。

是为序。

1997年4月4日于北京

神话学的新视野

——《岭云关雪——民族神话学论集》跋[1]

在筹划主编"三足乌文丛"之初,我就想把中国台湾神话学家王孝廉先生近年来发表的一些有影响的神话学论文,编成一本文集,列入这套丛书。书稿编完后,又收到他用快件从日本福冈邮来的长序《我的神话学历程》。这是一部地地道道的神话学论著,作者却起了一个相当文学化的书名《岭云关雪——民族神话学论集》。来自韩愈诗句的"岭云关雪"四个字,一方面显示了他浓厚的文学情结,另一方面又透露出了他无法掩饰的感伤情怀。

孝廉出生在中国大陆,成长在中国台湾,执教于日本。从广岛大学博士毕业后,他就一直在福冈西南学院大学执教。几十年来,他躬耕于中国神话研究的园地里,独辟蹊径,把神话作为一个民族的文化来审视,又借用了文化学的若干研究方法。其所取得的成就,颇受到台湾和大陆两地同行学人的赞赏和尊重。

在未曾认识他之前,我就涉猎过他的《中国的神话与传说》[2]和他

---

[1] 王孝廉:《岭云关雪——民族神话学论集》("三足乌文丛"),北京:学苑出版社,2001年。

[2] 台北:台湾联经出版事业公司,1977年。

翻译的森安太郎著《中国古代神话研究》①和白川静著《中国神话》②等著作。记得是1987年夏天，他带领他当时在台北东吴大学的神话学博士生鹿忆鹿小姐到大陆访学来京，与也在研究神话的我的夫人马昌仪通电话，我们便在他们下榻的好园宾馆里见面论学，从此就与他结下了不解之缘。第二年，即1988年的夏天，他带领另一位研究生，借道北京去河南参观调查淮阳的人祖庙和庙会，然后去银川参观西夏王陵，再去内蒙古鄂尔多斯草原作民俗学旅行。这一次到京，孝廉一行曾到我的家里做客，在京的一些研究神话和神话学的朋友也来聚会，其中有当时在北京大学教书、后来到美国哈佛读文化人类学和教文化人类学的阎云翔，当时在中国民间文艺家协会研究部、现在也在美国的神话学者谢选骏，当时在云南民族学院执教、后来在深圳参与创建中国民俗文化村的彝族学者蓝克，当时在云南省社会科学院民族文学研究所、后转到社会学研究所的社会学家郑凡，我的同事、老神话学家陶阳，青年神话学研究者蔡大成、金辉等。那次虽然是大陆神话学者和台湾神话学者第一次见面并就学术问题进行交流，大家就神话学的研究现状和所关心的问题谈得很投机。从那时起，孝廉不仅就成了大陆神话学家们的朋友，他的著作也在大陆学界传播开来。回想20世纪80年代后半期，在北京，研究神话学的圈子里，真是人才济济，研究学术的空气也甚是浓厚。

自那以后，孝廉几乎每年的寒假和暑假，都要来大陆来作民俗学的旅行，差不多也是每次都要在北京住几天，我们总要把酒倾谈。近十多年来，他像徐霞客那样只身走遍了中国大陆的东南西北，特别是边远的少数民族地区，南起云南的泸沽湖和濒临缅甸的红河地区，北到黑河的达斡尔族和鄂伦春族，东到山东半岛的渔港和福建的客家农村，西到新疆的喀什和西藏的日喀则。去年夏天，他又带着正在攻读博士学位的日本学生金绳初美，与法国科学研究中心研究员陈庆浩、

---

① [日]森安太郎：《中国古代神话研究》，王孝廉译，台北：地平线出版社，1974年。

② [日]白川静：《中国神话》，王孝廉译，台北：长安出版社，1983年。

中国历史博物馆教授宋兆麟、台北辅仁大学副教授钟宗宪等一起，到泸沽湖做田野考察。在我的印象中，他对中国少数民族的了解，甚至远胜于我等大陆学人。

学生时代，孝廉师从池田末利和御手洗胜，在他们的言传身教之下，他的国学和古文献基础比较深厚。在治学方法上，他也钦慕前辈学者顾颉刚和杨宽的神话和古史辨析，至今还与杨宽保持着联系。他初期的著作，侧重于对中国古代神话的研究。然而，他没有固守老师们的成规成业，逐渐在探索自己的学术道路。他走出书斋，走出考证，走出文献，进入了"田野"，进入了实证——把文献研究与现代民俗学和神话学的"田野调查"和"参与观察"联通。也许田野调查并非孝廉前期学术研究的强项，他也不一定恪守现代西方民俗学家和人类学家的规范，但他把文献研究与田野观察结合起来的研究路数，与当代台湾一些学者的神话研究比较起来，却自有其特点、甚至有他人难以超越的地方，况且他天生有一种诗人的气质和文学的素养，他的想象力特别发达。这些，切切实实地有助于他对邈远荒古时代的文化遗留、冰冷枯燥的神话文本的探析和阐释、破译和重建，而且做得比别的人要趣味盎然。

他的《中国的神话世界》是一部全面研究和阐述中国典籍神话和口述神话的大著，1987年由时报文化出版企业有限公司分两卷在台北出版。这是台湾神话学家把中国古典神话和大陆各民族的活态神话整合起来进行研究的第一部学术著作。它的出版，立刻引起了大陆同行们的关注，并于1991年由作家出版社在大陆出版。考虑到作者还在继续对国内各少数民族的神话做田野调查和搜寻已出版的相关著作，就把专论少数民族神话的下册毅然割爱，留待以后再议。《中国的神话世界》虽是孝廉的年轻时代的著作，也许他自己会像所有的学者到成熟期后那样，产生一种"悔其少作"的情怀，但我宁愿把它看成是一部成熟之作。如果说，当年他在写作这部博士论文《中国的神话世界》的下半部时，对大陆少数民族神话做了大量研究的话，但那时靠的毕竟是可能搜集到的书面材料，而近十年来，他已经积累了大量第一手的田野考察资料，对少数民族神话自然有了更深刻更精湛的研究了。

如果说《中国的神话世界》是他20世纪80年代的代表作，那么，《岭云关雪——民族神话学论集》则是他进入90年代以来最有代表性的学术成果。他对蚩尤神话的兴趣多年不减，本书中的《乱神蚩尤与枫木信仰》，吸收了自《水与水神》中就初步形成、后来不断深化的观点。《王权交替与神话转换》以一种全信的视角，言他人所未言，开掘帝王神话的新意。《绝地天通——昆仑神话主题解说》是向苏雪林先生学术研讨会提供的论文，继苏雪林在《昆仑之谜》中提出的命题之后而对昆仑神话的主题所作的阐释，把古代的典籍神话与苗瑶彝羌等少数民族的绝地天通神话联通起来进行考察。《从贺兰山到泸沽湖》一文，是作者对已经消逝了的西夏王朝和泸沽湖地区现存的少数民族所进行的田野考察的理论结晶，他借助于民族学和民俗学的研究方法，提出摩梭、普米与古之西夏之间存在着共同的族源关系，这个结论在我国民族学界尚属首次，值得学术界重视和讨论。

2001年4月14日于东河沿寓所

礼失，求诸野

——《武当山吕家河村民歌集》序言[①]

记得1999年的夏季，湖北省十堰市的民间文艺搜集者李征康同志打电话给我，说在武当山下发现了一个民歌村，他在这个小村子里搜集了大约1500首短歌，15部长歌，要我去看一看。武当山地区十年前曾发现了故事村伍家沟，现在又在同一个地区冒出来一个民歌村，这个消息着实令我高兴。到了九月底，我接到了十堰市所属丹江口市委召开"中国武当民歌学术研讨会"的邀请。尽管武当是旧游之地，还是毅然放下手中正在写作的文稿前去参加。那次会议的内容，主要是围绕着会议主办者提供的、由当地搜集者（主要是李征康）在吕家河村搜集的一册传统民歌的打印稿。其中既有抒情的短歌，也有叙事的长歌，而且都有曲调，都能演唱。应邀参加会议的人，来自民俗学、音乐学、宗教学等不同学科，根据会议提供的材料，大家一致肯定：由于历史（明万历年间修建武当宫观的各地20万民工流落此地）、地理（地处汉水以北、秦岭以南，十分封闭）、人文（南受楚文化、北受秦文化以及本地道教文化与土著文化的影响）等诸种的原因，吕家河村的文化积淀极为深厚，能保存下来如此丰富的传统民歌资源，且其曲调的丰富多样，显示出其文化的多源性、兼容性和开放性，在文化学上极富价值。

会议结束后，我们在会议安排下去了吕家河村。这是一个隐藏在

[①] 李征康、屈崇丽主编：《武当山吕家河村民歌集》，北京：学苑出版社，2003年。此序发表于《中华读书报》2004年11月3日"家园"版。

武当山后山皱褶里的小山村，道路虽经稍事修整，也还是七拐八弯绕道才能进得去。在村子里听了不同性别、不同年龄的男女村民演唱的各类民歌。亲眼所见、亲耳所听，与其说印证了会议研讨的结论，毋宁说是启发了我的思考。古人说的"礼失，求诸野"，这条有关礼俗和文化发展嬗变的规律，在这里再次得到了验证。古代中原的若干歌曲及其类型，在漫长的历史途程中，在产地中原逐渐消失了，被遗忘了，如今，却在这个相对封闭的小山村里被保存下来，它们的生命得到了延续。仅这一点，不是值得我们特别珍重吗？

我对李征康在吕家河村记录的15部长诗特别感兴趣。在会上发言时，我着重就这个问题说过一些粗浅的见解。我重提胡适先生当年的一个著名论点："故事诗（Epic）在中国起来的很迟，这是世界文学史上一个很少见的现象。要解释这个现象，却也不容易。我想，也许是中国古代民族的文学确是仅有风谣与祀神歌，而没有长篇的故事诗，也许是古代本有故事诗，而因为文字的困难，不曾有记录，故不得流传于后代；所流传的仅有短篇的抒情诗。这二说之中，我却倾向于前一说。'三百篇'中如《大雅》之《生民》，如《商颂》之《玄鸟》，都是很可以做故事诗的题目，然而终于没有故事诗的出来。可见古代的中国民族是一种朴实而不富于想象力的民族。他们生在温带与寒带之间，天然的供给远没有南方民族的丰厚，他们须要时时对天然奋斗，不能像热带民族那样懒洋洋地睡在棕榈树下白日见鬼，白昼做梦。所以'三百篇'里竟没有神话的遗迹。所有的一点点神话如《生民》《玄鸟》的感生故事，其中的人物不过是祖宗与上帝而已（《商颂》作于周时，《玄鸟》的神话似是受了姜嫄故事的影响以后仿作的）。所以我们很可以说中国古代民族没有故事诗，仅有简单的祀神歌与风谣而已。"① 对于胡适先生的这个论断，我们大可怀疑。在许多少数民族中流传的史诗和叙事诗姑且不谈，近五十年来，我国民间文学工作者至少在鄂西北和江南吴语地区两个汉

---

① 胡适：《白话文学史·故事诗的起来》，上海：上海新月书店，1928年6月初版。

族地区相继搜集到了数量不少的长篇叙事诗。20世纪50年代初，宋祖立、吕庆庚在湖北崇阳、蒲圻一带记录搜集的汉族长篇叙事诗《双合莲》，长达1500行；同时期还搜集了一部反映农民起义的长诗《钟九闹漕》。钱静人于1952—1953年在江苏南部搜集到一部长达275行的叙事吴歌；到80年代，江苏、浙江和上海的民间文学工作者又相继搜集出版了《沈七哥》《五姑娘》《孟姜女》《赵圣关》《林氏女望郎》《鲍六姐》等30余部长篇叙事诗，上海文艺出版社出版了《江南十大民间叙事诗》一书①。这说明，汉民族不是不富有叙事传统，而是没有搜集起来，任其自生自灭，在传承中失传了。如今又在武当山下的吕家河村搜集记录了15部长篇叙事诗，怎能不叫我高兴呢？这15部长诗固然不一定每部都是佳作，都有较高的认识价值和艺术审美价值，但同样我也确信，其中必有好诗在，它们无疑丰富了我国民间叙事文学的宝库。这个事实证明了胡适先生早年提出的那个结论或假设，是证据不足的，应予修正，中国文学史也应该改写。

　　吕家河的民歌与社会，成为一个令人瞩目的人文与社科研究课题和媒体报道的热点。湖北汽车工业学院人文社会学系的学者们成立了吕家河村课题组，对刚刚掀开冰山一角的吕家河村的民歌，展开了全面的调查和深入的研究。他们经过一年多时间的田野调查和案头研究，这部《武当山吕家河村民歌集》就是他们的成果之一。在这部书的作品部分，包括了现在还在口头上流传的千余首、约二十万行各类民歌（包括短歌、长歌和曲调）。这些传统民歌，就其内容而论，反映了明代以来不同时代、不同地区的社会生活风貌和文化传统，除了属于生活民歌、私情民歌类的大量作品外，还有反映了民间信仰的民歌，如哭丧歌、祭祀歌等，也还有相当数量是属于本地文化传统的民歌（如已经失传的《武当山莲花落》），以及道教色彩较为浓厚的民歌。在吕家河村听当地的男

---

① 关于民间叙事诗的搜集，此前笔者已在《民间文学：五十年回顾》中较为详细地写过，参见张炯主编《新中国文学五十年》，石家庄：河北教育出版社，1999年，第545页、566页。

女农民们演唱民歌时，我看到他们用来为长篇诗歌伴奏的打击乐器——是用一个支架顶在肚子上的一对小锣鼓，在其他地方没有见到过这种形制的锣鼓，也没有见过如此演奏，就显然属于当地文化而非外来传统。

吕家河村不过是汉水以北、秦岭以南这个极富独特性的区域文化地图上的一个点。以我粗浅的知识，这里的文化，既受了楚地文化的深刻影响，又与楚地文化不完全是一回事；既受秦地文化的深刻影响，也不是秦地文化。以吕家河村的民歌为基点，课题组所做的调查和研究，也许是初步的，但它是前无古人的，也是开启来者的。也许他们还会把自己的视野扩大到整个的社会研究。不管怎样，这部选集的出版，无论对鄂西北社会、民俗、历史、宗教信仰等文化传统的研究，还是对汉民族文化移动与交融的探索，都具有无可替代的价值。

我没有过细研究吕家河村这次民歌田野调查的全过程，但我相信，对在一个村子的范围内流传的民歌作如此全面的调查研究，为我国的记录民俗学创造了一定的经验。远的没有考证，在我从事民间文学工作的四十多年里，就我的记忆所及，类似的个案调查研究，曾经有过一例，即1959年5月，北京的学者路工、张紫晨与江苏省的学者周正良、钟兆锦等组成的联合调查组对江苏省常熟县白茆村民歌的调查，并出版过一本《白茆公社新民歌调查》（上海文艺出版社1960年）。遗憾的是，那次调查的重点是新民歌，虽然也涉及民歌的历史传统，但难免受当时流行的"左"的思想的影响，毕竟有失片面。① 而今天对吕家河村民歌的调查，则是在新的历史时期里所做的一次全面的历史的调查，不仅资料搜罗全面宏富，指导方针也是遵循着历史主义的。我希望这次田野调查的成果，能经得起历史的检验，其所获得的资料，能为中国记录民俗学提供科学的、翔实的资料。

记录民俗学是民俗学的一个分支。钟敬文先生在阐述民俗学的结

---

① 不久前，江苏省民间文艺家协会主席陶思炎先生在大同市召开的2001山岳文化研讨会上与我相遇，送给我一张由江苏音像出版社出版的《白茆山歌（传统篇）》光碟（没有出版年代），其中收入白茆传统民歌53首。

构体系时说,中国的民俗学应由三个子学科组成,即:理论民俗学、记录民俗学(即通常所说的民俗志学)和历史民俗学。① 对于我们正在努力建设中的中国民俗学学科体系来说,这三个子学科当然是缺一不可的。钟先生把理论民俗学放在了第一位、把记录民俗学放在了第二位,其实理论民俗学与记录民俗学是相互依存的。诚然,理论民俗学是重要的,没有理论体系的民俗学,就如同俗话说的"盲人瞎马",不但不能有效地指导记录的民俗学的开展,甚至也失去了学科生存的地位和发展的方向。(但也应指出,我国的民俗学理论,至今还是远未完善的,特别是在方法论上,还有很大的发展空间。)从理论来自实践和理论是实践的总结与升华的观点看,一定的民俗学理论的形成和发展,又有赖于记录民俗学的开展和成就的取得。没有民俗事象的广泛记录与汇集,不但不能进入理论研究的层次,甚至使民俗学本身失去了任何学科的意义。这就是说,记录民俗学永远是民俗学学科的基础。从这样的角度看吕家河的调查,其意义也就不言自明了。

《武当山吕家河村民歌集》就要付梓了。课题组的朋友们嘱我为这部书写一篇序言,盛情难却,勉为执笔,写上数语,权作序言。

2001 年 9 月 3 日于北京

---

① 钟敬文:《建立中国民俗学派》,哈尔滨:黑龙江教育出版社,1999 年,第 44—48 页。

为中华谜家立传

——《中国当代灯谜艺术家大辞典》序[①]

灯谜是一种篇幅短小的文学形式,是谜语家族中的独立一支。谜语由两大部类组成:一为民间谜语,俗称"猜谜",为广大社会成员所创作(一般为口头创作和传承)和享用;一为灯谜,为文人雅士所创作(一般是书写在纸上并贴在灯笼上)和享用。

谜语源于古代属臣对帝王的讽谏而又不敢直言时的需要,往往用一些把真意隐藏起来的故事或典故以启发或喻示当权者,这种被史书称为"隐"的故事,就是现在我们所说的谜语。《春秋左传》里有一个常被引用的著名例子。《宣公十二年》:"楚子伐萧,……遂傅于萧。还无社,与司马卯言:号申叔展。叔展曰:'有麦麴乎?'曰:'无。''有山鞠穷乎?'曰:'无。''河鱼腹疾,奈何?'曰:'目于枯井而拯之!''若为茅绖,哭井则已。'"杜预注云:"麦麴鞠穷,所以御湿,欲使无社逃泥水中;无社不解,故曰'无',军中不敢正言,故谬语。"这段故事所表达的隐语,被学者们称为是谜语的雏形。在其发展流变中,谜语在不同的时代,有不同的称谓;而这些不同的称谓,也体现出其时代的特点或体裁功能的演变。春秋战国时代称"隐"(或隐语,又称"廋辞"),两汉称"射覆语",唐代称"风人体",近古至现代则称"商谜""文虎""灯虎""虎"等。"谜语"这个词,出现得较晚。刘勰在《文心雕龙》里认为:"自魏代以来,颇非俳优,而君子嘲隐,化为谜

[①] 刘二安、牛书友主编:《中国当代灯谜艺术家大辞典》,郑州:中州古籍出版社,2002年。

语。"他认定谜语作为专有名词是在魏代出现并得到公认的。

　　灯谜之说，何时出现，尚未见到为学术界公认的确证。比较不同来源的记载和研究成果，相信始见于宋明之间。南宋孟元老《东京梦华录》曰："杂技有刘百禽弄虫蛾……霍伯丑商谜……张山人说诨话，皆当时一种游戏之事。商谜者，一人为隐语，一人猜之，以为笑乐。杂剧中往往有之。"商谜的"商"字，不是商业的商，而是商榷的意思。认为商业的兴起导致了商谜的出现，是一种误解。由于《东京梦华录》是一本作者根据对前朝北宋京都岁时民俗的回忆而写成的书，从作者的记述中可以看出，在北宋时，已出现了"商谜"这个称谓，而从他对商谜的描述中，又可以看到，其娱乐成分已经大为强化了。又南宋周密《武林旧事·灯品》载："有以绢灯剪写诗词，时寓讥笑，及画人物，藏头隐语，及旧京诨语，戏弄行人。""剪写诗词"，即诗谜和诗虎；"藏头隐语"，即指谜语，均属灯谜之列。明刘侗、于奕正合著《帝京景物略》载："（灯市）有以诗影物。幌于寺观壁者，曰商灯。"在此，人们商猜之谜，已经贴在了灯上。学者认为，此乃灯谜之滥觞。①此后，《委巷丛谈》有云："杭人元夕多以谜为猜灯，任人商略。"《两般秋雨庵随笔》有云："今人以隐语粘于灯上，曰灯谜，又曰灯虎。"在"商灯""春灯""灯虎""文虎"等诸多名称中，"灯谜"这个为我们今日还在沿用的称谓，便在文献中正式登场了。

　　关于谜语的起源，是研究谜语的人都无法回避的，过去有人持"游戏说"，有人持"心理说"。在这篇小文章里，我们不可能探讨这个发生学上的大问题。但笔者要说的是，讨论谜语的起源，首先要考察它的社会功能，社会功能往往决定着它是否发生和何时发生。谜语的功能，在其早期阶段上，主要表现为"兴治济身"和"弼违晓惑"（刘勰《文心雕龙·谐隐》）；在其后期发展中，则益智和娱乐的功能逐渐突显。从在文化史上的地位和作用来说，中华传统文化是由上层文化和下层文化组成的，而谜语则跨越在两种文化之间，因而它成为整合两种文化的

----
① 杨汝泉：《谜语之研究》，天津：大公报社，1934年，第14页。

重要角色。所以说谜语跨越两种文化之间，是因为，一方面，民间谜语从对民众世界观的反映、流传的群体到传承的方式，主要是与下层社会及其成员的观念、信仰以及生活方式相适应的；另一方面，灯谜虽然也受到下层民众的喜爱和欢迎，但主要的群体依托却是知识阶层，其创作方式也与知识阶层的书写方式相适应。因此，谜语虽然身为民间文艺，却天然地担当着沟通上层文化与下层文化的桥梁的角色。

　　灯谜从其滥觞之日起，就与一定的民俗节日或民俗活动相联系；没有一定的民俗节日和民俗活动作为诱发因素和载体，灯谜恐怕也难以出现，即使被创作出来，也难有后来的那样规模的发展和繁荣。这一点，常常被过去的研究者所忽视。因有民俗节日和民俗活动作依托，灯谜活动才能应运而生、才能如火如荼地发展。民俗节日，如元宵节。研究者认为，自宋代起，制灯谜和猜灯谜已成为元宵节的必备节目之一[①]，清季以来直至现在，此项活动十分盛行。这一点，清代出版的许多地方民俗志，特别是吴越地区的民俗志，有相当完备的记载。清钱谦益《初学集·癸亥元夕宿汶上》有句："猜残灯谜无人解，何处平添两鬓丝。"写出了汶上元宵节灯谜活动之盛况，以及制谜者水平之高超：一些灯谜竟使猜谜者平添了白发也没有破解。民俗活动，如友人聚会。但友人聚会之灯谜，一般是没有灯笼可作依托的文虎或诗虎（谜）或哑谜。元曲《西厢记》："老夫人转关儿没定夺，哑谜儿怎猜破；黑阁落甜话儿将人和，请将来着人不快活。"这里的"哑谜儿"就是没有写出来的灯谜。《红楼梦·第二十二回·听曲文宝玉悟禅机　制灯谜贾政悲谶语》里绘声绘色地描写了贾母召集贾政、宝玉、王夫人、宝钗、黛玉、湘云等相关人等制作和猜射灯谜以取乐的场景，也是灯谜制作与一定范围的民俗活动相关联的珍贵史料。由于灯谜附着于民俗节日和民俗活动，因而具有群体性和娱乐性。这是灯谜的一个重要的特点。当今之世，往昔那种将灯谜写出来贴在或挂在春灯上的娱乐传统，依然随处可

---

　　① 王秋桂：《元宵节补考》，《民俗曲艺》第65期第17页，台湾施合郑民俗文化基金会出版，1990年。

见，但有的也不一定贴在或挂在灯上，而悬于室内或室外，向人们问难、供人们猜想。《红楼梦》里还写了一种方法，即将灯谜写在纸上，送达其他相关人士，令其商猜，然后退回出题的人。

作为文学的一种体裁，灯谜艺术在其历史的发展中，创制了和不断发展着自己的文体规范：类别和体格。所谓类别，是以其形制为标准对灯谜加以分类。以类别论，传统灯谜之类别有：事谜、文谜、姓名谜、字谜、诗谜、物谜、话谜、绘画谜、哑谜共9类。所谓"体格"，"以面扣底谓之体，以底合面谓之格。体者格之表率，格者体之部属"[①]。以体格论，传统灯谜究竟有多少格，其说不一。《韵鹤轩笔谈》云："灯谜有18格，曹娥格为最古；次莫如增损格，增损即离合也。孔北海始作离合体诗。"《留青别集》说有24格。《辞源》也说有24格。《橐园春灯话》说18格。而近人杨汝泉《谜语之研究》说有44格。类别和体格作为一种文体的规范，是时代的产物。传统的灯谜体格的形成和相对稳定，反映了农耕社会人们的思想、情趣、社会和文化的特点。而整个20世纪，特别是20世纪的后半叶，中国发生了民主革命和社会主义革命，战争和社会改革频仍，对中国的文学艺术发生了强烈的影响。在这个历史时期里，灯谜艺术虽然不为主流艺术所重视，却有了长足的发展，其标志，一是无论数量和质量，均有了很大的开拓，可谓蔚为大观；二是突破了传统的类别和体格的限制。一部《20世纪灯谜精选》[②]可以作证，尽管研究者们还没有来得及对这一百年来的灯谜作品作出理论上的深入研究和概括。

灯谜活动使一代一代的制谜家脱颖而出，而一代一代的制谜家创作的大量带着不同时代特点、脍炙人口的灯谜作品，推动了灯谜艺术的不断繁荣和提高，传承和延续了中国特有的灯谜艺术传统。过去曾有人说，能作谜者，未必尽能猜谜；能猜谜者，则必能作谜。因为制谜的方法，与制谜者的心思，必在猜谜者的想象之中。这话虽不无道理，但我

[①] 杨汝泉：《谜语之研究》，天津：大公报社，1934年，第34页。
[②] 刘二安主编：《20世纪灯谜精选》，郑州：中州古籍出版社，2002年。

仍然认为，在灯谜艺术的发展历史上，作为创作主体的制谜家起着关键的作用。把制谜家及其作品收集起来，并加以研究，探讨他们各自制谜的不同特点和风格，那将是一件前无古人的事业。过去，我国的古文献中，这类著作，尽管数量很少，很零乱，不成系统，不成气候，但毕竟还有些遗产可资借鉴。许多制谜家的名字、作品和事迹，就是靠这类著作而得以传递下来的。如《武林旧事·诸色伎艺人》所记那些制谜家和猜谜家：胡六郎、魏大林、张振、周月岩、蛮明和尚、东吴秀才、陈贇、张月斋、捷机和尚、魏智海、小胡六、马定斋、王心斋。如《委巷丛谈》所记之杨景言："（明代）永乐初，钱塘杨景言以善谜名。观此则灯谜之戏，似始于明初。相传有二十四格；但今只存解铃、系铃、测字、会意、脱帽、卷帘、折腰、双钩、集锦、绵屏数格矣。"如被称为清末民初"谜学大家"的张起南的《橐园春灯话》对谜学学理的贡献，等等，不一而足。

近20年来，国家改革开放，思想空前活跃，为灯谜的发展提供了适宜的土壤，是百年来灯谜发展的最好时期。这一时期，不仅谜家辈出，成绩卓著者遍于海内外，灯谜社团如雨后春笋，灯谜理论也得到了空前的发展。灯谜界既接受和发扬传统，又扬弃那些陈旧的失去魅力的陈规旧制，特别是旧体格规范中某些业已丧失生命力的东西。如今的情况是，沿袭四书五经之势已去，开掘创新之风渐开，不仅内容大异于传统，形式的革新也多出奇葩，大批才华横溢的中青年谜家在谜坛上展露风采。灯谜虽为中华民间文艺的一脉，但它所取得的成就，却闪现着耀眼的光彩，为中华文化的整合作出了自己的贡献。

在21世纪开始的时候，中州谜家刘二安先生主编《中国当代灯谜艺术家大辞典》，广泛收罗此前百年来的著名中华谜家于一册，对过去一世纪的谜坛作一历史总结，无疑是一件功垂后世的好事。刘先生命我为此大书撰序，我感到诚惶诚恐，虽在民间文艺领域里躬耕50年，却对灯谜这一专项缺乏深入研究。为表示对此举的支持，写下上文，权作序言，不当之处，欢迎方家不吝指谬。

2002年3月16日于北京寓所

开"以图叙事"的传统

——《全像山海经图比较》序言[①]

在市声喧嚣、物欲横流的环境里,独处一片净土是相当困难的。而从事学术研究,则更需要远离世俗、甘于寂寞的境界。在这一点上,马昌仪做得比我要好。她于1996年退休后,便抛开种种不必要的会议和社交,一门心思地投入到她所钟情的神话学的研究中而不愿意"自拔",而对《山海经》古图的搜求和研究,则成了近年来投入精力最大、花费时间最长的一个项目,一气竟做了七八年之久。在《古本山海经图说》的书稿完成后,她又马不停蹄地开始了另一个后续课题——山海经图的比较研究。经过两年多的时间,这个研究课题也终于完成结项了。俗话说:"六十六,丢块肉!"66岁的昌仪,对于山海经图的倾心,简直就是不知丢了几块肉!这本倾注着她心血的《全像山海经图比较》书稿,就算是免灾得福吧!

论者说:《山海经》是一部中国书籍史上的"奇书"。说它是地理志、神话集、巫书……都不无道理。就其内容而言,说它是一部古代文明的知识总汇,也许不至于过分。而散落在浩瀚古籍中的山海经图,则给人们提供了另一种丰富的地理学、神话学和巫术信息,它与文字的《山海经》互为补充、相得益彰。回顾新学诞生后的整个20世纪,对《山海经》的研究,尽管从来没有成为显学,却也从来没有中断过。据笔者的粗略统计,100年来发表的有关专著和论文不少于500种。然而,

---

[①] 马昌仪:《全像山海经图比较》,北京:学苑出版社,2003年。

这些站在不同立场、采用不同方法的"多学科"研究论著，虽涉及古之天文、地理、神话、物产、巫术、科学等诸多方面，但至今也还未能彻底解开《山海经》这部"奇书"之谜。"山海经学"的博大，到目前为止，仍被学界称为无涯之海。作者从失传了的"山海图"入手，开展对《山海经》的研究，可否认为是对山海经文本研究的一种拓展呢？

东晋诗人陶渊明的"流观山海图"（《读山海经十三首》）、学者郭璞的"图亦作牛形"和"在畏兽画中"的记载和论述，说明早在2000多年前的战国时代，曾有"山海图"流行于世。而且据说《海经》部分是图在先、文后出，因而"以图叙事"的叙事方式，至少在战国时代就已形成一种文化传统。但山海经古图至今未被发现，而《山海经》的文字被发现是在散乱的木简之上。由此我们不禁发问：木简之窄难于刻制图画，而陶渊明和郭璞所见过的山海经图，又是刻画在什么样的介质上的呢？写到这里，我回想起一桩往事：1986年夏季，我在云南沧源的一个佤族村寨里，曾目睹过一幅该族的族人保存着的祖上传袭下来的丝质（帛？）的岩画圣图。那次奇遇又使我联想起长沙马王堆汉墓中发现的帛画和帛书。近来，有学者发表了一些从中国少数民族地区搜集到的"指路经"和"神路图"一类的连续图画，似与古之山海经图也有相通和相似之处。图画，显然是一种传袭原始思维的重要记忆或记事方式。我们设想，那些山海经古图为什么不可以是画在帛上或其他介质上的呢？当然，假想毕竟是假想，任何结论都有待于考古发掘和民族学田野资料的证明。

近年来"读图时代"成了出版界的一个热门话题，形形色色的图画和图说类的书籍如潮水般汹涌面世。现在，山海经古图话题的加入其中，似乎真的是一个"读图时代"夹风带雨般地来到了我们面前。此等文化现象，不禁使我想起人类历史上确实经历过的一个"读图时代"——人类还没有创造出文字之前的蛮荒时代。

人类最早使用的文字，据目前的发现，是两河流域的苏美尔人的泥板楔形文字，其时代大约在公元前第三个千年前后。在使用文字之前，也就是在旧石器到新石器时代的绵长岁月里，人类用以认识世界和交流思想的工具，当是那些镌刻和涂绘于洞穴里（如欧洲的洞穴）和山岩上（如我国的内蒙古、新疆、青海、西藏、广西、云南等地的崇山峻岭里）的数量众多的壁画（岩画）。仰韶文化彩陶上那些或写实或写意的多种形态的图像；良渚文化玉琮上那些线条超绝，形象神秘，富于想象力的兽面纹图；殷墟骨板上那些高冠尖喙禽、以弓矢射麋于京室的图像，同样也具有原始人类认识世界和交流思想的工具和符号的意义。对于原始先民而言，除了心理的冲动（如信仰与巫术）外，记事和交流这两类功利目的，乃是绘制或刻画那些原始图画的主要动因。应该说，人类还没有创造出文字之前的蛮荒时代，当是人类历史上第一个真正意义上的读图时代。

　　有考古学家力图证明仰韶文化和龙山文化陶器上的刻画符号是文字的雏形，至今似乎还难成为定论。但可以肯定的是，进入文明初期，文字的被创造，打破了图画独占天下的一统局面。一定有这样一段时间，图画与文字平分秋色，共同成为人类记事与交流思想的工具和符号。在没有发明纸张之前，图画和文字是被刻在甲骨、泥板、青铜器、竹简等介质上的。青铜器上既有铭文，也有数量丰富、形象多样的图画，保留着图画在思维和认识领域里的优势地位。而竹简的长而窄，大概限制了图画的施展。纸张出现于东汉，导致了雕版印刷术的肇始。雕版技术的发明，使人类得以把图文刻在板上、印在纸上。中国最早的图画书是什么，图画传统占有什么地位，是个很有趣的问题。目前一般认为，雕版印刷始自隋代。明代陆深《河汾燕闲录》说："隋文帝开皇十三年十二月初敕：'废像遗经，悉令雕撰'。此即印书之始。"但此说尚未得到考古发掘的支持。而我国现存最早的雕版印刷实物，是发现于敦煌藏经洞、现存在大英博物馆的唐懿宗咸通九年（公元868年）王玠为母病祈福所刻的《金刚般若波罗蜜经》，文字与图画相配。由此提出了另一个问题：书籍诞生之后，图画的位置若何？是先图（为主）后文，还是先文后图（插图）？如果海经古图果系先有图、后著文，那我们就可以得出这样的一个认识：战国时代还保留着"以图叙事"的古老叙事传统。

镌刻（或描绘）在山岩上的原始的（或古代）的岩画；战国时代的青铜器上的文饰、帛书帛画；汉代墓葬中出土的大量画像石（砖）；浸润着浓厚原始思维的民间绘画；等等，或提供了相同或相似的人类思维模式，或再现了古人的神话、巫术、科学或世俗世界。把它们拿来与山海经古图或明清之际画家们根据山海经文本所绘制的图像相互参证、比较研究，的确不失为一个研究山海经课题的尚好选择，也许是人们接近破解《山海经》之谜的一条小小的路径。而山海经图像的研究，无疑也会多少推动方兴未艾的图像人类学与图像神话学的深入发展。

　　在《全像山海经图比较》面世之际，我衷心地祝贺这部书的出版！

　　　　　　　　2002年11月7日于北京东河沿寓所

梁祝传说发祥地的探讨

——《梁祝文化新论》序

梁山伯与祝英台的传说，是中华文化中生命力最为强劲的几个"传说丛"之一。由于其对忠贞纯洁爱情的讴歌，哀婉动人的艺术格调，悲剧的审美意识，在国人中几乎达到家喻户晓的程度。其流传的时间之长，自东晋有记载以来，少说也有一千五百年以上了。加上传说之外，又有戏曲，双管齐下，影响所及，上至达官贵人，下及村夫老妪，堪称中国女性文学之经典。

对梁祝传说的研究，肇始于20世纪20年代的《北大国学门月刊》。到30年代初，随着民俗学研究机构和学人的南移，梁祝传说的研究，随之出现了一个小小的高潮。顾颉刚、钱南扬、赵景深、谢云声、陈光垚、谢兴尧等学者，都曾撰文论过。既然是传说，研究者们便总会顺理成章地追问传说所依附和蔓生的本事和人物，这是传说学的题中应有之义，也是研究深入的必然趋势。于是，梁祝传说的发祥地问题和梁祝其人其事的史实问题，也就自然而然地成为学者们探讨的一个重点。从县志、府志中搜寻梁山伯和祝英台的远影和近迹，成为当时的学术风景。宁波说、上虞说、宜兴说，以及其他诸说等，相继登场。1930年2月12日出版的《民俗》月刊（广州中山大学出版）上，发表过署名马太玄的《宜兴志乘中的祝英台故事》一文，首开梁祝故事宜兴说之先河。未久，在南方讨论的背景下，在北方，就梁祝传说的故事本身及其涉及的史实问题等，在《晨报·学园》上开展了长达一年多的讨论和争鸣，使对问题的认识大为深化、大为提升了。

新中国成立后的50年间，由于戏曲、电影、音乐的介入，吸取梁祝题材而创制各类文艺新作，使这个古典的爱情悲剧故事，得到了新的演绎和前所未有的传播。梁祝传说，渐而扩展为我们今天所称的梁祝文化。建国后最早论述梁祝传说的，是诗人兼文学理论家何其芳发表于1951年3月18日《人民日报》上的《关于梁山伯祝英台故事》[①]。这篇文章是作者在研究了大量的梁祝传说、唱本、戏曲及其现代以来的研究论著之后写成的，虽然文章是从批评对《梁祝哀史》的粗暴批评开篇，但其主旨却在于批评那些对待民间传说中的"左"的、反历史主义的倾向；作者以文学批评的立场施之于民间传说，没有涉及梁祝传说的发祥地和史实问题。此后，对民间传说的文学研究，逐渐发展成为一种主导的流派或方向；对传说民俗学的研究，在一个时期里受到了冷落，显得有气无力，缺乏应有的成绩。

当我们回首文化史时，我们惊异地发现在梁祝传说上存在着一个鲜明的反差：近50年来，特别是建国初期，在牛郎织女、孟姜女、白蛇传、梁祝这"四大故事传说"中，取材于梁祝题材的各类文艺作品（特别是川剧《柳荫记》、越剧和电影《梁山伯与祝英台》和小提琴协奏曲《梁祝》），傲然高居于其他三者之上，无可比拟地深入人心；相反地，就对这些传说的研究而言，其他三个传说则又远胜于梁祝，学者们对梁祝传说的眷顾，显得门庭冷落。

我对梁祝没有专门的研究，对其了解只是限于常识而已。前辈民间文化学者路工先生曾赠送我一本他编的《梁祝故事说唱集》[②]，他虽然是宁波人，但他编的此书所表现出来的学术立场，却是以文学为本的，也并没有着意于探讨梁祝的地区背景。1996年夏秋之际，雕塑家楼家本先生要在他的故乡宁波创建"中国神话园"，邀我的老伴马昌仪和我同去参加论证，也给我们创造了一个了解宁波梁祝文化的机会。恰好路工当时也在宁波小住，他又兼任着梁祝公园的顾问。我们应邀到正在兴

---

① 后收入《何其芳文集》第4卷，北京：人民文学出版社，1983年。
② 路工编：《梁祝故事说唱集》，上海：上海古籍出版社，1985年。

建的宁波梁祝文化公园去参观时，公园的主持者除了一般的介绍而外，还特意引领我们参观了据说是梁山伯的墓。把本是传说的资源用来创建一座公园，把梁祝传说和寓于其中的文化精神光而大之，也不失是一个很好的设想和举措。梁祝的千年史证明，其文化精神是强大的，是富于生命力的。

2000年10月，笔者应邀到南京参加江苏省民间文艺学术讨论会，在会上结识了宜兴市研究梁祝的蒋尧民先生。他向会议提交的论文题目是《论梁祝之"义[宜]兴说"》，提出梁祝文化的发祥地应在宜兴而不是宁波或上虞或其他地方。这篇文章的论点引起了我的兴趣，我在大会发言时说，蒋先生的论文在梁祝研究上"爆了一大冷门"。他的这一论点，也引起一些报刊媒体的关注，并作了颇为广泛的报道。据悉，2002年4月，宜兴市华夏梁祝文化研究会召开梁祝文化研讨会，与会学者对这一论点的发挥更加深入了，再次受到了学界的重视。江苏省民间文艺家协会主席、东南大学教授陶思炎先生在为《梁祝文化研究论文集——梁祝史实与传说考证专辑》（2002年5月）所写的序言中，提到了我上面的这一看法，并对"梁祝宜兴说"的立论和考证给予了肯定性的评价。在陶思炎赠送的这本考证专辑中，我又读到了蒋尧民的另外几篇从不同角度撰写的考证文字。与20世纪研究梁祝的民俗学者们相比，他对梁祝"宜兴说"所提供的证据和所作的论证，显然是更为翔实可信了，至少以自己的立论推动了梁祝学坛的发展和深入。现在，他又以梁祝发祥地的"宜兴说"为基础和起点，把多年来关于梁祝的研究，扩大到与梁祝有关的多个领域，包括传说故事、歌谣唱本、历史掌故这些传统领域，以及文化旅游，希图在文化整合的基础上，建造一个梁祝文化学。

他寄来他的著作的目录和大纲，嘱我为他的著作写序。现写了上面的一些话，以表示对他即将出版的著作的祝贺。

2003年3月6日于北京

历史的失落之处

——《柯尔克孜族部落史故事》序①

我与陶阳相识快 50 年了。一想起我们一起住在朝阳门外芳草地文联宿舍的那些年代，仍然会被当年的激情燃烧起来。陶阳比我大个七八岁，那时还不到 30 岁，他比我能熬夜，总是习惯于在夜深人静的时候写诗，整理他在大理搜集到的白族民歌。天亮了，他的房间里还常常亮着灯，推开门一看，原来困倦的诗人伏在书桌上就进入了梦乡。好些诗稿或民歌稿就这样诞生了。

爱诗写诗是他的天性。可是实际生活却把他塑造成了一个民间文学研究家。写诗需要的是激情，研究需要的则是冷静。他的一生好像永远处在这两种情怀的矛盾之中。到了老年，他也还在孜孜不倦地写作和研究，他用一本本的著作铺展他晚年的人生之路。

他被派到新疆去参加并领导柯尔克孜族的英雄史诗《玛纳斯》的搜集工作，是 1964 年。他在远离北京的克孜勒苏大草原上一直待到"文化大革命"爆发，才不得不中断搜集工作打道回府，带回来的是两大木箱的史诗记录手稿。可惜复又可叹的是，当这两箱记录翻译手稿迢迢千里运回北京的时候，单位大乱，那两箱浸透着《玛纳斯》工作组几

---

① 陶阳记录整理：《柯尔克孜族部落史故事》，阿图什：克孜勒苏柯尔克孜文出版社，2004 年。本文收入拙著《民间文学：理论与方法》，北京：中国文联出版社，2007 年。

位同志几年心血的记录翻译手稿,有谁还能顾得了、还能为它的命运做主呢?幸而这些珍贵的手稿与单位的其他重要资料,包括工作人员的人事档案,在1969年底准备运到湖北丹江口水利枢纽工程的地下工程中保管起来。后因箱子太多,只走了人事档案,其他资料由文化部留守处管理。后散落在文联资料室。直到改革开放的1978年以后,才颇费周折地找了回来,尽管已远非"完璧"。尽管如此,也还是令这位多年来倾心于《玛纳斯》的陶公多少有些释怀。

年轻时代,我也是个史诗《玛纳斯》的爱好者。我拥有一部苏联出版的精装本的俄文本《玛纳斯》,经我手也编发过一些苏联学者撰写的有关《玛纳斯》的研究文章和动态报道。当年陶公从克孜勒苏柯尔克孜族自治州寄来的材料,包括用蜡板刻印的史诗中的柯汉名物对照表之类的材料,我至今还作为"文物"收藏着。我也拜读过他撰写的有关《玛纳斯》史诗传承"神授"说的饶有兴味的文章。从他和其他搜集者朋友那里,我得到了许多有关柯尔克孜族的传统文化的知识。至于陶阳在克孜勒苏大草原上搜集的这些柯尔克孜族部落战争的故事,他却一直没有示人,几十年来我也一向无闻。经过了几十年的世事沧桑之后,为保存和弘扬民族传统文化,陶公还把他珍藏着这些已经泛黄发霉了的记录稿纸,从箱底下翻腾出来,并投入"已是近黄昏"的珍贵精力将其整理润色,公之于众,这无疑是一件功德无量的好事。当年讲述这些故事的柯族传统文化的载负者们——故事家,有的已经成了故人,有的故事也许就因为他们的远逝而成了文化的绝唱。有的故事及其讲述者即使有传人,但其讲述的文本、讲述的风格等,也肯定不再是那些已逝者的作品,而是另外一个讲述者的创作了。民间故事不会完全彻底地泯灭,但它肯定要在传递过程中发生嬗变。这就是民间文化固有的传递规律。陶公记录文本的可贵之处,就在于他记录下了20世纪60年代柯尔克孜族故事讲述家们的部落故事——镌刻着这个民族的历史风貌,以及他们的历史观、英雄观。

部落战争,是原始社会末期的产物,对于当今文明时代的人们来说,无疑已经是很遥远、很古老的历史陈迹了。但这些中古时期的故事（用严格的学术名词，应称"传说"），却不仅能给我们以与幻想性较强的那一类民间故事相迥异的另一类口头传承叙事艺术（如以部落英雄为叙事核心、逼近现实的庄严性叙事、滚雪球式或垒层式的细节粘连和叠压等）的欣赏，更重要的，是向我们提供了对原始社会末期西部游牧族群部落的民俗学的认识资料。英国人类学家罗伯特·玛雷特（R. Maett，1866—1943）说过一句名言："历史学的失落之处，正是民俗学的好机会。"从民俗学的立场和眼光去解读这些故事的文本，我们所得到的，正是历史学所失落的东西。

从这些柯尔克孜民族中古时期的叙事传说里，我们看到，这些游牧部落，虽然其汗王——英雄是推选出来的，占有大量生产资料，生活甚是富足和奢侈，说明社会分层现象已经很明显，但总的说来，一般牧民的生产资料占有还很简单（如能说会道的外交家阿坦别克，家里也才只有一头奶牛、一匹黄马），整个社会已经处在了原始社会的末期。英雄的毡房里拥有不少非本部落所能出产的器物，如珍贵的装饰物，已属于商品而非土产。普通牧民除了放牧牲畜外，也有的到喀什喀尔等地去买烟叶，从事简单的交易。头领与牧民之间，在政治权力上似乎还没有出现根本性的对立。部落之间发生的战争，也还属于相邻部落之间的双边战争，尚没有形成后来史诗中描写的那种部落联盟。

从这些故事所写的内容看，作为故事基础或核心的部落战争之起因，不外三个：

第一，是侵占他部落的草场，而草场是部落赖以生存和发展的生命之源，侵占他部落草场者，多是草场好、人口多、牲畜多的强势部落（如切列克部落），又有威力显赫的大英雄（如盖世英雄阿吉别克）和一群此一级别的英雄和勇士，而这些画面，就构成了原始末期游牧部落社会的典型生活场景。

第二，是掠夺他部落的人口（如《阿吉别克的祭典》写到布务部落掳掠切列克部落的 12 户人家），并加以同化，使其逐渐变为本部落内的异血统的成员——劳动力和战斗力。分分聚聚，而增加劳动力和战斗力，毕竟是部落社会发展和壮大的必由之路。正如苏联民族学家尤·勃罗姆列伊在论述阿拉伯游牧民族时所写的："阿拉伯游牧民族在从伊斯兰教纪元头几个世纪到本世纪（这里系指20世纪——引者）初这一整个漫长时期内，就记载了许多这样的事实。阿拉伯部落把其他部落出身的人并入自己部落，宣布他们'按血统和名称'是自己的成员，逐渐同化他们，甚至用虚构的谱系好像把他们'拴在'自己身上。但是这当然远远不是一下发生的，而是在一定的、经常是极其漫长的时间内，被合并者的民族地位仍是双重的：他们既是接受了其新的共同体的民族传统体现者，又是自己原来的共同体的民族传统体现者。这样，一方面，遵照部落内婚的准则，他们应该只娶自己新部落的人为妻，并应当按这个部落的风俗进行血亲复仇和承担责任，等等，但是另一面，他们又长久地保留着自己原来的方言特点，历代口头传说，牲畜烙印标记，战争号召，氏族部落祭祀，外衣色调，头巾，图案装饰，发式特点等等。被合并者的这一双重情况不仅民族学上有记载，而且无论他们自己，还是他们的邻人也都十分清楚地认识到。"①

第三，是以武力相威胁，要求对方部落嫁以美丽的姑娘给本部落的英雄为妻，而在中古时期的观念中，以为把本部落的姑娘嫁给另一个强势部落的英雄为妻，是一种屈辱。在民族学上，这种异部落间的掠夺性的婚姻，无疑是对原始社会早期的族内婚制度的一种反叛和破坏，是社会发展的一大动力。而在故事中，一旦切列克部落与布务部落达成和解后，布务部落就主动地把美丽智慧的姑娘阿尔藤，嫁给了切列克部落的新英雄——汗王土尔德开为妻，这种婚姻就不再是屈辱性的，而作为两个部落和解与团结的标志和观念被两个部落都认可。通过艺术（叙事）手段显示出来的这种"亲属关系"，成为由单一部落向着部落联盟的形成而跨出的重要的一步。

英雄是部落战争故事的主角，这是游牧部落现实生活和文化状况所决定的。由于部落战争故事还处在以零星情节而相对独立的形式被讲

---

① ［苏］勃罗姆列伊：《民族与民族学》，李振锡、刘宇端译，呼和浩特：内蒙古人民出版社，1985年，第160—161页。

述，尚未在流传中把多个独立的故事连缀成为大型复合故事，更没有形成史诗那样的鸿篇巨制，其英雄也还缺乏史诗英雄所普遍具有的那种多侧面性，如神奇诞生、灵魂不死观念、死而复生、利用自然力呼风唤雨等神奇力量等。同时，在这些柯尔克孜古代部落英雄身上，我们也没有看到他们具有赫哲族的"伊玛堪"（英雄叙事诗）中出现的那些英雄在萨满教信仰下所具有的上天入地的神奇本领。柯尔克孜古代部落战争故事里的英雄，都是些与普通的牧民没有什么根本不同的现实的人物，他们没有神灵的因素，但他们是超群者，其超群，主要表现为，不但具有超人的体魄和膂力，能威慑和降伏其他敌对部落，而且具有令人敬服的智慧和威望，能统帅部落内的诸多勇士和各种俊才（包括有外交才能者），因而他们被推选为部落的领袖。

　　柯尔克孜族部落战争故事，对于一般读者来说，也许是陌生的，唯其陌生，才显得新鲜而珍贵。它的搜集出版，对于丰富和整合中华文化而言，是一项十分有益的工作。我在此表示衷心的祝贺。

2003年7月13日于北京寓所

史论之花

——《中国现代民间文学史论》序[①]

高有鹏先生承担的国家社科基金研究项目"中国现代作家民间文学观研究",经过几年的学术探索之旅,日前已经完成并结项,其最终成果《中国现代民间文学史论》就要出版了。这部著作是他写于前几年的《中国民间文学史》的姊妹篇,不仅为中国民间文学学术研究的园地里增添了一束别开生面的史论之花,也显示出作者在学术研究上孜孜不倦的追求与开拓的精神。我对这部书的出版,表示一个同行老兵的衷心祝贺。

作为诞生于19世纪末到20世纪初启蒙运动中的一门新兴的人文学科,中国民间文艺学从无到有,由浅入深,从单一学科的研究到多学科的掺入,几代学人苦心经营,熔铸传统国学研究与西方民俗学的理论与方法,创造自己的民族的学科理论体系,而今已经走过了一百年的漫长道路。尽管在学科建设方面还很不完善,学科地位还很脆弱,理论开拓也还有很大的空间,但应该说,到20世纪末,中国民间文艺学已经初具规模、蔚为大观了。民间文艺学由三个有机部分(分支)构成,即:民间文学理论、民间文学作品搜集与研究、民间文学学术史。前两部分,即民间文学理论和民间作品搜集与研究,学界所做的工作比较多,成果积累也比较丰饶,特别是近20年来有了很大的突破,而后

[①] 高有鹏:《中国现代民间文学史论》,开封:河南大学出版社,2004年。此文发表于《民间文化论坛》2004年第4期(总第138期)。

一部分，即民间文学学术史的研究，则相对薄弱，这部书所论之中国现代作家的民间文学观，又是中国民间文艺学史研究的重中之重。因为在我国，现代民间文艺学的创始者和先行者们几乎清一色的是一批学者型的文学家，民间文学也一直被作为民众的文学而登堂入室的，胡适、鲁迅、茅盾、郑振铎也好，闻一多、朱自清也好，他们都是把民间文学擢升到"文学"这个"大雅之堂"的先辈文学家，他们积极地、开创性地参与了中国民间文艺学的理论建设，并做出了重大的贡献。正如作者所阐述的，在中国现代学术体系的建设过程中，对民间文学的文化价值及其在包括文学在内的中华文化发展中的作用和影响的重新认识和发掘，具有非常重要的意义，而在整个20世纪中国人文学界对民间文学的文化价值的重新认识和发掘上具有时代意义的转折中，一批中国现代作家的历史功劳是不可低估的，他们的论述或曰理论，推动了新文学的发展和现代学术格局中的文化研究。

诚然，中国现代作家的民间文学研究与评述，并非中国民间文艺学史的全部，在作家之外，还有历史学家、民族学家、社会学家的参与，从而也给中国民间文艺学的学坛造就了多种流派共存的多元格局。多学科学者的积极参与，带来了民间文艺学理论和方法的多样性。而即使作家之中，也并非都持有同样的观点和方法。正如大家都知道的，在中国民间文艺学诞生的初期，英国人类学派（以弗雷泽和安德鲁·兰为代表）曾较多地影响过鲁迅、茅盾、周作人、郑振铎等作家，他们不同程度地接受了和运用了这一学派的一些学术理念和研究方法，来解释中国的民间文学现象，从而构建自己的理论系统。他们在引进和借鉴人类学派的理论和方法时，尽管所采取的立场不同、视角各异，但都不同程度地选择了"本土化"的道路。而活跃于30年代末与40年代的闻一多，则把旧国学的考证、考订与民族学的实证、比较等新理念新方法熔为一炉，用以破解中国的神话，把神话传说研究推到了一个新的阶段。

不论何种学科的发展和前进，都是在不断积累已有的成就的基础上所做的创新与探索。作者选择对一些重要现代作家—学者在民间文艺学研究上的理论建树，做系统的、历史的评价和跨学科的阐发，对于我们今天的学科建设，无疑是一个极其重要的课题，也是一个极其重要的贡献。从学科建设和理念创新的角度来估量，高著为我们展开了一片新的天地。

有鹏嘱我为他的新著作序，便不揣浅薄写了上面这些意思。是为序。

2004 年 1 月 8 日于北京寓所

激越悲怆晋北歌

——《小曲儿一唱解心宽——晋北民歌精华》序[①]

在中国现当代文学史上，与民歌结缘的诗人，不绝如缕。从刘半农1918年搜集出版的《江阴船歌》被周作人称为"中国民歌的学术的采集上第一次的成绩"起，诗人搜集民歌，向民歌吸取滋养，成为中国新诗百年发展历程的一个重要的传统。后来者如：台静农搜集出版了《淮南民歌》；李金发搜集出版了《岭东恋歌》；钟敬文搜集出版了《客音情歌集》；光未然搜集出版了《阿细的先鸡》；闻一多指导刘兆吉搜集出版了《西南采风录》并作序；何其芳编订出版了《陕北民歌选》；严辰搜集出版了《信天游选》；李季搜集出版了《顺天游》；薛汕编选出版了《金沙江上情歌》《愤怒的谣》《岭南谣》；王希坚搜集出版了《翻身谣》等。学习民歌而在创作上取得成就的，鼓吹向民歌学习的，还有柯仲平、田间、马凡陀等。诗人组织民歌社团、登高一呼搜集民歌者，也不鲜见，如新四军诗歌作者劳辛、林山、芦芒、贺绿汀等于1941年6月成立苏北诗歌协会；抗战胜利后，丁景唐、袁鹰、薛汕、沙鸥、吕剑、马凡陀等在上海创立的中国民歌社等。

贾真先生是一位诗人，而且是一位热爱民歌、深受民歌影响的诗人。他出身于并扎根于晋西北深厚的民间文化土壤中。在他的文学生涯中，时时受着民间文化的滋养。他对民间文学，尤其是对流传于晋西北

[①] 贾真编选：《小曲儿一唱解心宽——晋北民歌精华》，北京：作家出版社，2004年。此文发表于《中华读书报》2005年3月2日。

的民歌有难以割舍的乡土情怀，常常利用工作之便，到河曲、保德、偏关、繁峙、宁武、岢岚、静乐、忻州、定襄一带，去采集那里在民众口头上传唱的山曲、民歌，30余年从未间断。在他的行箧中，积累了大约五万首晋西北各地民歌。《晋北民歌精选》中所选录的9000行民歌，就是从他的丰富的私藏中遴选出来的佳作。现在他把这些浸透了他多年的心血、本来属于私藏的民歌珍品公之于世，希望与更多的读者和文学界朋友共享，实在是一桩文坛快事，自然也为中国现当代文学史上新诗与民歌的亲缘关系的长长的链条，增添了新的一环。

西北民歌主要分布在晋西北、陕北、宁夏中部、甘肃南部、青海东部农业区。就民歌的形式和风格而言，似还应包括内蒙古的河套地区。这是一个狭长的"文化圈"，民歌的种类繁多，音乐的形式纷呈，但却有着共同的因子，把这个狭长的地区联系在一起。论者尝曰：西北民歌是中国民歌之魂。所谓"中国民歌之魂"，不仅是因为这一地区所处的黄河流域中段是中华民族的摇篮之地，我想，更主要指的是西北民歌所表达的生生不息的民族精神和所表现的激越豪放的风格。当然，说西北民歌是中国民歌之魂，并不是说其他地方和其他民族的民歌，就不是中国民歌之魂、没有表达民族精神。

晋西北民歌属于西北民歌的重要一支。河曲（包括保德）地处黄河拐弯处，这里所流传的民歌，无论在内容上，还是形式上，都以十分明显的特色著称于世。历史上，这一带的民众，自明末以来，由于封建统治者的剥削压榨，由于土地集中和连年灾荒，无以为生者甚众，民不聊生的境遇，使他们不得不抛家别舍纷纷"走西口"（"西口"泛指内蒙古西部的鄂尔多斯市、准格尔旗、包头、大青山、后套等地），到内蒙古的河套地区谋生，有的春去冬回，有的常年不归流落他乡。歌曰："河曲保德州，十年九不收，男人走口外，女人挑苦菜。"这种状况一直持续到清朝末年。流徙的悲苦生活，不仅造就了河曲民歌的内容，民众也把当地的民歌带到了他们的客居地河套地区，把河套一带的"爬山调"带到了河曲。在艺术形式和艺术风格上，由于其西南部（除神木、府谷外）与陕北为邻，而其北部又与内蒙古河套地区接壤，处在两地之间的河曲,自然受到陕北民歌"信天游"和河套民歌"爬山调"的影响,在文化的相互交融和相互吸收中,形成了河曲民歌——"山曲"在风格上的悲怆缠绵的特色。其实,悲怆或悲凉,几乎是一切民歌的艺术风格的基调,这是由歌唱者的命运所决定的。不过,河曲人的特殊历史和命运,使他们的民歌的这种悲怆的情调更加强烈和普遍罢了。恩格斯在论到爱尔兰歌谣时说过:"这些歌曲大部分充满着深沉的忧郁,这种忧郁在今天也是民族情绪的表现。当统治者们发明着愈来愈新、愈来愈现代化的压迫手段,难道这个民族还能有其他的表现吗?"[1]果戈里在论到小俄罗斯歌谣时也说过:"正像马克西莫维奇正确地指出的,俄罗斯的凄怆悲凉的音乐表现着对于生活的忘怀:它力图离开生活,扑灭日常的需要和忧虑;可是,在小俄罗斯的歌谣里,它却和生活打成一片,它的音节生动活泼,因此似乎不是在鸣响,而是在说话——用言语来说话,吐尽心中的郁积,……每一句话都深深地印入灵魂。"[2]河流和山岭往往成为文化分布阻隔与分野的屏障。与河曲民歌的风格不同,地处汾河以东、太行山中的左权,其民歌就呈现出另一种艺术世界。那里的小调同样委婉妩媚,而山歌则高亢嘹亮。不同的历史遭遇和不同的地理文化环境,使晋西北民歌在统一的激越豪放的基调和悲怆悠扬的旋律中,显示出深邃撼人的诗意、芬芳馥郁的韵律和繁复多样的风格。

  好诗来自民间。读者从这些由诗人直接采自民间的活态的民歌中,不仅能够读到晋西北民众在不同时代里和不同的地理环境中的种种生活样相,他们的窘困,他们的奋争,他们的爱情,他们的智慧,他们的情趣,而且也从字里行间随处可以体味到未经雕凿的民众的艺术天才,而这,正是我们专业的文艺家们不能不敬服的。当然,从民俗和音乐的立场说,任何记录下来的民歌,都因失去了它生存的语境而不再具有鲜活力。这的确是没有办法的事情。刘半农把民歌的"清新"

---

[1]《爱尔兰歌谣集序言札记》,《民间文学》1962年第1期。

[2]《论小俄罗斯歌谣》,见《俄国作家论民间文学》,北京:中国民间文艺出版社,1986年,第26页。

比作"野花的香"。鲁迅说民间文学的特点是"刚健清新"。朱自清说"歌谣的自然是诗中所无"。就让我把这些赞美之词统统移来赞美晋西北的民歌吧。

2004年8月22日于北京

现代民间文艺学史上的功臣

——《口头文学论集》序[①]

屈指算来,我与陶阳兄相交已有 47 个年头了。在这近半个世纪里,我们有幸先后两度同事,一起亲历过文艺界风狂雨骤的峥嵘岁月,也目睹了文坛上你来我往的人事变迁。岁月铸造了我们的人生和友谊。我们第一次见面的场景,镌刻我头脑里的印记,至今还是那样新鲜、那样清晰。我工作后第一次分配的住房,是北京朝阳门外芳草地中国文联宿舍,就与陶阳同在一排小平房里。这个曾经聚集了许多文化名人的处所,现已被夷为平地,连凭吊的标志都找不到了。我第一次敲开他的房门时,他正伏案埋头在整理到云南采风搜集记录的白族民歌。那是他涉足民间文学以来的第一次田野调查的成果。那时我们都很年轻,又都是外省人,还有一层老乡关系,自是有一种亲近感。相处得久了,见他常常写作到深夜,有时天亮了,该上班了,他却还伏在桌子上酣睡不醒。他长我几岁,在诗坛上也小有名气,如今又添加了一个民间文学家的身份,这些经历无疑使我这个刚走上社会的青年陡增了几分敬意。

后来的几十年里,他虽然无法忘情于诗,却也没有多少时间用于写诗,他几乎把所有的精力都放在了民间文学的编辑、调查与研究上。多年来,文艺界的斗争一波未平一波又起,我们都赶上了,而且如俗话说的,"常在河边站,哪有不湿鞋?"可以说,生活从来没有给我们这些人提供过一个安静良好的从事研究和写作的环境,到了老年我们见面

[①] 陶阳:《口头文学论集》,北京:大众文艺出版社,2007 年。

或通电话时,也曾常以自嘲的口吻谈起被白白浪费了的青春。即使如此,陶阳在民间文学研究上的辛勤耕耘和丰硕成果,还是令我羡慕不已。

20世纪50年代末到60年代初,民族史诗已开始受到关注。青海的民间文学工作者对藏族的英雄史诗《格萨尔王传》的版本收集做出了令人称羡的成绩。新疆柯尔克孜族的英雄史诗《玛纳斯》的搜集工作也初见成绩。陶阳就是在这时,于1964年被派往克孜勒苏地区与新疆文联的刘发俊先生一起,参与领导《玛纳斯》的搜集记录工作的。他们以披荆斩棘的开拓精神,搜集记录下了这部民族英雄史诗的全六部,在我国民间文学学术史上写下了灿烂的一章。1966年"文革",陶阳以及民研会参加调查的郎樱、赵潜德等被迫打道回府,他们从南疆带回来几大木箱的《玛纳斯》汉译手稿,但谁也无法知道这些浸透着他们的心血的史诗手稿将面临着怎样的命运。中国民间文艺研究会和中国文联各协会的人员,从1969年9月30日起下放到五七干校劳动,这批珍贵的手稿,也被送往"三线"的地下工程避难长达十年之久。待"文革"结束运回北京时,几番周折与磨难,已散乱不全了,所幸毕竟还是找回来了绝大部分。据我所知,在新疆的一年多田野采录调查,在陶阳的主持下,他们的搜集、记录、翻译,"忠实"于讲唱者的讲唱,始终坚守着一丝不苟的科学精神,为柯尔克孜族和中华民族的传统文化做出了无法替代的历史贡献。由于他有实地调查的丰富田野经验,在史诗的研究上,他也是较早发表深度研究论文的学者之一,他关于史诗演唱者"神授"现象的阐述,发表在20世纪80年代,至今还在我头脑里记忆犹新,还没有失去理论探求的光彩。

极左思潮和庸俗社会学的思想,曾严重地影响着我国的文学艺术界和人文社会科学研究。民间文学也不例外。在民间作品的搜集写定过程中,搜集者常常以当时流行的政治思想尺度和审美鉴赏尺度改造或改写从民众中搜集来的作品。故而报刊上和会议上曾不得不就民间文学的搜集整理问题展开讨论,1962年还由民研会研究部编辑、上海文艺出版社出版过一本题为《民间文学搜集整理问题》的讨论集。讨论归讨论，实际上并没有解决多少问题，特别是没有人下功夫深入民间提供出具备科学性的搜集整理"样板"。到了改革开放的新时期，陶阳自告奋勇率领中国民协的两名干部，在泰安的同行的协助下，在他的家乡泰安地区进行了一次实地调查采风，本着忠实记录的原则，搜集了一批泰山故事传说。作为采风的科学实验，陶阳的这次调查及其成果，得到了学界的首肯。对于陶阳此次田野调查成果的学术史意义，我在为《新中国文学五十年》[①]和《新时期文学艺术成就总论》[②]这两部文学史著作所写的民间文学专章中，也都给予了充分的肯定性评价。

新时期民间文学事业的进展和成就，"中国民间文学三套集成"是标志之一。1982年春，最初讨论"三套"的构成方案时，陶阳受命起草了总方案设想和《中国谚语集成》的方案，并提出了"全面性、代表性、科学性"的编纂原则。1983年9月我受命主持中国民研会日常工作后，1984年起草向中宣部报批的"集成"文件和1987年编写《中国民间文学集成工作手册》时，把这个"三性"原则写进了文件，从而被确认为这项宏大文化工程的编纂原则。他还被聘为编委会委员和《中国谚语集成》副主编；主编马学良教授逝世后，他一直坚持参加《中国谚语集成》编委会和终审工作。多年的"集成"编纂工作，表现了他不愧是个有事业心、责任感、学风严谨的民间文学家。

1984年4月，在峨眉山召开了全国民间文学理论著作选题座谈会，全面规划民间文学的理论研究，会上还成立了以袁珂先生为主席的中国神话学会。陶阳在这次会上被推选为该学会的秘书长，他的研究领域也从此开始从过去的擅长歌谣研究而向神话研究倾斜。他从1984年起，担任了中国民协的书记处书记和《民间文学论坛》的主编，在繁忙的公务和编辑工作之余，挤出时间开展对中国神话的研究，并选择了创世神话这个有待垦殖的课题作为研究方向。建国50年来，特别是新时期以

---

① 张炯主编：《新中国文学五十年》，济南：山东教育出版社，1999年。
② 高占祥、李准主编：《新时期文学艺术成就总论（1978—1998）》，石家庄：花山文艺出版社，1998年。

来，我国民间文学理论研究有了很大的进展，而以神话研究的成绩最为显著，表现在除了在古典神话研究外，开拓了各少数民族神话的研究这个新的领域，而少数民族神话，又多数是还流传在民众口头上的"活态"神话，这就解决了一些20世纪前半叶古典神话研究中被提出来却未能很好解决的理论问题。经过众多民间文学工作者十多年的艰苦奋斗，1984年制定的全国民间文学理论著作选题陆续落实和许多专著得到出版的时候，陶阳与夫人牟钟秀合作撰写的专著《中国创世神话》于1989年9月由上海人民出版社出版了。20世纪30年代虽然曾有人研究过这个论题，但由于时代和资料的局限，前人的研究只是着眼于文献上记载古典神话的阐释，而将中国古典神话与近十多年来搜集的各民族的大量"活态"神话融会在一起并作为研究对象，且写成一部洋洋几十万言的专著，这在中国学界还是第一部。以往的神话研究界有一种占重要地位的观点认为，中国神话中没有创世神话可言，故而，创世神话研究与开拓的难度颇大，陶阳和钟秀大胆地进入这一领域，并以大量的资料和相当的理论深度对创世神话做了独到的整合与分析，解决了一些问题，更重要的是为后人的研究打开了一条通道，奠定了基础。此书先后在大陆和台湾出版，不仅填补了我国民间文学界在这个专题上的空白，起了开风气之先的作用，而且使作者在神话研究领域里脱颖而出，卓然成家。

半个多世纪辛勤耕耘于民间文学园圃里的陶阳兄，如今已是古稀之人。尽管早已退出了工作行列，心中却依然想着、惦着一生所从事和热爱的民间文学事业，不久前他又出版了编选的《中国民间故事大观》，也还不时地在会议上和报刊上发表有关民间文学的意见和见解，依然是那样执着、那样认真，表现出一个学者的赤子之情。现在，他的新文集《口头文学论集》就要出版，借此机会写上以上这些话，作为对他的赠言和祝贺吧。

2005年5月26日于东河沿寓所

从孝道价值观到文化圈层论

——《董永新论》序[①]

三月初董大中兄携新作《董永故里考》稿来访见赠，嘱我为其写一篇序言。我和大中不仅同庚，而且同月出生，我大他十天，二十多年来，我们一直保持着自20世纪80年代在新时期文学批评中建立起来的友谊，我的自传性文章《我与批评》就是经他的手在所主编的《批评家》杂志上发表的。《批评家》杂志停刊后，他先后转到赵树理、鲁迅研究和文化研究上，出版了多种著作，成绩卓著。而我也从文学批评转到了文化研究和民俗学研究上，虽然涉足民间文艺学领域多年，但具体到董永故事，则未曾做过深入研究，于是便把稿子留下来细读。读后给他写了一封信，一方面赞赏他在董永故里的考论中旁征博引、探幽触微的功夫和所述新说的价值，一方面也向他提供了20世纪以来一些主要的研究成果目录，包括近年来一些年轻学者的论文和著作，建议他不妨把论题从董永故里考论扩展到董永故事的流传衍变，从而把这个多年来被学界冷落了的课题进行一番系统的梳理与研究，从而成就为一部大著。他听取了我的建议，又两次回到家乡万荣县小淮村去做与董永事迹有关的补充考察，并查阅过去没有涉猎的新材料，闭门谢客埋头于书斋三个多月，写出了现在这部《董永新论》的书稿。读着这部厚厚的学术书稿，我真替他高兴。且不说写作的艰苦，仅就阅读资料而言，这样强度的脑力劳动，对于一个年逾七旬的老学者来说，亦并非儿戏，不禁使

[①] 董大中:《董永新论》，太原：北岳文艺出版社，2005年。

我顿生敬意。

董永故事最早见于记载的,据大中的考证,是西汉刘向的《孝子传(图)》、三国曹植的《灵芝篇》和东晋干宝的《搜神记》,而干宝的记载,因其主题的突出(行孝)、情节的完整("鹿车载父""卖身葬父"与天女适嫁"助君偿债")而成为两千多年来故事嬗变和文学移植的母本,对后世的影响巨大。20世纪以来的一百年间,董永故事虽不像牛郎织女、孟姜女、白蛇传、梁祝故事那样始终得到学界研究的关注,却一直成为拥有广大读者和观众的俗文学(说唱、戏曲)以及后起的影视文学创作追逐的题材,使董永故事家喻户晓。进入21世纪以来,董永故事的历史嬗变和起源地问题,包括真实人物传说与虚构人物传说的衍变等问题,再次引起民俗学界的关注,显然与人们对现代社会发展中"孝悌"的作用的思考和知识界的"文化寻根"思潮的增长不无关系。

董永故事本身并不复杂,所以能够延续两千余年而今依然富于生命活力,不能不令人深思。说到底,它是一个涉及广泛的文化问题。董著在梳理、研究和破解董永故事的相关问题时,显然是继承了顾颉刚当年研究孟姜女故事"依据了各时代的时势来解释各时代的传说"的研究方法,并在此基础上引进和借用了20世纪后半叶在国际人文学术界兴盛起来的文化人类学、神话学的原型批评、传播学、接受美学、符号学、移民学等多学科的一些研究方法,提出了几个令人耳目一新的论点。

破解故事中"孝"的符号学意义,是董著的一个新视角。在剖析董永故事的行孝主题和"孝"的伦理社会价值及其在历史上的作用时,他不仅从"各时代的时势"的角度阐释了董永的以"鹿车载父"和"卖身葬父"为其内涵的"孝",这种"孝"不仅不是应该被否定的"愚孝",反而是体现了做人的基本义务和美德;重视孝道,发扬孝道,是我们中华民族区别于西方民族的一个重要特点,也是一种具有特殊意义和价值的文化传统。更值得注意的是,他从对"孝"的价值观的论述中,匠心独运地导引出了一个名为"文化圈层论"的文化学说。他说,任何文化都有一个轴,而这个轴"只能是人,是人的地位和价值,是人的自我解放的历程"。文化是由在这个轴的周围渐次排列的五个文化圈构成的。属于第一圈的，是政治制度、经济制度、法律等。属于第二圈的，是文学艺术、宗教、教育、科学等。属于第三圈的，是风俗习惯、伦理道德、价值观念、文化心态等。……越是靠近轴心的文化，越容易发生变化、甚至突变；越是远离轴心的文化，其普遍性越是微弱，而其民族性却越是显著和突出。属于家庭伦理范畴的孝道，其位置介于第二、三圈之间，既具人类文化的普遍性、又具民族文化的特殊性，是在我们这个民族的土地上生长起来、具有几千年的传统、与我们民族心理和风俗习惯融合在一起、构成我们民族特性的一个重要因素。窃以为，老董的这个"文化圈层论"说的提出，其在我国相对滞后和薄弱的文化学上的意义，远远大于对董永故事的文化学个案的剖析。

在董永故事的传播史和演变史问题上，作者梳理了自《搜神记》以降两千多年来敦煌变文、汉画像石、讲唱、话本小说、宝卷、弹词等俗文学和传说故事中有关董永的作品，从中得出了一些可贵的结论：如根据山东嘉祥武氏祠石刻上的董永故事，确认在此墓建成之前，即以东汉初期为下限，董永故事已在民间广泛传诵，其孝行也得到了人民所认可。故事主人公董永在历史上确有其人。而汉代所记董永故事，至少有两种形态史料，即武氏祠石刻画和文字记载——作为曹植诗和干宝《搜神记》母本的刘向《孝子传（图）》。而这两种最早的记载中，便具备董永行孝和天女"助君偿债"这两个基本的情节了。唐代以后，董永故事发生了重要的转折，即在讲唱文学中，故事只以一种题材被用来进行艺术的创作，审美的意向完全取代了故事原有的文化背景、道德伦理准则和文献价值，变得与历史越来越远。这是一个可贵的发现。遗憾的是，作者在对故事的嬗变和传播的研究中，做到了顾颉刚当年所做的"历史的系统"的研究，却未能做到顾颉刚所做到的"地理的系统"的研究，其实，20世纪80年代以来20年间编纂出版的《中国民间文学集成》的故事卷和歌谣卷，已经多少为这种"地理的系统"的研究提供了比顾颉刚时代更为方便的条件。以大中的性格和干劲，我想有一天，他还会补上这一项研究的。

古史古事传说,大略不外两类:一是虚构的人物,一是历史的人物。这两类人物传说铺展了传说发展的两种途径。不论哪种人物传说或传说人物,在其发展演变过程中,都会像滚雪球那样粘连上基于民众想象的情节和因素,从而失去本真的面貌。两类传说的传承和传播途径,都应进入传说学的研究视野。既然董永在历史上实有其人,对董永故里的考辨也就理所当然地具有了意义;而对人物传说中的历史人物故里的考察,也就对人物传说的研究具有了意义。关于董永的故里何在,山东博兴,湖北孝感,江苏东台……一向众说纷纭,未有定论。作者根据亲历的和调查的材料,对董永故里所做的考辨及其结论,固然不能完全排除情感的因素和乡党的责任,但我们看到,更主要的,则是实证研究的科学态度。他通过史料搜寻和田野调查两条途径所得的材料,支持着他的假设和立论,确认山西万荣小淮村当是历史上的董永的故里。当然,他的研究是否就是终极结论,还有待于学界同仁的继续探讨。

像所有人文学科一样,传说的研究容许采用多种方法,也可以有不同的角度。同一事物,因不同的研究方法或不同的观察角度,而显示出不同的风采。近读农业机械史研究家刘仙洲先生在《文物》杂志1964年第6期上发表的《我国独轮车的创始时期应上推到西汉晚年》一文中关于山东嘉祥县武梁祠董永故事画像的考释,更感到多学科研究的必要性。故愿将刘先生此文中有关段落引在下面,作为大中兄研究的小小补充:

> 王重民等《敦煌变文集》卷八引句道兴《搜神记》:"昔刘向(公元前77—公元前6年)《孝子图》曰:有董永者,千乘人也。小失其母,独养老父。家贫困苦。至于农月,与(以)辘车推父于田头树荫下,与人客作,供养不阙。其父亡殁,无物葬送,遂从主人家典田,贷钱十万文。……葬父已了,欲向主人家去,在路逢一女,愿与永为妻。……永遂共到主人家。……主人问曰:女有何技能?女曰:我解织。主人曰:与我织绢三百匹,放汝夫妻归家。女织经一旬,得绢

三百四。主人惊怪。遂放夫妻归还。行至本相见之处,女辞永曰:我是天女,见君行孝,天遣我借(助)君偿债。今既偿了,不得久住。语讫,遂飞上天。"

王重民《敦煌变文集》卷八引唐人写本《孝子传》及容庚《汉武梁祠画像录》引罗振玉《敦煌拾零》句道兴《搜神记》,都有同样的记载。

在《汉武梁祠画像录》上表现董永故事的画像,如图一所示,容庚先生对于它的考释如下:"一人坐鹿车,左手扶鸠杖,右手直前者,董永父也。车后倚一树,有小儿攀援欲上。左一人向左立,回首顾其父,左有一器,以右手执其盖者,董永也。其上一人横空者为织女。"

瞿中溶《汉武梁祠画像考》卷五,对于这一画像的解释,大体上与容庚的解释相同。他在按语中又说:"一轮车即《搜神记》所谓鹿车也。"和"鹿,当是鹿卢之谓,即辘辘也。乃今北方(其实不仅北方)乡人所用之一轮小车,以一人自后推之,或更一人在前挽之,俗呼为二把手者是也。"基本也是正确的。

又在前边所说的两个石阙上的浮雕,都是表现为一位老年人坐在一辆独轮车的后边,右边立着一位壮年人,一手扶着一件农具(似锄),另一手似乎是向老年人供应什么东西。与图一对照着看,除掉没有表现凌空的织女和与故事无关的小儿以外,几乎是完全相同。……

就以上几项有关董永故事的记载、汉武梁祠画像和两个汉代石阙的浮雕等加以推断,可以证明,在《后汉书》及其他几种文献上所说的鹿车就是后来的独轮车。

刘仙洲先生文中所引诸文和对董永故事汉画的考释,包括对董永所驾载父于田头树荫下的独轮车的考释,不仅对董永故事的史料有所增益,而且对故事内容情节主题、故事流传时代及其特色的理解,以及传说类故事的研究方法和研究视角（物质文化视角）的开拓，都对董永故事的研究具有启示意义。不知大中兄以为然否？

《董永新论》就要付梓了，谨以此小序表示祝贺，也借此机会向学界和读者郑重推荐。

2005年7月3日晨脱稿于北京东河沿寓所

百年中国民间文学学术史的建构

——《20世纪中国民间文学学术史》跋①

本书是在我所承担的国家社科基金项目《20世纪中国民间文学学术史研究》（项目编号为：03BZW055）最终成果的基础上修订而成的。

在步入古稀之年，决心写作这部规模如此之大的、带有拓荒性质的学术著作，实在是件自不量力的事情。所以下决心要写这本书，一是考虑到曾在民间文学工作岗位上前后工作了40年之久，需要为这门学科做一点事情，至少是表达一下自己的学术观点，也算了结多年来的心愿；二是这门学科虽然走过了一个世纪的漫长途程，却至今没有一部类似的书来梳理一下其发展的历史，总结一下它的成就和不足。从学科建设来说，民间文艺学是由民间文学理论（包括原理体系和方法论）、民间文学史和民间文学学术史三者构成的，如果说，前二者先后都有人做过一些工作的话，而学术史的建构，理所当然就是一件刻不容缓的事情了。于是，我便不顾浅薄和年迈，在2003年的春天下了这个决心。

我已于1991年春起，就列名为中国文学艺术界联合会理论研究室的研究员，但其实并未在那里接受过任何研究任务，也未做过任何实质性的工作，到1997年3月，我62岁时，办理了退休手续，彻底与研究室脱离了工作关系。要申报这项研究课题，首先要有一个名分，即要有

---

① 刘锡诚：《20世纪中国民间文学学术史》，开封：河南大学出版社，2006年；《二十世纪中国民间文学学术史》（增订本，上、下两卷），北京：中国文联出版社，2014年。

一个所属单位。在这个时候，中国文联副主席仲呈祥同志和中国文联理论研究室的领导慨然同意了我的要求，同意我仍继续列名为该研究室的研究员。课题于2003年9月2日正式由全国哲学社会科学规划办公室批准立项；2006年3月5日完成，历时三年。研究过程颇为艰难。其所以难：一，此前没有任何同类著作（不算民俗学的和思想史的著作）可资借鉴，除了我的亲身经历和年轻时积累的资料外，许多急需的资料均须从头做起，一件件、一桩桩地翻阅、梳理、阅读、摘抄，而早期的资料又因淹没日久颇难找到；二，既然是学术史，就要对学术史上的代表人物的学术思想进行评论而不是大事记，而这既需要亲自读过而不是间接的获得，又要不怕世人非难，特别是对于那些已有定评的或尚健在的学界人物或学术思想；三，百年历史漫长，跨度太大，无先例可循，民间文学学术史既与文学发展史交叉重叠较多，受其影响，又跨历史学、民族学、人类学、考古学等学科，神话学的发展历程尤为突出。但这些困难，终于在某种程度上被克服，顺利完成了课题的研究与写作。

　　我以百年民间文学学术史上是否存在着流派和流派的消长为切入点，对学术史进行了深入的耙梳与研究，并力求在各流派下选择有代表性的代表人物加以评述。这是一个全新的角度和体系。为此，我曾于2003年夏天在武汉华中师范大学举办的两岸民间文学学术研讨会期间约集一些同行进行过座谈，并在《文艺报》上发表过由华中师大文学院的研究生李丽丹同学撰写的座谈报道。参加座谈的朋友，对我的"流派"观点的提出、特别是对民间文学学术史多元构成的设想，是有不同看法的。2005年我又邀请10位海内外相关学者以《民间文学学术史百年回顾》为题举行过一次笔谈，以切磋百年民间文学学术发展的规律和特点，后得到《民间文化论坛》杂志主编的支持在该刊上发表。这些交流和切磋促使我做更多的思考，也更坚定了我的看法：一部中国民间文学的百年学术史，其学科内部，大体上是两种思潮。一种是以文以载道的中国传统文学价值观为引导和宗旨的文学研究和价值评判体系；一种是以西方人类学派的价值观和学术理念为引导的评价体系。这两种思潮几乎是并行或错落地发展，既有对抗，又有吸收，从而形成了多种学派共存的格局。而学科外部，由于属于下层民众所传承的民间文学，始终与以儒家文化为代表的上层文化或主流文化处于对抗的地位，在对抗中又互相吸收、融合，虽有一大批文化名流提倡，但始终未能获得西方社会那种人文条件，民间文学始终处于被压抑和被忽略的地位，故而，尽管学科已有了百年的发展史，却仍未能够达到成熟与完善的境地。

我所持的学术立场是：民间文学是文学；民间文学与作家文学有着千丝万缕的联系，但民间文学因其创作多是不自觉的、是群体性的、是口传的，故而在诸多方面与作家文学不同，是特殊的文学。具体说来，一，民间文学首先是文学，是民众的集体口头文学，具有共时的类型化和历时的流变性特点；二，研究百年民间文学学术史，不仅需要普通文艺学的武器，还要借用民俗学和文化人类学的武器——理论和方法；三，打破"民俗学80年"体系成说，建立独立的百年民间文艺学学术史体系；四，展现文化对抗与文化融合的文化发展大背景下的民间文学学术发展历程的特殊性。然而，通观已有的民俗学史类著作或俗文学类著作，多以历史发展线索和大事记的记述为特点，而缺乏或不重视对民间文艺学思潮和对有代表性的学者的学术思想的评论。笔者则力求把每个有代表性的学者放到一定的时段（历史背景上）和学术思潮中间，对他们的学术思想或著作的创见做出简明扼要的历史评价。把百年多种学者学术的学术思想排列与组合起来，就成为笔者所重构的学术发展史。

民间文学（口头文学）与作家文学不同，是民众以口传心授的方式世代相传的群体创作，与人民生活有着不可分割的关系。即：一方面以民众自己的立场认识生活描写生活，另一方面与民众生活形态（物质的和精神的）不可分割，有时甚至就是生活形态本身，如粘连着或某些民间信仰或干脆就是民间信仰的说明或民间信仰的一部分。这就决定了，即使运用文学的研究方法去研究民间文学，也与作家文学有所不同。民间文学的研究，不论采用何种具体的方法，都必须遵循唯物史观。

由于这项研究，犹如开垦一片处女地，学科积累和基础甚是薄弱，有些方面几乎没有前人涉足过，加之时间跨度大、资料多、涉及面广，在论述中，时段、人物、学说、体裁等不同领域，可能出现轻重、简繁、详略失当的弊端，评价上也可能出现有欠准确的地方。由于我的研究和写作，始终为个人独力完成，没有助手，借阅资料也颇困难，虽尽力而为，但眼界受限，疏漏或错误之处，在所难免。加上三年来夜以继日工作，到最后已感筋疲力尽，体力难支，故有些章节段落，未能做到完美，只好留待日后继续深入研究。还要声明的是，本书中有个别章节，如鲁迅的神话思想、程憬的神话研究等章节，在写作时参考了或借用了我的老伴马昌仪的论文中的观点或文字。由于材料的不足和本人缺乏深入的研究，台湾神话学的发展历程没有能够列入本书，是一大遗憾，也有待日后补写。

在研究和写作过程中，得到了许多朋友的帮助，王孝廉（日本福冈西南大学）、王汎森（台湾"中央研究院"历史语言研究所）、鹿忆鹿（台湾东吴大学）、钟宗宪（台湾辅仁大学）、徐迺翔（中国社会科学院文学研究所）、刘守华（华中师范大学）、徐华龙（上海文艺出版社）、陶思炎（东南大学）、杨利慧（北京师范大学）、安德明（中国社会科学院文学研究所）、吴效群（河南大学）、张静（中国艺术研究院戏曲研究所）、李丽丹（华中师范大学）、刘晓路（中国民间文艺家协会）、刘涟（学苑出版社）等，以不同的方式给我提供资料，使我的研究得以顺利进展。中国文联副主席仲呈祥同志，研究室的前后两位主任夏潮、许柏林和理论评论处处长刘爱民同志，财务科郭丽同志，中共中央党校科研部高延斌同志，为我的课题的申报和成果的鉴定以及财务管理，付出了许多辛劳和精力。全国哲学社会科学规划办公室和中央党校科研部主持了对我的项目的评审，几位特邀的专家，仔细慎重的评审和对拙著提出的修改意见，对我帮助很大；全国哲学社会科学规划办公室最终认定拙项目成果以"优秀"等级。但由于是匿名审阅，至今我也不知道这些专家究系何人，借此出版的机会，谨向他们表示敬意和感谢。作为国家社科基金项目的前期成果，有些章节，曾先后在一些学术期刊上发表，这些期刊的主编和编辑，对拙文进行审阅、编辑、加工、修改，帮助甚多，在本书即将付梓的时候，对这些认识的和至今还没有谋面的朋友表示感谢。

河南大学黄河文明与可持续发展研究中心副主任、文化与民俗研究所所长高有鹏教授将拙著纳入他所策划的"中国民间文学百年研究丛书"，河南大学出版社资深编审和老友袁喜生先生在编完拙著《在文坛边缘上》之后又着手编辑本书，承担了繁重而琐细的编校任务。学术著作出版困难，是人所共知的事实。河南大学出版社的社长王刘纯、总编辑马小泉等领导人以出版家的远见和胸怀，毅然决定出版拙著，令我既敬佩又感谢。希望拙著的出版不辜负他们和读者的期望。也热切地期待着读者和专家们的指教。

三年来，我的老伴马昌仪几乎放弃了她自己的研究项目，承担了所有的家务、照顾我的健康，让我能够专心致志地投入研究和写作。

在本书即将付梓之际，对所有帮助和支持过我的朋友和亲人，表示最衷心的谢意。

2006年8月1日于北京东河沿寓所

向国家学位委员会进一言

——《民间文学：理论与方法》代序[①]

民间文学作为人文学科中的一门新兴边缘学科，在中国，从20世纪初开始，经过了几代学者前赴后继的拓荒、垦殖，特别是近20年来的建设，近百卷的《中国民间故事集成》《中国歌谣集成》和《中国谚语集成》（总称"三套集成"）的陆续编纂出版，已经初步建立起了包括若干分支学科的学科体系，其中以神话学和史诗学领域的成就最为引人注目。

神话学从单纯的文艺社会学的阐释，发展为多学科的参与，触及了世界神话学几乎所有重要问题，而且提出了许多值得注意的新见解。在古典神话及其文献资料之外，近年又在全国各地、各民族的居民中搜集了大量流传在口头上的活态神话文本，填补了中国神话学的空白。在我国，神话学一时成为显学。

史诗研究虽然起步较晚，却后来居上，如今已成磅礴之势，一批中青年学者成长起来。中国不仅有了研究《江格尔》《玛纳斯》《格萨尔》的知名学者和博士，史诗研究的"中国学派"也已经登上了世界史诗学坛。中国的史诗是活态的，不像古希腊罗马的史诗是已经死亡了的，因此中国史诗的搜集和研究，对于中国文化史和世界文化史的书写，有着特别重要的意义。

除了长篇的史诗以外，中国还是一个富于其他民间叙事长诗的国

[①] 本文原载《文艺报》2001年12月8日第2版。

家。20世纪50—80年代，在云南、贵州、广西、内蒙古等省区的各少数民族中搜集出版了上百部民间叙事长诗。60—80年代在东南沿海吴语地区的汉民族中也发现、搜集、整理、出版了几十部长篇叙事诗。50年代鄂西北广袤地带，曾搜集出版过几部长篇叙事诗；到90年代，又在武当山后山的吕家河村发现和搜集了15部叙事长诗。民间长篇叙事诗的搜集出版，纠正了20世纪20年代由胡适提出、在人文学术界延续了80年的中国民族是"不富于想象力的民族"的结论，在中国文学史上具有重大意义。

传说故事的研究，近20年除了着力建立中国自己的理论体系外，主要成就表现在两个方面：一是对故事家的发掘与研究，特别是故事家个性的研究。二是发现了一些故事村，最著名而且开掘和研究得较深的有两个，湖北省的伍家沟村和河北省的耿村。这两个故事村的发现和研究，在国际学术界发生了广泛的影响，前者并受到了联合国教科文组织的关注。

在改革开放的步伐中，随着社会结构的变化，新的民间文学应运而生。因此，除了旧时代传承下来的口头文学应予继续搜集研究而外，民间文学工作者还应抓住时机采摘新时代的"国风"。古代有"十五国风"留给我们，我们也应把当代的"国风"（31个省区市）留给后人。这是时代赋予我们这一代民间文学工作者的历史使命。在这一领域里，民间文学工作者们是大有作为的。

但民间文学事业也存在着令人焦灼的隐忧。

首先，围绕着"三套集成"而开展的全国民间文学普查工作告一段落，编辑工作集中在少数人手中，多数民间文学工作者因缺乏前进的方向，而处于彷徨迷茫状态。从人员结构来说，目前专业人员进入了一个自然换代的高峰时期，专业机构中的高素质研究人员流失严重，又没有及时补充有专业技能的人员，特别是有真才实学的大学生、硕士生和博士生。专业研究人员的青黄不接造成了民间文学工作的断档。我没有这方面的统计数字，但我可以断言，与一些部门比较起来，硕士、博士，甚至大学本科毕业生，在民间文学机构人员中的比例是很小的，结构是有欠合理的。

其次，学科调整的不合理，也造成了人员的严重流失和学科水平的下降。几年前，国务院学位委员会决定将民间文学降低为三级学科，导致许多高校文学系的民间文学课程变为选修课或干脆取消了。（据了解，全国哲学社会科学规划领导小组及其办公室的《课题指南》学科名录，还保持着过去的排列，与学位委员会的决定有别。）一百年来几代人文学者努力争取到的东西，由于这个行政决定的影响，而不仅倒退到了1942年延安文艺座谈会之前，甚至倒退到了"五四"新文化运动之前。许多老师和研究生都纷纷抛弃民间文学而转向民俗学或其他学科。笔者以为，这样的决策，是一个失误。这样的有违传统的决策所以做出，大半是因为参与决策的某些学者和领导，即使不是站在蔑视民间文化的立场上，也是对民间文学学科缺乏应有的了解与研究。笔者在此呼吁，在调整"十五"计划期间学科配置时，建议有关部门将这个错误的决策改正过来，恢复民间文学学科原有的二级学科地位，给我们这样一个在农耕文明基地上蓬勃生长起来的民间文艺的搜集、研究、继承和发展，提供一个合理的良好环境，给予一个恰当的地位。

以团结全国民间文艺工作者和推动搜集、编辑、出版、研究民间文艺为职志的中国民间文艺家协会，近年来也迷失了方向，在某种程度上放弃了自己的本行，不再把重点放在民间文学的搜集、编辑、出版、研究，更多地热衷于某些民间艺术的演出活动和民间工艺品的展销（这些是应当做的，但不是其工作的重点，即使要抓民间艺术，也没有真正深入民间去做发现和发掘、整理提高的工作，更不应越俎代庖取代或代替在这方面更有实力和更有经验的那些政府职能部门），向其他艺术家协会靠拢，以组织在城市里的演出活动代替对民间作品的搜集整理和理论研究。民间文学作品和理论刊物也随之转了向，放弃了或改变了历届经中央宣传部批准的民间文学工作方针，放弃了促进民间文学的搜集整理和理论研究，从而建立和建设有中国特色的以马克思主义、毛泽东思想、邓小平理论为指导的民间文学理论体系的任务。作为一个文学评论工作者和民间文学理论工作者，我呼吁恢复发表民间文学作品和理论园地，并通过民间文学家们的广泛讨论，改变现状。

有学者说过，在孔子的儒家学说影响下的中国文化之外，还有另一种中国文化。这种独立于儒家影响之外的中国文化，就是包括民间文艺在内的下层文化。下层文化、民间文化在传承流变过程中虽然也受到了儒家文化、上层统治阶级的文化、宗教文化的影响，甚至发生了某种程度的交融，但不论什么影响，民间文化的根本和内核不会消失，总是保持着自己独立的传统，而这些传统是受到历代统治者的鄙视和排斥的。关于这一点，20世纪初，特别是"五四"新文化运动的前后，许多新文化运动的倡导者和战士，许多进步的知识分子，都曾指出过。近世歌谣运动的发生，虽然先于五四运动，但它无疑是思想解放运动的产物，是"五四"新文化运动的一支和成果。现在看来，这个成果仍然需要我们大声疾呼地加以捍卫。

儒家思想影响下的上层文化，两千年来固然达到了相当的高度，但也有严重的阶级局限和思想局限；下层文化固然掺杂着许多不健康的杂质，但它却饱含着劳动者的智慧和有着比儒家思想更为久远的原始文化的传统。二者共同构成源远流长、多元一体的中华文化。从下层文化中，我们可以更直接地观察到下层民众的世界观、生活史、风俗史、礼法史，可以从中研究导致中国历代社会稳定和发展的多种因素，从而为中国的现代化服务。搜集、研究、继承、发扬民间文学及其传统，建设和完善民间文学学科，仍然任重而道远。

2001年11月26日

白蛇传传说：我们应该回答什么问题

——"白蛇传传说精粹"丛书总序①

白蛇传传说，是我国流传最为广泛的民间文学作品之一，是传统口头文学宝库中的一颗璀璨的明珠，其所蕴含的社会生活内容、所积淀的不同时代的思想和道德观念、风俗习惯，以及所显示的民族文化精神，都是非常丰富的，有价值的。其流传形式以散文体的传说为主，兼有诗体的歌谣（山歌）和叙事诗（唱词、弹词、清曲、鼓词、道情唱本、宝卷、戏曲等）。学界常将其与梁山伯和祝英台的故事、牛郎和织女的故事、孟姜女的故事一起并称为"四大传说"。

学者认为，唐人传奇《白蛇记》②可能是白蛇传传说的胚胎。③南宋时代的话本《雷峰塔》，就已形成较为完整情节的故事了④，洪迈《夷坚志》中的"蛇妻"故事可能与后来的《白蛇传》有渊源承续关系。⑤经历过八百年上下的口头传承和书本形式的传播，传至现代，白蛇传传说仍然还在民众口头上传诵不衰。但白蛇传传说究竟起源于何时，百年

---

① 本文系为镇江民间文化艺术馆编、刘振兴主编"白蛇传传说精粹"丛书（南京：江苏文艺出版社，2007年）作的总序；发表于《文景》2007年第2期。
② （明）郑国轩：《白蛇记》，见无名氏纂、董康辑补：《曲海总目提要》（上）卷五，北京：人民文学出版社，1959年，第216—218页。
③ 戴不凡：《试论〈白蛇传〉故事》，《文艺报》1953年第11期。
④ 傅惜华：《白蛇传集·序》，上海：上海出版公司，1955年。
⑤ 刘守华：《中国民间故事史·宋元民间故事》（下），武汉：湖北教育出版社，1999年，第371—379页。

来学界多有歧见。仅就其起源动因或地域而言，还缺乏足够的实证材料和有力的开掘，况且迄今还没有发现唐以前的文籍材料，唐代《白蛇记》之后与宋明时代的话本《白娘子永镇雷峰塔》之间，似也缺乏必要的和更多的环节。应该说，至今也还是一个有待继续深入研究的有趣问题。

某个传说的起源问题，属于发生学的问题，不只是一个简单的时间问题，它还涉及一个传说作品何以会产生，何以会在某地或山川阻隔的不同地方产生，以及在什么样社会的、心理的和文化的条件下产生。具体到白蛇传传说，最早产生在何时、何地以及其雏形结构是怎样的一个故事，不仅是饶有兴味的，而且是重要的文化问题。

20世纪前50年间报刊上发表的有关白蛇传的研究论文，数量不是很多，似乎从未形成民间文学研究的热点，甚至可以说是一个颇为寂寞的领域，充其量不过十数篇（部），而且几乎大部分是考证其起源的。诸如钱静方《白蛇传弹词考》[1]，秦女、凌云的《白蛇传考证》[2]，谢兴尧的《白蛇传与佛教》[3]，霭庭的《白蛇传故事起源之推测》[4]，（任）访秋的《白蛇传故事的演变》[5]，曹聚仁的《白娘娘传说中的悲剧成因》[6]，赵景深的《弹词考证·白蛇传》[7] 等，大多都属于这类的文章。他们探讨的重点是白蛇故事的起源或来源。这一时期的白蛇传故事的起源研究，言人人殊，在笔者看来，大体可以赵景深先生为代表。他认为，白蛇传故事起源于印度：

> 中国人的思想一向就是中庸的、调和的，因此《西游记》

---

[1]《小说考证》卷下，北京：商务印书馆，1924年，第90—93页。
[2]《中法大学月刊》第2卷第3—4期，1932年12月、1933年1月。
[3]《晨报·学园》1935年3月21日。
[4]《天地人》第1卷第10期。
[5]《晨报·学园》1936年10月6—8日。
[6]《论语》第107期。
[7] 赵景深：《弹词考证》，北京：商务印务馆，1938年。

里同时有如来佛,又有玉皇大帝,并不认为冲突。不过《白蛇传》虽非专阐佛教,其来自印度,却有可信之处。本来有一派研究故事就说过,一切故事起源于印度,又何况是蛇的故事,怎能使人不疑心出自蛇之国呢!但我遍查《佛本生故事》,只叙到男蛇或蛇王 Nāgas 或 Muchalinda,不曾提起女蛇。……大约《白蛇传》故事是从印度来的,另外印度又把这故事传到希腊,以致英国济慈(John Keats)有根据希腊神话而写的七百行的叙事诗《吕美亚》(Lamia)。……这故事中的李雪斯就是许仙,吕美亚就是白娘娘或白云仙姬或白素贞,阿波罗尼阿斯就是法海和尚。田汉的《女与蛇》说阿波罗尼阿斯:"曾由波斯旅行,到过印度国境,恐怕这段故事也和《西游记》一样,是印度古代的文献里产生的。因此一方传入希腊,经后世英国诗人的才笔化;一方传入中国,而成《白蛇传》。"的确,《吕美亚》与《白蛇传》相似之点极多。

而在中国,最早的白蛇传故事,他认为应是明冯梦龙笔下的宋人话本《白娘子永镇雷峰塔》:

> 我国最早的白蛇传故事,该是《警世通言》第二十八卷《白娘子永镇雷峰塔》,也许这一篇原为宋人话本,那么该是南宋的产物了。……在笔记小说中,很少有与《白蛇传》极相似的。只有清钱泳的《履园丛话》里的《蛇妻》最相似。但此书有道光五年孙原湘序,已是很迟的作品了。①

郑振铎先生认为,最早的《白蛇传》是弹词,时代在明末。他所说的最早的白蛇传弹词,应该就是冯梦龙《警世通言》中所录之"话本"。"今所知最早的弹唱故事的弹词为明末的《白蛇传》。(与今日的

---

① 赵景深:《弹词考证》,北京:商务印书馆,1938年,第61页、63页。

《义妖传》不同。）我所得的一个《白蛇传》的抄本，为崇祯间所抄。现在所发现的弹词，更无古于此者。"① 经查《郑振铎文集·西谛所藏弹词目录》等文，并没有见到他所说的抄本，只是《记1933年间的古籍发现》中有："（四十三）雷峰塔（白蛇事）五册。"② 所记是影戏脚本即影词，而不是弹词。

在此顺便说一说，最早所见的《白蛇传》传说是话本或弹词，而且清代以前流传于世的载籍颇为鲜见，这一点，也可反证白蛇故事大体上起于或主要流传于吴越一带的江南地区，它的起源与江南吴越一带的地理人文、风俗习惯、信仰等条件至为相关。

在赵景深的此论发表30年后，美籍华人丁乃通先生于1964年在德国的一家杂志上发表长篇论文《高僧与蛇女——东西方"白蛇传"型故事比较研究》，进一步深化和肯定了白蛇传故事印度起源说。他的研究结论是：英国作家济慈《拉弥亚》（赵景深译"吕美亚"）中的印度故事，于公元2世纪传到希腊，于12世纪传到欧洲和中国，而冯梦龙的叙述只不过是济慈笔下的"拉弥亚"故事在中国的异文。他写道：

> 笔者倾向于相信：费洛斯特图斯（案：系首先在欧洲记录了拉弥亚故事者）、瓦特·迈普和冯梦龙所记述的是同一个故事的异文，而不是各自完全自发的创作。它们共同的原型可能是一个宗教说教故事，这个故事的原型大家知道现在还未发现，不过，由于大多数宗教故事发源于普通民间故事，所以，如果我们能找到一个民间故事，它几乎以同样的方式和同样的讲述顺序组合A（案：费洛斯特图斯的说法）和B（案：冯梦龙的说法）中的大多数故事成分，就可以推测出该故事的一个构拟原型。这个民间故事就是《国王与拉弥亚》。《国王与拉弥亚》首先在《印度口传故事类型》一书中列为一

---

① 郑振铎：《中国俗文学史》，北京：作家出版社，1957年，第352页。
②《郑振铎文集》第6卷，北京：人民文学出版社，1988年，第464页。

个类型：该书提到了七篇异文，全部出自克什米尔—旁遮普地区。①

美女蛇故事传到中国后的异文，其主旨变成了一个具有道德说教意义的故事。丁乃通指出："美女蛇被当作一个淫荡、诱骗的妖精的传统观点，在中国的两个异文（《西湖佳话》和《西湖拾遗》）和一个值得注意的日本模仿本（《蛇性の淫》）中得到继承。但中国这种传统又很快被一种富有人情味的传统所排斥，在这里美女蛇被描述为在爱情上很忠诚，因而值得同情。富有人情味的传统大概最初出现于黄图珌在1738年所写的一个戏曲中。这种倾向被《雷峰塔传奇》（1807）和《义妖传》（1810）继承，在19世纪末达到顶点。"② 如果中国的白蛇传说源自印度说得到确认，而原本被贬斥的美女蛇的故事所以在中国逐渐演变为一个因爱情的忠诚而备受同情的白蛇故事，那么，其主要原因，可能源于中国是一个讲究人伦的民族，而蛇在中国上古文化中，又一向并非是被人讨厌的可悲的动物，而常常是祥瑞的动物，甚至是一个受某些族群崇拜的神灵。如《诗经·小雅·斯干》之"维虺维蛇，女子之祥"，就将梦中出现维虺维蛇，看作是生女的吉兆。看来，在西周时，就有把蛇作为女人的象征含义。成书于春秋时代的《山海经》里的蛇神更是形态各异，如《北山经》自单狐之山至于隄山25座山的山神，《北次二经》自管涔之山至于敦题之山的16座山的山神，《大荒西经》中的始祖母、大母神、化万物者女娲，《大荒北经》中的创世神烛龙，《海内经》中苗民之神延维，无不都是人首（人面）蛇身之神；而那些操蛇之神手中所操之蛇、两耳所珥之蛇，也无不都是具有震慑邪恶之神性的神灵。可见，春秋之时，蛇在人们的意识中是具有祥瑞之意的神物或生命力的象征

---

① [美]丁乃通：《高僧与蛇女——东西方"白蛇传"型故事比较研究》，见丁乃通著、陈建宪等译《中西叙事文学比较研究》，武汉：华中师范大学出版社，2005年，第5页。

② 同上，第41页。

物。到了汉代，伏羲女娲蛇身交尾状的画像大行其道，成为蛇崇拜深入人心的最好的表征。这样众多的人首（人面）蛇身神在春秋时代出现，并在其后的漫长的历史途程中得以延续，这种文化现象只能说明，古代中国（当然可能是古代中国之一部）相信人蛇之间存在着血缘关系，人蛇之间可以互变（变形观念是许多古代民族都有的），这种原始的信仰，在学界也称图腾崇拜。在我们一时还没有从中国的载籍中找到关于白蛇传故事更早的（如宋话本《西湖三塔记》、冯梦龙所引《白娘子永镇雷峰塔》之前的）发生学线索，也无法确认人蛇互为变形、人蛇之间有血缘关系的原始信仰与后来的白蛇故事之间有着直接的渊源关系①的情况下，我们宁愿相信，上面所说的古代中国的这种人蛇之间可以变形、人蛇之间存在着血缘关系的"蛇观"（原始信仰，或可称图腾崇拜），为外来的淫荡的美女蛇故事转变为爱情忠贞的美女蛇故事提供了适宜的土壤和人文条件。换言之，原本淫荡的美女蛇故事，在中国国土上的移植和传播，逐渐本土化演变而为体现忠诚爱情的白娘子故事，完全是因为中国社会的原初世界观，加上农耕文明条件下的家庭与人伦情怀以及对爱情自由的追求所使然的。

20世纪50—60年代，中国社会进入新民主主义和社会主义改造和建设时期，随着社会制度和意识形态的变迁，文化和文化研究都发生了重大的变化。《白蛇传》的起源研究无形中中断了，《白蛇传》起源问题、《拉弥亚》与《白蛇传》之关系的研究，再也无人问津，被长期搁置起来了。

回顾这一时期，有关白蛇传研究的最重要的成果，当非傅惜华编

---

① 关于原始信仰中蛇的观念与白蛇传传说之间的渊源关系，王骧和陈建宪两位先生都做过探讨。王论见所著《〈白蛇传〉故事探源》，原载所著《民间文学讲座》（教学参考资料，镇江师专中文科1982年，第98—112页），后收入中国民间文艺研究会研究部编《民间文学论文选》（长沙：湖南人民出版社1982年）。陈论见先后所著《女人与蛇——东西方蛇女故事比较研究》（《民间文学论坛》1987年第3期）和《神话解读·蛇女的魅力》（武汉：湖北教育出版社，1997年，第256—271页）。

纂的《白蛇传集》及其序言莫属；该书的最大特点是搜罗了历史上大量有关白蛇传传说的民间文学—俗文学资料，丰富多样，堪称是白蛇传故事历史资料集的集大成之作；所惜者，是作者没有能够收入当代流传在民间的口传资料，当然，当时他没有这个条件。他在长篇序言中叙述了白蛇传的演变情况，把最早的文本，定为南宋时代的"话本"《雷峰塔》。他这样写道：

>《白蛇传》是一个具有深刻意义的优美的民间传说。它的起源，很是古远，距今八百年前的南宋时候，民间曲艺中的"说话"，就已经流行着这个故事了。今天所遗留下来的宋人话本里便有一本《雷峰塔》，收在明末冯梦龙编选的平话总集《警世通言》的第二十八卷，题作：白娘子永镇雷峰塔。从这个话本的内容，一些有关历史地理的问题，而与宋人史籍施谔的《淳祐临安志》，吴自牧的《梦粱录》，周密的《武林旧事》等书所记载的，比勘印证起来，另一方面再从这个话本的"说话"的风格研究起来，都可以证明它就是那个南宋时代所流行的话本。因此，《雷峰塔》的话本，可以认为是现存的《白蛇传》故事中最古老的作品。①

傅先生之所论，只限于中国最古的白蛇传文本，并没有涉及它的发生学意义上的起源问题。但他在将《雷峰塔》与宋人的其他史籍的比勘中得出的结论，则不仅有新意，而且在白蛇传早期文本研究上前进了一步。

在傅文发表之前，戏剧评论家戴不凡于1953年在《文艺报》上发表了一篇题为《试论〈白蛇传〉故事》的颇有深度的论文，因是发表在文艺界的重要报刊上，又因系参与戏曲改编问题讨论的文章，故而影响颇大。他虽然也没有绕开《白蛇传》的最早的形态这一属于起源范畴的

---

① 傅惜华：《白蛇传集·序》，上海：上海出版公司，1955年。

问题，虽然也批评了一些戏曲改编者和评论者在改编和评论时离开了民间传说的原意，但戴文的主要之点，却是以当时一般文艺评论的立场和价值观来阐述白蛇传故事的"主题"和"演变"（包括改编）的"积极"意义。他的结论是："一、《白蛇传》是一个有深刻意义的优美的民间传说。它是通过神话的形式，像折光镜一样地反映了封建社会的根本矛盾。二、这是一个以反封建为主题的神话。这一主题是通过追求幸福的妇女（白蛇）和封建势力（法海）的矛盾和斗争而表现出来的。三、故事最早的思想内容和今天流传的不甚相同；许仙原先为坏人，在故事的演变途中，逐渐成为好人。这并不妨碍它的主题，而且和它的主题（反封建）的形成有连带的关系。"[①] 显然，他在批评一些非历史主义倾向时，也站在主流思潮之中"拔高"了这个民间传说原本并不具备的思想意义。

这一时期，白蛇传传说的研究，实际上逐渐形成了以两大主题的阐释为主的格局：一，改编白蛇传故事能否适应新的社会变革、思想教化和审美情趣的需要；二，对白娘子形象的理想化和对自由婚姻的追求的赞美。围绕着田汉根据白蛇传传说改编的《白蛇传》而展开的规模很大的批评和讨论，多少离开了民间传说的本原思想和情节结构，大大强化了主流意识形态对民间故事的干预。又由于思想界对《红楼梦》研究"索隐派"的批判运动的影响，使得考据学大受挫折，前50年曾经热闹一时的对白蛇传起源的追寻，到建国初期戛然而止，没有再继续下去，悬而未决的《白蛇传》故事起源问题，也就自然而然地被挂了起来。

"文革"后改革开放新时期的20年间，白蛇传故事的研究十分活跃，成为百年来最为繁盛的一个时期。中国民间文艺研究会浙江分会于80年代初编印了《白蛇传资料索引》[②]、《白蛇传故事资料选》[③]、《白蛇

---

① 戴不凡：《试论〈白蛇传〉故事》，《文艺报》1953年第11期。
② 《白蛇传》研究资料之一，1982年。
③ 《白蛇传》研究资料之二，1983年。

传歌谣曲艺资料选》①。同时，江苏省民间文学工作者协会及镇江分会编印了《白蛇传》（资料本），收录了该省民间文学家们新近从民众口头上采录的有关白蛇传传说的记录稿 26 篇（主要是流传在镇江及周围地区的），山歌、清曲、扬剧记录整理稿 7 件。嗣后，1984 年 4 月，江苏、浙江、上海两省一市的民间文艺研究会在杭州联合召开了"全国首届'白蛇传'学术讨论会"，罗永麟、王骧、吕洪年、程蔷、薛宝琨、陈勤建等所撰 6 篇大会论文在《民间文学论坛》（北京）1984 年第 3 期上选刊，会议的论文集《白蛇传论文集》也于 1986 年 10 月由浙江古籍出版社出版。1989 年 10 月，两省一市的民间文艺家协会与镇江市文化局、文联联合又在镇江召开了"第二届'白蛇传'学术讨论会"，贺学君、罗永麟、陈勤建、朱恒夫所撰 4 篇论文在《民间文艺季刊》（上海）第 4 期上选刊。罗永麟先生是改革开放后较早研究白蛇传传说的上海学者，他的第一篇白蛇传研究论文《论白蛇传》，发表在 1981 年出版的《民间文艺集刊》第 1 集上，稍后，接连发表了《白蛇传的历史价值和现实意义》（此文是二次讨论会的主题报告）、《白蛇传与中国传统文化的冲突及其悲剧价值》等，都收入他的《论中国四大民间传说》②中。王骧先生把白蛇传传说中的人蛇结合（白娘子与许仙）与人蛇斗争（白娘子与法海）两大主题溯源到了上古的图腾崇拜，以期从发生学上解决白蛇传传说的起源问题。他认为"《白蛇传》故事在一定程度上承袭了古神话的传统，沉淀着古民俗信仰图腾崇拜的残渣，由魏晋志怪小说中异物化美女迷惑男子的简单传闻，发展为铺叙有致的唐传奇《白蛇记》，进一步再同宋代盛传的杭州雷峰镇怪和镇江僧龙斗法等地方风物传说结合起来，开始形成今《白蛇传》故事的基本轮廓"③。可惜论述还显粗略，未能像丁乃通那样把费洛斯特拉图斯本《拉弥亚》和冯梦龙本《白蛇传》分解为十个共有的重要情节，从其重合与相异情节中找出故事发

---

① 《白蛇传》研究资料之三，1983 年。
② 罗永麟：《论中国四大民间传说》，北京：中国民间文艺出版社，1986 年。
③ 王骧：《〈白蛇传〉故事探源》。

展演变的规律，从而得出可信的结论。上述这些文章涉及了白蛇传故事的起源、流变、灵异思想（异类婚姻）、与吴越文化的关联、与儒道释三教的关系、形象与艺术、历史价值和现实意义、戏曲的改编与戏曲对民间传说的影响等，在研究的广度和深度、理念和方法上，都有了较大的开拓。既有传统的文艺学的研究与阐释，也有民俗学的介入，学术思想的多元，使白蛇传故事的研究呈现出多彩的格局。

如果说，20世纪80—90年代的白蛇传研究队伍基本上限于江、浙、沪三地的学者们，切入的视角也还有某些时代的局限的话，那么，进入21世纪以来的白蛇传研究，已走出了这个作者队伍的圈子，新一代的学者们，在选题与方法上也出现了一些新的气象，也有一些令人高兴的成果问世，如前面提到的陈建宪的研究。与此前的以白娘子形象和社会矛盾分析作为研究焦点的时代不同，起源与流变问题（包括"拉弥亚"与"白蛇传"的比较研究）、人兽婚姻故事类型等以往未涉及的问题，再次受到了关注，多少显示了在文艺学研究之外，民间文艺研究的民俗及文化特性回归的强化趋势。

2005年6月，"白蛇传传说"被列入国务院公布的"第一批国家非物质文化遗产名录"，在我国文化史和白蛇传研究史上是一个历史性的事件和机遇，体现了国家对传统民间文化遗产的重视和评价，使这一在当代仍然广为流传的著名传说，在国家法规的层面上得到良好的保护，确保其永远地世代传承下去。作为白蛇传传说最主要的两大流传地（还有杭州）之一，镇江不仅至今还在民众口头上有广泛流传，还拥有丰富的历史资源（镇江的文化工作者们从20世纪60年代就在辖区内记录了许多白蛇传传说的文本）和相关文物（如传说中金山寺、法海洞、多种形态的白蛇故事民间美术品和工艺品等），镇江民间文化艺术馆编辑的"白蛇传传说精粹丛书"把此前搜集采录的不同异文的白蛇传传说、80年代以来在报刊上发表的研究论文和各种以白蛇传传说为题材的民间美术品和手工艺作品的图片收集在一起，成为一部白蛇传传说相关文献资料的总汇，读者可以看到，新中国成立以来50年间白蛇传研究在资料的搜集与理论的开拓上所取得的成绩。这是一项划时代的工作，不仅给广大读者提供了一部民族文化的文献和读物，最重要的，是以文字和图片的形式保存和记录下了民族的文化记忆。

围绕着民间传说白蛇故事，虽经百年的研究阐发，还有好多悬而未决的问题摆在我们面前，诸如该传说的起源（发生学意义上）问题、原产地问题、变形问题、人物形象及其嬗变等等，都需要做出回答。我们立足当代，最应该首先回答的是什么呢？一个传说的形成，一般都是缘于某种事物、人物、风物、事件传闻，经众口传递，在传递中添枝加叶，滚雪球式的越滚越大，走到什么地方往往会粘连上当地的某要素或色彩，打上当地的标签，因此要想考证其原产地，从而据为己有，怕是十分困难、甚至是徒劳。但在当前市场经济社会条件下，在利益的驱动下，一项非物质文化遗产的原产地问题，却往往成了争议的焦点。这种匪夷所思的问题，竟然成为一时之盛，也颇耐人寻味。

自镇江民间文化艺术馆（镇江民间文艺资料库）成立之日起，我就与之有着千丝万缕的联系和特殊的情感，加之我又参与了文化部组织的第一批国家级非物质文化遗产名录的评审工作，故镇江民间文化艺术馆的朋友们嘱我为这部即将出版的白蛇传传说总汇写序，我高兴地答应下来，谨撰此文以为序言。在上文中，表达了我的一些个人的看法，不当和谬误之处，欢迎批评和指正。

写于 2006 年 11 月 1 日，2007 年 1 月 28 日改定

太昊伏羲神话出淮阳

——《淮阳神话传说故事》序①

淮阳,古称宛丘、陈。传说是太昊伏羲建都和薨葬之地。《竹书纪年》载:"太昊伏羲都宛丘。"据神话传说,上古时代,伏羲从西北高原的成纪(今天水)沿黄河而下,来到宛丘这块土地上建都,并在以宛丘为中心的黄淮大平原上创网罟、画八卦、制嫁娶、正姓氏,以龙纪官,从而结束了远古狩猎时代,开辟了远古的畜牧时代;结束了茹毛饮血的时代,人类开始熟食;结束了群婚、乱婚,创始了一夫一妻的对偶婚;结束了原始母系社会,肇始了父系社会;结束了部落万邦的天下,开辟了龙天下,完成了中国历史上第一次氏族部落大统一,构建了中华民族的雏形。于是太昊伏羲被传为中华民族的人文始祖。

世界上任何一个民族及其始祖都有自己的神话,传为中华民族人文始祖的伏羲同样也有种种瑰丽的神话。如"华胥履巨人迹"而生伏羲;如"伏羲氏人首蛇身"(《艺文类聚》卷十一引《帝王世纪》);如伏羲"始作八卦"(《易·系辞下传》);等等。尽管学界一向认为,伏羲出现于中国古文献中的时代甚晚,最早见于战国以后的《易》《庄子》《荀子》等诸子之文,而一旦出现,便将其地位置于三皇之首。(顾颉刚"层累说";[日]白川静"加上说")伏羲的神话传说见诸文献较晚,但在民间却应该一直是大量流传而不绝的少数古神话之一。这一点,在古称中原地区、在古宛丘今淮阳及其周边地区所搜集到的"活"在民众

---

① 杨复竣主编:《淮阳神话传说故事》,北京:中国炎黄文化出版社,2007年。

口头上的神话传说就是一个明证。

记得1986年，在郑州召开的中国神话学会成立大会暨第一届神话学术研讨会上，我第一次听到来自淮阳的文化工作者杨复竣同志的发言，向与会者介绍他于20世纪60年代在淮阳一带搜集到的伏羲女娲神话。这些在现代条件下还流传于民众口头上的古神话，其中《玄武星》《抟土造人和黄帝的传说》《女娲补天》《伏羲画八卦》四篇被选刊于周扬、陈荒煤主编的《中国新文艺大系·民间文学集》（1949—1969）中。活跃于20世纪20—40年代的神话学者们，如闻一多、芮逸夫、常任侠诸位对中国神话研究做出过重要贡献的学者，由于当时看到的材料有限，那时北方的材料还没有得到收集和发表，认为伏羲女娲神话是起源于南方或是南方民族的神话。如果他们看到杨复竣及稍后其他河南民间文学工作者们收集到的神话材料，相信他们会修改他们的结论的。倒是日本学者白川静在他著的《中国神话》一书里说得好："在神话上，却是与前述的洪水之神一样，都是很古就已经成立的了；只不过因为拥有这个神话的苗人，以后被驱赶而南下，逐渐与中原失去了接触，因此这些神话没有被记录在古文献之中罢了。"① 现在杨复竣在这本《淮阳神话传说故事》里收录了他历年来收集的166篇民间作品，属于神话的47篇，属于人物传说与地方风物传说的80篇，故事39篇。《白龟救姐》《滚磨成亲》《女娲抟土造人》《伏羲女娲创世》《女娲造六畜》《伏羲画卦台》《女娲补天》等神话文本，构成了一个现代流传的伏羲女娲神话群，把这些作品与古文献记载的作品相比较，就可以看出在历史的长河中神话发生了怎样的流变！

从1984年起，围绕着编纂"中国民间文学三套集成"（民间故事、歌谣、谚语）在全国开展了一次长达近十年的普查工作。从1986年起，杨复竣主持并参加了淮阳的普查，组织队伍，走街串巷，深入民间，共收集记录了100多万字的资料。他们所调查的地区，除了淮阳、西华、太康、郸城、项城、商水等县市，特别重视太昊伏羲朝祖庙会和农历每

---

① ［日］白川静：《中国神话》，王孝廉译，台北：长安出版社，1983年，第48页。

月初一、十五祭祖日的调查采录，收集到不少伏羲女娲神话和庙堂经歌，材料弥足珍贵。

杨复竣同志在基层文化工作岗位上孜孜矻矻 20 多年，深入民间采录收集神话传说，从未中断，为构建淮阳乃至中原地区的民间文化做出了自己的贡献。这本《淮阳神话传说故事》不仅包括伏羲女娲人祖神话，还收录了流传于淮阳一带的人物传说、风物传说和民间故事，堪称是淮阳地区的一部民间文学之大全！他为抢救和传播民族民间文化所付出的辛劳，所收获的成果，令我敬佩！

全球化、现代化的浪潮席卷了全世界。城镇化和新农村建设正在改变着传统的农业结构和社会结构，民间文学以及所有民间文化所依存的传统农耕文明，正在转型、甚至消失。民间文学以及所有民间文化逐渐衰微的趋势，随处可见。着眼于保持文化的多样化和可持续发展，着眼于保护我们民族的文化之根——民间文化、非物质文化遗产，我国正在开展非物质文化遗产的保护工作。在"政府主导，社会参与"的方针下，许多热爱民族文化、有责任感的文化工作者，参与到 21 世纪正在进行的这项巨大文化工程中来，深入民间，进行深入、细致、艰苦的调查，采取多种方法和手段进行保护工作。杨复竣（及其同时代人）主要于 20 世纪 60—80 年代收集记录的这些神话故事所显示的，是民间文化在那个时代的生存状态和特点，现在，时代已经过去了 20 年、甚至 40 年，民众的生活条件和世界观普遍都发生了巨大的变化，神话传说也无可置疑地发生了流变。我们民间文学和民间文化工作者，有责任以正确的理念和科学的方法，对我们曾经在 20 年或 40 年前做过调查的地区（村落），再做一次"跟踪调查"，忠实地、全面地记录下在今天（21 世纪第一个十年）社会条件下民间文化和民间文化的现代流传形态来。

当《淮阳神话传说故事》出版之际，杨复竣向我索序，故写了上面这些话，是为序，以表祝贺。

2007 年 8 月 31 日于北京寓所

牛郎织女传说的时代命运

——"中国牛郎织女传说"丛书总序[①]

俗称中国"四大传说"的孟姜女传说、梁山伯祝英台传说、白蛇传传说,以及在民众中也流传非常广泛的董永传说、西施传说、济公传说,于2006年5月20日被纳入了第一批"国家级非物质文化遗产名录",这在我国文化史上开了民间传说受到国家保护的先河。但公众对于"四大传说"之一的牛郎织女传说竟然没有一个地方申报、故而未能进入第一批国家名录感到非常遗憾和失望,自然也成为我们这些多年来从事民间文学搜集、研究与保护工作的学人的心头之痛。好在,等待了两年之后,2008年1月24日,国务院办公厅公示的第二批"国家级非物质文化遗产名录"推荐名单中,终于载入了牛郎织女传说,而且确认山东省沂源县、陕西省长安县、山西省和顺县为该传说的第一批保护地。对此,我和同行们无不感到欣慰,额手称庆。

我之所以把牛郎织女传说的这三个重要流传地称为第一批保护地,是因为近年来积极申报牛郎织女传说保护地的地区还有好几处,如河南省的安阳市、江苏省的太仓县、河北省的内丘县、甘肃省的西和县等。这些提出申报的地区所以没有被采纳进入国家级"非遗"的"民间文

[①] 叶涛、韩国祥总主编:"中国牛郎织女传说"丛书(全五卷:第一卷《研究卷》,主编:施爱东;第二卷《民间文学卷》,主编:陈泳超;第三卷《俗文学卷》,主编:丘慧莹;第四卷《图像卷》,主编:张从军;第五卷《沂源卷》,主编叶涛、苏星),桂林:广西师范大学出版社,2008年。本文先后以《两千多年的传说——牛郎织女》为题发表于《中国文化报》2008年6月29日和《牛郎织女传说的时代命运》为题发表于《中国社会科学报》2008年7月31日。

学"类名录，原因是各不相同的，有的是因为他们申报的重点侧重于七夕节而非传说，有的则由于他们所提供的材料主要是想以当地某些文物或风物来证明他们那里是牛郎织女传说或七夕的起源地，而他们所提供的传说文本又不足以证明牛郎织女传说在当代还有广泛的流传和承递。笔者希望这些地区继续努力，做扎实的田野工作，组织基层文化干部或与高校和研究单位学者们合作，对当地流传的牛郎织女传说进行广泛而科学的搜集，拿出科学性比较强的记录文本和切实可行的保护工作计划来，再行申报。

我想，在申报国家级非物质文化遗产名录时，牛郎织女传说所以遇到各地文化主管部门的冷淡，除了参加这项工作的文化干部对民间传说不熟悉又没有下乡去做实地调查采录而外，也可能与这个传说在近代以来处于逐渐衰弱的发展趋势不无关系。20世纪前半叶，被文人学者搜集记录下来并公开发表的牛郎织女传说，与同时期发表的孟姜女、梁祝、白蛇传等三个传说相比，数量上是最少的。我所能找到的直接的或间接的材料，充其量不过十数篇。① 而到了20世纪80年代各地民间文学工作者在全面搜集基础上编纂的《中国民间故事集成》各省卷本中，

---

① 笔者在编纂《中国新文艺大系·民间文学集》（北京：中国文联出版公司，1991年）时搜集到的牛郎织女传说计有：(1)静闻（钟敬文）记录《牛郎织女》（流传于广东陆安，《北京大学研究所国学门周刊》2005年第10期）；(2)王萝桥记录《牛郎织女的故事》（流传于广东，《民俗》周刊第80期，1929年10月20日）；(3)蔡维肖搜集《牛郎织女》（流传于福建南安、泉州、漳州一带，谢云声编《福建故事集》，厦门：厦门新民书社1930年1月初版）；(4)孙佳讯记录《天河岸》（流传于江苏灌云县，林兰编《换心后》，上海：北新书局1931年）；(5)郑仕朝记录《牛郎织女》（流传于浙江永嘉县，《新民》半月刊第5期，1931年）；(6)林秀蓉搜集记录《牛郎织女》（流传于山东，方明编《民间故事》，上海：元新书局1937年3月初版）；(7—8)赵启文记录《牵牛郎》两篇（流传于山东诸城，王统照编《山东民间故事》，上海：儿童书局1937年8月初版）；(9)《牛郎织女》，欧阳飞云《牛郎织女故事之演变》引，见《逸经》杂志第35期，1937年；(10)《牛郎织女》，见李浩编《民间故事新集》，上海：大方书局，1947年。

入选的牛郎织女传说的数量，也显示了这个传说在各地的流行仍然处于弱势，不像董永传说那样因受到戏曲和电影的激发而在民间重新获得了传播的活力。据陈泳超先生告知，他在编辑"牛郎织女传说系列丛书"之《牛郎织女传说》这一卷的过程中，查阅了《中国民间故事集成》的县卷资料本，共收录牛郎织女传说达到了140篇。全国各地的民间文学工作者在20世纪80年代记录下这么多牛郎织女传说的不同异文，给我辈和后代学人研究中国民间文化的发展流变提供了丰富的材料，实在是一件值得大书特书的事情。

民间传说主要是在原始的或自然经济为主的农耕文明和宗法社会条件下的民众集体的精神产物。20世纪末21世纪初，中国社会进入了一个全面而深刻的转型期，即由原始的和自然经济为主的农耕文明和宗法社会，向着现代化、市场化、城镇化、现代文明的急剧过渡。在"四大传说"中，牛郎织女这个美丽哀婉的悲剧传说是见诸史籍最早，并由神话而传说而故事，经历过不同的发展阶段，在民间传诵了两千多年的传说，到了现当代，因生存条件的变化开始逐渐呈现出了衰微的趋势。民间传说在历史流传过程中，会发生或强或弱的变异，像滚雪球那样粘连上、附会上、叠垒上或兼并上一些异质的东西，如情节、枝杈、细节、人物与场景，甚至导致主题和情节的兼并、融合和转变，这是口头文学的发展嬗变规律，牛郎织女传说亦然。牛郎织女传说在社会转型的现代条件下出现的衰微趋势，不仅表现在流传地区和传播群体的萎缩上，而且也表现在情节构成的停滞和故事元素的衰减上。牛郎织女传说在现代条件下的遭遇，无疑是传统文化现代嬗变的一个饶有兴味的文化个案。

古代，牵牛和织女原是天上银河系的两颗星辰，是否有一个以牵牛星和织女星为主人公的神话，毕竟留给我们可供研究和判断的文献太少了，故而一向有不同见解。20世纪早期研究者黄石说："牛、女的故事，可谓我国星宿神话中之硕果仅存者。"① 如果说，《夏小正》中"七月，初昏，织女正东向"的文字还只是关于织女星的记载而缺乏神话情节和内容的话，那么，《诗经·小雅·大东》中的诗句"维天有汉，监亦有光。跂彼织女，终日七襄。虽则七襄，不成报章。睆彼牵牛，不以服箱。……"就包含了一个富有幻想的星辰神话：说的是非现实生活中治丝织布的织女和耕田拉车的牛，而把天上的织女星想象为一个治丝织布的织女，把牵牛星想象为一个挽牛耕田的牵牛郎。这个原本是星宿神话的故事，到了战国时代，便发展演变成为一个织女和牛郎的爱情悲剧故事。1975年11月在湖北省云梦睡虎地出土的战国秦简《日书》中的记载："丁丑·己酉娶妻，不吉。戊申·己酉，牵牛以取织女，不果，三弃。"（甲种一五五正）"戊申·己酉，牵牛以取织女而不果，不出三岁，弃若亡。"（甲种三背）② 其直接的意思，固然说的是不宜嫁娶之日，是禁忌，其故事却已经是牵牛和织女这一对有情人、而爱情最终成为悲剧的传说。这两段文字，不仅改写了长期流行于学界的牛郎织女传说形成于汉代的结论，③ 将其形成期由汉提前到了春秋至秦，至少不晚于墓

---

① 如：黄石《七夕考》，《妇女杂志》第16卷第7号，1930年7月；如[日]新城新藏《宇寓大观》第227页。王孝廉说："日本新城新藏认为牵牛织女的故事在周初已经普遍地流传。"见所著《中国的神话传说·牵牛织女的传说》，台北：台湾联经出版事业公司1977年，第187页；近人赞同星辰神话观点者，如刘宗迪《七故事考》："在这首诗歌被形诸笔墨之前，可能早就有关于牵牛织女的故事流传民间了。"

② 睡虎地秦墓竹简整理小组：《睡虎地秦墓竹简》，北京：文物出版社，2001年，第206—208页。

③ 许多学者认为，牛郎织女传说形成于汉：西汉或东汉。其证据有：《古诗十九首》之《迢迢牵牛星》；班固《西都赋》："临乎昆明之池，左牵牛而右织女，似云汉之无涯。"应劭《风俗通》（逸文）："织女七夕当渡河，使鹊为桥，相传七日鹊首皆髡，因为梁以渡织女故也。"（《岁华纪丽》引）欧阳云飞《牛郎织女故事之演变》则以《白氏六帖》引《淮南子》之"七夕乌鹊填河成桥，渡织女"为据，见《逸经》第35期，1937年8月5日等。

主人喜卒亡之日始皇帝三十年（公元前217年），而且也对《诗经·小雅·大东》由于文体的局限所导致的牛郎织女神话的缺环，提供了重要的情节上的补充和连接。

如许多学者所指出的，到了汉魏及其以降，《古诗十九首·迢迢牵牛星》里出现了银河相隔、"盈盈一水间，脉脉不得语"的情节；应劭《风俗通》（逸文）中增益了"使鹊为桥"的情节，故事已经发展得完备了。到了唐代，牛郎织女传说完整形态及互为表里的七夕习俗，都发展得成熟而定型了。正如有的学者说的，"至唐代，牛郎织女神话完成了向内涵丰富、功能多样的节俗形式的演变"[1]，（有学者认为，七夕节就其性质而言，应是中国的"女儿节"[2]）而此后的千多年来，这个相对定型了的传说，似乎再也没有太大的发展演变了。

牛郎织女传说的起源问题，始终是20世纪中国学界关注的一个问题，却也始终处于裹足不前的状态。只是到了世纪末，即云梦睡虎地材料行世20年后，对这一传说的起源研究和文化解读才终于迈出了新的一步。这方面的研究不少，但要指出的是，并非所有的研究结论都能被接受。如有学者把牛郎织女的婚姻引申解读为"传统走婚制与新夫妻婚制的妥协"，织女为"低级的""走婚者"，而牛郎为"高级的""夫妻婚者"。这样的解读和结论，怕是很难有较大的说服力。

在2003年10月联合国教科文组织通过的《保护非物质文化遗产公约》框架下开展的"国家级非物质文化遗产名录"的申报和认定，在新的形势下重新激发起了关于牛郎织女起源问题的大讨论。在这次大讨论中，无论是在纸质媒体和学术报刊上，还是在网络虚拟媒体上，发表了数量不少的文章，应该说，不同立场的论者都有了较大的视野开掘和理论提升，除了对古文献的解读对学科建设的贡献外，地方学者在保护

---

[1] 李立：《牛郎织女神话叙事结构的艺术转换与文学表现》，《古代文明》2007年第1期。

[2] 程蔷、董乃斌：《唐帝国的精神文明——民俗与文学》，北京：中国社会科学出版社，1996年，第68页。

文化多样性和文化可持续发展的理念下对有关牛郎织女的地方文化资源的开掘，大大地丰富了我们过去在牛郎织女传说上的狭隘眼界。当然，也要指出，有些地方出于利益的考虑，把目光放在了争夺传说的原生起源地上，未免把原本属于学术性质的问题利益化、庸俗化了。事情的另一面是，缺乏对现代口传材料的苦心搜集和理性观照，已成为当下研究者的时代通病。从全国来看，20世纪80年代围绕着《中国民间故事集成》而进行的民间故事调查采录，提供了那个已经成为历史的时代的传说记录，尽管其地理分布和记录质量都未见得能令人满意。往者已矣，现在我们所缺少的，是这一传说在20世纪90年代到21世纪初这十几年间在民间流传的口传文本的记录，而这无疑是研究民间文化的发展变迁以至文化国情的重要依据。文化部于2005年启动了"全国非物质文化遗产普查"，今年年底应是宣告基本结束的日期，可惜至今我们还没有看到更多能够显示出时代烙印的牛郎织女传说的口传记录资料问世。在此情势下，山东省沂源县的地方文化工作者，在学者们的帮助和指导下，两股力量通力合作，深入到民众中去进行了艰苦细致的田野调查，搜集采录了一批现在还流传在民众（主要是农民）口头上的牛郎织女传说，并对21世纪初当下时代的生存状况进行了分析研究，撰写出了田野调查报告，为这个有着两千多年流传史、至今还在民间广泛传承的牛郎织女传说的保护，交出了第一份答卷。

  我想，由叶涛教授和韩国祥书记主编、许多知名学者和文化工作者参加编辑的这套包括口头传说集、研究成果集、史料集、图像集、调查报告集等多项成果在内的"牛郎织女传说系列"丛书，将为牛郎织女传说的口头传承和生命延续，也为这个传说同时以其"第二生命"在国内外读者中广为传播，提供了依据或参考，仅这一点就是可喜可贺的，而于"非遗"保护工作的推动、于民间文学学科的建设，都将是有益的。

  我衷心地祝贺这套丛书的编纂出版。

2008年4月20日于北京寓所

一个符合百姓心愿的军事谋略家刘伯温

——《刘伯温传说》序①

2006年公布的第一批"国家级非物质文化遗产名录"之"民间文学"类中入选了6个民间传说项目：孟姜女传说、董永传说、梁祝传说、白蛇传传说、西施传说、济公传说。2007年12月31日公示的第二批国家级非物质文化遗产名录推荐名单，"民间文学"类中，又新增入选了19个民间传说项目和4个神话项目，刘伯温传说是其中之一。这样一来，进入国家名录和推荐名单的神话和传说项目已达29项、51个保护地区。

中国是个传说大国。凡是有人群的地方，就有各种各样的传说被创作出来和流传。民众中流传的民间传说，是难以用精确的数字来表达的。据统计，从1984年起为编纂"民间文学三套集成"中的《中国民间故事集成》而开展的普查，前后持续了五到十年，全国各地的民间文学工作者在普查中收集到的民间故事，数量达184万篇。这个统计数字指的是广义的民间故事，包括神话和民间传说在内，如果以传说、故事各半的比例把传说单列出来，传说总有90万篇之巨吧。传说既是人们娱乐解颐、丰富知识、提升审美情趣的深入浅出而又富于想象的民俗文艺形式，又是传授人生经验、伦理道德、历史事件、治国安邦、讴歌英雄伟人的知识宝库。那些以历史上的各类出众人物，包括帝王将相、英雄豪杰、文人墨客、工匠大师、宗教职业者等为主人公的传说，学术上

---

① 曾娓阳主编：《刘伯温传说》，北京：中国文联出版社，2008年。

称作人物传说。那些围绕着历史上发生的大事件，特别是那些充满了神奇色彩和震撼人心、壮怀激烈的事件，总会被附会成传说，学术上称作史事传说。民众也喜欢赋予目力所及的山水草木等自然景观、庙宇建筑、园林宫观等文化遗存等以传说的形式，学术上称为风物传说或地方传说。各种风俗习惯，也多有传说相随，学术上称为风俗传说。原始神话中那些具有神格的神祇（或英雄）人物，如已经进入第二批国家级名录推荐名单中的"尧的传说""炎帝神农的传说"等，还有黄帝、颛顼、帝喾、舜、鲧、禹等，也往往会在其发展过程中遭遇"历史化"，而由古老的神话变成民间传说。此外，还有动物传说、植物传说、工艺传说，也都各具异彩和内涵。特别是那些动物故事中的角色，有的可能是某些族群远古时代的图腾祖先，有的可能是原始神话中给人类带来粮食、火种和智慧的"文化英雄"，隐藏着宝贵的远古信息和特殊的社会功能。等等，等等，不一而足，总之，传说是题材多样，内容丰富，叙事风格各不相同的。

作为民间文学的基本形式和类别之一，民间传说是亿万民众（主要是农民群体）口传心授、世代传承的文艺形式和知识宝库，在民众生活中具有不可替代的教育和娱乐作用，有强大的生命力和影响力。只要农村聚落这种居住形式仍然存在，只要有可供群众交流的场合，或炕头，或地头，或场院，或戏楼，只要稍有闲暇的时间，就会有讲传说故事和听传说故事的活动。讲、听传说故事是亿万民众所创造和享有的一种重要的文化传统，它如同一条滔滔的江河，永不枯竭地流淌着，与被统称为民间文学的神话、故事、歌谣、史诗、小戏、小曲、谣谚等一起，成为拥有最为广大的创作主体和受众的"国学"。

进入国家级保护名录的这29个项目、51个保护单位，对于在960万平方公里土地上的13亿人口中流传的浩如烟海的民间传说而言，实在是微不足道了，远远不能反映我国各民族各地区流传的民间传说的全貌之于万一，一些妇孺皆知的传说，像人物传说如文圣人孔子的传说、武圣人关公的传说，像风物传说或地方传说如五岳（东岳泰山、西岳华山、北岳恒山、南岳衡山、中岳嵩山）、五镇的传说，母亲河黄河、长江的传说，等等，都还没有引起有关地方文化主管部门的重视。但我们毕竟迈出了第一步，有了这两批得到国家保护的民间传说，仅此一点堪可使我们得到些许的安慰。经过五年来非物质文化遗产保护工作的锤炼，各地文化主管部门及广大文化工作者的"文化自觉"意识，已经得到了显著的提升，相信更多的流传于民众口头上的民间文学各类题材和民间文学讲述者、演唱者、传承者，会在国家省区市不同层面上得到保护。

民间传说最主要的特点，第一，是以现实世界中存在的事物和人物为主要凭依和根据，经过群体的口口相传，并在传递中被添枝加叶，逐渐附会和融合上一些与本事相关联的事件、人物、故事、情节和细节。构成传说的基础或核心部分，是现实中的事物和人物。经历过时间上久远的传播和空间上跨地区的传播之后，民间传说在流传中随时可能粘连上一些无据可考的事件、情节或细节，甚至人物。但由于民间传说有一定的事实为核心或凭依，故民间传说以其可信性而区别于民间故事的虚构性。

其次，由于传说是民间口头散文叙事作品，与诗体叙事的相对固定不同，传述者在传述民间传说时有较大的可发挥的自由度，所以，现实存在的事物和人物一旦进入民众的群体创作和传承过程，随着口口相传的传播的演进，便距离事物和人物的本事越来越远，越来越受到想象力的影响和支配。同样，因传说的讲述是散文叙事模式，每一个讲述者以自己独特的情节结构和语言表达方式讲述，故同一个母题的传说，出自不同的讲述者之口，其文本会各不相同，即使同一个讲述者在不同时间、不同场合里的讲述，其文本也可能出现差异、甚至大不相同。也正因为如此，才使民间传说成为一种显示出个性风格、叙事独特的叙事文体。

就已经进入国家名录的传说的构成而言，人物传说占了大多数，地方传说或风物传说占了少数。这个比例，也许是与传说的自然构成状况不符的。人物传说中，大多数又是历史上实有其人、实有其事，或有某些历史的影子，经过流传，逐渐黏附和附会演化为传说的。这类传说中的孟姜女传说、梁祝传说、西施传说、陶朱公（范蠡）传说、杨家将传说以及刘伯温传说，都是流传历史很长、流传范围很广、在民众中影响很大的传说；少数是仙乡传说或宗教人物传说，仙乡传说如八仙过海的传说、徐福东渡的传说，宗教人物传说如观音的传说、黄大仙的传说等。此外，还有一种是由神话演化而为史事传说的，如盘古传说、尧的传说和炎帝神农的传说。

　　刘伯温的传说属于人物传说或历史人物传说，是以历史上的真人真事为核心而逐渐发展演化为传说的。我们知道，事实上并非所有的历史人物都能进入民众口头传诵的视野的，只有那些做过大量有益于老百姓的好事、因而符合民众意愿，或做过许多坏事而为民众所唾骂的人物和事迹，才比较可能进入民众的口碑之中。一个历史人物一旦进入当地民众的记忆，成为传诵讴歌的对象，并在一传十、十传百的口头流传中按照民众的愿望逐渐附会上或被赋予了许许多多也许并非历史上实际没有发生过的、而在传说中却是合理的、为民众所认可的事迹、情节和细节，那么就会形成一个以这个人物或事件为核心或凭依的庞大的"传说丛（群）"和"传说圈"。有的传说的主体部分或某些情节，甚至在流传中还带上了神奇的色彩，如刘伯温的神奇出生。这种故事人物的神奇的出生，本来是古老的神话和史诗中所特有的一种思维模式，在刘伯温传说这样的历史人物传说中出现，其实在故事的听众听来和读者读来，并不觉得讲故事的人是在胡说，反而觉得是顺理成章、合情合理的，符合人物性格的发展逻辑和人物的生活史的，有了神奇的出生，后来在辅佐朱元璋完成大业的过程中出现的许多出奇制胜的智慧和行为，就显得更加可信，从而塑造出了一个传说中的刘伯温。与刘伯温之出生的神奇性一样，朱元璋的隐居，以及在朱元璋官兵的追捕下吞金倚柱而死的情节，同样也是神奇的。而神奇的事件，不仅在塑造人物独特的个性时，起到重要的、不可替代的作用，而且也比较符合人们的好奇心理，容易被吸收、黏附和融汇到传说之中。

　　作为历史人物的刘伯温，以自己超人的智慧和胆识，忠心耿耿地辅佐朱明王朝，在明代建国和治国中多有贡献，死后被追谥为太师、文成公，成就为一位杰出的古代军事谋略家、政治家、文学家和哲学家。他的事迹，在其出生地浙江省青田县被编创进种种民间传说，持久地被民间传诵，受到家乡父老兄弟子孙后代的讴歌，是顺理成章的，符合传说规律的。鉴于他在百姓中的影响，关于他的传说，并不局限于他的家乡以青田为中心的浙南一带，就是其他地方，包括今南京、北京等明代建都的地方，也都广为流传，如北京建城的传说中，就不乏刘伯温的传说。

民间传说的保护，重点在根据民间文化发展的规律和固有特点，建立和健全一个适合时代需要的和可持续发展的传承机制，从而使产生和流传于农耕文明条件下的传统民间传说，在现代条件下仍然能够得以继续传承。而居于这个机制核心的是传承人、讲述者、故事家。应该说，故事家是民间传说的主要载体和传播、传承的关键。而传说的传承者、故事讲述家，又与其他"非遗"领域的传承者，如手工艺传承人、传统戏曲传承人有所不同。传说是一种最具群体性的民俗文艺表现形式，而不是如手工艺、戏曲那样专业性很强的表现形式，因此，传说的保护措施要依其特点而定。一般说来，对于一个传说来说，它的传承人不大可能是一个能够讲述很多故事或异文的传承者，甚至不大可能像长篇史诗的演唱者那样以长时间演唱和游吟演唱为业的艺人，而是一些生活在老百姓中的普通劳动者，他们只是在茶余饭后、闲暇时、开村民会或小组会前、在井台上、在柳荫下……给村民们讲讲故事。但能把故事讲得有条有理、生动传神、绘声绘色、跌宕起伏、引人入胜，却并不是每人都能做得到的，而只有极少数或见多识广、善于表达，或虽很少出门，却记忆力强又有心计的人，才有可能成为一个出色的故事家。

能讲十几个、几十个传说故事的人，各地都有，要善于发现和发掘，不要因他们没有文化而看不起他们，他们是民间文化的宝库，是传递我们的文化传统的"火炬手"。要对现有的传说讲述者、故事家进行保护，只要他们能讲述他们记忆的传说故事，而且在他的周围拥有一些听众，又有讲故事和听故事的环境，那么，传说故事就不会绝种，民间文化的传统就不会中断。只有他们，才是我们阻遏传说故事急速衰亡的指望和保证。政府文化主管部门的责任，是千方百计为这些传承者讲述传说提供良好的社会的、物质的条件，特别是要提倡培养讲故事的后来者和培养听众。

记录并出版民间传说故事集，使民间传说由口头传播到书面文本，是民间传说由第一生命向"第二生命"转化的过程。联合国教科文组织政府专家委员会前负责人、芬兰著名学者劳里·航柯先生生前曾到我国推行他们的设想和理念，提出了"民间文学的第二生命"的理念。他说，民间文学一旦记录下来，得到出版，就会获得比直接听讲故事的人更为广大得多的读者群，而且能一代一代地传下去。忠实地记录故事讲述者讲述的民间传说，也是我国从2005年初启动的全国非物质文化遗产普查的一项重要要求。我高兴地看到，《刘伯温传说》中虽然包括了20世纪80年代以前搜集的一些记录文本，但它的主要部分，无疑是21世纪之初进行的这次"非遗"普查的成果。它的出版，能够见证刘伯温传说在新世纪在青田县、在温州一带流传的现状，也让这个传说能够在继续口头流传的同时，也以其"第二生命"在更多的读者中广为传播。翻看厚厚的书稿，共400多页，我想这凝聚了青田文化界收集整理本书的大量心血，体现了青田县文联一班人为保护历史文化遗产而无私奉献的一种精神，同时也说明了他们作为一个经费、人力及各种资源匮乏的基层人民团体，默默努力工作的重要意义。

《刘伯温传说》选集就要付梓了，刘伯温传说项目的保护地负责人、青田县文联的曾娓阳女士嘱我为其写序，我高兴地答应了她的建议。现写上此文以为序言，表示我的支持和祝贺。

2008年4月30日于北京

秦越之风 江汉之化

——《武当山南神道民间叙事诗集》序[①]

　　道教名山武当山，古代也叫太和山，在湖北省西北部丹江口市境内，汉江上游南岸。地处武当山西北麓皱褶里的一些山村，由于崇巫淫祀的楚俗传统的浸润、"劲质而多怼，峭急而多露"（袁宏道语）的叙事传统的影响，以及关山阻隔信息不畅等原因而长期处在封闭的状态之中，较多地保存下来了相当丰富的地域特色浓厚的传统民间文艺。多年来基层文化工作者和民间文学工作者在这里收集采录的多部长篇民间叙事诗，证实了一个学界早就提出的大胆假设：秦岭以南、汉水以北的鄂西北地区，是一块蕴藏着丰饶的民间文学资源和民间叙事长诗的宝库。

　　早在中华人民共和国成立之初，即20世纪50年代，进入武汉的部队文艺工作者宋祖立、吕庆庚在崇阳、蒲圻一带做民间文艺调查时搜集记录了《双合莲》和《钟九闹漕》两部在口头流传的长篇民间叙事诗，被学界认为是继东汉乐府《孔雀东南飞》之后，汉民族民间叙事诗在现代的新发现。"文革"后，我国进入了改革开放的新时期，从1983年起，中国民间文艺研究会湖北分会在全省开展民间文学普查，采取征集的办法，在全省范围内征集到民间叙事长诗500多部。除了已经编印出来的一些单行本外，他们还仿照清代学者董康编著《曲海总目提要》（同治七年，1868年）的体例，编印了一部《湖北民间叙事长诗唱本总

[①] 陈连山、李征康编：《武当山南神道民间叙事诗集》，武汉：长江出版社，2009年。本文发表于《文艺报》2010年11月10日。

目提要》（第一集，1986年），其中收录了42部长诗的提要①。在这次调查中，丹江口市十里坪镇文化站站长李征康先生从六里坪蔬菜大队农民张广生口述记录了《书中书》，神农架文化馆的胡崇峻先生搜集记录了《黑暗传》，后者由湖北省民协于1985年把搜集到的8份正式资料合为一集以《神农架〈黑暗传〉原始版本汇编》为题内部编印出版。我的朋友，当年执掌中国民间文艺研究会湖北分会秘书长职务的诗人兼民间文学家李继尧先生，为中国民间文学事业所做的这件大好事，将永载学术的史册。

1999年的夏天，李征康在发现了故事村伍家沟之后，继续潜心于当地民间文学的搜集工作，在坐落于武当山后山的官山镇吕家河村，从歌手们的口头演唱中记录了1500首短歌和15部民间长篇叙事诗。他打电话给我，我听到这个消息后，真有点儿喜不自胜。同年的9月，我接到了十堰市所属丹江口市委召开"中国武当民歌学术研讨会"的邀请，远赴武当山下的武当宾馆出席会议，会后又到吕家河村去参观，并走访了他所发现和采访过的那些乡村歌手们，在队部的院子里听他们唱歌，到"歌王"姚启华的家里用餐。在这个山峦环抱的小村子里，只有182户，749口人，竟有85个能唱2个小时民歌的歌手，还有4个人能唱千首以上的民歌！真是不可想象！至于对吕家河村民歌的更深的了解，大半来自李征康提交会议的那篇论文《吕家河村民歌概述》。② 我在学术会议上的发言，重点放在了在这个村子里记录下的长篇叙事诗，后来把发言的意思写在了为李征康和屈崇丽主编的《武当山吕家河村民歌集》一书写的序言中。为了方便，把有关叙事诗的一段引在下面：

---

① 中国民间文艺研究会湖北分会编印：《湖北民间叙事长诗唱本总目提要》，1986年。500部长诗这一统计数字，见该书的《前言》。

② 李征康的论文后易题为《吕家河——"中国汉族民歌第一村"概述》，收入李征康、屈崇丽主编《武当山吕家河村民歌集》一书中，北京：学苑出版社，2003年。

我对李征康在吕家河村记录的15部长诗特别感兴趣。在会上发言时，我着重就这个问题说过一些粗浅的见解。我重提胡适先生当年的一个著名论点："故事诗(Epic)在中国起来的很迟，这是世界文学史上一个很少见的现象。要解释这个现象，却也不容易。我想，也许是中国古代民族的文学确是仅有风谣与祀神歌，而没有长篇的故事诗，也许是古代本有故事诗，而因为文字的困难，不曾有记录，故不得流传于后代；所流传的仅有短篇的抒情诗。这二说之中，我却倾向于前一说。'三百篇'中如《大雅》之《生民》，如《商颂》之《玄鸟》，都是很可以做故事诗的题目，然而终于没有故事诗的出来。可见古代的中国民族是一种朴实而不富于想象力的民族。他们生在温带与寒带之间，天然的供给远没有南方民族的丰厚，他们须要时时对天然奋斗，不能像热带民族那样懒洋洋地睡在棕榈树下白日见鬼，白昼做梦。所以'三百篇'里竟没有神话的遗迹。所有的一点点神话如《生民》《玄鸟》的感生故事，其中的人物不过是祖宗与上帝而已（《商颂》作于周时，《玄鸟》的神话似是受了姜嫄故事的影响以后仿作的）。所以我们很可以说中国古代民族没有故事诗，仅有简单的祀神歌与风谣而已。"[①] 对于胡适先生的这个论断，我们大可怀疑。在许多少数民族中流传的史诗和叙事诗姑且不谈，近五十年来，我国民间文学工作者至少在鄂西北和江南吴语地区两个汉族地区相继搜集到了数量不少的长篇叙事诗。……这说明，汉民族不是不富有叙事传统，而是没有搜集起来，任其自生自灭，在传承中失传了。如今又在武当山下的吕家河村搜集记录了15部长篇叙事诗，怎能不叫我高兴呢？这15部长诗固然不一定每部都是佳作，都有较高的认识价值和艺术审美价值，但同样我也确信，其中必有好诗在，它们无疑

---

① 胡适:《白话文学史·故事诗的起来》，上海：上海新月书店，1928年。

丰富了我国民间叙事文学的宝库。这个事实证明了胡适先生早年提出的那个结论或假设，是证据不足的，应予修正；中国文学史也应该改写。

的确，这些流传在武当山周围汉民族聚居区的长篇民间叙事诗的被发现和部分地被采录下来，以及此前已在鄂西北的另外一些地区、长江三角洲一带的吴语地区记录下来的一些长篇叙事诗，不仅极大地丰富了中国文学史，也改写了中国文学史。其在中国文化史上的意义是很大的。

此后未久，北京大学中文系的陈连山教授便率领他的研究生到吕家河采风，他们被这里的悠久的民歌传统和鲜活的演唱活动所吸引，于是在这个被学界称为"汉族民歌第一村"的山村建立了教学研究基地。他还著文宣传和评价发现吕家河民歌村的学术意义。十年来，他和他的学生每到暑假几乎都要到官山镇所属的吕家河及附近村子里去做民间文学的调查访问、采录搜集，他们在当地发现了许多民歌能手，搜集记录了大量的各类民歌，包括叙事长诗和各种老唱本。他把当地学者李征康搜集记录的和他与学生们搜集记录的长篇民间叙事诗收拢在一起，编为一集，精为校勘，尽其可能地作了注释，改正了许多错别字。他所编纂校勘的这部民间叙事长诗集，汇聚了武当山周围地区、主要是南神道一带众多民间文化精英们吟唱的长篇叙事诗作品集，最近终于脱稿了。他提议要我为这部书写一篇序言。对他的提议，我深感惶恐，虽然我在十多年前造访过官山镇和吕家河，聆听过那些朴素的山民歌手们的忘情的咏唱，也写过一点相关的文字，但毕竟没有用心地研究过。

粗略地浏览《武当山南神道民间叙事诗集》所选的32篇民间叙事诗，其来源和内容是很复杂的，功能也是不同的（吕家河的民众自己有"阳歌"与"阴歌"之分），需要做认真的考辨和研究。就内容和题材而言，既有讲述天地混沌宇宙初创的，咏唱三皇五帝演绎史事传说的，宣传道教或佛教世界观的，更多的则是取材于世俗生活的。据我在演唱现场观察，这些长篇叙事诗，不是文学史上被称为"徒歌"的那种诗歌、亦即没有伴奏只能朗诵的诗歌，而是在一种唱者用小鼓、小锣、小钹等乐器伴奏下吟唱的。在当地做过调查的四川音乐学院的教授蒲亨强说，吕家河的民歌的曲调，是长江流域民间音乐与黄河流域民间音乐风格的奇妙融合，除了一部分是土生土长的土著文化外，大都是渊源有自的，要么来自于江南小调，要么来自于中原地区，它们在当地有了几百年的融合和传播历史。在判断文化移动问题时，曲调也许比文本更显示出重要性。我在阅读这些作品的文本记录稿时，也发现其中许多情节、特别是地名、字句，也依稀透露着它们发生的祖源地的某些信息。如《孟姜女寻夫》中说，孟姜女是"家住江南松江府，华亭县内有家门"；"苏州有个万杞梁"，而这篇长诗的演唱者，官山镇田畈村的范世喜，据湖北汽车工业学院《武当山范氏口传文学家族研究》课题组徐永安、屈崇丽在《范氏家族调查报告》中认定，"……祖原河南南阳邓州城南乡顺流里刘家桥氏"。范姓家族于清乾隆初年即1736年迁到此地。[①] 如此说来，说范世喜所吟唱的这部孟姜女故事的长诗，带有河南南阳或中原文化的印记或影子，也许并非不可信吧。这种情况再次提醒我们，我们有理由相信，吕家河以及武当山南神道一带流传的这些叙事长诗，很有可能是当年修建武当山道教宫观时各地民工们从各自的热土带来，而后在一种相对封闭的环境里口传身授传承至今的。1999年在武当山下召开的那次学术会议上我提出的这个未经充分证实的假设，如今已为当地的一些学者所进行的调查研究证实了。

明朝自永乐十年（1412）道录司右正一孙碧云受命勘测设计遇真宫、紫霄宫、五龙宫、南岩宫，7月动工，主体工程于永乐十七年完工，附属工程于永乐二十一年（1423）完工，前后凡11年，整个工程及后勤役用人员达30万之巨。这些来自全国各地的民工，在工程告竣

[①] 徐永安、屈崇丽主编：《武当山田畈村范氏家族的调查报告——一个口传文学家族》，武汉：长江文艺出版社，2003年，第3页。

后，就地落户。① 现在官山镇所在的武当山后山地区，当年承担着武当山宫观生活和工程的物资供应及后勤保障任务。现在的五龙庄、新楼庄，当年就是专为五龙宫、新楼观提供物资并因此而得名的。后山区域还是工匠们轮流休养的地方，故而青楼业在当年一度颇为发达。除了武当山宫观的建设者外，永乐十五年（1417），朝廷还将犯人王文政等统共550户差送到武当山。五方杂处，移民汇聚，讲故事和唱民歌，成为当时的一种娱乐方式。② 清同治《郧阳府志·风俗》："旧志谓：陕西之民四，江西之民三，山东河南（河）北之民一，土著之民二；今则四川、江南、山西亦多入籍，亲戚族党，因缘踵至，聚族于斯。……仍操土音，气尚又各以其俗为俗焉。"大量移民所带来的本土文化，在原本地旷人稀的鄂西北的武当地区，与当地的土著文化相汇聚、相交融，形成了"俗陶秦越之风，人渐江汉之化"的文化风貌和文化特色，而堪为代表的，乃是这些深藏于民间而今依然鲜活地流传在民众口头上的民歌和长诗。

李征康先生在前单枪匹马、陈连山先生在后率领学生，在丹江口的官山镇一带若干山村里所做的调查和搜集记录的这些民间叙事长诗，经过连山的精心编辑校勘，就要正式出版了。它的出版，不仅填补了湖北省民间文学分布图、同样也是中国民间文学分布图上的一块大大的空白，也在中国文学史和民间文学史上添加上了浓重的一笔。连山的调查报告式的绪论，以学者的缜密思维和独到见地统领全书，使这本选集闪耀着民间文学学理的光辉。这是我久已期待的。

谨为序。

2008年5月25日于北京

---

① 武当山志编纂委员会编纂：《武当山志》，北京：新华出版社，1994年，第123页。

② 据徐永安、屈崇丽主编：《武当山田畈村范氏家族调查报告——一个口传文学家族》，武汉：长江文艺出版社，2003年，第11—12页。

靡曼缠绵的水乡田歌

——《中国·嘉善田歌》序[①]

金天麟先生的《中国·嘉善田歌》就要付梓出版了,他打来电话向我索序。尽管手头要做的事情实在是太多而自己又对田歌缺乏专门的研究,但我还是答应下来了。之所以答应他的邀约,有两个原因:其一,是因为嘉善与我有一段刻骨铭心的不解之缘。早在1966年春夏之交,受到新故事和田歌的吸引,我从上海市青浦县的朱家角乘船去到浙江省的嘉善县,一路饱览了江南河网水乡的旖旎风光,又在堆满稻谷的禾场上聆听和欣赏了新故事讲述和田歌演唱,给我留下了难忘的印象;也是在那里,第一次从广播里听到了震惊世界、影响历史的"文化大革命"爆发的消息。其二,是从"文革"后的拨乱反正、继而改革开放新时期起,金天麟便作为民间文学战线的一员活跃于文坛,而我也于1983年起从中国作家协会调回到了中国民间文艺研究会,尽一己之力推动民间文学理论研究与体系的建设,并参与主持制定了有关"中国民间文学三套集成"的编辑计划和开展全国民间文学普查,我们便相识于这个大家都在施展身手的时代。此后20多年来,我们多次见面,即使在我退休后过着"闲云野鹤"的生活,他也并没有忘记我这个无用的老人,前年春天,他借来京参加中国民俗学会第六次会员代表大会暨主办的学术会议之机,同上海的朋友们一道来看望我。在我国政府主导的非

[①] 金天麟编:《中国·嘉善田歌》,哈尔滨:黑龙江人民出版社,2009年。此序文发表于《嘉善日报》2009年9月12日。

物质文化遗产保护工作顺利开展并已深入人心的今天，他决意把自己穷毕生之力搜集和珍藏的，以及虽是他人采录，但也由他多年来辛勤征集保存的家乡一带的田歌和自己的研究著作拿出来出版，把不同时代、不同类型的田歌公之于世，把优秀的（包括一些已经谢世的）田歌传承人介绍给广大读者，把一份珍贵的文化遗产留给后代子孙，作为同行和朋友，我有什么理由不写呢？

"田歌"是流传于太湖流域（江苏的东南部和浙江的西北部）水乡的一种民间歌谣，是农耕时代养育的、以农民大众为创作和传播主体的口头文学。它的特点是用吴语咏唱或述说，受水乡的陶冶，"声调靡曼缠绵"。其渊源十分悠远。顾颉刚说，"以五代时吴越国王钱镠所唱的为早"。自东汉以降，嘉善就属吴郡所辖，故嘉善的"田歌"，应属于古代"吴歌"的一支。《诗经》的《周南》《召南》所选的风诗，没有包括楚地的歌谣。到战国时代，屈原的《九歌》为后人集为《楚辞》，是我们读到的最早的楚地风谣。汉武帝立乐府，采集了北起燕、代、雁门、云中、陇西，南到吴、楚的风谣，可惜所采集的风诗已经淹没不存了。宋郭茂倩编《乐府诗集》里始收录了《吴声歌曲》四卷，并引《晋书·乐志》说："吴歌杂曲，并出江南。东晋以来，稍有增广。其始皆徒歌，既而被之管弦。盖自永嘉渡江之后，下及梁、陈，咸都建业，吴声歌曲起于此也。"① 顾颉刚先生说，这部书里所收录的吴声歌曲，"是六朝至唐的乐曲，大约是以金陵（六朝的国都）为中心的"②，这个断语也未必尽然。只要细细读来，可以品味出，有的作品在内容、调式、结构上，如《子夜四时歌》、十二月花一类所开创的歌曲范式，与当代流传和记录的吴歌以及金天麟所记录的田歌之间，似也并不能排除有着蛛丝马迹的承续关系。20世纪的百年间，对吴歌（田歌）的采集记录成绩最大，不仅采录了大量篇幅短小的歌谣（四句头），也采集了多篇几百余行乃

---

① （宋）郭茂倩：《乐府诗集》第2册，北京：中华书局，1979年，第639—640页。

② 《苏州的歌谣》，《民俗周刊》第11—12期合刊，1928年6月13日。

至千把行的长篇叙事诗歌和抒情诗歌。长篇吴歌的发现和采录,是20世纪民间文学工作者们对中华文化的一大贡献。我们高兴地看到,金天麟在嘉善所采集的田歌中,有些作品,如《卖衣香》《临平二姐》《白鸽子拖翎》《林七姐》等,就是这一类的作品。

本书作者把这些歌谣名之曰"田歌",我想并非学者的命名,而是遵从民众自己的俗称。"田歌"者,顾名思义,是指在田野、即山野田畴间放声咏唱的民歌,仅就其内容而言,虽然涉及的领域很广,如生产、生活、社会、情感等广泛领域,甚至有以"急急歌"(绕口令)为调式抨击旧的社会制度的《长工山歌》,但总的看来,以咏唱男女爱情的情歌数量最多,也最富有情趣。这类表达男女情致的歌,只能在山野和田间咏唱,因为在那里,是最无视旧的礼教的场所。歌谣的实质在抒情言志。当然,抒的是民众之情,言的是民众之志。在这个意义上说,歌谣既是表达意愿和情感、提升审美的文艺作品,又是认识历史和民众世界观的重要资料。

金天麟对家乡嘉善田歌的挚爱,使他几十年如一日锲而不舍地投身于田歌的搜集和研究工作,并且组织、带领许多热心于田歌的民间文艺工作者、田歌手一起抢救,一起搜集。现在,他终于把自己辛苦采录和广为搜集,包括部分由他人采录得来的田歌加以编选,并与他多年的研究成果合为一集,奉献给家乡的父老和范围更大的读者,同时,也使嘉善的口传田歌获得了"第二次生命"(已故芬兰学者劳里·航柯语)。嘉善田歌将因这部书的记载而生命永存。从他的选集与研究中,我们不仅能够窥见流传在嘉善的田歌的全豹,而且也从他的著述中了解到那些已故的和还健在的优秀歌手的身影、才华和事迹。正是他们这些非物质文化遗产的传承者们,使一向处于弱势的、非常脆弱的"草根文化"——非物质文化遗产,得以世代传承下来。

是为序。

2008年10月11日于北京

前门何为?

——《前门的传说》序言[①]

《前门的传说》就要付梓了,杨建业先生嘱我为他编著的这部非物质文化遗产故事集写序。好多天来我都犹豫未决。原因是,我虽然已有近 60 个年头的居京历史,却总感觉自己并没有真正融入北京社会和老北京人之中,一向是个客居者,对北京的风土人情和北京的民间文学,不能说完全没有留意,也不能说没有一点儿研究,但却远远说不上那种如数家珍般的熟稔和须臾离不开的那种亲和。近几年来,多少参与了北京市的非物质文化遗产名录的评审工作,对北京市的非物质文化遗产多了几分了解,也陡增了浓厚的兴趣,于是,北京开始变成了我的城市。在这本书的集稿过程中,又有幸通读了其中的全部文稿,感到有话要说,所以写序的事,我终于答应下来。

前门和前门大街之于北京,犹于涅瓦大街之于彼得堡。我从年轻时代起就向往彼得堡,但至今也没有造访过彼得堡,我对彼得堡的了解,全部源于果戈理的小说《小品集》,特别是其中的《涅瓦大街》。我相信,凡是念过书的中国人对彼得堡的了解,大体与我一样。涅瓦大街的建筑样式、市容市貌、风土人情等都市文化蕴涵,借 19 世纪俄罗斯著名作家果戈理的笔而为世界各地的人们所认识。前门呢?前门楼子啦,箭楼啦,

---

[①] 杨建业编:《前门的传说》("非物质文化遗产故事"丛书),北京市崇文区文化委员会、崇文区非物质文化遗产保护中心,2008 年,第 198 页。此序文发表于《中国文化报》2011 年 7 月 28 日。

瓮城啦，大栅栏啦，鲜鱼口啦，五牌楼啦，火神庙啦，通惠河啦，同仁堂、会仙居、都一处啦，刘伯温、徐达、八臂哪吒啦……中国著名作家中有谁写过让世界记住前门和前门大街的作品呢？恕我无知，我不知道。我们对前门和前门大街昔日那种店铺林立、商贾辐辏、百工丛集、酒肆茶房、戏楼书场的了解，只得求助于前代杂家所著《春明丛谈》的记述："殷商巨贾，前门大街设市开廛，凡金银财宝以及食货如山积，酒榭歌楼，欢呼酣饮，恒日暮不休。"此外，就是20世纪60年代由金受申、张紫晨、李岳南及当年北京大学中文系的学生和各区县文化馆的干部们搜集编辑的《北京的传说》中的寥寥几篇，以及80年代由崇文区文化馆搜集编辑的《崇文民间文学选编》中的那些民间传说。如此而已。

　　在全球化、现代化的形势下，以口头传承为主要方式的民间文学类非物质文化遗产，在农村和城市都不同程度地呈现出急剧衰微的趋势，遇到了空前的传承困境，大都市的衰微趋势尤甚。北京自然也不例外。2005年6月的全国非物质文化遗产普查，北京市18个区县在这次普查中新搜集记录到了一些民间文学作品，但我们看到的数量并不多，所能看到的，仍然还是60年代和80年代所进行的两次调查中所搜集记录的作品，故而目前还很难对今日民间文学的口头流传情况作出科学的评价。当今之世，北京正向着国际化大都市的方向阔步迈进，城市面貌发生了日新月异的变化，而民间文学赖以生存和传承的土壤——都市人群、传承环境，都在巨变之中。进入21世纪以来，农民进城务工的人口数量剧增，彻底改变了城市居民的构成。据统计局公布，2006年外来人口达357.3万，占全市人口的1/5；2008年，外来人口将突破400万，占全市人口的1/3.7。人口构成的巨大变化，给传统手工艺的冲击，看来不是很大，有些项目，甚至还因人口的剧增而开辟了市场空间，而以口头方式传播和传承的民间文学则不然。民间文学的传播是有很强的地域性和有赖于一个相对固定的居民群体的，来自不同地方的人汇聚杂处于一地，需要有一个较长时间段和较稳定的居住区，才能逐渐造成民间文学的流传条件和区域。原来的北京居民，"老北京"人口比例逐渐减少，而大多数原来"胡同"里的居民，随着居住条件的改善，陆续分散居住到新居民区的大楼里去了；而郊区的农民，也大多失去了土地，搬进了高楼林立的新居民区，他们的身份正在发生历史性的变化，即正在从农民向着市民过渡，他们传承民间文学的那种自然环境也已发生了巨大的改变。电视、多媒体、电脑、手机等信息手段的普及，信息化程度的提高，信息资源的多元化，使青年人对传统的民间文学失去了以往的那种兴趣。时代所带来的这一切变化，给传统的民间文学的传播和传承造成了空前的冲击，衰微的趋势使保护工作遭遇了前所未有的困境。

  条件与环境的变迁，向我们这一代非物质文化遗产保护者提出了问题：如何在现代化飞速发展的大都市环境下保护口传的非物质文化遗产——民间文学？作为试验，崇文区非物质文化遗产保护中心正在做两项工作：一方面，继续对辖区内的口头流传的民间文学进行调查记录（包括记录文本、录音录像、搜集唱本等），寻找能讲传说故事和演唱歌谣的传人和歌手；另一方面，组织作家和有写作能力的文化工作者，把经过评审进入了各级非物质文化遗产名录的项目，参照已有的多种文本、地方志等文献和各种资料，把握项目固有的特性、体现项目的个性，撰写为故事作品，向广大读者介绍项目起源、历史演变、传承脉络、技艺特点、文化内涵等。《前门的传说》，就是这一设想中的一个案例。作者根据已经记录下来的和尚在民间口传的民间传说，参照相关材料，加以熔铸和改写，而成为可供阅读的民间传说的通俗读物。当然，这种改写的大原则，是要遵从民间传说的特点，而不是脱离了民间传说的特点而变成纯文学的创作。民间传说故事与作家文学在文体和风格上是有区别的，我们要认识这种区别，才能把握民间传说故事的特点和神韵，才能做好民间传说故事的改写工作。关于民间故事与文学作品的区别，丹麦学者阿克塞尔·奥尔里克说得好："现代文学——我是在最广泛的意义上使用这一概念——热衷于情节之间各种线索的纠缠。相反，民间叙事文学则牢牢保持它的独立线索。民间叙事文学总是单线索的，它从不回头去增添遗失的细节。"他的这段话，得到国际学界的认可，已故美国学者阿兰·邓迪斯把他的这篇题名为《民间故事的叙事规律》

的文章收进了所编《世界民俗学》一书中①。

20世纪50年代，作为民间文学采录编辑范例的俄罗斯民间故事集的科学版本，如阿法纳西耶夫的《俄罗斯民间故事集》（三卷集）还没有翻译介绍到我国（直到现在也还没有翻译介绍），那时，我国民间文学界的从业者们，盛赞阿·托尔斯泰改写的俄罗斯民间故事所取得的成功，我国的广大读者，包括小读者，大半也是通过读他的民间故事集，而对俄罗斯民间故事、特别是那些极具民族特点的民间故事有所了解，甚至普及的。应该承认，经过作家的笔把民间故事改编为文学读物方面，阿·托尔斯泰为我们提供了一个范例。作为一个老评论家和民间文学研究者，我希望一方面要以科学的理念和态度，搜集记录现在还流传在口头上的北京民间传说故事，在《中国民间故事集成·北京卷》之后，再编辑出版能够标志一个时代的民间传说故事的科学版本；另一方面，也希望以《前门的传说》为起点，推动北京市的民间传说故事的改写工作，并能够得到广大读者的认可，能够在读者中得到传播。

民间传说是口述散文作品，包括人物传说、史事传说、地方传说、风物传说、风俗传说、动植物传说等。传说一般都因历史事件、现实事物或人物的触发或多少有事实的影子，但传说是民众口口相传的作品，在流传中，民众以自己的知识、需要、愿望和想象多所增益，添枝加叶，流传的时间愈久、流传的地区距离事实发生的中心区愈远，传说也就愈加远离事实，有的还残留着或附会上一些前代社会的、甚至原始社会的、宗教信仰的观念、形象、习俗等，故传说包含着事实的成分或影子又不等于事实、包含着历史的成分或影子又不等于历史；传说是老百姓口传的，反映了他们的思想、观念、憧憬和愿望的民间文学作品。前门的传说也一样，读者应作如是观。唯此，才能对传说有一个正确的了解。

谨此为序。

2008年10月

---

① [美]阿兰·邓迪斯编：《世界民俗学》，上海：上海文艺出版社，1990年，第139页。

民间故事作为语言艺术创作

——《民间故事的艺术世界》序①

守华兄投身于中国民间文学的研究与教学，如今已逾半个多世纪了。他对这门虽然有着百年发展史，却依然显得弱小的、远非完善的学科一往情深，始终以满腔的热情、不懈的努力、开阔的情怀和缜密的思维去开拓、耕耘、探索、建设，孜孜矻矻，一步一个脚印地一路走了过来。在跨入21世纪门槛的时候，作为一个著作等身的学人，他站立在了这门学科的前沿。我为他所取得的成就感到由衷的高兴。

他是新中国培养起来的一位优秀民间文艺学学者。回顾他的学术生涯，涉猎颇为广泛，做过多领域的探索，但他又术有专攻，不是那种喜欢泛泛而论的人，在民间故事学上的成就尤为学界朋友们所称道。新中国成立以来很长一个时期里，由于社会思潮和文风学风的影响，喜欢发宏论高论的人多，扎实做专项研究的人少，而埋头于民间故事研究的人则更少；他倾心于民间故事的研究，不免寂寞，他却义无反顾，不东张西望，不左顾右盼，坚定地走自己的路，且勇于开拓，肯于吸收，善于建构，终于形成了自己的一套学术见解。他关于民间故事的许多见解，已经集中地写在《中国民间童话概论》《故事学纲要》《比较故事学》《中国民间故事史》《道教与中国民间文学》以及他主持的《中国民间故事类型研究》等几部专著中了。专著之外，他还写过数量不少的单篇论文和评论随笔，这部题为《民间故事的艺术世界》的自选集，就是

---

① 刘守华：《民间故事的艺术世界》，武汉：华中师范大学出版社，2009年。

从过去发表的单篇民间故事论文中遴选出来的。与专著比较起来,单篇论文固然因篇幅的限制而无法把自己的观点发挥得淋漓尽致,相关的资料也难于尽情容纳进去,但单篇论文也有优越于专著的地方,往往把作者的观点和最要说的话浓缩在有限的篇幅里,而使文章闪耀着发人所未发的智慧和学术之光。守华这部自选集里所收录的文章,发表的时间不同,篇幅不一,立论的角度、使用的方法也大异其趣,但正如书名告诉我们的,都集中到民间故事的艺术世界的研究上。探索民间故事的艺术世界,几乎是守华至今故事研究的最重要的选择。他一直恪守"民间故事是人民群众的口头语言艺术"这个学术理念,探索用不同的手段和方法,包括文艺学的研究,比较研究,类型研究,不论什么方法和手段,目的在从不同的通道切入或进入民间故事的艺术世界。也正是这一理念及其探索,把他的研究与其他流派、其他学人区别了开来。我想,他的这种民间故事研究理念的形成以及他对民间故事艺术世界的理解,也许与他青少年时代生活在农村并亲耳聆听故事的讲述和观察民间故事在农民生活中所起的作用、与他对农民心灵的体察与理解不无关系吧。

同任何人文知识分子的研究、创作一样,守华的民间故事研究乃至民间文学研究,无例外地受到社会的影响和时代的制约,深深地打上了时代的烙印。他跨越了共和国的前"十七年"时期和改革开放的新时期两个时期。共和国的前"十七年"时期,守华在民间文学研究上就已经崭露头角,比如,就中学课本中的牛郎织女传说的整理问题的质疑,就初步显示了清醒的学理意识。但我以为,他的学术成就,主要的不是在"十七年",而是在改革开放的历史新时期。

1984年在我国民间文学史上是一个转折点。这以前,我国民间文学一直是以搜集整理为主导、为方向的时期,从这一年起,全国民间文学界开始走出以搜集整理为主、为工作方向的时期,过渡到以理论研究为重点和主导、努力建设有中国特色的民间文艺学的历史新时期。这一年的5月,包括守华在内的60多位民间文学理论研究者聚集在峨眉山全国民间文学理论著作选题座谈会上,共议中国民间文学理论研究大计,大家一致认同,理论研究要摆脱多年来庸俗社会学的羁绊,告别

"概论"式的、"通用机床"式的研究思路，开创以更深层次的专题研究和专著写作为标志的新时期。一年以后，1985年，守华推出了他的第一部专著《中国民间童话概说》。作者这部早期的故事学著作，延续了中断已久的"五四"时期周作人、赵景深等故事研究者的学术传统，既吸收了当代文艺学领域的方法和理念，也吸收了中外诸家的民间童话的理论，对口传童话的类型、典籍童话等初步做了梳理，为后来的比较研究和故事家研究做了准备。

比较研究是他在改革开放初期萌生、20世纪80年代倾力经营、稍后进入建构民间故事学的一个学术起点。他最初写作的一组总题为《一个著名故事的生活史探索》的文章，他对不同文化背景下的"淌来儿"故事、"蛇郎"故事、"找好运"等故事（类型）的"生活史"的追踪研究和文化价值探求，不仅使他跨入了民间故事的比较研究乃至比较文学研究的殿堂，更重要的是使他的故事研究登上了一个新的台阶。他的学术视野不断扩大，研究方法逐渐从单一到多元综合，从地理历史研究法，到把类型研究与功能研究、意义研究结合起来，从跨国跨民族的比较研究到跨文化研究，从文本研究到历时的、共时的、多侧面的比较研究，到结构形态研究……一言以蔽之，文化研究的介入，不仅打破了他的民间故事研究的单一的文艺学研究，也打破了西方来源和背景的类型研究的困局。他在中国故事类型学研究上付出了大量心血，直到20世纪末还主持了一项《中国民间故事类型研究》的课题，选择和归纳了60个习见的中国故事类型加以剖析，以全面体现他对故事类型研究"本土化"的学术理念。本选集中所收入的《〈中国民间故事类型〉的方法论探索》和《关于民故事类型学的一些思考》两文，颇能代表作者的企愿和理念。笔者在为《中国民间故事史》写的评论中发表过的意见："作者摒弃了在我国学术界习惯已久的、脱离民族文化根基的、因而是形而上学的陈旧方法，即用分析思想内容和艺术成就代替一切的方法，广泛地吸收一个世纪以来国际学术界，特别是文化人类学、民俗学、比较文学等新兴学科、边缘学科的研究方法及所取得的成就，探索运用于中国的民间故事史研究中，既剖析民间故事的'母题'和'类型'，又注重发掘其被形式所遮蔽着的民族文化底蕴……"我想仍然可以移用来评价收辑到这本选集来里的相关论文。笔者以为，从文学研究到文化研究，可以视为刘守华故事研究的一个转折。但与西方人不同的是，他始终坚守的，是民间故事的核心或本质是其艺术世界。在他的学术理念中，"中国民间故事是在多重文化纵横交错的历史背景下构成演进，从而获得丰厚的文化内涵与多姿多彩的艺术特色的"（《中国民间故事史绪论》）。

刘守华故事研究的另一特点，是伴随着中国民间文学事业的步伐，其研究对象和题材的不断拓展。在世界民间故事学术史上，20世纪80年代中国故事研究有两大贡献：第一个贡献，是先后发现了两个故事村（河北省藁城县的耿村；湖北省丹江口市的伍家沟村；90年代又发现和报道了重庆的走马镇）；第二个贡献，是发现了许多著名的故事讲述家，并陆续出版了他们讲述的民间作品。刘守华虽然不是故事村和故事家的直接发现者，但他却敏锐地捕捉到这一现象，及时地写了《中国鄂西北的民间故事村伍家沟》《清江流域的女故事家孙家香》《汉族杰出的民间故事家（刘德培）》等多篇文章。以往，由于西方民俗学把民间故事只看作是民俗的衍生物，而非独立的口头语言艺术作品，故而传统的民间故事研究，多半也就沿袭西方人开创的研究路子，较多地关注和研究民间故事的类型等，而对民间艺人（故事家、歌手）的个性特点及其对民间作品的创新、增益，则极端忽略。在我看来，苏联时代学界对普罗普的民间故事形态学的形式主义倾向的批评，从学术的角度看，并不是完全没有道理的。中国学界，在美国人肯定普罗普的理论贡献后，也跟着掀起了一个"普罗普热"，窃以为，这里面多少有点儿盲目性。中国学者在20世纪80年代的两大贡献，其核心是对故事讲述家个性特点的发现与张扬。1985年10月20日《民间文学》杂志社率先举办了""《金德顺民间故事集》及故事家座谈会"，第一次把中国民间文学学术界对故事家的新主张新见解公布于世。发表在《民间文学》杂志1986年第3期上的刘守华的发言《刘德培与金德顺》，着重讲了故事家讲述的故事的社会环境与传承关系以及他们的艺术风格，而故事家的艺术风格，在西方民俗学家们的研究中，则常常是缺位的。可惜的是，西方世界对中国学界实在是太缺乏了解了，他们似乎并没有从中国人的发现和主张中得到什么启示和教益。

对象和题材的拓展，还表现在守华对道教与民间文学、佛教与民间文学（主要是民间故事）的关系的研究。这两项研究是执着而有成效的。

华中师范大学文学院和华中师范大学出版社决定要为刘守华出版一本学术自选集，他打电话要我为其写序，并把他的编选设想告诉了我。我欣赏他把"民间故事的艺术世界"作为他的自选集的主题和书名。这个思想和题名体现了他久蓄的心迹。任何选集都会有局限，但我认为，这本选集多少能代表他的学术思想和学术成就。一般读者从这本选集中，就可以大体了解到作者学术研究的方向和学术思想的概貌。

这本选集的出版之日，当是守华兄的75岁正寿之时，此著将是他为自己准备的一份生日礼物。我借此表示我的良好祝愿。

2009年6月30日于北京

中国式的智慧和幽默

——《八达岭长城传说》序①

北京市延庆县申报的非物质文化遗产项目"八达岭长城的传说",于2008年6月7日被国务院批准列入了第二批"国家级非物质文化遗产名录"。从此,八达岭长城的传说在东起辽宁虎山,西至甘肃嘉峪关,总长度为8851.8公里,从东向西行经我国十个省(自治区、直辖市)的长城传说中,率先在国家的层面上得到了保护,这件事无论在北京市,还是全国,都是有重要意义的。

长城传说进入国家级非物质文化遗产名录具有重要意义,首先在于,作为我国古代伟大防御工程,万里长城被联合国教科文组织确认为世界遗产,是世界建筑史上的一大奇迹,凝聚了我国古代人民的坚强毅力和高度智慧,体现了我国古代工程技术的非凡成就;其次,长城的修建始于春秋战国,在其持续两千多年漫长的修建历史里,沿线地区的广大民众围绕着修建工程的艰苦卓绝、建筑技术的智慧结晶、防御功能的历史贡献,以及与长城相关的史事、人物、风物、逸事等,创作了无以数计的民间传说和民间故事。从民众的立场构建了长城的文化内涵,述说着我国北方的民众社会史,成为认识长城乃至认识中华民族历史的重要资料。诚然,八达岭长城只是万里长城的一个部分,八达岭长城的传说只是万里长城传说的一个部分,尽管如此,北京市延庆县的文化工作

---

① 北京市延庆县文化委员会编:《八达岭长城传说》,北京:北京出版社,2010年。

者、民间文学工作者们，在2006年启动的全国非物质文化遗产普查中所搜集记录下来的这些八达岭长城的传说，在长城所经过的十个省区中起了带头作用。摆在我面前的这部《八达岭长城的传说》文稿，就是主编们从这次普查中搜集记录的传说中遴选出来的精品（部分传说为20世纪60年代和80年代搜集来的）。笔者希望有朝一日能把万里长城全线的传说搜集出版，那将是一部民众眼中的万里长城史。

一般说来，传说是描述某种自然物（如山水地貌、风景名胜、物产风物）、人物（历史人物或社会底层人物如工匠等）、事件、习俗的故事。传说总是依附于这些自然物、人物、事件、习俗，并以其为核心；或受到这些自然物、自然现象、人物、事件、习俗的触发，从而根据自己对这些自然物、自然现象、人物、事件、习俗的了解、感受和认识，并赋予一定的想象编织出一些故事来。这些故事一传十、十传百地在民众中口口相传，并在流传中添枝加叶，于是，关于某个自然物、自然现象、人物、事件、习俗的传说就形成了。传说的发生发展，如同滚雪球，在滚动中粘连，甚至会把另一个（种）传说的情节也附会进来。这种情况在八达岭长城传说中并非鲜见，如《小丫头与秦始皇》的主要情节，可能是借用了或套用了"孔子回车"故事；《佛爷洞的故事》，显然是著名的烂柯忘归故事的移植或套用。因此，距离作为传说核心的事物、人物、事件、习俗发生的时间越远，被人们添加到传说中来的情节也就越丰富。

八达岭长城传说的滥觞与嬗变，也大体遵循着这一规律。要么是触发于万里长城的修建这一历史事件，以及在八达岭长城修建过程中发生的许许多多惊天地泣鬼神的事件，要么依附于八达岭长城这一宏伟壮丽的建筑奇迹以及在关城、敌楼等险要建筑物的修建中发生的奇异故事。八达岭长城的传说大体是自明代以降就在世代居住在八达岭一带延庆县的民众（主要是农民）中被口头创作出来并代代流传的叙事作品。这些传说虽然"流淌"过了明、清、民国和新中国如此漫长的历史，却并没有像某些时政歌谣那样被老百姓所遗弃，被时代所淘汰，它们还依然鲜活，依然为老百姓记忆在心中、传承在口头上。从这些在21世纪之初,主要是从农民口头讲述中记录采集下来的八达岭长城传说的文本中,我们读出了下面这些信息:民众在这些传说中倾注了自己的爱憎情仇;表达了民众的政治观点和伦理道德;显示了民众的智慧和知识;传达了民众的理想和憧憬。譬如,对秦始皇这个历史人物的评价,民众有民众的看法,史家有史家的看法,统治者有统治者的看法。民众在传说中表达的看法,与史书上写的并不一致,甚至迥然有别。史书上说秦始皇统一中国,功莫大焉。老百姓不是史学家,他们无法对其功过是非做出全面的科学的评价,他们所看到的和述说的,则是血淋淋的事实,是秦始皇暴君的一面。传说描述秦始皇使用一切残忍的手段施于筑城民工,涂炭生灵,包括埋尸于城墙之中,如孟姜女迢迢千里送寒衣,而丈夫范喜良劳累而死,尸体却被埋在了墙体中(《孟姜女的传说》《血斑石》《白花石》)。为了不让民工们有片刻的休息,秦始皇不惜在民工中施放蚊子和苍蝇等毒虫(《蚊子和苍蝇》)。民间传说所描绘的生活画面、所反映的历史真实,是弥足珍贵的。

这些主要流传于社会底层、不见经传的口头叙事传说,是民众共有的精神文化财富。就其内容而言,长城传说应属于地方风物传说,但又不完全是狭义的地方风物传说,还包含了人物传说和史事传说,生活故事和幻想故事,道佛仙人传说和民间俗信传说。因此不妨说,八达岭长城的传说是一个内容丰富、形式多样的"传说群"。由于这些传说产生和流传于我国北部的多民族文化交汇之地,其内容构成的丰富性和民族文化的多元性,决定了该传说群又具有鲜明的地域性文化特色和强烈的民族性文化特色。

人物传说和史事传说,在八达岭长城传说中占了相当可观的分量,这种情况是符合地域文化的特点和规律的。与某地域有关的人物传说和史事传说,能赋予地域文化、特别是地域历史以深厚的内涵;反之,如果没有这些人物传说和史事传说被创造出来并融入地域文化的构成中,那么,这个地域文化可能就显得多少有些苍白了。还说孟姜女的传说吧,孟姜女的传说是长城传说中最具影响和魅力的传说之一。20世纪20年代,史学家顾颉刚先生提出,孟姜女传说可溯源于春秋时代《左传·襄公二十三年》里记载的"齐侯归，遇杞梁之妻于郊，梁战死，妻行迎丧也，使吊之"。认为杞梁之妻就是孟姜女的最早原型。而八达岭长城的孟姜女传说，则将故事发生的地点和背景移植至秦长城的修筑之中，这种联结在历史的发展中和在极其广大的地区内被民众所接受了。八达岭长城的传说中的孟姜女传说，在其结构上，大体保留了在流传中形成的孟姜女故事的比较固定的情节（有学者称"情节单元"或"母题"）或部分情节，而因地制宜地增饰了若干与地方文化传统相关的情节。八达岭长城传说群中的孟姜女传说，与其他地方流传的孟姜女传说相比，自有其独具的特点，故事就发生在八达岭，发生在讲述者们的身边，孟姜女作为讲述者们中的一员，更有亲切感和感染力。如白马滴血的情节和为婆婆采药的兰香姑娘变成一颗葫芦籽，在孟姜两家的花园里出芽、长秧、开花，结出个大葫芦，而葫芦里的小女孩，就是兰香，而兰香就是孟姜女。葫芦女孩的情节固然是全国许多地方的传说中共有的基本情节，但白马滴血于石上和兰香采药的情节，却是延庆版孟姜女传说独有的（《孟姜女和最早的一段长城》）。又如孟姜女挂纸庵显灵，难倒李斯的故事（《孟姜女挂纸庵显灵》《挂纸庵》）；再如龙王帮助孟姜女的故事（《孟姜女与龙王九女儿》）；等等，都是地域文化土壤的产物，又反过来丰富了地域文化的内涵。孟姜女传说的悲剧色彩和对孟姜女其人其事的描绘，给残暴不仁的秦始皇及其修筑长城的事业抹上了浓重的否定性的一笔，增加了传说的社会批判性，也因而成为八达岭地区民众传之不衰、脍炙人口的佳作。

地方风物传说是中国各地民间传说中的大宗，富有风物传说是中国民间文学的一个突出特点。这种文化构成上的特点，来源于在老百姓心目中，家乡的一石、一树、一草、一木都含有一种文化情怀。八达岭的每一座山、每一块石、每一个山洞、每一个泉眼、每一座寺庙，都有一个或多个与长城相关的传说在民间流传。而且，这些风物传说，又因与历史事件的纠缠而显出其独具的风采和引人的魅力。在八达岭长城一带建有八大山寨，寨寨屯兵，设有军事防御设施，如关隘、城堡、烽火台等；关沟有七十二景，如"望京石""六郎影""金牛洞""石佛寺""点将台""弹琴峡""五郎像""凤凰嘴""断臂崖"等。这些山寨和景观都是滋生传说的客观事物（或自然物，或人造物），每个山寨、每个景观，都有一些为老百姓所编织出来表达他们的政治观和审美观，表达他们的心愿和憧憬的传说相随相伴。在某种意义上说，风物传说无异于是一些美丽的散文，给老百姓以心灵的滋润和知识的启蒙。

民间信仰从来是老百姓精神生活中不可或缺的一个部分。由于生产力水平的低下和生存环境的局限，长期生活于艰难困苦之中的农民，有时不免寄希望于某种信仰和某些神灵，以求缓解所遭遇的困境和化解自己的苦恼。进一步说，八达岭长城修建于战国时期而定型于明代，而明代又是八仙故事广泛传播的时期，于是，处于乡民社会的八达岭长城所在地的延庆县的农民们，在他们的故事传说中，便顺理成章地、广泛地引入了道佛观念和仙人形象。半仙半人的八仙、观音菩萨、关老爷、药王爷、灶王爷、火神爷、骊山老母等等，便现身于长城修建的传说之中，成为惩恶扬善、解困排难、主持正义的超现实力量。《吕洞宾助修骑鹤楼》《王秀云东楼遇仙女》《神仙泉的传说》《铁拐李送药》《白龙潭高山遇龙女》等传说，都是现实生活中的矛盾被超现实的力量化解。《仙女点金砖》写的是放赈的芦瑞，结果却是朝廷百官被仙女惩罚，站在平民百姓的立场上，为平民百姓张目。这类传说往往以奇妙的幻想和农民的幽默给人以积极的力量。奇妙的幻想，如赶山鞭的故事。骊山老母的簪子幻化成赶山鞭，赶石上山（《赶山鞭的由来》）；九龙女智取赶山鞭，赶石上山（《九龙女智取赶山鞭》），这是多么奇妙！而这种奇妙的幻想，只有在老百姓创作的民间故事里大行其道。关老爷与火神爷斗法斗智，争地盘建庙的故事（《石峡关老爷庙的故事》）；神仙帮助民工修边，鸡叫时分剩下了一个神仙来不及返回仙界，只好坐在了碌碡上的故事（《碌碡佛爷》），无不洋溢着中国式的智慧和幽默。而这种智慧与幽默，只有在民间故事传说中才能见到。

在八达岭长城的传说故事中，生活故事和幻想故事林林总总，在数量上也占有相当重要的地位。我们注意到编者选入了一些渊源久远、在全国许多地方都有流传的"宝物传说"（"寻宝""识宝""南蛮子憋宝""盗宝"等），其中《金鸽子护长城》《八达岭北三楼底下为啥是空的》《失算的财迷》等传说，都是这个类型的故事或故事异文。把"南蛮子憋宝"或"盗宝"故事本地化，——与长城的某个关城联系起来，取材于当地的景物与生活，刻画了修筑长城的督办、财迷和民工等不同人物，使在当地采录的这类故事兼具了生活故事和解释性风物传说两重身份与特点。

  不久前，文化界庆贺了20世纪80年代末到21世纪头十年编辑而成的"十大民间文艺集成志书"500卷全部出齐，这是全国文化界齐心协力的共同成果。人们在关心：20世纪80年代之后的民间文化生态发生了怎样的变迁呢？从21世纪初年所开展的非物质文化遗产普查所获作品中遴选出来的这部《八达岭长城传说》，向我们显示了这样的一个信息，尽管现代化、城镇化、信息化已经覆盖了和强烈地影响着包括八达岭长城所在的延庆县，促动着具有浓重民族多元性的、市井文化与乡民文化迅速交融中的延庆地域文化向着现代化的道路大步前进，而深深扎根于民众中的民间传说，却仍然坚守着自己的文化传统，保留着和传承着如此多样而丰富的口传作品，与越来越明显的文化趋同化趋势相抗争着。在现代化浪潮汹涌澎湃的当今世界，保持文化的多样性和可持续发展，是全世界、特别是发展中国家和民族的民众和领袖们的共同诉求。有文化自觉的人们，无不在为保卫文化的多样性、从而保持住自己民族的传统文化而竭尽全力。守住我们的民间传说，只是保持文化多样性的一个方面，但却是一个重要的方面。

  延庆县文化界的朋友们做了一件功德无量的好事情。

  谨为序。

2009年12月28日

20世纪中国神话学概观

——《中国神话学百年文论选》序[1]

中国神话学是晚清末年现代思潮即民族主义、平民意识以及西学东渐的产物。没有民族主义和平民意识这些思潮的崛起，就不会有西学东渐的出现，即使西学在部分知识分子中发酵，也难以引发天翻地覆的社会变革与思想革命。中国神话学就是在这样的社会和文化背景下滥觞的。

在中国的原始时代，先民原本有着丰富的神话，包括西方神话学家们所指称的自然神话、人类起源神话、宇宙起源和创世神话，以及神祇的神话等，并以口头的，以及其他的种种方式和载体传播。尽管这是一种假说，但这个假说已由近代以来的考古发掘（如多处新石器遗址，包括在许多地方发现的岩画、殷商甲骨卜辞、长沙子弹库帛书、马王堆帛画、三星堆、汉画像石等）和现存原始民族的文化调查得到了印证。[2] 但由于没有文字可为记载和流传的媒介，而物化了的考古文物又

---

[1] 马昌仪编：《中国神话学百年文论选》，西安：陕西师范大学出版社，2013年。此序发表于《西北民族研究》2010年第1期。

[2] 吕微在《夏商周族群神话与华夏文化圈的形成》里说："山东大汶口文化、山西和陕西仰韶文化，以及河姆渡文化、良渚文化的遗存中，都发现了'三足乌载日'的神话意象。"见郎樱、扎拉嘎主编《中国各民族文学关系研究》（先秦至唐宋卷）第4页，贵阳：贵州人民出版社，2005年。陈梦家在《商代的神话与巫术》一文里，以甲骨卜辞为对象、以考据学为手段研究神话，挖掘出和论证了一些有关动物的神话：由"商人服象"而衍生的种种关于"象"的神话。见《燕京学报》1936年第20期。

无法复原原来的丰富的表现形态和思想，春秋时代及其后来的一些文学家、哲学家、历史学家、谶纬学家根据当代或前代口头流传和记忆中的形态，保存下来了其中的一部分，即使这些并非完整的神话，到了汉代以降儒家思想霸权的挤压下，有的或历史化，或仙话化，或世俗化了，有的在传承过程中被遗忘了，有的虽然借助于文人的记载而得以保留下来，却也变得支离破碎、语焉不详，失去了昔日的形态的丰富性和完整性，有的连所遮蔽着的象征含义也变得莫解了。芬兰民间文艺学家劳里·航柯于20世纪70年代在《神话界定问题》一文中在界定神话的四条标准——形式、内容、功能、语境——时说，除了语言的表达形式外，神话还"通过其他类型的媒介而不是用叙述来传递"，如祈祷文或神圣图片、祭祀仪式等形式。[①] 他的这个观点，即神话（特别是没有文字作为媒介的史前时代）是多种载体的，在我们审视华夏神话时，是可以接受的。在这方面，中国神话学史上的一些学者，如顾颉刚、杨宽、郑振铎、钟敬文、闻一多、陈梦家、孙作云等，都曾有所涉及，或做过一些研究，不过中国学者没有上升为系统的理论而已。在中国人文学术界，虽然前有王国维1925年就提出的"二重证据"研究法[②]，并为一些大家所接受和倡导，但在神话研究中，多数人却还是大抵认为只有"文献"（"文本"）才是神话研究的正宗和根据，到40年代闻一多的系列神话论文问世，"二重"证据法的成功运用于伏羲女娲神话、洪水神话的论证，才在实际上得到认可，成为从

---

① [芬]劳里·航柯著、朝戈金译：《神话的界定问题》，见[美]阿兰·邓迪斯编《西方神话学读本》，南宁：广西师范大学出版社，2006年，第52—65页。

② 王国维："吾辈生于今日，幸于纸上材料之外更得地下之新材料。由此种材料，我辈固得据以补正纸上之材料，亦得证明古书之某部分全为实录，即百家不雅驯之言亦不无表示一面之事实。此二重证据法，惟在今日始得为之。虽古书之未得证明者，不能加以否定，而其已得证明者，不能不加以肯定可以断言也。"见王国维《古史新证》(1925)，北京：北京来薰阁书店1934年影印版。又《最近二三十年中中国新发现之学问》，见《王国维学术经典集》(上)，南昌：江西人民出版社，1997年，第175—180页。

单纯的文本研究通向田野研究的桥梁。

历代文献典籍里保留下来的中国神话,所以在晚清末年、民国初年被从新的视角重新认识、重新估量,完全是因为一部分从旧营垒里冲杀出来的先进的知识分子的民族主义和平民意识使然。如以"驱逐鞑虏"为社会理想的民族主义、以破除儒学和乾嘉之学的霸权而显示的反传统精神、"疑古"思潮的勃兴把神话从历史中分离出来。蒋观云说:"一国之神话与一国之历史,皆于人心上有莫大之影响。""神话、历史者,能造成一国之人才。""盖人心者,……鼓荡之有力者,恃乎文学,而历史与神话,其重要之首端矣。"① 如此,"增长人之兴味、鼓动人之志气"的神话价值观的出现和形成,把一向视神话为荒古之民的"怪力乱神""鬼神怪异之术"的旧案给推翻了,显示了中国神话学从其诞生之日起就以"现代性"学术品格与传统决裂为本色。

反观百年中国神话学发展史,始终存在着两股并行的学术思潮:一股思潮是西方传来的人类学派神话学的理论和方法,一股思潮是以搜神述异传统为主导的中国传统神话理论和方法。一方面,西方神话学从20世纪初起就开始得到介绍、翻译和研究,一百年来,可以说从未间断过。世纪初至20年代引进的英国人类学派神话学,30年代引进的德国的和法国的社会学派神话学,40年代引进的德国语言学派与英国的功能学派神话学,80年代引进的苏联的神话诗学和美国的文化人类学神话学,90年代以至当下引进的美国口头诗学和表演理论,等等,都曾对中国神话学的研究发生过或多或少的影响,而特别深远者,则莫过于主要建基于非西方原始民族的材料上的西方人类学派的神话学。另一方面,中国传统文化理念下成长起来的理论和方法,在神话研究和神话学构建中不断得到拓展、提升、深化、发展。后者在其发展中又分了两个方向或支流:一是把神话作为文学之源和文学形态的文学研究,主要依附于古典文学研究中,如对《楚辞》神话、《山海经》神话、《淮南子》神话等的研究,一个世纪以来可谓筚路蓝缕、洋洋大观,自成一

---

① 蒋观云:《神话·历史养成之人物》,《新民丛报·谈丛》第36号,1903年。

体；二是把神话作为历史或史料的史学研究，或围绕着"神话"与"古史"关系的研究（如"疑古"神话学的形成和影响），后浪推前浪，形成神话研究的一股巨流。神话的文学研究和历史学研究，其贡献最著之点，表现于对中国载籍神话，特别是创世神话、洪水神话、古史传说等的"还原"和"释读"上。

中国神话学构成的这两股来源不同、体系有别的神话学理论和方法，应该说，在一定程度上都体现了"现代性"的学术自觉，并不像有的学者说的那样，只有西方传来的学说才是体现和确立了学术的现代性，而承袭和发展了中国传统文化理念及某些治学方法（如考订、如训诂、如"二重证据"等）的神话研究，就没有或不能体现学术的现代性。在中国神话学的建设过程中，二者互为依存、互相交融、互相会通，如西方的进化论的影响、比较研究方法，以及以现存原始民族的文化观照的方法等，都给传统的神话研究带来了持续的、有益的变革和强大的驱动，但又始终是两个独立的体系。近年来有学者指出，中国神话学的研究要走出西方神话的阴影。① 这个论断固不无道理，西方神话学（主要是人类学派的神话学及进化论）理论和方法的确给中国神话学的建立和发展带来了深刻的影响，但还要看到，中华文化毕竟有自己坚固的系统，西方神话学并没有全部占领中国神话学的疆土，在移植或借用西方的理论与方法上，除了少数修养不足而生吞活剥者外，多数人只是将外国的理论与方法作为参照，以适用于并从而推动了中国神话的研究和中国神话学的建构，并逐渐本土化为自己的血肉。相反，中国神话学者在神话学研究上所作出的有价值的探索、经验和贡献，却长期以来

---

① 陈连山：《走出西方神话的阴影——论中国神话学界使用西方神话概念的成就与局限》，《长江大学学报》（社会科学版）2006年第6期。

为西方神话学界视而不见。①甚至可以说，西方神话学家们对中国神话学的状况是颇为隔膜的。即使到了 20 世纪八九十年代，除了一些西方汉学家和日本的一些神话学者与民俗学者的中国神话研究著述②，包括美国的邓迪斯、芬兰的劳里·航柯这样一些知名的当代西方神话学家，至少在他们于 20 世纪 80 年代中期亲身来中国考察访问之前，对中国神话学家们的神话研究及其对世界神话学的贡献，也几乎一无所知。

如果说，蒋观云于 1903 年在日本横滨发表神话学专文《神话·历史养成之人物》，夏曾佑于 1905 年在《中国历史教科书》里开辟《传疑世代》专章讲授中国古神话，鲁迅于 1908 年在《破恶声论》里作"夫神话之作，本于古民，睹天物之奇觚，则逞神思而施以人化，想出古异，淑诡可观，虽信之失当，而嘲之则大惑也"之论，在第一代学人手

---

①1962—1963 年，笔者曾组织翻译了美国民俗学会的机关刊物《美国民俗学杂志》，1961 年第 4 期（即第 74 卷第 294 期）发表的一组由不同国家民俗学家撰写的介绍世界各国民俗学历史和现状的文章，其中包括刚果、南美洲、斯堪的那维亚、英国、德国、芬兰、挪威、西班牙、意大利、土耳其、俄罗斯、加拿大法语地区、墨西哥、日本、印度、波利尼西亚、澳大利亚、非洲等，共 15 篇。在这组文章中，却没有把包括神话研究在内的中国民间文学研究的历史与现状、成就与经验纳入他们视野。中国民间文艺研究会研究部编印《民间文学参考资料》第 4 辑，1962 年 12 月；第 8 辑，1963 年 11 月。美国神话学家阿兰·邓迪斯（Alan Dundes）于 1984 年出版的 *Sacred Narrative Readings in The Theory of Myth*（第一个译本译为《西方神话学论文选》，显然是视其内容而取的译名，后广西师范大学出版社的再版本，改用了《神话学读本》的译名，显然比较恰切）中，其中也没有一篇中国人写的或关于中国神话学的文章或介绍。

②据俄罗斯汉学家李福清在《外国研究中国各民族神话概况》一文所提供的材料：最早研究中国神话的是法国汉学家，于 1836 年发表了文章并翻译了《山海经》。19 世纪 70 年代英国汉学家 F.Mayers 发表了第一篇关于女娲的短文。1892 年俄国汉学家 S.M.Georgievskij 在圣彼得堡出版了世界上第一本研究中国神话的专著《中国人的神话观与神话》。见所编《中国各民族神话研究外文论著目录》（1839—1990），北京：国家图书馆出版社，2007 年。

里宣告了中国神话学的诞生,那么,20世纪二三十年代,周作人、茅盾、钟敬文、郑德坤、谢六逸、黄石、冯承钧等学人于中国神话学的初创期把西方神话学介绍到国内,继而以顾颉刚、童书业、杨宽、吕思勉等为代表的"古史辨"派就古史与神话的纠缠与剥离进行的大论战,卫聚贤、白寿彝、吴晗、江绍原、刘盼遂、程憬等的帝系神话研究,以及凌纯声、芮逸夫、林惠祥等学者在神话学的田野调查方面所取得的成就和在学理上取得的经验,苏雪林、闻一多、游国恩、陆侃如等对《楚辞》《九歌》神话的文学研究,曾经在中国学坛上掀起了第一次神话研究的高潮,而在这个研究高潮中,中国神话学一下子提升到了一个众所瞩目的、羽毛丰满、为相邻学科争相介入和征引的人文学科。

到了40年代,特别是在抗日的大后方——大西南,一方面抵御外侮的民族情绪的空前高涨,一方面学人们走出书斋来到了少数民族聚居或杂居的地区,一时间,涌现出了闻一多、郑德坤、卫聚贤、常任侠、陈梦家、吴泽霖、马长寿、郑师许、徐旭生、朱芳圃、孙作云、程憬、丁山等一大批倾心于神话研究的学人,神话学界群星灿烂。他们一方面承继了前贤们的研究传统,运用考证、训诂等传统的治学手段,进行古神话的"还原"研究,另一方面对南方诸少数民族的活态神话进行实地调查、搜集和研究,拓展了神话的疆域和神话的构成(如:尚未人文化或帝系化的"自然神话",洪水神话与伏羲女娲神话,太阳神话与射日神话,武陵一带的盘瓠神话,廪君、九隆、竹王神话等,多种口头神话遗存的发现和材料的采录),① 开启了从神话的纯文本研究进入到神话与民间信仰综合研究的阶段,从而催生了中国神话和中国神话学的多元

---

① 参阅拙著《20世纪中国民间文学学术史》第三章《学术转型期》之《民族学调查中的民间文学》、第四章《战火烽烟中的学科建设》之《社会－民族学派》、《大西南的民间文学采录》、《神话的考古和史学研究》、《闻一多的民间文学研究》等节,开封:河南大学出版社,2006年。刘亚虎:《少数民族口头神话与汉文文献神话的比较》,见郎樱、扎拉嘎主编《中国各民族文学关系研究》(先秦至唐宋卷),贵阳:贵州人民出版社,2005年,第70—115页。

构成以及多学科研究格局的形成。中国神话学进入了一个新的阶段。

50—60年代，由于社会政治的、学术的等多种原因，以及上文所说的意识形态与学术现代性的矛盾，中国神话学的研究一度从20—40年代形成的多学科参与的综合研究，萎缩到了几近单一的社会政治研究。许多原来在神话研究上造诣颇深的学者，除孙作云、丁山等几位外，大多只专注于自己的本业，而不再流连于神话学的研究了。孙作云的神话研究始于40年代，最突出的成就在运用图腾学说希图建构一个图腾式的神话体系；到了50—70年代，开辟了新的研究领域，以楚帛画和汉画像石的神话母题为研究方向。丁山的神话研究，以宏阔的视野和缜密的考证为特点，从古代祭祀起，后稷与神农、日神与月神、四方神、方帝与方望、洪水传说、尧与舜、颛顼与祝融、帝喾、炎帝与蚩尤、黄帝，三皇五帝，……从史前神话人物，到秦建国前的先王世系，一一论列。他以神话研究而活跃于40年代学坛，可惜于1952年英年早逝。其神话学代表作《中国古代宗教与神话考》，于1961年由龙门联合书局出版；另一遗著《古代神话与民族》于2005年由商务印书馆出版。袁珂是这一时段有代表性的神话学者，他的研究方向和学术贡献，主要在对典籍神话的考释和对神话进行连缀，使其系统化。《中国古代神话》[1]是他本人以及中国神话学界这一时期的代表性成果。此外，游国恩、高亨、杨公骥、胡念贻等在古典神话的文学研究上所取得的成绩，也值得称道。

从1978年起，中国进入了改革开放的历史新时期。中国神话学研究重新起跑，到世纪末的20年间，逐步把间断了十多年的中国神话学学术传统衔接起来，并提升为百年来最活跃、最有成绩的一个时期。以学者队伍而论，这一时期，除了茅盾、顾颉刚、杨宽、钟敬文、杨堃、袁珂等老一辈神话学家们的学术贡献以外，陆续成长起来了一大批中青

---

[1] 初版由商务印书馆于1951年出版，后经多次印刷。1957年7月增订本出版，1960年1月改由中华书局出版，1981年月第2次印刷，改革开放后，1984年9月，易名为《中国神话传说》改由中国民间文艺出版社出版。

年的神话学者，如萧兵、李子贤、张振犁、陶阳、潜明兹、叶舒宪、吕微、陈建宪、常金仓等。他们借鉴和吸收各种外来的当代学说和理念，采用包括比较文化研究、多学科和跨学科研究在内的多种研究方法，对中国神话和神话学进行了多学科全方位的探讨研究。新时期以来，持有不同学术理念的神话研究者们，（1）在古神话的研究、校勘、考订、阐释、构拟和复原方面（袁珂的《山海经校注》和钟敬文的《洪水后兄妹再殖人类神话》，可以看作是这种研究的代表性成果），对长沙子弹库战国楚帛书、睡地虎秦简日书等所载创世神话文图的解读与阐释（杨宽《楚帛书的四季神像及其创世神话》、李零的《长沙子弹库楚帛书研究》、刘信芳的《中国最早的物候历月名——楚帛书月名及神祇研究》以及许多学者的多种考释性著作）方面；（2）在汉民族居住的广大地区和各少数民族居住的地区的"活态"口传神话的搜集、整理、翻译、研究领域，包括神话思维、结构、类型、象征等神话理论研究方面，做出了跨越式的开拓。不同地区、不同语系的少数民族神话的被发现、采集、研究，不仅填补了中国古神话系统构成中某些缺失，而且全面推动了中国神话学从文本研究到田野研究的过渡或兼容，亦即神话研究的学术理念的更新和研究方法的转换。

当然，也还要看到，中国神话研究中的一些难题和悬案，如神话的历史化问题，还远未取得令人满意的结论、甚至较大的进展。在运用考据、训诂、校释等传统的研究方法和西方人类学与民族学的方法（如社会进化论、原型理论、图腾理论、象征理论等），来"还原"中国远古神话并建立中国神话系统，以及阐释"活态"神话传说（包括汉族和各少数民族）方面，脱离严谨的科学论证而以随意性的玄想为特点的、被批评为"歧路"的倾向（如遭到学术界批评的用"产翁制"、图腾制等理论来阐释鲧禹神话的递嬗就是一例），在近些年的神话研究中并非孤例。

在百年中国神话学的历史途程中和学理构成上，居住在台湾、香港的神话学者们的学术贡献，是不能忽略的。一般说来，近50年来台湾和香港的神话学研究表现出两个重要的特点：一是学理的连贯性的延续，他们以自己的研究成果填补了大陆学者"文革"十年被迫停止工作的那段空白；二是他们以开放的心态和理念面对世界，更多地吸收了国际神话学的一些新的理论和方法。无论是老一辈的学者如凌纯声、芮逸夫、苏雪林，还是继之而起的李亦园、张光直、王孝廉、文崇一、李卉、胡万川以及更年轻一代的学者，他们在典籍神话和原住民神话的研究方面，以现代的学术理念、扎实的考据、微观的阐发，对中国神话学的建构和提升贡献良多。

20世纪已经成为历史了。回顾一百年来的神话学历史，从20世纪初茅盾所撰《中国神话研究ABC》起，到20世纪末袁珂所撰《山海经校注》止，许多学者都在为"创造一个中国神话的系统"这一学术理想而不停息地贡献着自己的智慧和力量。茅盾说："用了极缜密的考证和推论，也许我们可以创造一个不至于十分荒谬无端的中国神话的系统。"[①] 当然，前辈学者所说的这一理想，是指典籍神话和汉文世界的神话而言，包括通过"缜密的考证和研究"对"零碎"的神话断片的阐释与连缀，和对被"多次修改"而"历史化"了的神话的"还原"，而并未包括居住在中国各地的55个少数民族的神话。应该说，典籍神话的"还原""梳理""阐释"只是问题的一个方面，典籍神话在现代社会不同地区和群体中的流变，也理应在中国神话的构成之列，但典籍所载之日，就是其生命的结束之时，而在民间，神话却似滔滔逝水永无停息，20世纪80年代以河南王屋山一带为中心对"中原神话"的搜集与研究，弥补了中国典籍神话的某些缺环，丰富了典籍神话的链条，延长了典籍神话的生命。[②] 而少数民族的神话，如茅盾所说："中国民族在发展的过程中，不断地有新分子参加进来。这些新分子也有它自己的神话和传说，例如蜀，在扬雄的《蜀王本纪》、常璩的《华阳国志》内

---

① 茅盾：《中国神话研究ABC》，见《茅盾说神话》，上海：上海古籍出版社，1999年，第109页。

② 张振犁有《中原古典神话流变论考》（上海：上海文艺出版社，1991年）一书，记录和描绘了中原典籍神话在现代社会条件下在王屋山一带的流传变异情况。

还存留着一些，如吴越，则在赵煜的《吴越春秋》内也有若干传说。此种地方传说，当然也可以算为中国神话的一部分。这也需要特别的搜集和研究。至于西南的苗、瑶、壮各族，还有活神话在他们口头的，也在搜采之列。"① 袁珂于80年代发表的"广义神话论"②，实与茅盾20世纪的所论是一脉相承的。20世纪以来，至少自30—40年代起，尤其是80—90年代，《中国民间故事集成》的搜集编辑过程中，对各兄弟民族的神话（无论是抄本的还是口头的）的调查搜集和采录编定，不仅发现了许多新的神话类别和文本，有些汉文文献中已有的著名神话，如盘古神话、洪水神话，新的材料也有了大量的增益，大大地丰富了中国神话的武库。几代学人的这一学术理想，到世纪末已接近实现。我国不仅有一个庞大的帝系神话系统，而且也有一个丰富多样的自然神话系统，不仅有一个宇宙和人类起源神话系统，也有一个创造文化的文化英雄神话系统。中国神话的系统和中国神话的武库，在多样的世界神话系统中，以其悠久的传播历史和独具的文化特色，为世界文化的多样性和可持续发展，提供了一个样本，同时，要求有中国独具的神话理论来阐释。

对于中国神话学来说，20世纪是其学科建设从草创到初步建成的重要时期。在这百年中，我们基本上摆脱了跟在外国人后面蹒跚学步的阶段，初步建成了自己的神话学学科体系，并在一些包括古神话"复原"、创世神话阐释、少数民族口传神话发掘与研究在内的重要神话学问题上，取得了值得骄傲的成就。尽管这样说，并不意味着中国神话学的学科建设已经很完善了。20世纪末，我国的神话学界，虽然先后痛失了几位巨擘，但更多的年轻学子在神话学的学坛上挺立了起来，以优秀的神话学专著和论文，叩开了21世纪的大门。我相信，21世纪，随

---

① 茅盾：《中国神话研究ABC》，见《茅盾说神话》，上海：上海古籍出版社，1999年，第109页。

② 袁珂：《从狭义的神话到广义的神话》，《社会科学战线》1982年第4期；《民间文学论坛》1983年第2期。《再论广义神话》，《民间文学论坛》1984年第3期。

着中国传统文化的复兴和预言中的"东学西渐"文化移动潮流,中国的神话和中国的神话学,必将取得更加骄人的成绩和更大的影响。

谨为序。

2010 年 1 月 9 日于北京

秦风遗珠足珍贵

——《西和乞巧歌》序[①]

赵逵夫先生打电话来说,他父亲子贤先生早年在家乡甘肃省西和县搜集并编纂的《乞巧歌》,经过他的整理编订,准备出版,要我写一篇序言。尽管我对西和的历史文化传统及其民间文化的知识有限,对赵子贤先生的文化功业缺乏研究,可我还是答应了他的提议。这个决定对我而言,也不是没有缘由的。自2004年我国加入联合国教科文组织的《保护非物质文化遗产公约》以来,每年"七夕节"前后西和民间自发举行的传统乞巧活动,以其古朴、完整、独特以及所体现出来的文化多样性,着实引起了文化部和非物质文化遗产专家们的关注,其间,出身于西和的学者赵逵夫先生在《牛郎织女》传说和七夕文化的研究方面做了很多工作,发表了一系列很有学术分量的论文,也曾几次给我转达信息,而西和县的包红梅副县长连续两次亲到舍下,邀请我前去西和考察,我都因为步入古稀而难于远行未能赴约。于是,为赵子贤先生这部《乞巧歌》写序,便成了我偿还和回应西和人对我的盛情的一个机会。

赵子贤(殿举)先生是20世纪西和县的知名乡贤。读过诗书子曰,崇尚传统文化,又专攻无线电学,具有进步思想。20世纪30年代

[①] 赵子贤编:《西和乞巧歌》,香港:银河出版社,2010年。此序文发表于《文艺报》2011年7月20日,题为《秦风遗珠足珍贵》;《甘肃文艺》2011年第1期(2月25日,内部),题为《弥补陇南风诗阙位的重要文献——〈西和乞巧歌〉序》。

初回到故乡，在所从事的民众教育和学校教学中，对西和的古代民族历史文化和周秦中原文化的情结与日俱增，于1936年在教书之余，组织和率领学生在家乡北起盐关、祁山，南至何坝、横岭山一带，记录搜集了一批当时在民众中、主要是年轻女孩子中口头传唱的乞巧歌，并整理成书稿。这部书稿在赵先生生前虽然没有能够得到出版，但就他所发动的这次民歌收集工作而言，却无疑是"五四"新文化运动所激发起来的，又构成"五四"新文化运动之一翼的歌谣运动在陇南地区，甚至在大西北地区，结出的第一个重要成果。

作为编者，他对这部《乞巧歌》所录的节令仪式民歌，以及这些作品所记述和反映的当地流传既久的七夕节候的乞巧风俗与社会情状，特别是封建礼教和社会不公给妇女带来的悲苦命运和心灵创伤，充满了深切的同情甚至愤懑；对这些民间作品的文化史意义和文学史意义，也给予了很高的评价。他把这些隐没于漾水和西汉水流域草野之中而未被人们所认识的民歌，称为"国风"。何以称之为"国风"？他在《题记》中写道："莫谓诗亡无正声，秦风余响正回萦。千年乞巧千年唱，一样求生一样鸣。水旱兵荒多苦难，节候耕播富风情。真诗自古随风没，悠远江河此一罂。"也就是说，他把西和一带的这些传统的乞巧歌，看作是《诗经》中著录的"秦风"的"余响"。

《诗经》所采集的"十五国风"的地理范围，主要是在中国的北部，稍入南方的，只有《周南》《召南》和《陈风》（朱希祖《罗香林〈粤东之风〉序》）；北部的"秦风"选录了十首之多，应该主要是周室东迁、秦文公"居西垂宫"时代的作品，其中的《无衣》《黄鸟》《蒹葭》等歌诗，颇受到文学史家的重视，尤其是那首"表现了人民慷慨从军，团结御侮的精神"的《无衣》。但也有学者认为，"秦风"之诗，大体都是秦人思贤、访贤、得贤、弃贤之作，而并非是真正从民间采撷而来的民众作品。战国时代，屈原写《九歌》，后人辑为《楚辞》，主要辑录了以楚地为中心的江南的"风诗"，而不涉及北方。到了汉武帝，立乐府，采歌诗，所及地区，最北方包括了燕、代（今张家口辖蔚县一带）、雁门、云中，西北到陇西，而陇西地区，也大体就是《诗经》的

"秦风"之地,即天水一带,至于建立古仇池国的氐人的发迹之地、也是周秦中原文化与氐戎(羌)文化交汇之地的陇南及西和一带的民间歌诗,则少见涉及;且汉武帝采诗所得乐府歌诗,已佚亡不存。宋郭茂倩所辑《乐府诗集》,在《横吹曲辞》里收入了不少取材于陇头、陇水、陇坂的歌诗之作,细细读来,也多是随军文人或后世歌者歌咏或追怀中央王朝与氐戎战事中的征伐勤劳之作,而看不出有多少来自陇南一带真正的"风诗"。这样一来,赵子贤先生于20世纪30年代所编订的《西和乞巧歌》把采集足迹扩展到了前贤所未至的、地处漾水和西汉水流域的西和,第一次记录了农村姑娘们所唱的歌诗,也就弥补了自《诗经》《乐府诗集》以来陇南一带的民间风诗在诗歌史和民间文学史上的阙位,因此可以说功莫大矣。

"乞巧歌"具有两重意义:一、它是社会历史和群体民俗的重要载体;二、它是依附于特定的节候——七夕——而产生和咏唱的民众口传文学作品。由于地域和历史等的特定原因,这些歌诗(与《诗经》和《乐府诗集》里的作品一样,大半是可以演唱而不是徒歌)的流传地西和,在周秦之后的漫长岁月中被逐渐边缘化了。边缘化的好处是,在农耕文明和家族人伦社会条件下的七夕风俗以及与之相关的民间歌诗,尽管是以口耳相传这种易变的方式世代传递,其嬗递变异的速度相对较慢一些,以相对完整的形态被保留下来,传承下来。而子贤先生所记录编订的这本《西和乞巧歌》中的歌诗文本,就是"千年乞巧千年唱",流传至20世纪上半叶的歌诗形态。正如子贤先生说的:"西和如此普遍、隆重、持久的乞巧活动其他地方没有,这给女孩子一个走出闺门、接触社会的机会,在古代是冲破封建礼教束缚的表现,在今天是一种对社会一些问题发表看法的方式,既反映老百姓之心声,也是存史,同《诗经》中的诗有同样的价值。"从这一情况来说,西和的七夕乞巧风俗历史久远,风格与形态独特,乞巧歌的历史文化底蕴丰厚,对于我们认识中国封建社会发展的历史细节,特别是妇女的地位和命运,认识农耕文明和家族人伦社会制度对中国传统文化形成发展的制约和影响,以及追溯七夕节和乞巧歌的源流和意涵,具有不可替代的意义。

当然，包括乞巧歌在内的所有民间文学形式是流动不居的，不会停止在一个时间点上。在历史的匆匆步履中，民间文学总是随时代的发展而变化，不仅内容，也包括形式。属于时政歌谣的作品，大都随着时代的变迁，往往成为绝唱，除了研究者的需要而外，逐渐退出了人们的视线，而那些表现民俗生活和民众心态与情感的作品，则永远伴随着历史和人们走向未来。同时我们也看到，乞巧歌的嬗变，与民间文学的其他体裁和形式一样，是遵循着文化进化规律渐进的，而并不按照"那些自命为革命家的人"（列宁《共青团的任务》）的指令和路线图发展前进的。关于这一点认识，只要把赵子贤版的西和乞巧歌，与当下在"政府主导，社会参与"的非物质文化遗产保护工作中新搜集采录的乞巧歌加以粗略地对照研究，就可以相信是大致不错的。

西和县的乞巧节（七夕节），已于2008年被批准为第二批国家级非物质文化遗产代表作名录，意味着在国家的层面上得到了保护。作为乞巧节的有机构成部分，乞巧歌自然也要加以保护，即连同姑娘们的乞巧活动一起，进行整体性的保护，使其传承下去。当我们今天在对乞巧歌进行保护和研究时，赵子贤先生的开创之功，是不应忘记和忽略的。

谨为序。

2010年清明节于北京

在民间文学的园地里——我的学术自述

——《民间文学：理论与方法》新版代序[①]

远在南宁的老友过伟老兄频频驰书，命我写一篇学术自述，我一直不敢从命。蓦然回首，真有一种日月如梭、历史无情、生命短暂、人生如梦之慨！原来到了可以和应该回顾自己走过的人生道路和学术事业的年纪了！

我的一生，从事过多种职业，做过新闻编辑和记者，当过文学编辑，从事过民间文学研究，还有好多年做过行政领导工作，下放农村劳动并当过生产队长，被赶到五七干校锻炼改造，不过，后面的这种人生经历已与学术不沾边了。概括说来，在学术上，我是个两栖或多栖人物。有两个头衔值得自豪或骄傲：文学评论家和民间文学研究者。

文学，当作家或批评家，是从中学时代就梦寐以求、矢志追求的理想。后来果然走上了文学之路。先后在中国民间文艺研究会、中国作家协会的《人民文学》和《文艺报》工作，在编辑、研究、写作中度过了大部分岁月，写了几本小书，参与了一些事，认识了许多人，在文坛上走了一遭。一个农民的儿子，有了这番经历，老来也算心安理得了。

文学方面的学术经历，早在1985年10月就曾应《批评家》杂志主编董大中先生之约写过一篇《文学评论与我》，发表在该刊1986年第1期上，讲了我的文学批评理念：求深、求真、求新，为了保存资料，后又收入拙著《河边文谭》[②]中，算是一个小结和交代。自那以后，又

[①] 刘锡诚：《民间文学：理论与方法》（新版），北京：中国文联出版社，2010年3月第2版。

[②] 刘锡诚：《河边文谭》，石家庄：河北教育出版社，1998年。

写过不少文学评论的文章，出版过《在文坛边缘上》和《文坛旧事》两部专著，提供了一些我所知道的文坛史料，对现有的一些当代文学史著作可能有所增补，也受到了文学评论界的好评。但冷静下来想想，除了重新发现曾经大声疾呼不要把文学捆绑在政治的战车上，可是到头来，却仍然没有跳出把文学与政治捆绑得太紧的理念之外，在文学思想和文学成就上，并没有什么可称道之处。这里就不再啰唆了。

1983年秋天，脑袋一热，服从领导的安排，应老领导周扬先生之命，神使鬼差、阴差阳错地离开了自己喜欢的《文艺报》编辑部和文学评论，又回到了青年时代曾经从事过的民间文艺界。钟敬文老先生戏谑地对我说："那里是个火海呀！"明知是火海，却又往火里跳！俗话说：一步走错步步走错。再后来的境遇，与七年前的那个一念之差不是没有关系。话又说回来，没有逆境，也不会有平静安宁、闭门读书、一心写作的那种闲适而忙碌、愤然又陶然的生活，也不会有我后半生几种较为满意的学术著作的问世。55岁上提前过上了"退休"生活，远离了曾经的文学，远离了尘世的喧嚣与浮华，坐拥书城，与电脑为伴，全身心地投入到了散文的写作和民间文学的研究中去，一去不回头，俨然像是烂柯山的故事里说的，出得洞来时，人世上已经过了20年！

至于民间文学学科，我不是科班出身，只能算是爱好者吧。1953年秋天，一个没有见过世面、穿着农民衣服的18岁的农民子弟，提着一个包袱跨进了北京大学的校门，学的却是当年很时髦的俄罗斯语言文学，辉煌灿烂的19世纪俄罗斯文学和20世纪苏联文学吸引了我，滋养了我，给我打下了文学欣赏、文学史、文学理论、文学批评的基础，没有别林斯基、车尔尼雪夫斯基和杜布罗留勃夫三大批评家对我的影响，也许后来我不一定会走上文学批评的道路。但我毕竟是农民的儿子，农村的生活和农民的口传文学与民间文化的耳濡目染，融入血液，深入骨髓，时时撞击着我的心胸，使我无法忘情。恰在这时，我们的系主任、著名的未名社作家兼翻译家曹靖华教授担任了我的毕业论文的指导老师，他欣赏并同意我选民间文学作为论文题目。于是我在燕园的北大图书馆和民主楼的顶楼小屋里大量阅读了"五四"以后、特别是歌谣研究会时代的丰富资料。曹先生是我的启蒙老师，他不仅指导了我的毕业论文的写作，而且他还介绍我在1957年夏天北大毕业后踏进了王府大街64号中国文学艺术界联合会的大门，进入了中国民间文艺研究会从事民间文学的研究工作，开始了我踏入社会的第一步。在纪念从北京大学毕业50周年的时候，我写了一篇《吾师曹靖华》[①]的散文，回忆了这段往事，并追念把我引上文学之路的恩师。

由于在民间文学上没有读过专业，也就没有门派，冷不丁闯进这个领域里来，有时不免受到某些学人的责难和冷落。青年时代同一个办公室的同事张紫晨先生就曾指责过我："你还要另打出个旗帜来！"面对这种责难，我无言以对，只有一笑置之。但没有门派也有没有门派的好处。知识结构没有框框，不受近亲繁殖的局限，在研究工作中不仅受益于我所从事过的文学批评的滋养，而且能够自如地吸收和包容不同学者不同学派的思想和方法。到了老年，也就干脆为自己起了个"边缘人"的别名，以"独立作者"自况。"边缘人"者，出自我发表在《中华英才》1998年第10期上的一篇随笔《边缘人》，此文发表后被《新华文摘》《读者》等多种报章杂志转载。我以"边缘人"自命，意在远离中心，事事作壁上观。在民间文学研究上亦然。譬如"20世纪中国民间文学学术史作为概念"的提出，是对"20世纪中国文学史"概念的回应；譬如20世纪中国民间文学学术史上不是只有一个流派，而是多流派的多元构成格局，以流派的存在与消长来统领百年学术史，等。

我是文学研究者，作为当代文学的一个批评家，我的民间文学观，理所当然地是以文学的观点研究和处理民间文学，这是我的基本立场。持文学的（包括比较文学的）立场和观点，重视作品与社会生活关系的研究，重视民间美学的研究，重视民间作品的题材、风格、形象、艺术、技法、语言的研究，等等，不等于无视民间作品与民俗生活的紧密联系，甚至有某种浑融性这一事实，也不等于排斥以开放的态度吸收民俗学的、原始艺术学的、宗教学的、社会学的等理论和方法来研究和阐

[①]《文汇报·笔会》2008年6月10日。

释民间文学现象。1986年前后，我甚至是较早强调"跨学科研究"的一人，并就整体研究的方法写过一篇长文①。吕微先生写了一篇长文《中国民间文学的西西弗斯》②，比较客观地、有分析地论列了我的这一基本立场和基本观点。为了扩大视野，吸收不同的知识、理论和方法，以及更深入地了解和研究民间文学与原始文化、原始思维的难解难分的联系，从1992年秋天起，花费了差不多六年的时间，系统阅读考古发掘的报告和考古学的著作，并完成了一个国家社会科学基金项目《中国原始艺术》③。不研究原始艺术及原始先民的原逻辑思维方式，就难于知道和破译民间文学的所来之径和所包含的内容之神秘、斑驳和多样。原始艺术的研究使我受益匪浅，对我的文学批评和民间文学研究有不小的影响和帮助。包括钟敬文、徐华龙、陶思炎、陶阳、向云驹、吕微等民间文学研究家，何西来、王兴仁、丁道希、刘爱民等文学评论家，都写过文章予以评论、鼓励和指教。④ 我还发表过几篇略有影响的文章，如《民俗

---

① 《整体研究要义》，《民间文学论坛》1988年第1期。

② 分别发表在《中国社会科学院院报》2008年7月31日和《民俗研究》2008年第4期上。

③ 《中国原始艺术》，上海：上海文艺出版社，1998年。

④ 徐华龙：《世界性研究课题》（评《中国原始艺术》），《光明日报》1998年10月22日。刘爱民：《登上蛮荒高原的刘锡诚》，《作家报·文坛觅踪》（济南），1998年10月29日，又见《文艺界通讯》（中国文学艺术界联合会编），1998年第10期。钟敬文：《我的原始艺术情结》，《文艺界通讯》1998年第10期。司马文缨（王兴仁）：《人类童年呓语的颇解与诠释——读刘锡诚〈中国原始艺术〉》，《文艺界通讯》1998年第10期。陶阳：《被开垦处女地上的一棵绿树》，《文艺界通讯》1998年第10期。丁道希：《混沌中的初始探索——读刘锡诚〈中国原始艺术〉》，《文艺界通讯》1998年第10期。向云驹：《原始艺术研究的可喜收获——读刘锡诚〈中国原始艺术〉》，《文艺界通讯》1998年第10期。何西来：《小小的阶梯——谈刘锡诚〈中国原始艺术〉的学术方法》，《书与人》（南京）1999年第6期。吕微：《评〈中国原始艺术〉》，《文艺研究》2001年第3期。陶思炎：《刘锡诚——民俗学理论家与探索者》，《广西民族学院学报》2003年第1期。

与国情备忘录》①、《全球化与文化研究》②和《文化对抗与文化整合中的民俗研究》③。这些文章也显示了我有感于民间文学乃至民俗学研究中的孤芳自赏、闭关锁"国"情结，呼吁大力增强民间文学乃至民俗学学科与其他学科的对话能力的愿望，而在民间文学学科研究中的跨文化研究倾向。

进入20世纪90年代以后，民间文学学科遭遇了困境。在教育部系统，因提倡民俗学而把民间文学由二级学科下降为"民俗学（含民间文学）"从而变成了三级学科。本来过着闲云野鹤式的闲适生活的我，对自19世纪末20世纪初就在西学东渐的文化潮流中滥觞，稍后汇入"五四"新文化运动的洪流中去的民间文学运动，经历了80多年的发展历程，正如日中天，哪晓得如今反而沦落到了三级学科的地位，为此未免感到屈辱和伤感。于是几年来，我连续写了《为民间文学的生存——向国家学位委员会进一言》④和《保持"一国两制"好——再为民间文学学科一呼》⑤两篇文章，为遭遇沦落局面的民间文学学科呼吁。但毕竟人微言轻，国家学位委员会那些专家们哪有工夫听你这样一个已经是体制外的文化人的悲怆的呼喊？！北京师范大学文学院的著名儿童文学教授王泉根先生在《中华读书报》（2007年7月4日）上写了一篇整版文章《学科级别：左右学术命运的指挥棒？》也义愤填膺地为我们的民间文学学科的不幸遭遇大声疾呼。然而，可悲的是，至今并没有听到来自学位委员会的回应。

我从在北大读书时起，就开始积累中国民间文学发展史的史料，50年代、80年代前后两度在中国民间文艺研究会（1987年易名为中国

---

① 《报告文学》2002年第9期；《中外论坛》2002年第4期；荣获中国文联全国文艺评论奖一等奖。

② 《理论与创作》2002年第4期。

③ 《理论与创作》2003年第4期。

④ 《文艺报》2001年12月8日。

⑤ 上海社会科学院：《社会科学报》2004年8月12日。

民间文艺家协会）工作，也积累了大量的学科发展的史料，还亲自参与了或经历了民间文艺界发生的一些事情。于是，在新世纪开始后不久，经过几年的酝酿，于2003年下决心写作一部20世纪中国民间文学学术史，希图通过自己的研究，理清中国民间文学学科的发展脉络和思想理论体系，也许会有助于这门学科今后的发展和完善。这个经国家哲学社会科学规划办公室批准、但实在是力所不逮的庞大课题，其最终成果、一部98万字的《20世纪中国民间文学学术史》，终于在2006年完成并由河南大学出版社出版了。我在《20世纪中国民间文学学术史·跋》里记下了我当年的心情和主要观点：

> 在步入古稀之年，决心写作这部规模如此之大的、带有拓荒性质的学术著作，实在是件自不量力的事情。所以下决心要写这本书，一是考虑到曾在民间文学工作岗位上前后工作了40年之久，需要为这门学科做一点事情，至少是表达一下自己的学术观点，也算了结多年来的心愿；二是这门学科虽然走过了一个世纪的漫长途程，却至今没有一部类似的书来梳理一下其发展的历史，总结一下它的成就和不足。从学科建设来说，民间文艺学是由民间文学理论（包括原理体系和方法论）、民间文学史和民间文学学术史三者构成的，如果说，前二者先后都有人做过一些工作的话，而学术史的建构，理所当然就是一件刻不容缓的事情了。于是，我便不顾浅薄和年迈，在2003年的春天下了这个决心。
> ……
> 我所持的学术立场是：民间文学是文学；民间文学与作家文学有着千丝万缕的联系，但民间文学因其创作多是不自觉的、是群体性的、是口传的，故而在诸多方面与作家文学不同，是特殊的文学。具体说来，一，民间文学首先是文学，是民众的集体口头文学，具有共时的类型化和历时的流变性特点；二，研究百年民间文学学术史，不仅需要普通文艺学

的武器，还要借用民俗学和文化人类学的武器——理论和方法；三，打破"民俗学80年"体系成说，建立独立的百年民间文艺学学术史体系；四，展现文化对抗与文化融合的文化发展大背景下的民间文学学术发展历程的特殊性。然而，通观已有的民俗学史类著作或俗文学类著作，多以历史发展线索和大事记的记述为特点，而缺乏或不重视对民间文艺学思潮和对有代表性的学者的学术思想的评论。笔者则力求把每个有代表性的学者放到一定的时段（历史背景上）和学术思潮中间，对他们的学术思想或著作的创见作出简明扼要的历史评价。把百年多种学者学术的学术思想排列与组合起来，就成为笔者所重构的学术发展史。

民间文学（口头文学）与作家文学不同，是民众以口传心授的方式世代相传的群体创作，与人民生活有着不可分割的关系。即：一方面以民众自己的立场认识生活描写生活，另一方面与民众生活形态（物质的和精神的）不可分割，有时甚至就是生活形态本身，如粘连着或某些民间信仰或干脆就是民间信仰的说明或民间信仰的一部分。这就决定了，即使运用文学的研究方法去研究民间文学，也与作家文学有所不同。民间文学的研究，不论采用何种具体的方法，都必须遵循唯物史观。

《20世纪中国民间文学学术史》成了我的一部代表作。对于这部书的成败得失、是非功过，一批学界朋友已经在中国文联理论研究室和中国民间文艺家协会联合召开的座谈会上发表了很好的意见，包括批评和质疑[①]。当然，有些意见和问题，没有能够展开，只是浅尝辄止而已。座谈会后，好几位学界朋友，如刘守华、陶立璠、吕微、高有鹏、李丽

---

① 见《世纪描述：民间文学学科的历史风貌——〈20世纪中国民间文学学术史〉座谈会纪要》，《民俗研究》2008年第1期。

丹等，又写了专文予以评论。他们对笔者劳动的关注、肯定和期望，是一份份难得的、珍贵的礼物。这部书业已为大陆和台湾许多高校中文系民间文学和民俗学的研究生的参考书。有生之年，还会做重要的修订，以弥补批评家们所指出的不足，以期更尽人意。

还要交代的是，自1986年起，《民间文学论坛》编辑部邀请一些文化学者来开会，乐黛云先生说，法国学者提出要与北大合作研究中国文化中的象征，北大没有这样的专家，希望由我和中国民间文艺研究会牵头来做。乐老师是我在北大时的老师，在她的启发下，我开始提倡并着手研究象征问题。象征问题是民俗学的一个大的研究课题和研究思路，从象征入手，可以更深入地进入和阐释民俗现象的内部特征和民间文学作品中的一些难解的问题。开始时，由我和王文宝先生组织全国民研会系统有研究能力又贴近生活、熟悉民俗现象的文化研究人员来做，编撰了一部《中国象征词典》（天津教育出版社1991年）。在定稿时，我深感我们在象征问题上的研究水平还比较低，于是我断然地将全部原稿中抽去了差不多1/3。深入的、多少令人满意的研究，显然还要待以时日。后来，出版了中央民族大学祁庆富教授主持的中国少数民族象征研究，北京大学周兴教授和王铭铭教授从人类学角度对象征的研究，居阅时、瞿明安编《中国象征文化》，四川人民出版社出版的"中国象征文化丛书"十册……他们的成果在理论上有了较大的提高，象征研究在我国人文学界得到了重视，也已渐成气候。而我运用象征理论或从象征的角度所撰写的一些文章，后来结集为《象征——对一种民间文化模式的考察》，也比以前有了提高，其中取材自民间文学的文章，如《动物的人文角色意义》《失落了的意象》和《钟馗论》，在研究方法上的开拓和象征意象的开掘上，起码自己还算满意。而《钟馗论》还被钟敬文老先生选进了他所主编的建国50年民间文学文论的选集中，并在序言中给予首肯。象征研究在我国还在起步阶段，还有待于更深入的梳理研究和更高层次的理论提升。

2002年，冯骥才先生发动了民间文化抢救工程，继而国家文化部于2003年启动了民族民间文化保护工程，2004年与联合国教科文组织

《保护非物质文化遗产公约》接轨,改称非物质文化遗产保护工作,"非物质文化遗产"一词始进入中国官方文件和学坛。民间文学以及民俗学遭遇了前所未有的大好发展繁荣时机,同时,也向民间文学学科和民俗学学科提出了挑战和问题。譬如,文化理念的转换与更新,非物质文化遗产与民间文学或民俗学在观念上的异同,历史观与价值观的一致性与矛盾性,非物质文化遗产的时代命运,保护政策与保护实践,等等。这些,对于向来龟缩在"象牙塔"里、孤芳自赏的中国民俗学界来说,无疑都是一些新的问题,也是面临一次世纪性的考验与挑战。作为一个老民间文学工作者,我相继被聘为国家非物质文化遗产保护学术委员会委员和中国民协抢救工程专家委员会委员,自觉地打破了惯常的生活,走出书斋,应召参与了《中国非物质文化遗产普查手册》的编写与统稿定稿,参加了一些学术性的评审、咨询、辅导、督察工作以及相关的学术会议,也撰写了若干篇与保护的实际工作有关的或纯属理论探讨性的文章,内容主要是民间文学普查、特性、申报、保护、传承与传承人等诸方面。略有些影响的是《传承与传承人论》《非物质文化遗产与民族文化精神》《非物质文化遗产的文化性质问题》以及《新世纪民间文学普查与保护问题》等篇什,因为这些论题与国情、与实际保护工作息息相关,而又结合自己多年来的田野经验和理论探讨做了一些思考。近期我已把近几年来所写的这些论文,仿照中国文联出版社为我出版的《民间文学:理论与方法》,辑为一本自选集《非物质遗产:理论与实践》(学苑出版社 2009 年 5 月),或可为广大"非遗"战线的文化工作者与民间文艺专业学者们参阅与指正。在我看来,非物质文化遗产与民俗学并不完全是一回事,互有异同,尽管二者的要义都是要在研究的基础上,希图留住中华文化的根脉。但要使"非遗"进入中国官方的学科目录,前面的路还漫漫其修远,还要靠政府主管者和学者们各自做更多的努力。

在我余年的时间表上,民间文学的研究,也许还会持续一个短时间。

2009 年元月 20 日于北京安外东河沿寓所

2009 年 12 月 29 日改定

端午：礼俗、传说和我们的节日

——《嘉兴端午习俗民间故事》序[1]

端午（五月端五/端午）何时成为一个民族节日？在学界一向是个见仁见智、没有确证，因而没有结论的悬案。正如有学者说的："把端午起源断为始于汉代，固嫌太晚，臆断为始于战国时代，也是无根之谈。"如果综观作为端午之支撑的礼俗，其滥觞的时间，至少也有两千年的历史了。这样的问题，还是留待学者们去探讨去吧。

在我国，任何一个传统的民族节日、即非政治性的节日，其起源或动因，大半都是或因农时，或因天文，或因季节，或因农作需要，或因生命延续需要，而得以滥觞并逐渐形成的。一个特定的日期，一旦被全社会认同为全民性节日，又必定附着了许多礼俗作为基本构成内容，也必然有许多关于这些礼俗的传说在民众口头上广泛流传，而这些因地而异的口头传说，反过来又对节日（包括礼俗）的延续和发展起着强固的积极作用。节日及其礼俗和传说，在其发展中，总是随时代的变迁和生活的需要而发生着或快或慢的递变，不时加入了许多新的因素，而这些新的因素，由于是和新的环境、时代、社会相适应的，也就使传统的节日获得了新的生命力。"递变"是不以人的主观意志为转移的，以

---

[1] 嘉兴市民间文艺家协会编：《嘉兴端午习俗民间故事》，杭州：西泠印社出版社，2010年。此序发表于《中国文化报》2011年6月3日，题为《端午习俗的流传与变迁》；《学习时报》2011年6月6日（端午），题为《端午：礼俗、传说和我们的节日》。

至传至今天的节日,有的甚至已经与其本意差之千里了。端午节就是一例。各地现代形态的端午,与原初形态的端午相比,已经发生了巨大的变异,其本意,如厌胜禳灾(五月为毒月)、辟毒逐疫的原旨,经历过漫长的历史途程,在有些地方和有些人群中,或由于失忆而变得湮没无闻了,或由于功能的淡化或削弱而基本上退出了人们的意识和生活。无怪乎媒体上有人批评说,深厚而多样的文化内涵被遗忘了,剩下的只有吃粽子,几乎变成了吃粽子节了。我有一个例子。在我的家乡,用五月端午捉来的癞蛤蟆,将一碇上好的墨从它的屁股上塞进去,让蛤蟆皮翻在外面,吊在房檐下风干后,用来治疗疽疮或"痄腮"(腮腺炎),有奇效。葛洪《抱朴子》说:"蟾蜍万岁者,头上有角,颔有丹书八字,五月五日午时取之阴干,百日,以其足画地,即为流水。能辟五兵,若敌人射己者,弓矢皆反还自向也。"癞蛤蟆就是蟾蜍。它嘴里射出来的是毒液,能致人中毒,也能治疗疽疮。我儿时得过"痄腮",这是一种传染病,父母就用吊在屋檐下面风干了的癞蛤蟆裹墨涂在我的腮上消肿,很快痊愈了。现在医疗技术进步了,即使在农村癞蛤蟆裹墨也不仅不用了,怕是根本不知道有这么回事了。因此,追寻节日的本意,认识其本原和性质,对于今人认识自身及其文化的来龙去脉,保护民族文化的根脉,当是至关重要的。

关于端午节的本意和性质,20世纪前半叶,先有江绍原先生(20年代)后有黄石先生(40年代)刨根问底的追溯研究,其所得出的结论,已成为我国学术界的共识:端午节原本是一个"禳灾"或"逐疫"的节日,亦即一个公共卫生的节日。20世纪后半叶的研究文章很多,在端午的起源与内涵诸方面作了细化的阐释,但似乎并没有太大的超越。黄石说:"端午节是个浑然的岁时礼俗体系,它的诸般礼俗有一条线索贯通,作为它们的中心支柱是什么呢?一切都为了逐疫,一切都为了保证生命的安全,最高的目的,唯一的目的,是生存欲的表现。一句话说,端午是逐疫节,这就是它的根本意义,也就是唯一正确的解释。"① 生活的需要和时代的变迁，促使端午的内涵发生了或快或慢的递变，如江绍原所说："风俗系应某种需要而起，但是本来需要的到后来也许渐渐消灭，其时也，这个风俗如其不随着消灭，就往往改变性质和内容，成为满足另一种需要的工具，于是那风俗的本意日久许完全被人遗忘。"② 而促使端午节及其礼俗发生或快或慢的递变的因素固多，除了生活的需要和时代的变迁的直接影响外，民众中流传的关于端午及其礼俗的口头传说也起着不可忽视的，或者说推波助澜的作用。

如上所述，端午的原旨和性质在各地是一致的，几乎没有大的区别，而构成端午节日的礼俗则种类、名目繁多，且因地而异。以生活形态类而论，诸如：蓄兰沐浴，龙舟竞渡，采百草与斗百草，捕蛤蟆，熙游，竞技等；以驱毒逐疫类而论，诸如：戴百索和香囊，长命缕，悬艾人，五雷符、五毒符等；以时食类而论，诸如：角黍（粽子），羹汤，端午酒，端午宴等；不一而足。总的看来，代表性的礼俗主要是两项：龙舟竞渡和吃角黍（粽子）。

端午及其礼俗的传说，主要是以某些与端午相关的同质的社会习俗为题材，并逐渐将其起源与某些历史人物及其功业联系起来，而创作、记述、渲染、传扬、流传下来的口头非物质文化遗产。这些口头作品，是在不同的时代背景下、由不同地域的民众所创作的，唯其如此，才显得纷繁而驳杂，呈现出文化多元性和多样性的特点。仅就端午起源的传说而言，主要与三个历史人物有关：楚大夫屈原、吴大将伍子胥、越王勾践。此外，也还有孝女曹娥等。《武陵竞渡略》说："竞渡事本招屈，实始沅湘之间。"③《荆楚岁时记》说："邯郸淳曹娥碑云，事在子胥，

---

① 黄石：《端午礼俗史》，台北：鼎文书局，1979年，第230页。
② 江绍原：《端午竞渡本意考》，北京：《晨报副刊》，1926年2月10、11、20日。
③ 《古今图书集成·岁功典·武陵竞渡略》，北京：中华书局，1985年，第2235页。

不关屈平。"[1] 宋·高承《事物纪原》说:"越地传云,竞渡之事起于越王勾践,今龙舟是也。"当然主要是以龙舟竞渡这个重要的端午习俗来说事。楚人说端午起源于对屈原的缅怀,吴人说端午起源于对伍子胥的悲悼,越人说端午起源于对勾践的纪念。这三个关于端午起源的"传说群",究其实质,其实是楚、吴、越三个地域文化的产物。楚、吴、越这三个历史上并立与交战的国家和集团,都处身于战乱纷争的春秋战国时代,民众对民族的命运的期望与对国泰民安的憧憬,势所必然地促使他们选择各自理想中的代表人物,作为他们的民族精神的代表和旗帜,而这样的人物就是屈原、伍子胥、勾践。于是,在时代因素使然下,以悲悼祭祀屈原、伍子胥、勾践为内容的端午起源传说,便一发而不可收拾,并逐渐与原先就流行于民间的关于"毒五月"里种种驱毒逐疫的民俗事象联结或融合起来,形成了包括民俗事象和人物功业在内的内容庞杂的端午传说,而民间原有的一些民俗事象被纳入到传说中之后,给予了起源或意义上的重新阐释。这些端午传说一直在民间流传不衰,使其成为在所有的传统节日中最富传说色彩和斑斓民俗事象的节日。由于种种复杂的原因,流传的态势出现了一些变化,沅湘地区流传的纪念屈原端午传说和吴越地区流传的伍子胥端午传说仍然盛传不衰,而纪念勾践的端午传说虽然也仍在民间流传,不过范围相对要窄一些,主要在绍兴一带。嘉兴一带民间关于端午节的传说,则以伍子胥传说为主,同时也兼有勾践传说。

在国家非物质文化遗产保护工作中,"端午节"进入了国家非物质文化遗产的保护名录,成为中华民族重要的六大传统节日之一。秭归、黄石、汨罗、苏州、宝山、余杭、晋江、嘉兴、黑河、石狮以及香港特别行政区等地区,相继被批准为我国端午传统习俗的保留地和保护地。这些进入国家名录的端午保护地区,其所拥有的端午民俗事象和故事传说,是不一样的,带有很浓重的地方性。笔者在前面所论与三个历史人

---

[1]（南朝梁）宗懔著、谭麟译注:《荆楚岁时记》,武汉:湖北人民出版社,1999年。

物相联系的三个代表性地区，即楚、吴、越故地，除了前面所说的战争纠葛外，还有一个共同的特点，就是古代楚、吴、越三个国家和集团的生活环境，都在水网地带，楚在沅湘流域，吴在太湖周边，越居沿海兼山峦，丰富的水域所造成的居住环境的共同性，同时造就了他们都以龙舟竞渡为其表达观念的载体，而这观念的实质，据学者考证，不是别的，而是"送标"、禳灾（送灾）、逐疫；后来，逐渐转变为对屈原、伍子胥、勾践的追怀，把他们的业绩与端午的起源联系起来，借以通过对这些伟大人物的讴歌来表达他们的理想和憧憬。

作为吴越交界的嘉兴地区被批准为端午习俗的保护地，具有一份特别的意义，因为以端午传说为代表的嘉兴民间文学中，也许更多地保留着古代吴越人的务实开拓精神和民俗文化遗绪，如"习水便舟"，尚武剽悍，顽强不屈，坚忍不拔的原始野性，以及"山水倔强"（明张岱《琅嬛文集·越山五佚记》）、刚直不阿的气质。

非物质文化遗产，无论是民俗事象还是民间故事传说，都是农耕文明条件下的精神产品，在现代社会条件下遇到了严峻的挑战，使它们的传承变得十分脆弱，这已是不争的事实。而摆在我面前的这部《嘉兴端午习俗民间故事》，其主要篇章是在 21 世纪初农村现代化、城镇化进程十分迅猛的情势下，从各县（市、区）的普通百姓中搜集采录而来的，这雄辩地说明，端午传说及其所记载的种种端午民俗事象，即使在现代社会条件下，依然在经济发达的嘉兴地区的民众中以口口相传的方式生存着、生长着、传播着、承继着，还显示着民间口头文学鲜活的生命力和影响力。

尽管民间作品不等于历史，不能把春秋时代的屈原、伍子胥、勾践这类历史人物附会到端午的起源传说上就因而认定端午起源于春秋战国时代，但毕竟如俄苏伟大作家高尔基所说，"从远古时代起，民间文学就是不断地和独特地伴随着历史的"[①]，以历史上的真实人物和历史

---

① 高尔基：《苏联的文学》，见《高尔基选集·文学论文选》，北京：人民文学出版社，1958年，第336页；又见拙编《俄国作家论民间文学》，北京：中国民间文艺出版社，1986年，第337页。

事件为核心情节的传说和以纷繁杂芜的端午民俗事象为核心情节的故事，依然在嘉兴地区相互依存、口头流传的事实，无疑是我们今人认识历史和考察民众宇宙观和社会观的重要材料！也因此值得我们加倍地珍惜和悉心地加以保护。

《嘉兴端午习俗民间故事》就要付梓了，编者嘱我为之写序，现写了上面这些文字，作为我对这本书的祝贺吧。

2010 年 5 月 18 日于北京

土家歌谣中的生命原点意识

——《言情于歌——清江流域土家族歌谣研究》序[①]

与谢娅萍教授的文字之交已有多年了。近十多年来，我在她所供职的《湖北民族学院学报》发表过一些文章，都是经她之手编辑发表出来的。可是我们至今也还没有机会谋面。她在编辑工作之余，又从事人文学术的研究，对土家族的文化表现出了特别的热情与专注，多次到清江流域土家族聚居地区做田野调查和专题采访，并在报刊上撰发文章，提供了许多新鲜的材料和论点。以前她赠送我的《土家族村落文化的审美流变》（合著），就是以木鱼寨为个案，以实地调查和文本材料研究并重，解读土家族民众审美文化的一部专著。在这部书之后，如今她又完成了这部新著《言情于歌——清江流域土家族歌谣研究》。我对她这部土家族歌谣的专题研究书稿即将付梓，表示钦羡和祝贺。

土家族是一个有着悠久传统和灿烂文化的古老民族。该民族的先祖可能就是已经消失在历史深处的巴人。可以肯定的是，自秦以来，土家族就聚居于湘西、鄂西、川东、黔东北四省毗邻的武陵山区，在此休养生息，而少有迁徙、战乱之苦。这块地处千山万壑之中，史称荆楚、沅湘的地区，对于历史上的中央王朝而言，自然属于鞭长莫及之边地了，然也因而使他们的文化保持着较为独立的系统和稳定的形态。只是

[①] 谢娅萍：《言情于歌——清江流域土家族歌谣研究》，武汉：湖北人民出版社，2011年。此序发表于《三峡论坛》2011年第2期；《恩施日报》2011年4月28日第11版。

在清雍正朝实行"改土归流"政策之后，土家族的本土文化受到周边汉文化的影响加剧，大大加快了其吸收异族文化的进程，从而促使本土文化发生了和发生着日益显著的嬗变。土家族虽然没有自己的文字，早就以汉语作为交流的工具，但相对闭塞的自然、地理环境和巫文化盛行的人文环境，给土家族的文化传承及其嬗变，造就了一些重要的特点。东汉王逸在《楚辞章句》里就指出："昔楚国南郢之邑，沅湘之间，其俗信鬼而好祀，其祀必作歌舞，以乐诸神。"也就是说，相对闭塞的地理环境以及巫风和淫祀，使包括歌谣在内的土家族的传统文化，浸染着浓重的巫文化的色彩。即使到了现代，我们也还能看到，构成土家族文化重要部分的民歌（歌和谣），似乎除了狭义上的情歌而外，仍然没有与仪式彻底脱离干系，生产劳动有薅草锣鼓歌，祭祀有摆手歌（舞）和梯玛歌，婚嫁有哭嫁歌，发丧有撒叶尔荷（亦歌亦舞）……而且从形态学来讲，正如作者所说，"其原始歌谣特别是神歌，总是与巫舞、巫祀联系在一起"，体现着"生命原点意识"，而有些歌谣甚至至今也还相当完整地保留着歌舞"综合体"的原始形态。作者从史诗《摆手歌》（也是歌舞综合体之一例）中，发掘出了土家人在氏族生存繁衍的叙事中隐藏着的对生命意识的执着吟唱和呼唤。

清江流域的土家族只是四百万人口的土家族之一部。作者选取居住在这一地区的土家人的歌谣及其流变史作为研究对象，除了已有的文本材料外，还以从亲历田野调查中得到的当代还流传于民间的鲜活材料，运用历史的和地理的比较方法，从多学科的视野和角度出发，来探索歌谣与民族（如白虎崇拜）、歌谣与群体（如族群意识、祖先崇拜）、歌谣与社会（如改土归流前后的社会）、歌谣与地域（荆楚、沅湘）、歌谣与生产（如舟船、耕作）、歌谣与生活、歌谣与民俗（如婚嫁、丧葬、祭祀）等的关系，尤其关注社会的诸多方面对歌谣内容、风格、特点、体式之形成的影响，以及人的多面生活在歌谣中的表现与揭示，对近代以来相对处于薄弱地位的中国歌谣学的拓展，是有积极意义的。

采集歌谣和研究歌谣（包括古人的注疏、集解、正义等方法），在我国文化史、文学史上是有着光辉传统的一种事业和学问。在这方面，先贤们为我们留下了《诗经》《楚辞》《乐府》等专集，以及许多古代文献中辑录、引述并阐释的优秀古代民歌，既有地域的，也有民族的，成为我们了解和研究中国古代社会和人类自身的重要材料和百读不厌的优秀文学读物。近百年来，前辈们在粤东民歌、吴歌、花儿、陕北民歌、东蒙民歌等的辑录和研究阐释上，也多有贡献，给我们留下了很多珍贵的遗产，使中华文化多元构成的格局添加了许多有说服力的证据。《诗经》之所收，基本上是北方的诗歌和民歌。《楚辞》之所收，扩大了疆域，涉及了楚国的作品。汉武帝立乐府，采录的范围扩大了。及宋郭茂倩所辑编的《乐府诗集》，虽收有吴楚之地的民间作品，如巴州的《竹枝词》，但似乎也并没有清江流域的土家族的歌谣。而地处荆楚、沅江之地的土家族的歌谣，虽然自东汉以降就有文人学者在其著作中论及，但毕竟不过是偶尔提及而已，还没有人对其做出系统的深入的阐释。现在摆在我前面的谢女士的论著，不仅是作者对现代条件下还在清江流域土家族民众中流传的传统歌谣的研究和阐释，而且还包含了透过她的多学科视野下遴选出来的土家族歌谣的范本，和她所撰述的歌谣演述环境的田野手记。因此，她的劳动自然是难能可贵的了。

《诗序》曰："变风发乎情，止乎礼仪。"朱熹《诗集传·序》曰："凡诗之所谓风者，多出于里巷歌谣之作。所谓男女相与咏歌，各言其情者也。"作者把自己的著作取名为《言情于歌》，我想就是取此义而名之的。我欣赏这个题目，它简洁而意深。

以上寥寥数语，就算是给谢娅萍女士的专著《言情于歌》的序言吧。

2010 年 7 月 29 日于北京

刘德方——第一批国家级非遗传承人

——《诸家评说刘德方》序①

回顾中国民间文学的现代学术史，大概没有人会否认，20世纪八九十年代是一个在田野调查和学术研究两方面都呈现出大发展、大繁荣的黄金时期。故事学、歌谣学、史诗学等领域，尤其是少数民族民间文学的调查与研究，都做出了前无古人的成就，给后人留下了丰富的文化学术遗产。具体说到故事学的建构上，故事村和故事家的发现与论说，是中国民间文学学科进入发展和成熟期的两个标志性领域，也是中国民间文艺学家们对世界民俗学的重要贡献。在那个思想解放、意气风发的新时期，中国的民间文艺学家们，在民间文艺调查、收集和研究方面，已走在了世界各国同行们的前列。

由于自然环境和社会历史的多种原因，一直到了现代，鄂西北地区仍然是我国包括民间文学在内的民间文化蕴藏丰富和保护良好的"富矿区"之一，理所当然地应该是一个民间文化生态区，从而在国家层面上得到保护，同时为国际学界所承认。在湖北省境内，以讲故事著称的著名故事家刘德培（五峰县长乐坪镇珍珠山村，已故）、罗成贵（丹江口市伍家沟）、孙家香（长阳土家族自治县都镇湾）、刘德方（宜昌市夷陵区下堡坪）先后被发现。他们讲述的故事的精选本（孙家香《孙家香故事集》，1998；刘德方《野山笑林》，1999）也相继公开出版，从而得

---

① 宜昌市夷陵区民间艺术研究会编：《诸家评说刘德方》，北京：大众文艺出版社，2011年。

以其"第二生命"（芬兰学者劳里·航柯语）在鄂西北以外的更加广大地区传播和阅读。2007年6月5日，刘德方被国务院认定为"第一批国家级非物质文化遗产项目代表性传承人"；2009年5月26日，罗成贵和孙家香被国务院认定为"第三批国家级非物质文化遗产项目代表性传承人"；2007年6月，刘德方和孙家香同时被中国文学艺术界联合会、中国民间文艺家协会认定为"中国民间文化杰出传承人"。

　　刘德方讲述故事的代表作《野山笑林》出版，华中师大刘守华先生当即寄给我一本，使我有机会先睹为快。我从中领略了故事家的深厚的民间文化素养，特别是讲述民间故事的才能和驾驭语言表达的能力。同时，也引发了我对他这样一位处于社会下层、生活道路坎坷不平的农民，何以能成就为一位杰出的民间故事讲述家做了深度的思考。但与刘德方见面，进行面对面的对话，却是四年以后的2003年11月6日。这一天，我与在华中师范大学参加海峡两岸民间文学学术研讨会的学界朋友一道，从武汉赶赴宜昌夷陵区，在一间会议室里与他做对视的谈话和答问。在我的记忆里，面对这些长期从事民间文学研究的专家和当地的领导们，刘德方虽然不免有些许紧张，谈话间不时插入一些应酬性的语言和政治性的套语，但总体上说，还是比较充分地展示出了他作为一个民间文学讲述家的智慧和风范。生长于农村、常年从事体力劳动、与我年齿相仿的他，那不凡的谈吐给我留下了颇深的印象。稍后，主持"非遗"保护工作的宜昌市文化局长一行来京向文化部做项目申报准备工作和数据库工作的汇报，我也被邀与闻其事。席间我曾当面同他们做了交流，对如何保护好刘德方及其所掌握的民间故事及其他民间知识资源，提出了我的个人意见。诚然，刘德方所掌握的民间故事和其他民间知识，在一定程度上代表了下堡坪的民间文化的贮藏和风貌。如果说，对第一批国家级非物质文化遗产项目申报名单中的"伍家沟民间故事"，专家们比较熟悉，除了对其保护现状有些担忧、甚至非议外，没有更多的疑问。然而，对"下堡坪民间故事"这个保护项目，则相对比较陌生，而借助于对刘德方其人其艺的了解，很自然就大大增加了专家们对"下堡坪民间故事"进入国家级名录的信心。正如后来事情的发展一样，

"下堡坪民间故事"顺利通过专家评审，国务院于2006年6月2日发布文件，宣布其进入"第一批国家级非物质文化遗产名录"。次年，刘德方顺理成章地被认定为"下堡坪民间故事"（编号：Ⅰ-16）这个国家级"非遗"保护项目的代表性传承人。对他而言，这既是对他的肯定，又加重了他肩上的责任。下堡坪民间故事及其传统能否在他的手上传承下去，他的责任就显得很重很重了。

故事讲述家的研究，在我国，早已形成了传统。且不说新中国成立前延安时代对盲艺人韩起祥的研究。新中国成立后不久，孙剑冰先生1954年在内蒙古乌拉特前旗中滩调查时，发现女故事家秦地女，搜集到她讲述的《天牛郎配织女》故事群（《略述六个村的搜集工作》），成为新中国民间文学工作者有口皆碑的经典。进入80年代以后，辽宁女民间文学工作者张其卓，在岫岩发现满族三老人故事讲述家李成明、李马氏、佟凤乙，并对他们追踪研究。沈阳部队民间文学工作者裴永镇，在黑龙江发现并搜集记录朝鲜族故事家金德顺。山东民间文学工作者靖一民等，在沂蒙山地区发现胡怀梅、尹宝兰、王玉兰、刘文发等四老人故事讲述家，省里召开"四老人故事研讨会"。青岛市民间文学工作者张崇纲等，在崂山发现故事讲述家宋宗科，该市召开"宋宗科故事讨论会"，出版论文集。宜昌市民间文学工作者王作栋，发现故事讲述家刘德培，并进行研究。宜昌市长阳县蔡国松，发现女故事讲述家孙家香。山西民间文学工作者张余，发现故事讲述家尹泽……都属于开风气之举。我们可以自豪地说，中国民间文学的调查和研究走在了世界的前列。我们做出了西方民俗学家们所没有做到的业绩和成就。

对于民间文化传承人刘德方的调查研究，中国民间文艺家协会、湖北省民间文艺家协会、宜昌市夷陵区文联及该区刘德方民间艺术研究会，做了很多及时有效的工作。多次组织专家学者进行调查采访，热心而认真地向国家文化部门介绍和推荐。宜昌市夷陵区刘德方民间艺术研究会成立后，在会长彭明吉先生的带领下，几年间卓有成效地工作着，先后整理出版了"四书一碟"。即：《野山笑林》《野山笑林续集》《郎啊姐》《奇遇人生》《刘德方笑话馆》。他们的工作成就，为知名专家的深层次研究提供了极为丰富的资料。总之，在联合国教科文组织和我国启动的"非物质文化遗产保护"背景下，夷陵区进行的民间文化传承人的研究，走在了全国前列，充当了"东风第一枝"——引领者的角色。摆在我手头的这本《诸家评说刘德方》，就是从不同的视角对刘德方其人其艺研究的新成果。该书收录了许多知名的专家学者论述刘德方的文章，让读者看到一位多棱镜下的国家级非物质文化遗产项目代表性传承人的风范。

主持编辑该书的宜昌市夷陵区民间艺术研究会，嘱我为这本书写序。我写了上面的话，就作为序言吧。

2010 年 11 月 22 日（小雪）于北京

圣与俗的统一

——《天坛的传说》序[①]

天坛是明清两朝皇室举行祭天大典的祭坛。这座位于北京城南端的祭祀之所，始建于明代永乐十八年（1420），后经明嘉靖、清乾隆两次大规模增建、改建和扩建，逐渐形成了一个南有圜丘坛和皇穹宇、北有祈年殿和皇乾殿的辉煌壮观的皇家建筑群。天坛的建筑，有圆的坛，方的墙，外坛墙和内坛墙构成了北圆南方的形状，这个形状正是中国古代"天圆地方"和"天人合一"宇宙观的具象体现。

中国古人把天（神）／天帝视为宇宙间至高无上的主宰者，而皇帝——天子乃是天帝在世间的当然代表者。所谓"君权神授"是也。也就是《礼记·经解》所说的："天子者，与天地参，故德配天地，兼利万物，与日月并明，明照四海而不遗微小。"而天坛就是天子向天帝表达敬意，祈求国泰民安、国运长久的祭祀场所。皇室每年要在天坛举行三次祭祀活动——祈谷、祈雨、祭天。有人统计，明清两朝前后累计执政 573 年（始自 1368 年，终于 1911 年），换了 28 位皇帝，曾有 22 位皇帝在天坛举行过 654 次祭天大典。帝制结束后，民国政府于 1918 年将天坛辟为公园，向民众开放，由天子举行的祭天大典随之成为历史。1998 年 12 月 2 日，在世界遗产委员会第二十二届会议上，天坛被联合国教科文组织世界遗产委员会批准列入《世界遗产名录》（编号：200-

---

[①] 李俊玲编：《天坛的传说》（"非物质文化遗产丛书"），北京：北京美术摄影出版社，2012 年。此序发表于《中国文化报》2011 年 5 月 5 日。

021)。其评语是:"天坛是建筑和景观设计之杰作,朴素而鲜明地体现出对世界伟大文明之一的发展产生过影响的一种极其重要的宇宙观。许多世纪以来,天坛所独具的象征性布局和设计,对远东地区的建筑和规划产生了深刻影响。2000多年来,中国一直处于封建王朝统治之下,而天坛的设计和布局正是这些封建王朝合法性之象征。"这最后一句话,讲得也很合乎实际情况,即:天坛是作为"封建王朝合法性之象征"而存在于天地之间几百年了的。

"天人合一"宇宙观的融入,使被赋予祭祀功能的天坛建筑群和由皇帝主持的祭天活动,具有了神圣而独特的人文寓意。北京城区的市民和周边郊区的乡民,因直接受到天坛建筑群神秘性和神圣性以及祭天大典的激发和影响,久而久之,便创作出了一些关于天坛的口头传说。这些口头传说的产生,以及对一代代民众的影响,从根本上说,表达与反映了长期处于农耕社会下的广大民众的生存意愿和现实诉求。天坛建筑群的一柱一础,祭祀活动的一鳞一爪,因其蕴含着天地沟通的神圣寓意,而给了参与传说创作的民众以灵感的空间与想象的激发。受传说的内在规律的支配,愈是神圣的或神秘的领域,就愈能激发人们的想象力和创造力,因此,围绕着天坛和祭祀而产生的民间口头传说,既有神圣性,也有世俗性,圣与俗的统一,成为天坛传说的一个显著的特点。

北京市的民间文学工作者和文化工作者曾对天坛的传说进行过多次调查采录工作。本书编者根据历次调查采录、特别是2010年的调查采录所获得的口述记录文本,把天坛的传说大致分为五个类别。

(一)建坛传说

本书所收《天坛的由来》《天坛建立之说》《建祈年殿的故事》《嘉靖重修祈年殿》等传说,从不同角度讲述了皇家与天坛千丝万缕的联系。如《神童相助修圜丘传奇》中讲述说,乾隆扩建圜丘时,一个要饭的小童,帮助工匠们画出"九九祭坛图",完成了皇上要求的"从坛面到台阶,所用石料都应是九或九的倍数"。阐释了天坛建筑中的"九"

的象征意义。

（二）景物传说

景物传说或风物传说，在我国特别发达，老百姓把自己家乡的一山一水、一景一物，都赋予灵性，创造出美丽动人的传说，成为地域文化的重要组成部分。天坛的景物也一样，成为老百姓口头创作的重要题材。对于北京地区的老百姓来说，天坛是皇帝与天对话的地方，是个神圣而神秘的地方，所有的建筑都充满了神奇色彩，每座建筑的构成都由"天"主宰，体现着"天为阳，地为阴""天圆地方""天人合一""天人感应"的观念。值得注意的是，作为天坛景物传说的题材的天坛建筑群，大多不是自然物，而属于人造物，工匠们把建筑科学与人文理念融为一体。我们看到，天人感应的观念的融入，为天坛的景物传说涂上了一层神奇的和神秘的色彩。

（三）天坛故事

传说的创作，一般是有现实生活的人物或事物作为凭依，其体裁特点是解释性的。而天坛的民间传说中，有一些在流传中显然突破了传说体裁（形式）特点的限制，虽然也还保留着某些解释性的痕迹，却更像是幻想故事或生活故事。如《槐娘和柏郎的故事》《火灾和小青蛇》《苗笛仙和天坛益母膏》《甘泉与天坛的甜水井》等。"益母草的传说"就是一个例子。清乾隆年间汪启淑著《水曹清暇录》里就有关于天坛益母草的记载，清道光时麟庆著《鸿雪因缘图记》中有《天坛采药》一章，清吴长元著《宸垣识略》中也有此传说的记载，这说明，民间早就有关于益母草的种种传闻，逐渐被民众附会到天坛的传说中来了。再如《甘泉与天坛的甜水井》的传说，也是有渊源来历的，清人王士祯曾作诗"京师土脉少甘泉，顾渚春芽枉费煎。只有天坛石甃好，清波一勺买千钱。"这里的"清波一勺买千钱"指的就是传说中天坛甜水井的水，说明天坛甜水井的传说，至少在清代就已广为流传。考察这类传说故事的来龙去脉，特别是弄清楚这些传说如何被黏附到天坛传说中，而又逐渐褪去传说的本性，逐渐向着幻想故事或生活故事演变，应该是一个很有意思的学术课题。

（四）坛根儿传说

"坛根儿"是北京老百姓对天坛周边地区的称呼。以天坛为中心，北有金鱼池，西有天桥，东有法塔和四块玉，南有筒子河，这些地方俗称"坛根儿"。这些地方，历来都是普通劳动者的聚居之地，在这里流传的传说很多，如《金鱼池和龙须沟》《龙睛金鱼》《沈万三脚跺金鱼池》等，反映出生活在社会最底层的人们对美好生活的期望。被称为"坛根儿"的天坛周边地区的一些传说，被逐渐附会、纳入、融合或兼并到了天坛传说的系统中，从而丰富了、扩大了天坛传说的内容和领地。前面我们说到天坛传说是圣与俗的统一，既有神圣性的，也有世俗性的。从"坛根儿"的传说中，我们发现，随着社会的进步，天坛传说中属于神圣性的部分，受到现实生活变革的制约，而呈现出逐渐减弱的趋势，而属于世俗性的部分，则逐渐扩大，越滚越多。

（五）人物传说

历代帝王天坛致祭活动的逸闻轶事，近现代历史人物的有关行迹，历来成为市民的街谈巷议，在坊间广为流传。读者在这类传说中看到的乾隆、光绪等这些封建帝王，袁世凯等这些历史人物，都是民众通过一两件事情来展现，而不是对这些人物的整体描写，不可避免地偏离开人物或史实本身，有一定程度的虚构。但在这些传说里，老百姓对这些人物却有自己的褒贬评价，有时不免黑白分明，脸谱化了，但他们所表达的无疑是平民的立场和观点，跟正史是不会一样的。而这正是这类传说的价值之所在。

天坛传说在北京地区已经传承了几百年了。这些传说的传承，靠的主要不是书面记载，而是口头相传：社会的传承，邻里间的传承，家庭的传承，公园职工的传承等。天坛传说之所以能在北京这样的大都市的市民和乡民中流传，其原因，如前所说，仰赖于融合了"天人合一"宇宙观的天坛建筑群，和历代帝王的祭天活动。如果再深究一步，天坛传说是农耕文明条件下的精神产品，而社会的主体民众的生存与发展，要靠自然的赐予，靠天吃饭，靠对"天"的信仰。他们也对皇帝举行的祭天仪式、祈雨仪式、祈谷仪式，从而达到风调雨顺、国泰民安给予认同和寄予希望。这就是天坛传说之所以能在北京这样的五方杂处的社会成员（主要是市井社会）中得以传承和传播的社会历史条件。如今，原始的和初级的农耕社会条件已经渐行渐远了，北京市已经由一个帝都城市发展成为现代化的国际化的大都市，也就是说，天坛传说之生存、传承、增益、延续所依赖的农耕社会条件，尤其是对"天"的信仰，已经基本上不存在了，传承的群体——旧时的市井与市民——也已发生了巨大变化。天坛传说的生命力出现了衰减的趋势。随着天神信仰体系的衰微，天坛传说以及其他地方传说的功能和性质，开始发生着转变，文化遗产、文学作品、知识库、审美载体、兼具科学价值和认识价值的社会历史资料的角色和功能，越来越凸显出来。同时，随着城市规划和格局的变化，四合院变成了高楼，人们聚在一起谈天讲故事的机会和环境少了，而且能够讲述这类传说的，其平均年龄也多在70岁了，因此，以人为传承载体的天坛传说，也出现了传承危机。这也是我们要以"政府主导，社会参与"的原则，加以抢救和保护的理由吧。

2010年，原崇文区非物质文化遗产保护中心组织力量深入社区、学校、旅游群体，挖掘、搜集、记录和整理当下时代还在民间流传的天坛传说，并将其采录来的文字记录稿编辑成书，以期天坛的传说故事能继续在口头传承的方式之外，也以其"第二生命"——记录文本，在更广泛的读者中得到更广泛的传播。这无疑是对以口头传承为传承方式的民间文学进行保护的一个重要措施。

近几年来，笔者一直在关注着北京市的民间文学发展的命运及其保护工作，也曾应邀为原崇文区（现崇文和东城两区合并为新东城区）准备下社区去进行调查搜集天坛传说的社区文化干部朋友们讲过课，故而，在本书即将付梓之际，编者李俊玲女士要我为之写序，所以我很高兴地答应了。谨以上述文字表示我对这部传说集的出版的祝贺。在本序中，我也发表了一些个人的见解，希望得到读者和方家的批评指正。

2011 年 3 月 13 日于安外东河沿

从永定河传说看独具特色的京西文化

——《永定河传说》序①

石景山"左临帝都,右绕长河"。这"长河"就是古老的永定河。永定河从石景山出山向渤海奔流,由此形成了城市的依托——北京湾小平原。石景山区在地理位置上,是北京的关键部位,对北京城市的生存和发展起着其他地区无法替代的作用。

永定河历来被称为北京的母亲河。有着3000余年建城史和850余年建都史的北京,其发祥之地,就在永定河从晋北群山中奔涌而出形成的冲积扇和古渡口一带。有了永定河,有了沿河而居的先民,就有了关于这条河流的种种传说故事。永定河的传说见证着北京城和北京人繁衍生息、艰辛奋斗、繁荣发展的漫长的历史。永定河的传说既是古老的,也是新鲜的。在如今现代化、全球化、信息化、城镇化的时代浪潮和建设国际化大都市的进程中,永定河的传说遭遇到了前所未有的剧烈的冲击。"永定河的传说"于2008年被列入第二批国家级非物质文化遗产名录。这标志着,这个在永定河流域里流传的系列民间传说群,作为中华传统文化和北京传统文化的重要组成部分,从此在国家层面上得到了保护。

最早的人类无不是沿河流而居,并在河流的两岸创造了古代地域

---

① 杨金凤编:《永定河传说》,北京:北京美术摄影出版社,2014年。此序以《从永定河传说看独具特色的京西文化》为题发表于《中国文化报·非遗》2013年2月22日;《京西文化》2013年第1期。

文明的。两河流域的古先民，孕育和创造了两河流域的古文明。印度河和恒河流域的古先民，孕育和创造了印度古文明。黄河和长江两岸的古先民，孕育和创造了华夏古文明。永定河在华北文明史和北京文明史上的意义亦然。

永定河发源于山西省宁武县的管涔岭天池，流经山西北部、河北北部、北京、天津，从晋北高原穿过崇山峻岭，奔腾而下，在广阔的华北平原上形成了大片的冲积扇。其流经北京的河段长159.5公里，面积达3168平方公里。考古发现表明，永定河流域是一条"古人类移动"的天然走廊。而永定河流经的北京小平原上的古渡口，由于其优越的生存环境，形成了北京地区最早的原始聚落。永定河以自己的乳汁哺乳了世世代代的北京人，世世代代的北京人也在这块小平原上孕育和创造了辉煌的地域文化——永定河文化。

永定河文化是一个延续了几千年、具有开放性和包容性的地域文化。《尚书·禹贡》《山海经》等古文献中，记载了大禹治理的绳水（桑干河的古称，下游即永定河）以及绳水所出的碣石之山。有注者说，碣石之山即今之石景山；今石景山地区，历史上曾有燕昭王的碣石宫；至今仍有"碣石坪"的地名。作为商时期方国的"蓟"与"燕"文化，应该是早期阶段上的永定河文化。两千多年前春秋时期的"雅乐"，即使在当今时代，也还在永定河流域传承的古幡乐中或隐或显地保留着一些成分。北京地区最早的佛教寺院，也建在永定河流域的北京界内，标志着1700年前佛教文化已经传入了北京。辽金建都北京后，西部的秦晋文化借助于永定河这条大通道，与永定河土著文化逐渐交融。至今在一些秧歌戏里，仍保留着金元时期的曲牌。在多种文化交融的永定河文化中，也包括了大量民众以口头的方式创作和传承的有关永定河的传说故事，这些传说故事包括神话传说、史事传说、人物传说、风物传说、神奇故事、生活故事等，奇特地伴随着历史的发展，记述了永定河的灌溉之利、泛滥无常、决堤改道以及治理的种种史迹，表达了民众对安居乐业的希冀和憧憬，讴歌了永定河及其治水者们和生活在这片土地上的人民艰辛创业的历程。

凡是历史悠久、传统深厚的民族或地域，一般都富有神话和传说的传统。永定河流域，尤其是得其地利的石景山地区，就是这样的一个富有神话传说的地域。因为永定河出峡谷后在此地冲击而形成小平原，既给生息繁衍在这里的民众带来了河水之害，也带来了河水之利。北京历史上的著名水利工程几乎都从石景山地区起步，这里有三国时期刘靖开发的水利工程戾陵堰和车箱渠；有郭守敬领导开发的元代金口工程；有永定河上最坚固的"铜帮铁底"的石卢段工程，有永定河流域最大的河神庙——北惠济祠……由此产生了古老的水文化；同时石景山又是京西军事、经济、交通的要道，其多种文化更是相促相生。凡此种种，无不给他们留下了深刻的记忆，激发了他们深邃而诡异的想象，提供了自强的精神力量。也因此而使产生于此地的神话、传说、故事内容广泛，且具有浓厚的地方色彩。

综观永定河的传说，不论是直接反映河水泛滥和治理工程的，还是反映流域内的人物、史事、风物、村落和日常生活的，几乎所有的传说都留下了历史的影子，或直接，或间接。传说的创作和传颂，在其初期，总是以史实和人物为依据的。史实和人物是传说的内核。史实一旦进入了民众的口传，便会像滚雪球一样在滚动中粘连上、附着上一些枝枝叶叶，从不完整到完整，从简单到复杂，从单一到交错。而传递的时间越长，传递的人群越多，虚构的东西也就越多，距离史实本相也就越远。传说与史实的关联及其消长，是传说的特点和一般规律，也是永定河传说的一个重要特点。我们读《永定河畔刘靖开渠》这篇传说，其主要情节几乎与文献中的刘靖其人其事别无二致，没有任何的虚构，也看不到讲述者的叙事个性，也许就是搜集者根据文献创作而成，并非从民间口头传述中采集而来。而读《河挡与挡河的传说》，给我的则是另外一种印象。所写明武宗朝的太监刘瑾，因图谋泄永定河之水以淹北京城未能得逞，有人认为系民间讲述者把三国时魏国征北将军刘靖治理湿水（永定河）的史迹，移花接木置换到明代的人物身上。查《三国志·魏志》"刘馥传"："……（刘）靖以为'经常之大法，莫善于守防，使民夷有别'。遂开拓边守，屯据险要。又修广戾陵渠大堨，水溉灌蓟南北；

三更种稻，边民利之。"另据郦道元《水经注》"刘靖碑"："水流乘车箱渠，自蓟西北迳昌平，东尽渔阳潞县，凡所润含四五百里，所灌田万有余顷。……高下孔齐，原隰底平，疏之斯溉，决之斯散，导渠口以为涛门，洒滮池以为甘泽，施加于当时，敷被于后世。"这里讲的史事，就是魏嘉平二年（250），任征北将军的刘靖镇守蓟城，为开垦屯田，率领1000余人在梁山（今石景山）南麓的湿水修建大型引水工程戾陵堰和车箱渠的事迹。在他的治水工程中，永定河水自堰东端入渠，顺渠经石景山金顶街向东，至紫竹院注入高梁河。景元三年（262），他又对车箱渠进行扩建，从高梁河上游将车箱渠自西向东延伸，直至湿余水（今温榆河），并引至潞河（今白河下游），使永定河水沿渠灌溉今昌平、密云、通县等地农田万余顷。民间的故事讲述者把历史上一些人物及其行为，移植到另一个传说故事的情节结构之中，是常有的事，但石景山区的民众何以把刘靖这样一个历史上治水的正面形象，无端地置换为刘瑾这样一个否定性形象？个中细故，还有待进一步探索。

  以史实、人物为依据、为由头、为核心的传说，在永定河的传说中，所在多有，从而形成了一个坚实的现实主义的传统。传说以史实、人物为依据、为由头、为核心，不等于一成不变地把史实搬到传说中。传说之所以被创编出来，一定是经过了创编者从自己的价值观出发的个性化的选择、剪裁、创造和重铸，而在其后的传承和流传中，又会因时势、价值观、审美观等的变迁而发生嬗变的，但不管怎样嬗变，其核心、其原型、其母题，还会存在于传说之中。以唐僧取经故事为题材的著名传说《石经山和湿经山的传说》，就是以石景山上有晾经台，石景山旧称湿经山、石经山这样的史实为依据的，但经过民间传承和讲述，唐代的僧人变成了《西游记》中的唐僧。杨家将的传说，如《龟神庙的传说》，在永定河流域也是一个家喻户晓的传说。传说里所写的神龟助杨六郎渡河的情节，折射出永定河沿岸老百姓的人心向背。可以想象，如果没有杨家将在这一带的英勇奋战，并留下许多遗迹，是不会被老百姓创作出那么多给人留下深刻印象的民间传说的。以刘伯温为主人公的传说，流布于大江南北许多地区，而在永定河流域流传的《高亮赶水》

《刘伯温与麻峪村的暗河》等传说中,则把刘伯温建北京城的史事,移植到永定河文化的背景中,尽管糅合了不少神怪的幻想和奇异的色彩。康熙皇帝赐名永定河一事,折射出明清两朝在治理永定河水患上的一系列重大举措如何深得民心,故而也理所当然地成为永定河传说的一个重要主题。《王老汉栽种河堤柳》的传说,与历代治理永定河时栽种河堤柳有关。《冯将军严惩老兵痞》更是以冯玉祥治理永定河的史实为依据的……不一而足。

永定河的传说,作为永定河流域地域文化的一个组成部分,除了上述与水有关的传说以外,我们也欣喜地读到一些更接近于民间故事的,即有在固有的母题或原型上拓展、虚构性比较明显的传说作品和近似于寓言、带有训诫意义的作品。前者如《避水的金鸽子》,读来似接近于传统意义上的南蛮子憋宝型的故事;后者如《刘九和趴蝮的故事》,读者读后得到的启示是:天上地下,任何事情都不能乱来,都要遵规守矩。

地方风物传说和"解释性"的传说,在永定河的传说中占有很大分量。地方风物传说,是一个地方的文化名片,是生于斯长于斯的老百姓对自己生活的地方津津乐道、引为自豪的故事。如卢沟桥的传说、石景山的传说等。这类传说,又往往与历史上的名人轶事相联系,如此,也就在知识性之外,陡增了几分趣味性。与地方风物传说相类的,是一些解释性的传说。一个村落,一块石头,一段堤坝,都会被人们附会上一段故事。无论从日常生活的知识结构说,还是从民众的审美立场说,这些解释性的传说,都是别有天地的。譬如一些古村落的名称由来的传说,不仅给读者提供了相关的历史知识和生活知识,填补了地方志、民俗志的不足,且往往再现了一段生动真实的地方历史。如:浑河(《浑河的传说》)、挂甲坨(《军庄的传说》)、碣石村(《珠窝村和碣石村的来历》)、庞村(《庞村与卧龙岗村的由来》)、狼窝(《狼窝的传说》),等等,都是一些妙趣横生的口头艺术作品。

土特产的传说大多都是解释性的传说。如:金把黄(《金把黄的由来》)、打破碗花(《打盆打碗磕的传说》)、姑妞草(《姑妞草的传说》)、轧花苗（《轧花苗与喇叭花》)、桑葚（《白桑葚紫桑葚》)、野鬼子姜（《野鬼子姜的传说》)，等等。讲述这些土特产的传说，都带出一个美丽而凄婉的故事。最令我动情的是《轧花苗与喇叭花》，表面看是一个解释性的故事，其实是一个典型的"继母型"故事。在中外学者的研究中，继母故事以灰姑娘故事为最有名，但中国的继母故事，则情节多样，仪态万方。受继母虐待的轧花苗（花丫儿），并不是跳舞丢了玻璃鞋，而是被继母赶出了家门，最终指月为媒，与她所爱的青年宴博成婚，过上了幸福生活。

永定河的传说是丰富的，多样的，多彩的，构成了一条民风独具的京西文化走廊，向我们展现了永定河文化的一个侧面。作为北京文化的母体文化，是现代北京所不能舍弃的。但作为主要流传地区和保护主体的石景山区以及与之相邻的其他区县（如门头沟区等），在当今的现代化时代背景下，正在从过往的"驼铃古道"文化角色，急速转变为北京城市功能拓展区中的"首都休闲娱乐中心区（CRD）"。而社会的转型，农耕文明背景下的永定河民间传说，面临着生存条件急剧丧失的困境。我们一方面希望能给永定河传说的活态传承和发展提供良好的社会条件和文化氛围，尽我们当代人的力量使其传承下去；另一方面，我们也期望这本《永定河传说》所载的文本，能够发挥"民间文学第二生命"的作用，使更多的读者阅读，在更大的范围里传播和传承。

2012年就要成为历史了。自2008年6月"永定河传说"被批准进入第二批国家级非物质文化遗产名录至今，已经过去了4年。在这4年里，石景山区文化委员会组织力量在区内外进行了调查搜集工作，采集到了现在还存活在民众口头上的一批传说，编成了这部传说集。这些传说的文本记录，尽管还有一些可以改善的地方，但实在是难能可贵的。编者要我为之作序，我应承下来，写了如上这些文字，权作序言。

2012年12月29日

民间文学研究的一股清风

——《泰山民间故事大观》(修订本)序①

1980年5月,陶阳兄率领他的属下徐纪民、吴绵两位年轻朋友,到他的故乡泰安地区以及徂徕山周边地区调查搜集当地的民间故事。作为一次试验性的民间文学科学调查,其最终成果结集为《泰山民间故事大观》一册,于1984年初版。这本地方民间故事集,是"文革"结束后进入新时期以来在民间文学科学调查方面收获的第一批著作中的一本。在经历了20多年风雨洗礼之后,这本书依然散发着生命活力和学术光辉。现在修订本就要付梓了,当年主持那次调查和编辑、如今又独自担负修订补充工作的陶阳兄嘱我为之写序,我欣然应允,借以表达我对这本书的修订再版的祝贺。

就这本书所收入的民间故事及其性质、形态、类别、特点来看,这不是一本一般性的民间故事读物,而是泰安地区在20世纪80年代初民间口头流传的各类民间故事的总汇。编者依照调查所得材料的性质和特点,分门别类编为七辑:(1)原始记录稿较完美的故事;(2)同一母题的异文与"综合整理"的故事;(3)同一题目又各自独立的故事;(4)录音稿与加工多的故事;(5)神话与带迷信色彩的传说故事;(6)讲述者各具特色的故事;(7)"整理"稿比较接近"原型"的故事。虽

---

① 陶阳:《泰山民间故事大观》,北京:文化艺术出版社,1984年。此序以《民间文学研究的一股清风——〈泰山民间故事大观〉》为题,发表于《中国艺术报·书缘》2013年5月10日。

然调查者们没有提供一篇总体的科学调查报告,不免多少有点缺憾,但所幸每辑都有编者撰写的"说明",阐述他们搜集采录和整理加工的理念,亦可弥补这个缺憾。从这些"说明"中和所选作品中看得出来,编者编纂这本书的目的,是以"忠实记录,慎重整理"为其学术理念的民间作品记录文本的科学版本。可贵处在收入此书中的民间故事,不论情节是否完整、语言是否有个性、渊源(如原型)是否悠久、流传地是否广泛,是幻想性的还是生活性的,都是编者在"田野调查"中亲自从老百姓口中搜集采录而来的,其调查采集的方法和搜集记录的文本,既保持了讲述者讲述时的内容原貌、情节结构、细节描写和语言风格,又尊重每一个讲述者在口头讲述和文化选择上所显示出来的个性,因而得到了学界的肯定。(要特别指出的是,调查搜集者们把14位有讲述特色的故事家张建新、张光海、沙洪增、姚仲文、李树发、董叔衡、李伯洋、李庆森、张传华、宗传会、王继海、宋步云、聂殿喜、郭凤纪单独立项,与差不多同时出版的辽宁省岫岩县女搜集者张其卓的《满族三老人故事集》遥相呼应,代表了当时的学术取向。)编者在选择材料和阐释内容上的观点,诸如记录讲述文本时要忠实于讲述者的讲述,不用调查者的思想观点代替、改造或芟除讲述人(基本上都是世居当地的农民)在故事中所表达的思想观点和审美情趣,不用搜集者的知识分子的文雅的语言或政策性的官话,修改、改造或代替讲述人的形象性的、地方性的、机智幽默的、带有方言谚语歇后语的生动口语,等等,表现了作者的学术识见和胸怀,这一点是笔者赞同和欣赏的。而有的观点,譬如对那些经历了漫长的历史途程流传至今,粘连上不同时代的宇宙观、道德观、伦理观、审美观、是非观和民间信仰的传统民间故事,被称为封建迷信者,继续沿袭"精华与糟粕"这种二元对立的、现代政治观点的标准来分析、评价、评判其价值,我就不怎么敢于苟同了。须知,种种文化现象的存在与消失,认同与扬弃,均属于老百姓的自己文化选择和社会历史发展使然,必须将其放到一定的历史条件和环境下才能得出正确的答案。

回想当年泰山故事的调查与采录,有其社会文化思潮和学术发展的动因。在中国民间文学界，用什么样的方法作搜集工作，长期存在着歧见和争论。新中国成立以来的情况，大体上是这样的：搜集者和研究者长期处于割裂状态。搜集者队伍，多为文学爱好者、初学写作者，和未经学科训练的基层文化工作者与中小学教师，他们的工作是把民间流行的口述民间作品，经过他们的手转换成文本形态，作为文学读物还给民间，因而大多数搜集者主张对搜集到的、粗糙不雅的民间作品进行加工修改。为了改变这种情况，把搜集工作引上科学化的道路，1958年7月，中国民间文艺研究会召开的代表大会的报告中提出了"全面搜集，重点整理，大力推广，加强研究"十六字方针，并经中宣部批准，以其作为全国民间文学工作者的方针。作为对这个方针的细则解释，专门针对着搜集工作，又先后提出了"忠实记录、适当加工"和"忠实记录、慎重整理"两个在表述上大体相同的原则。在我们的政治体制下，习惯于自上而下地提出方针，令行全国，统率全国，在民间文学事业上也不例外。事实证明，在民间文学的搜集这样一种极具个性和个人自由天地的事业上，这样做不过是一种异想天开的思维模式罢了。这个"方针"和随后提出来的原则，不仅没有能够统一全中国的民间文学爱好者和业余工作者，到了60年代，甚至出现了"改旧编新"的颠覆性主张。而另一支队伍——研究者队伍，人数相对较少，多为高校专业教师和研究所人员，或可把他们称为学院派。他们主张和尊奉民间文学的记录的科学性原则，主张忠实记录，甚至"一字不动（移）"，对民间作品不要擅自修改。但在中国国情下，研究者队伍毕竟大多没有或缺乏田野调查和搜集采录的实践，因而中华人民共和国成立后的研究者们并没有提供出可以作为"样板"普及的科学记录和百姓普及读物。现在看来，中国的民间文学读物，主要是业余的搜集者这个群体的贡献。1964年，主管意识形态的胡乔木在听取贾芝同志的工作汇报后，也曾对民间文学工作发表了一个谈话，其中也谈到要纠正对民间文学作品胡编乱改的现象。这篇谈话，当时曾有打印稿在圈子里传阅，他故世之后，收进了《胡乔木谈文学艺术》（人民出版社1999年）一书中。尽管有这么多措施，在民间文学（主要是民间故事一类散文体作品）的搜集加工问题上的分歧，至少在"文革"前，认识远未统一，问题远未解决。

"文革"后恢复工作，搜集整理问题再度凸显，甚至出现了"改旧编新"这样的脱离民间文学本质和特点的主张，也就是说，搜集整理问题依然成为制约着民间文学工作的重要一环，再次上升为一个突出的学术顽症。于是，中国民间文艺研究会派出研究部的陶阳、徐纪民、吴绵三人组成调查组，于1980年5月15日至7月2日到泰山、徂徕山地区的一些公社和灵岩寺一带进行调查，主要任务是去采录民间故事，其目的，在探索搜集记录民间故事的科学性和可能性。这次调查是采用"有闻必录"的方法，用笔录和录音并用的手段，采录到泰山神话、传说、故事、童话，包括异文，近300篇；徂徕山革命故事和传统故事100篇，革命民歌近300篇（首）。他们希望通过自己的调查采录，能够回答"改旧编新"论者。陶阳在该书里为第二辑所撰之《说明》里，对"忠实记录"、整理方法（整理方法的选取）、"精华"与"糟粕"、异文等做出了自己的阐释和选择。应该说，他们的调查实践，作为实验，为民间文学的搜集写定（"写定"一词，最早出现于何其芳先生写于1946年11月14日、发表在重庆的《从搜集到写定》一文。[①] 在此笔者宁愿以"写定"来代替"整理"这个内涵十分不确定的术语）提供了一份比较合格的答卷，也实现了他们在调查之初为自己设定的计划和愿望。

前面说了，我对他们的成果和理念持赞同和欣赏的态度。回想这本书的初版之时，正是我从中国作家协会《文艺报》奉调重回青年时代工作过的中国民间文艺研究会未久之日，在我主持研究会工作的六年里，其学术理念是：搜集和研究是民间文学工作的两翼，坚持搜集与研究并重的原则，但始终把加强民间文学理论研究放在首位，希望以理论引导和推动搜集，以求逐步改变在民间文学搜集写定中的乱编乱改的现象。我以为，搜集记录民间文学是作为知识分子的民间文学工作者为民众代言，而作家文学是作为知识分子的作家和作者通过作品表达自己，

---

① 何其芳：《从搜集到写定》，见《何其芳文集》第4卷，北京：人民文学出版社，1983年，第147页。

故而，民间文学的搜集写定和作家的创作是性质不同的两回事。而陶阳兄及二位合作者的这本书的问世，在改革开放新时期思想解放运动的初期，忽如一股清风吹来，给这次历时多年的大讨论做了一个并非总结的总结。1990年，我离开工作岗位之后，在我所承担的2003年国家社科基金课题的最终成果《20世纪中国民间文学学术史》一书中，给予陶阳率领的调查组于1980年进行的泰山故事调查及其成果《泰山民间故事大观》这样的评价："调查者所追求的是一种科学采录的境界，他们希望能向民间文学界提供一种'忠实记录'的样板。"他们做到了。

在《泰山民间故事大观》（修订本）即将出版的时候，写了上面的一些文字，是为序。

2013年4月9日

唯物史观的坚守者

——《民间文学论集》序言[1]

张文是我的老大哥，毕业于山东大学，中文系出身。他和我先后于 1956 年和 1957 年踏上了如今已经消失了的王府大街 64 号中国文联大楼的高台阶，进入中国民间文艺研究会工作，他在《民间文学》编辑部，我在研究部，从此我们两个山东佬成了多年朝夕相处的同事，直到 1990 年春我离开工作岗位，各自东西，一晃几十年过去了。当然，其间还有很多酸甜苦辣、无可选择的人生插曲，如 1960 年，我们曾一道被下放到鄂尔多斯高原劳动锻炼，在那里度过了共和国最艰难的岁月，也经受了严峻的考验和历练；1964 年，在文艺小整风的大风暴之后，我们一道被派往曲阜孔村公社参加农村的"四清"运动；1966 年，我们又一道经历了为期十年的"文革"大浩劫和团泊洼"五七"干校的"洗礼"（知识分子脱胎换骨的改造）。蓦然回首，真用得上"弹指一挥间""白驹过隙"这一类的词眼来形容我们生命的步履是如何的匆匆和毫不留情！待到再见面时，我们都已变成了须发斑白的老者，对逝去了的那些岁月和那些事情，甚至我们所倾心从事过的民间文学事业和我们所秉持的学术理念，似乎也都变得模糊不清了。前不久的一天，我们在合同医院协和的候诊大厅里不期而遇，谈话间他告诉我，他已经编好了自己的《民间文学论集》，要我为其写一篇序言。旧日的情谊和今天的信任，又一次把我们的距离给缩短了，我们好像又回到了青年时代。我

---

[1] 张文：《民间文学论集》，北京：大众文艺出版社，2013 年，第 265 页。

没有理由不答应他的提议。因此使我有机会重温了我们在一起的那些年月和我们共同参与的民间文学事业。

作为《民间文学》杂志的编辑、组长、主编，张文前后为我国的民间文学事业服务了五十多年，有多少民间文学作品经过他的手得以面世！有多少本属"草根"的人士踩着他的肩膀攀登而功成名就！嗣后，他又倾注了28年的时光参与了"中国民间文学三套集成"中的30本《中国歌谣集成》省卷本的审读和编纂，从老百姓的口头上记录下了20世纪80年代中国歌谣的活态生存样相。从土里挖金子的著名民间文学编辑家，历史是不会忘记的。

时代的变迁太剧烈了。我们处身于从计划经济到市场经济的社会转型期。我们要抛弃一些过了时的理念和方法，吸收和创造一些新的理念和方法。这是时代的要求。但就人文科学而言，在学术理念逐渐适应时代的大转变的同时，也还有一些根本性的东西，如作为方法论的唯物史观，是不变的，因为它是经过检验的学术真理。当我重读着在这本文集里选录的、写于不同年代的民间文学论文时，很高兴地发现作者是始终遵循了唯物史观的立场和方法的。以前我们的文艺界和学术界一向是把民间文学看作传统的文化现象的，记得20世纪五六十年代，曾经为此讨论得很激烈。我们今天提出"民间文学是当代文化的组成部分"这样的理念，说明我们认识上有了进步。而在文化的价值判断上，无论是传统的文化现象，抑或是当代文化现象，都离不开唯物史观；如果离开了或抛弃了唯物史观，任何事情都不得其解。作者对民间文学与宗教信仰的关系的论述，对一度受到文艺界和史学界十分关注的义和团故事的剖析，都显示了作者的坚定的唯物史观立场。

毋庸讳言，在民间文学问题上，我国学界一向存在着两种不同的观点和立场：一种是把民间文学看作是文学，一种是把民间文学看作是生活本身或民俗研究的资料。作者显然属于前者。他是把民间文学当作文学来阐释和评价其价值的。不必说，民间文学是与作家文学并行，而又有差异的特殊的文学。所以把民间文学看作是文学，是由于就其性质而言，民间文学是广大民众、主要是劳动者通过幻想的、艺术的方式对现实生活的反映,其中不仅表达了他们的社会思想、生活理想、宇宙观、历史观、道德观、是非观,而且渗透着他们的审美情趣和审美理想,而不是像民俗学者那样把民间文学仅仅看成是日常生活的本身和民俗研究的资料。可以说,50年代中后期到60年代的中期,"文革"后的历史新时期,一大批处身于文艺界和文艺理论界的民间文学理论家们,张扬和坚守"民间文学是文学"这样一种民间文学理念和观点,把理论和实践(田野工作、搜集工作)紧密结合起来,反对把民间文学研究变成"亭子间"的学院派的"坐而论道"式的学问,构成了一个很有实力的民间文学研究的文学派群体。张文是其中的一员。他们与几乎所有从那个年代过来的人文学者一样,也多少受到过"左"的思想、阶级斗争理论和庸俗社会学思想的影响,但在批判了"四人帮"推行的文化专制主义之后,他们逐步进行了自身调整,一直站在民间文学工作和学术研究的前沿。

张文《民间文学论集》就要付印了,写了上面这一篇感想,权作序言吧。

2013年8月3日于北京寓所

余未人：从作家到学者

——《民间笔记》序①

我与余未人认识是35年前的事了。1980年4月，作为《文艺报》的编辑，我到贵阳去调查了解贵州省作家的创作和培养青年作家的情况，记得住在一个叫云岩宾馆的招待所里读了一个礼拜的贵州青年作者的作品，然后在《山花》和《花溪》两个编辑部的帮助下召开了座谈会，时在《花溪》任编辑的青年小说作者余未人也到会，我们就在会上相识了。读其作品在先，相识其人在后。由于对她作品的欣赏，所以在回京后写的《人才辈出　生机勃勃——贵州文坛见闻》（发表在《文艺情况》上，后来又先后收到拙著《作家的爱与知》和《在文坛边缘上》）一文中，有一小段话评论她的小说："女青年作者余未人，她的小说《道是无情却有情》《玫瑰情思》（《花溪》一、二期）构思新巧，讲究结构美，人物刻画也有自己的特点。"这两篇小说，是不是她的处女作，我没有做进一步的研究，但我这段简短的文字，却来自我对她作品的感悟和概括，也成了我们最早相识的见证和我对她作为新时期崭露头角的青年女作家的期许。此后，80年代中后期，她以知识分子的命运和冲突为题材写了不少作品，如短篇集《星光闪烁》、中篇集《冬泳世界》《成功女性》，长篇《梦幻少女》《滴血青春》等。

20世纪80年代末90年代初，由于工作的变动，我离开了文学和

---

① 余未人：《民间笔记》，重庆：重庆出版社，2015年。序文发表于《中国艺术报·中国民间文艺》专刊，2014年12月29日第3版。

文学界,"转身"(陈辽给我的评语)于民间文学研究领域;未人也于20世纪末和21世纪初,把关注和著述的重点转向了民间文化(2004年,我国接受联合国教科文的理念,改称"非物质文化遗产"),与倾力提倡和担纲民间文化保护的冯骥才先生成了同道者与合作者。时代让我们又走到了一起。有一次,我曾对老友大冯戏说道:您、我、余,我们三个文学人,不约而同地相遇在民间文化保护的领域,是时代所使然。

现在,未人把她近十多年来所写的有关民间文化/非物质文化遗产保护与研究文章著述集结为《民间笔记——贵州"非遗"田野记忆》,而且就要付梓,她来信要我写序,我不顾年届耄耋,耳朵失聪,眼睛患了黄斑变性,已经变成了"残疾人",立即答应了她。

其实,在2002年中国民间文艺家协会由冯骥才挂帅启动的"中国民间文化遗产抢救工程"、2003年文化部启动的"中国民族民间文化保护工程"之前,在贵州省文联副主席、中国民间文艺家协会副主席位子上的余未人,就已经深度地介入并主持贵州省的民间文化的调查、记录、保护、研究工作了。1997年底,她把由她策划、贵州人民出版社出版的"贵州民间文艺研究丛书"(吴家萃主编,11种)和"贵州民间文学选粹丛书"(卢惠龙主编,10种)送给我。读了这两套丛书中的几种,引发了我压抑不住的冲动,当即写了一篇随笔《懂得感谢》[①]和一篇评介文章《新的学科生长点》[②],指出这套书"把文化人类学的调查研究方法和成果引进民间文化研究中来,以输血的方法改造着传统的、单一的、平面的民间文化研究,从而为振兴中国民间文化学研究找到了新的生长点"。之后,在我退休三年后的2000年9月5日,作为一个久居"边缘"的学人,我应邀参加江苏省第五次民间文艺理论研讨会并在会上发表一篇题为《对"后集成时代"民间文学的思考》[③]的讲话,再次就这个话题发挥说:"贵州省民间文学50年成果辉煌,老一辈民间文学

---

① 《文艺报》1998年2月12日。
② 《民俗研究》1998年第2期和《贵州日报》1998年10月23日。
③ 《东南大学学报》2001年第4期。

带头人田兵功不可没；现在文联分管民协的副主席余未人是位女作家，她与出版社的领导人一起策划出版了"贵州民间文艺研究丛书"一套十一种和"贵州民间文学选粹丛书"十卷，也引起了国内外学术界的注意，我看到一份材料，许多外国学者和官员闻讯到贵州进行考察。"在这两套丛书之外，她还主持了《贵州本土文化研究2001》《贵州本土文化研究2002》两套丛书，由于我没有看到后面出版的这两套丛书，这里不敢妄加评论。

就民间文学和民间文化的调查保护及学科建设领域而言，余未人所策划和主持的这两套大书，理所当然地成为我所说的我国"后集成时代"的重头成果之一。自2002/2003年起，更准确地说，自2004年我国人大常委会批准联合国教科文组织的《保护非物质文化遗产公约》起，我国的民间文化、民间文艺的保护和研究进入了"非遗时代"。"非遗"理念和保护的提出，是世界各国，尤其是发展中国家文化界的共识。"非遗"价值观及"文化多样性"观念的引进，对我国文化界、文艺界、人文学术界长期存在的某些根深蒂固的观念和形成的工作传统，是一次强烈的冲击甚至颠覆，尽管有些人至今还对此视若无睹，不予认同。在这次席卷全球的文化思潮下，余未人几乎全身心地、心无旁骛地投入到了中国传统民间文化的保护运动中去了。我以为，她的这次"华丽转身"，表明了她对广大民众文化传统的价值的认识和尊重，她的社会责任感。她不仅以自己的笔和口做力所能及的呼吁、阐释、宣传、研究，参与保护工作的组织、发动、指导、编纂，还亲身深入田野去做调查，并以田野调查和书斋研究相结合的方法，撰写了《走近鼓楼——侗族南部社区文化口述史》《亲历沧海桑田——草海生态及历史文化变迁》《苗疆圣地》《苗族银饰》《千年古风：岜沙苗寨纪事》《民间花雨》《民间游历》七本关于民间文化（非遗）的专著。她的这几本专著，对于苗族、侗族等民族及其支系（如岜沙苗、四印苗）的民族文化的描述和判断，是无可代替的。正如她在一篇文章里所说的：作家深入田野的特点是注重人，民俗学者的田野调查其特点在事。（大意）她在记述和评价进入她视野中的民族民俗事象时，牢牢地把握住和围绕着"以人为本"

的切入视角和剖析原则。

近十多年来，余未人在贵州非物质文化遗产保护领域里所做的工作和贡献是有目共睹的，她以热情、执着、勤奋和繁难的工作和优秀的成果，成为贵州省各民族民间文化保护工作的领军人物。但我以为，在这许多工作中，最值得称道的，莫过于2005—2007年完成《中国民间美术遗产普查集成·贵州卷》的编纂和2009年以来参与主持的西部苗族的英雄史诗《亚鲁王》的搜集、记录、翻译、出版与探讨。《中国民间美术遗产普查集成·贵州卷》是冯骥才主编的全国30卷《中国民间美术遗产普查集成》中的第一卷，扮演着开路先锋的角色；既然是开路先锋，就理所当然地带有探索性和不确定性。况且最基础的工作，是要从全省民间美术的普查做起，而这无疑是最为繁难的一件任务。2006年7月，余未人和青年文化学者张晓邀请我到黔东南雷山的西江千户苗寨参加在吃新节举办的文化传承展示活动，活动结束之后，她拉我去贵阳参加了她主持的《中国民间美术遗产普查集成·贵州卷》的编撰会，我旁听了各位编委的发言，才真正了解到了这件工作的意义和普查搜集材料的艰难。进行一次普查只是事情的一个方面。许多近现代以来的民族民间美术的材料、器物、图案、纹样，对于理清民族民间美术的发展脉络、流变情况、文化内涵和文化精神，有着无可替代的作用，但这些材料、器物、图案、纹样，又大多在私人收藏家或各级博物馆手里，要集拢起这些材料又谈何容易！余未人终于没有让读者失望，她终于完成了这项前无古人的事业。同样，对史诗《亚鲁王》的搜集、记录、翻译、编辑工作，也让我为之击节赞叹。她在参与主持这项史无前例的项目时，始终同我保持着联系，也曾不止一次地与我讨论种种问题，特别是关于这部史诗性质，即是否是英雄史诗的问题。2009年9月15日，她在《中国艺术报》上发表的《发现苗族英雄史诗〈亚鲁王〉》一文，第一次向外界报道了在偏远闭塞的麻山紫云县发现了苗族的英雄史诗《亚鲁王》。我读到这篇文章后的第二天，即9月16日，便以十分欣喜的心情将其转载于我的博客上，并加了这样一段按语："以往苗族只发现和记录过若干古歌（古老歌），而没有发现英雄史诗。这次，由地方干部发现和正在记录的《亚鲁王》，如真的属于英雄史诗，笔者认为，那应当是一个重要发现。这也本不奇怪，学者们知道得多的是黔东南、黔南一些开化和发达地区，而像麻山这样交通不便、语言复杂的县份，是很少有文化人、学者涉足的。女作家余未人及时把麻山的事情扶植和报道出来，关注民间；冯骥才闻讯后立即调兵遣将赶赴麻山，表现出文化人的民族责任心，可谓民间文艺界之大幸。向他们致敬！——2009年9月16日"这段话表达了我的心情和意见。认定《亚鲁王》是英雄史诗，坚定了申报国家非物质文化遗产项目的信心。《亚鲁王》终于在2011年5月被列入了第三批国家级非物质文化遗产代表性项目。次年，由冯骥才总策划、余未人执行主编的《亚鲁王》第一卷，由中华书局出版，并在北京开了发布会。如今，未人虽然步入了古稀之年，但她依然血气方刚，继续在民族传统文化／非物质文化遗产保护战线上奋力。我为她感到高兴和骄傲。

以上这篇文字，就权作序言吧！祝贺《民间笔记》的问世！

2014年10月31日于北京寓所

"求好运"：中国民间故事走向世界

——《一个蕴含史诗魅力的中国民间故事》序①

摆在我面前的这部厚厚的书稿，是老友刘守华先生对一个题为"求好运"的中国民间故事（类型）30年的追寻史。书稿中收入了他本人和好几位世界知名学者同行就这个故事（类型）所撰写的研究阐释文章以及在中国各地区各民族口头流传的故事记录文本。作为对这一民间故事（类型）的采辑与研究，本书第一次以全文的形式，向世界广大读者，尤其是向对中国民间文学及其研究成果一向比较隔膜或忽视的西方世界展示了20世纪还在中国多个民族亦即在汉语地区口头流传的73篇同一母题的民间故事，标志着中国民间故事走向世界迈出了重要的坚实的一步。

这个来自社会底层民众近现代口头传诵的、被学界称为幻想故事或童话的民间故事，之所以能使作者在如此漫长的人生经历与学术探求中魂牵梦绕、难以忘怀，我想，不外乎有两个方面原因：其一，一个民间故事在我国许多省区和民族中口头流传了两千多年，经历过多次社会动荡和制度转型而迄今传习不息，其生命活力及其蕴含的文化密码，足以激发起那些以研究和弘扬民族传统文化为己任的学者终生不离不弃和孜孜以求的问学情怀。回想20世纪20年代前辈学人顾颉刚

---

① 刘守华：《一个蕴含史诗魅力的中国民间故事》，北京：北京大学出版社，2016年。此序以《"求好运"：中国民间故事走向世界》为题，发表于《中国艺术报·文艺评论》2016年6月19日第3版。

先生辑集和研究孟姜女故事，早期就曾积累了25个省区的孟姜女故事的记录文本，穷几十年的精力而到老不辍，但最终他还是没有能够实现年轻时就立下的编纂一部完善的孟姜女故事文集的夙愿。而今，守华已经搜集和积累了来自中国不同地区、不同民族（汉、满、藏、回、土、撒拉、维吾尔、朝鲜、苗、壮、傣、黎、彝、白、畲、傈僳、布依、毛南、土家、仡佬等）的"求好运"故事记录文本（异文）210篇，为这个构成了"世界性故事圈"的故事和国际学界兴趣所在的这个研究焦点做出了重要贡献！其二，中国版的"求好运"故事（类型），虽然也带有某些宗教（佛、道）的因素或印迹，但就其内容指向和基本格调而言，却显示着强烈的世俗性和入世性，显示出地位低微的故事主人公穷小子不向强势低头，与消极避世的"生死有命、富贵在天"世界观无缘，践行和张扬了中华民族的"先人后己、助人为乐"的道德观念，"表现了主人公积极进取，奋力向命运抗争的精神"。这种精神就是我们中华民族的民族精神，就是我们民族所以生生不息并不断走向繁荣富强的源泉。

编著者以全球学术的视野和宽容并存的治学风格选取了在这个故事（类型）研究上不同理念、不同方法的学者的研究成果，给读者提供了了解各位不同背景、不同理念和不同方法的学者是怎样从不同角度和侧面共同推进了这个故事（类型）的研究和破解的。关于这一点，我们从日本青年学人桥本嘉那子的《"问题之旅"相关先行研究和今后的课题——以阿尔奈"有钱人和他的女婿"为中心》这篇述评中多少看到了一些信息。作为中国学者的刘守华的"求好运"故事研究，从1979年起30年来先后发表的七篇论文，在方法上可能各有侧重，但细读起来，则可以看出，每走一步都有新意，而不是同义反复的。从总体上说，他既接受了、延续了和发展了外国先行学者在"类型"研究上的某些理念和方法（譬如把中国的"求好运"故事细分为"问活佛型""找聘礼型"和"幸运儿型"三个亚型），又显示了中国民间文艺学和作者个人的学术独特性——诗学评价和价值判断。他发现了并着重评价了"求好运"故事主人公的"西天问佛"（问三不问四）行为和最终结局（穷小子愿望的实现）的正义性、合理性和社会进步性。"中国近现代流行的'求好运'故事的突出特征是表现了主人公积极进取，奋力向命运抗争的精神。故事的主人公均为处于社会最底层的穷苦小伙子，他们屡代受穷，……不论故事情节是问事还是以寻宝为中心线索，其终极意愿莫不是为了寻求幸福，改变自己贫困不幸的命运。这种强烈意愿，洋溢在故事叙说中。所以我在多年研究中认定，以'求好运'作为它的类型名称最为恰切。""存活于中国各族民众口头心间的'求好运'故事，作为幻想故事或民间童话故事，在朴野单纯的叙说中，蕴含着富有象征性的丰厚文化意蕴，达到诗意与哲理的巧妙融合。将口述材料记录写定的那些单篇文本一篇一篇来读，所得印象也许平淡无奇，可是把它作为覆盖中国大地由各个兄弟民族众口传诵、有着几百篇异文和多种载体的叙事作品联结成为整体来看，再联系中国大地涌动的民工潮来体味它的深厚文化意蕴，它的史诗魅力与价值就更为彰显，值得我们作为中国民间文学难能可贵的精美之作来看待了。"他为这本著作选定了《一个蕴含史诗魅力的中国民间故事》这样一个富有诗意的标题，不是体现了他心中的诗学情结吗？价值判断和诗学评价，在刘守华的民间文学、特别是民间故事研究中，是一个固有的学术个性和持久不变的特点，这一点我曾在为他的自选集《民间故事的艺术世界》写的序言中有所触及，而这一特色在"求好运"故事的论说中尤为突出（如上所引），这恰恰又是西方学者们的"类型"建构和剖析中所缺乏的。

　　围绕着一个知名的民间故事或歌谣的研究与文本汇集而编纂的著作，在五四时代我国民间文艺学界曾经有过探索，如董作宾的《看见她》、罗香林的《粤东之风》等，《一个蕴含史诗魅力的中国民间故事》延续了当年北京大学歌谣研究会开创的这个好的传统，但就其规模和深度而言，无疑已经大大超越了我们的先贤们。《一个蕴含史诗魅力的中国民间故事》就要付梓了，应守华兄之命写了这些意见，就作为我的祝贺吧。

　　是为序。

2015年5月7日

作为说唱文学之一脉的宝卷

——《中国常熟宝卷》序[①]

尽管宝卷这个名称最初出现于何时,学界一向存在着不同的见解,至今也还未能定于一尊,然而说宝卷是自唐五代佛教的俗讲、变文发展变异而来的一种民间讲唱文学或民间文献(类)这一认识,大体是靠得住的。宝卷是一种源远流长、虽经多次社会制度转换和不同社会阶段上主流意识形态的挤压与制约,却至今仍然"活"在广大受众(主要是信众)中的民间文化形态。它的存在与流变,旨在"释导"、传授和宣传宗教教义,即以"讲经文""说姻缘"为其基本功能;它的宣(念)讲方式,多与忏礼法事相结合,其中的一部分甚至就是宗教的"科仪"。为了易于被广大信众所接受所传播,宝卷的叙事采取了通俗的、文学故事的形式,却又不失其神圣性和可信性。宝卷的内容是庞杂的广阔的,除了与宗教相关的内容如神道故事、修行故事之外,还吸收容纳了许多民间故事传说、俗文学中的传统故事、不同时代的时事故事等等。由于其主要的内容倾向和价值观与宗教或民间信仰有着相依相存的紧密关系,蕴含着诸多宗教的理念和虚幻的神秘思维,使得作为民间讲唱文学的宝卷多少有别于民间文学的其他门类,长期未被学界名正言顺地归属到民间文学名下。

[①] 常熟市文化广电新闻出版局编:《中国常熟宝卷》,苏州:古吴轩出版社,2015年。

我国学者对宝卷的关注与研究，始自"五四"新文化运动之后未久。如果把顾颉刚1924年开始在《歌谣》周刊上分六次刊登1915年岭南永裕谦刊刻的《孟姜仙女宝卷》，郑振铎于1928年在《小说月报》第17卷号外上发表《佛曲叙录》为起点的话，那么，我国学者的宝卷研究已经有近一个世纪的历史了。由于学者们的学术本位不同，所持立场不同，关注点不同，有的从文学的角度，有的从宗教的角度，对宝卷的特点、功能、价值、艺术等的阐述也就大异其趣，并非一样的。

进入改革开放新时期40年来，各相关地区的宣卷活动度过了五六十年代的休眠期后，先是在甘肃的河西地区、继而在一些吴越地区的民众（主要是妇女群体）中开始复苏，在他（她）们的精神世界中发生着不可忽视的影响。这一时期的宝卷研究，不论是社会科学的研究，还是人文科学（文艺学的，俗文学的）的研究，也都有了较大的拓展和提升。但应该指出的是，作为遗产的宝卷研究固然成绩斐然，而相对于宣卷活动在当今很多地区的盛况来说，"活态"的宝卷调查、研究和评论就显得较为滞后了。进入21世纪以来，我国政府参与联合国教科文组织关于非物质文化遗产保护工作文件的制定，2004年8月全国人大常委会批准了联合国教科文组织2003年10月17日通过的《保护非物质文化遗产公约》，成为第一批缔约国。2011年2月25日，全国人大通过了《中华人民共和国非物质文化遗产法》。从而在"政府主导，社会参与"的方针指导下，自上而下地启动了中国历史上前所未有的非遗保护运动，这对于中国的宝卷文化、民众的宣卷（念卷）活动，以及专家学者的宝卷研究，都具有转折的意义。根据2005年3月26日发出的《国务院办公厅关于加强我国非物质文化遗产保护工作的意见》及附件《国家级非物质文化遗产代表作申报评定暂行办法》，开启了我国非物质文化遗产（代表作）名录项目的申报和评审工作。甘肃省武威市凉州区、酒泉市肃州区申报的河西宝卷被评审专家通过进入了第一批国家级非物质文化遗产名录。紧接着，靖江宝卷和张掖宝卷也于2008年被批准进入第一批名录的扩展项目名单。2014年11月公布的第四批国家级非物质文化遗产名录中，苏州市申报的"吴地宝卷"进入了国家级非遗保护名录。

宝卷进入国家级非遗名录的"民间文学"类，无论在学理上、还是在保护工作上，都具有转折性意义。以往，我国学界在给民间文学下定义时，认定民间文学是民众（有一个时期还特别强调人民或下层劳动者）的口头艺术创作，是下层劳动者的精神产品和民族精神的载体。在这样的定义下，宝卷虽然包括了大量世俗的、弘扬真善美、传袭普世价值的民间传说故事和俗文学中的传统故事，传递了向善的、同情弱者的道德观和价值观，但其主旨和主要部分毕竟是以通俗故事的形式和文体向民众（特别是信众）传袭、释导宗教教义与民间信仰，教化信众，与经典的民间文学概念多少有些并不相符，所以长期处于边缘化的境地。我国接受联合国教科文组织的非遗理念，即重视保护文化的多样性，重视其在一定社区被创造、再创造、被传播与被认同的特点，并不强调其创造者和传承者的社会地位，这样，宝卷便可以名正言顺、堂堂正正地加入到"民间文学"类非物质文化遗产的行列中，在国家的层面上加以保护了。非物质文化遗产是活态的，是传承发展中的，是生长中的，不是死亡的，那么，对宝卷的保护，自然不能局限于传统的版本目录学的、传承者的保护，而要对其作为"活态"的民间文学进行整体性的、生态性的保护，其研究的理念亦应作相应的调整，既有版本目录学一类的静止式的研究，也应有鲜活的诗学的、文艺学的批评式研究。

常熟市是江南吴越宝卷或吴地宝卷的重点流传地区之一，不仅宣卷活动历史悠久，而且形式（如庙会、法会、斋事等）各种各样，每一图（图又名里）都有社庙，连乡间小庙所供祀的社神，如猛将、总官、小王都有其专属的宝卷，如徐市八赤庙的《八赤宝卷》，白茆五仙庙的《五仙宝卷》等。由民间的讲经（宣卷）先生或私娘保存下来的印本和抄本数量众多，据市文化局《简述常熟宝卷》称：常熟市自2003年开始启动了宝卷的调查与收集工作，仅在2013年组织的征集中得到的材料，全市范围内现存的印本和抄本为480来种，去掉同种异本，也有430多种。

当今在常熟流传的宝卷，没有明显的民间教派色彩，更多地以江南世俗生活为题材，显示出作为说唱文学类或和民间文学类的非物质文化遗产的价值取向和艺术风格，这种风格的形成，固然是常熟的历史发展和地域文化传统所造成，殊为可贵。常熟文化工作者们所提供的当世还在流行的或使用的地域性宝卷叙事文本，从城镇化进程中的现代生活和现代人的思考之间关系的维度，向宝卷研究者们提出了新的研究方向和思考路径。

《常熟宝卷》的编纂是非物质文化遗产保护的题中应有之义，也是该市文化史和文化志领域里的一大历史性文化工程。现在这部巨制就要付梓了，市文化局的领导约我为之写序，尽管我不是宝卷研究的专家，但我毕竟在青年时代就曾于1958年春跟随路工先生、周正良先生到白茆考察过那里的田歌，并促成了白茆公社新民歌调查的实现，此后的五十年来，多次到常熟考察民间文学并共同研讨问题，进入21世纪，还曾于2009年底有幸作为文化部派遣的非遗保护督察组成员到常熟市做过调研督查，这种文化姻缘使我盛情难却，勉力写出如上这些一家之言，算作常熟的老友对这本书出版的祝贺吧。

2015 年 5 月 12 日

京西文化的典型代表

——《京西民谣》序[①]

京西是个好地方。太行山余脉逶迤延伸而来，使天然的屏障呵护着京西，拱卫着京城。群山不仅林壑优美，而且蕴藏着煤、石、灰、木等人们赖以生存的宝贵资源。北京的母亲河——永定河由山西发源经门头沟区、石景山区西部向东南而下，既灌溉了京西沃土，养育了祖祖辈辈的京西人，也为北京城的建立和发展以至提升为今天的国际化大都市创造了必要的条件。

京西是个好地方。她具有悠久的历史和丰厚的文化积淀。房山区周口店是北京猿人的发祥地；门头沟东胡林人一万年前就点燃了京西文明之火；石景山区的历史可追溯到大禹治水时期。经上千年的繁衍生息以及人口迁徙，京西广大地区已成为来自全国多个地区，具有多个民族、多种信仰并从事多种职业的人群共同生活的家园。一个个古村镇，一所所老民宅，一座座殿宇、寺庙、塔楼、桥梁以及一处处墓园、碑刻等遗存，无不留下了京西人文历史的印记。同时，京西是北京重工业的发源地。石景山区域内的首都钢铁公司和石景山发电厂都成立于1919年，至今已有近百年历史。门头沟、房山两地的采煤业形成较大规模的生产至今也经历了百年。在钢铁、电力、采煤等重工业的推动下，京西交通、运输、贸易、服务各行各业也蓬勃发展起来。京西的经济——特别是重工业的发展在北京占有极其重要的地位。

---

① 北京市石景山区文化委员会编：《京西民谣》（"石景山区非物质文化遗产丛书"第二辑），北京：同心出版社，2015年。

京西这片热土不仅养育了勤劳、质朴,具有坚忍不拔精神的京西人,而且也创造了优秀的京西文化。她融都市文化、京西风土民俗文化和西北塞外文化于一体,既丰富多彩,又独具特色,京西民谣就是京西文化的典型代表。

京西民谣是人民大众在长期的生活和生产劳动中口头创作的一种民间文学,现代著名作家朱自清先生曾说:"歌谣就是原始的诗。"京西民谣是民众的心声,具有诗的属性,主题鲜明,想象丰富,语言凝练,形式短小精悍,节奏流畅明快,寓言风趣幽默,朗朗上口,易于流传。同时,京西民谣又具有鲜明的地域特色,从不同角度展现了京西地区历史、地理、生产、生活、民俗、民情等方方面面的风貌,从中也揭示出了京西人民大众的思维观念、处世哲学、价值取向和艺术情趣。

多年来,石景山区文化领导部门非常重视对民间文学的搜集整理工作,组织专业工作人员和业余爱好者踏遍京西的山山水水,深入农村、厂矿,挖掘和搜集民谣、谚语以及民间故事,做了大量艰苦、细致的工作,使得民间文学得到了及时的保护。2014年12月,"京西民谣"被列为北京市级非遗代表性项目,《京西民谣》一书结集出版,就是大家多年来辛勤工作的成果。

本书对京西民谣产生的自然环境、历史文化渊源及民谣的特点、功能和价值等方面的论述都很到位,对我们全面历史地认识京西民谣和更深入地做好保护传承工作,都有重要意义。本书所搜集整理的500首民谣内容丰富、形式多样、类别齐全,基本上涵盖了京西——主要是石景山、门头沟和房山三地的民谣。本书所辑录的"京西民谣故事解析"也值得一读,这些民谣故事和解析,是从已经搜集整理好的近70多个故事选录的,这些故事及解析对广大读者了解京西民谣和京西自然地理、人文历史,会起到很好的启发和引导作用。

最后,希望京西民谣的活态传承、继承发展有一个良好的社会条件和文化氛围,使更多的读者和广大的人民群众,能在更大的范围内传播和传承。

2015年5月

记得住乡愁

——《京西民谣》序[①]

古都北京是一个历史文化名城,人类生活的足迹可以追溯到60万年前。北京建城的历史可以追溯到周武王封燕,北京已经有三千多年的历史。"从公元前221年秦始皇统一中国到公元937年,北京一直是中国北方重镇和地方政权的都城。公元938年,统治中国北方的契丹族建立的辽朝把在北京地区建立的南京(时称燕京)定为陪都,以后女真族建立的金朝又以这里为中都,蒙古族建立的元朝以这里为大都,汉族建立的明朝和满族建立的清朝以及民国初年均以北京为首都。从1153年金朝把中都定为国都算起,北京建都已850余年。北京为六朝古都的历史中,有四个朝代与少数民族有关,北京历史本身就表明了我们伟大的祖国是各族人民共同缔造的这一事实。1949年10月1日,中华人民共和国在北京宣告成立,北京成为全国政治中心和文化中心。"(《中国歌谣集成·北京卷》前言,第一页)北京历来就是五方杂处之地,各族人民汇聚,文化人才荟萃,形成了独特的皇城文化。京西民谣内容丰富,旧时,京西有古茶道和驼铃古道,有永定河水道,这些道路均从石景山经过,南来北往的人丰富着京西文化。西山的八大处、香山、妙峰山等遍布的寺庙群更是引来五湖四海的朝拜者,使得一些外来歌谣在京西地区生根、流传,丰富了京西民谣的内容,使之更加多彩。京西民谣中有皇城文化特色,特别是童谣;京西民谣更有自己独到的民谣特点,

---

[①] 杨金凤编:《京西民谣》,北京:北京美术摄影出版社,2016年。

主要表现在时政歌谣上，有"门头沟的煤矿工人歌谣、石景山区的钢铁工人歌谣、海淀区清河制呢厂纺织工人歌谣，无论是对旧社会工人阶级悲惨生活的控诉，还是对新中国成立后工人阶级当家做主的歌颂，思想水平和艺术水平都相当高"（《中国歌谣集成·北京卷》前言第二页）。

京西，如果仅限于目前的北京辖区内所属区，包括石景山区、门头沟区、海淀区、房山区、丰台区，这五个区过去都属于宛平县管辖，且这五个区都有山有水，都邻于北京的母亲河永定河。京西文化是北京古都文化的重要组成部分，京西石景山区曾被古人称为"燕都第一仙山"，位置也非常重要，在长安街西延长线的最西端，该区有世界闻名的法海寺壁画，有八大处佛牙舍利塔，有代表着北京古都工业历史的百年工业文化首钢、石景山发电厂等，是京城重要工业区；门头沟区发掘出新石器时代东胡林人遗址，是京西的采煤区，煤炭为京城人提供了不可缺的生活资源；海淀区的"三山五园"皇家园林更是闻名于世，圆明园、颐和园、香山等古代园林及重要文物遍布京西；值得人类研究和世界关注的当属京西的房山区周口店猿人遗址、琉璃河燕都遗址、云居寺石经山等文化遗址；丰台区有闻名的卢沟晓月，更是"七七事变"抗日战争的爆发之地，以"七七事变"为起点的中国全面抗战，开辟了世界反法西斯战争的第一个战场。中国是世界上最早拿起武器同法西斯战斗的国家，中国抗日战争代表了这一时期人类历史发展进步的方向，京西作为抗战的晋察冀重要地点，依靠太行山和永定河自然地理优势，为整个北京城的解放以至于全国的解放斗争起到了重要的作用，为此，该书中收录了京西的抗战民谣，并单独成章。

京西重峦叠嶂、水源充沛，煤炭等矿产、水产品、农业产品及山货等各种物质极其丰富，可谓人杰地灵的一方宝地。京西的灵山秀水孕育了丰富浓郁的民间文化，孕育了优秀的民间文学，孕育了人们耳熟能详的各种类型的民谣。京西民谣以其精短、精确的艺术形式，反映了京西不同历史时期的社会政治、经济、军事、文化、民众生活，其民谣的内容具有社会性、哲理性，生活气息浓郁。反映了京西民众在生产、生活中的经验，是一种生活体验后的情感表达，并经过京西广大民众世世代代的不断丰富和创造，具有很高的社会价值和艺术价值。

《京西民谣》一书的内容主要分为十个部分，第一部分是时政民谣，特点鲜明的有近百年历史的石景山制铁所，即现在的首钢公司和石景山发电厂的工业民谣，有门头沟和房山的矿业民谣；第二部分是地域特点鲜明，带有草根语言的风物民谣；第三部分是劳动民谣，突出了京西民众过去的生产劳动情景；第四部分是京西作为平西抗日游击区及各社会阶层民众创作的抗战民谣，其中包括一部分抗战民歌；第五部分是生活民谣；第六部分是儿歌；第七部分是仪式、爱情等民谣。此外还有京西民谣概述和京西民谣的传承保护。

京西民谣的内容包罗万象，是人类有了文字后，被逐渐记录下来的，延承至今，很多民谣依旧保留着原生态的风格。通过京西民谣，可以帮助我们了解京西的历史、自然、社会和人文，它像一本社会生活的百科全书。

京西民谣是京西人民历史以来宝贵的民间文学结晶，是京西山水孕育出的深厚历史文化财富，是千百年来京西人民智慧的凝炼，是其他文学艺术载体创作的生活源泉，其中凝聚着文学、人类学、社会学、历史学、民族学、民俗学、考古学、水利及自然地理等诸多学科的宝贵资料。京西民谣具有很高的思想价值、文学艺术价值、民俗价值，包含了诸多社会学的内容，是研究京西历史文化的重要资料。

几千年来，口头文学是传承我国民族民间优秀文化的重要方式，因此说，人民才是优秀文化的创作者和承传者，一代代的群体传承，使得京西民谣千百年来繁荣不衰，广泛传播，且留下了社会历史鲜明的民谣。

《京西民谣》2015年被列入北京市级非物质文化遗产代表性保护名录，对于记载、传承和保护京西地域民谣，繁荣具有浓郁京西特点的民间文化具有重要的历史意义。习近平同志最近在中央城镇化工作会议上提出的要求，要"望得见山，看得见水，记得住乡愁"。《京西民谣》一书正是留住历史，记录乡愁的极好方式。

2015年8月4日

杨七郎的传说：一段故事 一种敬仰

——《杨家将传说：杨七郎墓传说故事集》序[①]

北宋杨家将一门忠烈英勇报国的传说故事在我国可谓家喻户晓，妇孺皆知。除《宋史》《辽史》《资治通鉴》《续资治通鉴长编》等正史和诗歌、笔记外，北宋著名文学家、翰林学士欧阳修所作《供备库副使杨君墓志铭》中亦有记载："君之伯祖继业，太宗时为云州观察使，与契丹战殁……父子皆为名将，其智勇号称无敌。"并且指出，"至今天下之士至于里儿野竖，皆能道之"。"天下之士""里儿""野竖"，足以印证杨家将传说故事传播范围之广，知名度之高。以尚武家族而论，在古代中国几无人出其右，为中华民族最重要的精神品牌之一，并以此衍生出的戏曲、民间传说、故事多达数千种版本，但是长期以来随着时间的流逝，流传下来的传说故事多已经残缺或失去了杨家将精神的精髓，尤为可惜。

如今，国家对非物质文化遗产的重视和保护，杨家将的传说故事受到了前所未有的关注。许多从事民俗文化的工作者，辛勤地挖掘、采录、整理、挽救那些濒临失散的传说故事，将其一点一点地发掘出来，保护了祖先留给我们的这份宝贵的精神财富，其责任意识与担当精神可敬可赞。

[①] 吕殿增编：《杨家将传说：杨七郎墓传说故事集》，天津：天津人民出版社，2016年。此序以《杨七郎的传说：一段故事 一种敬仰》为题，发表于《中国文化报·非遗》2016年6月15日。

杨七郎墓的故事就是在这一大环境下采录整理出来的。综观杨七郎墓的故事，大都是由历史人物、事件，经过民间群众口传心授，一代代流传下来的。一个村落，一棵老槐树，一段古遗迹，都被人们附会上一段故事。这些传说带有地方民众的审美特点，地方群众的想象力特点，质朴而又珍贵，如："神奇的七郎山"中所说，潘仁美将杨七郎绑在百尺高杆上，放箭射之，七郎用眼一扫，那些箭支就噼啪地掉在地上，吓坏了老贼潘仁美，后来潘仁美用计，杨七郎身中一百单三箭。还有，抗日战争时期，日寇始终不敢进入西塘坨村，人们相信是杨七郎的神灵护佑着一方土地，福泽着地方百姓。这种神化了的传说，是人们对英雄不屈精神的一种敬仰也是一种念想。又如："烧饼果子的故事"中随地大小便遭到惩罚的小贩，故事寓意里透示着过去人们对保护环境的认知，通过浅显的故事教育人们保护环境，爱护环境，起到了教化群众的意义。更感动的是"手筑七郎山"中人们对英雄的敬仰，传说故事中写道：杨七郎被害后，随从将士趁人不防，连夜将尸体运出，路经西塘坨村西时，突然天空乌云翻滚，电闪雷鸣，下起瓢泼大雨，人们放下七郎尸体，躲到附近大树下避雨，等大雨过后，再来抬尸体，尸体不见了，只见地上留下一摊鲜血。后来，村民中有一位姓运的老汉，用双手捧黄土将七郎的血迹掩埋，堆起了一个小坟堆。村里的人看见了，都跑来捧土，坟堆越来越大。人们连英雄的一摊鲜血都舍命维护，不忍亵渎，终于成就了七郎山，杨家将的精神就是人们心中的七郎山。我们也欣喜地读到一些民间故事中近似于寓言，带有训诫意义的作品，如"七郎神助红白喜事"中，当地人谁家要是有个红白喜事，用些杯盘碗筷、桌椅板凳，只要到杨七郎墓前焚香祷告，说明来意，需用之物就会出现在家中了。再后来，借来的东西不知爱惜，损坏甚多，甚至借了不还，惹七郎神生气了，就再也借不到了，故事说明人心不古，贪心不足，最终还是不方便了自己。书中又一并收录了杨七郎打擂、潘美庄的传说、七郎之妻杜金娥的传说、杨七郎在赤碱滩驻军的故事，还有抗日爱国故事杨七郎英魂救伤员等传说故事，均富于生活气息，又离奇动人。掩卷凝思，仿若那个杨家最小但是顶天立地，身高八尺，擅使丈八蛇矛枪的凛凛英雄跃然马上，目光如炬，戍守边防。

杨七郎墓，傍依着美丽富饶的古海岸湿地——七里海，所以更添神奇，根据它在天津市宁河县及其周边地区留下的许多遗迹，本书编者经过大量史料反复查证，图文并茂，并出示了几十年前亲自拍摄的实物实景老照片，有理有据地为读者展现了如杨七郎墓、真武庙、潘美八十一古冢等遗迹，更难得的是这些遗迹如今依稀可查，让读者有一探故里的冲动。

另外，本书编者把根据杨家将传说故事衍生出的当地百姓喜闻乐见的评剧剧本，也挖掘整理出来，如评剧《杨七郎托兆》《摆箭计》《夜审潘洪》《杨八姐游春》等剧目，也一并收入此书中，其中有的剧目上可追溯到民国初期，非常珍稀，具有很高的历史研究价值。

本书故事朴素，浅显易懂，但蕴含其中的教育意义却颇为深刻。杨家将之杨七郎墓的传说就是这种精神的见证。中华民族是热爱和平的民族，主张"和为贵"中庸的文化精神。在流传的民间传说中人们表达着对爱国英雄的敬仰、对无畏精神的崇尚。这是中华民族祖祖辈辈的优良传统，一个国家、一个民族，万万不能缺少自己的民族精神，可以说杨家将就是爱国主义的典范，杨家将精神就是生动的爱国主义教育素材。我们国家如今正需要这种民间文化的传播，现代物质文明的丰富，科学技术的发达，代替不了精神的富有和崇高，杨家将的爱国精神无疑是一面不朽的旗帜。其忍辱负重的爱国，正是这种民间文化、民族文化之根。

2014年11月，杨家将之杨七郎墓的传说被列入国家级非物质文化遗产名录。这标志着，这个在天津市宁河县神奇的七里海域附近流传的系列民间传说群，作为中华传统文化和天津传统文化的重要组成部分，从此在国家层面上得到了保护。这也是天津市首个民间传说类国家级非物质文化遗产代表性项目。民间传说的传承不是空谈口号，要落实到实际行动上来，还需要更多的传承人、民间学者、文化人共同努力将祖辈的文化挖掘、整理出来去研究、探讨与继承。编者利用各种机会搜集、整理、传承民间传说故事，积累了300多万字资料，凝结着他几十年来孜孜不倦追求民间文学事业的心血和汗水。

杨七郎墓的传说故事文本记录，尽管还有一些可以完善的地方，但瑕不掩瑜，以一人之力撰著如此已属难能可贵。编者作为传承人将编著的《杨家将传说：杨七郎墓传说故事集》一书的稿本寄我，向我索序，谨撰此文，为序。

2015 年 9 月 26 日

《二十世纪中国民间文学学术史》后记[①]

本书系作者承担的2003年国家社会科学基金资助项目《二十世纪中国民间文学学术史研究》（项目编号为：03BZW055）的最终成果，2006年结项，被评为"优秀"等级。高有鹏教授纳入他所策划的"中国民间文学研究书系"，袁喜生先生编辑，由河南大学出版社于2006年12月印行第1版。对他们的帮助，我衷心地感谢。作为我国民间文学领域里第一本20世纪学术史的出版，引起了学界的广泛关注。2007年7月23日，中国文联理论研究室和中国民间文艺家协会主办、河南大学出版社协办，在京召开了学者座谈会，会议纪要《世纪描述：民间文学学科的历史风貌》，发表在《民俗研究》2008年第1期上。会后陆续在报刊上发表了一些评论；许多高校的民间文学专业研究生采用为参考书。由于第一版印数很少，无法满足人文学界、特别是高校民间文学研究生的需要，再版的问题就提到日程上来了，于是2011年我集中精力对原书稿做了一次修订和增补。

这次修订，除了改正一些明显的错别字、引文标点的误植等外，内容上也做了一些调整、修订或增补。改动较大、增补较多的，是第六章《新时期的民间文学理论建设》。其中有些节、段，几乎是重写或新增写的。多少改变了出版座谈会上有学者指出的前五十年详、后五十年

[①] 刘锡诚：《二十世纪中国民间文学学术史》（增订本，上、下卷），北京：中国文联出版社，2014年。

略的问题。学界朋友、同道提及的一些其他问题，如缺少对台湾民间文学学者成就的评述问题，限于精力，这次修订未能解决。这次增订再版，删去了原版的"附录一"《中国民间文学学术史百年回顾（笔谈）》一文。原本为出版插图本而搜罗的几百幅插图，考虑到书太厚定价太贵，也只好割舍了。在这次修订过程中，好友刘守华教授慷慨地给我寄来了他在华中师范大学文学院为研究生们开设中国民间文学学术史这门课程中，他的研究生们根据拙著的章节，分别查阅和补充材料、作多学科思考，拓展和深化所写的教案，让我有机会了解许多我未曾触及的材料和观点，受益良多；好友刘涟女士从头到尾阅读增订本的全稿，提出许多宝贵的意见和建议，给我帮忙很大。对他们二位的帮助，在此表示感谢。

学术著作出版难的问题，在高校系统似乎已经得到了较好的解决，而对于像我这样的文化文艺部门的作者，尤其是退休久矣的老年作者而言，仍然是个很难迈过去的门槛。在市场经济条件下，中国文联出版社着眼于文化积累和对民间文学学科的支持，接受这部近百万字的学术著作的出版，我不胜感激。增订本的出版，得到了中国文联书记处书记夏朝和理论研究室主任陈建文以及中国文联艺术基金的资助。中国文联出版社朱庆社长和责任编辑顾苹女士为拙著的出版给予了热情的支持和宝贵的帮助，付出了辛勤的劳动，谨向他们表示真诚的谢意。

2014 年 10 月 9 日

双重的文学观

——《双重的文学：民间文学+作家文学》序[①]

文学包括口传的和书写的两种不同承载方式，即民间口头文学和作家书写文学。这是两个互相关联和互相影响的文学门类。十九世纪下半叶，原始艺术研究者们相继证明，人类社会最早并没有个人创作的文学，只有社会成员（民众）的集体口头创作，即以口头的形式存在和流传的文学。随着社会的进步，在社会成员（民众）的集体口头文学的基础上，逐渐出现了被称为作家的个人的文学，从而这两种不同表达方式的文学在不同的人群中各自发展起来。胡适在其早期著作《白话文学史》里把文学定位为"双重的文学"。他的这部文学史就是一部以民歌（民间文学）及其与文人文学交互影响（"全文学的民众化与民歌达到文人化"）为主要线索的文学史。不承认文学构成中包括民间口头文学，不是唯物史观的文学观，不符合文学发展的实际情况。笔者在编选这本书时，就是参照和认同了"双重的文学"这种文学观的。

周作人1922年为《歌谣》周刊写的发刊词里说：歌谣（民间文学）的搜集与研究目的共有两种，一是学术的，一是文艺的。这两种不同范式的研究潮起潮落、互有消长，一直持续并存了几十年。从二十世纪八十年代起，随着"改革开放"国策的实施和深化，民间文学研究广泛吸收现代西方民俗学和文化人类学等人文学科和社会学科的一些学术

[①] 刘锡诚：《双重的文学：民间文学+作家文学》（陈建功、吴义勤主编"中国现代文学馆钩沉丛书"），南昌：百花洲文艺出版社，2016年。

理念和研究方法，如"原型批评理论""口头传统""表演理论""口头程式"等等，研究方法发展为多学科参与。文艺的和学术的两种研究范式仍然继续呈现出分立状态，文艺的研究虽然不失魅力。回顾起来，在中国现代文学史上，许多著名作家在从事文学创作和理论批评的同时，鼎力提倡民间文学、搜集民间文学、研究民间文学，如鲁迅、郭沫若、茅盾、潘汉年、郑振铎、谢六逸、台静农、许地山、王统照、李金发、钟敬文、赵景深、周文、周扬、何其芳、老舍、楚图南、柯仲平、公木（张松如）、李季、赵树理、李束为、董均伦、江源、汪曾祺……在民间文学的"文艺的"搜集与研究上以及在其创作的民族化大众化上做出了重要的贡献。

  本选集包括两组文章：一，关于中国现代文学史上对民间文学、神话学、歌谣学做了重要阐述的几位作家的民间文学观；二，笔者用文艺学的原理和方法探讨和研究民间文学、阐述自己的民间文学观的文章。

  从事民间文学研究60年来，本人和老伴马昌仪有关民间文学、神话学、文化人类学等领域的藏书，已捐赠给中国现代文学馆，希望有后来者可以利用。馆方愿意帮我出版这样一本选集作为纪念，在此表示由衷的感谢。

2016年2月8日

苗族英雄史诗《亚鲁王》有了完整版本

——《亚鲁王》序言①

流传于贵州省麻山一带的苗族史诗《亚鲁王》，是21世纪开展的非物质文化遗产普查中于2009年4月首次被发现的。2010年3月，麻山紫云苗族布依族自治县经过层层申报，于2011年6月10日获得国务院批准，列入了第三批国家级非物质文化遗产名录，在国家的层面上得到保护。嗣后，在中国民间文艺家协会专家们的指导下，经过三年的调查、记录、整理、翻译工作，由作家兼民间文艺学者余未人先生执行主编的《亚鲁王》（第一部）苗汉双语对照文本和汉语整理文本，于2011年11月由中华书局出版，2012年2月21日在北京人民大会堂举行了出版成果发布会。我们所读到的这部苗族史诗《亚鲁王》（第一部），如同芬兰史诗《卡列瓦拉》的编纂模式，是一部由学者根据五位东郎（歌师）的演唱文本综合整理而成的。其内容的主体，是以亚鲁王为首领的古代苗族一个支系所经历的部落征战和部落迁徙，也包括了从人类起源和文化起源（如董冬穹造人、蝴蝶找来谷种、萤火虫带来火、造乐器、造铜鼓）、造地造山、造日造月、公雷涨洪水等神话传说，到开辟疆土、立国创业、迁徙鏖战、发展经济、开辟市场（如以十二生肖建构起来的商贸关系）、姻亲家族（史诗唱诵了亚鲁的十二个儿子及其后代，以及他们的父子连名制）等原始农耕文明的种种业绩和文化符号，以及以亚鲁这个英雄人物为中心的兄弟部落和亚鲁部落的家族谱系。总体看来，

---

① 陈兴华唱诵记录：《亚鲁王（五言体）》，重庆：重庆出版社，2018年。

应是一部以部落征战和部落迁徙、歌颂部落（民族）英雄为主要内容的民族英雄史诗。在这个座谈会上，我曾以《〈亚鲁王〉——一部活在口头上的史诗》为题做了发言，称"这部叙述亚鲁王国十七代首领亚鲁王在频繁的部落征战和部落迁徙中创世、立国、创业、发展的艰难历程的史诗，不仅以口口相传的形式为苗族的古代史提供了某种亦真亦幻的群体记忆，传递了艰苦卓绝、自强不息的求生求发展的民族精神，而且以其独具的特色为已有的世界史诗谱系增添了一种特有的样式，故而有理由说，这部目前还在口传的英雄史诗具有不可替代的重要文化史价值和科学研究价值"。此前，搜集、整理和编纂出版的苗族长篇叙事诗不少，学界一般习惯于将其称作"苗族古歌"，而在国家非遗名录评审会上我把《亚鲁王》定位为"英雄史诗"，认为它与已知的许多游牧民族的英雄史诗不同，是一部原始农耕文明时代的文化佳构。

中华书局本《亚鲁王》问世后，我们在焦急地等待第二部第三部问世的渴望中，却意外地传来了国家级传承人陈兴华翻译整理的五言体《亚鲁王》脱稿的喜讯。2016年7月4日，余未人给我来信说：

> 最近我在了解《亚鲁王》国家级传承人陈兴华的事。他比我小两岁，只上过小学一年级，他此前花了四年时间整理了一个三万八千多行的、五言体的《亚鲁王》史诗。中华书局的版本也才一万零八百一十九行。他真是不容易！可能在全国的非遗传承人当中也找不出第二个！现在请唐娜在做编辑。陈兴华说，自己的目的就是为了方便传承，现在已有去外地打工的苗人按他的五言本在学唱。但他的做法也有一些争议，因为他不会苗文，所以缺乏苗文记录，如果按字直译，苗语的唱诵是长短句的，并非五言。汉文五言就不一定准确。
>
> 陈兴华是个比较开放的东郎，当年他"违背"祖训拜投了三位师父。于是，他的史诗传唱之路就不局限于一个家族，变得丰富、海阔天空。正因为他三投名师，也才能积累起这么包容各家的、丰富的诗行。这是他在学习方式上的独创。

学唱的时候，他不仅用传统的方式下苦功硬记，还摸索着用自己仅上过小学一年级的汉字水准，边学边记边提高，用汉字来记下苗音。用汉字记苗音，也许是再平凡不过的"小儿科"，是许多苗族古歌搜集者在没有创立苗文时走过的路。这种记音的学唱方式，他是跟一位有文化的师父学的，而师父当年的这种做法也是躲躲藏藏的，在正式唱诵的场合不敢拿出来，生怕别人笑话。他们师徒在《亚鲁王》史诗传承的路上用了此法，却是迈出一大步了。

中华书局版本中，陈兴华是主唱的五人之一，他唱得最多。陈兴华的"五言体"在内容上与民间传承的、自由诗体的《亚鲁王》主要情节一致，而它有方便记忆的长处，所以我觉得，也可以作为百花园中的一朵小花传承下去。这个文本的文学质量当然比不上中华本，许多语句太过直白。另外，他在一些句式上，还存在把十个字的一句白话硬断为两句并作为诗行的做法，这不是五言诗的节律。……但作为一个基本上没有受过学校汉文化教育的苗族古稀老人花了四年工夫做成的、改了六七稿的汉语文本，似乎也不宜苛求。您觉得如何？

几个同行曾经对他提出过一个建议，即把五言版本中提到的人名、地名、动植物名等与中华书局版本的《亚鲁王》统一起来，以便阅读和研究。我也赞同。但陈兴华没有同意。他说："我是根据三位师父传授的内容，按照我的土语来写的，由于苗族的语音很复杂，各方的土音繁多，就以麻山腹地的苗族来讲，至今语言不能交流的依然存在，尤其是人名、地名、动植物名等，有的连翻译都很困难，就是找个同音字来代替都找不到，为保证意思不变，只好用近音字来代替，这就难免歧义。像这类情况，不能强求一律，只有在我唱诵的基础上，各人再根据各方的土音来进行唱诵就行了，更不能一概而论。"我想，也不必强求吧。从这里，我也感受到了一个传承人的执拗和坚持，一个传承人的个性。有特殊才能者，常常会有特殊个性。

我邀请苗族研究员吴晓东来实地了解一下陈兴华这个五言体文本的诞生过程、真实性等，写篇文章。晓东最近来了一周，做了仔细考察，昨天电话中他说，他与陈兴华面对面聊了两三天，确定五言本的真实性是没问题的，绝对真实，也是为了便于传承而做的。

在上述中华书局本出版座谈会上，我第一次见到了应邀到会的《亚鲁王》唯一国家级传承人陈兴华。他是中华书局本五位演唱者之一。现在他以一己之力，经过四年的不懈努力，根据自己所学、所会、所唱，记录、整理、翻译出了一部三万八千多行的有独特叙事个性和特殊功能指向的汉语五言体《亚鲁王》，实在称得上是非遗传承上的一桩盛事和一颗硕果。所谓独特叙事个性和特殊功能指向，指的是有别于学者为研究而整理的供阅读的文学文本，而是为的便于向更多的徒弟依此学习和传承，再现了史诗各部分唱词与为之服务的丧葬仪式的内在联系，让史诗便捷地再回到民间。

由传承人东郎陈兴华记录整理翻译的这部五言体《亚鲁王》，在专家和编辑们的支持与帮助下成书（为方便读者阅读，重新回到民间，出版物把纸质文字与二维码音频融为一体），就要由重庆出版社付梓了，主编余未人要我写序，我不揣冒昧，写了上面这些文字，表示我对这部汉译五言体史诗问世的祝贺。

2017 年 2 月 25 日于北京

多彩贵州 民族记忆

——"贵州非遗暨民族古歌史诗·故事本"丛书总序

贵州是一个多民族聚居的省份。如今生活在这块土地上的诸多民族中，有的属于世居的民族（族群）或曰土著民族（族群），有的则是远古或中古时代迁徙而来的。各民族都以其独特的生活方式和文化传统，在这个山水相依、气候温和的宝地相聚相融，繁衍生息，以其文化的原生性和多样性成为南部中华文化的一个代表地区。21世纪初掀起的非物质文化遗产保护工作中，由于深藏于民间而又仍富生命活力的多种非物质文化遗产项目相继被纳入国家级和省级保护名录，从而使一向被视为"老少边"地区的贵州，成为继承和弘扬中华传统文化的重要基地，也成为名副其实的"多彩贵州"。

贵州的民族民间文学十分丰富，许多民族的古歌、史诗、神话、传说保存了人类的记忆和民族的历史，从20世纪初年起就受到了中外学者的重视和采集，并将所采集到的作品陆续公之于世，在中华民族文化史，乃至世界文化发展史上具有重要的地位。最早在贵州搜集记录翻译苗族民间文学的当数英国传教士克拉克（Samuel R Clarke），他于1896年在黔东南黄平记录了苗族民间故事和《洪水滔天》《兄妹结婚》《开天辟地》等古歌。继之，日人鸟居龙藏于1902年在安顺地区搜集记录了青苗的《创生记》神话和瑶族的槃瓠神话等。1936—1937年，寿生搜集了贵州歌谣、长歌等，39首刊载于北大《歌谣周刊》，另有一篇论文和一个民间故事也发表于该刊。此后，抗日战争时期，上海的大夏大学于1937年迁至贵阳，吴泽霖教授和他的团队，在贵阳地区对花苗和黑苗族群的祖先来源神话进行调查，记录了花苗的兄妹婚神话、大花苗的古歌《洪水滔天歌》、八寨黑苗的洪水遗民神话以及炉山等地的短裙黑苗的洪水神话等，得出了与当时业已趋于成熟的西方神话学迥然有别的两个重要结论：第一，苗族的神话不是古希腊式的亚当夏娃那一类的神话，而是诺亚式的神话，即：不是开天辟地后第一个老祖宗的故事，而是大洪水后兄妹成婚、繁衍子孙、民族复兴的神话。第二，美国人类学家在印第安人神话中得出结论认为，最初人类取火时摩擦法早于撞击法；而苗族神话中人类最早取得的火种，则是来源于燧石撞击取得火种，即撞击法早于摩擦法。这是中国学者的贵州苗族（花苗和黑苗）神话调查所得对世界人类文化史和神话学、史诗学、传说学做出的杰出贡献。

中华人民共和国成立六十年来，贵州学术界和文化界对省内少数民族的神话传说、古歌史诗等的调查发掘，对中华民族传统民间文化的发掘继承和弘扬发展做出了重要贡献。特别值得一提的是苗族的古歌。苗族古歌是非宗教典籍的创世史诗，也是集苗族历史、伦理、民俗、服饰、建筑、气候等为一体的百科全书，它的内容包罗万象，从宇宙的诞生、人类和物种的起源、开天辟地、初民时期的滔天洪水，到苗族的大迁徙、苗族的古代社会制度等，具有史学、民族学、哲学、人类学等多方面价值。从20世纪50年代起，贵州省文联和民间文艺研究会就着手搜集和编辑出版了《贵州民间文学资料》（共72册，1957年1月—1985年6月），收入了从口述记录下来的省内各民族的重要古歌和史诗，如《仰阿莎》《张秀眉》《嘎百福歌》《苗族古歌》《布依族古歌叙事诗》《彝族古歌》等。贵州省少数民族古籍整理出版规划小组办公室主编、中国国际广播出版社影印出版了多种相关的史籍。出版机构陆续出版了《苗族古歌》[①]《苗族史诗》[②]《苗族始祖的传说》[③]，"贵州民间文

---

① 田兵编选：《苗族古歌》，贵阳：贵州人民出版社，1979年。
② 马学良、今旦译注：《苗族史诗》，北京：中国民间文艺出版社，1983年。
③ 杨元龙、张勇选编：《苗族始祖的传说》，贵阳：贵州民族出版社，1989年。

学选粹丛书"①，收录了贵州神话传说、贵州民间长诗、贵州民间故事、贵州民间歌谣、苗族古歌、布依族摩经文学、侗族大歌琵琶歌、水族双歌、彝族叙事诗、彝族古代文论等。西部麻山地区苗族英雄史诗《亚鲁王》苗汉双语本的问世②，不仅记述了第17代首领亚鲁王率领下的亚鲁王国在频繁的部落征战和部落迁徙中创世、立国、创业、发展的艰难历程，而且以其独具的特色为已有的世界史诗谱系增添了一种特有的样式。这些出版物，保存下了以古歌史诗为代表的若干重要口头文学资料免于泯灭，而且也推动了在群众中的口头流传。

在新时代，为了让进入国家级非遗名录和已经发掘而尚未进入名录的重要古歌、史诗以及神话等非遗在现代化、信息化社会条件下有效地继续传承下去，进一步推动挖掘贵州非遗文化的深刻内涵，展示其博大精深的魅力，使其走向大众家庭，通过阅读，深入民众内心世界，能在乡村、街道、学校中讲述流传，并通过此项活动培养民间文学类非遗人才。文化学者、作家余未人女士就史诗《亚鲁王》的故事本作了试撰，为古歌史诗的故事化通俗化提供了一个范例。

在此基础上，贵州省非物质文化遗产保护中心决定编辑出版一套以故事的形式呈现给读者的新的丛书"贵州非遗暨民族古歌史诗·故事本"，是时代的要求和历史的使命，是智慧的结晶也是民族的幸事。编者要我为这套丛书写序，我已经垂垂老矣，但作为贵州文化界和文艺界的老友，却之不恭，兹写了上面这些意思，作为序言吧。

2017年12月16日于北京

---

① 贵州人民出版社，1997年。
② 中华书局，2012年。

诗学范式与学科建设

——《民间文艺学的诗学传统》自序和后记[①]

我曾在 2001 年 12 月 26 日投书中国作家协会主办的《文艺报》编辑部，为民间文学学科的生存问题，向国家学位委员会进言，指出把民间文学学科降为三级学科是没有道理的，且影响殊大，希望保持民间文学学科原有的文学学科下二级学科地位。拙文《向国家学位委员会进一言》在《文艺报》同年 12 月 8 日发表后，受到了一些高校老师和学界朋友的关注，报刊上发表了好几篇相关文章予以响应。但遗憾的是，却始终没有听到来自学位委员会的只言片语，民间文学在国家教委系统的学术地位，仍然被冷冻在法学之下的三级学科的框子里。于是，三年后，不得不再次在报刊上发声，上海《社会科学报》于 2004 年 8 月 12 日发表了拙稿《保持"一国两制"好——再为民间文学学科一呼》。

民间文学是文学的一部分，是民族的传统文化和文化传统的重要组成部分。关于这一点，在 21 世纪的今天，大概是没有什么争议的了，总不至于会有什么类似乾嘉学派的遗老遗少们或蒋梦麟们从阴沟里跳出来讥笑谈论歌谣是淫秽之徒。至于民间文学的作者和传承者是什么样的群体，尽可以存在着某些分歧的看法，是下层社会成员还是全体社会成员，这并不能改变它的性质。同样不争的是，在中国漫长的封建社会里和农耕文明下，不被主流文化及其士大夫所重视，甚至长期被压抑、

[①] 刘锡诚：《民间文艺学的诗学传统》（郝苏民主编"西部民间文化与口头传统精选系列"丛书），上海：上海文化出版社，2018 年。

被笑骂、被打杀而最终归于自生自灭。"五四"以后兴起的民间文学研究，在过去的一百年中，经过几代进步的作家和学者们的披荆斩棘、苦心建构，到1987年5月的统计，全国已有43所高等学校开设了民间文学课程，各省区市的社科院、文联、艺术馆和高等院校，相继建立了民间文学研究组（室）；20世纪80—90年代进行的以"民间文学三套集成"为中心的全国普查，到世纪末，已经堪称人文科学研究领域里颇具中国特色、最有成就的支学之一，极大地丰富了我国人文科学的宝库。

从1918年北大歌谣征集处成立、刘半农编订歌谣选、歌谣研究会成立、郑振铎等人创立的文学研究会、鲁迅等人创立的"语丝社"起，郭沫若、茅盾、郑振铎等作家学者参加进来，民间文学运动就渐而在中国的最高学府里和名声显赫的报章杂志（如孙伏园主编的《晨报副刊》《妇女杂志》）上登堂入室，形成了一股强劲的文学潮流和学术潮流。1926年军阀张作霖解散北京大学、查封《语丝》，北大的许多提倡歌谣的知名教授纷纷南下广州、厦门，把薪火传递到南方，即使在革命形势处于低潮的时期，都没有割断初创未久的民间文学学科的根脉。侥幸保留下来的北大研究所还由周作人继续开设"歌谣"课程，"语丝社"成员们创办的北新书局，也由李小峰带到了上海并以林兰的笔名出版了那么多的民间文学的读物，斑斓多彩的民间故事滋润了多少代中国少年儿童的心灵呀！1920年成立的文学研究会的作家们，如郑振铎、沈雁冰、朱希祖、王统照、许地山、郭绍虞、徐蔚南、老舍、刘大白、赵景深等，都大力提倡民间文学，《文学月报》和《文学周报》等曾经是发表民间文学文章和作品的园地。抗日战争年代，多少爱国的高校老师（如闻一多、朱自清、顾颉刚、楚图南、吴泽霖、陶云逵、钟敬文等）、台湾"中央研究院"的学者（如马学良、袁家骅等）、作家（国统区的苏雪林、戴望舒、光未然、薛汕、丁景唐、马凡陀，延安的柯仲平、何其芳、吕骥、张松如、周文、林山、柯蓝等，华中解放区的阿英、钱毅等）以强烈的爱国心投身于大西南和解放区的民间文学搜集和研究中去，民间文学成了战时民族凝聚力的重要因素，也提升了学科的质量和地位。中华人民共和国成立的第二年,即 1950 年 3 月 29 日,继中国文联成立之后,成立了第一个全国性的分支文艺社团——中国民间文艺研究会。郭沫若在《我们研究民间文艺的目的》的大会讲话中宣称:

> 我们今天成立民间文艺研究会,就是要对中国古代和现代的民间文艺进行深入的研究。我们研究的目的,我想到的有五点:
>
> (一)保存珍贵的文学遗产并加以传播。中国幅员广大,各地有各地方的色彩,收集散在各地的民间文艺再加以保存和传播,是十分必要的。我很喜欢《国风》这个"风"字,这"风"用得真是不能再恰当了。民歌就是一阵风,不知道它的作者是谁,忽然就像一阵风地刮了起来,又忽然像一阵风地静止了,消失了。我们现在就要组织一批捕风的人,把正在刮着的风捕来保存,加以研究和传播。在中国五千年的历史上,捕风的工作是做得很不够的,像《诗经》这样的搜集就不多。因此有许多风自生自灭,没有留下一点踪迹。今天我们不能重蹈覆辙,不能再让它自生自灭了。
>
> (二)学习民间文艺的优点。我们搜集了民间文艺,并不是纯粹为了当作艺术品来欣赏,甚至奉为偶像,而是要去寻找它的优点来学习。在诗歌,要学习它表现人民情感的手法、语法,学习它的韵律、音节。同时,还可以借民间的东西来改造自己。民间艺术的立场是人民,对象是人民,态度是为人民服务。凡是爱人民的即爱护之,反对人民的即反对之。我们的作家应当从民间文艺中学习改正自己创作的立场和态度。
>
> (三)从民间文艺里接受民间的批评与自我批评。文艺不仅是现实生活的反映,而且是现实生活的评价与批判。民间文艺中,或明显的、或隐晦的包含着对当时社会,尤其是政治的批评。所以今天我们研究民间文艺不单着眼在它的文

学价值，还要注意其中所包含的群众的政治意见。今天我们大家都要有自我批评，更要收集群众意见。在民间文艺中就提供了不少材料。民间文艺是一面镜子，照出政治的面貌来。这个道理，并不是今天才发现的，古人也早已有此见解。据说古代统治者派遣采诗官，采集诗歌在朝廷演奏，借以明了民间疾苦。这种事是否的确有，不能确定，但至少有人有过这种想法。在音乐方面，古人也知道"审乐而知政"，从民间音乐的愉悦或抑愤中考察政治的清明或暴虐。我们不好单把民间文艺当作一种艺术来欣赏，一种文学形式来学习，还必须借民间的镜子来照照自己。

（四）民间文艺给历史家提供了最正确的社会史料。过去的读书人只读一部二十四史，只读一些官家或准官家的史料。但我们知道民间文艺才是研究历史的最真实、最可贵的第一手的材料。因此要站在研究社会发展史、研究历史的立场来加以好好利用。

（五）发展民间文艺。我们不仅要收集、保存、研究和学习民间文艺，而且要给以改造和加工，使之发展成新民主主义的新文艺。在中国历史上长久流传的文学艺术，如《离骚》、元曲、小说等，都是利用民间文艺加工的。这对我们是个很好的启示。今天研究民间文艺最终目的是要将民间文艺加工、提高、发展，以创造新民族形式的新民主主义的文艺。

郭沫若宣称的五个研究目的及研究方法，是从我国古代的民间文艺传统的总结中概括而来的，构成了中国民间文艺学诗学体系的雏形。中华人民共和国成立后，在一些重要的大学（如北京大学、北京师范大学、复旦大学、中山大学、武汉大学、华中师大、山东大学、兰州大学、吉林大学、辽宁大学、东北师大、哈尔滨师大、云南大学、新疆大学等）的中文系里都开设了民间文学课程，在中国社会科学院文学研究所先后设立了民间文学室和民族文学研究所，尽管受到了来自"左"的思想的干扰，作为一门人文学科所取得的成就是有目共睹的。

如今在我国，就学科设置而言，呈现出"一科两制"的格局。一方面，一部分高校根据国家学位委员会的决定，民俗学作为法学学科下面的二级学科，民俗学再把作为其研究材料的民间文学纳入自己的领地为三级学科；而在全国哲学社会科学规划领导小组每年制定的《课题指南》和《国家社会科学基金项目申报数据代码表》的"学科分类"里，则一直把"民间文学"（代码 ZWH）列在"中国文学"学科下面为二级学科。这种"一科两制"的格局，倒也给研究者和从业者提供了自由的、多元的发展空间。近来常听到一些高校里以民俗学为方向的老师在申请社科基金项目时遇到的尴尬，深感因制度的原因而造成的这种困境，已渐成学科前进的无形障碍。于是就想到，既然国家在学术体制上允许"一科两制"，何不干脆让高校中文系开设的"民间文学"课程和民间文学博士点、硕士点，仍然延续中国文化传统的旧制，隶属于"文学"，培养出来的学生叫文学博士、文学硕士，而不必称他们为法学博士和法学硕士，不仅让我们这些长期在文艺领域里做事的人听起来觉得顺耳，他们自己工作起来也顺理成章些。再说远些，从富国强民计，从弘扬文化传统计，应该从小学起给学生开设民间文学或乡土文化的课程，让中国的孩子们、特别是生长在城市里的孩子们，从懂事起就置身于中华传统文化的熏陶和土壤之中。

一生中从事过文学翻译、文学编辑、新闻工作、党政工作等多种行当，多次"转身"，而从事民间文学的编辑、采录、翻译、研究的时间最长。从在北京大学上学时在曹靖华老师的指导下选定民间文学研究作为毕业论文题目起，毕业后分配到中国民间文艺研究会，成为专业的民间文学编辑和研究人员，到"文化大革命"爆发，整整十年。"文革"后，从新闻工作岗位转到《人民文学》编辑部，继而又转到《文艺报》编辑部，在文学岗位上工作了7年。没有想到的是，1983年9月，周扬同志把我调到年轻时工作过的中国民间文艺研究会，担任领导职务，这一去又是7年。最终无法摆脱与民间文学的关系，大概因为我是农民的儿子，从小就受到民间文学的熏陶，故而对民间文学有一种强烈的、难以割舍的情结，60年来，在编辑和研究中断断续续写了一些民间文学的文章和著作。到了古稀之年，宁愿暂时放下文学评论和减少散文随笔的写作，着手将过去写的有关民间文学方面的文章选编成这本集子，算是自选集吧。拙著定名为《民间文艺学的诗学传统》，是遵照郭沫若、周扬、老舍等前辈成立中国民间文艺研究会时宣布的研究宗旨，不忘初心，并就教于为这门学科献身的学者们。

2015年4月9日

后　记

从1957年9月踏入民间文学—民俗研究领域以来，至今已整整60年了。尽管其间多次"转身"，做过文学编辑和评论、记者和翻译、党政领导工作，但从1990年起，成了"边缘人"，回到书斋，心无旁骛地投入到民间文学—民俗学的研究中。粗算起来，一生陆续发表了大约一千五百多篇文章，出版了二三十种专著、文集和百余种编选编著。如今已经到了耄耋之年，编选了这本《民间文艺学的诗学传统》作为我的自选集。在郝苏民教授的关照下，作为他所主持和领导的国家民委人文社科重点研究基地西北民族大学西北民族非遗保护研究基地特聘研究员和学术委员会委员，我的这本自选集列入"研究基地"主编的"民间文化、民俗学科建设成果系列"，幸哉斯然。在拙著即将付梓的时候，借此机会表达我的衷心的谢意。

2017年12月30日

建设中国特色的民间文艺学

——《民间文艺学学科建设讲演录选》自序①

本书是笔者的自选集之一,收录了六十多年来关于民间文艺学学科建设的一些讲演稿。大体上可分为三个部分:一,提出和阐述建设马克思主义指导下的民间文艺学理论研究与体系建设问题;二,关于"民间文学三套集成"的普查和编纂问题;三,民族民间文化与非物质文化遗产的抢救与保护问题。

一

1983年12月召开"中国民研会三届二次理事扩大会",我在报告中提出,要加强中国特色的马克思主义的理论研究,意在改变1958年制定的"全面搜集,重点整理,大力推广,加强研究"的十六个字方针,尽管那个方针最后四个字也是"加强研究",但那个"加强研究",其矛头主要是批判资产阶级民俗学及钟敬文等代表人物。

为了贯彻落实三届二次理事扩大会的精神,1984年5月,我在峨眉山主持召开了"民间文学理论著作选题座谈会"。出席座谈会的有六十多个民间文学研究者,声势很大。我的主旨讲话阐述了"建设中国特色的马克思主义指导的民间文艺学"这个口号,提倡搞专题研究。全

---

① 刘锡诚:《民间文艺学学科建设讲演录选》("华东师范大学非遗传承与应用研究丛书"),上海:上海文艺出版社,2019年。

国各地的、包括在高校教书的老师们都报了选题，制定了全国民间文学研究的"选题规划"。这个会对纠正"十七年"期间一些"左"的做法，推动民间文学理论研究起了很大的作用，纳入"选题计划"的许多理论研究项目，或以著作或以文集的形式陆续出版了。规划中提出组织和出版的"中国民间文学理论建设丛书"陆续出版了几种，"中国民间文学专题资料丛书"出版了《玛纳斯》《格萨尔》等资料本。

1984年11月19日，在中国民间文艺研究会第四次会员代表大会的工作报告《民间文学工作者在新时期的任务》中，回顾了新中国成立以来所走过的曲折的道路和出现的错误思潮后，再次阐述了中国特色的马克思主义的民间文艺学的方针："在新的历史时期我国民间文学工作的方针是什么呢？简要说来，就是：全面开展搜集和抢救工作，有步骤地加强理论研究，尽快提高学术水平，建设有中国特色的民间文艺学，全面开创社会主义民间文学事业的新局面。"在代表大会确定下来的这个新的民间文学工作方针下，民间文学界在加强理论研究上采取了许多措施，如召开学术理论研讨会（青年民间文学理论家学术会议、深圳全国民间文学理论学术研讨会、《格萨尔》学术研讨会、中芬民间文学学术研讨会等），各分会创办期刊和报纸，并前后召开过两次全国报刊座谈会等，促进民间文学学术理论的前进和提升。据1985年7月第一次民间文学报刊会议（长春）统计，公开发行的全国民间文学期刊12种，内部发行的期刊8种，公开发行的报纸2种，内部发行的报纸2种。研究机构也有很大发展，到1987年5月14日召开的中国民间文艺研究会工作会议时，全国有43所高等学校开设了民间文学课程，各省区市的社科院、文联、艺术馆和高等院校，相继建立了民间文学研究组（室），形成了一支可观的民间文学研究队伍。据我的统计，1983—1989年七年间出版的民间文学理论著作（包括论集）达169种。

二

被称为"世纪经典"和"文化长城"的"中国民间文学三套集成"（包括《中国民间故事集成》《中国歌谣集成》《中国谚语集成》），在20多万基层文化工作者和数百位民间文学专家的参与下，经历了25年的漫长岁月，于20世纪末全面完成，出版了省卷本90卷，地县卷本4000多卷。编辑多卷本的"中国民间文学三套集成"是一项搜集、整理、保存和发扬我国各民族、各地区的民间文学遗产的一项宏伟的计划。这项工作的动议，最初是1981年常务理事扩大会上提出来的，得到了中央一些领导同志的肯定和支持。1984年5月28日文化部、国家民委、中国民间文艺研究会三家正式签发了《关于编辑出版〈中国民间故事集成〉〈中国歌谣集成〉〈中国谚语集成〉的通知》，普查、编纂工作才得以陆续在全国铺开。

在民间文学三套集成的全部普查、编纂、出版工作中，我只是前半段（1983—1990）的参与者和主持人之一，1991年2月，我调离中国民间文艺家协会，同时也就告别了三套集成工作。

2009年民间文学三套集成和其他七部文艺集成志书都完成了，10月13日在铁道大厦召开了"十部文艺集成志书全部出版座谈会"，我在发言中说过这样一段话：

"作为当年主持民研会工作和制定集成文件的负责人，我有责任说出一些历史真相，除了那些载入扉页的名字外，不要忘了还有几位老前辈的功劳。他们是：(1)当年中国文联书记处书记、中国民间文艺研究会临时领导小组组长、小说家延泽民，是在1983年4月17日他所主持的中国民间文艺研究会的工作会议上，对酝酿已久的中国民间文学三套集成的编纂计划做出了正式决定；(2)文化部原副部长丁峤，是他为我们中国民间文学三套集成的官方文件签了字，然后由文化部民族文化司这条线颁布下达，才使启动'集成'普查和编纂工作成为可能，才有今天的这样辉煌成果。古训有言：吃水不忘掘井人呀！他们都是三套集成的掘井者！(3) 我们尊敬的周巍峙部长。由于民研会主席周扬于1983年卧病住院，必须设立常务副总主编主持其事。中国民间文艺研究会书记处组建之始，提议并经法定程序通过，由周巍峙和钟敬文两位任常务副总主编；其顺序如是。周巍峙同志兼任民间文学集成编委会的第一副常务总主编，一是避免了民间文学领导圈子里的意见纷争，使工作得以顺利进行；二是使民间文学三套集成比较顺利地纳入由文化部和艺术科学规划办牵头的十部民族民间文艺集成的行列，而这是其他人谁也无法替代的。"

作为协会的主要领导人，我在民间文学三套集成工作中的作用主要表现在下面几点：

阐述性质定位，促成工作走上正轨。作为中国民间文艺研究会临时领导小组成员（当时我是《文艺报》的编辑部主任，在民研会是兼职），我应邀参加了1983年4月中旬中国民间文艺研究会在西山举行的第二次学术讨论会，并受领导小组的委托在会上做总结发言。我在发言中阐明了编辑出版三套集成工作在中国文化史上的开创意义，指出各民族民间文学工作者对这项工作有不可推卸的历史责任，鼓励全国民间文学工作者积极地、科学地参与和完成这一伟大的工作，不辜负全国人民的殷切希望。

这次会议上确定了周扬为三套集成总主编，钟敬文、贾芝、马学良担任各部集成的主编。但文化部、国家民委和中国民间文艺研究会共同签署文件的过程却并非一帆风顺，因为文化部没有分管民间文学的部门，部领导对如何进行对口合作颇有顾虑。为了争取到他们的支持，我和中国民间文艺研究会书记处的同志们想方设法，竭尽可能，多方斡旋，最终得到文化部主管民族文化的部领导丁峤的支持，由文化部少数民族文化司出面，促成了文化部、国家民委和中国民间文艺研究会共同发文，使三套集成成为由文艺团体发起主办、两个政府主管部委全力支持的重要国家文化工程。

1983年7月，在我的主持下，在山东召开了第一次民间文学三套集成全国工作会议，研究决定了三套集成工作机构和工作步骤等问题，培训了第一批干部。

1984年3月20日，在云南召开民间文学三套集成工作会议，为中国民间文学三套集成在全国铺开，拉开了序幕。我应邀参会并在会上发表讲话，阐述了编纂三套集成的文化意义后，讲了编纂三套集成的一些重要原则。1984年9月，在云南再次召开工作座谈会，讨论了普查、采录、翻译工作的原则等问题。

1984年11月，又在中国民间文艺研究会第四次全国代表大会的工作报告《民间文学工作者在新时期的任务》中，再次就三套集成的文化性质等问题做了阐述，并将编纂三套集成工作列为全面开创民间文学事业新局面的第一项重点工作。

这一阶段三套集成的工作进展和所取得的成绩，得到了中宣部的肯定。中宣部于1985年11月下达《转发民研会〈关于编辑出版中国民间文学集成第二次工作会议纪要〉的通知》，请各地党委宣传部、文化厅、文联关心、支持并督促各地民间文艺研究会分会做好三套集成的编辑出版工作。自此，三套集成工作走上正轨，在全国各省区市轰轰烈烈地开展起来，实现了新中国成立以来第一次包括56个民族在内的全国各省区市民间文学普查。在这次普查中，全国共采录到民间故事137.5万余篇，歌谣192万余首，谚语348.5万余条，记录下了20世纪末"活"在全国各民族民众口头上的民间文学的口述文本。

在1985年6月召开的全国第二次集成工作会议上我做了题为《统一认识、协同工作》的报告，不仅对编纂三套集成的重要性、必要性和适时性进行了全面的概括，还对编纂工作要遵循的科学性、代表性和全面性"三性"原则再次做了论述，提出要排除长期"左"的思想的干扰，以马克思主义唯物史观统帅民间文艺普查、采录、编辑、出版和研究工作。"民间文学是一定时代、一定社会生活的产物，其内容体现着一定时代、一定范围的人民群众的思想观点，我们的任务是把它们搜集起来，加以研究，对其中优秀者，加以推广光大，而不是用我们今天的观点去修改它。任何离开唯物史观的思想和做法，都是不会收到好的效果的。回过头来看看我们35年来所走过的道路,在这个问题上,我们是付出了高昂的代价的。恩格斯在《家庭、私有制和国家的起源》中有两处地方讲到这个问题。一处是在讲到人类婚姻史上曾经有过的杂婚时说:'如果戴着妓院的眼镜去观察原始状态,那便不可能对它有任何理解。'另一处是他引用马克思1882年写的一封信——马克思批评瓦格纳的《尼伯龙根》歌词对原始时代的完全歪曲:'原始时代,哥妹曾经是夫妻,而这在当时是合乎道德的。'历史上曾经存在过,而在今天看来不道德的、不合理的事物,在当时看来却是合理的、合乎道德的。这样看问题才是历史唯物主义。如果我们用资本主义社会里妓院的眼光去看待民间文学里描写的原始状态,当然就不可能得出正确的结论,因此,就出现了随意乱改(民间文学作品)的现象。明明是兄妹婚姻,偏要改成不是兄妹婚姻,这就使历史变得面目全非了。我们不能这样做,应当恢复历史的本来面貌。如果我们不坚持历史唯物主义,我们的民间文学事业将会走上歧途。"

我还就传统民间文学的文化性质和文化属性发表了意见:"只要是现在还被广大人民群众所接收、所喜爱、所传颂、所传承,还在民众中广泛流传的,对人民群众有益的民间文学作品,就可以算作是社会主义文学的组成部分。"我强调,对待民间文学作品,不可以人为地拿我们今天的思想去修改它,使之适应于今天的政治需要。同时,还对三套集成的性质给出了明确的定位,即"三套集成不是一部文艺读物,不是一部适合思想教育要求的读物,而是一部具有高度文学欣赏价值、又具有高度的学术研究价值的民间文学总集。"

在三套集成工作的组织、启动阶段,作为研究会的主要领导干部,我除了负有各项工作的领导责任外,对普查、采录、编纂工作的指导思想和原则也做了学术层面的思考,并将来自各方面的、与之相关的学术观点做了清晰的、明确的、科学的梳理,主持编纂了《中国民间文学集成工作手册》。

三

2002年春,在中国民间文艺家协会主席冯骥才的倡导下,发起实施"中国民间文化遗产抢救工程",85位人文学者在北京发表了《抢救中国民间文化遗产呼吁书》。笔者是签署呼吁书的学者之一。接着,以政府(文化部)为主导的"中国民族民间文化保护工程"在全国各省有选择地开始试点,有序地付诸实施。在文化部社图司的指导下,中国民族民间文化保护工程国家中心策划与组织、我参与起草和编辑的《中国民族民间文化保护工程普查手册》,经过许多专家大半年的努力,于2005年5月由文化艺术出版社出版。在即将全面铺开的全国民族民间文化的普查工作中,这本《手册》不仅在传授以田野调查为主要内容的普查知识方面,而且在不同民族、不同地区普查工作的科学化和规范化方面,作为一种重要的参考读物发挥了指导规范、统一步调的作用。《手册》出版后,中国民族民间文化保护工程国家中心于2005年5月20日在京举办了"国家级非物质文化遗产代表作名录申报培训班",国家中心的负责同志要我向培训班的朋友们作了讲座,我讲的题目是《民间文化的普查与分类问题》,其核心内容就是对《手册》的内容——主要是普查和分类——作简要的阐释。

非物质文化遗产保护工程开展以来,我被文化部聘为非物质文化遗产保护工作专家委员会委员,主要参加了三方面的工作:一,参与起草了若干个非遗保护文件,参加了前四批国家级非遗名录和传承人的评审(主要是民间文学类,我是召集人);二,参加文化部或各省文化厅主办的各种培训班讲课,培训干部;三,在文化部非遗司的组织下,到陕西、山西、江苏等省区进行督查。撰写了一些有关非遗保护的论文,出版了《非物质文化遗产:理论与方法》(学苑出版社2009年)、《非物质文化遗产保护的中国道路》(文化艺术出版社2016年),收入了2016年之前发表的63篇代表性的文章。

我现在已经到了耄耋之岁，从几十年来陆续在民间文学、民间艺术、非遗等方面的讲演稿和讲座稿（大部分没有发表）中，选出一批有代表性的篇章编成这本讲演录，交付出版，既可作为学科建设的一种声音和史料，亦可供一般读者和学人参阅。

2018 年 11 月 7 日于北京

东南之美 海内之秀

——《会稽山民间传说》序①

一代有一代的历史,一代有一代的传说。代积层累,代代相传,有的越传越丰富,有的越传越神奇,也有的自然而然消失了。那些流传至今的传说,就成了一笔宝贵的文化遗产。

会稽山民间传说,是绍兴区域文化中的"山珍",也是中华文化的瑰宝。

"稽山何崔嵬,奠此东南区。群山状趋附,万壑流萦纡。"(宋·张伯玉)会稽山,绵延几百里,其峰仅千米,但因其脚下有剡溪、娥江、鉴湖蜿蜒映照,也显得气势不凡,"势入东溟尽"。

然而,比之地理上的"巍巍乎",则远远不如文化上的"赫赫焉"——会稽,是中国最古老的地名之一,会稽山是《周礼》所定的整个大中国"东南区"扬州之镇山。之所以如此,是因为华夏儿女无比崇敬的大禹归藏于此,所谓"高山仰止"是也。

地理如此,历史如此,加以会稽山未知无数,神秘难测,民间传说就多了!明代何景明《述归赋》云:"极禹穴之幽冥兮,穷会稽之胜概。"他自然做不到,但民间传说里"幽冥""胜概"应有尽有。

《会稽山民间传说》采自乡间草野,不作"宫廷秘制",保存了"山珍"的原汁原味。初览一过,便入山阴道上,人物应接不暇,故事引人入胜。所有这些传说,反映了绍兴悠久的历史、丰富的资源、深厚

---

① 李弘主编:《会稽山民间传说》,北京:中国文史出版社,2019年。

的文化，体现了绍兴民间很强的想象力、创造力、传承力，表达了绍兴民众对美好生活的向往和不懈追求，故是一种满满的正能量！

会稽山是绍兴的脊梁和"龙脉"，但是会稽山的历史文化和民间传说，其影响远远不限于绍兴一地。借用《世说新语》的话来说，叫"不徒东南之美，实为海内之秀"。

特别是上古尧舜禹时代，文字尚未发明，人们要对历史做记录，只能利用口耳相传的方式，此即为民间传说。司马迁后来写《史记》，"上会稽，探禹穴"，关于大禹及夏朝的记载，便大量采信了越地会稽山的传说。而会稽山的传说，也将日益显示其独特价值，对于我们今天审视民间传说的价值、发掘民间故事背后的本真具有重大启示。另一方面，对于民间传说，我们应当采取审慎的态度。古代由于中原与会稽之间距离较远，语言甚至要"九译"，所以中原典籍中的"会稽山"，不少仍具有传说的成分。比如，《山海经》云："会稽之山，四方。其上多金玉，其下多砆石。勺水出焉，而南流注于湨。"会稽之山即会稽山，在今绍兴。这本来是十分明确的，有人抓住大禹归葬之山不是"四方"的，于是便否定"会稽山在绍兴"。事实上，论者的失误之处很明显：《山海经》本来就是一部民间传说。

记得七年以前绍兴出了一本《会稽山历史文化》，李弘同志嘱我为序，今天又读到《会稽山民间传说》，十分高兴。绍兴是文化名邦，人文宝贝很多，这两本书，或可作为了解文化绍兴的入门书。

2019 年 12 月 23 日

越地民众的智慧结晶

——《绍兴童谣采风集成》序言[①]

绍兴童谣,是指主要流传于古越地中心绍兴及周边一带的童谣。她是广大人民群众(其主体是儿童)在日常生产生活中集体创作、加工,主要以口耳相传的文化形式传承下来的口头文艺作品。童谣是民众集体智慧的结晶,反映了民众的心理情感,承载着民众的文化记忆,是中华优秀传统文化的重要一脉,是中国民间文学宝库的重要组成。

绍兴,是中国首批历史文化名城,是著名的水乡、桥乡、酒乡、戏曲之乡、书法之乡、名士之乡,独特的地理环境、悠久的发展历史、深厚的文化底蕴,为绍兴童谣的滋生和发展提供了充足的养分。南朝范晔《后汉书·张霸传》载有《会稽童谣》:"弃我戟,捐我矛,盗贼尽,吏皆休。"可以说是关于绍兴童谣最早的文献记载。西晋陈寿《益都耆旧传》又载有《会稽童谣歌》,为《会稽童谣》的同题异文歌。清悟痴生(会稽人)编《广天籁集》,收录浙江儿歌23首;清范寅编《越谚》,收录绍兴童谣55首。1922年至1923年,共有69首绍兴童谣分别被录入《绘图童谣大观》《各省童谣集》;1928年至1934年,娄子匡出版的《绍兴歌谣》《越歌百曲》及陶茂康创办的《民间》丛刊,记录了大量的绍兴童谣;民国初年,周作人在绍兴征集童谣,后加入北大歌谣研究会,发表《〈绍兴儿歌述略〉序》等多篇文章,又收集绍兴童谣223首

[①] 绍兴市非物质文化遗产保护中心编:《绍兴童谣采风集成》,杭州:西泠印社出版社,2020年。

收录在《童谣研究手稿》中。这些都是绍兴童谣源远流长的佐证。

20世纪80年代以来,绍兴曾组织大规模的歌谣普查,较为完整地记录了当时还在民众中口传的绍兴童谣。时至今日,仍有大约400首绍兴童谣在绍兴及周边区域广泛被传唱着。绍兴童谣主要分为游戏童谣、教诲童谣、叙事体物童谣等三大类,有绕口令、谜语歌、数数歌、连锁歌、字头歌、颠倒歌、问答歌等多种表现形式。具有数量众多,内容丰富;传承久远,影响广泛;地域特色浓厚;表现形式多样等特征。其词句浅白简练、语言风趣幽默,对少年儿童智识启蒙、品德教育、文学熏陶等均有积极意义。如童谣中的游戏童谣,有利于丰富少年儿童的娱乐方式,潜移默化地促进他们的健康成长。

21世纪以来,随着非物质文化遗产保护的春风吹遍神州大地,对中华传统文化的重视,作为优秀传统文化重要一脉的童谣,被列入各级非遗保护名录。"绍兴童谣"于2014年11月被批准列入第四批国家级非物质文化遗产代表性项目名录。

在非物质文化遗产保护的语境中,保护、传承和传播好绍兴童谣这一宝贵遗产成为时代赋予的光荣使命,为此,绍兴市文广局及市非遗中心,积极调动各界力量、采取多种措施,以不断推进绍兴童谣的保护工作,开展了对童谣的研究和保护,出版了《越地童谣游戏》等多本书籍;设立了童谣传承基地;在中小学开展普及教学,扩大童谣影响等。从2015年开始,又在全市范围内统筹开展绍兴童谣记录工程,由各县(市、区)推荐童谣传人作为拍摄记录的对象,对现存的10余位童谣传人进行了拍摄记录,在拍摄视频的基础上又进行了文稿的整理工作,如今这本《绍兴童谣采风集成》的编辑出版,正是对此项工作的及时总结和成果呈现。这既是对童谣口头资料的抢救性保护,也是促进童谣传承和传播的有益举措。

绍兴童谣,是优秀传统文化的重要内容,体现着绍兴人民的集体智慧,满足着绍兴人民的情感归属需要,对构建绍兴人民的地域文化认同,激发文化自觉、重塑文化自信,守护共有的精神家园,都具有重要的现实意义,我们要义不容辞地承担好新时代赋予的历史责任。

绍兴市非物质文化遗产保护中心的徐红同志嘱我为这部即将付梓的《绍兴童谣采风集成》写序，我很高兴地接受了老友的这一重托。不由地回想起八年前，2013—2014年，当年"绍兴童谣"申报第四批国家级非遗名录时，作为国家非物质文化遗产保护工作专家委员会的委员及民间文学组的负责人，对这一项目的讨论和批准，就是在我的主持下进行的。如今我写了上面这些意见，就作为这部《绍兴童谣采风集成》的序言吧。

2020年3月7日于北京

第四辑
民俗编

百里不同风 千里不同俗

——"世界奇俗丛览"丛书总序[1]

英国人类学家罗伯特·马雷特（R. Marett, 1866—1943）有一句名言："历史学的失落之处正是民俗学的好机会。"这是一个正确的论点。正如他所说的，民俗学家们所感兴趣的材料，存在于被哲学家休谟所描写的"最粗鄙的人的言行之中"，而这些材料，恰恰是正统的历史学家们经常忽略或经意加以曲解的。因此，民俗学家们只好辛劳有加地用自己的考察来捡拾被正统的历史学家们有意无意地遗落在茫茫海滩上的脚印了。

风俗习惯主要是指一个民族在物质文化、精神文化、婚姻家庭等社会生活方面的传统；它是历史的产物，是随着人们生活条件、社会关系以及反映这些生活条件与社会关系的意识形态的发展而发展的。一个社区或一个民族的某些风俗习惯，乃至一个社区或一个民族的一整套风俗习惯系统，一旦约定俗成，为广大人群所尊奉，便具有某种社会法规的效力了。这些在长期历史发展中形成的，表现于衣食住行、婚丧嫁娶、生育成丁、娱乐节庆、礼仪禁忌等方面的风俗习惯，积淀和保留着本民族固有的传统和共同心理素质，并积极地影响着本民族的思维方式，作用于本民族的民族个性，从而形成本民族的民族特点。

由于各民族所处的自然环境和社会历史条件的不同，即使处于同

---

[1] 关东汉、关纪新主编："世界奇俗丛览"丛书，大连：大连出版社，1991年。

一历史发展水平的民族，他们的风俗习惯大抵是各具特点的。反之，所处自然环境和历史条件大致相似的民族，它们的风俗习惯又往往有许多相似之处。这种情况，在普通人的眼前也许是杂乱无序一晃而逝，不会引起更多的思考，而在民俗学家、宗教学家、民族学家和社会学家们的笔下，则呈现出可以认识的规律性和有序状态，杂乱的现象放射出的炫目的光彩激发着他们的思考，引导着他们去做更深的理论探讨。在这方面，二十世纪的一些学者，如詹姆斯·弗雷泽、布·马林诺夫斯基等，根据世界各地区各民族的大量材料，做过一些理论概括，至今仍然不失为一宗极有价值的遗产。马克思主义的理论家们，如保尔·拉法格、普列汉诺夫等，以唯物史观为指导，在前人的基础上做了许多理论探讨，他们的若干结论，或作为堪可遵循的原则，或作为一种新说的尝试，给我们今天的研究以启迪。

中国俗谚说：百里不同风，千里不同俗。如果说，我们越是深入到历史的古远地带，同出一源的各个民族之间的差异之点，也就越来越消失（例如古代的濮越民族之间、通古斯—蒙古民族之间呈现出的相似与差异）的话，那么，越是发展到现代，各民族的风俗习惯就越是呈现出越大的差异，就如同物理学上和光学上的辐射线一样。我们今天生活的这个世界，乃是一个由种种奇风异俗构成的色彩斑斓的世界，一块布满了各种颜色的调色板。随着航空技术的改进，广袤的世界已经变成了"地球村"，乘坐喷气飞机就可以在一天之内飞越很多民族特点迥然有别的国家和地区。给我们的直观带来巨大差异感的是什么？是各不相同的风俗习惯，是各具特色的民俗文化！

用平实而无虚饰的笔法把世界不同地区生息繁衍的不同民族的奇风异俗描绘于笔端，对于在更大的范围内和历史的发展中了解和揭示这些民族的民族特性、民族精神以及心理素质，将是一种非常有益的事情。就我国的情况来说，这类描述风俗习惯的书固然也出版过一些，尤其是近几年出得更多一些，但深入而系统地整理编纂和冷静而科学的分析论述，则显得零散和薄弱。编纂一套"世界奇俗丛览"丛书，其目的就在于弥补我国在民俗志方面的不足，为我国民俗学的建设尽一份力量。

　　整理、研究、出版民俗习惯资料文献，不是为了猎奇，而是一桩严肃的学问。这当中涉及许多民族方面的问题。因此，申明运用唯物史观去分析诸种事象，是十分必要的。如果说，风俗习惯作为一种敏感的问题曾经一度使学者和著作家们望而却步的话，唯物史观能使我们走出这种人为的困境。

　　谨为序。

1990 年 3 月 25 日于北京

民俗给旅游业注入活力

——《民俗与旅游》序①

这本《民俗与旅游》是一本探讨民俗与旅游问题的学术性论文集。1990年4月10—11日，中国旅游文化学会、《民间文学论坛》杂志、北京史地民俗学会和山东省民俗学会在潍坊市旅游局的支持下，在潍坊市举行了"民俗与旅游学术研讨会"。这次学术会议的主题，是探讨民俗与旅游的关系，进而探讨旅游民俗学的学科建设问题。原来的设想是会后就把会上提供的论文汇集出版。由于出版经费一时难于落实，同时也由于会上提供的论文数量不足，有的论文还需要加工修改，所以编辑出版的事情就放下了。后来，白槐先生要主编一套"中国旅游文化丛书"，他把这一计划告诉了我，我表示赞成并愿意尽力支持，使这个带有开创意义的计划能得以实现。于是，他便顺便要我把原拟中的《民俗与旅游》这部书编出来。我答应了。进入编辑阶段之后，才感到这不是一件轻而易举、一蹴而就的事。为了大致体现这个标题的含义，对这个新的边缘学科的建设、对在新情况下民俗旅游事业的发展有所裨益，除了已有的文章需要筛选、加工提高以外，还要另组几篇稿子或从已经发表的与旅游有关的民俗论文中挑选几篇。经过一段时间的工作，这本论文集终于编完了。由于种种限制（包括主观的和客观的），并未能把这本选集编辑得十分令人满意，只要能给读者一点点帮助，就足以令我自慰了。诚挚地期望着有更多更好的旅游民俗学

---

① 中国旅游文化学会编：《民俗与旅游》，北京：中国旅游出版社，1992年。

或民俗旅游学的著作问世。

对于旅游文化来说，民俗自然是题中应有之义。1986年7月，我作为中国民俗学家应土耳其文化旅游部之邀，到土耳其美丽的海滨城市伊兹密尔出席在那儿召开的第三届国际突厥民俗学大会，一个最突出的感想，就是民俗和民俗学对于旅游事业的重要。在土耳其，文化旅游部既主管旅游事业，又主管文化事业，把二者紧密地结合起来管理，而且部属单位中就设有民俗文化司，司长和副司长都是研究民俗的专门家。客人所到之处，无论是伊兹密尔、切希梅，还是著名的旅游城市伊斯坦布尔，几乎所有的观光项目都离不开土耳其的民俗文化。我因而想到，民俗学学科本身固然需要加深研究，需要提高，但也应该走向应用，也许应用民俗学能更多地对社会发展发挥作用，而旅游民俗学不就是一门非常有现实意义的应用学科吗？

随着旅游业的突飞猛进的发展，旅游文化的观念正在发生着深刻的变革。原先那种以自然风光和古迹名胜为观光客体的旅游观念，已经随着旅游业的开展而变得不那么符合旅游者的口味和兴趣了。而民俗文化则悄然无声地进入了旅游业和旅游文化学的领地。一方面，民俗学找到了一个可以伸展的新领地，民俗学者找到了一个可以施展其才能的广阔天地；另一方面，旅游业从中国多民族的丰富的民俗文化中找到了营养，民俗为旅游业注入了生命的活力。旅游业的实践已经在现实的启发和导引下走出了民俗旅游的新路子，虽然大多还属于探索性的，但它们留下的脚印却是扎实的、坚定的、成功的。本书中所收的深圳中国民俗文化村和山东省潍坊千里民俗旅游线的经验，雄辩地说明了开展民俗旅游的决策的正确和无限广阔的前景。遗憾的是，我们未能把更多的探索者的形象和足印向读者展现出来。但是，客观地说，旅游界对民俗学的研究和了解以及对中国各民族的民俗文化的研究和了解，却显得远远跟不上形势的要求，而对于一些人来说，甚至这方面的素质不高，很不适应。旅游业的开展向学术界提出了建立和建设中国的旅游民俗学的课题。这一边缘学科的提出和建设，其意义不仅在学科本身，更重要的在旅游事业；它是同旅游业的战略发展有着紧密关系的一门学科。

　　本书作为一块引"玉"的砖头献给读者，请读者和专家们指正。

1992年6月18日

多元一体的中华民俗文化

——"中华民俗文丛"总序①

中华民族是由许多民族组成而以汉民族为主体的多民族的共同体,同样,中华文化也是由包括多民族文化在内而以汉民族文化为主体组成的多元性文化。对于这一点,并不是学术界所有人都承认的。历来的统治者都习惯于用大一统的思想来看待中国,用中原文化来要求和衡量其他民族的文化,因而"胡""蛮""番""夷"一类带有贬义的词汇屡见于典籍,这些兄弟民族的文化的命运,也如同他们民族的命运一样长期受到排斥和贬抑。在汉民族文化中间,也有两种文化,或者说两层文化。一种是上层文化,这是社会的主流文化或习惯上说的传统文化,历来受到充分的重视。同时,在社会底层也还存在着根基十分深厚、源流十分久远、覆盖面十分广阔的民间文化,或者说下层文化、民俗文化;这种文化长期以来不受重视,甚至还受着来自各方面的压制与冲击,又

---

① 刘锡诚、宋兆麟、马昌仪主编:"中华民俗文丛",北京:学苑出版社,1994年。共20种。1.王孝廉著《水与水神》;2.王孝廉著《花与花神》;3.杨福泉著《灶与灶神》;4.马昌仪、刘锡诚著《石与石神》;5.邢莉著《观音信仰》;6.李露露著《妈祖信仰》;7.陈建宪著《玉皇大帝信仰》;8.吕继祥著《泰山娘娘信仰》;9.钟宗宪著《炎帝神农信仰》;10.宋兆麟著《中国民间神像》;11.曹保明著《神秘的关东奇俗》;12.邢莉著《天神之谜》;13.王树村著《门与门神》;14.徐华龙、王有钧著《山与山神》;15.山曼著《八仙信仰》;16.吕微著《财神信仰》;17.郑土有著《关公信仰》;18.王永谦著《土地与城隍信仰》;19.山民著《狐狸信仰之谜》;20.彭荣德著《花巫术之谜》。

由于这种文化多半是以口头的方式流传和承袭，因而常常处于自生自灭的状态。有学者还有另外的分类法，他们认为，中国文化有三层，即上层、中层和下层。所谓中层文化，系指市民文化；所谓下层文化，系指民俗乡土文化。其实，把中层文化归到下层文化或曰民间文化中也无不可。在广大社会成员中间滋生、保存和发展着的浩浩荡荡的民间－民俗文化，恰恰是民族精神和民族文化之根。当然，民间－民俗文化也有着自己的局限，这些是应该得到恰如其分地分析、批判和扬弃的。但我们总不能在泼洗澡水的时候连孩子也泼掉吧。一个民族，一个国家，如果没有对民间－民俗文化的深刻了解和充分重视，就谈不上发展完整而健全的民族文化。

"五四"新文化运动以前我国学术界兴起的国学研究，其致命的弱点，就是抱残守缺，固守尊孔读经的传统，既不接受西洋的进步的学术和文化思想，也没有以宽容的胸怀把当时已经出现的民间文化研究思潮揽入自己的怀抱。"五四"新文化运动的精神是革命的。李大钊、蔡元培、胡适、鲁迅、钱玄同、刘半农等先驱，以凌厉的锋芒批判旧传统，提倡新的学术思想和方法，从而使中国文化研究的面貌发生了深刻的变化。民间文化的搜集研究在此后的几十年间取得了令人瞩目的成就。在近十多年来伴随着改革开放浪潮兴起的文化研究热潮中，主流文化或传统文化的研究和民间文化的研究虽然都取得了长足的进展，但仍然形同两条道上的马车，特别值得注意的是，下层文化研究所取得的大量资料和成果，并没有被纳入整个文化研究之中。虽然有一些年轻的学者把外国文化人类学的方法和理论移植进来，希望在传统文化的研究和民间－民俗文化的研究中间建立一个纽带，但这两股研究潮流似乎还没有得到理想的沟通和整合。相反，我们还常常听到这样的消息：有些长期致力于正统文化研究的学者甚至仍然把一些越出传统的轨道而把二者结合起来的研究者讥笑为不务正业或没有学问。现在，新的国学研究的浪潮已经重新涌起于华夏大地，这种自觉不自觉地排斥民间－民俗文化的状况似乎不可以再继续下去了。时代的前进脚步是从不停息的，更不能倒退，民间－民俗文化的研究所取得的成就，越来越受到国内外学术界的重视。民间－民俗文化是一个永不干涸的海洋，它博大精深，正等待着有志的学人去开掘；它所保留着和蕴藏着的一些文化遗迹和丰富信息，也许正是解决主流文化中的那些长期悬而未决的难题的钥匙哩。

有鉴于此，我们很想组织和编辑这一套"中华民俗文丛"，从不同的角度和不同的层面系统地整理和正确地阐发生息和繁衍、劳作和创造于中国大地上的各民族老百姓中间蕴藏着的民间－民俗文化和乡土文化。这个设想如果能够实现，作为民俗文化学这一个新学科的基础性的丛书，我们期望通过它的编撰出版，来弥补中国文化建设和国学研究中的薄弱领域，并向新一代的中国人展示自己民族的源远流长、色彩缤纷的民俗文化传统，增强读者的爱家爱国之心和民族的向心力。

我们的设想是：

第一，希望这套丛书的作者着眼于知识的积累和正确地阐发，在正确阐发的基础上求新求深，从而扎扎实实地为推进学科的建设做点事情，哪怕仅仅是资料的系统化也好。

第二，希望选题小些，以小见大，作者们在自己的选题范围内，尽其可能地融汇当代田野调查的实证材料（亲历的和间接的）和典籍材料，从丰富而翔实的材料中得出应有的结论，力戒那种令人生厌的玄学空论学风。

第三，希望行文尽量做到深入浅出，雅俗共赏，通过生动鲜明、通俗易懂的语言把一个个神奇而陌生的世界展现给读者。也希望作者们搜集并选择一定数量的珍贵图片，充分发挥图片在民俗文化图书中的不可替代的作用。

在出版事业开始走向市场同时也经受着市场考验的时刻，我们打算主编这套丛书的设想，得到了学苑出版社的热情支持；也得到了文化学界、民俗学界、民族学界、考古学界、艺术史界许多朋友的积极响应。这给了我们信心和力量。我们愿意把这套书编出特色，从而对中华文化的建设做一份贡献。

1993年6月1日于北京

中国民俗论坛与妙峰山庙会恢复

——《妙峰山·世纪之交的中国民俗流变》序言[①]

正值顾颉刚等先生"妙峰山进香庙会调查"70周年的时机,中国旅游文化学会旅游民俗专业委员会于1995年5月6日至9日在北京市西郊门头沟主持召开了首届"中国民俗论坛"。会议举行期间,恰逢妙峰山开山举行庙会,代表们躬逢其盛,并对庙会做了一次学术考察。这就使本次会议成了一次具有重要意义的会议。

首届"中国民俗论坛"的议题有下列三项:

(1) 世纪之交的中国民俗,以及中国民俗学者应持的立场、观点和方法;

(2) 妙峰山庙会及全国各地庙会文化探讨;

(3) 民俗与旅游。

"中国民俗论坛"得到了各地高校、科研机构、文化出版单位、博物馆和旅游系统许多民俗学家、考古学家、语言学家和文化学家的响应和支持。与会代表从不同的学科和不同的角度热烈而深入地探讨了20世纪以来中国社会不同层面的民俗流变以及民俗工作者面临的任务。特别值得一提的是,民俗学界老前辈钟敬文、马学良先生自始至终参加会议,并向到会学者做了专题演讲,就未来世纪的民俗学发展发表了见解。

---

① 刘锡诚主编:《妙峰山·世纪之交的中国民俗流变》,北京:中国城市出版社,1996年。

20世纪即将过去,我们处在世纪之交的伟大时刻。在已经过去的90年间,中国的民俗发生了急剧而深刻的变化,妙峰山庙会的变化就是一面镜子。在回首这段历史时,我们不能不由衷地感谢顾颉刚等给我们留下的妙峰山庙会田野调查遗产。

随着社会现代化前进的步伐,民俗的流变还会或快或慢地加剧,因此我们期待着有计划地组织一些典型的田野调查,来研究行将消亡的传统民俗生活。在新的世纪里,民俗学应加强同现实生活的关系;只有与现实生活保持紧密联系的学科才是有生命力的学科。

本书所收集的论文,就是首届"中国民俗论坛"上宣读的文章。由吕微、孙其刚二位同仁加以编辑。图片记录了1995年妙峰山庙会的一些场面,是由刘晓路同志编选的。本书的出版,由妙峰山乡政府和妙峰山风景区管理处提供部分资助。妙峰山乡乡长李春仁同志给予很大的帮助,使本书得以问世,在此表示诚挚的谢意。

1995年7月于北京

江尾海端民俗志

——《江海风情》序[①]

民俗是文化。有人群生存的地方,就有民俗。作为一种文化现象,民俗既是共时的,具有传播性,又是历时的,具有传承性。人类文化史证明了,企图用老殖民主义者的残酷手段消灭或中断一个被占领民族或国家的民俗,都是徒劳的。任何民族或族群的民俗,一旦产生,就以其固有的惰性,按照自己的内部规律传承着,延续着,发展着,变化着。随着时代的变迁,部分民俗事象是要消失的。一些失去效应的民俗事象消失了,另一些新的富于生命力的民俗事象又随之出现了。民俗生生不息。国际民俗学界一度把民俗的发生和存在仅限于农民社会,现在看来,这样的概念未免过于狭窄了。事实上,无论是人类文明初期的城市,或是中世纪出现的现代城市里,同样也有自己的民俗。民俗这种文化现象,无所不在地伴随着人类社会的生存。

对民俗事象的记述,即民俗志,在我国有着相当久远的历史,前人积累了极为丰富的资料。但现代意义上的民俗学的建立,则是20世纪初叶的事。19世纪西方民俗学某些学说的成就引起了我国人文学者的兴趣,他们将其学说和方法引渡进来,初创了我国现代民俗学。但整个20世纪上半叶,对中国民俗学来说,也仅仅是初创而已,数量不多的我国民俗学家们不仅没有能够积累下系统完整的田野调查民俗资料,

---

[①] 杨问春、张自强、施汉如编:《江海风情》,北京:大众文艺出版社,1999年。本序发表于《三角洲》(南通)1998年第4期。

甚至连研究方法也没有较大的开拓与创新，因而民俗学的建设远远谈不上完善。20世纪下半叶，前30年，国家处在"阶级斗争为纲"的年代，民俗学被认定为资产阶级科学而无人敢于问津，长期处于停顿状态。当1976年10月"文革"结束，特别是中共十一届三中全会之后，中国进入改革开放的历史新时期，民俗学才获得了新生，开始从冬眠中复苏过来，并逐步过渡到发展阶段。这一过程，屈指算来，还不到20年的时间。仅仅这短短20年中，我国民俗学已经取得了可喜的收获，有了突飞猛进的发展。欣闻国家学位委员会已将民俗学定位为二级学科，这无疑也是对当前民俗学发展现状的一种评价。

杨问春、张自强、施汉如君，身处我国第一批沿海开放城市南通市文化战线的"三驾马车"，在12年前便开始加入到民俗研究的行列里来，着手研究地处"江尾海端"的民俗文化了。他们陆续在《民间文学论坛》《民俗》《民俗曲艺》等境内外报刊上发表他们的研究论文，现在他们把这些文章结集为《江海风情》；此外，80年代以来，在他们的组织下，还多次把南通的传统民俗艺术和当代民俗艺术拿到首都北京来展览，使"江尾海端"的民俗艺术在京都文化界发生过相当广泛的影响。

他们在这部著作中所涉笔的"江尾海端"，是一个位于长江入海口北侧的特殊地区。其文化积淀最为古老的，有海安县沙冈乡青墩村的新石器文化遗址，距今5000年。至于今南通市所在地的古胡逗洲，在千年之前的唐代，各地"流人"就已开始在此"煮盐为业"，"启吾东疆"了。这一地域，向东，是浩瀚的东海和沿海而居的古东夷族群；向南，长江彼岸便是吴越古文化区域；向北，与齐鲁文化区域相毗邻；向西北，便是古楚和中原之地。五方杂处的居民，带来了不同的文化传统和民俗生活，从而形成了"江尾海端"的特殊形态的民俗文化。在这"江尾海端"地区特殊形态的民俗文化中，既有吴越和荆楚文化中特有的淫祀的影响，也有东夷信仰的遗绪和齐鲁文化的理性文化的浸润。说出这一地域的特殊性，我想，他们著作的意义就是不言自明的了。

他们的研究所及，包括生产（稻作、渔猎、舟车、茶作），生活（服饰、饮食），人生（婚丧嫁娶、生育礼仪），信仰（驱邪逐疫仪式、乡傩、童子、庙会、葫芦），文艺（歌谣、俚曲、舞蹈、梨园、风筝）等广泛的民俗领域。他们著作的特点是，遵循了"实证"的原则，即不作空洞的高论，而让材料说话。据我所知，他们较多地利用了他们世居当地从小就对当地民俗耳熟能详的便当条件，也利用了一些间接的材料，但要特别指出的是，在若干问题上他们曾经进行过田野调查，他们从调查中取得了新鲜的第一手资料。

近年来，我在许多场合都强调过"实证"的原则。民俗学是一门实证性很强的学科，它要求研究者深入到他所研究的地区和族群中，作第一手的田野调查，取得翔实可靠的资料，然后将这些资料进行历史的、功能的、比较的、甚至是跨学科的分析研究，对彼此孤立的民俗事象做出文化学的阐释。几年前，有相当影响的美国当代民俗学家阿兰·邓迪斯在《世界民俗学》一书的中文版序言中曾说："我还希望中国的民俗学家不仅进行搜集和分类，而且进一步对民俗做出分析和解释。……我认为，民间（Folk）概念在农民和无产者以外的扩展，以及与此有关部门的研究——历史的、功能的、结构的、符号学的、比较的或心理分析的研究，将是下一代中国民俗学家努力的目标。"[1]我引用邓迪斯先生这段话，并不是说他们三位已经无可挑剔地做到了这些要求。但我认为，他的话是值得我们下一代民俗学家们玩味和实践的。

与杨问春、张自强、施汉如相识整整15个年头了。前些年常常见面，近年除了问春外，我们都已离职在家休息了，各人都没有放弃民俗学的研究，但见面的机会毕竟是减少了。日前，张自强老大哥行色匆匆地自南通携稿来京，要我为他们的著作写序，我为他们在民俗研究方面所取得的成就感到高兴和鼓舞，并借此机会向他们这部著作的出版表示祝贺。上面这些话，就作为这本专著的序言吧。

1998年4月13日于北京安外寓所

---

[1] 上海：上海文艺出版社，1990年。

整合：岁首纪感

——"三足乌文丛"总序[①]

不同世界观的文化史家和思想史家中，都曾有人表达过这样一种非常接近的思想：世界上任何一个现代民族中，都存在着两种文化。如果采用一种简化的公式来表达，我想，可以概括为：一种是上层文化，一种是下层文化。这两种文化是同源而异流的，即源于本土的原始文化，在人类社会出现了分工，出现了被称为"劳心者"的思想家后，便逐渐创建了上层文化，而处于社会底层的广大社会成员——民众，则以传承的方式承袭着和发展着本土的原始文化；这两种文化，都形成了各自的传统，对我们现代人来说，两者都是传统文化，但它们之间，既有区别，又相渗透。

具体说到中国的传统文化，大体也是如此，一种是上层文化，一种是下层文化。虽然经历过春秋战国和魏晋南北朝两次大的文化转型，儒、道、法各派在互相排拒和互相吸收中大大地推进了中国文化的发

[①] 刘锡诚主编，刘涟副主编："三足乌文丛"，北京：学苑出版社，2001—2003年。丛书书目：1.邢莉著《观音——神圣与世俗》；2.曹保明著《乌拉手记——东北民俗田野考察》；3.吕微著《隐喻世界的来访者——中国民间财神信仰》；4.刘锡诚著《象征——对一种民间文化模式的考察》；5.宋兆麟著《巫觋——人与鬼神之间》；6.王孝廉著《岭云关雪——民族神话论集》；7.程蔷著《骊龙之珠的诱惑——民间叙事宝物主题探索》；8.陈勤建著《中国鸟信仰——关于鸟化宇宙观的思考》；9.山曼著《八仙——传说与信仰》；10.李露露著《妈祖神韵——从民女到海神》。本序以《整合：岁首纪感》为题发表于《中华读书报·家园》2001年2月28日。

展，但到了清末，大抵以儒家思想为核心的中国上层文化，已僵化到了严重脱离广大人民群众、束缚自由思想和扼杀创新意识的地步。1840年以后，在西方文化（物质文化与精神文化）的影响下，一批代表维新思潮的思想家，已经开始反思中国文化的局限性，涌起了一个"西学东渐"的浪潮，政治上的改良主义于是也大行其道。到"五四"新文化运动中，一批革命的思想家和文化人，背叛了养育过他们的上层文化，从旧营垒里冲杀出来，他们的旗帜上写的是：反对旧礼教，打倒孔家店，提倡民主和科学，提倡白话文。同时，他们当中有的人执着于借鉴西方文化，有的人则热衷于提倡民间文化。民间文化就是下层文化。民间文化受到了前所未有的重视。在我看来，"五四"新文化运动所昭示的，实际上是以民主和科学来整合中国的上层文化与下层（民间）文化，推动中国文化的科学化和现代化。

鲁迅说：民间文化的特点是"刚健清新"。"旧文学衰颓时，因为摄取民间文学或外国文学而起一个新的转变，这例子是常见于文学史上的。"（《门外文谈》七）"歌、诗、词、曲，我以为原是民间物，文人取为己有，越做越难懂，弄得变成僵石，他们就又去取一样，又来慢慢地绞死它。譬如楚辞罢，离骚虽有方言，倒不难懂，到了扬雄，就特地'古奥'，令人莫名其妙，这就离断气不远矣。词曲之始，也都文从字顺，并不艰难，到后来，可就难读了。"（《致姚克信》1934年2月20日）文学如此，文化莫不如此。当一种文化到了快要僵死的时候，摄取民间文化或外国文化而获得一个新的转变，也是符合文化发展的规律的。

在过去的一百年间，"五四"先锋们开启的中国文化整合方向，并没有引起足够的重视和承继。虽经几代人的呼吁和努力，下层文化也得到了某种程度上的拯救和认同，但应当坦率地承认，进展并不都是很顺利的，道路也不是笔直的；即使有一些人在做，也往往是孤立无援，得不到社会重视甚至承认。近邻印度人的《摩诃婆罗多》的出版仪式，曾列为当年国会的大事；芬兰人的《卡勒瓦拉》的编纂成书，曾被尊为民族独立的象征。在我们，《格萨尔王传》何曾得到过这样的荣耀？恐怕连许多文化史家文学史家也是没有接触过的。近五十年来考古学的发现，改写了中国的上古文化史，使中国文化起源的"多元论"成为不争的结论。但考察中国文化研究界，似乎并没有从考古学的发现中得到多少启发，仍在固守着先祖们的家业。远的说，汉民族及其文化的形成，是融合多民族及其文化的结果；近的说，中国由于多民族的构成，其文化（有的民族也有上层与下层之分），也是多元一体的文化。而下层文化的发展，虽然或多或少地受到上层文化的影响，民族之间也曾不止一次地发生过或强或弱的文化（包括外来文化）交融，不论发生怎样的影响和变化，从总体来说，下层（民间）文化虽然有某些惰性，但它从来是生生不息、富有活力的，而且至今仍然有其较为独立的品格和体系。多少民俗学家和文化人类学的调查，已经证明了这一点。抛开或忽略下层文化，特别是多民族的下层文化及其交流与融合，忽略中国传统文化的整合，去谈论和研究中国文化史，越来越显示出其研究的片面性和保守性。

对下层（民间）文化搜集和研究的薄弱或缺席，所导致的，不仅是现阶段文化研究的片面性和保守性，与"五四"时代比较起来，在指导思想上甚至还呈现了某种倒退的趋势。这无疑是应引起重视的。

在世界四大文明古国中，中华文化是唯一没有断流的文化。而一个悠远稳定而不断创新的文化传统，则是一个民族一个国家的凝聚力和不断前进的内驱力。五四运动举起的民主与科学的旗帜，在21世纪，仍然是我们传统文化整合与研究的圭臬。

我们编辑这套丛书的目的，正在于促进对搜集和研究下层（民间）文化上，给予更多注意。流布于民间的下层文化，对于我们当世的知识界来说，所知者甚少，而未知者则甚众。而要以民主与科学为指针整合中华上层文化和下层文化，文献资料和书斋研究固然重要，但相比之下，首当其冲的还是要深入到民间去，深入到下层民众中去，去采集，去观察，去调查，去研究。这就急需吸取新兴的人文学科如文化人类学、民俗学的田野调查和参与观察的方法。1994年笔者为学苑出版社出版的"中华民俗文丛"（20种）所写的序言中所提出的"实证"的方法，仍然没有失去其价值。我们欢迎更多的朋友，义无反顾地加入到这项事业中来。为此,才有了这套"三足乌文丛"的编辑与出世。

参加文丛的作者,因其文化背景不同,切入的角度和掌握的资料也不尽一样,每本著作的风格肯定是各不相类的,但我们所希望的是:

一、尽可能遵循实证的原则,从丰富的材料(特别是田野资料)中推衍出应有的结论,切忌流于当前风靡著作界的空论玄学;

二、行文要明白畅顺、深入浅出,尽量避免佶屈聱牙、食古不化、食洋不化、故作艰深的文风,以便能没有障碍地与读者交流。

三、配有一定数量的照片或图画。对于某些学科来说,文字的叙述有时不能代替图画的展示,前人或实景的图画(最佳是老照片),能起到文字无法起到的实证效果。

下面的这段话就是"三足乌文丛"的"出版献辞":

"三足乌"是中国神话中的太阳鸟。化身于光明,象征着生命。

王充《论衡·说日》曰:"日中有三足乌。"《淮南子》曰:"尧时十日并出,草木焦枯,尧命羿射十日,中其九日。日中九乌皆死,坠其羽翼。"留下的一乌系三足,传为日精,或驾日车者,为中国先民所崇拜。

民间文化源远流长,代代相承,如"日精"之生生不息,"日车"之滚滚向前。民间文化与上层文化,共同构成中华文化的博大与精深。

本"文丛"名为"三足乌文丛",正是取意于此。愿三足乌驾太阳之车,永向光明。

2001 年 2 月 10 日于北京

民族精神的诉说

——"三足乌文库·民间图像"序

论者说:《易经》应是先有图,后有经。论者又说:《山海经》应是先有图,后有经。……此类古之"经"者,情况大致如是。

因为文字的起源,毕竟晚于符号和图画,先民要表达意愿、交流思想、记录事件,最先选择的手段便是符号和图画。于是,便有了原始石玉器上的各种刻划符号和纹饰,陶器上的各种刻划符号和涂绘图画,骨器上的各种刻划符号和纹饰,有了峰峦峭壁上的岩画和洞穴里的壁画,等等。

符号和图画是除口头方式之外人类最早的叙事模式。因此,要探寻这些经典的渊源,要研究人类及其早期文明的状况,那就不能不追溯到史前的符号和绘画。

进入有史社会阶段,文字成为最重要的交流工具和叙事方式,人类社会的历史,主要是靠文字记载传至后人的。而文字的发明和被广泛使用,是人类文明的一次巨大的飞跃,但也成为社会文化分化的重要因素之一,因而出现了上层文化和下层文化的分野、对峙和交融、吸收。

下层文化,即今天我们所讲的民间文化——民间文学、民间艺术,主要是在不识字的或识字很少的人群中被创造和被享用的文化,在其传递上,更多的是承继和发展了史前社会形成的图画叙事与口头叙事两者并行的交往和叙事传统。如果说到"国学",固然有"学究"们所说的"国粹",而民间文化也是我们中华民族的国学中重要组成部分。20世纪初,胡适等酝酿和发动"文学革命"时,梅觐庄于1916年3月给胡适的信里说:"文学革命自当从'民间文学'(Folklore, Popularpoetry, Spoken language, etc.)入手,此无待言。"1925年北京大学成立国学门后,对于什么是国学发生了争论,顾颉刚说,歌谣和风俗物品都是国学研究的范围(《国学门周刊1926年始刊词》)。总其一点,民间文学、民间艺术里蕴藏着或诉说着中华民族的文化精神。

民间文化一直处于自生自灭的状态之中。全球化、现代化、城镇化进程的加剧,加快了民间文化消亡的速度。每时每刻都有口头和非物质遗产在悄无声息中归于消亡,都靠头脑记忆着史诗传说和民间艺术的艺人在死亡,都有载负着民间艺术和古老技艺的民居等建筑在倾圮。我们正面临着一个几乎割断传统的时代。儿童少年们将无缘享受几千年都没有断流过的灿烂的中华民间文化。21世纪之始,多少有点再现了20世纪之初的情景,又出现了一批在新的启蒙主义思想熏陶下、以弘扬新的启蒙主义思想为己任的平民知识分子和文化官员,他们重新举起了保护和抢救民间文化的旗帜,投身于这个事业中,为了民族,为了后代。

"三足乌文库"的宗旨是,在整合上层文化与下层文化思想的前提下,以拓展和提升民间文化的学术研究为重点。以展示我国民间文化灿烂多彩的图文世界和阐释其文化内涵的"三足乌文库·民间图像"系列的编辑出版,是"三足乌文库"的合理拓展。

2004年7月24日

民间文化的研究和保护

——"三足乌文库·学术研究"总序[①]

我们从2000年冬起着手筹划编辑出版"三足乌文丛",历时三年,先后出版了10部以民间文化为研究对象的学术著作。嗣后,从2004年7月起,我们又着手筹划编辑出版"三足乌文库·民间图像",希望把一向被忽视和埋没于草野之中的民间图像纳入学术的畛域,拓展和丰富民间文化研究的内容,至今已出版了3种。这方面我们做得还不够,还有可开拓的巨大空间。现在,我们愿意再开一个学术研究之窗口,编辑出版"三足乌文库·学术研究",希望为中国民间文化学的学科建设和当下正在开展的非物质文化遗产保护与研究提供一爿园地、注入一点活力,推出和积累一些支柱性的学术著作。

在"三足乌文丛"的总序里,笔者提出把文化"整合"作为"文丛"选稿和出书的宗旨,即通过开掘和阐释民间文化的某些具有典型意义的事例背后被遮蔽着的意义世界,提高其文化价值和功能意义,从而把下层文化与上层文化整合起来。当代应该是一个文化整合的时代。民间文化浩瀚无垠,种类繁多,我们提出的这个学术意向,迄今只能说是开始或"试掘",充其量不过是揭开了其冰山的一角,大量的事象和资

[①] 刘锡诚主编:"三足乌文库",北京:学苑出版社,2001—2003年。已出十种。2007年8月,又分为"学术研究和民间图像"两种。见[韩]申明淑《中国纳西族东巴舞谱研究——兼论巫与舞、舞蹈与舞谱》("三足乌文库·学术研究"),北京:学苑出版社,2007年。

源，对中国人文学界和文化界来说，仍然是些未知的领域。这一学术方向，无疑仍然是"三足乌文库·学术研究"所要追求的，希望有志于民间文化发掘和研究的学人加入进来，从不同的视角和以不同的理念，揭开诸多民间文化事象背后所隐藏着的文化密码。只有把大量司空见惯而又未被深究的民间文化做出学理上的开掘与阐释，并被赋予了或还原了其固有的文化含义时，才有可能被主流文化所承认，才有可能改变其被"歧视"或被"忽略"的地位，登上"大雅之堂"，中华文化的"整合"也才有可能真正实现。

在全球化浪潮以排山倒海之势滚滚而来的21世纪，在世界范围内文化理念的变化给我们带来了新的机遇。近几十年来，我们的"文化"理念一直是"双轨"的：在人文学界，只是把以文字为载体的文化、或如有的学者所说的"大传统"的文化当作是"文化"，而不承认以口头语言或其他物质为载体的，或如有的学者所说的"小传统"的文化是"文化"；在文化界，则把"文化"只是理解为种种形态的表演艺术，而把表演艺术之外的门类纷繁的文化事象，悉数排除在"文化"的门外。这种长期以来以"双轨"运行的"文化"理念，显然是一种不符合事物本来面貌的理念。尽管学术界历来对"文化"有种种不同的界说，但在把"文化"理解为由物质的和非物质的两部分组成这一基本点上却是一致的。我们的问题，无论是学术界，还是文化界，主要出在对"非物质的"这一部分的价值判断和认识上。联合国教科文组织的政府专家们，前后经过十多年的反复讨论磋商，其间制定过多种相关文件，直到2003年10月，终于形成了一个为全世界都认同的概念——"非物质文化遗产"，并在对非物质文化遗产实行保护、以期保持世界文化多样性的理念上达成了一致。这个新的"文化"理念，率先被我国政府所接受，我们的文化政策也开始相应地进行调整，对以口传心授方式传承的"草根"文化，采取措施予以保护。在中国，我们今天所做的，是20世纪初文化先锋们开始做而未能贯彻下去的。这是一个时代性的进步。

与19世纪末20世纪初的"西学东渐"情况不同的是，21世纪初的这次世界性的"文化"理念的提出与传播，在中国，却并非学界先行，而是政府先接受，学界才部分地、逐渐地提高认识并跟进的。但由于中国文化研究的习惯势力的强大，对一向被压抑和歧视的"非物质文化遗产"的文化地位和价值判断的阐发和提升，还要假以时日，不是一下子就能收到成效的。但由于全球化、现代化对农业文明的颠覆力度很大、速度很快，在农耕文明条件下滋生和发展起来的非物质文化遗产、民俗生活形态，以从未有过的速度在衰微甚至消亡之中，故我们没有多少时间可以等待，我们要加紧对非物质文化遗产的保护，同时也要加速民俗学学科的建设。而加强学科建设的最有效的方法，不是奢谈什么大而无当的理论或生吞活剥地搬运一些西方的理论框架来，而是在调查的基础上，遵循理论与实际结合的原则，扎扎实实地撰写出几十部、上百部堪可称为"支柱性著作"的学术著作来，到那时，我们中国式的民间文化学（民俗学）、非物质文化遗产学的大厦就可矗立在眼前了。

如果可以把"三足乌文库·学术研究"比作一座大厦的话，它的编者们，热切地期待着抱有同样思想和理念的学者们一起来为它添砖加瓦。

2007 年 8 月 28 日

明王朝遗民纪事

——《六百年屯堡》序[①]

20世纪80年代中叶,我国思想界陆续冲破一些禁区和摆脱"左"的樊篱,各地开始大量发掘和公布了许多过去不敢问津的民间文化遗存,包括常被误解为封建迷信的民间宗教和巫术巫蛊等文化现象。1983年,周扬先生生前曾把这次思想解放,称为中国现代文化史上的第三次思想解放运动加以论述。正是在这次思想解放运动开始不久,贵州的文化界人士就把安顺地区的军傩—地戏介绍到了全国,从而使我们知道,在那里的乡野民间,至今还保存着五六百年前明代初年朱家王朝以"调北征南"和戍边名义由原居地安徽等地派去的皇家军队的后裔,他们的文化在这个相对封闭的环境中被保存下来。80年代末,台湾"清华大学"教授、人类学和民俗学家王秋桂先生主持启动一个庞大的"中国地方戏与仪式研究"计划,安顺地区的军傩—地戏也被列入其中,因而在当地对傩文化进行了相当广泛的调查。课题完成后,秋桂向我们赠送了他本人与当地文化研究者沈福馨两人合作编著的《贵州安顺地戏调查报告集》[②]一书,从而使我们有了更多的材料,对军傩—地戏也有了更深一层的了解。

[①] 燕达、高嵩著文,高冰摄影:《六百年屯堡——明王朝遗民纪事》,贵阳:贵州人民出版社,2002年。

[②] 王秋桂、沈福馨:《贵州安顺地戏调查报告集》("民俗曲艺丛书"),财团法人施合郑民俗文化基金会,1994年。

与以往专事地戏调查的朋友们所做的不同,燕达和高嵩这两位年轻的学人,选择了另外的一个角度,即人类学和民俗学的角度,在安顺的一些典型的汉军遗民村落进行了系统的田野调查,他们着眼于那里的明代汉族遗民及其全部文化遗存。他们在田野调查的基础上,以亦图亦文的叙事方式,撰写了一本包括遗民们的世系、语言、地名、礼俗、信仰、建筑、地戏、衣饰、商贾、工艺、节日民俗等方面内容的专著,并以《明王朝纪事——屯堡:过去的汉族》为题,在《中国国家地理杂志》第5期上发表了部分章节。这种以田野调查和实证的方法,在一个特定的地区获取的人类学、民俗学资料,对于研究几百年来文化的变迁,特别是地理环境与人文条件、民族心理和民族精神对文化的交融与抗拒、移动和变异所发生的作用,有着重要的意义,而这样的文化传播和传承,在传统的人文学术界是压根儿被忽视的。因此,这方面的任何成绩,都是对中国传统文化研究与新文化建设的新贡献。

　　历史上的移民问题,尤其是遗民问题,所在多有,这方面的研究已经引起注意了。而从文化学上对由于遗民而形成的文化"飞地"问题、由于战乱兵祸或自然灾害或民族迁徙而导致的文化断裂问题等,却至今没有引起学术界应有的关注。如今几近泛滥的传统国学和新国学研究,对这样的问题,要么是根本没有兴趣,要么是根本不懂。而这样的研究,对于中国文化的整合与继承、对于解开中华文化的许多谜团,自然是非常有益的。以安顺明代遗民而论,除了史籍和方志上的记载而外,几乎看不到任何生动翔实的资料。清代谷应泰撰《明史纪事本末》卷十二:"洪武十四年(1381)秋九月壬午,命颍川侯傅友德为征南将军,永昌侯蓝玉、西平侯沐英为副将军,率征云南。"这支征伐云南的30万大军途经贵州,就以安顺为屯军之地,其家属(家口)也随之发至此地,设立屯堡。据《安顺府志》卷十五"风俗"载:"屯军堡子,皆奉洪武调北征南……领十二屯操屯军安插之类,散处屯堡各乡。"这些来自安徽等地的内地汉族军人及其家属在安顺的一些地方落地生根,他们不仅在居住上自成体系(被称为屯堡人),而且带来了和坚守着他们的文化及其传统,如在狗场屯和鸡场屯建立了自己的家堂(家庙)汪公庙；他们尊奉着老家凤阳的传统礼俗，坚守着自己的神灵信仰，如大王菩萨、关帝圣君、杨泗将军、葛公大王、城隍、文昌、土地、田祖、厉坛、龙王、傩神、马王、牛王、五显、东岳、川主、华光、观音、灵官、鲁班、水星、祖芝、黑神、财神等；他们保存着并续写着族谱家谱，以追念自己的祖先和教导子孙不忘自己的来历；他们坚守着明代以来的建筑风格和衣着服饰，只要见到穿着蓝色大襟镶边衣服的妇女，不用着意介绍就知道是自己的族人；他们还顽强地把祖先创制的传说、音乐、戏剧、手艺、雕像等文化保存和传承下来……对他们中的每一个家族、家庭和担负着传承重任的男子来说，把祖上创制的文化传承下去，以至永远，是最为重要的事情。我们在燕达和高嵩的书里，感触到了在这块文化"飞地"上，这些明代内地遗民为保存民族和家族的传统而作的艰苦卓绝的努力和卓越成就。

当下的中国学界，欧风美雨似呈不挡之势，几乎所有的理论构架和原理，都要靠贩夫走卒们长途贩运。好在如今有了超音速飞机，有了国际互联网，不必再用驴马驮骆驼载了，也不必再乘槎漂洋过海，费那样大的劲了，一夜之间就能把西方媒体上的新玩意儿搬运过来。当然贩夫走卒们的任务，就是贩运，对他们的贩运不能多所责怪。所以啧有烦言，是因为那些"言必称美国"（不再言必称希腊了）的学者，他们对中国人自己的传统不懂不学不继承不发扬，只靠舶来洋货过日子，既"食古不化"，也"食洋不化"，甚至闹出了不少笑话。本书作者反其道而行之，到民间去，以20世纪末到21世纪初记录和拍摄的安顺地区某些屯堡人的现存活态文化资料，证实了我们的古代先哲提出的一条重要的文化发展规律："礼失而求诸野。"在今天还是管用的。安顺屯堡人的老家安徽凤阳、江南一带，五六百年前的那些文化形态和文化面貌，在历史的沧桑中已经发生了巨变，许许多多民俗事象已风流云散，被历史的烟尘吞没殆尽了，可是在关山阻隔、交通封闭、信息欠畅、文化交融较为缓慢的安顺地区，他们的文化却保留了下来，成为文化上的"化石"，真可谓幸哉幸哉！

他们的书就要付梓，要我为其写序。尽管我没有到过名扬四海的安顺，更没有亲身考察过那里的遗民及其文化形态，但我对他们所做的事情十分感兴趣，所以也就不揣浅薄，提笔写了上面的一通言论，权当序言。至于其中的观点能否成立，有多少谬误，就请读者和方家不吝批评指教了。

2002 年 6 月 27 日写于北京寓所

文化对抗与文化整合中的民俗研究

——"中国民俗学前沿理论丛书"总序[①]

在论述中国民俗学的当下处境之前,我想有必要阐述一下"20世纪民俗学"这个概念。"20世纪民俗学"概念,是在告别20世纪、迎接21世纪前后提出来的一个新概念,这一概念的提出,与其他相关学科的思潮是同步的。

中国是一个历史悠久、文化深厚的多民族国家。有史以来便有风谣、风俗、民俗之记载和议论。《礼记·王制》:"天子五年一巡守。岁二月东巡守,至于岱宗,柴而望祀山川。……命太师陈诗,以观民风。"《礼记·缁衣》:"故君民者,章好以示民俗,慎恶御民之淫,则民不惑矣。"《史记·孙叔敖传》:"楚民俗,好庳车。"《管子·正世》:"料事务,察民俗。"《史记·乐书》:"博采风俗,协比声律。"《汉书·艺文志》:"古有采诗之官,王者所以观风俗,知得失,自考正也。"这些文字都是记述和议论风谣、风俗与民俗的。[②] 古籍所用的"风谣""风俗""民俗"等术语,与我们今天采用的"民俗"这一术语,其含义是同一的。历代史籍中不仅保留下来了"风谣""风俗""民俗"等术语和丰富的风

[①] 徐华龙主编:"中国民俗学前沿理论丛书",哈尔滨:黑龙江人民出版社,2003—2004年。(包括顾希佳《社会民俗学》,江帆《生态民俗学》,徐华龙《泛民俗学》,吴诗池、邱志强《文物民俗学》以及2004年叶春生《区域民俗学》。)本序文以《文化对抗与文化整合中的民俗研究》为题,发表于湖南文联主办的《理论与创作》2003年第4期。

[②] 参阅陶思炎《应用民俗学》,南京:江苏教育出版社,2001年,第2—3页;钟少华《试论民俗学词语概念的近代阐述》,《民俗研究》2002年第4期。

谣民俗资料，而且还积累了相当完备的风谣民俗方面的学术思想。

如民俗的发生与农耕文明的关系。商周时代，殷商甲骨文里，有"岁"字和有关"佳王八祭"仪式的记载，我们依稀可以从其了解远古的"岁收"和"岁祭"的仪式民俗[①]；甲骨的骨版中，有一片镌刻着以弓矢射麋于京室图，"可以窥见古时田猎献禽的遗俗"[②]。

如自然崇拜与祖先崇拜的关系。《论语·八佾》："哀公问社于宰我，宰我对曰：'夏后氏以松，殷人以柏，周人以栗。'""社"是古代国家、聚落或族群举行集会和祭祀祖先的地方，社有社树和社石，以为社主，而不同朝代、不同族群的社树是不同的，夏人的社树（即祭祀的社主）是松，殷人的社树（即祭祀的社主）是柏，周人的社树（即祭祀的社主）是栗。民族史和原始宗教研究证明了，自然崇拜先于祖先崇拜而出现，而树神——祖先神在"社"的出现与"社祀"仪式中的角色，在观念中把自然崇拜与祖先崇拜连接了起来或同一起来。

如民俗中的颜色崇尚。《礼记·明堂位》："夏后氏牲尚黑，殷白牡，周骍刚。"按：据《正义》，骍，赤色。"有虞氏祭首，夏后氏祭心，殷祭肝，周祭肺。"按：据清·朱彬《礼记训纂》注引方性夫曰："三代各祭其所胜，夏尚黑胜赤，故祭心。殷尚白胜青，故祭肝。周尚赤胜白，故祭肺。"

如民俗志文体的盛行。除《史记》等二十五史中的《礼仪志》《艺文志》《天文志》《食货志》等外，东汉应劭《风俗通义》，宋周密《武林旧事》、梁宗懔《荆楚岁时记》等汗牛充栋的笔记野史，以及浩如烟海的"地方志"中的"风俗篇"……对岁时风物、神话传说、风土物产、奇闻逸事、地理人文等诸种民俗事象的记述和搜罗甚为宏富，且有记述、有考论。尽管这类史书、笔记、特别是地方志中的风俗志，与我们今天所论之民俗学不尽相同，却无疑使中国古代民俗学成为一种特殊

---

① 郭沫若：《殷契粹编》第896号，北京：科学出版社，1965年。

② 饶宗颐：《画颢·中国绘画的起源》，台北：时报文化出版企业有限公司，1993年，第10页及附录《殷墟骨版图画》之五。

的文化传统。

但由于自汉代以降儒家思想和儒家文化在中国传统文化中的霸权地位，不仅饱含着民主成分的民间文化及其思想，得不到以儒家思想为圭臬的上流社会及其知识集团的承认，中国古代民俗学及其思想遗产，也长期得不到健康发展，只能偏居于小说家杂事类或小说家异闻类的地位，且时断时续，若有若无。尽管上面说到古人为我们积累了历朝历代的民俗资料和有关民俗的论述，在这种历史背景下，中国古代的民俗学思想，终因儒家文化的挤压，以及自身缺乏严整的学术体系，特别是缺乏现代思想——民主与科学——的引导，而未能发展成为一门成熟的科学。到了19世纪末20世纪初，洋人的坚船利炮震醒了沉睡的中国，西学东渐，人本主义、启蒙主义思想在知识界获得了大发展大传播，扭转了中国历史的航程，中国现代民俗学也就在此大情势下萌生了。

中国现代民俗学的兴起，学界一般认为肇始于1918年北京大学的歌谣运动。实际上，晚清末年西学东渐的文化启蒙时代，民俗学的思潮和理念就已经从西方传到中土来了。21世纪新千年到来之际，笔者曾写过一篇题为《民俗百年话题》的文章，阐述了我的"20世纪民俗学"观。在此，不妨把那篇文章中有关文字引在下面：

"关于中国现代民俗学的发轫期，此前民俗学界似已形成共识：中国现代民俗学发端于'五四'新文化运动前后。具体地说，是1918年2月北京大学歌谣征集处的成立，由刘复、沈尹默、周作人负责在校刊《北大日刊》上逐日刊登近世歌谣。1920年冬歌谣征集处改为歌谣研究会。两年后创办《歌谣》周刊，出版了97期，后并入《国学门周刊》（后再改为月刊）。1923年5月24日又成立了风俗调查会。中国现代民俗学在发轫初期，基本上限于歌谣或其他民间文学的收集和研究，逐渐扩大到风俗和艺术的收集研究。

"近年来，一些文学史家提出了'20世纪文学'的概念，几部题为《20世纪文学史》的著作也相继出版，以'五四'为开端的现代文学史的格局，正在失去大一统的地位。文学史写作的这种思路的出现，也给民俗学史学者们以启发：'20世纪民俗学'这一概念是不是更切合科学的真实?

"需要指出的是,中国现代民俗学的滥觞,实际上确比'五四'新文化运动更早,应在晚清末年。从文化发展的一般道理上说,'五四'新文化运动是划时代的,但它不是突发的、孤立的事件,而是以科学、民主为核心的新思潮积累到一定程度才爆发起来的。从20世纪初起,严格地说,从1898年维新运动及其失败之后,西学东渐,对抗传统的新思潮一浪高过一浪。政治领域里改良派发动的维新运动和革命派发动的推翻帝制的革命运动,文化领域里旨在对抗旧传统而兴起的白话文、通俗小说等文化浪潮,为五四运动的爆发做了铺垫和积累。中国现代民俗学,正是在晚清的改良派和革命派这两股势力从政体上和文化上改变中国传统社会的情况下肇始,而在'五四'运动爆发及其以后,汇入了文学革命的洪流中去,成为文学革命的一支的。

"晚清时代,中国的政治处在激烈的动荡和变化之中。文学史家陈子展先生在其《中国近代文学之变迁》(1929)一书中说:'所谓近代究竟从何说起?我想来想去,才决定不采取一般历史家区分时代的方法,断自戊戌维新运动时候(1898)说起。……中国自经道光二十年(1840)鸦片之战大败于英,……尤其是光绪二十年(1894)为着朝鲜问题与日本开战,海陆军打得大败,以致割地赔款,认罪讲和。当时全国震动,一般年少气盛之士,莫不疾首扼腕,争言洋务。光绪皇帝遂下变法维新之诏,重用一般新进少年。是为戊戌维新运动。这个运动虽遭守旧党的反对,不久即归消灭,但这种政治上的革新运动,实在是中国从古未有的大变动,也就是中国由旧的时代走入新的时代的第一步。总之:从这时候起,古旧的中国总算有了一点近代的觉悟。所以我讲中国近代文学的变迁,就从这个时期开始。'有学者指出,陈先生的指定未免过于笼统。认为,中国新文学的起点不是戊戌维新运动,而是它的失败之日。① 维新变法虽只有百日,但维新运动的彻底失败,在1900年。

---

① 孔范今:《新文学史概念提出的依据和意义》,见《二十世纪中国文学史》,济南:山东文艺出版社,1997年,第22页。

应该承认，这个修正是有道理的。戊戌维新运动失败之后，中国思想界和学术界的思想变得深沉而活跃了。西方的或外国的文化思潮对中国知识界发生着重大影响。失败后逃往东京的梁启超后来说：'既旅日数月，肄业日本之文，读日本之书，畴昔所未见之籍，纷触于目；畴昔所未穷之理，腾跃于脑。如幽室见日，枯腹得酒。'① 说明了维新运动失败之后知识界思想界所起的变化。中国文化从此真正进入转型期。中国的现代民俗学，正是在这样一种社会政治情景下和文化转型期里产生的。

"关于中国现代民俗学的滥觞期的时限问题，民俗学（民间文艺学）界早就有人在思考，并且早已提出新的见解来了，不过由于当时社会政治时机的未成熟和表述语言的欠明确，而没有受到学术界的注意和响应而已。钟敬文先生早在60年代发表的三篇关于晚清民间文艺学的文章②，就提出了这个问题。时过40年后，他在《建立中国民俗学学派刍议》中说：'其实，严格地讲，中国的科学的民俗学，应该从晚清算起。''在中国的晚清时期，西方殖民主义的足迹已经到达了亚洲和非洲等许多国家，直至一战爆发，整个世界的格局都在动荡。它激发了被压迫民族的反抗情绪，也改变了人们认识世界的方式。在这一时期，中国梁启超、严复、黄遵宪、蒋智由、鲁迅等一批有识之士，成了近代思想革命的先驱。他们在知识上学贯中西；但在实践上却强调西学中用，服务于本民族的国家社会的改造，为此，他们对于民俗也有了比过去时代不同的看法，发现了民俗在保持和兴建一个既非西化、也非自我封闭的新社会的进程中，能够发挥重要作用。他们所大力提倡的新思潮、新文化里面的一个'新'字，正是在这个意义上提出来的。他们当时阐释民俗所运用的概念和方法，借鉴了西方的社会人文科学的学说，则显示了

---

① 梁启超：《饮冰室诗话·七七》。

② 指作者的《晚清革命派著作家的民间文艺学》《晚清革命派作家对民间文学的运用》《晚清改良派学者的民间文学见解》以及写作于60年代而发表于1980年的《晚清时期民间文艺学史试探》等文章。后收入钟敬文《民间文艺学及其历史》一书中，济南：山东教育出版社，1998年。

近代学术的性质。因此，这一时期中国知识分子对民俗的理性认识，和春秋时代一样，是社会意识形态转型时期的产物；但在性质上，两者又有了实质性的差别。晚清时期的民俗学，是与五四新文化运动相接续的，它是中国现代民俗学的一个组成部分。'①

"我很赞成钟先生关于中国现代民俗学的肇始的见解。1992年12月15日，中国俗文学学会在北京大学召开的纪念《歌谣》周刊创刊70周年暨俗文学学术研讨会，笔者在向大会宣读的题为《中国民俗学的滥觞与外来文化的影响》的论文里提出，中国现代民俗学运动，是在20世纪初一批眼界开阔、知识深厚、思想进步的哲学家历史家政治家外交家们掀起猛烈的反孔运动，抨击摇摇欲坠的中华帝国的种种弊端，呼吁参照西方社会模式改造中国、疗救中国的新思潮和启蒙运动中诞生的。我把较早地接受了日本和西方民俗学熏陶的周作人所翻译的英国小说家罗达哈葛德和英国人类学派民俗学家安度阑俱根据神话合作撰写的《红星佚史》②一书写的序言，认定为中国最早出现的民俗学理论文章③。1995年5月，正值对中国民俗学运动特别是开民俗学田野调查之先河的1925年顾颉刚先生一行的'妙峰山进香庙会调查'70周年时，中国旅游文化学会旅游民俗专业委员会在北京召开'中国民俗论坛'学术研讨会，我再次捡起这个三年前作过但意犹未尽的题目，作了一篇《世纪回顾：中国民俗学面临的选择——为顾颉刚等妙峰山进香调查70周年而作》提交大会④。在该文中，我根据马昌仪在《中国神话学文论选萃》中提供的材料，修改了以前的看法，把蒋观云发表于1903年《新

---

① 钟敬文：《建立中国民俗学学派刍议》（撮要）。
② 《红星佚史》，商务印书馆，1907年11月，上海，《说部丛书》第78编。
③ 拙文《中国民俗学的滥觞与外来文化的影响》，收入《中国俗文学七十年》（吴同瑞、王文宝、段宝林编）第13—14页，北京：北京大学出版社，1994年。
④ 拙文《世纪回顾：中国民俗学面临的选择》，《民俗研究》（山东大学主办）1995年第3期；收入刘锡诚主编：《妙峰山·世纪之交的中国民俗流变》，北京：中国城市出版社，1996年。《广东民俗》杂志又将其转载于该刊1998年第3、4期上。

民丛报·谈丛》第36号上的《神话·历史养成之人物》,指认为中国现代民俗学最早的论文,于是把我认为的中国民俗学发端的年代提前到了1903年。陈建宪的《精神还乡的引魂之幡——20世纪中国神话学的回眸》一文,也持这种说法。

"近几年来的研究工作,使'百年民俗'问题有了新的进展。对黄遵宪的研究,使我们有理由认为,他是前'五四'时期中国民俗学的一位重要的先驱。黄遵宪,在政治上是个改良派,但并不妨碍他在民俗学理论上和民俗学实践上所做出的建树。他兼有政治家、外交家、诗人和学者的多重素质和身份,不仅有中国传统文化的修养,而且深受西方和日本资产阶级学术思想的浸染。1877年出使日本任参赞,其间在当地作民俗学调查并于1887年完成《日本国志》(包括《序》《学术志》和《礼俗志》)。1897年在湖南推行新政,大刀阔斧地进行的移风易俗改革,实现他的'治国化民''移风易俗'的民俗观和政治社会改革抱负。在文学创作上,他以家乡客家人的民俗为本,创作了具有民俗风味的《己亥杂诗》及诗论。他说:'虽然,天下万国之人、之心、之理,既已无不同,而稽其节文,而乃南辕北辙,乖隔歧异,不可合并,至于如此;盖各因其所习以为故也。礼也者,非从天降,非从地出,因人情而为之者也。人情者何?习惯也。川岳分区,风气间阻,此因其所习,彼因其所习,日增月益,各行其道。习惯既久,至于一成而不可易,而礼与俗皆出于其中。'他又说:'风俗之端,始于至微,搏之而无物,察之而无形,听之而无声;然一二人倡之,千百人合之,人与人相接,人与人相续,又踵而行之,及其既成,虽其极陋其弊者,举国之人,习以为常;上智所不能察,大力所不能挽,严刑峻法所不能变。'① 他还自称'外史氏',在所供职的日本国,'采其歌谣,询其风俗',并'勒为一书'。所有这些,特别是《日本国志》一书,都应看作是中国现代民俗学早期阶段、即前五四时期民俗学的重要遗产。黄遵宪关于民俗学的关注以及论述,显示了他对民俗的本质和社会功能的真知。尽管近年来也有人写

---

① 黄遵宪:《日本国志·礼俗志》。

过有关黄遵宪民俗学思想的文章[1]，但遗憾的是，民俗学界似乎并没有给他在中国现代民俗学形成初期的地位和作用以足够的重视。

"1900年维新变法失败，八国联军入京。留日学生戢翼翚于同年在日创刊《译书汇编》月刊，系统介绍西学，是为我国近代第一份哲学社会科学综合杂志。梁启超逃亡日本，于1902年在横滨创办《新民丛报》半月刊，发表维新派政论，介绍西方资产阶级政治，抨击封建顽固派，也发表维新派诗人的作品文章。蒋观云于1902年将自己介绍西方文化和进化论思想所撰之人类学、社会学、民俗学的文章，集为《海上观云集初编》交付出版[2]，在该书《风俗篇》里，蒋观云对风俗的形成和社会作用发表了系统的意见。他说：'国之形质，土地人民社会工艺物产也，其精神元气则政治宗教人心风俗也。人者血肉之躯，缘地以生，因水土以为性情，因地形以为执业，循是焉而后有理想，理想之感受同，谓之曰人心，人心之措置同，谓之曰风俗，同此人心风俗之间，而有大办事之人出，则政治家焉。……大政治家、大宗教家，虽亦以其一己之理想，欲改易夫人心风俗……是故人心风俗，掌握国家莫大之权，而国家万事其本原亦于是焉。'他的风俗观，旨在从中西风俗的比较中，强调中国人的风俗有亟待改革的必要。他说：'安田里，重乡井，溪异谷别，老死不相往来以为乐者，中国人之俗也；而欧洲人则欲绕游全球，奇探两极，何其不相类也。重生命，能屈辱，贱任侠而高名哲，是非然否，争以笔舌，不争以干戈者，中国人之俗也；而欧洲人则知心成党，留学为荣……。事一人之事业，一人之业，朝政世变，则曰吾侪小人，何敢与者，中国人之俗也；而欧洲人……人人有国家之一份，而重有国家之思想……'等等。'今夫中国，风教固已相安，制度固已相习，使早能锁国，果能绝交，虽循此旧俗，无进步之可言。'他的结论是：'中国入于耕稼之期最早，出于耕稼之期最迟。''数千年便安之风俗，乃对

---

[1] 参阅杨宏海《黄遵宪与民俗学》，《中国文化》（研究集刊）第2辑，上海：复旦大学出版社，1985年。

[2] 蒋观云：《海上观云集初编》，上海：上海广益书局，1902年。

镜而知其病根之所在'。1902年冬蒋赴日，在梁启超主编的《新民丛报》做编辑，并于1903年在该刊《丛谈》上发表了《神话·历史养成之人物》一文①。这篇文章被学界认为是最早的神话学论文。②

"王国维、梁启超、夏曾佑、周作人、周树人、章太炎等，相继把'神话'作为启迪民智的新工具引入文学、历史领域，用以探讨民族之起源、文学之开端、历史之原貌③。晚清末年，革命派'驱逐鞑虏'的反清情绪和政治运动，也直接激发和推动了神话学和民俗学的发展。章炳麟、刘师培、黄节等以民族主义的立场，对感生神话和图腾主义的研究和阐释，除了对民俗学、神话学等学术思想的推进外，还用来从政治上指斥异族统治者的民族压迫。……晚清时期，无论是改良派还是革命派学者们，虽然他们不是专门从事民俗学的研究者，但他们关于民俗学的理论和实践，都是为他们张扬的资产阶级民主主义理想服务的，无疑也催生了或奠定了一门新的人文学科——现代民俗学的基础。

"本文的重点在于探讨中国现代民俗学的滥觞期问题，对于20世纪初期到1919年'五四'新文化运动之间民俗学的开展，不可能占用很大篇幅来论述。比如蔡元培先生、鲁迅先生在民俗学方面的贡献。

"'五四'新文化运动的历史意义在于，它是一次思想革命、语言革命和人性解放的革命。晚清近20年间在外来文化的影响下萌生和成长起来的中国现代民俗学，虽然在学理上还显得幼稚，却因其以蕴藏在普通老百姓中间、对民族团结和社会整合起着重要作用的民俗事象（特别是民间文艺）为对象，而对抨击和对抗封建思想、拯救人的灵魂起着

---

① 蒋观云：《神话历史养成之人物》，原载《新民丛报·丛谈》第36号，1903年；又见马昌仪编《中国神话学文论选萃》（上册），北京：中国广播电视出版社，1994年。

② 按：近据友人告，清廷税务总署于光绪十一年（1885）活版印刷出版的英人艾约瑟应赫德之请所撰《西学略述》第55页辟有《风俗学》一节，应为目前所见最早提到和论述"风俗学"[民俗学]的文字。此书于1896年由上海著译书堂重版。

③ 马昌仪：《中国神话学发展的一个轮廓》，《中国神话学文论选萃·序言》，北京：中国广播电视出版社，1994年。

更为深入的作用,所以在'五四'新文化运动前后,受到了许多进步知识分子的重视,并纳入新文学运动的洪流之中,成为新文学的一翼,得到了迅猛的发展。这也就决定了中国现代民俗学从这时起,暂时放弃了从西方移植来的在文化人类学的学理方面的探讨,而转向了主要以文化对抗和心灵教化为指归的民间文艺的搜集研究为方向的发展道路。"①

最近,在梳理和研究中国民间文学学术史的过程中,又发现了新的有趣材料。笔者所见,最早使用"神话"这个词汇的中国学者,其实并非蒋观云,而是梁启超。梁启超亡命日本之后,于1902年1月在东京创办《新民丛报》,继续进行文化革命宣传,提倡民族主义。该刊从1902年2月8日起开始连续刊载他写的系列文章《新史学》,从而拉开了继1896年在《时务报》发表的《变法通议》系列文章之后的第二次文化革命行动。《新史学》系列文章中有一篇题为《历史与人种之关系》,他在该文中第一次使用了"神话"这个新的名词。他写道:"当希腊人文发达之始,其政治学术宗教卓然笼罩一世之概者,厥惟亚西里亚(或译作亚述)、巴比伦、腓尼西亚诸国。沁密式人(今译闪族人——引者),实世界宗教之源泉也,犹太教起于是,基督教起于是,回回教起于是。希腊古代之神话,其神名及其祭礼,无一不自亚西里亚、腓尼西亚而来。"② 在没有发现更早的材料之前,我们姑且认定他是第一个使用"神话"这个词汇的中国人。梁启超以要强大中国必应提倡民族主义为指归的"新史学"观,显然是在当时日本明治维新领袖们的思想影响下形成的,在思想上对陈独秀等人领导的"五四"新文化运动起了奠基的作用,然而他的"新史学"观也因其将几千年的中国文化定位为"封建专制文化"而发生过不可忽视的负面影响;他关于神话和宗教的观点,显然也受到了当时在日本有很大影响的欧洲人类学派神话学的影响,以进化论的观点反观人类神话与宗教等文化现象的嬗变,但他也或

---

① 引自拙文《民俗百年话题》,《民俗研究》2000年第1期。
② 梁启超:《饮冰室文集》第34卷,又《梁启超史学论著四种》,长沙:岳麓书社,1985年,第255页。

多或少地宣扬了"欧洲文化中心"论的观点。梁启超的"新史学"观，显然包含着很不成熟的方面，后来，1921年写的《中国历史研究法》，1922年写的《太古及三代载记》，1926年写的《中国历史研究法补编》，对早年的《新史学》的偏颇做了修正。

此后，"神话"一词，便通行于当时出版的人文著作之中。同年，同时被称为"近世诗界三杰"之一的夏曾佑，出版了我国近世第一部史学专著《中国古代史》①，辟出五节文字专论神话的起因和特点，并指出三皇五帝之说，不过是中国历史上的一个"传疑时代"。1903年，蒋观云发表了上面提到的《历史·神话养成之人物》一文；蔡元培据夏田次郎日译本转译的科培尔著《西学略述》②中第一次采用了"神话学"这一专有词语；高山林次郎撰《世界文明史》③第一次引进了在西方已经流行的"比较神话学"这一专有名词，作者还运用欧洲进化论的理论阐述神话在历史发展中的作用，甚至也有保留地借鉴了马克斯·缪勒的"语言疾病说"理论。④

新发现的这些材料，为"20世纪民俗学"概念站稳脚跟，又增添了一份证据。尊重和探索历史发展的本来逻辑，把"戊戌维新运动"的失败（1900）看作是中国现代民俗学的起点，树立"20世纪民俗学"观，应该是证据确凿、顺理成章的事。如此，中国现代民俗学至今已经走过了整整一个世纪的里程。

中国现代民俗学的特点是什么呢？

中国现代民俗学是在19世纪末西方民俗学、人类学、社会学等学术思想影响下诞生的，但由于中国文化渊源的深厚，中国现代民俗学一

---

① 关于该书的出版年代，学界众说纷纭。有说是1902年的（倪墨炎）；有说是1904年的（方鸣）；有说是1905年的（钟敬文）。

② 商务印书馆光绪二十九年（1903）出版。

③ 译者兼发行者：作新社。光绪二十九年（1903）七月二十五日印刷。

④ 详见拙文《梁启超：第一个使用"神话"一词的人》，《今晚报·副刊》2002年7月9日。

经诞生就按自己的道路发展,并不是完全照搬西方的模式走下去。我们常说:中国人有一副健康的胃。意思是说,中国人能够消化所吸收进来的一切外来文化,把他人的筋骨变为自己的血肉。中国民俗学的发展正是这样的。

西方民俗学的诞生,有其特殊的政治和文化背景。一方面,民俗学的产生适应了欧洲大陆长期神权统治的崩溃,人权得到尊重和张扬,浪漫主义思潮狂飙突起等政治、宗教、文化氛围;另一方面,又适应了欧洲殖民主义海外扩张的霸权政策改变的需要。忽略了这些背景因素,就无法看清晚清中国知识分子的先进人物在移植西方民俗学时的心态和作为。20世纪20年代末,江绍原发动的关于民俗学的名称问题的讨论中,有的学者就指出:"Folklore之成为一种学问,始定于N.G.Thoms创这个名词起,时代是1846年,那时正是帝国主义的殖民政策改换的时期。此前的旧殖民地政策,前期目的只是掠夺当地的人民,在欧洲外的殖民地上,用直接抢劫,奴使种种方法所获的财富,归到欧洲去变为资本。这时的新的殖民地政策,主要的是以为掠夺殖民地的任务是要把这些殖民地变作销货市场及原料的源泉与移植资本的地方。因此上,要明了一个殖民地,一个种族的习俗,以为利用,破坏之用的研究,成为必要,而民俗学便合乎时宜地产生了。那时又正是英法两国争取殖民地的时候,结果是英国占了优势,而民俗学之于英国产生也不为无因。总之,Folklore是有用的一种学问。"①

西方的民俗学、人类学、社会学,把存在于未开化民族中的民俗事象,作为研究社会发展和人类思维的资料,毕竟在中国留学生和眼界开阔的知识分子们的面前展开了一片新的天地,于是在晚清受到一些中国学者的推崇,将他们的理论和方法搬进来,借以解释中国的民俗和神话,并遵循"经世致用"的思想,运用于中国政治生活和移风易俗的实践。西方的理论和方法,特别是田野调查的方法,又毕竟与中国传统的

---

① 樊演:《关于民俗》(1930年),见[英]瑞爱德《现代英国民俗与民俗学》,江绍原编译,上海:上海文艺出版社,1988年影印本,第320—321页。

"采风问俗"模式有所不同,由于中国的"采风问俗",体现为一种从统治者或替统治者服务的士人出发的居高临下的搜集模式,目的是"观风俗,知得失",改善和延长其统治,因此,西方资产阶级学者的搜集研究模式引进后,很快便被实用主义的中国人将其与中国当时的政治斗争挂起钩来,如一方面在社会上推行移风易俗以强国,一方面政治上利用神话以反对统治,等等。

前五四时期的中国现代民俗学,是在资产阶级旧民主革命的腥风血雨中萌生的,因此,它天然地显示出三个特点:一是强烈的反封建、反民族压迫的民族主义色彩;二是服务于治国化民、移风易俗的政治理想;三是在以神话学为先导的民俗学学术框架和与社会现实建立密切联系的思想指归。但前五四时期的民俗学,毕竟还处在初创时期,一方面吸收西方学术思想而又多未能消化,另一方面紧紧地从属于政治斗争,因而学科意识薄弱,学科建设有意无意地被忽略,始终没有能够建立起比较严整有序的学科体系。

五四新文化运动是中国近代史的一个转折,也是中国文化史的一个转折。经过十年的探索之后,到五四运动爆发,中国的民俗学出现了新的思想。新文化运动的一个主要的思想是反传统。我认为,五四新文化运动的反传统,其锋芒所指,主要是反孔教、反儒家的思想体系,而不是把一向被儒家所贬抑的民间文化也一股脑儿打倒或消灭掉。这当然不是说儒家学说没有值得和应该肯定的东西。而是要反对和推倒儒家学说中那些越来越僵化的东西和使广大民众陷入愚昧的东西,推倒旧(封建)礼教中那些束缚民众思想和蔑视人权的东西;废除八股文,提倡白话文;打倒圣贤文化,提倡民众文化,等等。把圣贤文化和民众文化对立起来,打倒前者,张扬后者,这是何等了不起的文化革命思想!中国的现代歌谣运动(民俗学运动),正是在这样的文化革命思想和背景下,在文化革命战士们的大声疾呼中,才登上了北京大学这样的"大雅之堂"的。试想,1918年,还在五四运动爆发的前一年,刘半农就在沈尹默等北大教授们的共谋和支持下,把从"草民""群氓"中搜集来的歌谣陆续选登在《北大日刊》上,使这本应是圣贤文化的舞台,成了无知识的民众的舞台,这需要多么大的气魄和信念呀!

1922年12月17日周作人为《歌谣》所写的发刊词中说:"本会搜集歌谣的目的共有两种,一是学术的,一是文艺的。"中国古代有"察政教,观民风"的传统,把歌谣的文艺教化功能看得相当重要和突出。因此,尽管周作人把"学术的"目的列为第一位,"文艺的"目的放在第二位,这"学术的"目的也只是限于把歌谣当成"是民俗学上的一种重要资料",并没有把本应属于民俗学的传统信仰、风俗习惯,更没有把物质民俗和社会制度等内容包括进来。在中国民俗学的发展历史上,从北大歌谣征集处,到歌谣研究会,到《歌谣》停刊,甚至到顾颉刚他们南移中山大学,钟敬文办《民间文艺》,在这很长的一段时间里,民间文艺搜集研究,主要是以文化对抗和心灵教化为思想指归。其间,虽然有张竞生等创立的风俗调查会的成立,有顾颉刚等的妙峰山进香庙会的信仰民俗调查,以民间文学(文艺)搜集研究为学科的特点或重点及其思想指归,并没有什么大的改变。到30年代后期,钟敬文(从日本归来带来了日本民俗学的许多新理念和经验)、娄子匡在杭州的民俗活动;更晚些时候,杨成志、杨堃分别在南北两地对外国民俗学理论的传播和实践;抗战时期在大西南,分别有吴泽霖等为代表的民族学派和闻一多、朱自清、光未然等为代表的文学学派的继续和发扬;抗战胜利后,在上海有以丁英(丁景唐)、薛汕、马凡陀等为代表的民歌社征集全国民歌和传说,在延安有以何其芳等为代表的鲁艺的陕北民歌的搜集活动,凡此等等,其指导思想陆续发生了分歧,分成了两路:一路仍然坚持文艺的(主要是以传说、歌谣等口承文学的搜集研究为主要对象,指导思想没有大的转变),这一路一直是主流;一路则改换为学术的(以搜集研究民俗为基本对象,其指导思想,放弃了为文艺发展和民众教化的目的,而借重和靠近西方的人类学研究)。从这种情况中,可以看出,中国民俗学的这些特点的形成,绝非一人之力所能奏效,而是受到两方面力量的左右:一方面,中国传统的文化观念和谣俗理念的传统和惯性很难割断;另一方面,早期汤姆逊提出的"民俗"定义和英国民俗学会的章程,对初具开放意识的中国民俗学者们发生了巨大吸引力。

20世纪的后50年，以"文革"的结束为界，分为前后两个阶段。"文革"前，政治上"左"的思想路线和学术上的教条主义与庸俗社会学，给民俗学带来了毁灭性的灾害，民俗学成了资产阶级学术的对应词，被无端取消，民俗学只剩下了民间文艺的搜集和研究，民歌、民间故事等被冠以劳动人民口头创作，被纳入了"为政治服务"的文艺体制，发展到只有庸俗社会学和文艺"工具论"的阐释，才是被允许的。研究民众的民俗生活特别是民间信仰等民间精神文化的任务和功能，从其他学科的角度（如社会学、民族学、思维学角度）阐释民间精神文化的任何研究，都彻底被否定和取消了。当时，虽然在政治和经济上"一边倒"，向苏联学习，也陆续介绍过一些苏联当时的民间文学和民族学论著，但人家的学术性高的著作，基本上没有介绍过来，从民族学角度研究民间文化的著作，我们的学者更无缘相见。这就是说，在民间文艺领域里，学苏联也只是皮毛而已。传统的民众思想教化，在推进社会主义和共产主义旗帜的掩盖下，被推到了极致。中国现代民俗学，与社会学一样，经历了一个长达30年的愚昧期和荒漠期，导致专业人才和学术研究双断档，与世界学术的发展拉开了很大的距离，处于封闭状态。

在改革开放的近20年多来，中国民俗学进入了一个复兴和发展的时期，也是"百年民俗"这一漫长里程中最好的时期。这一点是无可怀疑的。有论者认为，中国民俗学已进入了成熟期或成年期，其根据是在两个方面取得了重大成就：其一，近年出现的作为集录成果的风土志和民间文艺作品集成。其二，全国性的和地方性的学术研讨会上提供的论文和一些学者所撰写的关于民俗事象的研究著作。"大致上说，我们今天的理论成果，已经走近了它的成年期。"[①] 这种估计，如果是作为对学界的鼓励固然是很好的，但作为冷静的学术评价则显得过于乐观了。然而，我们看到，作为专业民间团体的中国民俗学会的第四次会员代表

---

① 钟敬文：《民俗学概论·序言》，上海：上海文艺出版社，1998年。

大会和第五次会员代表大会的主旨报告,也都一再重申了这个估计。①

对此,学界存在着不同的估计和声音。一种意见认为,中国民俗学在新时期虽然取得了很大成绩,但在考古学、民族学的挑战面前,还存在着若干重大不足。宋兆麟先生的《中国民俗学向何处去?》文章说:近几十年来,我国有两个学科有突飞猛进的发展,对民俗学提出了挑战。一是考古学的重大发展。整个中国上古史将因这些重大发展而重写。它对民俗学的冲击不仅是资料问题,还有传统的理论和研究方法,不少传统的观点需要修正。如顾颉刚为代表的古史辨派的某些神话学观点就需重新加以审视。但不少民俗学研究者对考古新进展知之甚少,或敬而远之,未能充分加以利用。二是民族学资料的新发现。近年来不少民族学者深入民族地区调查,填补了过去的许多空白,加上理论上的活跃,出版了大量调查报告、学术专著和论文。民族学里有许多民俗资料,尤其是早期阶段的民俗资料。面对考古学和民族学的挑战,民俗学存在着四个方面的不足,即:第一要开展交叉研究,借鉴其他学科的研究方法;第二要扩大民俗学研究领域,调整民俗学研究方法,扩大研究范围,提倡开展立体研究和跨学科研究;第三要重视田野调查工作,比较起考古学界来,民俗学界的田野工作显然开展不够。田野工作关系到抢救民俗文化、培养新一代学者,深入研究民俗文化的大问题,必须把田野工作提高到应有的高度,每一个民俗学者都应该有自己难忘的田野工作经历;第四要加强应用民俗研究。②

另一种意见指出,中国民俗学是先天不足,后天失调。上海民俗学者仲富兰在其《中国民俗文化学导论》中表述了这一看法。他认为,

---

① 钟敬文:《建立中国民俗学派》(最初题为《建立中国民俗学学派刍议》,出版时改为此题,哈尔滨:黑龙江教育出版社,1999年);刘魁立:《中国民俗学会第四届理事会工作报告》。

② 宋兆麟:《中国民俗学向何处去?》,《广西民族学院学报》1997年第1期。《民间文学论坛》1997年第2期有该文摘要。另以《积极开展民俗文物研究》为题,收入钟敬文主编《民间文化讲演集》(中国首届民间文化高级研讨班),南宁:广西民族出版社,1998年,第121—127页。

中国民俗学，一，理论准备不足，当时迫在眉睫的亡国灭种的危机，使中国民俗学的先驱者们不可能像西方民俗学家们那样从容不迫地进行长期的理论准备工作。二，发端于文学而又未能跨出文学的视野，民间文艺的研究代替了民俗学的研究。这是中国民俗学难以在学术界形成它独立地位的重要原因之一。三，新中国成立后，中国民俗学在相当长的一段时间内受到冷落，同时又受苏联民俗学体系的影响，长期徘徊不前。四，从世界范围民俗学知识产生的背景来考察，中国传统的民俗学，无论在研究主体和客体诸层面上，都显得捉襟见肘，力不从心。①

诚然，近20年来，我国民俗学的学科原理建设，特别是对一些民族和一些地区的民俗事象的调查与搜集，取得了前所未有的成绩。由于历史的和文化的原因，我国的民俗学实际上仍然是在沿着两条相互有别、又相互交叉的轨道在发展。一条是民间文学的搜集与研究（有学者称之为文本式的），一条是风俗习惯、社会制度和精神文化的调查与研究（有学者称之为民族志式的）②。这个格局或传统，如上所说，是20世纪30—40年代形成的，现在还在延续着，而这种格局的形成，也在某些方面，在某种程度上，形成了学术理念和研究方法上的差别。前者是指以文化部所属的艺术研究院和中国文联所属的专业协会组织实施的十套民间文艺集成：中国民间文艺家协会组织的《中国民间故事集成》《中国歌谣集成》和《中国谚语集成》；中国音乐家协会组织的《中国民间歌曲集成》《中国器乐曲集成》《中国曲艺音乐集成》；中国艺术研究院舞蹈研究所组织的《中国民间舞蹈集成》；戏剧研究所组织的《中国戏曲志》和《中国戏曲音乐集成》；曲艺研究所组织的《中国曲艺志》。这十套大书，是20世纪组织出版的最具规模的民间文化工程。据最新报道，至1999年5月统计，已出版的达142卷（预计全

---

① 仲富兰：《中国民俗学：先天失调，后天不足》，据《文汇读书周报》1999年1月16日第1版摘要。

② 董晓萍：《民族志式田野作业中的学者观念》，《北京师范大学学报》1998年第6期。

部300卷将于2004年出齐)①。这些集成的材料,来自地方文化干部和专家在统一的指导思想规范下进行的田野调查,是20世纪一百年中实施并完成的一项宏大工程,实属难能可贵。后者是指民俗研究者的田野调查。与前者相比之下,虽然有很大进展,出现了如张振犁主持的中原神话的田野调查、姜彬主持的吴越文化与江南信仰民俗的大型研究课题,但仍显得既缺乏全面规划,也多少缺乏理论意义上的新发现。作为题外话,在民俗调查方面,不能忽略的是台湾"清华大学"人类学系的王秋桂教授自1989年起历时十载围绕着实施"中国地方戏与仪式之研究"课题在我国大陆所做的以傩戏仪式的田野调查,其调查报告分别出版了80册,也堪称是20世纪中国民间文化的最宏伟的田野调查工程之一。

至于中国现代民俗学未能脱尽以民间文艺研究为主要构成的学科格局问题,其成败得失,当然还可以讨论。近读报刊文章,对近20年来刚刚兴起便方兴未艾的文化人类学的批评中,有一种意见,就是对抛弃中国以神话和其他民间文艺研究为起点的文化研究格局的倾向,而迎奉和全盘接受西方文化人类学的思想和体系的批评。这种学术讨论,是否也可以作为民俗学界的一个参照呢?

尽管我国民俗学取得了长足的发展和可观的成就,但笔者要指出的是,民俗学家们虽然在近20年中在极力争取学科应有的地位,但现在的学科处境却十分令人担忧。何忧之有?最突出的问题莫过于:(1)下与民众的当代生活形态缺乏必要的血肉联系,不关心和不回答民众生活特别是精神文化所提出的迫切问题;(2)上与人文科学和社会科学的诸相邻学科缺乏学术上的交流与互动,甚至缺乏与其他学科对话的能力,或干脆就缺乏与其他学科对话与交流的学科意识,长期以来以"自说自话"为满足,既不能提出令其他学科关注的观点和理论,又不能提出足以激发学术研发活力的问题。

---

① 据《中国艺术报》1999年5月7日头版发表该报记者丁洁报道《十部文艺集成资料严重流失》。

改革开放，既促进了社会的进步、生产的发展、生活的富足，也在每日每时地摧毁着以农耕文明为土壤的传统的民间文化。而从总体上说来，这种民间文化（即民俗文化）正是我们民族独特性的表征和我们民族文化的根。现在我们面临着经济全球化的形势，国家现代化程度的提高，城镇化的加速，城市与乡村界限的逐渐缩小，人口流动的迅速增长，正在以迅雷不及掩耳的速度使原本以口耳相传和习得方式传承的民俗文化逐渐式微、甚至归于泯灭。全球化和现代化的趋势是历史的必然，人类追求文明和富足的要求不可阻挡，传统的习得文化及其影响在缩小和式微（尽管不可能完全消灭）也是历史必然，这给民俗学家们提供了千载难逢的历史机遇，我们该做些什么？在此种形势下，联合国教科文组织去年开始实施"人类口头和非物质遗产抢救与保护名录"，提出了包括中国的昆曲在内的19项亟待立项保护的项目类别，得到了各国政府的积极响应。中国政府也开始把保护口头和非物质文化遗产的工作列入议事日程，正在制定和出台条例、法规和拟订认证制度。有关部门和研究团体也开始制定民间文化抢救工程计划。我们民俗学家们该做些什么？如何在传统道德规范的基础上吸收和继承其优良的部分、扬弃其丑恶的和过时的部分，重建适合时代需要的道德规范，就不仅是摆在政府面前、也是摆在民俗学家们面前的一项迫切的历史任务。我们该做些什么？所惜的是，我们的民俗学家们在时代的召唤面前却显得无所作为。

不久前，笔者在一篇题为《民俗与国情备忘录》[①]里提出一个问题：什么是中国的文化精神？活跃的新儒家学派说：是"和合"。也就是说，儒家学说的精髓，就是中国文化的精神。实际情况是这样吗？儒家学说和儒学的思想体系，的确生存和延续了千余年之久，儒家学说所以有如此的生命力，除了本身有某些闪光可取的东西（如教育）而外，更重要的原因是，自汉代以降它得到了历代统治集团的呵护与扶持。但儒家的思想体系并没有为亿万下层民众特别是没有被众多的少

[①]《报告文学》2002年第9期。

数民族民众所接受，它充其量只是上层人士和部分民众中的精神信仰而已。毋庸讳言的是，在文化领域里，以儒家思想为圭臬的上层文化（改革开放以来，大有再抬头之势），与以下层民众为主要传承和信奉对象的下层文化，处于既互相对抗又互相整合的状态之中。当下中国的民俗学，也无可避免地处在这样一个两种文化对抗与文化整合的境遇之中，因此，对此采取视而不见、避而不答的策略是无益于学科发展的。

一个民族的文化精神，应是最大多数民众的文化精神。那么，什么是亿万民众的文化精神（或曰民俗文化精神）呢？这个问题需要做出回答，至少是应该进行探讨。但，可惜的是，民俗学家们目前还没有人对之进行研究，更没有做出回答。极而言之，"和合"不是、也不应是中华民族的文化精神。新儒家学派的答案是不能接受的。试问，当日本帝国主义肆无忌惮地屠杀手无寸铁的中国老百姓的时候，中国的老百姓难道应当对他们说"和合"吗？中国人不是基督徒，不应该也绝不会当敌人打自己的左脸时，主动把自己的右脸送上去，对敌人讲"和合"是不可能的。中国文化是建立在"天人合一"的世界观基础上的。"天人合一"的世界观是得到全民族认同的精神财富。先辈们从来教导我们，中华民族是勤劳勇敢、自强不息、生生不息的民族。"自强不息"，至少包括在艰难困苦中坚韧不拔、百折不挠，甚至如凤凰涅槃那样死而再生，指我们的民族能够克服和度过任何艰难困苦，永远充满信心和希望，民族延续、国运长久。"生生不息"，意指我们的民族一代一代，绵延不绝，乾坤永续，江山永存，永远不会亡国灭种。笔者认为，"自强不息"和"生生不息"才是我们的民众文化精神亦即民族文化精神！可是当我们的社会上许多人丧失理想与信念，新儒家学派在高唱"和合"是中华民族的文化精神，广大民众和相邻学科急需民俗学回答什么是我们的文化精神的时候，我们却无动于衷，袖手旁观。

有一位我所尊敬的作家兼学者，对我笑谈起我们的民俗学家时说："有些民俗学家们的文章和著作，好像在掌中把玩的一件件玩物！"我们的民俗学家们，如果满足于封闭在一个自在的圆圈之中，把民俗当成可以赏玩的玩意儿，那么，民俗学的学科建设和学科地位，肯定是悲观的。许多青年学人喜欢谈论学术前沿，我想，民俗学面对的这样一些重大而迫切的问题，不能不属于前沿性的问题吧？

谈论文化对抗与文化整合，还有一种文化不可忽视，那就是在市场经济下出现的通俗文化潮流，如电视文化、歌舞厅文化、通俗小说与故事，乃至以麦当劳为代表的西方通俗文化的挑战。由于媒体的推波助澜，新起的通俗文化呈现着不挡之势，已引起了文艺批评界的注意，出现了一批文化批评学者，也成为全球化与民族文化独特性论题之一。对此，民俗学家们也不能置身于外。

民俗学诞生150年、中国现代民俗学诞生100年以来，在我国，今天还不能说民俗学已经取得了独立的学科地位。民俗学的学科地位，一直没有确立起来。回想90年前，江绍原先生在谈论民俗学的学科地位时引用过的一段话："如 Sir John Rhy 所说：'知道神话的内容固不是科学，然知道人类为什么产生神话却是。'高梅也说，收集材料等于造屋之前采集砖石，而'分析，分类，和比较的工作，必须在知道谣俗每个款目的生命史之后，而不能在其先'，……就本国而论，则数年前国立北京大学研究所国学门有过一个风俗学会和另一个歌谣研究会（最近拟合并为民俗学会而命余主其事，但我不曾答应。），其后（广州）国立中山大学历史语言研究所成立了一个民俗学会。……谣俗学只愁自己不能采集材料，加以研究，而不必愁旁的学问还不承认它。"[1] 民俗学学科要生存、要发展，不仅要适应现实生活发展的需要，回答现实生活提出的各种相关问题，而且要加强学科的原理建设，并且要在经典的学科结构和原理之外，不断地探索、拓展、建立和发展新的支学，如历史民俗学（包括考古民俗学）、象征民俗学、旅游民俗学、经济民俗学、区域民俗学等。

对于任何一个学科来说，学科原理和方法的建设是基础性的。正

---

[1] 江绍原：《各辞典中的谣俗学论》，见《现代英国民俗与民俗学》，上海：上海文艺出版社，1988年影印本，第269—270页。

如 Sir John Rhy 所说的"知道神话的内容固不是科学",而只有在深入研究的基础上,解开人类为什么创造出神话以及已经在时间的风尘中消逝了的神话文本背后隐藏着的意义,那才是科学。应当看到,在我们的面前,还横亘着不少未解的谜团。民俗学,在总体上不是一门理论性的学科,而更多的是一门实证的学科,但要使我们的民俗学建立更完善的学理和方法,克服学科手段和学术观念的老化、僵化、浅化,已成迫在眉睫的事,否则,就只能停止在对民俗现象做表面的描述和对已有的民俗资料做无穷无尽的排列组合上,而无法深入到现象的内部中去揭开隐蔽在现象背后而通常不被人知的东西。象征民俗学的兴起,开始把民俗学家们的笔触引入到了民俗现象的内部,使我们的学术研究取得了一些突破性的进展,特别是把民俗现象从一个个消逝的、表面的、僵死的供把玩的文物,变成了一个个流动的、内涵丰富的文化过程,从而在人们面前揭开了一片新的天地。当然这只不过是初步的。

  旅游民俗学与经济民俗学兴起于 90 年代之初,而且一发不可收拾,这是势所必然的事,而并非民俗学家们的自主创新所致。在这些边缘学科创始之初,甚至还遭到过某些非议。在旅游业蓬勃发展之际,包括村寨民居、服饰歌舞、巫傩仪式、神灵信仰等在内的传统民俗事象,无不进入了旅游业主们的视野,成为重要的旅游资源。在这里,不是学术带起了产业,而是产业催生了学术。80 年代末 90 年代初,民俗旅游最先起于山东半岛的"千里民俗旅游线",以农村村落院舍的农耕民俗为依托,继而,一些著名的城市民俗文化村(如深圳华侨城的中华民俗文化村)拔地而起,把农耕文明下养成的民俗文化搬到了城市,开创了一种民俗旅游的模式,这种模式的创建,城市民俗村的设计和建造,几乎都留下了民俗学者的心血与足迹。产业一旦成为气候之后,学者们便隐退了。曾几何时,民俗旅游又从城市的民俗村发展到或回到了农村的农家院,且蔚成风气,为国家和业主创造了数以几十亿几百亿计的利润,解决了一些农村农民的就业和收入。1997 年在北京保利大厦开过一次以"葫芦与象征"为议题的"民俗文化国际研讨会",会后出版了一本《葫芦与象征》的文集,谁曾想到,4 年后,学者们对葫芦的象征意义的破解，竟然催生了辽宁省葫芦岛市的一项涉及城市整体发展方向的民俗旅游工程。作为民俗学的一个分支，旅游民俗学在产业带动下也得到了一定程度的发展，在一些旅游院校里开设了类似的课程，若干理论问题也陆续提到了民俗学家的面前。由于一些业主不按科学规律办事，使一些民俗村出现了民俗资源庸俗化的现象，迷信泛滥，格调低俗；而离开科学、违反科学规律而受到惩罚的事，不仅过去屡有发生，今后还可能继续发生。在市场的诱惑下，假造民俗的事例，也到处可见，所谓"伪民俗"问题，扑面而来，也已经为媒体和学术界所关注。我们常常看到，在一些"半瓶醋"的小知识分子和地方官的主持下，把本来产生于漫长农耕文明语境下、有着特殊寓意的民俗事象（如民族歌舞、信仰仪式等），经随意改造，加进许多外地的，甚至外国的通俗文化因素，不伦不类，甚至低俗不堪，既破坏了民族文化或地域文化的纯洁性，又伤害了民族的自尊心。此类违反文化规律的现象，不仅出现在地方上的民俗旅游景区和景点上，甚至也出现在覆盖面和影响面很大的电视屏幕上。现实生活提出来的这些课题，需要民俗学家们去参与，去研究，去提高。在笔者看来，一种类似 MBA 式的、以培养和深造高级民俗旅游管理人才的民俗旅游学院，早晚会应运而生的。

徐华龙先生要主编一套"中国民俗学前沿理论丛书"，以发展和推动民俗学的前沿问题的研究和探讨为己任，实在是恰逢其时的。他嘱我为这套丛书写一篇序言，我不揣浅陋，写了上面这些意见，算作我对这套书的支持。

写于 2002 年 10 月 30 日，12 月 14 日修改

在田野基础上的民俗志书写

——《中国民俗大系·河南民俗》序[①]

一定的人类群体创造了属于本群体的民俗,又生活于被他们所创造出来的民俗之中,因此,民俗具有群体性和地域性的特点。一定的时代养成那个时代的民俗,民俗因时间的流逝、战争的爆发、政治的更迭等而发展或转换,故民俗又具有流变性和时代性的特点。然一个时代的民俗,不是突然间从天上掉下来的或发明制造出来的,而是从前朝前代继承延续下来而又有所改造创新的,因此,民俗具有传承性和渐变性的特点。我们远非全面地历数民俗的这些特点,并不是要给学生们讲授民俗学概论,而是想指出,这些特点,乃是纂写某一群体、某一地区、某一时期的民俗志时,必须顾及的一些原则。

我国历史上有纂修地方志的传统,而缺乏纂修民俗志的传统。历史上留下来的卷牒浩繁的地方志里不乏民俗的记载,各类文献典籍里也不乏有关民俗(尤其是岁时和礼法)的评说,但应该指出的是,历史上记载下来的民俗现象是远非系统和完善的。历史发展到20世纪七八十年代,我国进入历史新时期以来,民俗志对于人类认识自身和认识历史的意义,逐渐被学界所认识;而纂修民俗志的必要性,也相应地被学人们所提起。经过学者们20年的倾力建设和集体智慧,中国的民俗学开始进入了历史上最兴旺发达的时期,即初步摆脱了向外国民俗学"邯郸学步"的幼稚阶段,在学科建设上的自主意识和建构意识大为增强,随

[①] 刘永立:《中国民俗大系·河南民俗》,兰州:甘肃人民出版社,2004年。

着各类著作的问世，学科体系和理论序列正趋于形成，特别是作为学科建设的基础或曰前学科建设的资料积累，业已取得了值得骄傲的成绩，尽管目前我国正在启动全国性的民俗田野调查工程，以求全面搜集记录最新面目的"活态"的民俗文化现象。在这样的文化环境下，编纂能够记录和表述一个刚刚逝去的时代（比如20世纪）的民俗志，已成为时代赋予民俗学家们的责任。

刘永立先生编纂的《中国民俗大系·河南民俗》就是这样一部民俗志书。它的结构特征大体可以归纳为下列几点：（一）以现今行政区划河南省的地理版图为限，记述该地域（以汉族为主）的物质民俗、社会民俗、精神民俗三大部类的民俗文化现象（尽管行政区划与文化圈并非一回事，与民族构成也不是一回事），并力求以资料的选取和记述的方式体现出源远流长的中原民俗精神，特别是20世纪中原民俗文化精神。（二）以刚刚逝去的20世纪一百年为记述的时段，而这个时段，是中国历史发生大转折大动荡大变革的一百年，如经历过两次世界大战，推翻帝制、建立共和，发生过内战和革命，发动过自上而下的移风易俗运动等，本土民俗文化在渐变之外，也出现过聚变、交融、甚至断裂。（三）所述民俗资料，主要是以田野调查为基本手段获取的百年来在不同群体、阶层和行业中传承的民俗文化，以其纪实性，与现时流行的把不同时代的各种来源的材料，甚至各种书面材料混淆在一起的著作相区别。

人类已经跨入21世纪的第4个年头了。日益汹涌的经济全球化的浪潮和现代化与城市化的趋势，给民族文化带来的冲击和影响日益显示出来。人们的生活方式在变化，观念在变化，民俗文化、民间文化也在发生着急剧的变化，有的甚至在悄然变形或消亡。这样的例子，俯拾即是。如基于祖先崇拜的种种传统礼法，就是民俗变迁最为剧烈的领域之一，由于祖先崇拜观念的逐渐淡薄，其祭祀礼法在20世纪下半叶呈现出迅速简化的趋势。又如生日习俗，改革开放以来的近20年来，变化尤大，每到家人或朋友生日寿辰，不仅城市里的人、甚至连一些乡村里的人，也都以围坐在一起分食蛋糕、吹灭点燃的红蜡烛、共唱西方的《生日快乐》歌曲表示祝贺，只要将其与《红楼梦》六十三回写的贾宝玉生日民俗模式两相对照，便不难看出今昔已大异其趣了。民俗文化是民族之根，是民族文化之源。尽管民俗文化不可能完全消亡，对此我们大可不必为全球化的影响而惶惶然，但传统民俗的弱化或变形，却是每日每时都在发生的事。因此，跨越20—21世纪两个世纪的我们这一代人，肩负着抢救和保护、保存传统民俗文化—保护民族之根的历史责任，而纂著全面而完善的民俗志，就不失为许多种保护和保存民俗文化的可行办法之一，把刚刚逝去的20世纪的鲜活的民俗状态记录在案，让今人和后人能够从中具体地了解和认识人们曾经创造了怎样的民俗文化，他们生活在怎样的一种民俗文化之中，他们所张扬的是怎样的一种中华民俗文化精神。

永立先生辛勤躬耕数载的《河南民俗》一书就要付梓了，来电索序，谨以上述寥寥数语以赠，表示对他的大著的衷心祝贺。

2003年3月10日

民俗的独特性

——"中华奇俗文库"总序[①]

当你第一次踏入一个从未涉足过的民族或族群的聚居之地，你会骤然间感到进入了一个异己的陌生的王国，那里的人们所传承着的民俗，使你顿生一种惊异和新奇的感受。理性地说，任何一个民族或族群所流行的民俗，对于一个异己的民族或个人来说，都属于奇风异俗。反之亦然。所以说"奇风异俗"，是指风俗习惯以至民俗形态的独特性和多样性，而不是那种自封是"高等人"者对异己民族的民俗的"猎奇"之"奇"。如果进而对一个民族的民俗做深入的观察和研究，你就会发现，正是这个民族或族群的独特的民俗，体现了这个民族或族群的文化精神。

对某一民族的文化精神的探求和表述，理所当然是文化人类学家们分内的事。在民族文化精神问题上，不同的文化人类学家常因理解的不同，而出现认识的差异甚至会发生论争。美国人类学家们对萨摩亚人的民族文化精神的争论就是一个显例。与文化人类学家不同，民俗学家们对这种形而上的问题，常常表现出漠然的态度；其实，这正是民俗学的缺陷和弱点之所在，缺乏个案的参与观察和深层的理论关注，使得民俗学自身显得相对贫弱。民俗学要发展，要前进，就应该以更丰富的手段，从一般性的民俗志的描述模式和理论惰性中走出来，吸收文化人类学的个案研究中的某些方法，吸收比较文学的比较研究

[①] "中华奇俗文库"，北京：西苑出版社，2003年。

中的某些经验，对民俗的独特性和独特性的民俗做出动态的个案描述和形而上的理论概括，同时在比较研究的基础上进行深层的探究。诚然，民俗学主要是一门实证的学科，但它不应满足于形而下的疆域，而且它也确具备着形而上的学科理性。一个民族的文化精神寓于民俗文化之中，只有广泛而深入地研究民俗文化，才能从中发现出和概括出该民族的文化精神来。

当今，文化的多样性和独特性问题，在人类历史上比任何时代都显得更为重要和不可忽视了。只有保持着不同民族、国家和地区的独特的文化，世界才是多样的，世界文化才是灿烂辉煌、生机无限的。回顾人类历史，有多少曾经繁荣和辉煌一时的文明，在历史的烟尘中消逝得无影无踪了。姑且不说突然消逝了的外国文明，如玛雅文明，仅就中国版图上的古代文明而言，灿烂一时的良渚文明和红山文明，不也都是消逝于无言之中吗？中华古老文明是世界上四大古老文明中，唯一没有断流的文明，她本身有着强大的生命力，这是不言而喻的。但我们有责任继承和弘扬我们文化的优良传统。如今，社会上一些青年人对西方文化的盲目崇尚，已经到了缺乏理智的程度，而中华传统文化、特别是民间文化，在他们看来，如同敝履一样，可以不屑于一顾了。如果这种文化上的民族虚无主义无节制地膨胀下去，不能不说是一种民族的隐忧。

这就加重了我们当代民俗学者和出版者肩上的责任。以翔实而生动的个案调查为基础和写作个性的系列奇俗文化著作，不仅是在目前经济全球化形势下保持和发展文化多样性的一个有见地的举措，而且也可能为处于文化饥渴中的广大读者，提供人类文化认知、扩大知识视野、净化人的良知、促进社会整合的启蒙读物。我们要坚持开放的态度和政策，引进外国的进步文化（不是那些腐朽的文化），但不要忘记，具有无限生命力的优秀中华民间文化及其传统，永远是我们中华民族赖以生存和发展的根！

在中国近现代出版史上，出版过许多有益于世道人心的好书。西苑出版社编选出版的这套"中华奇俗文库"，无疑就是这样一种旨在挖掘、整理、介绍和积累中国传统的优秀民间文化、弘扬中华民族文化精神、建立民族凝聚力的民族文化系列丛书。希望以"有益于世道人心"为宗旨，贴近广大读者群众的现实生活和精神需要，把住中华文化发展和律动的脉搏，不断地扩大选题，求新求深，精选精编，一个选题一个选题地出下去，经过几年的努力，使其成为中国书界的一个品牌。

谨为序。

2003 年 7 月 7 日于北京寓所

重要的是建立学科的理论支柱

——"中国民俗学者文库"序

尽管中国民俗学的学科建设是多年来萦回于心的一桩心事，但真正接受委托主编"中国民俗学者文库"，却又不是一件很容易下决心的事情。最直接的原因是，我几乎一生都在为他人作嫁衣，仅近十年间，民俗学理论建设方面，就主编了"中华民俗文丛"20种、"三足乌文丛"10种；民间作品方面，主编了"中国民间故事精品文库"10种、"中国民间信仰传说丛书"6种，占去了很多的精力和时间，如今所剩不多的日月只想写点属于自己的东西，以了却多年的心愿。谁知最终还是被学科建设所诱惑，接受了这个委托。

现代民俗学是作为中国新文化运动的一支在中国兴起的。在过去的百年中，不同出身和来路（主要是历史学、语言学和文艺学）的学者为民俗学的学科建设做了很多工作和贡献。有人说：中国的民俗学是先天不足、后天失调。对这样的一种总体性的估价，学界是有不同看法的，尤其是主流学者持强烈的不予认同的态度。对历史的认识上的分歧，是必然的，要取得完全一致是不可能的，也是不必要的。但这不是说争论是没有意义的。要把中国民俗学推向成熟时期，并最终建成一门有自己的理论体系和科学方法的人文学科，当然要认清过去学科的弱点或弱项是什么，而在这一点上，学界似乎确实还是相当模糊相当朦胧的，用学术语言来说，就是学术自觉还相对显得贫弱。

任何人文科学的发展活力总是来源于从学科的专业对当前社会或历史现实的人文关怀，舍此就难免会越来越变得枯萎。在笔者看来，中国现代民俗学固然取得了值得学界自豪的成就，但她的根本弱点，正在于虽然当初引进了西方的学术思想，却在很大程度上疏离了中国社会的实际发展和需要。有的人看不到这一点，有的人虽然看到了，却不愿意承认。我们要清醒。只有清醒的学术自觉，才能推进学术的前进和学科的发展。我们刚刚踏入 21 世纪的门槛，当下这个世纪民俗学的任务是要建立和完善自己的理论体系和学术方法。而要推进民俗学的进一步发展和成熟，除了必须拓展思想和视野外，重要的是逐步建立学科的理论支柱，没有坚实的支柱，任何学术大厦都是无法竖立和支撑起来的。西苑出版社启动"中国民俗学者文库"编辑出版计划，正是基于为中国现代民俗学建设学科支柱的设想，尽管我们的力量有限，但即使是添砖加瓦，也许是大厦的建设不可缺少的。

"中国民俗学者文库"将是一套开放型的民俗学学术文库，选题成熟，一个组编出版一种，选稿重学术水平而不以门派为门槛，她的编辑出版，仰赖于国内外民俗学家们的支持和厚爱。

2003 年 7 月 20 日

民俗影视学的诞生

——《中国民俗影视》序[①]

黄凤兰著《中国民俗影视》一书的一个显著特点是，集史、志、论三种学术立场于一身，从而宣告了一个新的边缘学科——中国民俗影视学的诞生。所谓"史"者，是指作者以艺术史（兼影视史）和民俗学史家的身份对中国民俗影视的发展史所做的叙述和评论；所谓"志"者，是指作者把20世纪80年代末90年代初以来重要的民俗影视片（主要是获奖片）作了"民俗志"式的记录并附录了翔实的史料；所谓"论"者，是指作者对民俗影视的对象、任务、特点以及目前所达到的成就和存在的主要问题所做的论述。如此一部著作，无疑会受到业内人士的欢迎和学界的重视。

民俗影视学，作为一个新兴的分支学科，虽然已有了50至70年的发展历史，我国也已积累了几百部实地拍摄的民俗影视片，但就当下所取得的成就和所达到的学术水平而言，它的归属问题也许还存在着一些争议。如作者所言，从记录手段的角度看，它可划归在民俗学项下，因为它是对民俗文化的客观记录；就其体裁和形式而言，它又可划归在影视项下，因为它不仅用影视手段记录了民俗文化事项，而且还在其中"传达"了"作者对生活独特理解"，故而它事实上已成为一个新的片种。像许多新学科和边缘学科的情况一样，当它们处在发展初期时，这是常见的，并不值得大惊小怪。

[①] 黄凤兰：《中国民俗影视》，北京：中国戏剧出版社，2004年。

这部著作的另一特点,是作者的论述与评说,具有一定的导引性。如作者指出的:"目前存在的田野作业与影视制作的隔断现象——学者的调查是学者的调查,艺术家的影视制作是艺术家的影视制作的现象,是当今中国民俗影视难以突破的一个重要瓶颈。"民俗影视要想在艺术学或民俗学或文化学的神圣领地中杀出一条"学"路,从而站稳学术脚跟,只有一条路可走,那就是走学者化的道路,即以唯物史观的立场和文化学家的角色去记录文化,除此之外,别无他途。

2004 年 10 月 12 日

西藏灵山圣水讴歌者

——《灵山圣境》序[①]

廖东凡先生是一位以田野调查为强项的当代杰出的民间文艺学家和民俗学家。他对西藏的各类民间文艺和民俗事象，无论是载籍中记载的，还是活在民众心中的，都做过悉心的了解和深入的研究，无不了如指掌，谈论起来如数家珍。就西藏民间文艺和民俗风情而言，在朋友们的心目中，他无疑是个"西藏通""活字典"，大家都为他的博识而感到骄傲。他勤奋著述，笔耕不辍，从20世纪80年代初我所熟悉的获奖作品集《西藏民间故事》和专著《雪域西藏风情录》以来，20年间，他（包括与别人合作的）已经出版了二十多部有关西藏民俗风情和民间文艺的著作和选集，可谓洋洋大观！

东凡的民俗学著述，有自己的特点，即以实证的学术理念和研究方法，搜集和描述存活于民众中的民俗事象，以科学的态度，不加修饰地记录和保存下它们原本的形态，并从大量的材料中提取出应有的结论，文字似行云流水，所论深入浅出。在他的笔下，读者看不到玄虚的话题和"拿来"的主义，尽管他在学术上不是一个孤立主义者。任何实事求是的学者，都不可能超越时代，只能向读者提供他的时代所有，或可能所有的材料和结论。廖东凡的著述正是这样。我们从他过去的著述中所看到的，大抵是20世纪八九十年代的西藏民间文化的鲜活形态；我们从他过去的著述中所认识的，大抵也是八九十年代前后那个时代西藏民众的生活方式和思想形态。他原汁原味地把他所亲历的那个时代的

[①] 廖东凡：《灵山圣境》，北京：中国藏学出版社，2008年。

西藏的风土人情、生活习俗、圣山灵水、高原风貌记录下来，描绘出来，奉献给读者，与读者分享，既是一种责任，也是一种快事。

从原始时代起，人类无不是依山傍水而居的。山水养育了人类。儒家有言："仁者乐山，智者乐水。"仁者、智者无不赋予他们所喜爱、所敬畏、所崇拜、所讴歌的山水以高尚的文化的品格或丰富的信仰的内涵，把它们塑造成与人类相依相存、造福人类的神山灵水。在内地，被称为东岳的泰山就是这样的一座被赋予了神圣的品格的神山，被称为母亲河的黄河就是这样的一条被赋予了神圣性格的灵水。在西藏，冈底斯神山，雅拉夏姆神山，古拉长日神山，若吉康桑神山，念青唐古拉神山，阿尼玛卿神山，等等，都是被民众赋予了神灵之气的神山。《灵山圣境》就是一部记述和探寻西藏的圣山灵水的书，一部揭示人类与神山灵水相存相依的神秘故事的书，一部展示生活在这些神山灵水之地的风土人情、生活习俗、信仰仪式的书。那将是多么诱人的一部书啊！

40多年前，我也到过西藏，到过不少地方。路途很是艰难。因为那里的神秘的文化吸引着我，引诱着我，所以下定了决心一定要到那里去看看。但我在那里勾留的时间太短，了解得非常肤浅。不像廖东凡，对那里的山山水水了如指掌，对那里的人民亲如手足。但西藏在变，如同任何时代都不会停止在一个固定的刻度上一样。20世纪80年代以来，是西藏社会变革最为迅速的年代，而改革开放和"后工业时代"的巨大冲击，特别是旅游业给西藏的民间文化带来的"超常"的功能嬗变——从信仰载体、娱神自娱，到娱乐旅客的功能嬗变，不仅是西藏的社会变迁的佐证，更重要的，是西藏文化变迁的佐证。

前年东凡因病住院治疗，出院后又继续做康复治疗，却仍然一如既往地劳筋苦骨、终日矻矻，或著书立说，或撰写专栏，没有一刻停止过自己手中的笔。好一个典型的中国式的知识分子！在病中，他以顽强的毅力战胜病魔，完成了他的六卷西藏本土文化的论著。如今这部著作就要付梓了，东凡要我为其写一篇序言，谨以此文相赠，作为对他的笔耕生涯的纪念和祝愿，也请读者诸君指教。

2006 年春节于北京

一个被隐没的民俗学家

——《端午礼俗史》序①

在全球化浪潮风起云涌的情势下,保持中华文化的传统和特性、保持世界文化和中华文化的多样性,日益成为国家和民族的迫切任务的当代,国务院于2007年12月7日发布决定,将春节、清明节、端午节、中秋节四个传统的民俗节日,纳入国家的法定假日,并从2008年1月1日起执行,显示了政府对文化传统的认同和尊重,深得人心。

五月初五端午节,又称端五、重五和重午,是中华民族的重要民族节日之一。经历过两千多年的历史沧桑,民众把端午节及其丰富的文化意蕴从上古传承至今,代代相传中,有增益,也有扬弃,但却从来没有间断过,表明了中华文化的巨大生命活力。

关于端午节的源流,古代文献中的记载颇多,清代编纂的类书《古今图书集成·岁功典》曾将这些材料汇为两卷;近现代以来,学者们对端午节的源流所做的考证、对相关民俗事象所做的阐释以及对其性质的探索,文章也很不少,但纷然杂陈、众说不一,以至于今天我们也还有很多的话题可说。20世纪二三十年代,见诸报端的文章,不下几十篇之多。重要的,如江绍原的《端午竞渡本意考》②、陆侃如的《五月

---

① 此文系应学苑出版社之约而撰,后不知什么原因该社并没有出版黄石这本书。此文以《黄石:一个被隐没的民俗学家》为题,发表于《中国社会科学报·学林》2017年2月20日。

②《晨报副刊》,1926年2月10日、11日、20日。

五日》①、徐中玉的《端午民俗考》②、欧阳云飞的《端午恶日考》③、间堂的《端午节考》④、闻一多的《端午考》⑤和《端午的历史教育》(1943年)等等。20世纪的下半叶，大陆和港台学者发表的端午考源和文化阐释的文章就更多更丰富了，其中不乏优秀之作，不仅表明端午在中国南北各地的老百姓中不是一个僵死了的历史记忆，而从来就是一个充满活力的民族节日，而且也始终是中国学者们所关注的"活态"的文化现象。

在这许许多多著述中，初版于1963年的黄石著《端午礼俗史》，以优美流畅的散文笔法、广纳博采的叙事方式，以及环环相扣的论证逻辑，考释了端午节的历史源流，勾画了各地流行的端午节生活样相，特别是阐释了构成端午节的两大礼俗——角黍和竞渡——的文化意涵，无疑是一部把端午的源流考述和现实的民俗文化事象融为一体、深入浅出、兼具学术性和可读性的知识性专著。

黄石（1901—？），本名黄华节，另一个笔名黄养初，是中国现代民俗学领域里的一位重要学者⑥。他的著述颇丰，研究领域也相当广泛，其主要学术方向是神话学和女性民俗研究。主要著译有：《神话研究》⑦《妇女风俗史话》⑧《端午礼俗史》⑨《关公的人格与神格》⑩《中国古今民

---

① 《国学月报汇刊》第1期，1928年1月1日。

② 《国闻周报》第13卷第5期，1936年6月29日。

③ 《逸经》第32期，1937年6月20日。

④ 《论语》第114期，1937年6月。

⑤ 《文学杂志》第2卷第3期，1947年8月。

⑥ 关于黄石的生平和在民俗学上的学术贡献，可参阅赵世瑜《黄石与中国早期的民俗学》，《北京师范大学学报》1997年第6期；后作为高洪兴编《黄石民俗学论集·序言》，上海：上海文艺出版社，1999年。

⑦ 上海：开明书店，1927年。

⑧ 上海：商务印书馆，1933年。

⑨ 香港：泰兴书局，1963年。

⑩ 台北：商务印书馆，1967年。

间百戏》①。译著有：薄伽丘著《十日谈》②、顾素尔著《家族制度史》③。大概由于他是一个宗教研究者或一个纯粹学院派的学者，不像20世纪二三十年代那些办民俗刊物的民俗学家们那样几乎都是地方性的学者、且都有不同程度的民俗采集经验，早期阶段上没有归属于哪个学术派别，到了晚期，又多年隐居于香港郊外的元朗，故而在20世纪80年代中后期之前，与内地学者完全中断了联系，也就少被内地学界所注意。1991年上海文艺出版社出版的《妇女风俗考》（高洪兴编）、1994年中国广播电视出版社出版的《中国神话学文论选萃》（马昌仪编）、1999年上海文艺出版社出版的《黄石民俗学论集》（高洪兴编）等书，陆续收入他早年写作的民俗学、神话学论文，长期隐没无闻的黄石先生，其学术成果和学术成就开始受到学界的关注。

据所著《神话研究·编后》记载，黄石大约于1923年的"双十节"从海外（暹罗）"漂流归来"，到了广州，进入位于白鹤洞一带的协和神科大学上学，前后凡四年。在校期间，在校长龚约翰(Dr. John S. Kunkle)的支持下，潜心研究神话，完成《神话研究》一书的书稿，并部分地在学校的学生刊物《晓风周报》上发表。离开广州协和神科大学后，大约在1927年前后的暑假，着手整理、改削、增补已大体完成的书稿，交付出版社出版。大约1928年初到香港《华侨日报》做编辑，时间很短，据赵世瑜考辨，5月便又回到协和神科大学。④ 大约于1930年赴北平，就读于燕京大学研究院，在吴文藻门下专攻宗教及民俗⑤，他的许多重要民俗学论著是在此写作的，如：《胭脂考》⑥《一篇表现

---

① 台北：台湾商务印书馆，1967年。
② 与胡簪云合译，上海：商务印书馆，1930年。
③ 上海：开明书店，1931年。
④ 赵世瑜：《黄石与中国早期的民俗学》，《北京师范大学学报》1997年第6期。
⑤《民俗学集镌》第2辑《介绍本辑著译者》，1932年8月1日，杭州中国民俗学会发行；许定铭：《被遗忘的民俗学家黄石》。
⑥ 上海：《妇女杂志》第17卷第4期，1931年4月。

妇女生活的古诗——郑风〈秦洧〉》①,《苗人的跳月》《迎紫姑之史的考察》②和《满洲的跳神》③、《再说紫姑神》④等论文和专著《妇女风俗史话》(1933年)。自1932年10月、即《民间月刊》编委会改组后的第2卷第1期起,黄石被聘为该刊的撰稿人,但始终未见时在北京的他再为该刊撰文。⑤

1930年代前半叶,在燕京大学社会学系主任吴文藻周围,形成了一个青年学者的团队,名称叫"社会学社",黄石也是其中的成员之一。"在他(吴文藻)主持下的燕京社会学系,先后派出了一些研究生和助理到国内的一些地区去进行实地调查,林耀华到福州附近的义序对宗族组织进行了调查,费孝通对江村的农村经济进行了调查,黄华节到定县调查了礼俗和社会组织,费迪到清河对村镇结构进行了调查,郑安仑对福建侨民问题进行了调查。他们的调查成果,后来在吴先生的帮助和支持下大部分都发表了。"⑥ 在这次调查中,黄石写出了调查报告《河北农民的风俗》。⑦ 1934年1月在《黄钟》第42期上发表的《屠苏酒》,1934年2月,在《东方杂志》第31卷第3号上发表的《冥婚》、第4

---

① 《妇女杂志》第17卷第7期,1931年7月。

② 杭州:《开展月刊》第10—11期合刊《民俗学专号》,1931年。

③ 《民俗学集镌》第2辑,杭州:中国民俗学会发行,1932年8月1日。

④ 浙江省民众教育实验学校编:《民众教育季刊·民间文学专号》第3卷第1号,1933年1月。

⑤ 《民间月刊》,原为陶茂康主编,在绍兴出版,第1卷共出版了2期,创刊于1931年6月,终刊于1932年8月。自2卷1号起,改由杭州中国民俗学会编辑出版。黄石列为撰稿人。《启事》:"《民间月刊》自2卷1期起由杭州中国民俗学会出版,钟敬文、娄子匡、陶茂康编。撰稿人:周作人、江绍原、顾颉刚、赵景深、谢六逸、钟敬文、黄石、钱南扬、王鞠侯、娄子匡、曹松叶。"见2卷1号(出版日期是1932年10月1日)。

⑥ 许荣:《本土化之梦——记吴文藻先生》,《苏州杂志》2005年第1期。

⑦ 韩明谟:《中国社会学调查研究方法和方法论的三个里程碑》,《北京大学学报》1997年第4期。可惜我们没有看到黄石在定县调查基础上所作的这部调查报告。

号上发表的《桃符考》，1935年2月在上海《太白》半月刊第1卷第10期发表的《五辛盘略考》等，这些文章可能是他在三四十年代写作的、所能见到的最后一批著述了。1935年，燕京大学校长司徒雷登排斥进步人士，一度在燕京大学中文系讲授俗文学的郑振铎以及与黄石、从事宗教与民俗研究的许地山都被解聘，郑回到了上海，到暨南大学任文学院院长，许去了香港大学中文学院任主任教授。黄石此后的去向变得扑朔迷离，不很清楚，有待于继续研究。

从现有材料可以看出，1949年后，黄石移居香港，1960年代住在香港元朗东头村的租屋里，以卖文为生。这个时期，他陆续出版了《端午礼俗史》（香港，1963）、《关公的人格与神格》（台北，1967）、《中国古今民间百戏》（台北，1967）。近在互联网上看到，他在1981年还发表了一篇关于关公的文章：《山西夫子作天公——关羽的神格化》①。

从黄石的学术经历中，我们看到，他的专业主攻方向在宗教，但却也从来没有离开过民俗研究，包括他受派遣在河北定县的调查。30年代定县调查，在中国文化史上具有不灭的学术光辉。但无论是晏阳初主持的平民教育计划，还是李景汉主持的社会调查，都属于社会学的范畴，尽管其中也有孙伏园等主持的民间文艺调查。但总体说来，都是社会学人类学领域的调查。而只有黄石的调查，所选的是民俗课题，成为在寥落的北方民俗学研究空域里中的一曲独唱，在中国的民俗研究上留下了浓重的一笔。后来在香港期间，很可能是由于生活上和学术上双重孤寂的原因，他除了《端午礼俗史》外，还写了《基督教道德观与中国伦理》《科学家看圣经》②、《基督教与回教》③、《亚洲基督教教会与优生善养运动》（黄石译）等，宗教研究和翻译在他的学术生涯中占了重要地位。

《端午礼俗史》是一部全面地研究端午节源流和阐释端午节种种相

---

① 台北：《时报周刊》第170期，1981年。
② 香港：基督教辅侨出版社，1962年。
③ 黄华节译，香港：基督教文艺出版社，1966年。

关风俗习惯的知识性读物。这本书的一个突出的特点，是其叙述和论证的实证性，重视让材料和事实说话，结论则在材料引证和分析之后。一方面，纵向上，作者把自先秦以来历朝历代有关端午节的风俗习惯、民俗事象作了历史地梳理与辨析；另一方面，横向上，对可能找到的全国各地有关过端午节的历史记述和鲜活材料搜集起来，进行了归纳、比较、分析、阐释。纵向和横向地搜集相关材料并进行比较分析研究，是二十世纪早期的文艺学家们（如胡适）和民俗学家们（如顾颉刚）已经大量、广泛采用并获得相当成就的一种研究方法，而对民俗事象作意涵或象征的阐释的研究，则在黄石著作中成为一个耀眼的亮点。

　　黄石笔下的端午节风俗习惯和民俗事象种类甚多，如时食之角黍、羹汤、端午酒、端午宴、祭祀（送瘟神、禳灾逐疫），蓄兰沐浴、采百草和斗百草、捕蛤蟆、熙游和避灾、竞技，龙舟竞赛，辟邪法物如辟兵、系红丝线（朱索）、长命缕、戴香囊葫芦，插菖蒲戴艾草，等等，但特别值得提出的，是他对端午节诸多风俗习惯中两个全国各地普遍流行、移动或分布最广、因而也是最为重要的事象——角黍和竞渡——的颇见深度和颇具兴味的阐释，有的独特的贡献，尽管在他之前，已经有学者（如闻一多）对这两个问题也从不同角度分别发表过一些见解了。譬如，在论述角黍时之前，作者先把他观察和论述节期时食的特殊视角和原则提了出来："国人生活""以应天顺时为节律"，而"节期的时食，多数不但'应时应节'，并且还涵有特殊的意义，或象征某种故事，或象征某种现象，或代表所祭祀、所纪念或所畏惧的对象，食之有种种不同的作用，或增加活力，或与鬼神灵物契合，而取得其'法力'，或借饮食驱邪祛病，种种动机，不一而足"。他的观察视角和立论原则，使他对时食、特别是角黍（粽子）的文化象征含义的剖析，具有了值得注意的新意和深意。对龙舟竞渡的文化象征含义的论述也一样。作者运笔从历史的深处一路走来，发掘出在龙舟竞渡的乐事和仪式背后所掩盖着的，或被遗忘了的"驱逐恶神厉鬼，消除病疫灾殃"的古俗原意。

　　民俗永远处在嬗变之中，不可能有一成不变的民俗文化模式。但在眼看着端午节的丰富内涵就要蜕化为仅只是吃粽子、所有的民族节日的丰富内容越来越简化为美食节，我们民族的非物质文化遗产的生命活力在现代化、市场化的剧烈冲击下变得十分脆弱甚至衰微的当今之世，作者在40多年前写下的这些论说，对于今天的读者了解端午节的来龙去脉，丰厚的文化底蕴，仍然具有独特的价值和作用；对于提醒民族和群体的节日记忆，在当代青年中重现一个全像的端午节文化，显然是十分有益的。

2008年5月6日于京郊云湖

城市民俗研究的开山之作

——《城市语境中的民俗保护》序 [1]

非物质文化遗产的保护，在联合国教科文组织的倡导和推动下，得到了世界许多国家政府的认同和响应。据2008年3月《保护非物质文化遗产公约》第二次缔约国大会公布的数字，缔约国已达到了95个之多。保护非物质文化遗产、文化多样性和可持续发展的理念，逐渐深入人心，成为21世纪第一个十年影响最大的世界性文化思潮之一。

在我国，随着全球化、现代化、市场化、城镇化步伐的加快，特别是上亿农民进城务工，这种千古未见的大移民，既改变着农村和城市人口的结构，同时也正在改变着他们的身份，促使中国的传统文化，发生了前所未有的移动和嬗变。原本以原始狩猎、游牧和农耕文明为土壤的民族民间文化/非物质文化遗产，因其赖以生存的土壤——社会环境的变化，而变得十分脆弱或衰微，使其传承和延续遭遇了困境。

中国政府自2003年启动民族民间文化/非物质文化遗产保护工程以来，把民族民间文化/非物质文化遗产的保护工作纳入了政府体制和国家战略，在"政府主导、社会参与"的方针下，在全国掀起了新一轮民间文化/非物质文化遗产的保护工作，且已取得了举世瞩目的成绩。在民族民间文化/非物质文化遗产领域里过去从来没有遇到的一些新的现实问题和新的理论问题，一下子都涌到了我们的眼前，要求理论学术

---

[1] 蔡丰明：《城市语境中的民俗保护：当代上海城市民俗文化遗产保护与利用研究》，上海：上海社会科学院出版社，2009年。

工作者们走出"象牙塔",在调查研究的基础上做出回答。而现代化大都市和乡村这两个不同场域里的民族民间文化／非物质文化遗产的不同形态、特点、遭遇、未来命运以及不同的保护方式,就是这诸多现实问题和理论问题中的一个。蔡丰明先生的新著《城市语境中的民俗保护》所选择研究的,就是当前我国非物质文化遗产及其保护和研究中的一个备受关注的前沿课题。

我国历来以农业立国,自给自足的耕稼方式延续了几千年之久,宗法家族制度和人伦观念根深蒂固,这些社会条件,是滋生、养育并持续影响着中国民族民间文化／非物质文化遗产的基本面貌与发展演变的两大根源。如今,时间把中国推到了向现代化转型的新时代。现代化的进程打破了以口传心授为其传承方式的中国非物质文化遗产的传承和延续命运。尤其是在一些现代化发展较快、文明程度较高、外来文化影响较大的大都市。像北京、上海、天津、广州等这样的国际大都市,近二十年来,其现代化的速度是惊人的,现代化不仅改变了市民的生活方式、生活质量、城市面貌、人际关系,更为重要的是,改变了市民的价值观。价值观是一个民族文化的标志,也是一个时代的标志,价值观(包括社会发展观、人生观、信仰观、人伦观、审美观等)的变化,直接影响到、甚至决定着民族民间文化／非物质文化遗产的面貌、特点、形态、命运和发展方向。

在文化形态上,中国的城市与农村,有着千丝万缕、难解难分的血肉联系,尽管这些城市有着几千年、几百年不等的建城史和现代都市发展史,而独特的文化又是一座城市不可或缺的构成部分。但一座城市文化的形成和发展、面貌和特点,既决定于中国的久远而牢固的文化传统,又决定于它的"五方杂处"的人口组成。这些大都市的文化,看来不外三个来源:一,来自文化精英们所传的精英文化,所谓"大传统"文化;二,来自下层民众所传的民间文化,即所谓"小传统"文化;三,来自外来文化(包括异族文化)。比较而言,大都市的文化,与农村的文化相比,上层精英文化和外来文化的影响相对较大,而农村的文化,则主要是民众传承的民间文化,而且植根牢固,上层文化(如儒家文化）的传播相对来说是有限的。城市文化的这三种来源和因素，在不同城市的文化的形成上，又是各自不同、各有千秋的。譬如，北京作为古老的帝都城市，在其传统文化中，上层文化（尤其是宫廷文化）的影响和北方少数民族文化的浸润，占有重要的地位，在非物质文化遗产的形成和构成中尤甚，这一点，在近几年来城区和近郊区非物质文化遗产的调查和保护项目的评审、报刊媒体的报道、相关的学术研究中，都得到了证实。而上海这样的全国最大的工商业大都市，自开埠 200 多年来，始终呈现出开放性的品格，始则受到"西学东渐"思潮的促动，继而受到现代都市文明的影响，工业和商业发达，造就了大批产业工人，表现在文化上有着与北京这样的古帝都城市迥然不同的特点。一座城市的城区与郊区，特别是远郊区，其文化也往往呈现出很不相同的特点和面貌。由于生存环境的不同，有的郊区的文化，与城区的文化相比，甚至是完全不同的两种文化。上海市的市区和郊县之间，这种差异显然也是存在的。纺织业是作为工业基地的上海多年来的重要产业，以祖师黄道婆为代表的乌泥泾手工棉纺织技艺以及有关她的事迹和传说，出在旧日的小城镇松江、今之城区的徐汇区，今天的社会环境已不可同日而语；而作为远郊的南汇县的哭嫁歌，尽管今天还在流传不已，但以笔者所见，就其所包含的深层民俗文化内涵而言，也许很难将其归入作为上海传统文化核心的吴文化的版图之内，更多的可能，是在远源上曾经是滩涂地带的一种古老移民文化的遗绪；当然这只是笔者的一得之见。同样，北京远郊区平谷的一些非物质文化遗产项目所表现出来的特点，笔者也曾发表过这样远未成熟的意见，认为可能并不一定属于老北京（燕）文化圈的文化，而更有可能是古代某少数民族文化或某种外来移民族群或群体的文化的遗留。当然这也是笔者的一得之见，有待于进一步研究验证。总之，这些远郊区的民族民间文化／非物质文化遗产，较少受到近代文明的浸染，无论在内容上、形态上、特点上、气质上，较多地保留着原生形态的文化品格，都是与作为城市核心区的城区的文化有显著区别的。乡村的特别是远离城市文明的民族民间文化／非物质文化遗产的一个普遍的、也是最重要的特点是，多多少少保留着，甚至离不开与民众信仰的紧密关联，即使一些以物质为依托的非物质文化项目，只要细心考察和深入研究，总可以发现和寻找到这种联系的蛛丝马迹来。而大都市里的非物质文化，多数已经脱离了民众信仰的附着与制约，特别是那些容易向商品属性靠拢和进入商品流通的手工艺，大多数向着个性化、精致化、艺术化的商品方向发展，蜕变为完全世俗化的、欣赏化的文化，其中一部分进入了当代通俗化文化（如庙会上的某些非物质文化遗产商品）的行列，部分属于高雅的、高贵的、贵重的，只为少数富人瞩目、收藏家购买和收藏的文化（如玉雕、漆雕、牙雕等）。后者甚至大可堂堂正正地归入所谓"大传统"文化之列了。

  前辈学者钟敬文先生生前曾指出过，民俗学应该是一门现代学。但我国的实际情况却是，民俗学从来没有真正地走出书斋、走出历史学，既不能增强与其他相邻学科对话的能力，又没有树立起为国家需要服务的国情观念。近年来，蔡丰明走出了书斋，参与到了上海市的非物质文化遗产保护的工作的行列中去，亲自考察和研究了非物质文化遗产的若干项目在这个大都市里的渊源和历史、现状和未来。他从"城市语境中的民俗保护"这一独特的视角出发，以上海这个我国最大的现代化工商业城市里的传统民间文化及其演变为对象，对其在现代化语境下所遭遇的以及保护工作中所遇到的新情况、新问题，如民俗遗产资源的挖掘、民俗遗产保护形式的选取、民俗遗产的传承与创新，开发与利用、民俗文化保护中的政府机制与民间机制，民俗文化保护中的专家作用等，进行了多视角、多纬度、多侧面的考察和研究，既探讨了城市民族民间文化／非物质文化遗产的特点、形态与规律，又比较系统地论述了城市发展过程中保护民间文化的价值与意义，从而就上海市民间文化保护的思路与对策提出了自己的见解。尽管他所给出的答案，也许只是多种选择中的一种，但他的研究和选择对保护工作和学术探求都是有益的。不久前，我在一次学术会议上冒昧地发表过一个意见：我们民俗学者要立足于回答当代提出的问题，而不要把民俗研究当成可把玩的玩意儿那种孤芳自赏。作为朋友和同行，我欣赏蔡丰明的这种学术探索，这种学术气度。

蔡丰明先生多年来研究上海民俗，成果累累，而今，他的新著《城市语境中的民俗保护》就要付梓了，他嘱我为这本新著写序，我不揣冒昧写了上面这些粗浅的意见，就算是对这本著作的祝贺吧。

2009 年 4 月 10 日于北京安外寓所

民俗与国情

——《民俗与艺术》自序①

记得2012年的夏秋间,文学理论家陈辽写过一篇题为《刘锡诚:三十五年四"转身"》的文章,写我从1990年告别行政领导工作后,"致力于文化史迹的研究、中国原始艺术的研究、民间文学学术史的研究,先后出版了三部能够留存后世的著作:《追寻生命遗韵》《中国原始艺术》《二十世纪中国民间文学学术史》以及《民间文学:理论与方法》《非物质文化遗产:理论与实践》等多部著作"。他称这是我的学术史上的一次"华丽的转身"。回想已经逝去的六十年,我这一生还真是充满了一些戏剧性。在从事的专业和著述上,的确有多次"转身"。一个本来从事文学编辑工作、偶尔写点文学评论文章并有幸被称为文学评论家的人,在20世纪80年代初顺服地听从领导的调遣,阴差阳错地进入了民间文学研究领域,继而又涉足民俗的研究,在民间文学研究著述之外,也陆续写了一些探讨民俗与民俗学以及民俗与艺术的文章。如今已到了耄耋之岁,在回首走过的学术研究道路,做个小小的总结的时候,从数量不少的这类文章中选出一些稍有价值的篇章来,编为《民俗与艺术》,作为我的自选集之一。

我生命的后三十五年,被"边缘化",把主要精力放在了民间文学的研究上,民俗学并非我的主攻方向。我介入民俗学研究,开始于作为一个文学研究者在民俗学被当成资产阶级学科批判产生的一份同情。君

---

① 刘锡诚:《民俗与艺术》,北京:学苑出版社,2018年。

不见我最早发表的一篇《民俗与国情备忘录》，就并非发表在民俗类的学术刊物上，而是发表在《报告文学》上的。后来，我之所以继续在这个园地里耕耘而不肯罢手，无非是想借助于我在文学理论上的优势，运用已经学习和掌握的马克思主义经典作家们的理论武器，或深或浅地探讨、甚至在某种程度上试图解决一些民间文学和民俗学研究上悬而未决的重大问题，而不是像老友冯骥才说的那样，有些民俗学者把民俗研究当作手中"把玩"的玩物。譬如，我对民俗的属性的阐发，认为民俗中可分为两个部分，一部分是具有意识形态性的，如民间文学和民间艺术；一部分是不具有意识形态性的，如风俗习惯甚至多神信仰，漂浮在经济基础和上层建筑之上，不受改朝换代、社会变革的影响，而在不同的时代具有传承性和延续性的。又譬如，我对民俗与国情关系的阐述，也受到了学界朋友们的关注。1985年我开始研究原始艺术，这一年的5月，我为《民间文学论坛》杂志主办的中国民间文学刊授大学学员写了一篇题为《原始艺术论纲》的讲课教材，后来公开发表了。后来我又承担了《中国原始艺术研究》国家社科基金项目。从此把原始艺术与当代民俗（特别是民俗艺术）衔接起来，并力所能及地进行了若干田野考察，把书斋研究和田野研究两种方法结合起来。最终成果《中国原始艺术》这部专著于1988年结项，得到了学界同行们的首肯。原始艺术的研究，大大地开拓了和丰富了对民俗生活及民俗艺术的研究。又譬如，随着西方文化人类学的引进，我开启了对文化象征的研究，编著了《中国象征辞典》，出版了《象征——对一种文化模式的考察》以及一批关于傩舞傩戏等傩文化的论述和文化随笔，无意中在民俗学研究上扮演了一个首倡者的角色。如此等等。

这本选集里收录的60篇有关民俗与艺术的大小文章，是我一路走过来的漫长的学术途程中留在身后的一串并不连贯的脚印。

2017年10月1日于北京

第五辑

边缘书话编

新的学科生长点

——读"贵州民间文化研究丛书"[1]

由女作家余未人策划、吴家萃主编的"贵州民间文化研究丛书"已由贵州人民出版社于1997年10月出版。这些著作是：王良范、罗晓明的《贵州岩画——描述与解读》，吴秋林、靖晓莉的《居都——一个仡佬族文化社区的叙述》，傅安辉、余达忠的《九寨民俗——一个侗族社区的文化变迁》，张晓的《西江苗族妇女口述史研究》，黄泽桂的《舞蹈与族群——赫章民族舞蹈考察》，杨鹃国的《苗族服饰——符号与象征》，章海荣的《梵净山神——黔东北民间信仰与梵净山区生态》，徐新建的《罗吏实录——黔中一个布依族社区的考察》，张建建的《冲傩还愿——贵州傩仪的结构类型意义》，彭兆荣、牟小磊、刘朝晖的《文化特例——黔南瑶麓社区的人类学研究》，潘年英的《百年高坡——黔中苗族的真实生活》。这套全部由中青年文化学者撰写的民间文化学研究著作，我虽然只读了其中的几本，就感到由衷地高兴。因为这些著作是作者们各自在贵州民族村寨选定地点进行了时间不等的个案田野调查后，苦心经营结出的丰硕果实，而不同于如今流行的那种向壁虚构的悬空理论著作。这批著作的出版，对长期徘徊不前的中国民间文化学无疑是一次十分有益的推进。

"贵州民间文化研究丛书"最突出的特点，是把文化人类学的调查研究方法和成果引进民间文化研究中来，以输血的方法改造着传统的、

---

[1] 本文发表于《民俗研究》1998年第2期；《贵州日报》1998年10月23日。

单一的、平面的民间文化研究，从而为振兴中国民间文化学研究找到了新的生长点。文化人类学与民间文化学本来就是两个有着许多共同点的人文学科。19世纪主要以部落社会为研究对象的文化人类学，到了20世纪下半叶以后，渐而把包括城市人群在内的现代社会人们的生活方式纳入了自己的研究版图，显示出蓬勃的生机，并日益成为人们关注的显学。社会人类学、宗教人类学、艺术人类学和文学人类学等分支学科也应运而生。30—40年代曾经有一些学者把国外的文化人类学的研究方法和成果引进中国，并为发展我国自己的学术研究做过努力。50年代以后，人类学与社会学在我国被错误地当作资产阶级科学，长期受到批判，因而荒废了。进入80年代以来，一批青年学人再次翻译、介绍西方文化人类学著作和观点，使其一时成为一个热点，但基本上还停留在探索的阶段，真正中国化了的文化人类学成果和著作还不多见。贵州省的这一批中青年学者在撰写这套民间文化研究著作时，不仅重新恢复凌纯声、芮逸夫、吴文藻、费孝通等前辈学者以一个社区为研究对象进行社会调查或文化调查的方法，也引入了现代西方文化人类学以一个文化社区为个案进行田野调查，描述其不同的风俗习惯、社会组织、婚姻制度、礼仪系统、文化心理以及不同群体的生活方式，用历史比较和类型比较等研究方法，不仅拓展了中国民间文化研究的领域，而且在以新的视角进行研究时，发现或揭示了过去以旧的视角没有发现或发现不了的隐藏在表层现象下面的深层的意义。

以我读过的《居都》为例，作者通过在居都这个地处贵州历史上牂牁江流域即夜郎国中心地带的仡佬族村落——文化社区——所进行的田野调查和所取得的文化事象，得出了这样的结论：从现今的考察看，居都作为一个仡佬族单一民族社区，并没能从地理历史或历史地理上承袭些什么下来。从某种意义上而言，居都的文化已呈严重的不完整性，是一种文化"残片"式的存在。从总体上看，居都的文化事象具有多重的边缘文化的性质，她在一次又一次的文化整合中几乎都处在一种文化的边缘与另一种文化的边缘的结合中。作者从居都祭祀与信仰文化的调查中发现，生殖力或生命力，是人类在自己的人文历史上的第一个探索，是人类的第一个哲学命题的思考。作者认为，其他的崇拜形式，例如图腾崇拜、偶像崇拜等，都是生殖崇拜的发展形式。作者在这个文化社区的调查中还发现，大约近一千年多以来，居都一直是一个十分稳定的男权社会，民族的最原本的文化传统，是靠男性而不是靠女性继承和延续下来的，女性在最本原的文化传统的继承和发展中不起重要作用。他在居都的祭祀文化中看到，一个群种的本原性的东西，既是最强的，也是最易淡化的。它在强大的外力（如征服、屠杀、武力压制）压迫之下，即使这个群种只剩下一个男人，他也会把他们的信仰、信念和仪式延续到地老天荒，并且压根儿也不会想到要改变或放弃它。相反，当这个群种处在一种平淡的状况下，那些在强大压力下表现为最顽强的传统却会在"淡化"中迅速消失。作者的这些结论，是从田野调查和历史类型比较中得出来的，比起那些仅从文献资料或逻辑推理得来的结论，无疑具有更重要的学术价值和现实意义。

操双母语的苗族青年女学者张晓的《西江苗族妇女口述史研究》，以作者独特的调查身份和研究视角，从对妇女作为社会角色的考察中，窥见了在西江这个以男权为中心的苗族社区，其传统文化结构的特点是：在社会制度上规定男优女劣、男尊女卑、男先女后，维护男性至高无上的权力和地位，保持父系承接的纯洁性；但在社会制度的范围之外，即在文化习俗和日常生活领域里，却给妇女很大的自由和权力，以至于妇女感觉到在一般情况下，并没有来自男人的压迫，男女间不平等的待遇也未能激起妇女的自我觉醒及其反抗意识。西江社会的平衡，是以妇女身体的辛劳和心灵的孤寂而换取来的。

在人文科学领域里，尤其在文化人类学和民间文化学领域里，以文化社区的个案调查取得实证资料的方法，不仅能正确地把握人类社会不同阶段上文化的特点和规律，而且能给学科发展带来很大的活力和潜力。

1998年2月11日

神鬼人的话题

——读马书田《中国神祇文化全书》[1]

神、鬼、人,大概是个永恒的话题。以中国的老百姓来说,大概没有什么人没有进过寺庙、没有信仰过某个神灵。即使不是人为宗教的神,也是自然宗教的神。中国人在信仰上是实用主义者,不论什么神都信,一个泥塑的像是神,一块石头是神,一根草也可能是神,有些甚至只是心造的虚妄无形的神。中国人的神殿里是一个庞大而杂乱的体系,有道教的神,有佛教的神,也有民间的神。因此,用唯物主义的观点,梳理和阐释人们信仰的神祇,是一件很有意义、很有价值的工作。马书田先生倾注十五年的时间写成的这部《中国神祇文化全书》就包含着这样的良苦用心。《全书》包括四本专:《中国佛教诸神》(1994)、《中国道教诸神》(1996)、《中国民间诸神》(1997)和《中国冥界诸神》(1998),煌煌 200 万字,团结出版社出版。

神鬼世界说来神秘,其实不过是人类社会的一种歪曲的反映。作者说得好:"说到底,神就是人,是超人。""佛祖由人而成神,而且愈演愈烈,使后人越来越'不识庐山真面目',只知五体投地,顶礼膜拜。我们应该拂去历史的迷雾,还神们的本来面目。既然佛祖们是人不是神,我们在'神'们的面前,尽管抬起头来!与其把诸神当成主宰和救世主,不如把他们当作一种吉祥的象征,当作自己的长者和朋友。"作者正是站在这样一种学术立场上,根据经书、文献、传说、志书等不同

---

[1] 本文发表于《中国文化报》1998 年 11 月。

来源的材料，从神秘的光环中对不同层次的神祇进行剥离和辨析，试图把神还原为人。

神祇是人类发展到一定阶段上的想象的产物。只要有人类的存在，就会有神祇的存在。以中国人普遍信仰的天帝来说，由于社会分工的复杂化和国家机构的增大，人们根据社会的现实，幻想出天上的现实，创造出了一个至高无上的天帝和以天帝为中心的庞大神系。到东汉时，道教产生，人们把这个原始信仰中的天帝请进了道教的神系之中，让他总管着三界、十方、四生、六道，并给他起了许多表示至高无上的名号，诸如玉皇、玉帝、玉皇大帝、昊天金阙玉皇大帝等。道教和儒教是中国人的本土宗教，但由于中国人的实用主义立场和开放态度，佛教引进后便很快将其吸收过来，并加以改造，还吸收了大量民间俗神信仰。于是，儒道释三教合流，众神杂处，就成为中国人信仰的突出特点。历史地看，对神祇的信仰，既能对族群和社会的安定起着整合作用，又会对人们的意识和精神起着严重的麻醉作用。

马书田先生的《中国神祇文化全书》的特点，是把神祇信仰作为反映民族心理和民俗习惯的传统文化现象之一来剖析和阐释的。从这个意义上说，这部搜集和运用了大量宗教资料的著作，并不是一部宗教书，而是一部通俗易懂的反宗教的书。

1998 年 6 月 28 日

跨学科研究的尝试

——读孙新周《中国原始艺术符号的文化破译》①

对中国本土原始艺术的研究，在我国学术界，近年来取得了一些可喜的成绩。尽管在原始艺术不同领域里研究工作的开展和所取得的成绩是不平衡的，比如神话学、彩陶纹饰研究和岩画学等领域成绩较为突出，相对来说，原始诗歌和原始乐舞等研究领域则显得较为薄弱，然而从总体上来看，无疑可以说原始艺术研究已经跨入了学科初创的阶段。

出身于雕塑专业的孙新周先生，是中央民族大学岩画研究中心的研究员，近年来专注于中国岩画的研究，兼及原始艺术的其他门类。他把自己的研究侧重点放在对原始艺术符号的文化破译上，以跨学科的比较方法撰写了一本题为《中国原始艺术符号的文化破译》②的专著，对艺术岩画及其他门类的原始艺术的若干符号图式，进行文化阐释，在其学术尝试和探索中，取得了一些进展。对于从事原始艺术研究的学者来说，也许你并不一定同意作者在所有问题上所做出的每一个结论，但他所采用的研究方法，即对作为符号的原始艺术做多学科的比较研究和对其所隐藏着的原始象征含义进行破译，无疑是会赞同、会欣赏的。

原始艺术是我们对史前时代产生并存在的多种艺术形式的总称。有些门类的原始艺术在历史的风尘中已经湮灭无闻了，如仅以口耳相传

---

① 本文发表于《民间文学论坛》1998年第4期。

② 孙新周：《中国原始艺术符号的文化破译》，北京：中央民族大学出版社，1998年。

的神话传说、诗歌，以声音和动作为依托的乐舞等。有些绘画，有些门类的原始艺术在岩石上、地层下（墓葬）或洞穴中被保存下来，如玉、骨、石、蚌等物质的雕塑、摆塑、岩画、绘画。岩画在我国各地的发现，是新中国考古领域里的一项重大成就，有学者将其与20世纪初发现的甲骨卜辞、北京人的发现并列。岩画给原始艺术研究者提供了数以万计的画面和形象，使其能够根据这些画面和形象研究原始艺术的特点和规律，以及原始艺术中所透露出来的原始思维、社会形态、宗教信仰等。孙新周先生正是主要以这些分布在全国各地、主要是边疆少数民族地区的深山大川中的岩画为自己著作的阐发对象。而残留在山石上的这些冰冷无言的画面和形象，有抽象的，也有具象的，但多数是为今人无法索解的神秘符号，诉说着几万年至几千年前生存在山区或游牧在山区的原始先民的私人的或公众的故事。要解开（说"猜测出"似更准确些）这些画面（符号）背后所遮蔽着的文化含义，甚至要探讨艺术发生的条件和原因，对于原始艺术的研究者来说，没有别的途径可寻，只能借助于考古学、文化史、思维学、心理学、宗教学等领域里已经取得的成就和方法。甚至即使如此，也还是不得其门而入，只能迂回曲折地去探讨一些不是原始艺术本身的问题，或探讨一些与原始艺术黏合在一起的原始社会的事象和问题，如常被学者们称为"原始意识同一体"中的原始宗教和原始思维问题，从这些迂回的研究中，去一点一滴地进入原始艺术内部。

我们看到，孙先生的著作中更多地从原始巫术的视角介入原始艺术，阐述原始艺术与原始巫术的不可分割性及其固有特点。用作者自己的话来表述，就是"原始艺术作为巫术的手段"而存在的。他主要以岩画，兼及彩陶等为对象，相当充分地阐述了原始艺术的巫术性特点，摆脱了过去我国在原始艺术研究中的"文明化"倾向的影响，力图从原始先民的视角、用原始先民的思维方式去考察和阐释原始艺术的每一个画面和形象。正如岩画学家陈兆复先生在该书序中所说的："提出了许多新的观点，特别是对破译岩画和其他原始艺术中的符号图式方面，对岩画和其他原始艺术中所隐喻的巫术含义、生殖崇拜与祖先崇拜的意义，以及古代民族迁徙与文化融合等方面，都有自己鲜明的看法。"

作者的这一观点，换言之，孙著的这一特点，既是他的长处，也是他的短处。要指出的是，原始艺术毕竟是艺术，与原始巫术有着密不可分的联系，但不是巫术本身，把原始艺术仅仅看作是原始巫术的"手段"，似未必能充分反映出原始艺术的真正本质。因为，原始艺术除了其符号的意义外，还具有非符号的即艺术的意义，因此，我们有理由要求研究者，在充分研究和阐发其巫术性特点的同时，还应研究和阐发原始艺术作为艺术所固有的艺术性特点，而不是忽略它，否则，我们只承认和研究原始巫术就够了，而不必从"原始意识同一体"中再将原始艺术分离出来，花工夫加以研究了，更不必为原始艺术的研究建立一个独立的学科了。

以往的原始艺术研究，多以西方学者提供的西方原始艺术材料和西方学者提供的观点和结论为根据。这当然是一个误区。这个误区的出现，固然来自中国学者没有下决心以艰苦的田野调查来掌握中国本土的原始艺术资料，也来自当前流行的西风欧雨的强劲影响。现在原始艺术研究领域已出现了新的面貌，中国本土的原始艺术受到了重视，而且已经掌握了足以根据本土原始艺术资料写出研究著作的条件。这是值得学术界高兴的。

1998 年 10 月 1 日

地域文化的再认识再建构

——读《山东省志·民俗志》[1]

中国是一个幅员辽阔、民族众多的国家，不同民族、不同地域形成不同的民俗，而这些互不相同的民俗，又反过来成为不同的地域文化和不同的民族心理的重要构成因素。因此，地域民俗志的编写，不仅是地域文化再认识和再建构的要求，而且对于继承和发扬地域文化的优良传统，也是必不可缺少的。《山东省志·民俗志》[2]就是在这样的文化背景下诞生的一部较为成功的著作。

《山东省志·民俗志》有一些显著的特点。正是这些特点使它成为一部值得注意的学术著作。

在我看来，这部著作的第一个特点是它的全面性和科学性。全面性似可不必多说。重点要说的是科学性。科学性是任何地域的民俗志编写中要遵守的首要原则。所谓科学性，最主要的标志，是民俗资料的翔实科学和描述的准确无误。民俗志不是古人常说的那类"才子书"，也不是根据想象和幻想而向壁创作出来的文学读物，而应是建立在广泛而扎实的调查资料基础上、以史家的笔法写作的"志书"。首先，《山东省志·民俗志》的作者们在动笔撰写这部志书之前，已经在全省范围内进行了较为广泛而深入的田野调查，搜集了和积累了丰富的民俗资料，20

---

[1] 本文载《中国出版》1998年第10期。

[2] 山东省地方史志编纂委员会编：《山东省志·民俗志》，济南：山东人民出版社，1996年。

世纪80年代就曾经出版过一部分量不轻的《山东民俗》，这就使他们的写作有了一个扎实的基础。其次，作者在书中对同一民俗事象在不同地区的流布情况的描述，遵循了志书应有的严格态度，慎用笔墨，务求准确。流布的弥漫性是民俗事象的一个突出特点，相邻地区往往弥漫着同一内容的民俗事象，但这种弥漫又往往表现出某种可感的差异，志书的作者要善于发现这种同中之异，并以准确的笔墨予以描述。《山东民俗志》做到了这一点，自然就显得尤为难能可贵。再次，大而言之，山东半岛的文化（包括民俗文化）是由远古的东夷文化以及后来得到充分发展的齐文化和鲁文化这两种不同的文化所组成的，尽管千百年来，在历史的发展中经历了互相融合与分化，但两种文化的遗迹和遗绪在民俗领域中比在上层文化中却还保留着更多的差异。《山东民俗志》的作者注意到并叙述了这种差异，尽管还不是很细致。

第二个显著特点，是这部著作的时代感。改革开放以来，由于社会政治的、经济的和文化的种种原因，20世纪以来一百年间一向寂寞的民俗学，突然变成了一门"显学"。但是，前辈学者们并没有给我们这一代人留下更多的可资研究的现成田野作业资料，因而使民俗学成为一门基础薄弱的人文学科；而在当下民俗学"热"起来后，许多被称为学术著作的著作所据以立论的资料，则不得不还是依靠自宋至清这长达千年间出现的"岁时记"一类的文献，当代搜集记录的民俗资料也有，但既不全面完整，又欠科学，因而所占比重就显得不够。这样一来，许多著作中出现的一个共同的缺陷，是把几千年、几百年的漫长时间，压缩到了一个平面上，失去了民俗生活和民俗事象固有的历史感和历时感，于是使民俗学也堕入了非历史主义的泥坑。《山东省志·民俗志》在描述民俗文化事象时，既注意到民俗的传承性和历史发展的惰性，同时也充分注意到（或曰立足于）民俗的变迁和现代形态。变迁最显著的领域，莫过于人生礼仪和民间信仰（这方面的描述是有欠充分的）。这种发展观点的树立和对民俗现状的探求与描述，使民俗学从一门长期处于半僵化状态的学科，变成了一门充满了生命活力的学科。作者在这方面的努力和学术探求，无疑应当得到肯定。如果把胡朴安的《中华全国风俗志》作为风俗志在现代的第一个成果的话,《山东省志·民俗志》无论在资料调查搜求的深广方面还是资料记述的科学性方面,无疑跨上了一个很高的台阶。

民俗志虽然统属于人文学科之内,其内容却十分庞杂,既有精神文化(即我们常说的上层建筑中的意识形态部分,如书中的"家族社区民俗""人生礼仪民俗""岁时节庆民俗""民间游艺民俗",还有诸如本该记述而未能记述的"神话传说"和"民间信仰"等门类),又有物质文化(即我们常说的物质基础,如书中的"生产贸易交通民俗""衣食住行民俗"中的一部分),因此它的学科特点和学术界限就较为模糊,很难把握得准确而得当。《山东省志·民俗志》作者除了在内容的取舍上可能有自己的考虑外,应当说在学术界限的处理上是得当的。说到这本书的不足,如果不是苛求的话,增加更多的插图(哪怕是今人所描的线图)与文字叙述相配合,比如不同经济类型及其生产用具的现存样式,不同地域类型和特色的民居样式,主要年画产地有代表性的年画线图稿本等,也许会使这本书更富史料价值。因为民俗志是以其实证性为其生命,而在诸多学科和民族文化中占有自己应有的地位的。况且学术的发展,已把图文结合的综合趋势呈现在20世纪民俗学和民俗志的面前了。

1998年10月10日

"大母神"的启示

——读埃利希·诺伊曼所著《大母神——原型分析》[①]

瑞士分析心理学家荣格教授晚年与他的门生共同撰写过一部关于象征的书,题为《人类及其象征》。在那部书里,他概略地阐述了他对初民的思维——象征的一些观点。作为荣格学派研究象征理论的开山之作,尽管是纲要式的,却提出了许多令人耳目一新的观点,从而把人类文化象征的研究导入了一个新的领域,它的不足是远未能在人类的象征问题上作更为深入和细致的揭示。

荣格的学生,德国学者埃利希·诺伊曼所著《大母神——原型分析》[②]一书,以丰富得多的人类文化实例——从史前的器物、艺术、神话,到有史以来的艺术形象,从分析心理学的视角对"大母神"这一特定的原型及其基本形态和变形形态,进行了结构性分析和论述。研究"大母神"原型的意义何在?这使我想起一位哲学家的一句名言:"研究低级有机体是有益处的,这是生命以最简单的形态呈现在我们面前,因而更容易向我们揭示他们的秘密。"剖析原始意象或原始类型,是解开原始思维的神秘性的必要和重要途径。诺伊曼对"大母神"原型的分析,尽管在取材上和阐发上还存在一些局限(如较少注意到原始巫术及其作用的描述与估价)或武断,但他把"大母神"原型当作是人类从集体无意识到自我意识过度的心理进程中形成的一个原始意象或象征群,

---

[①] 本文发表于《民俗研究》1999年第3期。
[②] [德]埃利希·诺伊曼:《大母神——原型分析》,北京:东方出版社,1998年。

无疑在很大程度上填补了和完善了荣格学派关于人类象征思维理论的粗疏和空白，在人类学的社会学派之外，又开辟了一条阐述原始思维学和艺术发生学的分析心理学新途径、新方法。

对原始先民来说，他的世界不是一个被意识所感知的世界，而是一个被无意识所经验的世界，即被以神话的方式、以巫术的方式，以原始意象、以象征来经验的世界。把象征当作是从无意识到意识的演进过程中既包括无意识因素又包括意识因素的一种思维形式，把象征当作是人类早期阶段上的原型意象的可见形态或描述形态，是分析心理学派的重要出发点。他们认为："无意识的象征性想象，是人类精神在其全部实践中的创造性源泉。不仅意识及其对世界进行哲学理解的概念起源于象征，而且宗教、仪式和崇拜、艺术和习俗皆起源于象征。"这就是说，他们把无意识的象征想象看作是宗教和艺术的源泉。

在作者笔下，原始人的第一个层次、也是最高层次的原始意象是"大圆"（the "Great Round"），其可识别的意象为"衔尾环蛇"。所谓"大圆"，笔者以为它相当于中国文献里所说的"浑沌"，"鸿蒙"的"元气"（徐整《五运历年纪》），"鸡子"（《太平御览》引《三五历纪》），不分阴阳，不别男女。如果把"大圆"看作是初始状态的心理状况、即无意识状态下的原型象征的话，那么，埃利希·诺伊曼所分析的"大母神"原型，则是人类无意识开始分化的心理意象中的一个占统治地位的原型象征，即从"大圆"中分离出来的第二层次的原始意象。"大母神"原型所以能从"大圆"原型中分离出来，固然是思维发展的结果，但更值得注意的是，在此之前，原始先民中早就存在的自然界的种种象征和自然崇拜特别是生命崇拜与生殖崇拜，正是这些不成系统的自然界的象征和自然崇拜导致了"大母神"原型的出现。简言之，"大母神"原型从"大圆"意象或象征中分离出来，是与人类的生命意识和生殖意识的萌生分不开的。

心理学意义上的"大母神"原型的发生，是与人类学、社会学意义上的母权制相对应的。心理学上的"大母神"原型正可与人类学和社会学的母权制下的种种崇拜与信仰现象相对照。"大母神"作为原型意象或象征一旦被原始先民塑造出来，便不断被强化，宇宙间与"大母神"有某种关联的事物、意象，都陆续纳入或谓附丽于"大母神"原型，构成一个类似圆圈状的象征群。"大母神"概念和理论，便就成为作为现代人的我们解开原始器物、仪式、巫术、神话、艺术中许多几乎无法索解的原始意象的"心理真实"（真正含义）的一把钥匙。从这个意义上讲，埃利希·诺伊曼在《大母神》中所做的，给了我们一种方法的参照。

"大母神"及其更低级层次上的原型，如女性原型，是具有世界性的文化现象。原始先民所经验的母神，其原始意象是原始母体，即一个能够包容万物的大容器。"外在被经验为世界—身体—容器，一如一种被神话统觉经验为宇宙实存、神祇、星星的'无意识内容'，被视为是在天女人的'肚腹'里。"原始母体是万物由来之所，万物由她孕育、生成和呵护。推而广之，凡是具有容器特征的器物，往往被处在无意识思维状态下的先民想象为母体。这种思维方式的遗留，在后世也到处可见。"身体—容器这一原型"这一模式，对于理解世界各地的神话、象征和初民的世界观，都有着重要的意义。

中国的远古文化中，虽然不像西欧那样发现了那么多旧石器时代的文物，如洞穴艺术和裸体女神雕像，但女神原型及其意象同样是普遍存在于不同族群中的。荣格虽曾关注过中国文化和东方文化，但他毕竟没有机会搜集和看到更多的中国远古的文物，也没有深入研究过中国远古人群的女神信仰和女神雕像。根据同构的原理，一个大的洞穴，往往被原始无意识赋予与女性子宫同一的意象。例如，我国云南沧源岩画第6地点第5区的"出人洞"画面，作为新石器时代晚期的艺术，就被原始先民赋予了、并历经过3000年之后还保存下来了如此的意象：先民和动物一起所由出来的一个大子宫。云南省个旧市东面的一个山头上有一个形似女阴的洞穴，云南省剑川石钟寺的有一个形似女阴的"阿殃白"，福建省龙虎山下一片山岩上的一个大的豁口……都在集体无意识状态下被赋予了女性生殖器的象征意象。再如，许多民族都有洪水神话，神话中的洪水也是一个原始的意象。只要回到原始无意识的"真实"中去，就意味着：人类从洪水中获得再生，洪水的意象就是从子宫中流出来的"羊水"。在大洪水中，人类赖以再生的葫芦，在中国远古文化中，也是一个大子宫—大容器的原始意象。洪水过后，人与动物从葫芦中出来，人类因此而获得了再传和繁衍。再推而广之，新石器时期的彩陶罐，其造型，有些是以葫芦为模型的，有些则像欧洲的陶器一样是以女性的腹部或乳房为模型的。而在世界各地的人类学考察中发现，最早掌握制陶术的人，不是男人，而是女人。这层层叠叠的文化纽结中，包含着为现代人无法索解的神秘性，这种原始的神秘性在原型理论的参与下，便成为可解的了。

中国虽然至今没有发掘出旧石器时代的女神雕像，但新石器时代的女神雕像的多处发现，无疑给我们研究女神原型提供了重要的依据。河北滦平后台子新石器文化遗址下层出土文物中，采集到6尊距今6800年前的石雕女神雕像，其特征是：突乳，鼓腹，巨臀，下肢或屈锡蹲踞，或两腿交叠在一起，盘腿而坐。内蒙古林西县西门外兴隆洼文化遗址出土两件花岗岩女性石雕像，其特征是：乳房较大，双臂交于腰间，不见下肢，底部呈尖状体。内蒙古林西县白音长汗遗址，出土距今8000年的一尊石雕女神像，高35.5厘米，其特征是：鼓腹、突乳、双臂抱腹，孕妇特征明显。辽宁西部喀喇沁左翼蒙古族自治县东山嘴遗址发掘出两件距今5000年的小型女神像，其特征是：腹部凸起，臀部肥大，左臂曲，左手贴于上腹，有表现阴部的记号。此类大型的女神雕像近年来发现甚多，尽管未见报道，私藏是不少的。这为研究中国和东方的女神和女性原型打开了道路。

这些中国女神雕像，与埃利希·诺伊曼指出的从西伯利亚到比利牛斯山这一广大地区出土的女神雕像有着共同的特点，即突出女性标志和生殖力。这些女神雕像的女性标志的主要象征意义，都是圆形容器：鼓腹、凸乳、肥臀、生殖器。手臂往往是示意强调身体中部——圆圆鼓鼓的腹部。臀部和腰部逐渐收缩而变成细瘦的小腿或尖状体，这显然是为了把它插在地上以为支撑。中国女神雕像，如再细分，还可分为肥大型和瘦高型两类。这里不赘。这些女神雕像之所以在不同年代和不同文化区内出现，源于在初民的无意识中被视为旺盛生育力的原型象征。

我国学界对无意识状态下的"原型象征"和意识状态下的"文化象征"的研究，作为一个新的领域，还处在起步阶段。中国人的原型象征和文化象征之所以长期不被中国学者注意，倒不是因为我们的祖先在从无意识到意识的分化过程中缺乏感知和经验的积累，而是过早地为儒家的理性思维所吞没了。分析心理学派把原型象征研究作为人类早期心理结构研究的重要手段，所取得的进展和成就，是可以为我们"拿来"应用于我们的研究中去，以开拓这个未知的或知之不多的领域的。"曼荼罗丛书"主编李以洪同志生前致力于荣格分析心理学理论的介绍和研究，并亲自翻译了《大母神》这部重要著作。她还多次约我写一部中国的象征研究著作，惜未能完成她的遗愿。她对中国文化学和心理学建设的苦心和贡献，学界朋友们是会永记的。

1998年12月24日

妇女小群体的解体

——读张晓《西江苗族妇女口述史研究》

《西江苗族妇女口述史研究》，张晓著，贵州人民出版社1997年出版。这是一本由苗族女青年学者写作的文化人类学著作，作者从一个崭新的视角切入妇女的性别世界之中，听取、记录和研究苗族妇女姐妹的口述资料，从而提出了许多为书斋学者所无法想象的问题和结论。我敢说作者做得很出色，尽管有些方面做得也许还有欠深入。它以对西江这个相对封闭、传统文化尚未遭到更多毁灭的山乡的观察研究为依据，叙述了父权的理想和女性的辉煌，归纳了人生命运的类型，探讨了妇女的性羞耻感，一种文化的形成和流变等。更为可喜的是，她提出和论述了在这个苗族社会中的妇女的小群体与文化传承链的关系的命题。妇女小群体有促进文化流变的一面，同时也有保持文化的稳定的一面。在文化不断创新和流失的间隙之中，妇女小群体相应地对她们所继承和创造的文化，会维持一个漫长的过程。她们能使一种文化得到升华和沉淀，但当这种文化在发展、成熟、达到顶峰的时候，慢慢开始回落。随着20世纪即将结束，西江妇女小群体业已开始解体，她们的艺术明星也要陨落了。这个结论是从观察研究中得来的，显得尤其可贵。"妇女口述史"研究的登堂入室，当使传统学者们刮目相看。

1998年12月24日

对母本文化的回望

——读焦波《俺爹俺娘》[①]

开年以来,读了一本很特别很生动很有趣的书。先是在《文摘报》上读到详细摘要,过了些日子才读到原著。按习惯,读过一本书,总想把它归类,但做起来很难,这本书算什么类型的书呢?我们现有的图书分类法显然难以奏效。把它算作是文化人类学或民俗学的书大致不差,把它算作是纪实文学的书也说得过去。书名叫《俺爹俺娘》,作者焦波,一个专业的摄影记者,山东画报出版社1998年11月出版。图片(照片和线图)有61幅之多,文字只有大约不到10万字。

一般文化人类学的田野调查,通常是处身于这种文化之外的学者,对某种异质文化的采访、记录、感受和认知。而焦波这本书其所以特别,是因为它的写作角度与上述著作不同。作者本身横跨在两种文化之间,他所调查采访和研究的对象,不是异质文化,而是滋养过他的传统的乡土文化、母本文化(请读者谅解,我创造了这个词汇)。当他作为摄影记者的时候,他是个承载着家乡的某些传统文化和文化传统的现代世界的文化人;而当他回到那片相对封闭相对落后但保存了较多传统的热土和回到生他养他的祖屋里并把他的爹娘作为调查采访对象时,他们之间很快便融为一体,他自己也不知不觉地又回到了传统文化和母本文化之中,尽管他是站在另一种异质文化的立场和角度上看待和研究他的爹娘所处的和承载的传统文化。一种中国人的根深蒂固的血缘亲情,成

[①] 本文发表于《中华读书报·家园》1999年4月7日。

为两种文化连接的纽带。我也阅读过一些类似的回乡所做的田野调查,但多数是以作者出身其中的民族和村落为对象,而不是以自己的父母为对象。因此,既以母本文化、又以异质文化的立场和视角,来观察和研究一种文化的著作,在我的极小的阅读范围内,焦波的这本书还是第一种。

据说,图文并茂,成为世界图书的一种新走向。《俺爹俺娘》就是这样的一本亦图亦文,图文相互补充、相得益彰的著作。爹娘,家族,社群;衣食住行,人生礼俗,风俗习惯,在这本书中都以照片的形态被"定格"为20世纪末中国北方农村的一种生活模式。即使一朵小小的生活浪花,一个不易被外人察觉的礼俗,也都在流动中而不是僵死地被标识在这个地处鲁中的小村落的文化地图上。例如在《割断绊脚线》这一小节里,有一幅照片,老人们在为学步的孩子割"绊脚线",说明是:"蹒跚学步的孩子,让老人用菜刀割断'绊脚线',就能走得快,走得稳。山乡仍沿袭着古老的习俗。"在相应的文字里,则写着一段与作者的人生道路有关的话:"1994年,我要到北京工作,离家将更远了。我回家与80多岁的爹娘商量,他们还是那句话:'你往高处走,俺不拦挡。'爹还说:'你学走路的时候,你娘就代表俺给你割断绊脚线了,这辈子你就放心地走吧,放心地跑吧。'接着,他又念了一句自己修改过的《论语》中的一句话:'父母在,可远游。'听说,我进京后,娘摆了一大桌供品,在灶王前上了一次隆重的喜供。"在许多类似的琐细的事情和许多说不清道不明的仪式后面,总隐藏着中国人特有的父子亲情和道德伦理。一幅照片的画面是:他的娘独自一人走在山树相映的土路上,说明是:"每次我离家时,总不让娘送,娘也答应不送,但到了村头,一回头,娘往往就跟在后头……"

我们从《行人头》这一节中所描绘的嫁女仪式背后,看到了女人从母家入籍夫家的转移过程和文化性质。从《娘的小脚》《哪个女人不死三五个孩子》中所写的他娘的脚上和脸上,看到了中国农村妇女从怎样的悲惨生活道路上走到今天。三婶生第一个孩子时正推磨,放下磨棍进屋把孩子生下来,包一包扔在炕上,再出来继续推磨。推完磨进屋看看，孩子早没气了。村西有一条沟，是扔死孩子的地方，因此也叫"死孩子沟"。一方面，妇女们说起死孩子来，是那样平静。另一方面，妇女们又寻求各种办法祈求孩子平安健康。外孙女碰着了头，受了惊吓。娘一边给孩子捋头发，一边用嘴巴在孩子头上吸一口气，再转过身去把嘴里的气吐出来。口中念叨："回来吧！回来吧！揪揪毛，吓不着！"人们相信灵魂。村子里至今还盛行着这种古老的叫魂的习俗。

　　文化传统是相对稳定和牢固的。但山村也在变。作者的娘过 85 岁生日那天，屋还是那屋，人还是那人，但不再只是包水饺、煮年糕来祝寿了。儿女们仿照西方的习俗，给她买来了带"寿"字的大蛋糕，点上小蜡烛，围坐在一起，吹蜡烛，唱《生日快乐》的歌曲。老太太嘴里漏风，蜡烛吹不灭，但心里高兴。她接受了这个新办法。旧传统向历史深处隐遁了。中国的传统在外来文化的冲击下，不变也得变，不变中有变。

1999 年 3 月 17 日

信而有征的民俗调查

——读《彝族原始宗教调查报告》①

董晓萍先生在《民族志式田野作业中的学者观念》②一文中提出了"民族志式"民俗学田野作业的概念,她从现代民俗学的累累成果中经过筛选,举出8篇文章或专著作为中国民族志式田野作业的样板。尽管中国民族学者们所著的民族志式的田野作业成果,远远不止这几篇,而且在她所论述的这一概念含义下的田野调查,也早就有学者论述过,董先生提出这一问题,还是有学科意义的,因为"民族志式"的民俗学田野作业,毕竟在我国近百年的民俗学运动中并不是强项而一直是弱项。

读过董文,使我想起近百年来许多有成就的民族学家的重要著述,如凌纯声的《松花江下游的赫哲族》,如芮逸夫的《苗族的洪水故事与伏羲女娲的传说》和《湘西苗族调查报告》,如芮逸夫和管东贵的《川南鸦雀苗的婚丧礼俗》,如徐松石的《泰族僮族粤族考》,等等。新时期出版的马学良、于锦绣、范慧娟著《彝族原始宗教调查报告》一书更是一部不可忽略的具有科学性的田野调查报告。这部书用16开纸印制,377页,附图231幅,分6编:三官寨彝族的原始宗教、"乌撒"旧邦访布母、凉山彝族原始宗教调查纪实、"粗尼木"——凉山彝族大型驱鬼仪式之一、"播叠"——"马都牒"——"撮毕"——凉山彝族最大

---

① 本文发表于《民俗研究》1999年第2期。

② 董晓萍:《民族志式田野作业中的学者观念》,《北京师范大学学报》(社会科学版),1998年第6期。

的祭祀意识、"撮日"——凉山彝族大型咒人巫术仪式之一。这是我读过的具有典范意义的民俗学、宗教学田野作业重要成果之一。

作者们在贵州、四川两省部分彝族中心聚居区所做的8个月的实地考察,其指导思想是:"抢救'活化石',为我国原始宗教学的建设提供真实、具体、形象、详细的第一手研究资料,因而本书只按实地调查日期、地点顺序将见闻逐一如实反映,同时逐一略作分析解说,力求每一调查资料在时间、地点、社会环境、自然条件、信仰主体诸因素上的有机联系性和整体性"。已往有不少中外学者到过彝族地区进行社会情况和宗教情况的调查,也取得了许多可喜的成绩,但严格说来,都属于平面的调查、静态的直观而缺乏历史比较的研究。而他们的田野工作完全是按照学术规范进行的,在预定的调查地区和调查项目内,他们的调查"较已往中外学者的调查更深入,搜集材料更为严重丰富",所得材料,信而有征,翔实可靠。更可贵的是,在对一件宗教民俗事象的调查作忠实记录和描述之外,还对与这一事象有关联的"民俗丛"一并采录,并运用彝文经籍中的有关记载加以参证。在每一调查的记述之前,都由调查者将此民俗事象的实地记述作一"意义"的说明,指出这一关节在整个仪式中的作用和文化意义。有时,调查者还对显然混乱的材料作出解说,类似古籍校勘的工作。如在《三官寨彝族宗教仪式纪实》一节布母陈作珍、陈大远口述的《作祭的起源》故事之后,调查者写了10条辩证,指出这故事虽然破绽百出、观念混杂,但还是反映了一些本质的东西。①

我以为,这部调查报告的价值表现在两个方面。其一,对于原始宗教的研究来说,它提供了原始宗教在一个民族和几个地区的发展变化规律的线索,也展现出了在人为宗教的影响下原始宗教所发生的变形。以往研究古代社会的原始宗教,主要是根据美洲、非洲、澳洲等地的土著的社会调查资料,现在我们在研究社会形态及其变化时,就拥有了我

---

① 马学良、于锦绣、范慧娟:《彝族原始宗教调查报告》,北京:中国社会科学出版社,1993年,第29页。

国本土民族的翔实可信的原始宗教资料，不惟"言必称希腊"的状况可得改变，而且在运用历史唯物主义的立场观点、广泛吸收国外研究方法和成果，作更为深入的、历史的或类型的比较研究，必能发他人所未发，创立和发展我国自己的学术流派。[①] 其二，对我们开头所说的民俗学建设来说，它为一向是弱项的"民族志式"的田野作业提供了一个示范，提供了一种民俗学调查的可遵循的学术规范。

在他们的工作之前，我国已有多部好的调查报告式的学术著作问世，彝族地区的民俗调查，也出现过多部有影响的著作（如刘尧汉先生主编的"彝族文化研究丛书"中的几本），但马、于、范三位的新鲜成果的出版及在学术上取得的成就，却没有任何理由继续受着学术界的冷落。

1999年3月22日

---

① 此处参阅了马学良的《序言》，见该书第3页。

微显阐幽之作

——读余悦主编"中华茶文化丛书"[1]

茶叶原产于中国大地,已是不争的事实。中国人作为世界上最早把茶作为饮料的民族,少说也有四五千年的历史了。与种茶、制茶、饮茶此等茶业茶事相适应,也便逐渐形成了和发展了中国独特的茶文化及其传统。中国茶文化源远流长,博大精深,以淡泊明志、廉美和敬,先天下之忧而忧、后天下之乐而乐为其精神精髓,深深植根于全世界的华人之中,永葆常青的生命。中国的茶文化积淀丰富,但资料一向散乱无序,更缺乏系统而科学的研究与阐发。在即将迈入二十一世纪门槛的当今,要继承中国茶文化的传统和弘扬中国茶文化的精神,无论从学术(建立中国茶文化学)的角度,还是从普及的角度,都亟须进行深入而有个性的研究。余悦先生主编的"中华茶文化丛书"(光明日报出版社1999年),对中国茶文化的诸多事象(活态的)和散乱资料(既往的)进行钩沉整理,条分缕析,连缀阐发,触幽探微,且发人所未发,作为

---

[1] 本文发表于《农业考古》1999年第4期,题为《志在弘扬中国茶文化精神》;《民俗研究》2000年第1期。"中华茶文化丛书":《茶路历程——中国茶文化流变简史》(余悦)、《茶品悠韵——中国茶的品类与名称》(胡长春)、《茶具清雅——中国茶具艺术与鉴赏》(王建平)、《茶道玄幽——中国茶的品饮艺术》(何草)、《茶饮康乐——中国茶疗的发展与运用》(叶义森)、《茶馆闲情——中国茶馆的演变与情趣》(吴旭霞)、《茶艺风情——中国茶与书画篆刻艺术的契合》(胡丹)、《茶典逸况——中国茶文化的典籍文献》(王河)、《茶哲睿智——中国茶文化与儒道释》(赖功欧)、《茶趣异彩——中国茶的外传与外国茶事》(余悦)。

一套微显阐幽之作，在茶文化研究领域，特别是在茶俗学和茶文化知识的普及方面，自有其重要的意义。

什么是中国茶文化？著名农学家、时任江西省委书记舒惠国同志在《新世纪的中国茶文化——〈中华茶文化丛书〉总序》里说："中国茶文化是物质文明与精神文明的凝结，是自然科学与社会科学的联姻，是文学艺术与社会风尚的融汇。中国茶文化以其深刻的内涵和特有的魅力，在中国文化史上占有特殊的地位，成为推动社会进步和历史发展的润滑剂。"主编者在《主编弁言》里给中国茶文化的界定是"包容着以品茗为中心的诸多相关文化"，如"那些与品茗有关的水质、茶性、器具、技巧"，"那些茶诗、茶词、茶帖、茶画、茶歌、茶舞"等等。主编者正是在这样一种思考下，企图以一套丛书的形式来体现自己关于"中国茶文化"的构想：中国茶的品类与名茶、中国茶具艺术与鉴赏、中国茶的品饮艺术、中国茶疗的发展与运用、中国茶馆的演变与情趣、中国茶与书画篆刻艺术的契合、中国茶文化的典籍文献、中国茶文化与儒释道，以及中国茶的外传和中国茶文化的发展演变史等，从而弘扬独一无二的中国茶文化的精神。这样一个学科构想，也许未必就是十分精当科学和无懈可击，但在当前中国茶文化研究中无疑是难能可贵的。

中国人常说，"开门七件事：柴米油盐酱醋茶"。尽管茶在这七件事中位居老小，却还是须臾离不得的。当其功能限于解渴、提神、药用、食用时，茶是供大众享用的饮料，从文人学士，到贩夫走卒，堪称老少咸宜，并非为某一阶层群体所专有。而一旦进入茶艺的层次，就转化而为某些地区、某些阶层、某些人群所涉足的领域，而且与民族的文化（文学艺术、宗教信仰、礼俗生活等）发生极为密切的关系，从而构成一种以品茗为中心的文化现象了。正是这些以品茗为中心的文化现象，才构成学界常常指称的茶文化。

茶较早地进入中国民众的民俗生活，形成了遍及中华大地、又各具一格的茶俗。如茶宴、斗茶、以茶祭祖、以茶敬客、婚姻中的茶礼钱以及各种不同名目的礼俗仪式和典章制度。特别是与茶有关的礼俗中，包含着远为深刻的文化内涵，对研究中国礼俗举足轻重。由于茶对于中国民众日常生活的重要性，茶俗在中国茶文化中的地位也就不可忽略。"中华茶文化丛书"虽未辟专册来谈茶论俗，但又几乎每一册都必有所涉及，作者们在整理、描述和论列中国茶俗的形态和形成方面（如《茶道玄幽》《茶饮康乐》《茶馆闲情》《茶艺风情》《茶哲睿智》等书），做到了"皆据旧例而发义，指行事以正褒贬"[①]，其成就和功绩是不可忽视的。以"发义"而言，在这些著作中，我们看到了中国哲学中的"清静无为""谦和""中庸"，人性中的"返朴归真""纯正朴实"，……都与茶所代表的温和淡雅的性格存在着共同的文化因子和血脉联系。因此，这套丛书当可以成为民俗学爱好者和民俗学专业在校学生的参考。

在此要着重指出，从纯粹属于经济作物、食用植物、生存需要等领域的人的茶事活动中升华和延伸，把与茶相关的精神文化——茶文化——独立出来，并力求使之成为一个体系，是"丛书"作者们以及此前许多茶界和文化界的人士的一个共识和贡献。茶文化一旦升华和独立了出来而成为一门学科，虽然与政治、与经济有割不断的血缘关系，但它就不再是单纯的政治，不再是单纯的经济，而是具有独立品格的文化了。

我们从"丛书"中的茶文化流变史中可以看到，中国古代的士和现代的文人学士，是一个依附性很强的阶层，不仅中国的茶史和茶文化史因他们的笔得以下传，而且他们的不与世俗同流、忧国忧民的品格的形成，也不能说与茶没有关系。啜茶几乎成为文人的一种职业性习惯，并形成特殊阶层的习俗。古诗曰："吁嗟天产石上英（指茶叶），论功不愧阶前蓂（指传说中的瑞草）。众人之浊我可清，千日之醉我可醒。……长安酒价减百万，成都药市无光辉。不如仙山一啜好，泠然便欲乘风飞。"（范仲淹《斗茶歌》）现代文学家有道是："春朝独坐，寒夜客来之际，身心困顿、亲朋欣聚之时，一盏在手，更能引起许多绵思遐想、哀乐悲欢、文情诗韵、娓娓情怀、款款心曲……以至历史、地理、哲学、宗教、技艺、民俗等方面思维情愫的流动和见闻知识的涉猎，都能给纷

[①]（晋）杜元凯：《〈文选·春秋左氏传〉序》。

扰或恬静的生活平添几缕情趣。酒使人沉醉，茶使人清醒。几杯茶罢，凉生两腋，那真是'乘此清风欲归去'了。"① 文人茶事和茶俗，为这种"众人之浊我可清，千日之醉我可醒"的深沉的忧患意识所浸润，呈现出或隐蔽着很深的文化内涵，成为中国茶文化中一个重要的支脉。

在文化垃圾日益泛滥的今天，主编余悦和光明日报出版社为我们提供的是一本写作认真，资料丰富，知识性和可读性兼具，而又雅俗共赏的文化读物。

1999 年 10 月 25 日于北京

---

① 袁鹰:《清风集·序》，北京：华夏出版社，1997年。

拓荒性的耕作

——读刘守华《中国民间故事史》[①]

中国传统文化是由上、中、下三层文化构成的。所谓上层文化是指居于社会上层的知识分子创造的高雅文化；所谓中层文化是指居于社会上层的知识分子创造的通俗文化；所谓下层文化是指处于社会下层的广大民众创造的民间文化。前二种文化主要是以书面的形式流传于世；后一种文化则以口传的方式流传于民众之中。民间故事就是后一种下层文化（一曰民间文化）中流传广泛、生命力旺盛的一种形式。

中国民间故事在中华传统文化中占有不可忽视的重要地位。近百年来，虽然不断有学者（主要指20世纪兴起的新学，如社会学、人类学、民族学、文化学、民俗学等领域中的学者）为民间文化大声疾呼，奋力开拓，却依然常常受到某些号称国学家的人的鄙视和排斥，因而终未能扭转中国文化史和中国文化学的旧面貌。此前出版的多部《中国文化史》或类似中国文化史的著作，大都忽略流传最为广泛但又多呈活形态的下层文化，或对下层文化怀有偏见，因而不能认为是科学的、完善的中国文化史著作。最近由湖北教育出版社出版的刘守华著《中国民间故事史》，是当代学者在民间文化研究领域里的一项拓荒性的重要研究成果。作者多年来徜徉于浩如烟海的古籍野史（主要是历代笔记小说、道教经典《道藏》和佛教经典《大藏经》）以及近代记录下来的口头故事资料大海中，对其进行了基础性的梳理和钩沉，用心分析评述、建构

[①] 本文发表于《民俗研究》2000年第3期。

体系，不仅为中国文化史学科的建设铺设了一块新的基石，而且也是对旧中国文化史观的一个挑战。

比起中国文学史来，中国民间故事史的写作当然是一个远为艰难的课题。其所以艰难，一是因为我国此前没有出版过一部中国民间故事史，没有先例可援，一切要从零开始，对民间故事的研究也相对薄弱得多。二是由于作为口头文学的民间故事与作为书面文学的作家文学的显著不同是，民间作品是依靠口头传承而得以传递和发展的，难于确定其最早产生的时代，这就导致了中国故事史在结构上的特殊性。故事的断代和生命（任何一个故事类型都会在流传中发生变异，而有的又会在流传中变得销声匿迹），记录者在作品中所留下的个性（世界观、艺术观等）等，都是常常碰到而又十分棘手的难题。《中国民间故事史》以纵的叙述为基本结构，即在作品断代和时代归属问题上，一般是根据某一类型的故事最早出现于史籍的时间来定位，把后来发生的重大变异，在比较中加以分析。根据大量的材料，作者肯定了先秦两汉是中国民间故事由萌生成型的时期；魏晋南北朝是中国民间故事的第一个繁盛时期；隋唐，特别是唐代，是民间文学的黄金时代；宋元是中国民间故事集大成的时期，不仅出现了分类汇编古代故事的巨著《太平广记》500卷，而且还有收录2000余篇宋代故事的《夷坚志》的问世；明清时期，中国民间故事趋向成熟，各种题材、体裁、风格的故事获得了多样化的发展。而在某些问题上，如道教与佛教对民间故事的影响，无法将其归于一个时代的，则单立章节，作横向的、综合的、比较的论述。作者所建立的这一民间故事史的大框架和体系，无论在作者个人的研究史上，还是在全国民间文学研究中，无疑都是应该得到肯定的。

《中国民间故事史》在研究方法上也有新的开拓。作者摒弃了在我国学术界习惯已久的、脱离民族文化根基的、因而是形而上学的陈旧方法，即用分析思想内容和艺术成就代替一切的方法，广泛地吸收一个世纪以来国际学术界，特别是文化人类学、民俗学、比较文学等新兴学科、边缘学科的研究方法及所取得的成就，探索运用于中国的民间故事史研究中，既剖析民间故事的"母题"和"类型"，又注重发掘其被形式所遮蔽着的民族文化底蕴，追索故事"生活史"的历史地理比较研究。

民间故事史在我国人文社会科学中，是一个新的研究领域。作者经过几个寒暑的潜心研究，终于取得了这一成果，很值得我们高兴。当然仅一己之力，在材料的收集、梳理和剖析研究上，难于做到尽善尽美，难免有遗珠之憾，有些问题，也有待于整个民间文化特别是民间叙事研究水平的提高。

1999 年 12 月 4 日

以无厚入有间

——读杨利慧《女娲溯源》①

杨利慧读完了博士，写出了一部《女娲的神话与信仰》②，连喘口气的时间都没有留，便又在她的同一导师钟敬文先生的指导下开始读博士后，所选的题目仍然是女娲。我不免产生出一些怀疑：一个如女娲的题目，还能做出什么超过前著的有深度的成果来？即使女娲是如同刘心武所说的是一口"深井"，能挖出金子来吗？

读完由北京师范大学出版社于1999年9月出版的她的博士后论文《女娲溯源——女娲信仰起源地的再推测》一书，我原先的怀疑顿时释然了。特别是当我沿着她所采用的实证与推理相结合的研究方法走到结论的尽头时，我的头脑里立刻跳出来《庄子·养生主》里的一段话："（解牛）彼节者有间，而刀刃者无厚。以无厚入有间，恢恢乎，其于游刃必有余地矣。"于是庄子的这句话，也就成为笔者对杨博士这部新著的总的印象和评价。我为她的这部著作能够达到"以无厚入有间"的境界而感到高兴。

女娲是中华民族多民族共有的神话和信仰中的创世母神。作者在她的第一部书（《女娲的神话与信仰》）里已经对该神话的文本和信仰的内涵做了较为充分的阐释，在这第二部书里为自己提出的命题是"女娲信仰起源地的再推测"。而这个命题不仅是她自己曾经接触到的，而且

---

① 本文发表于《民俗研究》2000年第2期。

② 杨利慧：《女娲的神话与信仰》，北京：中国社会科学出版社，1997年。

也是许多前辈人文学者多有论述的,如民族学家芮逸夫,如文艺学家闻一多、常任侠,如历史学家徐旭生、吕思勉,……要解决这样的"硬"问题,只能靠超出前人的丰富翔实的材料和在材料基础上的逻辑推理与合理论证,舍此没有它法可循。而如此一种论述之作,与当下民俗学界流行的民俗志式的以罗列资料为特征的著作有着显然的差异,既是多数人所不愿意做,也是为多数人力所不殆的。在我读后的印象里和记忆里,在民俗学史上,此书在文风上,甚得她的老师钟敬文先生的真传,而在论述方法上,则似与江绍原前辈的《发须爪》一书同属一个类型。

探测女娲神话和信仰的起源地这一命题实在并不算很大,但很艰难,而且需要的是深度。在这位外貌单薄稚嫩的年轻女作者面前站立着的,又是几乎占据压倒地位的女娲神话"南方说"的学术大师们,如前面提到的闻一多和芮逸夫们。她选择了"南方说"论者两个薄弱的侧翼(甚至不是侧翼,而是主要阵地),即女娲与兄妹始祖型神话的"一元论"的漏洞和女娲神话与信仰的发生地的臆断性,广泛涉猎80年来以来全国民间文学搜集者为编辑"民间文学集成"所搜集的文字资料,以年轻学者陈建宪所搜集的433篇和她自己所搜集的418篇洪水神话为基础,进行统计学和类型学等多学科的类比和分析,并借助于谷野典之和王孝廉等学者的武器和结论,直击"南方说"的要害,使"南方论"的伏羲、女娲即苗族、侗族等南方民族神话中的洪水遗民兄妹说,处于左支右绌之势。接着,她又再跨进一步,在古文献学、地理历史学的基础上,引进芬兰学派的和日本学者的传说"中心地"理论,引进我国考古学成就和方法,如以出土于甘肃省甘谷县西坪乡的仰韶文化庙底沟类型的彩陶罐上的鲵鱼纹等,论证了女娲神话和信仰最初肇始于西北部,更具体地指明了甘肃省的天水地区。我们不敢说作者的结论就是在这一问题上的"终极"结论,但我们确信她的研究,无可辩驳地动摇了论者们半个多世纪以来所持的女娲神话与信仰起源于南方少数民族地区的结论,使"北方说"在学理上更为有据了。但民俗学、神话学的起源地问题毕竟是一个难于确指的问题,不像一加一等于二那样简单,除非有考古学的确指性的文物出土。女娲的滥觞时代和原始产地,似乎也还有待于学术界的继续探讨和文物、文献等有力证据的新发掘新发现。

在此之前，包括笔者在内的民俗学界朋友们，对杨利慧先生的治学方法和学术视野，啧有烦言。她的新作多少改变了笔者的看法。她在研究中转而吸收和采用多学科的研究方法，特别是引进考古学的最新成就和研究方法，与民俗学原有的描述和比较方法相配合，弥补民俗学方法的不足和缺陷，用以解决如女娲神话和信仰的滥觞和远古起源地区这类繁难的民俗学问题，增强了理论阐述的穿透力和信服力，取得了相得益彰的效果。为了完成女娲研究的课题和这部著作的写作，作者还走出书斋，到河南、陕西、甘肃、河北等经历过历史风尘而残留至今的女娲遗迹所在地进行了田野采访，取得第一手民俗资料。这些材料的价值，对于其他研究者来说，也许并不一定比她的论述和结论更少。田野调查是民俗学者的题中应有之义，本无须赘言，但这些第一手的民俗资料，显然使她的研究变得色彩斑斓、扎实可信。

"一本书主义"是中国现代文学的著名女作家丁玲的名言，也因而使她在20世纪五六十年代遭受了历时22年的政治劫难。但"一本书主义"却在学术界、文艺界不胫而走，成为许多人的治学信条。笔者也以为，宁可要一本有新见解的著作，也不要一大摞充满了玄学空论或人云亦云的书，而后者却是当下社会的时髦。杨利慧有关女娲研究的"姊妹篇"，在女娲问题上俨然"挖了一口深井"，无疑也使其学术生涯登上了一个新的台阶。但"深井"的"井口"上面连着的是"天"，而这个"天"，对作者来说，应该是中国社会和中国文化，因而她本应从中得出比现在更为广阔得多的思考，从这一立场来看，她的书也许显得拘于一点而生发不足了。愿作者能坚毅地走出她心爱的女娲，到更广阔的田野里去！

为《女娲溯源》的出版，为她所达到的"以无厚入有间"的学术境界，我表示祝贺。

2000年3月12日

淘金者的甘苦

——读康新民《大地的吻》

《大地的吻》[①]是康新民先生有关民间文学的理论文字和文化随笔的结集,记录了一个民间文学学者多年来田野调查的足迹和对文化理论的思考。我对它的出版表示祝贺!

近年来民间文学理论的著述很少有出版的机会了,田野调查的文字就更难得到出版界的重视。从"五四"以来的八十年间,尽管经过几代学者的大声疾呼和种种努力,民间文学受鄙视的地位似乎并没有得到根本性的改变。商品大潮和欧风美雨的兴起,再一次使传统的民间文学及学科经受着严峻的考验。在此形势下,康新民的新著的出版,固然使我感到由衷的高兴,同时也使我回想起一些往事。

20世纪50年代末60年代初,河北省武清县的小学老师张士杰搜集的义和团故事在首都的报刊上发表,为民间文学开了新生面,引起了文学界、史学界的很大反响和重视,从而引发了此后在全国范围内开展的搜集近代民间革命传说的热潮。以安徽阜阳、河南商丘的民间文学工作者为主搜集捻军的传说,江苏、广西等地区的民间文学工作者搜集太平军的传说,杭州民间文学工作者搜集方腊的传说,四川民间文学工作者搜集张献忠的传说,上海民间文学工作者搜集大刀会的传说,河北又扩展到搜集张角的传说,镇江民间文学工作者搜集鸦片战争抗英的传

[①] 康新民:《大地的吻》("新纪元作家文丛"之一),北京:中国文联出版社,2000年。

说。作为一种文化潮流，又进而推及到搜集现代革命传说，广东搜集彭湃的传说，陕西搜集大巴山革命传说，吉林搜集抗日联军传说，浙江搜集四明山革命传说。一大宗近现代人民革命传说的搜集发表，在文化界成为一时之盛。康新民就是在这样的历史背景下，在民间文学的学坛上崭露头角的。他和江苏省民间文学家周正良搜集的《鬼子画圌山》，以及《林则徐"赔款"》《狐狸大仙闹事》《血战焦山》等传说，先后在《民间文学》杂志（1961年8月号、11月号）上发表，继而又出书后，发生了良好的影响，他本人也因而作为一个具有科学意识的民间文学工作者而备受注意。

当年镇江的民间文学工作者一共搜集和拥有了597篇抗英传说，镇江市文联在1961年11月号《民间文学》上发表了一篇谈体会的专文。他们在搜集过程中注意贯彻"忠实记录"的科学原则，这不仅是当时整个学术界最为关注的问题之一，而且他们的实践代表了一种正确的学术方向。为了推动这一文化思潮，在义和团传说讨论的基础上，中国民间文艺研究会决定于1963年就近代革命传说的搜集整理问题进行专题调查研究和全国性的讨论。镇江的抗英传说和安徽的捻军传说、吉林的抗联传说的搜集经验，一起被遴选为重点。那时我在中国民间文艺研究会做研究工作，又与张帆同志一道负责编辑《民间文学参考资料》。我们遂请这三个地区各自提供一篇总结经验的文字材料。安徽阜阳的经验，是协会派陶建基、吴超和我三人到当地去召集座谈会并在座谈纪要的基础上撰写的；镇江和吉林的经验材料则是请当地有关部门撰写的。康新民、周正良等搜集的《画圌山》9份记录稿和2份整理稿及其他6篇故事，连同以镇江市人民委员会文化处名义写的《镇江人民抗英斗争故事搜集整理总结》一文，就发表在《民间文学参考资料》第七辑（1993年9月）上，而后又成为研讨会上分析研究的一个重点。镇江文化史上的这一段插曲，在康新民的新著中，通过他个人经历和感受这样一个角度，特别是在《田野作业的走向》《镇江工匠传说采风调查笔记》等篇中，多少被记载和保留下来了一些踪影。当年镇江从事采录的朋友中还有几位，至今也一直留影在我的记忆之中。

民间文学工作好比沙里淘金。无数金沙铸成金块，而淘金者却被时间淘汰得无影无踪。康新民就是个淘金者。但从他初涉民坛之日起，却以对田野作业的执着和对科学性的追求受到同行朋友们的尊重。1983年秋天，我从中国作家协会调回中国民间文艺研究会主持协会的工作，工作上和学术上的接触，比过去增多了。他的《肴肉不当菜》和《梁红玉击鼓战金山》先后获得了第一届（1983年9月，北京）和第二届（1989年8月，大连）全国民间文学评选的奖项，表示了评委们对他的搜集成就和学术思想的肯定。他对田野作业和科学性的追求，在80—90年代，在围绕着全国民间文学集成而开展的民间文学普查中，又登上了一个阶梯。由于我工作的变动，虽然没有读到他后来在集成普查中搜集和编印的民间文学作品，但读了他的《采录民间故事琐议》和《科学采录三议》等文章，其中的追求和甘苦是完全能够体味得到的。其实，民间文学搜集和研究是一种坐"冷板凳"的学问，明知遭冷落，却仍然无悔无倦，并终于做出了令人尊敬的成就。

康新民于90年代初，在镇江创立民间文艺资料库，这在中国是一件拓荒性的工作。他凭着理想、责任感和毅力，使这项"难于上青天"的文化事业获得了成功，值得大书特书。我从他的书里感受到了他对资料库的不可割舍的深厚情感。当然，要使这个已经具有了一定规模的民间文艺资料库，能为国内外学者所利用，能为发展民间文学的学科起到应有的作用，以适应目前数字化时代的形势和要求，还有很多事情要做。在此愿意祝他成功。

2000年7月30日于北京

从神圣到世俗

——读顾希佳《祭坛古歌与中国文化》①

中华文化是多元一体的。从宇宙观和思想倾向来说，在儒家影响下的中华文化——上层文化之外，还有一种或几种未受或少受儒家影响的中华文化，即民间文化或下层文化；从地缘观念来说，在古之中原文化之外，还有多种边缘文化，东部的海岱或后起的齐鲁文化，东南部的河姆渡—良渚或后起的吴越文化，西南部的巴蜀和爨僰，以及藏、西域、通古斯—满蒙等文化……这些各有特点、各有优长的多元文化，有交叉，有融合，有影响，有排拒，在历史的发展长途中，逐渐形成了多元一体格局的中华文化。

顾希佳的新著《祭坛古歌与中国文化》②正是这样一种多元一体中华文化观的产物。一向保持着至尊地位的人民出版社，竟然选择了这样一个吴越巫文化的选题，着实令我对这位编辑刮目相看。该书作者以新鲜的材料和精辟的分析，给一向以在古籍中寻章摘句、咀嚼品味才算做学问的文化研究学坛，刮来了一阵清凉的微风，令人耳目一新。

进入八九十年代以来，地域文化的研究有很大的拓展，而吴越文化的研究，成绩又最为显著，最为令人瞩目，成为即将结束的20世纪文化学的一大景观。上海社会科学院的老作家兼学者姜彬先生于80—90年代主持完成的两项文化科研课题及其最终成果《吴越民间信仰民

---

① 本文发表于《民俗研究》2000年第4期。

② 顾希佳：《祭坛古歌与中国文化》，北京：人民出版社，2000年。

俗》和《稻作文化与江南民俗》的问世，已经得到了社会科学领域的广泛重视。杭州中年学者顾希佳继而以个人多年的实地田野考察为基础，同时利用吴越地区众多学者近20年来所搜集的新鲜材料和研究成果，撰写出了这部不乏新意的文化学专著。作者着重梳理、分析和研究了吴越地区民间流传的祭坛神歌，即太湖流域的赞神歌、上海郊区的太保会、南通地区的僮子会，这三种表现形式有别而性质和内涵基本相同的神歌的源流和在近现代的存在和流传形态。吴越地区的民间文艺工作者在近20年来搜集发表了数量不少的民间叙事长诗，但属于神歌者，公布的还不是很多。顾希佳的研究不仅告诉文化界现在民间社会中还存在着并流传着神歌这类独立于一般所谓上层文化之外的民间文化，而且还从其形态到功能的嬗变，给其在中华多元一体的中华文化中以历史的定位。

　　吴越地区，巫风盛行，淫祀泛滥。这种文化传统的形成，渊源有自。多神信仰乃是这种地域文化的一个基础。为了安抚各种各样的神灵，日子过得安定吉祥，不得不四时八节地举行规模不一的家祭和野祭，于是作为祭祀仪式内容之一的神歌，便在全民的"无意识"中发展起来。在任何一个社会形态中，一方面是封建士大夫阶级的文化，另一方面是下层老百姓的民间文化。这两种文化，既是对立的，又是互渗的。神歌正是在下层老百姓中流传的民间文化中的一支。因为神歌依附于宗教仪式和宗教思想，所以就其性质来讲，它无疑应属于巫文化的范畴。但由于民间宗教的实用性、混杂性和模糊性，神歌具有两重性：赞颂性的作品，也不时会放射出人性的光芒；娱乐性的作品，也常常透露着宗教桎梏留下的残痕。

　　作者通过对许多吴越神歌作品的内容和功能的分析，捕捉住了它最重要的特征：作为民间宗教现象，它具有高度综合、混沌不可分的特点；其深层结构是对一个庞杂的民间神灵体系的虔诚信仰；其浅层结构是一系列繁复而古老的祭祀仪式以及仪式上的行为方式；其表层结构则是丰富多彩、包罗万象的民间文艺作品群和具有独特个性的艺术表演体系。世俗精神与宗教意识的相互消长，乃是吴越神歌流变过程中的一对主要矛盾和演变动力。作者从对神歌的仪式部分和文本部分的历史分析中，得出结论：神歌正从神圣性走向世俗化，从赞颂性走向娱乐性。而"僵化与变通"，便成为吴越地区源远流长的神歌，能够适应时代和现实的要求，在民众中存在着、延续着、发展着的重要原因。作者的这些观察和结论，无论对学术界，还是对他作为学者的个人，都是难能可贵的。

正如作者所指出的，神歌文化是吴越人的祖先留下来的一份文化遗产，它又是中华民族传统文化的一个组成部分。"以往的中国思想文化史研究成果，多偏重于研究士大夫阶层的文化心理，包括对于基本人生态度、情感方式、思维模式、致思途径乃至价值观念的把握，无不以士大夫阶层为代表。诚然，统治阶级的思想文化历来总是带有统治意味的、至关重要的思想文化，但它又毕竟不能代表底层民众的思想文化。……底层民众，历来又有他们各自的基本人生态度、情感方式、思维模式、致思途径和价值观念。"因此，神歌是研究老百姓的世界观和生活状况的重要材料。神歌又是所来已久、当代尚存的农村社区民俗文化事象和民间文艺作品，它渗透于民间生活和人生礼俗的各个层面和各个角度，无论从民俗学建设的角度，还是从民间文艺作品的角度，都是应予研究和继承的一宗文化遗产。

古吴越土壤和古吴越文化培育和酿造出的民间叙事，有些重要作品已被包括作者在内的江、浙、沪三地当代学者们记录下来（被称为"骚子歌"的那些作品，就是顾希佳最早记录的），重见了天日，成为研究和重构吴越地域文化的基础。顾希佳在此基础上，对现有材料进行梳理、剖析、研究和阐发，给以理论的穿透和观照，并初步形成了一个以神歌为主体的吴越民间文化体系。他走的是从实地考察取得第一手资料，再参照古文献对资料进行分析处理、比较研究的道路，他在这条治学之路上不辞劳苦地攀登，《祭坛古歌与中国文化》就是他取得的可喜成果。

2000 年 8 月 29 日

品尝寂寞

——读李亦园《田野图像——我的人类学研究生涯》[①]

20世纪70年代末80年代初,我的注意力在当时文学的批评方面,偶然间读到了台湾人类学家李亦园先生的《信仰与文化》一书,顿时在我眼前展开了一片新的天地——文化研究,但老实说,并没有多么深刻的学理上的感受与启悟。后来,我以民俗生活和原始艺术研究为切入点,逐渐把注意力转到了文化研究上。当我集中精力于中国本土的原始艺术、民俗事象和象征思维研究这些文化研究课题时,便深感到从资料到方法到理论,都十分薄弱。也正是这些年里,陆续读了一些外国的和海外的文化人类学著作,其中包括李先生的一些文章和著作,也就多少对他及他的学问有了点滴了解。

今春山东画报出版社的编辑刘瑞琳小姐来京参加北京图书订货会,送给我三本由她责编的人类学田野笔记丛书:费孝通的《芳草茵茵——田野笔记选录》、李亦园的《田野图像——我的人类学研究生涯》和乔健的《飘泊中的永恒——人类学田野调查笔记》。这三位作者,都是当今大陆、台湾和香港最有代表性的人类学家,他们的这几本书,又都以阐释他们所实行的田野调查方法为内容,与我所研究的领域多所牵涉,因而更加引起了我的阅读兴趣。

李亦园先生的《田野图像——我的人类学研究生涯》一书的内容,

[①] 李亦园:《田野图像——我的人类学研究生涯》,济南:山东画报出版社,1999年。本文发表于《民俗研究》2001年第1期。

大致可分为两个部分：一部分是叙述他的人类学生涯和人类学观（其中最主要的是田野方法）；一部分是他在不同时期撰写的有代表性的人类学田野调查报告。在我看来，最值得重视的是前一部分，即他的人类学生涯和他所实行的田野方法。这几篇文章不仅行文如行云流水，有较好的可读性，而且所叙述的经历和所阐发的观点，也具有较为普遍的启发意义。尽管李先生学问的背景是美国人类学，但读过之后，发觉他力求把美国人类学的基础理论和基本方法中国化，站在了一个较高的学术层面上。

人类学是一门人文科学，它的对象和宗旨是研究人类的文化。要研究人类的文化，特别是要研究文化的内部逻辑结构——李先生所说的"文化的文法"（Culture Grammar），就要有自己的研究方法。而人类学的研究方法，按照李先生的叙述，是比较研究，即把一个种（民族的或社区的）文化放到与异文化（一种或多种）的大背景上去分析、去比较、去认识、去发现；还有一个，就是"田野调查"和"参与观察"。比较研究和田野调查都是人类学的研究方法，但正是"田野调查"方法，把人文科学与社会科学区别开来。对于人类学来说，"田野调查"与"参与观察"的关系，前者是第一层次的方法，"参与观察"则是在"田野调查"中的第二层次的方法；二者又互为表里。"田野调查"加上"参与观察"，使人类学家站在被调查、被研究的民族和居民的立场上，而不是从外面或居高临下地观察他们的文化现象。没有人类学家的亲身的长期的田野工作和参与观察，就无从得到第一手的翔实而珍贵的资料，自然也就无从对一个文化做出理性的判断，更无从谈论与另一种或几种文化的比较。

可贵的是，作者这本书讲的虽然是学术，无论是理论层面上还是经验层面上，都不给读者艰涩难懂之感，论述得深入浅出。他像剥葱那样一层又一层地把人类学家们，主要是他自己的学术经验或经过他融会贯通了的学术经验，用通俗的语言叙述出来，让读者在不经意之间便相信了他的可观察的文化和不可观察的文化的理论和观念。同样，他的叙述也让读者毫无反抗地跟着深入到了西方文化与中国文化的差别之境：

在西方文化中，人与人之间存在着的是一种契约关系；在中国，人与人之间存在着的是一种以"仁"为表征的伦理关系。我们从他的"衣服的文化文法"的叙述中，懂得了人们平时衣着的颜色和仪式时衣着的颜色的差异，并从这些差异中看到了我们中国人与西方人的文化和心理差异；从他叙述的仪式中的祭品模式以他对生与熟、全体与局部、大与小的比较分析里，看到了人与超自然的天神、神明、祖先、小鬼的关系和他们的态度，以及只有在中国人之间才不言自明的那种象征的含义。

作者说：人类学是一个寂寞的事业。为了研究学问，人类学者不得不到他所自愿选定的穷乡僻壤、有时甚至是蛮荒之地去做或长或短的田野调查（有时必须要有相当长的时间才行，马林诺斯基在太平洋的一个小岛上做田野调查，一去就是四年之久！），忍受其他学科的学者无须忍受的人生寂寞。80年代初台湾"中央研究院史语所"的青年学者宋光宇曾写过一本《蛮荒的访客》的长篇传记，把人类学大师马林诺斯基说成是一位"蛮荒的访客"，真是太贴切太形象了，记得那套书也是李亦园先生写的序言。在这一点上，笔者在做田野时也有所体验。除了李先生所说的寂寞而外，人类学（包括民俗学）同样也是一门充满了危险和诱惑的学问。李先生不仅举出了几位在调查地被杀害的外国学术前辈的故事，也不止一次地说到他所经历的几次惊险和担忧，描绘他在梦乡里听到所在的猎头民族鼓声四起时那种忐忑不安、大难临头的心境。

李著的第二部分内容是几篇人类学个案调查报告。如果说，第一部分文章是从学理上阐发人类学的基本法则的话，那么，第二部分文章就是以田野调查报告的方式，从对实际资料的分析比较中得出的结论，从而体现学者个人的人类学理论及其构架。因此也可以说，李亦园的人类学调查报告，既是实证的，也是抽象的。这些调查报告，提供了一些具体的文化的内容和调查的方法，如对居住于日月潭周围的邵人——南澳泰雅人——马来亚麻坡镇华侨的调查报告，就体现了作为一个人类学家的他，从异文化的调查研究入手再转移到母文化（汉民族）的调查研究这一人类学治学的通则。

读李亦园先生的新著，受益匪浅，特别在关于中国文化的象征问题上，因为这是笔者近十多年来十分关注的问题之一。但笔者也有并不完全赞成或可商榷的地方。比如他关于民间文化与上层文化的关系的结论。李先生说："从民间文化特别是民间信仰理出的一套基本原则，可以解释很多不同的行为。……在上层社会或者是知识分子或者封建时代的士绅阶级是不是也是如此？我认为也是如此。假如不是如此的话，中国也就是两个中国了。这两个中国不是地域上的两个中国，而是社会阶层上的两个中国，一般的乡民跟我们这些知识分子就变成两个'国家'，两个层次的文化。我认为，两者之间一定有相同的地方，才能够把这两个阶层联在一起。我认为知识分子同样有这一套和谐均衡的观念，只不过用不同的语言来表达而已。"（第89—91页）他举出曲阜孔庙里一块匾额上的四个字"中和位育"，证明上层中国文化讲究"致中和"，追求"和谐均衡"，与民间文化是一样的；还引用了《中庸》里的一段话："喜怒哀乐之未发，谓之中，发而皆中节，谓之和。中也者，天下之大本也；和也者，天下之达道也。致中和，天地位焉，万物育焉。"李先生说："我引用孔子的这一段话说明民间文化和上层文化是很相近的。"（第90页）我以为，这一结论还有商榷的余地。

记得以前读李璜译述法国汉学家格拉勒（M. Marcel Granet）著《古中国的跳舞与神秘故事》里的结论说："中国的古史不能给人多少信用。他几乎全部都被汉朝学派竞争，拿来做思想和理论的背景时，把他修饰过或假造过了。我们一方面很应该留意中国文学的经传，他把孔子那个时代的中国粉饰成孔子文化的中国，文物灿然，理想超越，殊难置信。另一方面我们觉得很重要，这些民间的传说，对于同时代的叙述，他所表现的中国文化却比文学的经传上要野蛮一些，神话，歌谣，个别的精神，创造的力量，都在这里是很丰富的，——我坚强的相信图腾社会，秘密神社，波尔打吃这类社会建设是从孔子以后才大部分消灭成为过去的；我并且相信那种封建朝代的贵族争斗，在记载上是说得很短而且很快，其实他应该有很长远的变化；我相信应该把封建斗争的前半时期算得长一点。我相信或者在孔子文化以前，中国有几个与孔子文化截然不同的文化。"①

进入九十年代，文化人类学在我国人文学术界突然"热"了起来，成为一门显学。人类学"热"起来，就不免对有的相关学科产生某种程度的冲击，民俗学就是一个例子。民俗学与人类学一样，都是新兴的学科，也都是边缘学科，或者说是你中有我，我中有你。客观地说，在学科建设上民俗学较之人类学相对显得有欠成熟。一些年轻的不成熟的民俗学者，在人类学"热"面前，或在理论上，或在实际上弃民俗学而转向人类学，或用人类学的某些模式代替民俗学的探讨与建设。不久前，我到钟敬文先生那里去，他对这种现象表示了担忧。这种现象，一方面，固然说明有些青年学者在学术上的摇摆性，另一方面，也约略透露出了民俗学与人类学在内容和方法上的交叉性与模糊性。其实，从民俗学的立场出发，读李亦园的著作，是能得到许多启发和教益的。比如，人类学的比较研究和田野调查，也就是民俗学的基本研究方法。如果说，人类学侧重于从文化的某些抽样调查中探讨"文化的文法"，那么，民俗学则更侧重于以大面积的民俗志调查和以实证的方法探求文化的传承规律（传承规律也是"文化的文法"之一）。

2000年11月29日

---

① 李璜译述：《古中国的跳舞与神秘故事》，上海：中华书局，1933年，第29—30页。

宝卷研究的重要成果

——读车锡伦《中国宝卷总目》《中国宝卷研究论集》[①]

宝卷是承袭唐代的佛教俗讲传统，经宋至元末明初，逐渐演变而成为一种广泛流传于寺院和民间的说唱文学，至清盛极而衰，其内容主要是宣讲佛道经书和劝善故事，也包括了大量世俗内容的民间传说，具有很强的宗教性和广泛的群众性。宝卷的宣讲活动和宝卷的辗转传抄活动，一直持续到20世纪80年代，还在我国一些地区（如江浙和甘肃）盛行。学界一般把宝卷看作是俗文学或民间文学。

把宝卷当作文学现象研究的传统，始于顾颉刚和郑振铎二位先生。顾颉刚于1925年1月11日出版的北京大学《歌谣周刊》第76号上开始发表《孟姜女宝卷》（岭南永裕谦刊，1915年），至1925年6月21日出版的第96期分六次刊完，并写有精辟按语。稍后，郑振铎先生搜集、研究宝卷，先在《小说月报》（1927年6月）著文、后在《中国俗文学史》中辟专章论述宝卷。宝卷始受到国内外学术界特别是文学史研究者的重视。从30年代到50年代，陆续出版了几种研究和整理宝卷的专著。

进入新时期后，青年时代曾师从著名俗文学家赵景深先生的车锡伦，从20世纪80年代起开始步入宝卷研究的行列，潜心搜集和研究，前后达二十年而不辍，在郑振铎、恽楚材、傅惜华、胡士莹、李世瑜等前辈学者所做出的研究成果的基础上，于宝卷文献的汇集编目和研究两

[①] 本文发表于《民俗研究》2001年第2期。

个方面，都做出了值得称道的贡献。除了不断有文章见诸大陆和台湾报刊之外，先后出版了《中国宝卷总目》和《中国宝卷研究论集》两书，其成就为海峡两岸学术界同行所瞩目，并一跃而成为宝卷研究界为数不多的知名学者。

去年9月，笔者应邀到南京出席江苏省民间文艺理论研讨会，在会上见到了多年不见的车锡伦先生，承蒙他赠送两部大著。过眼之后的印象，正如周绍良先生在《中国宝卷总目·序》中所言，《中国宝卷总目》和《中国宝卷研究论集》是作者"大半生的心血荟萃"之作。《总目》所录国内、台湾和海外公私所藏宝卷总目达1585种、版本5000余种，较前面提到的傅编《宝卷总录》、胡编《弹词宝卷目》和李编《宝卷综录》三书所收之目，多出了三倍多。而在《附录文献》中著录的许多宝卷书目，是前人没有发现或没有著录，而由作者付出心血从国内外图书馆所藏、私藏以及书海或档案中寻觅搜求而来的，因而其学术价值也就不言而喻了。

以往在宝卷的研究上，比较注重在藏目和文本的搜求和著录方面。这当然是重要的，也是时代和现状造成的，因为没有这些前辈对藏目和文本的搜求和著录，就根本谈不上研究工作的开展。但也要承认，对宝卷本身的研究受着时代和现状的局限。郑振铎先生对宝卷的研究，历来被看作是宝卷研究的一个典范，他提出了许多当时发别人所未发的学术见解，为宝卷的研究开了先河。然而，当我们阅读车先生的新著时，也欣喜地看到，他以郑先生的著作为起点，提出了若干新见，从而把宝卷的研究水准大大地推向前进了。

其一，车著对中国民间文艺学强调民间文学是劳动人民的口头创作的传统观念，是一个有力的冲击和修正。他有意识地发掘和研究被新中国成立以来在苏联观点影响下的传统的民间文艺学所排斥的赞神歌、香火神会和神书、宣卷活动和宝卷文本的调查，而这类民间文学活动的特点是，大都与民间信仰或迷信联系得较为密切。作者《江苏靖江的做会讲经调查报告》《浙江嘉善的宣卷调查报告》《东岳泰山女神——泰山老奶奶》和《江南民间信仰的刘猛将》等调查报告，都多少发掘出了前所未闻的宝卷作品,描述了在现代社会条件下的活态的民间宣卷活动,不仅填补了或丰富了我国民间文学的缺项,而且对中华传统文化的研究,也是一个有益的拓展。

其二,在宝卷的研究上,车著继承了郑振铎和赵景深的传统,但又不拘泥于前辈的论述。如在宝卷的渊源及发展过程的论述方面,以往的各家,大多沿袭郑先生的结论,认定宝卷滥觞于宋代,以《香山宝卷》为最早的作品,不敢越雷池一步,而车著则大胆更正了郑著的某些错误和疏漏,指出"《香山宝卷》产生于宋代无根据",提出了宝卷形成于宋元时期的论点。(《中国最早的宝卷》)他说:其渊源可追溯到唐代佛教的俗讲;对后世宝卷发展影响极大的《金刚科仪》是宋代的作品;宝卷之名出现于元代,现存最早的卷本是元末明初彩绘抄本《目连救母出离地狱生天宝卷》。在宝卷形成期的演唱形态问题上,作者认为宝卷在其初期阶段,继承了俗讲散说夹唱的传统,唱词重复散说内容,说说唱唱,形成明显的段落。(《中国宝卷概论》)作者的这些研究结论,在八十年来宝卷研究史上,无疑具有学术出新的意义。

其三,车著大体把宝卷定位为"民间说唱文艺",他在阅读文献和田野调查的基础上,将宝卷分为两大类:一类为"宗教宝卷","宗教宝卷"又分为"佛教宝卷"和"民间宗教宝卷"两类;一类为"民间宝卷"。他说:"宗教宝卷是宗教文化的组成部分,其社会功能是宗教宣传……民间宝卷(具有)信仰特征和教化娱乐作用,它们体现为这类宝卷内容和艺术上的特点和审美特征。"(《中国宝卷概论》)作者对民间宝卷的信仰特征、教化作用、故事模式和娱乐功能,都做了一些细致的探讨,并指出:清初宣卷活动已流入民间社会,成为民众信仰、教化、娱乐活动,而没有明确的宗教归属。民间宝卷的内容大部分是文学故事,唱词主要是十字和七字的诗赞体,用吟唱式的韵诵或改变各地民间小调演唱。近现代以来,民间宝卷大量改变弹词鼓词等说唱文艺传统故事,借鉴其艺术表现形式,注重人物和细节的描写,已成为其总的发展趋向。由于与民间信仰的紧密粘连,消亡已成为民间宝卷的一个无可挽回的趋势。作者充分注意到了并论述了这一发展趋势,但他同时又指出:

"中国宝卷延续六百多年的曲折发展历程和留存的大量卷本，为多角度、多层次研究中国俗文学发展所提供的信息，是其他任何一种传统民间说唱文学所不能比拟的。"

作者在《台湾宗教学会通讯》2000年第5期发表的《读宝卷札记——补中国宝卷总目》里写道："1984年中国俗文学学会（北京）成立的时候，刘锡诚先生在发言中说：'过去民研会（中国民间文艺研究会）资料室收集的宝卷就有几万册'。（《中国俗文学学会成立大会纪念册》第16页）笔者多年来一直在追寻这批宝卷的下落。从当年有关的经办人员得知，它们是1956年前后主要由已故路工先生搜集自浙江地区，实际数量没有那么多。1999年1月，笔者终于在中国文联资料室库房看到这批资料，其中少部分过去已经整理过，存放在十几个卷柜中。据说还有不少堆放在另一间屋子里，估计总数在数千册。四十年来，经过历次运动，特别是'文革'浩劫，这应是劫后之余了。由于阅读时间不足两小时，笔者只能请管理人员打开了几个卷柜，一边翻阅一边登录，计得宝卷70余种。其中最多的是清末民国间的民间手抄本，也有部分木刻本、石印本。有4种宝卷《总目》未著录：1.《卖耍货宝卷》，又名《五路财神卖耍货》，旧抄本，一册。2.《雷电宝卷》，又名《雷公宝卷》，旧抄本，一册。3.《双惜禄宝卷》，1946年，周嵩涛抄本，一册。4.《宾头卢宝卷》，附'三皈五戒'，松江广明桥文魁斋刊本，一册。这批资料并非都是宝卷，其中杂有各种唱本，也有少量其他古籍。笔者过目的有：京都文萃堂刊梆子腔剧本《玉琥坠》《日月圆》，清嘉庆六年（1801）江南赞神歌抄本《通城》（'城'字疑为'诚'字误）；还有一些民间教团编印的经卷、唱本，如《弥陀经》（民国武安郭广聚刊）、《舍罗汉》（清末刻本）等。《总目》已著录的《天缘经偈略解》（清光绪杭州弼教坊玛瑙经房刊），现在能见到的只有日本京都大学东方文化研究所收藏的一部，而这批资料中竟有两部。将来这批资料如果全部整理、登录，不仅丰富现存宝卷的数量，也会发现许多可贵的俗文学资料。"

我在中国俗文学学会成立大会上致辞时说的那段话，向宝卷研究者提供了一个信息，导致了车锡伦的一段寻找宝卷的历程。可惜车锡伦只在中国文联资料室的库房里阅读抄录了几千种中的寥寥 70 种，他现在已步入老年，恐难再有机会把它全部整理著录并公之于众了。20 世纪 50 年代路工先生收集这批宝卷时，我还是个青年研究人员，究竟当时他收集了多少卷未能确知。其实我讲那段话时，路工先生就在场，我也没有向他核实。当年在"左"的思想影响下，领导者把宗教思想严重的宝卷剔除在民间文学的范围之外，决定移交给曲协收藏。记得移交时有几万册这样的话，可能是与各种手抄的唱本一起算的吧。这些当年收集来的宝卷残余卷本，静静地躺在中国文联的资料室里，又是 20 年无人问津了。"文革"后周扬同志担任文联主席兼党组书记时，主张创建中国文联图书资料馆。周扬过世后，文联领导几经易人，放弃了周扬的主张，调来建馆的人员被遣散，越来越没有人懂这些东西的价值了。现借这篇小文，再次呼吁"放虎归山"，给这批宝贵资料以应去的地方，使得其所哉吧！

2001 年 3 月 26 日

人在白山黑水间

——读曹保明《乌拉手记》①

东北大汉曹保明已经出版了 40 多本书，不是那种可以坐在屋子里向壁虚构的小说和故事，而是根据多年来在白山黑水间向木帮、船帮、马帮、参帮、金帮等各色人等调查采访、搜奇寻异而得来的珍贵资料写成的。如《东北土匪考察手记》《响马驼龙》《东北行帮》《东北挖参史》《东北淘金史》《东北狩猎史》《东北烟麻史》《东北妓院史》等，只要写出这些书名来，就肯定无疑地会使读者叫绝！

他在民俗的领域里，博学多才、广纳多采、知识丰富。我请他写一部有关东北民俗的书稿，纳入我正为学苑出版社主编的一套"三足乌文丛"中。他交给我一部东北民俗田野调查的书稿，起名叫《乌拉手记》。我一看到这个书名，立刻眼睛一亮：他真的抓住了白山黑水间发生的那些神秘莫测的人和事！"乌拉"者，满语，指东北松花江两岸地域。他在献词中说："如果你没有去过乌拉，你就没有见过森林、土地、江河。乌拉，那是一块到处都会让你感动，同时你也可以感动别人的土地。"读了他的书，我感慨于他所使用的材料，大部分来自他的第一手调查或亲历的材料。那些发生在苍莽大森林里的伐木者和挖参者，在浩瀚湍急的河流中的放排工和捕鱼者，在人迹罕至的沼泽峡谷里的淘金者

---

① 本文发表于《中国国土资源报·读书》2001 年 7 月 25 日；《民俗研究》2001 年第 3 期；《学问》（长春）2001 年第 9 期；《长春日报·太阳鸟》2001 年 9 月 28 日。

被马帮,他们那种让普通人一生一世都可能是闻所未闻的新鲜事儿,那些奇奇怪怪而又是地域文化传统所养成的风俗习惯,那些在特定的环境中人与自然之间既相互协调又相互伤害的故事……在我面前展开了一幅幅陌生的图画。

在多灾多难的中国近代史上,由于不同的原因,在内地(主要是我的故乡山东)生活不下去的人,便会铤而走险,迫逼踏上一条"闯关东"的路。一个"闯"字,里面包含着多少人生辛酸?关东在哪里?就是白山黑水之间、冰天雪地之境的那块神秘广袤的宝地。有的去垦殖黑土地,有的去大森林里挖参、伐木、狩猎、打鱼、放排,有的去给富人或老毛子当劳工,有的去当强盗(红胡子),出没于森林和青纱帐,打家劫舍、杀人越货。在旧社会,"闯关东"名副其实是条不归之路呵。我们从曹保明的《乌拉手记》的字里行间里,透过对各色人等和奇风异俗的记述和描写,领略了这些畸零者们的人群的生活,感受到了他们所经受的种种艰险和困苦,明白了东北汉子的那份豪爽、正直、勇敢、吃苦耐劳的品格是怎样养成的。这才是地道的东北文化。

在作者笔下的东北大地,人与自然的关系,是最神秘的,也是最耐人寻味的。挑战大自然,是作者的一个重要思想。他说:"人与自然的关系是一种复杂的关系,有时人能勇敢地去挑战大自然,哪怕粉身碎骨;有时人又胆小如鼠,在那仿佛没有生命的大自然面前甚至不敢抬手举足,人的一生一直处于对自然的了解、探索的艰难旅途之中。真正的勇敢者是勇敢又谨慎的人,是不断总结前人的经验教训大胆探索的人。东北民俗风情中呈现出许多与常规的自然现象不同的文化形态,是人与自然撞击的结果。其中有人改造自然的勇猛的追求,也有自然对人的残酷的桎梏。"他的这个结论性的概括,是没有先例可援的,可以说是他在深入到那些人群和境遇中,从观察、访问和体验中得出来的。比如,他说:他在考察长白山区(包括大小兴安岭)的一些行帮时,发现他们的行动非常地谨小慎微,如放山、进山,决不能乱开口,不能说错话,不能大声叫喊;发现了动物,不能叫错了名,如果叫错了,就得自个背着;见了蛇不能叫蛇,必须叫"钱串子",不然就得自己拿着;不能碰撞任何不可碰撞的草、树木、动物等。在老林子里挖参是非常危险的。老林子里终年不见阳光，人一进去，顿觉天昏地暗，树中间的草没有一处不是比人高，树上、草中处处埋藏着杀机。别说人进去会迷失方向，最后变成一堆白骨，就连那蛇、毒蜘蛛、蚊蝇、小咬，都会拉开大网，等待着渺小的人去就范。挖参的人，手中没有别的武器，只有一根"索拨根"，在充满死亡危险的老林子里活动，如果不处处设计自己的语言、行为，往往会由于自身的轻率或疏忽而铸成大错，以致丧生。所以才有了种种的行规和习俗，对于这些看似奇怪的行规和习俗，一旦在你了解了当地的山川、地理、民族和文化背景后，也便迎刃而解，甚至触类旁通了。

由于山东与关东有着特殊的血缘关系，在儿童时代，我就熟知关东的三句俗语：窗户纸糊在外；养个孩子吊起来；姑娘叨个大烟袋。当然，在曹保明的笔下，关东的奇风异俗，远不止于这些生活领域，他甚至对"国土遗迹"一类饶有兴味的问题，也多所涉猎。如对遍布"金子镶边"的"三千里江山"——东北各金矿和淘金人群的记述中，就记下了夹皮沟、老金场、老牛沟金矿附近的"母石"，赫哲人居住的莫力达瓦沼泽一带的亿万年前形成的万丈峡谷（地壳运动所致），由黄土堆积而成的千年辽金古城遗迹，《山海经》里称为"大荒山"的长白山十六世纪以来三次大喷发及其遗迹等。这些民俗和遗迹的造成，成为一种地方文化模式，但如果我们从社会学的角度来看，却无不镌刻着东北人民艰难的生活足迹，流淌着东北人民祖祖辈辈的心血和汗水。

作者年轻时，经常深入到白山黑水和大森林里去做考察，有时连春节都是离开家人在外地度过的。因此，他搜集和拥有数量可观的调查资料和现场图片。他从一个大学中文系的毕业生，很快变成了一个精神的富有者。他的这部新著的最显著的特点，就是运用了大量第一手民俗田野调查资料。而田野调查资料，不仅以其鲜活性而使行文生动诱人，而且也使其论证建立在实证的基础上。在当代人文科学领域里，实证业已成为人们惯用的方法。

2001年6月3日

发人所未发

——读萧放《〈荆楚岁时记〉研究》①

读了萧放的《〈荆楚岁时记〉研究》②之后，内心涌出一丝无法掩饰的激动和快慰。我为作者的这部不乏新见、治学严谨的著作感到高兴。古人早就有言：在治学的道路上，光靠才具远远不够，还得付出勤奋。萧放是二者兼而具之，才有了这样一份令人高兴的收获。

这是一部在博士论文基础上修订而成的专著。作者所选定的虽然是对南朝梁·宗懔撰于公元六世纪的《荆楚岁时记》一书的研究和评价，但作者并没有就事论事，停留在对这部字数不及两万的著作本身的分析和评价上，包括指出它是我国历史上第一部（时间）民俗志专书（160页）、开创民俗记述文体的意义（第153页）、开创民俗记述的实录原则（第154页）等，而是扩而大之地将其写成了一部包括评价宗懔原作在内、广泛论述六朝时期荆楚地区的民俗史著作。这就不仅加大了该著的历史文化含量，而且为作者提出与论述一些相关的理论问题搭建了一个可以自由驰骋的舞台。作者以《荆楚岁时记》成书一千多年之后的一个研究者，虽然被弥漫在历史长途上的雾瘴所阻隔或迷惑，但他所做的描述和论列，就某些方面所进行的开掘而言，其成就和意义，可能远远超出了宗懔的同时代人杜公瞻为原著所做的注，尽管杜注是功不可

---

① 本文发表于《民俗研究》，2001年第3期。

② 萧放：《〈荆楚岁时记〉研究》（"中国民间文化探索丛书"之一），北京：北京师范大学出版社，2000年。

没,甚至是与原著珠联璧合的。

我们注意到作者拟定了一个不容忽略的副标题:兼论传统中国民众生活中的时间观念。其实,"时间观念"的提出,在书中并非轻描淡写的"兼论",而是从对《岁时记》的写作背景,到对作者思想倾向(指出其为困于北朝时期的追忆之作)和文本内容(汉朝的大一统从政体到意识形态崩溃之后,在离乱之中兴起并形成的荆楚之地新的民众意识形态)的研究中,挖掘和提取出来的一个重要成果,即:从"王官之时"到"民众之时"两种时间观念的并存、交替、转换和替代,以及在两种"时间观念"背后所遮蔽着的社会状况和社会思潮的嬗变。应该说,把"时间观念"单独提取出来并加以阐发,是《荆楚岁时记》研究中一个较内容的分析更为深层的思路和更为可贵的收获,正是抓住了"时间观念"的转换,才抓住了《荆楚岁时记》的内在结构和思想内核,才能解开流传千余年而生命不衰的秘密。

当代民俗学研究中的一大通病或曰痼疾,是不少文章里把不同时代的民俗事象"压缩"到一个平面上,即无论是汉代的、魏晋南北朝时期的、唐宋时期的、元明清时期的民俗事象,都不加区别地掺和到一块儿或不加甄别地"压缩"到一个时代里去论列评估,含糊其词地将其说成是现代存在形态的民俗,这就抹杀了民俗事象的时代性。笔者虽然早意识到并公开指出了这一弊端,但由于知识所限,有时自己也难免出现这类错误。萧放大学本科出道于历史学专业,较其他青年学者有较深厚的历史学造诣,在其著作中,对不同时代(汉代及其以前,和汉代以后的六朝时代——其中又有南朝与北朝的区别)形成并流传的民俗事象,力求根据社会发展和意识形态的背景,寻找可能找到的参照物,将其作条分缕析,给以历史的定位,尽管也许并非所有的定位都做得恰当而正确,但这种努力显然是十分可贵的,也是堪可效法的。譬如作者在对"岁时观念"形成的历史考察中,引出了关于"天时"与"人时"两种对立的观念及其内涵的开掘,从而使"岁时记"这种文体的出现,收到了水到渠成之功(第37—48页)。又如,对"时令性"节日和"人为性"节日的判断和叙述,也是一例。作者说:秦汉时代的《月令》是依照四季自然节气的变化，叙述时令性活动，与秦汉时代的王权控制社会生活的实际需要相适应。《四民月令》与大庄园及庄园主势力的形成相适应。而《荆楚岁时记》虽然也是按照时间的流转叙述人事，并且也还多少带有月令的痕迹，但它主要的是依"人为"节日这一社会人文节点来描述民众的时间生活，反映民众的时间观念，并自成系统。这种叙述体系的出现并形成，显然是秦汉时代相去已远、六朝时代楚文化兴起后的八百余年间，即已经变化了的社会生活机制的必然产物（第152页）。这种对民俗生活事象的"时间"的区分，固然是件困难的事，但对历史民俗学和现代民俗学来说，却是十分必要的基础性工作。

由于《荆楚岁时记》的成书时代直接影响到作者的学术立场、著述思想和著作面貌，而相对于秦汉时代的社会相对稳定而言，六朝则是一个社会动荡、时代转换、文化多元的时代，于是，分析时代的、社会的、思潮的、文化的起伏、更迭和杂处、交融，是绝对必需的。推动一个时代或一种民俗体系（荆楚民俗）的兴起和形成的因素，是多种多样的，但在多种多样的因素中，也肯定有主有从，作为研究者，无疑应在全面探求中发现那些对民俗生活的剧烈嬗变发生影响较为重大、较为直接的因素。这是一个重大理论问题，却又是无法回避的。萧著在剖析这一重大理论问题时发现，在外部，战争或灾荒是推动交流的一个重要因素；在内部，楚国的开放包容气度不仅是铸就楚文化的辉煌、也是推动楚民俗的形成的重要因素。这个论断所显示的唯物史观，使我想起了马克思当年对大不列颠人对印度的野蛮入侵的论述。入侵固然是血腥的，但它使印度的社会从野蛮进到了文明。汉魏之际中原发生的变乱，使衣冠士族和普通百姓纷纷南下入楚，人口的大量迁移与南北民众的杂居，给荆楚之地带来了异质文明和异域民俗，与原有的荆楚文化相交融相吸收，形成了新的荆楚地域文化和民俗。这种新兴的荆楚地域文化与民俗中，既保持着荆楚固有的神秘（如巫风，神话）与浪漫（想象，情性），又吸收了中原的现实与理性。

我愿意用一句短话来概括我这篇随笔的主旨："发人所未发。"钟敬文老先生说："萧放同志的研究业绩主要是对《荆楚岁时记》在中国民俗史与中国民俗学史上的学术意义的抉发。他研究视野开阔，对《荆楚岁时记》产生的时代与所记述的时代进行了深入的文化分析；对《荆楚岁时记》的学术渊源进行了细致的扒梳，正确地指出了它与《月令》《四民月令》之间的文化变迁关系。将岁时记与民众生活中的时间观念结合进行探讨，这是前人未曾做过的开创性的研究。"(《序》)

2001 年 7 月 2 日

民族文化的绝响

——读宋兆麟《最后的捕猎者》[①]

不久前，旅英华人油画家薛美辰先生来访，说他接受了已立项、正在着手兴建的辽宁省锦州市民俗博物馆大厅里一幅大型油画的创作任务，这次来京是为了到北影观摩有关旧时东北民族的服饰影片资料的。刚巧几天前我收到了宋兆麟先生见赠的新著《最后的捕猎者》[②]，便顺手向他推荐，并告诉他，作者在书里采用了许多 20 世纪 60 年代初在鄂伦春族做田野考察时拍摄的民俗照片，尽管当时拍的是黑白片，而且效果也不见得张张都很令人满意，但无可置疑的是，这些照片如今已成了鄂伦春民族文化的难得视觉资料。他如饥似渴地翻阅了书中的那些旧照片，掩饰不住心中的高兴，说其中有些照片他完全可以用油画的语言再现出来。这可真是"踏破铁鞋无觅处，得来全不费工夫"呵！

宋先生写作此著的素材，主要是根据他 40 年前受命到鄂伦春族进行民族文物调查时所做的笔记和所摄的照片。写作时，他还参照了 90 年代初再次到原调查地所作的调查资料，尽管第二次调查与多年前的第一次调查相比，已是不可同日而语，许多东西已经在历史发展的脚步中消失不再了。就这一点而言，作者在书中所记述的 40 年前的鄂伦春族的民族社会情况（从狩猎到农耕：驯鹿者、骑马者、务农者）、氏族构成、居住方式（从"林中人"到定居）、婚姻状况（族内婚及其演变），

[①] 本文发表于《民俗研究》2001 年第 4 期。

[②] 宋兆麟：《最后的捕猎者》，济南：山东画报出版社，2001 年。

以及文化传统、民俗风情、信仰（萨满教）等，当之无愧地成为鄂伦春民族民族文化的"绝响"了，因为包括当年处于氏族社会末期的"使鹿部"在内的整个鄂伦春民族的文化，在20世纪最后的40年间，发生了天翻地覆的历史性变化，一个民族的旧日的民俗再也无法追回了。如果苛求的话，这本书也许还存在一些不尽完善之处，如有些地方行文还有待推敲，但这无损于这部著作的价值：它提供了一个现代民族的历史文化横切面，它是一个民族的文化风貌的无可替代的"绝响"。有哪一部书能代替它呢？

我读宋著，感到它的最突出的特点是对民族物质文化的关注，而这是为一般民俗学者普遍忽视的一个领域，一种方法。一个民族或地区的精神文化，对于该民族或地区的民俗构成来说，固然是十分重要的，甚至是不可或缺。但相对于精神文化来说，一定的物质文化与一定的精神文化是有密切联系的，尽管并不是常常处于平衡状态之中。这一点，马克思在论述希腊神话时发表过精辟的论点。作为上层建筑之一的民俗事象，有时是由一定的物质文化所衍生出来的。况且一个民族的某一时代的物质文化，也常常就是民族的民俗生活的一个组成部分。对于已经消逝了的那些时代，其物质文化之上，往往镌刻着那个时代的民俗的印迹，因此搜集过去时代的物质文化，对于民族学者或民俗学者来说，就尤其重要。本书作者说，他在20世纪60年代的那次田野调查中，主要任务是搜集民族文物。从其著作中，我们看到，他不仅注意考察鄂伦春族当时的社会状况（男人的狩猎、捕鱼、分配，女人的采集、揉皮与桦皮制作等，这些属于生产方式和生活方式领域的层面），而且还注意对该民族物质文化的器物进行考察与搜集，如劳动工具及其制作（编织业，骨器、石器、木器及其制作，这些都与他们的生存环境——如森林、狩猎——极为密切）；衣（皮革的鞣、裁、缝及其工具，装饰）食（食肉的习俗，半生半熟食）住（桦皮树屋，以皮为窝具，"仙人柱"的建构、排列、铺位的安排等习俗）行（陆地工具——鹿、马及其豢养，鹿具、马具；水上工具——木筏、桦皮舟、木桥及其制作；雪上工具——滑雪板、爬犁、兵车），而且也对精神文化（所谓民俗与风情）

作了部分（远非完整的、系统的）描述：如产房、摇篮；如婚丧嫁娶（着重描述族外婚与树葬习俗）。从而使读者从他的叙述与报道中，了解和体验了一个捕猎民族的昔日文化一步步消失的过程和轨迹。

《最后的捕猎者》的第二个特点是图文并重。图，对于某些学科来说，也许并不是绝对必要的，而对于民俗学特别是民俗志，则至关重要。图志在我国古代民俗志书中，曾是一个很好的传统。但近代以来，一方面由于学科理念的局限，另一方面由于客观条件的限制，这个传统几乎中断了，民俗学者们忽视了图志在民俗学著作特别是民俗志中的叙事作用。宋兆麟出身于考古，后又涉足于民族学和民俗学，他受考古学的熏陶，重视图在破解历史文化问题上的作用，多年来，重视图的搜集与研究，在他以往出版的著作中，几乎都是图文并重、图文并茂的，这部书也不例外。对于民俗学或民俗志说来，图画的叙事功能，有时比文字的叙事功能更具权威性。

这部著作中的图画，大致可分为四种情况：其一，是采自古代的民族志书的插图；其二，是今人画的图解式的插图；其三，是作者拍摄的照片；其四，是借用的考古发掘的绘图。前两种插图虽然都是图解，但其真实性和作用并不完全一样。古人去古较近，他们作图时，该民族的民俗样式还在民间流行，为画家提供了较为可靠的根据；而今人所作之图，除了参照实物临摹者外，大概基本上是根据本书作者的判断和理解而绘，其图样与实物之间，可能十分温和，但也难免存在一定的距离，希望这是一种多余的担心。

《最后的捕猎者》一书，基本上是一部民族学和民俗学的田野调查手记，但又是一部经过作者归纳和重组过的调查手记，而不是按照时序和程序写作的调查手记。在某些教条的学者看来，也许会苛求它不够严谨，认为它缺少严格的学术规范，没有遵守他们心目中的那些调查提纲。但在我看来，按照时序或程序写作的那种调查手记，固然是应该提倡的一路，而像作者这样的写法，也是一路，也应准许其存在，甚至这恰恰就是它的特点之所在。这样的写法，便于作者在叙述自己的见闻时，适时地插入和参照其他学者已发表的相关资料，有时甚至可以是弥补自己调查和记录的缺环（这是任何成熟的学者调查时都难以避免的）。同时我们也还发现，作者也常常拿考古学上的文物来作比较与参照，作横向或纵向的交叉研究，以求进行溯源的探讨，或开阔论述的思路，收到很好的效果。

当前中国民俗学学科的建设，受到包括学校教师和研究机构的研究者在内的民俗学者们的普遍重视。但这种建设，一方面需要在理论体系上的规划、建构、奠基与开拓，另一方面，也许更重要一些，倒是更应提倡类似作者笔下的这种个案的（民族的或地区的）民俗志"式"的描绘，只有这种扎实的个案调查与描绘大量丰富了，我们中国的民俗学学科才能在大地上而不是在沙滩上扎扎实实地建立起来，才能摆脱目前常常遇到的这种风雨飘摇的境地。

2001 年 9 月 23 日

藏身神农架的汉族史诗

——读《黑暗传》

《黑暗传》是以抄本和口头方式流传在鄂西北、川东等广大荆楚文化圈里的许多民间叙事长诗中规模最大、异文最多的一部。最早于1984年由神农架的基层文化工作者胡崇峻搜集，消息发布后引起了国内外文化界的广泛关注。后来，又不断有新的抄本被发现。搜集者胡崇峻在十分艰苦的条件下，却矢志不渝，百折不回，终于圆了这个长达十数年的梦。最近媒体报道，在地处三峡的宜昌，也发现了一个清代的抄本。现在将要由长江文艺出版社出版的这个本子，长达5500行，是经过搜集者在多种异文的基础上经过合并、删汰、修饰、加工整理而成的。这是刚刚跨入21世纪的门槛，作者贡献给广大读者的一份弥足珍贵的礼物。在这部长诗里，保存下来许多已经消逝了的古楚文化的信息和观念。

20世纪80年代中期，袁柯、刘守华等学者，将《黑暗传》定名为"汉民族的创世史诗"或"汉民族的神话史诗"。这是因为在这部叙事诗里，包括了有关宇宙来历（特别是水的来历）、盘古开天、洪水泡天、人类起源等推原性的神话情节和观念。除了这类最原始的神话观念之外，也还容纳了三皇五帝等历史化了的神话情节和世俗的生活场景，有的情节也许还脱胎自明代的通俗小说或唱本。因此，可以认为，它的定型是比较晚近的事，一般认为是明代或更晚一些。在众多的篇幅短小的异文的基础上，经过比较、筛选、去粗、取精，整理成一部思想观念一致、艺术上完整的叙事长诗，不仅是整理工作所允许的、世界史诗史上有先例可援的，而且也是文化界人士所盼望的。

汉民族历来被说成是缺乏想象力和叙事传统的民族，历史上没有长篇的叙事诗产生和保留下来。早在20世纪20年代，学术界就有人说过，中国民族是"一种朴实而不富于想象力的民族"，缺乏想象瑰丽的神话和铺叙故事的长诗。中华人民共和国成立后，我们的民间文学工作者在鄂西北和华东吴语地区等汉族居住地区搜集到了几十部有相当规模的叙事长诗，而且这些叙事长诗的流传历史，至少可以追溯到500—700年前的明王朝时代甚至更早。《黑暗传》的搜集出版，再一次有力地证明了汉民族不仅是一个富有想象力和叙事传统的民族，而且是一个拥有包含着创世神话和推源神话在内的史诗作品的民族。

即将问世的汉民族的史诗《黑暗传》，以及近十多年来各地出版的其他内容的民间叙事长诗，加上少数民族的多种神话史诗和《格萨尔》《江格尔》《玛纳斯》三大英雄史诗，向文化史家和文学史家们提出了一个重大问题：旧的框架下的中国文化史和中国文学史，应该重写了！

2002年3月26日

解读"井"的学问

——读吴裕成《中国的井文化》①

世间有各种各样用途和形制的井,而水井,是人们须臾无法离开的,一旦没有了水井,人们的生命就会受到威胁。而如今在城市里生活的人,通常吃的水是水龙头里流出来的"自来水"(实际上并非"自来",吸取自江河之水者有之,吸取自井水者亦有之),对于他们(特别是青少年)来说,吃水的水井,大概是比较陌生的事物了。但我敢说,在我国的大部分农村里,水井却依然是人们生存的必需之物。

据已故历史学家徐旭生考证:大宛在汉太初元年(公元前104年),城中还没有井,在城外流水中汲水。到"新秦得人"(即中国人)才学会穿井取水的方法。因此,掘井技术的发明是一件相当晚近的事。(《中国古史的传说时代·洪水考》)生齿日繁,从聚落发展到城市,人类便离不开井了。可是,人们对井又了解多少呢?除了吃水而外,对于井在人类历史上积淀而成的文化内涵,恐怕了解得甚少。充其量也不过停留在父母教给的"饮水思源""吃水不忘掘井人"一类道德训诫上而已。即或了解得更多一些,也常常是浅尝辄止,说不大清楚,所谓知其然,而不知其所以然。读那些摆着大架子,实则花拳绣腿的书,常有上当受骗之感。而读了吴裕成的新著《中国的井文化》(天津人民出版社2002年)之后,知道了在"井"字背后隐藏着的深厚而多样的文化,

---

① 本文发表于《北京日报·理论周刊》2002年8月26日,题目为《井小学问大》。

使我对"开卷有益"的古训又有了新的感受。此前，曾读过他的一本《中国的门文化》，如今再读这本《中国的井文化》，感觉告诉我，这两本姊妹篇，用同样的方法解读两个不同的对象——门和井，于是，不禁对这位年轻报人兼学者多年来在文化研究领域里的寂寞而执着的耕耘，产生了发自内心的敬意。

通观这本专著，作者对作为文化器物的"井"和作为符号的"井"作了多角度、多层面的文化解读。应该说，这不是一件轻松的事情。因为在中国文化史上和文化学史上，从来还没有一个人把"井"作为一个专题进行过如此系统的研究和阐发，甚至从来没有人对有关"井"的资料做过系统的搜求和梳理。他所做的是一种拓荒的繁难工作。他在书中回答自问"井是什么？"时，尽管只写了简短的一句话："平地凿凹，人与泉源的对话。"但要完成这个任务，所涉及的知识范围和思想深度，则是很深很广的，从构成上层文化的经、史、子、集，自由士人写作的野史、笔记、志异、小说，到构成下层文化的神话传说、轶闻轶事、民俗典故，用他自己的话说，真可谓是深奥的、浅显的，技术的、哲学的，理想的、道德的，风俗的、传奇的，抒情的、寓言的，话题多多也难题多多。

总而言之，"井"既是人类使用的文化器物，又是一个隐蔽着许多神秘内涵的文化符号。为了解开"井"的秘密，作者就要无可选择地从这两个方面去掘进，去探险，去开拓，去解剖。这也要求作者沉下心来，到几千年来的书海中去钩沉那些长期被淹在汪洋中几被遗忘的碎片，到各阶层各群体的民俗生活中去搜罗那些平时为学界视而不见的鳞爪，游弋于古人的和当代人的两种不同立场上、以不同的武器和手段去剖析所得到的各种材料，发现和阐释其直接的和间接的文化含义。摆在作者面前的，当然是一条艰难的治学之路。但没有这种拓荒的精神，没有这种搜集和钩沉资料的功夫，任何人都只能是一个站在门外的观望者。吴裕成在这个专题上所做的和所达到的，也许还有可指责可批评的地方，但谁都无法否认他所取得的成绩值得称道。

这既是一本文化解读性的学术著作，又是一本读来趣味盎然的知识性读物。作者以报人的娴熟笔法和幽默的风格，以学者的无一字无来历的治学态度和严谨的学风，把进入笔端的每一个与"井"有关的史实、故事、典故、事件、人物、风俗、哲理，既作地理的历史的神话的人文的梳理，又给以文学的历史学的文化人类学的新观念的剖析阐释，因而写得有声有色，解析得入情入理。作者写了掘井、汲井、护井，写了"历史之凹"（从市井之井、凿井之德、儒家释家道家之井观到帝王之井），也写了祭井、井龙、岁时、风水，还写了井的哲思文采，等等，真是方方面面、洋洋大观。以在《人物风景线》这一节中所写的"人物井"为例，作者不是停留在写历史上或传说中与人物有关的井的来历上，而是从人物赋予井的特殊含义的视角，写出历史人物的历史功绩、高尚贞操、道德取向、风俗蕴含等。《舜井成双》中的舜，就是如此。神话中的舜，曾经经历过同父异母兄弟象的烧仓、填井、灌酒三次暗算，当舜听从象的指令下到井里去时，象则以土填井，想害死舜，但阴谋未能得逞，舜从另一井口出来了。所以后世很多地方有"双井"之说。北京不是也有"双井"这样的一个地方吗？作者在"双井"故事的背后，开掘了几千年来众所颂扬的舜的品格风范和道德准则。又如《昭君井和绿珠井》，不仅写出了王昭君和梁绿珠两位古代佳丽的不平凡的身世和历代对她们命运的慨叹，而且解析了女性与井的文化关联：井属阴，女属阴，以井表达女性美的象征的意蕴；井台是女子的天地，井泉可增加女性的美容等。作者的这部新作，不仅以新的象征解读的方法给读者以新鲜的文化知识，而且为我国新兴的文化学和民俗学的建设提供了新东西。

2002 年 6 月 21 日

研究服饰流变的视角

——读《中国服饰通史》[1]

由陈高华、徐吉军主编的《中国服饰通史》[2]是一部自原始社会末期起至民国止的中国各民族服饰通史。作者以不同时代的典章制度和主流观念对服饰制式和风尚的形成演变所发生的影响为主线，以实证的方法，对丰富的考古实物和翔实的历史记载进行归纳、分析、比较、论证，描绘并建构出了一条中国服饰嬗变的历史轨迹。虽然在此著之前，已有几部类似著作先后问世，但似仍可看作是一部探索之作，可贵的是，其学术立场、资料搜求、叙述阐释、判断结论，都值得称赞。与以往主要从审美文化的角度来立论相比较，侧重从制度对服饰发展的影响这一视角来论析服饰的滥觞与演变，就成为这部150万字的著作的最醒目的特点。

当人类的"自觉意识"发展起来之时，服饰就被人类发明并用以保护（遮蔽）身体或装饰（美化）身体了。服饰既是人类物质文化的必需品，又是人类精神文化的重要构成。作为民族文化及其传统的构成之一，服饰的主要特点是民族（或部族）的群体性。尽管服饰在任何时代都表现出鲜明的个人性，但不可否认的是，服饰的个人性又总是融会为民族的或种族的群体性并包容在群体性之中。在民族学上，我们看到，服饰往往成为一个民族或部族的标志。一个民族可能没有自己的文字，

---

[1] 本文发表于《宁波大学学报》（人文科学版），2003年第1期。
[2] 陈高华、徐吉军主编：《中国服饰通史》，宁波：宁波出版社，2002年。

但却肯定有能够标识本民族精神的共同的（大同小异）服饰。几千年来，朝代更迭，民族分合，历史曲折，中原民族与周边民族的服饰也不断吸收融合，但最终，中原民族与周边民族却都保持着各自相对稳定的服饰制式与衣着风尚，并因而互为区别。以北方少数民族建立政权长达一个世纪的辽、金、西夏而论，正如《通史》所言："从文献和考古资料来看，辽、金、西夏三国的服饰制度明显受到中原汉民族服饰制度的影响，但不可否认的是，其服饰也具有浓厚的民族特色，同样对宋朝产生过较大的影响。"（页358）

我们从中华民族几千年的服饰发展史中看到，服饰的滥觞与变迁，不仅受到时代生产力发展水平和生活方式的影响，而且也受到思维发展、社会观念、风俗习尚和民族性格的制约。种种制约的因素中，制度的作用特别明显。作者所以选择制度与服饰的对应关系特别是制度对服饰制式的影响作为中国服饰通史的主线，最主要的原因在于，从历代考古发掘（主要是墓葬）中得来的和典籍文献中记载的服饰资料，大多是上层统治者或贵族的服饰遗留物和资料，而非平民的服饰遗留物和资料，上层统治集团的死者不仅得以厚葬（有的甚至身穿十层八层的各种质料的衣服），而且只有他们才有条件把棺椁、墓葬修建得坚固而又防腐，能够越千年而未腐烂殆尽，而平民百姓的服饰资料虽也有所遗存，或点滴见诸野史笔记，但考古所获之数量毕竟极少。撰述者们根据考古文物和典籍史料写服饰史，不能不偏重写贵族所拥有和享用的服饰的历史，而几千年来在封建国家制度（包括礼制）规范和制约下的上层社会的服饰制式和习尚，构成一条悠长而又斑斓的彩带。作者们在论述每一朝代服饰的形制和习尚时，都能从实物出发，以科学的实证进行观察分析，对服饰所遮盖着的文化涵义进行透视阐释，应该说立论是凿凿有据、无可挑剔的。他们基本上理清了中国历代服饰的变迁脉络。但也像一个铜板的两面，平民百姓的服饰及其风尚，与贵族的服饰及其风尚，并不完全是一回事，甚至是有很大差距的。其情形，就如同统计学上的两条曲线，二者有交叉、有接近、有分离，蜿蜒而去。这一点，从资料比较容易获得的清代和民国时期的贵族和平民两种服饰的差异中，便可看得很清楚。这种情况的出现，也不能完全责难作者，而是客观所能提供的资料，使作者们受到了限制。这个问题的彻底解决，还有待将来，也许还有待于民族学等多学科的参与。

  一个民族的服饰史，不仅可以帮助人们了解和认识民族文化的发展变迁，帮助人们了解和认识一个民族的文化在世界文化中的独特性，而且也可以反证不同时代社会制度和国情国运的兴衰利弊。本书的执笔者大多是历史学家和考古学家，他们笔下的服饰史，重史料，重实物，轻空谈，远玄论，一是一二是二，力求系统化，又不追求盲目的完整，缺环的地方宁可让它缺环，也不作无益的修补。尽管各编各章之间，体例并不划一，简繁并非一致，但这并不妨碍其学术价值，倒显出一种实事求是的治学态度。如此的一部中国服饰史，尽管还并非完善，但它的问世，不仅可以纠正学界对服饰文化的轻慢，大可填补在这方面的学术空白，更值得一提的，也许是为社会政治史的研究和写作提供了另一个本不该忽略的参考。

2003 年 1 月 3 日

生命考验的旅程

——读李路阳《追寻生命的灯》①

李路阳女士的内心深处，埋藏着一种挥之不去的西藏情结。她前后去了那个神秘的高原之地几次了，却好像还没有尽兴。她不断地自问：为什么要乐此不疲地往西藏跑？在最近出版的这本记录着她西藏之旅的书里回答说："寻找生命之灯！"

西藏之旅，对于任何年轻人来说，都是一个一生跃跃欲试的心愿。而藏北之旅，对于生活在这片雪域之外的中国人或外国人来说，则都是一次生命极限的赌博。因此，关于幅员辽阔、神秘奇雄的藏北地区的地理和人文、历史和现状、风土和人情，我只是断断续续听到过一些神乎其神的传闻，而很少看到以实地采访为依据的翔实而生动的记述和描绘。我在血气方刚的青年时代，那是西藏刚刚平叛之后，也曾不畏艰险和困苦去闯过西藏许多地方调查采风，但对藏北却视为天堑畏途，只到了那曲，便无功而返了。如今读路阳的这部西藏之旅的纪实之作，特别是关于藏北地区的考察纪实和文学描写，自然也就感到特别高兴和亲切，她不仅以亲历的田野调查采访，向世人报道了藏北草原的严酷地形地貌和历史人文（如已经消逝了的象雄古国及文明）、不同族群的宗教信仰和生存状况、僧俗信众和农牧山民的心灵诉求，不仅满足了我多年来渴望探求神秘的藏北生灵的强烈夙愿，而且增长了许多地理人文知

---

① 李路阳：《追寻生命的灯——与九十九位藏民的心灵对话》，北京：团结出版社，2003年。本文发表于《中国西藏》2003年第4期。

识，好像是我也跟在他们的后面，做了一次以生命体验为代价的雪域高原旅行。

　　国际学术界公认，西藏是世界上生物多样性最为丰富的地区，没有哪一个国家和地区可以与之媲美。从《追寻生命的灯——与九十九位藏民的心灵对话》里，我有理由确认，西藏是保存了人类民间文化及其信仰最为丰富的地区。我们从作者笔下读到的是，从拉萨的布达拉宫、罗布林卡、大小昭寺、哲蚌寺等宗教中心的辉煌，到永无尽头的转经道和漫长的山路上的朝圣者，从万人空巷、顶礼膜拜的佛展，到黑水河畔剽悍人俊的赛马大会和那曲孝登寺旁镇魔压邪的羌姆神舞，从草原上青年男女挥洒生命的狂欢盛典，到偏远的小村的石寺里的青灯超度，从天葬台旁的解尸现场和灵魂升天仪式，到行者在念青唐拉山前驻足向山神致祭心理，……展现在读者眼前的，是一个"定格"在20世纪最后的日子里的全景式的西藏。掩卷之余，作者描写的那些人物和情景，雪域高原上的悠长的歌声和喃喃的诵经的余音似乎还在耳际缭绕，毡房里和氆氇上散发的浓重的酥油香似乎还在空气中飘荡，玛尼堆上插着的风马旗和经幡似乎还在山风中卷扬。那蓝天白云的环境是西藏的，那浓浊夹着清新的空气也是西藏的。

　　使我格外感兴趣的是，作者所记述的那两个至今还保留着原生态的苯教信仰和古老风习的藏北地区尼玛县的小村子：一个叫文部村，一个叫当琼村。这两个村子，无论是地图上还是经典中，都是名不见经传的，但它们在作者的笔下，却具备了无与伦比的文化意义。它们的见于载籍，也许就是从李路阳的这本散发着油墨香的《追寻生命的灯》才开始吧？这是两个令人心往神驰而又难于亲历的藏北小村。这是两个保存着过多的文化信息而又迄今未为人所知的象雄文化遗民小村。文部村，背依神山——达尔果山，面向圣水——当热雍错湖，坐落在一座活火山的身边。那清幽而神秘的自然环境，那很像是四合院结构的石屋和小巷，那丝丝缕缕、似隐似显的古象雄遗风，那淳朴勤劳天然未凿的山民，那清香四溢的青稞酒，那温暖如春的气候，那有别于其他族群的族源神话传说，都给了我们如许的阅读快感和难忘的印象。

作者还在无意间给我们描绘了一个藏族的出类拔萃的优秀女子，这次考察采访的顾问和向导，曾经当过藏北专署副专员和西藏文联副主席的次仁玉珍。她有着坚强不屈的性格和坚忍不拔的毅力，她熟悉藏区的山山水水和传统文化，她与藏民有着无间的会意，可以说，次仁玉珍就是一部自然西藏和人文西藏的巨著，她的经历本身就是一个引人入胜的故事。通过她的讲述、引导、指点和沟通，作者和她的进藏朋友们才得以进入藏族的僧俗民众的心灵，寻找到了在黑暗的大地上闪耀着的神灯。听说这位令人尊敬的藏族女性，正在盛年之时，却突然被病魔夺去了年轻的生命，对此，我们感到万分的痛心和无言的惋惜。也因此，我们更要感谢作者以倾注了全部情感和友谊的妙笔，给我们描绘了她的事迹和身影。作者说，她的这本书是与九十九个藏民心灵的对话。这说明她写作的目的不是别的，而在于努力挖掘体现着藏民心灵本真的活态的底层文化。这一点，她做到了。这使我想起了列宁论托尔斯泰的名句："托尔斯泰的学说反映了一直到最深的底层都在汹涌激荡的伟大的人民的海洋，既反映了它的一切弱点，也反映了它的一切有力的方面。"我要说的是，西藏的文化隐藏在人民海洋的底层之中，那里面既有它的一切弱点，也有它的一切力量。

2003年3月19日

可贵的治学精神

——评王文宝《中国民俗研究史》[①]

王文宝兄到我住所来,赠送我一部由黑龙江人民出版社刚刚出版的新著《中国民俗研究史》。读着这部 35 万字、200 多幅图版的皇皇巨著,心中漾起一些感慨和敬佩。他是我的大学长,比我早几年出校门,凭他的基础和勤奋,本该是早出道的,但政治运动却把他抛掷到生活的底层,真正能够有条件着手研究学问,只是改革开放以后的事。他选择了民俗学史。他不怕寂寞,甘于坐冷板凳。20 年多来,以锲而不舍的精神和不屈不挠的毅力,接连写出了《中国民俗学发展史》(1987 年)和《中国民俗学史》(1995 年)两部著作。我正在读的这部新作,已是他的第三部民俗学史专著了。这几部学术著作的出版,使他成为中国民俗学史领域里独占鳌头的角色。

对于治史者来说,最难的是史料的搜求,而历来很少有人问津的民俗学领域尤其如此。除了几个比较热门的时段(如北大歌谣研究会、中山大学中国民俗学会、杭州中国民俗学会)以外,前人很少做过系统的史料的积累,他便一点一滴地从零做起,不放过一个人物、一个社团、一本杂志、一本书,甚至一个简章、一封书信。跑图书馆,向私人借。在翻阅书籍杂志外,还给那些能打听到的、健在的学者们写信,登门拜访求教,提问解疑,探究情况,索要资料,乐此不疲。因而他与许多知名学者(如江绍原、常惠、杨堃等)建立了私交。他不像学校里的

[①] 本文发表于《文艺报》2003 年 8 月 26 日。

教授、研究所里的研究员有优越的条件,身边有助手协助、经费有基金资助,他只是单枪匹马,事必躬亲,不骄不躁,不紧不慢,稳扎稳打,步步为营,而不论什么旮旮旯旯里的一点点情况和材料,一旦得见或到手,他都视若珍宝。如此点点滴滴,日积月累,新发现的、新搜到的史料不断增加,也就使他的认识不断得到提升和更新,有了较多的积累和较成熟的思考,他便再写一本新书。这部新作就是在这样的不断积累的背景下撰著的。

以他的三部著作来看,史料一部比一部丰富,论述一部比一部成熟,体例一部与一部不同,各有特点。也许有人会说这后一部是前两部书的增订或修订,而在我看来,由于其资料的丰富和观念的更新,特别是因题旨立意和体例架构的不同,容纳了许多在过去写的《民俗学史》中没有涉及或无法容纳的内容,因而成为一部面貌崭新的著作。细说起来,它的特殊之点在于:一方面,作者保持了过去写学术史的传统模式,把民俗学领域的主流派别和思潮作较多的系统的叙述,勾画和描绘出了自北大歌谣研究会以来至20世纪末80年的中国民俗学发展演进的大致轮廓和轨迹。另一方面,他更多地沿袭和吸取了中国旧学、类书的写作传统,对不同时代出现的、不同类型的民俗学著作,或地区民俗志,或地区岁时记,或一般民俗理论,或翻译介绍,或综论,或支学……都不加褒贬地加以著录和阐释。这后一个特点,简单地说,即"著录",为一般现代史著所不取,却为民俗学这个尚欠发达的学科的发展"著录"了丰富的稍纵即逝的史料,也显示了在新的社会学术条件复兴中国古之"类书"传统的意向。也许这就是作者自称"民俗研究史"而未再重复"民俗学史"的缘故吧。

治史要有进步的立场和观点。目前史学界正在讨论的"新史学",其实就是指史学观的新和旧而言的。20世纪60年代盛行一时的"以论带史"思潮,曾经把我国的社会科学带入困境,走了一段很长的弯路、歧路。在清算"以论带史"这种极左思潮时,才认识到了所谓"论"者,必须依附于"史",也就是学界归纳的"论从史出"。写史不能没有"论"——观点、立场,但这个"论"不应是先验的,而应是从"史"

的建构中总结出来,而且指导史的建构的。现在,"以论带史"的流毒也并没有完全根除,摒弃了以马克思主义为伪装的教条主义的"论"之后,打着改革开放的旗号,却又"拿"外国的"新"论来套中国学术发展史,既没有充分"中国化",也没有从中国的实际出发,这种自鸣得意而被真正的外国学者嘲笑的"拿来主义"者,比比皆是。王文宝在写史的时候,也有"论",但他没有受到上面所说的两种先验"论"的影响,而是从实际出发,让史料说话,自己走自己的路。这一点尤其难能可贵。当然,他的新著中也存在着另外的不足或缺憾,比如,对中国民俗学从30年代起就表现出来的远离中国社会发展和民族危亡而陷入纯学术自闭的状态,缺乏应有的批判和分析,而这恰恰是中国民俗学不能与时俱进,从而不能健康顺利发展的重要原因之一。史家是可以从这里总结出重要的经验出来的。

2003年7月7日

多彩世界的读本

——读廖东凡"世界屋脊上的神话和传说"[①]

读西藏的神话故事,常常会出现错觉,以为那里面所叙述的事情和所描写的人物都是真实的,甚至会常常与其中的人物情感相通、命运与共。这是高山雪域(西部和北部)和丛林旋流(东部)所养育的民间文化所具有的特殊魅力,这是神秘思维带给陌生读者的一种阅读快感,一种浸入肌肤的艺术享受。我相信,有这样感受的,绝非笔者一人。西藏民间故事给西藏以外的人们的这种神秘感与审美感,是生活在世界不同地区的读者、甚至文化研究者,都众口一词的。

在"全球化"的声浪一阵高似一阵、世界被称为"地球村"的今天,还在坚守着阅读纸质图书这一生活方式,靠图书传授知识和传递传统的人们,无论是亚洲人还是美洲人,无论是成人还是儿童,无不渴望通过地道的西藏神话故事去了解西藏的深邃文化和藏族的民众心灵。浩如烟海的西藏民间故事,会带给人们一个个熟悉而又陌生、神圣而又世俗的多彩人生和瑰丽世界。像全球第一高峰珠穆朗玛一样,以其鲜明突出的民族特点而著称的西藏民间文化,至少到今天还是一片未被商业文化垃圾和美国文化美国观念大面积污染的圣土。当"文化多样化"这一理念越来越成为世界上有理智的人士的共同追求的今天,西藏文化就顺

[①] 本文发表于《长江日报·阅读》2004年8月26日。廖东凡主编:"世界屋脊上的神话和传说"丛书一套四卷:《神山之祖》《黑面王子》《橘子姑娘》《天湖神女》,湖北少年儿童出版社和西藏人民出版社联合出版,2004年。

理成章地成了他们所共同追求和向往的文化圣地与生存范式。在此大背景下,人们渴望读到更多的西藏民间故事,希望通过西藏的民间故事,去了解西藏的绵长悠远而极富生命活力的文化传统,深入探索世界屋脊上的藏族民众的心灵世界,从而成为一个世界性的思潮,是完全合乎道理的。

廖东凡先生主编的"世界屋脊上的神话和传说",就是这样一部应运而生、在当今全球化形势下可供全面了解西藏文化传统和西藏民众心灵的西藏神话传说集。廖先生不是土生土长的藏族人,而是出生在湘楚之地、成长在大都会北京的读书人,但从年轻时代起他就像青稞种子一样被抛撒到雪域高原上,几十年间与藏民朝夕相处、生死相依,对西藏的民间文化十分熟悉,并做过精到的研究。改革开放后,他开始与藏族和门巴族友人一道奔波于拉萨的堆龙德庆、江孜、拉孜、日喀则、贡嘎、墨脱等地农村牧区、雪山边寨、深谷草原,专注于在藏族农民、牧人、僧侣、手工业者、工匠、统战人士、知识分子中搜集过民间故事,参与了第一本《藏族民间故事集》的编辑出版。他是一个既深深地融入了西藏文化、又是西藏文化的"他者"的文化人兼学者,由他担任这部西藏神话传说的主编,真是最合适的人选不过了。这部由"神话和历史人物传说""《尸语故事》和其他魔幻故事""古老岁月的格言训诫故事""白面具蓝面具藏戏故事""机智人物故事""雪山和森林的动物故事"六大类故事构成的选集,体现出了他的"选家"的视野与眼光。他没有囿于自己搜集的作品,而是着眼于西藏和平解放以来50年间许许多多称得上是"前赴后继"的搜集家们调查搜集的民间故事中加以精选,如:单超、伍光旭、陈拓、尼玛维色、何良俊、徐官珠,如佟锦华、耿予方、王尧、丹增晋美、陈践践、付同和、王文成、王世镇、祁连休、卓如、孙剑冰、安民、段宝林、李朝群、冀文正、于乃昌、李坚尚、次仁多吉、次仁玉珍等,使这部西藏民间故事的选集具备了包括藏族、门巴族、珞巴族、僜人、康巴人等在内的西藏民间故事"全书"的规模和性质,而且从内容到形式做到了丰富多彩、琳琅满目,既经得起从文学的眼光的审视,也经得起从民族学、民俗学、宗教学的立场的挑剔。

西藏民间文化在西藏文化中占有重要的地位。西藏文化是由本土文化发展传承下来的，而本土文化较多地受到原始宗教——本教的影响。自佛教传入西藏之后，以多神信仰为其世界观的本教的影响逐渐削弱，并进而被佛教所取代；佛教的影响推动了包括本土文化在内的西藏本土文化的重大变革。我们在这部神话传说集中读到的西藏（主要是藏族）神话、传说（地方风物、人物传奇等）、民间故事（包括魔幻故事、生活故事、动物故事、笑话等样式），仍然残留着日渐薄弱的本教因子，更多的则显示着较为浓烈的佛教色彩和气息。这也就是西藏的民间故事，主要是藏族的故事较少原始性神话，而原始性神话及其因子在文化发展演变的漫长途程中多已被改造成为佛教的或世俗合理性的传说故事的缘故。

当然，西藏地域广袤，地理环境多样，文化发展水平形成差异，这诸多的因素，影响了、甚至在一定程度上决定了西藏民间故事的多样性：题材与主题的多样性，思想与叙事模式的多样性，结构和风格的多样性。我们看到，藏北大草原上流传着的故事，充满着故事讲述者和传承者对雪山神灵的恐惧与敬畏，对猕猴的亲和；其对环境的描写使我们不由得联想起大思想家恩格斯在《德国的民间故事书》里对产生格林故事的北德大草原上的神秘而严酷的自然景色的描写；西部阿里地区冈底斯山和圣湖玛旁雍措湖一带的故事，则或多或少地表现出前佛教时期的象雄文化和本教文化的残留或遗绪，既古老又神奇，既朴拙又平实；与拉萨、山南，以至昌都等受佛教文化和内地汉文化影响与交融较多的地区相形之下，给人以迥然有别之感。

2003 年 12 月 5 日

学苑一丰碑

——读《飞鸿遗影——钟敬文传》

记得钟敬文先生在世时曾说过大意如下的话：在他身后，如能在他的墓碑上镌刻上"诗人钟敬文"五个字，他就心满意足了，可以安然地闭上眼睛了。我很能理解他的心愿和心情。诗人是人类的良心。诗人是心灵的天使。诗人是思想的王者。诗人是读者的偶像。

诚然，他在"五四"新文学运动之后的十年间，在散文和诗歌创作上取得了卓尔不群、令人艳羡的成就，在后来的一生中，也从未放弃运用散文和诗来记录和表达他的情感和思想，他的《西湖漫拾》和《湖上散记》等清丽婉约的散文，也许比他后来那些既深邃却艰涩的民俗理论拥有更多的读者。但从20世纪20年代末起，他却为在中国建立民俗学的理想和责任所激励，所驱使，几乎放弃了诗人和散文家的梦想，义无反顾地投入了当时还很冷僻的民俗学的研究，走上了一条寂寞而坎坷的羊肠小道。

钟敬文的百年人生中，经历过种种的危难与曲折，但他终于以信念和坚毅、勤奋和执着、宽容和平静相对，一次次从被政治抛掷的"仄径"与"险滩"中站立起来感奋起来，以其思想和智慧，在几乎是荒芜的学苑上为自己筑起了一座学术丰碑。在这座丰碑上镌刻着三个没有任何"高大全"的时髦形容词、却闪耀着持久光芒的桂冠：诗人、散文家、民俗学者。

青年学者安德明君撰写的这部《飞鸿遗影》（山东教育出版社2003年11月），以娓娓道来的娴熟笔法和信手拈来的丰富资料，记述和再现了他的老师钟敬文的多彩人生和学术生涯，诠释了矗立于学苑之上的这座丰碑背后的故事。读着这部诗人兼学者的传记，不由得令我想起俄罗斯诗人普希金写的那首流传千古的短诗《纪念碑》里的那些词句："我为自己树立起了一座非金石的纪念碑，/它和人民款通的路径将不会荒芜，/啊，它高高举起了自己不屈的头，/高过那纪念亚历山大的石柱。"他不计较赞美和诽谤，也不希求桂冠的报偿。

"五四"新文化运动前后，有一批站在时代前面的启蒙思想家，就以反传统的革命文化精神，举起了采集、研究、发扬、利用被封建的圣贤文化和士大夫们所贬抑的神话、歌谣等民间文学乃至民间文化的旗帜，前者如蒋观云、梁启超、黄遵宪等，后者如鲁迅、刘半农、沈尹默、周作人、胡适、常惠等，一时间形成了一股震惊知识界的文化思潮。继而，茅盾、顾颉刚、董作宾、郑振铎、钟敬文、江绍原也先后参加进来，以自己的理论和实践加入到中国现代民间文艺学和民俗学的开创者的队伍和名单之中。到40年代及其以后，又有一大批民族学家、历史学家、文学家如凌纯声、芮逸夫、闻一多、杨宽，以及在延安的何其芳、柯仲平、吕骥等参加进来，为创立和发展我国的民间文艺学和民俗学学科携手共进。但在历史的长河中，许多在不同阶段上对民俗学运动起过重大作用的学者和文艺家，或因工作的需要，或因个人的原因，或因政治时局的影响，逐渐转到了其他学术领域中去，而唯独钟敬文一人锲而不舍地在选定的民俗学园地里勤奋耕耘，直至百岁之时告别人世也同时告别讲台。由于种种原因，最主要的是当"右派"的年月里和长期政治歧视中耽误了和蹉跎了岁月，使他没有可能给后人留下大部头的专著（如传记中写到的《女娲考》），不能不令人扼腕叹息，但他审时度势，晚年着力于学术体系的建构和学科后继者——学生的培养，在这两方面所留下的遗产，无疑令我辈赞叹。总观全书，笔者认为，与其说传记所记述和再现的，是一位在荒芜的田园里披荆斩棘奋力拼搏躬耕了一生且多所建树的学者，毋宁说，写出了一个中国传统知识分子的高尚人格及其魅力。

概而言之，中外传记之作，要么是史传，要么是评传，仅此两途，概莫能外；而传记的作者，要么是门生，要么是外人，不出这两类。门生写老师之传记（如《飞鸿遗影》作者安德明写他的老师钟敬文）者，中外历史上并不乏先例，作者对传主生平事业的了解是局外研究者所不及或难及的。安著在其对授业老师生平事业的叙述中，所以能如数家珍，所以能以情动人，所以能体味入微，所以有如父如子般的情怀，盖因他长期在老师的身边，除了听课受业外，还有种种外人不能体验的生活和情感的交流。但这样的作者，也注定了眼界和思想的局限性。我们在安著中，也隐约地感觉到了这一点，作者似还缺乏大家的手笔和气度，即既能充分地展现传主的人格、思想和成就，又表现出作者的评判的立场。在这方面，应该说，荣格是一个范例。他在写他的老师弗洛伊德的传记时，就既表现出了他作为学生和事业继承人的优长，又兼备了一个评论家眼光和超越老师、青出于蓝而胜于蓝的素质和学养。

2004年2月26日

象征：进入民俗的内部

——读《中国象征文化》

收到瞿明安先生寄赠的他和居阅时先生共同主编、许多熟悉的老朋友参与撰著的《中国象征文化》一书，真有点儿喜不自禁。感谢上海人民出版社的编辑和领导慧眼，把对关于"象征"的研究，看作是他们设计中的"创新"的"学术"。

我是在20世纪80年代中期接触和关注象征问题的，到现在已有十多年了。其间，虽然也偶而读到一两种有关民俗象征和文学象征的图书，但总是感觉被一种无法言说的学术寂寞所笼罩。尊著的出版，正在把这种学术上的寂寞感一扫而空。

我国的人文科学与社会科学研究者受传统的羁绊太深太重，沉溺于所谓"国学"的研究之中，而有意无意地忽略或轻视下层文化。虽有"五四"时期若干文化革命的先行者对下层文化的大力提倡，然这种被忽略和被轻视的状况，在近十多年来，非但没有改善，反而变本加厉了。中国传统文化的概念，亟待辩证，中国上层文化与下层文化，亟待整合。这个问题很大，一时难说清楚，我在为学苑出版社主编的"三足乌文丛"总序里已经做了简要的表达（略作删节，以《整合：岁首纪感》为题，发表在2001年2月28日的《中华读书报·家园》上），这里不占用大家的时间。而"象征"乃是中国下层文化的一种独特而常见的思维方式，虽然有时也被上层文化所吸收或融合。

十多年前我在着手把象征作为研究课题时，曾拟定了两个题目：第一个题目是，编一部象征词典，把属于象征的事物、事象，尽其可能地收入其中，以引起国人的注意和普及。经过几年努力后，《中国象征词典》由天津教育出版社出版。但我对这部词典并不满意。因为那时我们对象征的整体认识水平和研究水平才刚刚起步，而在整体学术水平还比较低下的情况下编写的这部词典，其学术水平当然也无法苛求。这不是某一个人的问题，是谁也无法超越的。事过十年后，去年，有一家著名出版社约我修订再版，但我没有答应。这不是我傲慢不逊，而是觉得象征研究还没有达到整体研究的时机，现在需要的，仍然是分体的研究，只有分体研究水平提高了，成熟了，整体研究才有可能进行。

第二个项目是，组织人员撰写一部《象征论》。这件事曾委托一位年轻的学者主持，但由于种种原因，拟议中《象征论》一直无法实现。现在看到你们撰著的《中国象征文化》一书，就像是看到了我想象中、计划中的那部《象征论》。因此，当我看到这部书时，也就比别人有更多的感情，也有更多的感想和感慨。我在心里祝福它的出世。《中国象征文化》的体系是否周密、是否得当，还可议论。在我看来，那是次要的问题，重要的，它是一部建立在象征问题的分类研究基础上的合集。如果苛求它，也许每一个执笔者在其所论的范围内，特别是在关于象征问题的积累上，还多少有些差异，行文也参差不齐，但应该肯定的是，这毕竟是中国学者在本土象征文化研究上走出的第一步，坚实的一步，因而也是令人欣喜的一步。

最近，我也追随在朋友们的后面，写了一部题为《象征——民间文化思维模式》的专著，列入学苑出版社的"三足乌文丛"，即将由该社出版。此书的撰写和出版，也是企图在象征问题上一个一个地去做分体的研究，一共论述了十个问题，不成体系，充其量只能表明我在象征研究上，没有因学术上的寂寞而轻易放弃而已。由于学识的浅薄，特别是古典文献修养的薄弱，开掘不深，对许多常见的象征事物和表象，不能自如地作由此及彼的探求，更没有达到触类旁通的学术境界。

关于象征，没有多少可供我们接受和使用的现成的定义。我国学界对象征的研究，正如你们书中所说的，起步较迟，前人的零星论述、点评文字，没有人加以系统整理，而现代意义上的研究，则甚为薄弱。

近十年，有些青年学者（主要是人类学者和民俗学者）在象征的分体研究上，个案研究上，做出了一些成绩，出版了几本专著，令学界耳目一新。在我看来，象征的分体研究，仍然是最迫切的。

象征研究，对于一些相关的学科来说，是从表层研究到深层研究的跨越。如民俗学，传统的民俗学，多是在田野调查上，或作民俗志的描述，或做专题性的描述，而没有深入到民俗事象内部去寻找和探求其规律性的东西。这显然是阻碍着民俗学提高甚至使民俗学的学科更趋完善的一个障碍。而象征研究，目的在揭开隐蔽在民俗事象背后的那些含义（这些含义往往因为时代或地区的转换而变得神秘莫解），并从多学科的角度对这些含义做出自己的阐释。比起传统的民俗学方法来，象征研究则显然更接近了民俗的内部和深层。又如思维学。过去我曾对象征有过一些解释，但现在我更倾向于把象征理解为一种思维模式。象征的构成，常常扑朔迷离，它之所以能在一定的人群中交流和沟通，就是因为这些人群中有共同的思维方式，否则象征就变得无可索解，人们也就无法沟通。

2004 年 9 月 6 日于北京

时代特色与文化精神

——读陶立璠主编《中国民俗大系》

人类认识自身,最重要、最直接的途径,莫过于前人传习下来、而今还被人们传习着的民俗。民俗是群体生活的产物,又是群体所享受的文化。人由自然人转变而为社会人后,便构成聚落,部族,城镇,邦国,……于是也就有了民俗。民俗是由民众和群体传习而得以嬗变和发展的。如果不计北方阴山山脉的几处岩壁上保留至今的那些一万年以前新石器时代晚期的岩画,最近,据媒体报道,在内蒙古东部的敖汉旗发掘出了8200年前的一个规模庞大的聚落遗址,这一考古发现告诉我们,中华祖先传习的民俗,至少已经有如此久远的历史了。尽管如此,我们在谈论我们民族的民俗时,一般是指农耕文明时代的民俗。

我国历史上有纂修地方志的传统,而缺乏纂修民俗志的传统。林林总总的地方志里不乏民俗的记载,各类典籍里也不乏有关民俗(尤其是岁时和礼法)的评说,但应该说,历史上记载下来的民俗现象是远非系统和完善的。更明白一点说,在我们民族的历史典籍中,尽管不乏有关礼法、祭法等属于上层统治者的民俗生活和仪程的文献记载(也多少反映出一些下层民众的民俗形态),也有一些常被列为杂学的岁时记一类的随笔,但严格意义上的民俗志,却几乎没有什么完整的遗产可以接受。其中原因固多,但最不容忽视的,笔者以为至少有两条:其一,是汉代儒家学说被尊为国家精神文化的基础以降,下层民众的民俗文化一向处于文化弱势,或受到忽视,或受到蔑视;其二,是战乱和党争的频仍,除了在历史风尘中民俗的自然嬗变外,大规模杀戮和种族灭绝,使某些地区或某些族群或某些邦国的民俗湮灭于一时，有的甚至导致了民俗传习甚至族群文明的断裂。

历史发展到20世纪70年代末80年代初，我国进入历史新的时期以来，民俗志对于人类认识自身和认识历史的意义，才逐渐被学界所认识；而纂修民俗志的必要性，也相应地被学人们所提起。经过两三代学者20年的倾力建设和集体智慧，中国的民俗学开始进入了历史上最兴旺发达的时期，即初步摆脱了向外国民俗学"邯郸学步"的幼稚阶段，在学科建设上的自主意识和建构意识大为增强，随着各类著作的问世，学科体系和理论序列正趋于形成，特别是作为学科建设基础或曰前学科建设的资料积累，业已取得了值得骄傲的成绩，尽管目前我国正在启动全国性的民俗田野调查工程，以求全面搜集记录最新面目的活态民俗文化现象。在这样的文化环境下，编纂一套能够代表一个刚刚逝去的时代的民俗志丛书，已成为时代赋予的责任。

《中国民俗大系》[①]的出版，正是这样的一套适应时代需要的大型民俗志类丛书。这套丛书的最大特点是全面性——按今天的省市（区）行政区划来分别记述物质民俗、社会民俗和精神民俗的种种现象（事象）。这三个大的类别，哪一个类别都不偏废，既符合民俗文化的实际生存状况和生态布局模式，也体现了编者的学科结构思路。

针对一个时期以来民俗学界出现的把不同时代记录的民俗现象（事象）都拉来充当现代还流传的和存活的民俗现象（事象）的反历史主义倾向，主编者强调以田野调查为基本方法获取当下社会不同阶层中现存的（或流传的）民俗现象（事象），"所收录的民俗资料，以现代仍在民间传承的民俗文化为主"，"对历代地方志和文献古籍中的民俗资料，只是在记述民俗源流时，适当引用，不宜过多"（《总序》）。所有编者都遵循这样的要求和规定，就不仅使来自不同地区和民族的民俗资料有了一个严格的限定和标准，更重要的，是使整套丛书反映出20世纪的鲜明时代特色和民俗文化精神。

---

① 陶立璠主编：《中国民俗大系》，兰州：甘肃人民出版社，2004年。

过去我们读到的一些古代的"准"民俗著述，特别是各地的"岁时记"，其作者们也大都注意了记录民俗资料的"纪实性"这一特点。应该说，"纪实性"乃是我国传统民俗著作的一个好的传统。所谓"纪实性"，其实就是我们今天所用的学术专名"田野作业"或"田野调查"或"实地采录"。但古代的那些"准"民俗著述的作者，毕竟不是具备现代学科意识的专门的民俗学者，他们虽然在引录或记述民俗现象（事象）时，注意到了资料的"纪实性"，然他们的文体，充其量仅是些随笔，尚不具备现代的学科要求。我们要指出的是，通过"田野作业"调查而得来的纪实性的民俗资料，从根本上杜绝了文人（搜集者）的向壁杜撰，从而保留下了民众所生存和呼吸于其中的活态民俗文化的本来面貌。从民俗学的学术研究来说，或更扩展一点说，从历史研究来说，这种显示着今天特定时代特征的民俗资料，才是最可珍视的文化资料，经过梳理、分类、评点、研究的功夫，便进入了科学研究的领域，为现代民俗学的学科建设的提升提供了可靠而稳固的基础。

《中国民俗大系》是一套规模庞大的丛书，应当说，这套大型书系的编纂，还只是学者们的一个尝试，因为编纂这样一套规模庞大、又能体现20世纪民俗文化精神的书系，不是有了一套事先设定的统一的、严格的学术规范就能奏效的，甚至也许还有其他的体系（比如按照文化圈的不同来分卷）可以遵照，但更重要的，是需要发动一次全国性的田野调查为依据。试想，如果等待这样的一次田野调查之后再动手来纂修，恐怕连我们这些人白了头、见了马克思的时候，其纂修的计划都还悬在空中，无法落实。因此，我为该丛书在20世纪刚刚结束、新的世纪刚刚开始之际就能一次性整体出版，感到高兴，并表示祝贺。

2004年12月18日于北京

图文互动　阐释传统

——读李露露《中国节》[1]

李露露女士的新著《中国节——图说民族传统节日》[2]刚一出版，就受到了媒体和学界的广泛关注和好评，不是没有缘由的。这缘由，说来简单，乃是因为它的面世，对于时代的文化潮流而言，可谓恰逢其时，即作为民族文化和民族精神之根的民族民间文化逐渐式微、甚至部分濒危和消亡，在现代化步伐加快、全球化声浪逼人、传统民间文化和民间文化传统的失去将无可挽回地导致精神上的怅惘甚至无可凭依的时候，这本汇集了历朝历代有关传统节日图文资料的著作，正好填补了人们对民族民间传统文化的重新审视和普遍认同的心理需求。

传统民族节日有其发生发展的过程，这个过程是漫长的，也是相对稳定的。李著以图文结合的叙事方式，用大量丰富的史料和不同来源的图画，解析和论证了民族节日形成的原因和发展的过程。正如作者所说的："节日在发展中有变异，在继承中有出新。但是节日的发展比较缓慢，有相对的稳定性。节日文化根植于悠久的农业文化的土壤中，各民族经济文化具有很强的向心力，历代统治阶级对某些传统节日的肯定和提倡，同时它也和人们某些愿望、需求紧密相连。这些都是传统节日长期存在和传播的社会原因。"

传统民族节日之所以在今日成为炙手可热的社会话题，是中国文

---

[1] 本文发表于《中华读书报》2006年3月8日。

[2] 李露露:《中国节——图说民族传统节日》，福州：福建人民出版社,2005年。

化发展的必然趋势和结果。从起源论上说，民族传统节日是在原始农耕文明（一些地域或民族则是渔猎、游牧文明）条件下民众心理需求的结晶之一，在其发展演变过程中，逐渐成为一些与农历相适应的、具有特定意义的民族文化符号。在这些文化符号的背后，隐藏着丰富而深厚的内涵，首先是生产经验的总结，包括对天象的认识（要指出的是，目前有些学者在阐释节日文化时有意无意地忽略了这一点），其次是在对自然的敬畏中产生的民间信仰和祖先崇拜及其祭祀仪式，以及在农业季节转换时而产生的对娱乐的追求（如龙狮舞、灯会、高跷等）。经过文化的增益和淘汰，即文化选择，在现代社会中，国家的节日，除了传统的民族节日（如春节、清明节、端午节、中秋节等，少数民族还有自己的节日）外，又出现了一些具有政治意义的法定节日，如国庆节、劳动节等。这两种类型的节日，共同组成了我们民族当今的节日。

《中国节》一书的最显著的特点，是以图文结合、图文互释的方式来阐释中国人的节日系统及其文化内涵。在这本书里，"图"的功能，已经远远超出了以往图书中的"插图"的老模式，而是与"文"一起，共同构成了一种新的叙事模式。节日的文化内涵，总体说来是相对稳定的，但它又是随着社会发展，特别是随着时代精神和民众心理需求的嬗变而不断发展的。所谓发展，就是像滚雪球一样逐渐粘连上某些新的文化因素，逐渐失掉一些与时代不再适应的因素。如上巳节，历史上中原地区曾经十分盛行和隆重，当下也还在一些少数民族中非常盛行，但在汉民族聚居区，已经不大过了。为何逐渐衰微了呢？因为构成其内涵的主要因素，如祀高禖神、祓禊等信仰风俗以及功能基本消亡了，以氏族社会中的季节性野合为特点的"令会男女"的社会条件也已经成为历史了，主要构成因素的社会条件不复存在了。那么，这个节日生存的可能，也就随之减弱甚至消亡了。重阳节的变迁是又一种典型的例子。如作者所集纳的，历史上此节的内容有：登高、插茱萸、赏菊、祭海神、饮食娱乐等，带有鲜明的辟邪、禳灾的表征，到今日社会里，则从原有的登高、赏菊等习俗，发展而为老人登高、赏菊，甚至向着老人节的方向延伸了。

近年来，中国政府和民间组织响应联合国教科文组织通过的《非物质文化遗产公约》，开始实施民间文化抢救和保护工程，大力抢救和保护濒危的民间文化，全国各地区各民族已经行动起来。这种认识和行动体现了我们民族的"文化自觉"意识已大为提高。民族传统节日是构成民族民间文化的基本因素，民族节日的生命力，是民族文化和民族精神的标志之一。大力宣传民族节日的文化内涵，对于提高民众的文化素质，增强民族凝聚力，抵御外来文化的入侵，是非常重要的。李露露《中国节》的出版，不仅为广大关心民族文化的各阶层读者提供了丰富而鲜活的材料，而且也为抢救和保护工程的开展，提供了某些历史依据，必将受到各界人士的欢迎。

2005年3月28日

归来,蓝夹缬

——读张琴《中国蓝夹缬》

十数天前,老友刘涟带着她的作者张琴女士来寒舍见我。张琴赠我两本专:一本是前几年出版的《乡土温州》;一本是刚刚由学苑出版社出版的《中国蓝夹缬》(田野调查)。第一次见面,免不了先有一番寒暄,根在浙南、现居京都的张琴给我的第一印象,是一个纯净而多少有点儿怯生生的江南女孩,但在我读完了她的《中国蓝夹缬》这本书后,却发现,无论就学问、就历练、就事业,甚至就风度而言,她无疑已经是一个很成熟、很执着,也很出色的女文化研究学者了。

话题是关于中国蓝夹缬的。先前(2000年3月—2005年2月)她在温州市报业集团属下的两家媒体供职,在此五年间,她走访了浙南各地的山村,实地调查濒临失传的中国蓝家缬的遗存和现状,接下来,便伏案写作这部关于蓝夹缬的田野调查专著。现在她已经辞去了公职,全力投入蓝夹缬的保护和研究。在她身上,责任和激情并存,前面是一条光耀而艰难的路。

夹缬,据记载,最早可溯源到唐代,在当时已是流行而成熟的印染工艺。敦煌莫高窟彩塑菩萨身上的外衣,便是夹缬彩装。伦敦大英博物馆、日本正仓院均藏有中国夹缬的实物,被视为珍宝。自明代以后,夹缬的工艺设计和制作,渐不为世人所知。20世纪末,夹缬尚存在浙南山区民间的消息传出后,引起了国际印染界的关注。2003年,日本甚至开辟了一条"中国蓝之旅"的文化旅游考察专线,日本相关学者和专业人士络绎前来此考察取经。近年来,我国大陆和台湾的学者,也有人做过研究，所惜者，如此濒危的古老的蓝夹缬工艺和制品，至今并没有引起我国非物质文化保护当局的重视。

张琴自2001年9月至2005年7月，"千里走单骑"，遍访温州、丽水、台州及闽北宁德、闽南泉州地区的雕版艺人，染坊师傅，及民间戏班老艺人等，对蓝夹缬的原料、印染、版刻设计等一整套流程作了科学、详尽的田野调查记录，对蓝夹缬流行地区的"文化圈"作了社会和人文的分析研究，澄清了作为"四缬"之一的蓝夹缬由盛渐衰、及至湮没的历史之谜。她不仅收集研究了染制蓝夹缬的原料、工艺、雕版及工艺，还收集和掌握了1000余片涉及不同时代，涉及昆曲和乱弹等戏文与戏装的蓝夹缬实物纹样，并在田野调查基础上首次提出和论证了"蓝夹缬"这一学术概念，为进一步保护和研究这宗源远流长而今还有生命活力的非物质文化遗产，奠定了坚实的基础。

2006年10月4日

基于实践的学理探索

——读王文章主编《非物质文化遗产概论》[1]

《非物质文化遗产概论》(王文章主编)由文化艺术出版社出版了,这是一本及时的、合乎时宜的书,一本为长期被压抑和埋没的下层文化张扬和提升其文化地位的书,一本在文化理论上具有尝试性、探索性的书。

(一)为什么说它是一本及时的、合乎时宜的书呢?

之所以说《非物质文化遗产概论》是一本及时的、合乎时宜的书,是因为浩浩荡荡的全球化进程,伴随着西方文化和"文化殖民"的严重威胁,使文化多样性面临着空前的危机,中国文化面临着巨大冲击。在2006年年初举行的政协会议上,国务院原新闻办公室主任赵启正指出,中国文化在世界文化格局中呈现出巨大的"文化赤字"。香港《文汇报》社长张国良指出,在国际性媒体中,英文信息占80%,不计我国本土在内,海外华文信息大约只占0.4%左右。海内外有识之士异口同声地呼吁中国文化的复兴,而"中华文化在很大程度上正是通过民俗得以流传和保存"。"中华文化,又可以分为民俗文化与上层文化。比较而言,上层文化是社会占统治地位的精英文化,备受重视。而民俗文化则一直是被认为登不上大雅之堂,得不到应有的重视。然而,民俗文化是民族整体文化的基础部分,是极其重要的文化遗产,比上层文化具有更大的稳定性。"(《文汇报》2006年10月19日)因此,中华文化的复兴,

---

[1] 本文原载于《中国文化报》2007年1月3日。

不能不重视民俗文化的保护和传承。世代相传的本土民间文化或非物质文化遗产长期以来处于被压抑、被忽视的状态，像野花、野草那样自生自灭，遭遇全球化、现代化进程的今天，更加加速了它的衰微、湮灭的趋势。中国要强大，固然要有高度发达的经济和科技实力，但只有经济和科学的现代化还不行，还要复兴和弘扬我们的中华文化，而中华文化在很大程度上是有赖于民众传承不息的民间文化而得以体现和延续的。

在笔者看来，联合国教科文组织的《保护非物质文化遗产公约》和我国国务院《关于加强我国非物质文化遗产保护工作的意见》中保护非物质文化遗产这一命题的提出，对于我国来说，并不仅仅是文化理念上的一个革新，而是一次现代化和后现代化条件下的"文化复兴"或"文艺复兴"的号角。实践告诉我们，在现代和后现代社会，一方面生产和消费高度发展，一方面文化消费化和道德滑落，矛盾日益加剧。现代人在传统上出现了严重"文化失忆"，忘记了自己的"所来之径"，民族的文化性格正在泯灭。为延续我们优良的民族文化及其传统，留住民族之根，我国政府和民间组织在全国开展非物质文化遗产保护的工作。在这样的背景下，《非物质文化遗产概论》的撰写与出版，对于拯救现代和后现代条件下主流文化和西方文化霸权下的人们的灵魂，对于非物质文化遗产保护工作的顺利、有序、规范地进行，无疑是一本及时的、合乎时宜的书。

（二）为什么说它是一本为长期被埋没的下层文化张扬和提升其文化地位的书呢？

"民间文化"包括民间文学、民间艺术和风俗习惯，是下层民众创作和享用的文化。这是多年来为大多数学者认同的一种看法。就其性质和地位而言，它是与上层文化（20世纪80年代以来，出现了"主流文化""精英文化"等新名词）相对立而存在的。如《概论》中所说的，2005年3月26日国务院办公厅《关于加强我国非物质文化遗产保护工作的意见》，第一次采用了2003年10月17日联合国教科文组织通过的《保护非物质文化遗产公约》中的新专名"非物质文化遗产"，用以代替了我们国内学界沿用已久的"民间文化"一词。但在政府文件和官方阐述中，都没有见到关于这两个词汇的详细解释，只是说，为了与国际接轨，才把"民族民间文化"改称"非物质文化遗产"。其实，从学理上细究起来，"非物质文化遗产"与"民间文化"并不是两个同义的词汇，起码在中国学界的传统阐释上是有相当差异的。差异是什么呢？在中国传统的民间文化理论特别是新中国成立以来的理论阐述中，"民间文化"是指下层民众创作并享用的文化（限于篇幅恕不引证），而"非物质文化遗产"则并非指下层民众的文化，而是指在一定社区世代相传的文化。联合国教科文组织《公约》是这样界定非物质文化遗产的："'非物质文化遗产'指被各社区群体，有时为个人视为其文化遗产组成部分的各种社会时间、观念表达、表现形式、知识、技能及相关的工具、实物、手工艺品和文化场所（按：最初的版本译为'文化空间'）。这种非物质文化遗产世代相传，在各社区和群体适应周围环境以及与自然和历史的互动中，被不断地再创造，为这些社区和群体提供持续的认同感，从而增强对文化多样性和人类创造力的尊重。"（第二条）国务院办公厅《关于加强我国非物质文化遗产保护工作的意见》中写道："非物质文化遗产是各民族人民世代相承、与群众生活密切相关的各种传统文化表现形式和文化空间。"（第一条）很明显，《公约》的定义中，突出了非物质文化遗产是在社区和群体中"世代相传"的和"被不断再创造"这两个特点，压根儿就没有提出是属于什么社会阶层的人群创造的和"世代相传"的，而作为下层民众而非上层社会的文化（"五四"时代称"圣贤文化"）这一点，则是我国民间文化理论中的一个根本性的要点。差异就在这里。在这样的学术理念下，许多原来属于上层文化的文化现象，如宫廷文化以及流落到民间的上层文化，或由于其体系性强，或由于其技术高超，很轻易地便被接纳为非物质文化遗产，并进入了国家名录。相反，一些民间的文化现象却或因其或多或少地粘连着一些民间的信仰成分，或在漫长的流传途程中变得支离破碎、不成系统、濒于灭绝而被轻易地排除在名录之外。《概论》的作者阐述了"传统的民间文化"与"非物质文化遗产"这两个概念的共同点和相异点（第58—59页），并用大量的篇幅论述了下层民众所创作和享用的民间文化的价值和意义，提升其文化的、社会的、学术的、艺术的意义，特别是强调其以"活态的"特点与社会现实发展之间的紧密关系，从新的视角对非物质文化遗产（包括下层文化意义上的民间文化）在中华传统文化中的地位和作用作了阐释。

（三）为什么说它是一本在文化理论上具有尝试性、探索性的书呢？

笔者此前曾写道，我国没有自己的文化理论，我们的非物质文化遗产保护工作是在文化理论相对滞后的情况下着手的。尽管我国的民俗学、艺术学（包括原始艺术学）已有了相当的基础，但两个学科又长期处于分立和割裂而互无联系的状态，情况正如本书作者所指出的，在学术领域里，"非物质文化遗产学"是一个新事物、新学科：一、理论上的一些重大问题需要在广阔的视野中（特别是现代化、全球化）加以探索；二、实践（保护工作）中遇到了大量的丰富而复杂的文化现象，提出来了大量新鲜而生动的问题，需要调查、总结、提炼和提升，找出其规律性的东西；三、在方法论和学术理念上，需要在反思和整合的基础上，建构新的研究方法。对这些问题的阐述自然就构成了《概论》这类著作的主要内容，而这本《非物质文化遗产概论》的框架和论述，无不"带有理论探索的性质"（第32页）。这也构成了这本书的一些重要特点，如基于实践的理论探索、本土经验与国际经验的结合、多学科和跨学科的综合研究、实证主义等。非物质文化遗产学的建立，最终是来自实践和实证，没有足够丰富的田野工作的积累和大量实证材料的供给，是谈不上科学而系统的非物质文化遗产学的。

非物质文化遗产的保护，在世界上不过是近十多年才提出来的新问题，其工作历史和学术积累都还相对薄弱，理论上的探究也还是初步的。《概论》作为"尝试性"的第一本专著，自然也就意味着还不可能穷尽或解决与非物质文化遗产相关的所有理论和实践问题。特别是非物质文化遗产学的完善，更多地依赖于实践和实证，对许多问题的正确阐释，将会随着认识的加深和保护工作的进展而不断得到深化。

名人与文化

——读陆景川《伟人名家与黔东南》①

陆景川同志是侗族青年作家,在黔东南州政协文史委任职,文学创作之外,又致力于开掘和弘扬黔东南的地域文化和民族文化,多有建树。他所主编的《伟人名家与黔东南》一书,从一个新的角度阐释黔东南的历史文化及其悠久性和多样性,引起了我的注意,很想先睹为快,便叫也在出版行业工作的犬子刘方设法去找一本来,结果却令我大失所望,没有找到。后由陆景川寄来一本,使我得以拜读,对黔东南的历史和文化增广了不少知识和见解,同时,也对陆景川对家乡故土和民族文化的深厚情感有了进一步的了解。

发掘和发扬与当地有某种关系的伟人名家,是弘扬地域文化和文化传统、培育民族文化精神的一个新的视角和理念。一代名人,往往是一个时代、一个地区或一种文化的杰出代表,各地区或各城市无不以他们的名字和事迹为骄傲。在我国,这种视角和理念正在被广泛地接受和采纳。各地把出生于本地的或留迹于本地的名人名家与本地区或本城市的关系和纠葛,及其对本地域文化的贡献和影响,看作是本地区或本城市的文化史和社会史的重要组成部分,对他们崇敬有加,不仅在地方的博物馆或名人祠里列名陈列,告诉所有的参观者和后来者他们的业绩及其对本地文化的贡献,有的甚至还有种种仪式和措施加以礼敬。古代的,如曲阜对孔子、邹城对孟子、淄博对荀子、巴蜀或灌县对李冰;

---

① 本文发表于《贵州日报》2007年11月26日。

现代的，如香山对孙中山、乐亭对李大钊、绩溪对胡适、乐山对郭沫若、苏州对顾颉刚和叶圣陶、番禺对冼星海、桐乡对茅盾、贵州对王阳明……莫不如是。社会时代造就了伟人名家，伟人名家又反过来成为地域文化的杰出代表和世代崇敬的楷模。这正应了马克思所说的一句话："如爱尔维修所说的，每一个社会时代都需要有自己的伟大人物，如果没有这样的人物，它就要创造出这样的人物来。"（《1848年至1850年的法兰西阶级斗争》）放弃"打倒一切""横扫一切"的理念，树立尊重前贤、继承传统的理念，对于我们而言，无疑是一种文化自觉和文明进步的开始，还不能说我们已经做得很好了。

放眼世界，纵观历史，这样的传统具有普适性，这样的例子不胜枚举。在欧洲，意大利是一个典型的国家。在意大利，"各个城市都以拥有它们自己的和外国的名人的骨骸为光荣。最值得注意的是：甚至在十四世纪，远在圣十字教堂建筑之前，佛罗伦萨人就何等郑重其事地使他们的教堂变成一个伟人祠。佛罗伦萨为阿克索、但丁、佩脱拉克、薄伽丘和法学家扎诺比·德拉·司特拉达修筑了壮丽的坟墓……但丁，尽管薄伽丘极其严厉地敦促佛罗伦萨人提出归还遗骨的请求，但他仍然在拉文纳安静地长眠在圣芳济教堂旁。他被葬在'古代帝王陵墓和圣者墓穴之间，啊！家乡！和您所能提供给他的更光荣的伴侣为伍了'"。[①] 同样的道理，卓尔不群的社会革命家、作家、音乐家，是社会时代和地域文化创造出来的，他们一旦被创造出来，又无不成为养育过他或为他提供过生存和创作条件的地方的先贤和伟人，受到世代的尊崇，成为他们的骄傲。奥地利的萨尔斯堡人以莫扎特、维也纳人以舒伯特、德国的波恩人以贝多芬、俄罗斯的斯摩凌斯克人以格林卡感到无限骄傲。

历史是人民群众创造的，这只是问题的一方面；另一方面，伟人在历史上的作用也是不容低估的。陆景川所做的，正是遵循着"尊重前

[①] [瑞士]雅各布·布克哈特：《意大利文艺复兴时期的文化》，商务印书馆，1986年，第139页。

贤，继承传统"的文化理念，为黔东南的社会史和文化史做新的梳理和积累。我为他的胆识和所取得的成绩感到高兴。如果他所奉行的理念和所做的工作，能够促进在黔东南以至其他地方蔚成风气，把堪称伟人名家的伟人名家请进博物馆，作为激励我们和后代的楷模和榜样，那将不失为一桩幸事！

我不揣浅陋，为他的大编写了上述的话，表示我的敬意。

2007 年 8 月 20 日于北京

一部图像中国节日文化史

——读宋兆麟、李露露《图说中国传统节日》

随着我国非物质文化遗产保护工作逐步深入人心,人们对传统文化保护的呼声日渐高涨。2005年中宣部等领导机关发布了《关于运用传统节日弘扬民族文化的意见》,2006年国务院颁布了《第一批国家级非物质文化遗产名录》,春节、清明节、端午节、七夕节、中秋节和重阳节以及一大批少数民族传统节日名列其中。这一举措,是顺应时代、顺乎民意的。在这一文化背景下,世界图书出版公司推出宋兆麟、李露露两位研究员的新作《图说中国传统节日》,以图像叙事的方式,形象地述说和展示了中国人心目中以及国家文化主管部门颁布的中国传统节日,对运用传统节日弘扬民族文化无疑起到了积极的推动作用,在我国本土以及全球华人中产生了巨大的影响。

《图说中国传统节日》是一部图文(说)相配、选材精当、阐释准确、印制精良的知识性、普及性读物,实则是一部图像的中国传统节日文化史。

每个民族都有自己的传统节日。形象地反映出我国传统节日的悠久历史和丰富的人文内涵,体现出民族的生命力、凝聚力和创造力,是《图说中国传统节日》(下文简称《节日》)一书的第一个,也是最主要的特点。中国传统节日是中华传统文化的重要组成部分,是传承中华民族民族精神的重要载体,是维系海内外华人文化认同的精神纽带。中国传统节日作为广大民众日常生活的重要组成部分,在家庭生活、人际关系、社会生活中发挥着无法替代的、极为重要的作用和功能。在全球一体化浪潮和保持文化多样性的呼声同时震响在世界各地的今天，选择传统节日作为阐释和演绎中华传统文化的切入点，是一个及时的、适应社会和时代需要的选题。

作为一种文化现象，中国的传统节日并不是停滞不变的，有其独特的发生发展过程，而生动地展示出这一嬗变过程乃是《节日》一书的另一个重要特点。从发生学的观点来看，民族传统节日是原始农耕文明（一些地域或民族则是渔猎、游牧文明）的产物，常常带有驱鬼禳灾逐疫、酬神纳吉的心理功利性质。例如春节，民间叫"过年"，指的是自腊月廿三祭灶、除夕到新岁的正月初一，至正月十五元宵节这一长达将近一个月的漫长的年节，关键在一个"过"字。《节日》一书分别在《春节》和《元宵节》两个章节中，从忙年、迎年、拜年、驱疫、娱乐（春节）；来历、太一神、灯火、元宵、大傩、送灯、娱乐（元宵节）等诸多民俗内容入手，展示春节的来历，早期的禳灾逐疫的巫术功能，在漫长的演变过程中，家庭团聚、欢庆、纳吉、娱乐的功能，逐渐成为春节的主要内容。又如重阳节，有登高、插茱萸、赏菊、祭海神、吃重阳糕、饮菊花酒、娱乐活动等内容，以前也带有鲜明的辟邪禳灾的色彩，而到了现代社会，则逐渐嬗变为老人登高、赏菊等内容，向着老人节尊老爱老敬老的方向发展了。就这样，一部节日文化史的脉络，通过图像和图说清晰地展现在读者面前，同时也为读者揭示出了一个个熟悉的人伦与风情的独特民俗节日世界。在那里，凸显出来的是故乡、家族、亲人、祖先、亲情交织在一起的画面，感受到的重人伦、重家族、重亲情、重孝道的社会氛围，而这，恰恰是与西方社会完全不同的。这就是中国，这就是中华文化的核心所在。

丰富多彩的图画是《节日》一书的亮点。以图像为主，用图像的叙事述说传统节日，使读者开卷了然，大大增加了节日的形象性与观赏性。而此书的图画不是一般的插图，也绝非随意拈来，每一幅图画都是一道中国社会的风景，是一处别处看不到的民族的风俗、民俗景象；把众多的图画连缀起来却自成体系，有如一幅长卷，细细读来，犹如欣赏一部中国传统节日文化的图像史。《节日》一书中的图画，来源不同，风格迥异，出自不同画家的手笔，带有不同时代的印记，有考古的、文物的、典籍的、民俗的、田野采录的，有一些图像是首次面世，不易见到，实属难得。在当前读图时代的众多出版物中，作为一部全面介绍和阐释、用中外文字对照印制的中国传统民族节日的专著，《节日》不失为一部优秀的、特点独具的、不可多得的佳作。

2007年8月20日